Eckard Lefèvre
Jakob Baldes ›Expeditio Polemico-Poetica‹ (1664)

Beiträge zur Altertumskunde

―

Herausgegeben von Michael Erler, Dorothee Gall,
Ludwig Koenen und Clemens Zintzen

Band 366

Eckard Lefèvre

Jakob Baldes *Expeditio Polemico-Poetica* (1664)

Eine satirische Verteidigung der lateinischen und neulateinischen Literatur

Einführung, Text, Übersetzung, Kommentar

DE GRUYTER

ISBN 978-3-11-065850-7
e-ISBN (PDF) 978-3-11-053177-0
e-ISBN (EPUB) 978-3-11-053132-9
ISSN 1616-0452

Library of Congress Cataloging-in-Publication Data
A CIP catalog record for this book has been applied for at the Library of Congress.

Bibliografische Information der Deutschen Nationalbibliothek
Die Deutsche Nationalbibliothek verzeichnet diese Publikation in der Deutschen Nationalbibliografie; detaillierte bibliografische Daten sind im Internet über http://dnb.dnb.de abrufbar.

© 2019 Walter de Gruyter GmbH, Berlin/Boston
Dieser Band ist text- und seitenidentisch mit der 2017 erschienenen gebundenen Ausgabe.
Druck und Bindung: Hubert & Co. GmbH & Co. KG, Göttingen
♾ Gedruckt auf säurefreiem Papier
Printed in Germany

www.degruyter.com

Eckart Schäfer
collegae candido
investigatori litterarum neolatinarum egregio
qui ante plus quam quadraginta annos
operibus Baldeanis indagandis fundamenta iecit
atque Horatio Germanico
viam in hoc saeculum patefecit

Vorwort

> „dem losgebundenen wilden Renner Pegasus muß der Leser, und erst der Uebersetzer und Erklärer als wahrer armer Sünder überall nach über all die gelehrten Sümpfe und Berghöh'n; über Stock und Stein schleift er ihn fast todt"
> (Neubig 1833, I, XIII).

Nach der 2011 erschienenen Ausgabe des Jagdbuchs *Sylvae* 1 von Jakob Balde (1604–1668), dem bis dahin weder eine moderne Ausgabe noch eine Übersetzung noch gar ein Kommentar zuteil geworden war, folgt hier nach demselben Muster die satirische *Expeditio polemico-poëtica* von 1664, für die dasselbe Manko wie vordem für *Sylvae* 1 zu konstatieren ist. Auch diese Schrift wurde einfach vergessen. Dabei ist zu differenzieren. Das Werk besteht aus zwei Teilen, aus der Darstellung der Expedition gegen die Burg der Ignoranz und aus einem Verzeichnis von 489 Themen, die zur Bearbeitung durch Balde selbst und / oder Dichtungsadepten bestimmt waren. *Expeditio* bezeichnet einerseits das Gesamtwerk, andererseits nur den ersten Teil. Um Verwechslungen auszuschließen, wird in dieser Ausgabe für den ersten Teil der Alternativtitel *Castrum* (Burg), für den zweiten der Spezialtitel *Elenchus* (Liste / Katalog) verwendet. Während es für das *Castrum* in den bekannten Balde-Monographien immerhin Beschreibungen von einer halben bis anderthalb Seiten Länge und eine kurze allgemeine Betrachtung gibt, die eher eine Inhaltsangabe ist (Böhm 1875), sowie zwei Aufsätze zur Frage der möglichen Kanondiskussion (Schmidt 1984, Guipponi-Gineste 2010), wird der *Elenchus* schlichtweg ignoriert. Was sollte man auch auf den ersten Blick mit dem unförmigen Katalog anfangen?

Für das *Castrum* braucht man nicht zu werben, da sich die mitreißende Handlung und Darstellung leicht erschließen, wenn die Anspielungen und Pointen erklärt werden. Hingegen muß für den *Elenchus* sehr wohl geworben werden. Da die meisten Themen Baldes Gesinnung widerspiegeln, gewissermaßen ‚Aphorismen zur Lebensweisheit', s e i n e r Lebensweisheit sind, wird in dieser Arbeit der Versuch unternommen, aus dem Mosaik der oft apodiktischen Sätze einen Umriß der baldeschen Weltanschauung zu Beginn der sechziger Jahre des 17. Jahrhunderts zu gewinnen. Vermittelt ein buntes Kaleidoskop in manchen Punkten verzerrte Bilder, so ist das bei einer Satire – auch der *Elenchus* hat, wie es im Epilog heißt, über weite Strecken einen satirischen Charakter – noch mehr der Fall. Der Interpret ist somit gewarnt, doch sollte er sich nicht abschrecken lassen, dieses Spätwerk, dessen Existenz Balde umständlich begründet, ernst zu nehmen.

Bei der Erklärung des *Castrum* empfiehlt sich ein Mittelweg zwischen Interpretation und Einzelkommentar, da eine Trennung notwendig zu vielen Wiederholungen geführt hätte. Deshalb wird eine kommentierende Interpretation bzw. ein interpretierender Kommentar geboten, worin die zuweilen schwierigen Gedankengänge kapitelweise unter steter Berücksichtigung des Gesamtzusammenhangs erhellt und Einzelprobleme zumeist in die Anmerkungen verwiesen werden.

Bei der Erklärung des *Elenchus* ergeben sich größere Schwierigkeiten. Angesichts des diffusen Charakters ist jeweils eine individuelle Kommentierung erforderlich. Da hierbei nicht nur Baldes geistige Physiognomie, sondern überhaupt der Wissensstand und die Anschauungen seiner Zeit zu berücksichtigen sind, hätte eine penible Behandlung in den meisten Fällen die Länge des einzelnen Themas um das Zehn- oder Zwanzigfache überschritten. Daß das bei 489 Aphorismen im Rahmen einer Ausgabe nicht sinnvoll ist, liegt auf der Hand. Deshalb ist auch in diesem Fall ein Mittelweg beschritten. Es wird versucht, in geraffter Darstellung den geistigen Hintergrund der jeweiligen Aussage bzw. Aufgabe aufzuspüren und Einzelerläuterungen anzufügen. Nicht jedes der zahlreichen Zitate und Sprichwörter ist zu identifizieren, zumal Balde, „der, fast möcht' ich sagen, alles nur aus dem Gedächtnis niederschrieb", sich öfter „ein wenig verstossen" hat (Neubig 1833, II, 40). Mit Nachdruck sei bemerkt, daß bei der beständig wechselnden Thematik und den nur stichwortartigen Formulierungen nicht immer erkennbar ist, worauf Balde zielt. In solchen Fällen werden ein oder zwei Erwägungen vorgetragen, die keinen Anspruch auf Lösungen erheben. Man darf an Goethes Urteil über Horaz' *Ars poetica* denken: „Dieses problematische Werk wird dem einen anders vorkommen als dem andern, und jedem alle zehn Jahre auch wieder anders." Daher werden nirgends *ultima verba* gesprochen, sondern nicht mehr als Schneisen *per una selva oscura* geschlagen, die dazu einladen, auf ihnen in dem Dickicht weiter vorzudringen. Der Verfasser ist sich dessen bewußt, daß er nicht selten einen Irrweg beschritten hat.

In jedem Fall ist Knappheit der Erläuterungen angestrebt. Wikipedia-Weisheit auszubreiten erschien nicht sinnvoll. Sprachliche Parallelen aus der antiken Literatur werden in der Regel nur angeführt, wenn angenommen werden kann, daß Balde sie kannte bzw. bewußt verwendete. Hierbei ist Christian Gottlob Heyne Leitbild, der zu Verg. Aen. 4, 700–703 bemerkte: „Στῆ δ' ἄρ' ὑπὲρ κεφαλῆς, Iliad. β, 20 de Somno, (adde Odyss. ζ, 21) omnes laudant. Sed talia delectant forte, at nihil illustrant".

Die *Icon Authoris* im ersten Band der Ausgabe von 1729 betont, daß Balde meistens *Argumenta sterilia* gewählt, diese aber *ad elegantiam usque* bearbeitet habe. Trotzdem macht er es den Lesern nicht leicht. „Seine Lektüre", meinte vor über 100 Jahren ein Kenner, „eignet sich daher nicht für unruhig von Blüte zu

Blüte flatternde Schöngeister, sondern nur für solche, die mit gereiftem Ernste durch das taube Felsgestein dringen, um die wundersam duftende Alpenblume zu pflücken. Balde hat eben für starksinnige Männer geschrieben und wird nur von solchen verstanden werden, die ernste Arbeit nicht scheuen" (Bach 1904, 78). In dieser Situation ist es eine wundersame Wende, daß es heute auch starksinnige Frauen gibt, die die schmale Balde-Forschung entscheidend fördern. Es genügt, die vier Münchnerinnen Katharina Kagerer, Veronika Lukas, Beate Promberger und Claudia Wiener zu nennen.

In vielen Fällen gab es kundige Wegweiser, denen an dieser Stelle aufrichtig gedankt sei. Hier werden nur die Namen genannt (vor Ort kommen sie mit ihren Auskünften zu Wort): Prof. Uwe Baumann (Bonn), Prof. Jürgen Blänsdorf (Mainz), Prof. Paul Richard Blum (Baltimore, MD), Prof. Thorsten Burkard (Kiel), Dr. Stefan Faller (Freiburg), Prof. Hans-Jürgen Goertz (Hamburg), Prof. Fritz Graf (Columbus / Ohio), Prof. Felix Heinzer (Freiburg), Prof. Günter Hess (Würzburg / Berg), Prof. Sabine Holtz (Stuttgart), Prof. Wolfgang Hübner (Münster), Prof. Heinz Gerd Ingenkamp (Bonn), Prof. Klaus Jacobi (Freiburg), Dr. Katharina Kagerer (München / Göttingen), Archivdirektor Dr. Johannes Laschinger (Amberg), Bibliotheksdirektor Dr. Reinhard Laube (Augsburg), Prof. Karl-Heinz Leven (Erlangen), Prof. Detlev Liebs (Freiburg), Dr. Claudia Michel (Freiburg), Prof. Lothar Mundt (Berlin), Archivdirektor Dr. Udo Rauch (Tübingen), Prof. Eckart Schäfer (Freiburg), StD Carl Schefers (Neuburg), Prof. Ulrich Schmitzer (Berlin), Prof. Gustav Adolf Seeck (Frankfurt a. M. / Kiel), Prof. Oliver Stoll (Passau), Prof. Gert Strobl (Freiburg), Dr. Ferdinand Stürner (Würzburg), Prof. Eva Tichy (Freiburg), Prof. Stefan Tilg (Freiburg), Dr. Tobias Uhle (München), Prof. Harry Vredefeld (Columbus / Ohio), Prof. Peter Walter (Freiburg), Dr. Gabriele Wolf (München). Es handelt sich um mündliche oder elektronische Auskünfte; daher sind die Genannten ohne Quellenangabe, aber stets mit ausgeschriebenem Vornamen zitiert (während sonst nur Initialen angeführt werden). Besonders hervorgehoben sei Katharina Kagerer, die auf die *Metamorphosis Poësis Elegiacæ in Eclogam, Heroicam, Satyricam, et Comico-Tragicam* aufmerksam und ein pdf des seltenen Textes (▶ S. 59–61) sowie Kopien der Ordens-Censurae über die *Expeditio* zur Verfügung gestellt hat (▶ S. 357–369).

Ferner wird der Universitätsbibliothek Jena eine CD mit der in ihrem Besitz befindlichen Ausgabe der *Expeditio* von 1726 verdankt.

Das Buch ist Eckart Schäfer gewidmet, der maßgeblich die heutige Balde-Forschung initiiert hat. Ungeachtet der drei vorzüglichen Gesamtdarstellungen von Georg Westermayer (1868 zum 200. Todestag), Joseph Bach (1904 zum 300. Geburtstag) und Anton Henrich (1915) blieb es um Balde ruhig. Da bedeuteten die 150 Balde gewidmeten eng bedruckten Seiten in Schäfers ‚Deutschem Horaz' von 1976, die stets das ganze Werk im Blick haben, nach über 60 Jahren einen Meilenstein, der einen Anstoß zu der breiteren Erforschung des Dichters gegeben hat. Der Verfasser preist es als eine glückliche Begegnung, daß er über 12 Jahre hinweg mit Eckart Schäfer zusammenarbeiten, jährlich ein Neulateinisches Symposion abhalten und die Reihe NeoLatina im Gunter Narr-Verlag (die bislang auch vier Balde-Bände umfaßt) begründen konnte.

Textgestalt: Die charakteristische Form, die dem Dichter selbst vertraut war, wird beibehalten. Interpunktionen, Akzente und Ligaturen sind ebenso übernommen wie der Laut- und Buchstabenbestand. Es ist ein Irrtum zu glauben, daß Baldes Werke in moderner Schreibweise leichter zu verstehen seien. In ihr sehen sie nur glatter aus, als sie sind – was ihnen nicht guttut. Die Interpunktionen werden (außerhalb kursiv gesetzter Texte) einheitlich recte gegeben, da nicht immer erkennbar ist, nach welchem Prinzip die Drucke bei ihnen zwischen recte und kursiv unterscheiden. Die Übersetzung bemüht sich, Wörtlichkeit und Lesbarkeit zu vereinen; sie scheut sich nicht, das Deutsche dem Lateinischen anzugleichen und den vom Deutschen abweichenden Gebrauch der Tempora sowie der Komparative und Superlative des Lateinischen wiederzugeben, usw. Auch in dieser Hinsicht wurde keine Glätte angestrebt. Doch wird das Prinzip nicht um jeden Preis durchgeführt.

Abkürzungen: *Ca.*: *Castrum. El.*: *Elenchus.* A-E bezeichnen die Kapitel dieses Buches, A-C die drei Drucke der *Expeditio* (▸ S. 67-71).

Änderungen gegenüber dem Original: In der Widmung und in der *Praefatio* sind (sinnvolle) Absätze ad hoc markiert. Arabische Zahlen ohne nähere Spezifizierung beziehen sich immer auf das in dem jeweiligen Kapitel behandelte Werk. Der Fettdruck der Kapitelzahlen im *Castrum* ist der Deutlichkeit halber vorgenommen. In *A* und *B* stehen sie in arabischen Ziffern am Rand, in *C* in römischen Ziffern am Kapitelanfang. Die Zählung der unnumerierten Themen im *Elenchus* ist der Übersichtlichkeit halber eingeführt.

Motti: Sie werden nicht unmittelbar nachgewiesen, wenn der Ort in dem zugehörigen Kapitel genannt ist.

Bibelzitate: Balde zitiert stets nach der Vulgata. Die Zählung der Lutherbibel wird nur dann angefügt (in Klammern), wenn sie von der der Vulgata abweicht. Zum leichteren Verständnis wird zuweilen Luthers (nicht auf der Vulgata fußende) Übersetzung beigegeben.

Verweise: Der dreieckige Pfeil ▸ verweist ausschließlich auf Stellen in diesem Band.

Übernommene Textgestaltungen / Übersetzungen: *Batrachomyomachia* nach Lukas 2001, *Urania victrix* nach Claren et al. 2003, *Dissertatio* nach Burkard 2004, *Interpretatio Somnij* nach Kagerer 2014 (ohne jeweilige Verweise). Ansonsten wird Balde außerhalb der *Expeditio* nach der Ausgabe von 1729 zitiert.

Großer Dank gilt Prof. Dr. Clemens Zintzen, der die Entstehung des Manuskripts begleitet und es den Mitherausgebern zur Publikation vorgeschlagen, ferner dem Verlag Walter de Gruyter, der den Band großzügig, fachkundig und umsichtig betreut hat, besonders Dr. Mirko Vonderstein für großzügiges Entgegenkommen, Florian Ruppenstein für kundige Überwachung des über weite Strecken schwierigen Satzes und Dr. Stefan Faller (Freiburg) für unermüdliche Hilfe bei allen Computer-Problemen.

Inhalt

A. Einführung —— 1
I. Balde als Dichtungslehrer —— 1
  1. *Regnum poëtarum* —— 2
  2. *Batrachomyomachia* —— 2
  3. *Dissertatio de studio poëtico* —— 2
  4. *Expeditio polemico-poëtica* —— 4
II. Entstehung —— 8
  1. Die Aussage der *Praefatio* —— 9
  2. Die Aussage der Epiloge —— 11
  3. Der Zwitter *Castrum / Elenchus* —— 13
III. Originalität —— 14
IV. Satire —— 15
V. Gehalt —— 17
  1. *Castrum* oder Verteidigung der alten und neuen lateinischen Literatur —— 17
    a. Ignorantia, Esel und Kritiker —— 17
    b. Bild der alten und neuen Dichter —— 20
    c. Dichtungstheorie —— 22
    d. Literarische Anregung für das *Castrum*? —— 24
  2. *Elenchus* oder Aphorismen zur Lebensweisheit —— 25
    a. Welthaltigkeit —— 26
    b. Gesellschaftsbild und Zeitkritik —— 28
    c. Dichtungstheorie —— 39
    d. Das wahre Ziel des *Elenchus*? —— 45
VI. Gestalt —— 49
  1. *Castrum*: Poetische Imagination —— 49
  2. *Elenchus*: Stil und Form der Themen —— 52
VII. Rezeption —— 59
  1. *Zwey Tausend Gutte Gedanken* (1685) —— 59
  2. *Strategus Criticus Jacobus Balde* (1726) —— 61
  3. *Metamorphosis Poësis Elegiacæ* (1731) —— 63
VIII. Text —— 67
Appendix 1: Die Rolle griechischer Literatur —— 72
Appendix 2: Die Rolle der Jäger im Jagdbuch (*Sylvae* 1) und im *Castrum* —— 73

B. *Castrum*. Text / Übersetzung —— 75

C. *Castrum*. Interpretation —— 157

D. *Elenchus*. Text / Übersetzung / Interpretation —— 235

E. Gutachten der Zensoren —— 357

Literatur —— 371

A. Einführung

„Allein das war das Eigenthümliche in Balde's ganzem Wesen und Wirken, daß er die edlen heilskräftigen Gedanken, die ihn bewegten, gern in eine Harlekinsjacke kleidete, um sie in das sinnlich derbe, allem Höheren abholde Treiben seiner Zeit wirksam einzuführen."[1]

I. Balde als Dichtungslehrer

Non nasci Poëtas, sicut apes artifices, quæ statim mellificant[2]

Die merkwürdige Verbindung des *Castrum* mit dem ihm folgenden *Elenchus* gehört zu einem wesentlichen Teil in den weiteren Rahmen des Poesie- und Rhetorikunterrichts der Jesuiten.[3] In den beiden letzten Klassen am Münchner Alten Gymnasium war der junge Balde 1626–1628 tätig, „wo von ihm als Lehrer der Humanitas- und später der Rhetorikklasse das Dichten ja geradezu professionell gefordert war."[4] Es kam hinzu, daß der Rektor des Jesuitenkollegiums Jakob Keller[5] ihm offenbar ein ‚geradezu begeisternder Lehrmeister der Dichtung' wurde.[6] Im Schuljahr 1627 / 1628 hatte Balde in der geteilten (!) Poesieklasse 60 Schüler.[7] Zu dieser Zeit gingen Lernen und Lehren in eins.

---

[1] Westermayer 1868, 91.
[2] *El.* 277.
[3] „Die sog. *Studia inferiora* wurden bei den Jesuiten in fünf Einheiten gelehrt: Es gab drei Grammatikklassen (*infima, media* und *suprema* oder *syntaxeos*), eine *Humanitas*- oder Poesie- und eine Rhetorikklasse" (Burkard 2009, 276 Anm. 6).
[4] Stroh 2006, 203. Dort auch das folgende Zitat.
[5] Jakob Keller SJ (1568–1631), Verfasser theologischer, historischer und politischer Schriften, leitete 1626–1631 das Münchner Jesuitenkolleg.
[6] Das hinderte Balde aber nicht, ihm später in der *Interpretatio Somnij* p. 28 im Zusammenhang mit der von Maximilian geforderten Tendenz der Geschichtsschreibung in vernichtender Weise Willfährigkeit gegenüber dem Hof vorzuwerfen (‚Man argwöhnt einen Befehl des Fürsten, sklavische Willfährigkeit, Kriecherei, Hoffnung auf Gunst, Furcht vor Verlust, menschliche Rücksichtnahmen', *imperium principis, seruitij promptitudo, obsequiosa uoluntas, spes gratiae, metus iacturae, humani respectus suspectantur*) und als einen ‚Mann, der, wie nur einer durch seinen Gehorsam dem Hof ergeben und nützlich war' (*homo si quisquam obsequijs Aulae obnoxius, et utilis*) zu bezeichnen (dazu Kagerer 2014, 439).
[7] Wiener 2013, 71.

1. Regnum poëtarum

Ein Beispiel für die Art, wie Balde die Schüler selbständiges Beherrschen und Weiterbilden der alten Dichter lehrte, ist das aus dem Anfang des Jahres 1628 stammende *Regnum poëtarum*,[8] in dem Schüler aus der Humanitasklasse als 12 klassische Dichter auftraten, die in dem jeweiligen Stil (und Metrum) Themen aus dem Dreißigjährigen Krieg behandelten. Die Schrift ist unter zwei Gesichtspunkten in dem hier verfolgten Zusammenhang wichtig. Sie zeigt Balde einerseits als geschickten Poesielehrer und andererseits als ausgezeichneten Kenner der originell charakterisierten Dichter. Diese sind: Horaz, Lukrez, Lukan, Ovid, Martial, Plautus, Catull, Seneca, Statius, Claudian, Juvenal, Vergil.[9] Sie kehren alle im *Castrum* wieder.

2. Batrachomyomachia

Vom Herbst 1628 bis zum Herbst 1630 war Balde am Gymnasium in Innsbruck tätig, an dem er die Münchner Tätigkeit fortsetzte. Später wechselte er an die Universität in Ingolstadt (1635 / 1637)[10] und wieder an das Gymnasium in München (1637 / 1638). Immer war die Lehrtätigkeit wichtig.

Noch in Ingolstadt entstand die *Batrachomyomachia* (Froschmäusekrieg).[11] Die erste Auflage erschien 1637 dort, die zweite 1647 in München. Balde widmete das Epos, wie die *Praefatio* im ersten Satz verkündet, *tibi Juventus studiosa literarum*,[12] *& quisquis Romanas Musas serenâ fronte colis*.[13] Die Jugend steht an erster Stelle, und sie steht auch an letzter: Zwar beginnt das kurze Nachwort mit der Anrede *Humane Lector*, aber es umgreift auch den jungen Leser. Jedenfalls

---

8 Stroh 2004, 309 datiert: nach Epiphanias 1628; 2006, 206: Anfang 1628; Balde selbst 1627 (▶ *El*. 257). Zur Differenz Schmidt (1986) 2000, 356 Anm. 2.
9 „Es ist in der Tat erstaunlich, wie es hier dem gerade erst vierundzwanzigjährigen Lehrer Balde gelungen ist, die Stileigentümlichkeiten so vieler verschiedenartiger Dichter und Gattungen nachzubilden [...]. Kein Zweifel: Hier wollte Balde seinem Lehrer Keller und vor allem sich selber beweisen, daß er ein Dichter sei, der es auf allen Gebieten mit den Klassikern aufnehmen könne" (Stroh 2006, 207–208).
10 Dort war er nach allgemeiner Ansicht Professor für Rhetorik (Westermayer 1868, 57), was den Poesieunterricht mit einschloß. Nach Stroh 2004, 264 ist es möglich, daß Balde in Ingolstadt nicht Universitätsprofessor, sondern Gymnasiallehrer war (Neudruck von Westermayer 1868 Amsterdam / Maarssen 1998, *6–7 mit näherer Begründung; ebenso Lukas 2001, 8).
11 Vorzügliche Einführung und Ausgabe mit Kommentar des ersten Buches: Lukas 2001.
12 Zur Schreibung von *litera / littera* bei Balde Kagerer 2014, 380.
13 1729, III, 1.

schließt es mit den Worten, der *labor* sei *studiosæ Juventutis gratiâ* unternommen worden.¹⁴ Wieder spricht der Dichtungsdidaktiker.

Die zweite Ausgabe enthält einen interessanten *Elenchus poëticus*, der in der Ausgabe der Opera omnia von 1729 weggelassen ist. „Hier sind für den poetischen Eleven, alphabetisch geordnet, wichtige, sich zur Imitation anbietende Passagen des Epos aufgeführt. Es handelt sich also um solche Elemente des Textes, die sich einerseits nach Ansicht des Verfassers dieses Elenchus durch besonders geglückte Formulierungen auszeichnen, andererseits auch problemlos in anderem Zusammenhang Raum finden könnten. Darunter fallen mythologische Anspielungen (genannt sind etwa *Europa à tauro vecta* [...]; *Halcyone* [...] und *Poenae inferni* [...]); ekphrastische Passagen ([...]; *Speculum polygonum* [...]); schließlich die unvermeidlichen Topoi der Moralistik (*Gula* [...]; *Fatum inevitabile* [...]). Auch an diesem Index wird [...] deutlich, daß die Batrachomyomachie tatsächlich von der *Iuventus studiosa* als didaktisches Werk zu benützen war, und zwar auch als ein Lehrstück zu der Frage, wie man vorzugehen habe, um ein Epos zu verfassen."¹⁵

Das Verfahren erinnert bereits an die rund drei Dezennien später entstandene *Expeditio*, die ebenfalls ein poetisches Hauptwerk (das *Castrum*) und einen *Elenchus* mit Themen, die sich für dichterische Ausarbeitungen empfehlen, umfaßt. Nur sind sie aus ganz verschiedenen Bereichen, nicht aus dem *Castrum* genommen, aber umgekehrt ist dieses selbst eines der 489 Themen, nämlich das letzte. Der Gestus ist gleichgeblieben.

3. *Dissertatio de studio poëtico*

Der Poesiedidaktiker Balde verfaßt 1658 in Neuburg die *Dissertatio de studio poëtico*, in der er die Theorie des Dichtens im Stil der römischen Muster darlegt. Sie ist Ponticus Crescentius Marcona gewidmet. Wie so oft ist der Name verschlüsselt. Westermayer glaubt, hinter ihm verberge sich Fidelis Ludescher SJ aus Innsbruck, der später in Augsburg und Amberg Professor und schließlich in Neuburg (wo er 1710 starb) Praefectus spiritualis wurde.¹⁶ Westermayers Vermutung kann weder bewiesen noch widerlegt werden.¹⁷ Doch kommt es in diesem Zusammenhang nicht auf die Identifikation des Widmungsempfängers, sondern darauf an,

---

14 1729, III, 152.
15 Lukas 2001, 34–35 (die Beispiele stammen aus dem ersten Buch).
16 1868, 210–211.
17 Burkard 2004, 73.

daß zwischen Balde und Marcona ein Lehrer- / Schüler-Verhältnis bestand. Andererseits ist das Werk allgemeinen Charakters und spricht überhaupt die an der Dichtung interessierte Jugend an.

4. Expeditio polemico-poëtica

Balde hatte mit der *Dissertatio* auch in Neuburg die Lehre im Auge. Das gilt weiterhin für sein letztes Werk, die *Expeditio polemico-poëtica* und ihren zum Rahmen gehörenden *Elenchus similium Argumentorum, sive Apparatus novarum Inventionum & Thematum scribendorum in gratiam Ingeniosæ Juventutis*. Steht bei diesem die Widmung an die Jugend im Titel, geht das beim *Castrum* aus der Widmung an den jungen Josephus Bertronius sowie aus der *Praefatio* klar hervor. Beide Werke haben pädagogische Ziele.

Welche Gelegenheit hatte Balde, Adepten in der Poesie zu unterrichten? Am Neuburger Gymnasium war er offenbar nicht tätig.[18] In diesem Zusammenhang ist an eine Einrichtung der Jesuiten zu erinnern, die in der modernen Balde-Forschung vergessen ist. Duhr hat die wissenschaftliche Weiterbildung der angehenden und schon wirkenden jungen jesuitischen Lehrer im 17. Jahrhundert detailreich dargestellt. „Mit derselben Zähigkeit wie an der aszetischen Ausbildung hielten die Generale auch an der wissenschaftlichen Ausbildung der jungen Jesuiten fest. Immer und immer wieder mahnten die Generale trotz aller Leutenot, die Ausbildung der zukünftigen Lehrer und Professoren nicht zu vernachlässigen." Es wurden an verschiedenen Orten Übungskurse, Seminarien und Repetitionskurse veranstaltet. 1619 trat in Regensburg ein eigentliches Lehrerseminar hinzu.[19] Diese Bestrebungen setzten sich, zumal nach dem Dreißigjährigen Krieg, fort.[20] Wichtig für die hier verfolgte Fragestellung ist es, daß die gelehrten Humaniora die Poesie mit einschlossen. Über das Regensburger Seminar unterrichtet Kropf. Danach wurde 1619 eine ‚Humaniorum literarum academia' für den jesuitischen Nachwuchs gegründet, die einen wechselnden Sitz hatte u n d a u c h n a c h Neuburg kam. Man erfährt, daß der Unterricht angehenden Jesuiten erteilt wurde, und zwar, wie es heißt, persönlich.[21] Kropf berichtet weiter, daß

---

[18] Carl Schefers hat dankenswerterweise den sog. Catalogus, die Jahresberichte des Gymnasiums S. J. Neuburg, eingesehen: In ihnen taucht der Name Balde nicht auf.
[19] 1913, 552–555.
[20] 1921, 275–281.
[21] „instituta est compluribus in provinciis domestica quædam academia, ubi Societatis nostræ homines, antequam adhibentur ad publicè docendum, informarentur ipsi privatim, mansuetiorísque omnis literaturæ scientiâ imbuerentur. Academia rhetorum vulgò

I. Balde als Dichtungslehrer —— 5

sich bereits davor in Augsburg jährlich besonders ausgewählte junge Jesuiten, die von den anderen separiert waren, Rhetorikstudien im Unterricht hochgelehrter Männer (genannt werden Matthaeus Rader, Jacobus Pontanus und Rudolf Mattmann) widmeten, so daß dort schon damals ein Zusammenschluß jesuitischer Rhetoriklehrer existiert zu haben scheine, der einer Akademie ähnlich war.[22] Es handelte sich um jesuitische Lehrer von besonderem Rang und jesuitische Schüler von besonderer Begabung.

Offenbar war die Akademie noch bzw. wiederum zu Baldes Zeit, jedenfalls 1746, in Neuburg.[23] Dieser Sitz wird von Lipowski bestätigt und vor allem: begründet. Wichtig ist ferner seine Mitteilung, daß Aufgaben aus dem Bereich sowohl der Dichtung als auch der Prosa gestellt und die Ergebnisse vor einem größeren Kreis vorgetragen wurden.[24] Beides trifft auf den *Elenchus* zu. In diesem Rahmen ist die Notiz von Westermayer zu verstehen, daß Balde Vorstand einer ‚Redneracademie' gewesen und in dieser Stellung von dem Rektor des Kollegiums, Albert Curtz SJ,[25]

---

dicebatur: non quòd extra rhetoricam nihil tractaret (cùm universam planè humanitatis disciplinam complecteretur) sed velut à principe facultate nomine indito. Erátque id m a g i s t r o r u m q u o d d a m q u a s i p l a n t a r i u m. [...] Itaque anno M.DC.XIX. [...] literaria id genus palæstra in Provincia nostra primùm instituta est: cui sedem tum quidem nova domus collegii Ratisbonensis præbuit. Sedes alias, aliásque, progressu temporis, pro varia locorum opportunitate, obtinuit. H o d i e N e o b u r g e n s i u t i t u r d o m i c i l i o" (1746, 85, Sperrungen ad hoc).

22 „[...] juvenes nostros, peculiari quot annis delectu à cæteris separatos, rhetoricæ studiis dedisse operam sub disciplina eruditissimorum virorum, Matthæi Raderi, Jacobi Pontani, Rudolphi Mattmanni, atque aliorum: prorsus ut ibi rhetorum nostrorum quidam jam tum cœtus extitisse videatur, a c a d e m i æ s i m i l i s".

23 Gelegentlich war sie in Hall i. T. (Westermayer 1868, 53; Duhr 1913, 555). Westermayer vermutet sie um das Jahr 1634 in München.

24 Sie sei 1619 in Regensburg gegründet und ‚späterhin' n a c h N e u b u r g v e r l e g t worden, weil die Jesuiten „die Studierenden aus ihrer Gesellschaft leichter von den hohen Schulen Ingolstadt und Dillingen nach vollendeten Lehrkursen der Philosophie und Theologie dahin versetzen konnten. Der erste Vorstand dieser Redner-Akademie war P. Oswald Coscan, und nach ihm P. Andreas Mayer. Junge Geistliche des Ordens, welche von Haus aus beredt waren, ein gutes Sprachorgan, eine geläufige Zunge, einen geründeten Mund, eine Bruststimme, und sonst einen stattlichen Wuchs und eine schöne Bildung und Haltung des Körpers hatten, eigneten sich vorzüglich als Zöglinge dieses Institutes. Die Grundlinien der Unterrichts-Methode waren im wesentlichen folgende: Die Zöglinge sollten der griechischen, lateinischen und deutschen Sprache kündig seyn, daher ihnen, jedoch mit Auswahl, die beßten Schriftsteller zum Lesen und zur Ausbildung ihres Styls sollen gegeben werden. Man soll sie anhalten, anfangs Aufsätze in gebundener und ungebundener Schreibart zu machen, und wenn sie hierin Fortschritte gemacht haben, so soll man denselben größere Elaborate auftragen. Diese ihre Elaborate in gebundener und ungebundener Rede sollen sie memoriren, und in einer Versammlung der Jesuiten deklamiren" (1816, 129–130).

25 Curtz: ▸ zu *El.* 371.

‚wirksam' unterstützt worden sei. „Hier in Neuburg bildete er u. A. jenen Fidelis Ludescher aus Innsbruck heran, den er öffentlich als seinen ächtesten Schüler erklärte [...]. Auch der Lyriker Adam Widl aus München, der Balde dankbar in zweien seiner Oden feiert, dürfte in Neuburg an der Hand unseres Dichters den Parnaß erstiegen haben."[26] Der dargelegte Hintergrund erklärt, warum Balde das *Castrum* (das ja ein ausgeführtes ‚Thema' des *Elenchus* ist) dem jungen Josephus Bertronius widmet und ihm im Epilog ausdrücklich seine pädagogischen Ziele darlegt.

Baldes Ruf als Dichtungslehrer ging weit über Neuburg hinaus. So erwähnt er am Anfang der *Praefatio*, daß ihn Raphael Stibius aus Trient aufgesucht und seinen und vieler anderer Wunsch überbracht habe, er möge einen Schatz an Inhalten bzw. Stoffen verfassen, wie er ihn dem Jesuiten Guilielmus Petmesius[27] am Anfang des *Solatium podagricorum* vorgelegt habe.[28] Hiervon könnten die Begabungen der Jugend, die sich den Musen widme, gestärkt werden, damit sie nach deren Muster Ähnliches ersönne oder sich wenigstens mit diesen schon erdachten Themen beschäftige und ihre Kunstfertigkeit wetteifernd übe. Balde bezeichnete im Gespräch mit Petmessius 52 Themen als eigene Projekte. Stibius hatte entsprechende Aufgaben für die Jugend im Sinn. Aus seinem Wunsch resultiert, wie mitgeteilt wird, der *Elenchus*. Die Trennung ist nicht strikt zu sehen. Ein Thema kann sowohl von einem Meister als auch von einem Adepten (natürlich unterschiedlich) bearbeitet werden.

Daß der *Elenchus* auch in den Bereich des Poesieunterrichts gehört, geht nicht nur aus der Überschrift, die ihn der *Ingeniosa Iuventus* widmet, sondern überdies aus der zentral plazierten Themenfolge 226–235 hervor, die gefaßte und vertagte Beschlüsse eines *recentiorum Poëtarum conventus* wiedergibt.[29] Dieser dürfte die Sitzung eines Neuburger Kreises, wohl der Redner-Akademie einschließlich der Adepten, meinen (226). Es geht um den Unterricht:

1. ‚Statut: Daß in das Buch der Ignoranten die Namen derer einzutragen sind, die sagen, der poetische Atem wohne im Blut' (227). Balde legt Wert darauf, daß Dichten gelehrt und gelernt wird. Verwandt ist *El.* 315.

---

26 1868, 210–211 (der Passus wurde von Bach 1904, 44 übernommen). Westermayer und Duhr berufen sich auf Kropf. Zu den Genannten: Fidelis Ludescher SJ (1635–1710), Verfasser philosophischer und physikalischer Werke; Adam Widl SJ (1639–1710), Dichter der 1674 in München erschienenen *Lyricorum libri III. Epodon liber unus*, Würdigung bei Duhr 1921, 578–579.
27 Über ihn das Vorwort zum *Solatium podagricorum* (1729, IV, 8–14) sowie hier der Kommentar zur *Praefatio* in C.
28 Balde berichtet davon in der *Praefatio* zu diesem Werk.
29 Die einzelnen Themen werden jeweils ad loc. erklärt.

2. ‚Statut: Daß jene Zwerge töricht sind, die die Begabungen der Jünglinge, die zum Lorbeer geführt werden sollen, nur mit trockenen Spitzfindigkeiten und dem Spielzeug kleiner Epigramme mehr ermüden als üben. [...]' (228). Das ist gegen kleine Geister unter den Lehrern gerichtet, die die Zöglinge kleinlich unterrichten. Balde distanziert sich von ihnen. Dem Epigramm steht er kritisch gegenüber.[30]

3. ‚Statut: Daß die Formel ‚mutatis mutandis' nicht zu den sublimen Bemühungen der Dichter, sondern zu gewöhnlichen Schreibern und Gesetzeskrämern bei der Abfassung von Testamenten gehört' (229). Balde fordert einen gehobenen Stil.[31]

4. ‚Statut: Daß niemand, der künftig zu der Versammlung gerufen wird, in Lumpen zu erscheinen wagt' (230). Balde richtet sich, witzig formulierend, gegen Cento-Dichtung. Man bespricht die Arbeiten der Adepten offenbar in größerem Kreis (*Comitia*).[32]

5. ‚Statut: Daß zur Einführung der Begabungen der Jünglinge in die Dichtung und später zum Vertrautmachen der Männer mit größerem Geist holperige, rauhe und paradoxe Themen anzubieten und auch zu untersuchen sind. Durch deren Übung sollen sie ihre Stile wie am Schleifstein schärfen, bis sie wie eine abgeriebene Pflugschar nach Abwischen des Rostes glänzen – für alles geeignet' (231). Balde räumt der Behandlung paradoxer Themen einen besonderen Rang ein.[33]

Die anderen Beschlüsse bis 235 sind ebenfalls in diesem Sinn zu verstehen. Auch 22 scheint hierher zu gehören, wo bereits von einem *conventus Poëtarum* die Rede ist. Offenbar mußten zwei Adepten vor dem Gremium einen entsprechenden Dialog improvisieren oder nach einer Vorbereitung vortragen, wie es Lipowski beschreibt. Weiterhin könnte an diesen Kreis bei der Ermahnung gedacht sein, ‚daß vor allem Jünglinge, die sich im Hippodrom der Dichter üben, zu ermahnen sind, daß sie Pegasus vorne, nicht hinten am Schwanz aufzäumen [...]' (400).

Balde wird in der Redner-Akademie einer von mehreren Lehrenden gewesen sein, die wohl dem *conventus* (22 und 226) bzw. den *comitia* (230) angehörten. Die Adepten konnten ihre Elaborate vor dem Lehrer oder vor dem Plenum vortragen. Crescentius Marcona, der Widmungsempfänger der *Dissertatio*, und Josephus Bertronius, der Widmungsempfänger des *Castrum*, sind herausgeho-

---

30 ▸ S. 40–41 ‚Epigramm'.
31 Dazu stimmt Lipowskis zitierte Nachricht, es sollten die ‚beßten' Schriftsteller zum Lesen und zur Ausbildung des Stils behandelt werden.
32 In diesem Sinn sagt Lipowski, die Adepten sollten ihre Elaborate „in einer Versammlung der Jesuiten deklamiren".
33 ▸ E (Zensurgutachten).

bene Schüler. Auf individuellen Unterricht, von dem Kropf berichtet, deutet hin, daß Franciscus Bertronius gemäß der *Praefatio* Balde erst einmal auf den Zahn fühlte, um sich zu überzeugen, daß sein Sohn auch etwas Rechtes bei ihm lernen könne. Sein arroganter Ton und die Ankündigung, daß er mit dem Kaiser gegen die Türken ziehen wolle, weisen ihn den höheren Ständen zu. Wenngleich Balde ihm selbstbewußt antwortete, wird doch deutlich, daß er an dem begabten Sohn interessiert war.

Der Widmung des *Castrum* an Josephus Bertronius ist zu entnehmen, daß Balde dem Unterricht auch seine *Lyrica* zu didaktischen Zwecken zugrunde legte. Der Adept verstand sie glänzend, so gut wie Balde selbst. An ihnen konnten Formen und poetische Technik geübt werden. Dementsprechend heißt es bei vielen Themen des *Elenchus*, es sei eine *Ode* gefordert. Im Epilog an den Leser berichtet Balde, daß er selbst bei Oden zunächst nur den Titel (und damit das Sujet) konzipiert und erst später die Ausführung vorgenommen habe. Eben dieses Verfahren ‚vom Thema zum Werk' wird Balde an eigenen Gedichten vorgeführt und sodann an anderen Stoffen mit den Schülern geübt haben. Eine solche Praxis ist dem Kompositionsunterricht der modernen Musikhochschulen vergleichbar, in dem Komponisten die Kunst des Komponierens sowohl an fremden als auch an eigenen Werken lehren.

II. Entstehung

[...] *invitatus, dicam, an irritatus, assensi tandem*

Balde liebt es, in den Widmungen oder Praefationes darzulegen, daß er um die Abfassung eines Opus gebeten worden sei, wie die drei der *Expeditio* vorausgehenden Werke belegen. So heißt es zu Beginn der *Dissertatio* (1658): ‚Schon vor langer Zeit hatte ich bemerkt, mein lieber Crescentius, daß du vom Ruhme der Dichtkunst und der Liebe zu ihr in Bann gehalten wirst. Weil dich Begabung und tiefe Neigung dorthin ziehen, forderst du mich immer wieder auf, daß ich mit meiner großen Erfahrung auf diesem Gebiete nicht das verloren gehen lassen solle, was deiner festen Überzeugung nach der Jugend nützlich sein werde.'[34] In der Widmung des *Solatium podagricorum* (1661) an Thomas Barnazolius schildert Balde, wie ihn bei einem Besuch in Augsburg seine Gastgeber baten, ein Trostge-

---

34 *Iam dudum adverteram, Optime Crescenti, te laude, atque amore Artis Poeticae capi. Quia indoles, ardénsque cupiditas huc ducunt; identidem sollicitas, ut experientiâ rerum, & usu instructus, non sinam perire, quae Iuventuti utilia fore confidas* (1).

dicht für Gichtkranke zu schreiben, und sich darauf, als er der Aufgabe auszuweichen versuchte, Guilielmus Petmesius zum Fürsprecher der Augsburger Gichtkranken gemacht und ihn überredet habe, das *Solatium* in Angriff zu nehmen. Die *Isagoge* der *Urania victrix* (1663) schließlich verkündet zu Beginn: ‚Als ich aufgefordert – oder soll ich sagen: angestachelt? – wurde, irgendein Thema in empfindsamen Versen zu behandeln, habe ich schließlich zugestimmt, ob nun durch beredte Anfeuerungen von Wohlgesonnenen bewegt oder durch zweideutige Klagen von Arglistigen angespornt, wobei ungewiß ist, ob sie mich dazu entflammen wollten, mich zu beweisen, oder mich als störrisch tadeln wollten.'[35] Die letzten beiden Werke sind in Thema und Form gänzlich eigenwillig, so daß Balde verständlicherweise jeweils eine Rechtfertigung für angebracht hielt. Ebendas ist auch bei dem ungewöhnlichen Charakter der zweiteiligen *Expeditio* (1664) der Fall. Balde verließ immer mehr die üblichen Geleise des Dichtens.

1. Die Aussage der *Praefatio*

Castrum: Wie Balde in der *Praefatio* berichtet, suchte Franciscus Bertronius aus einem Katalog mit möglichen Themen für dichterische Bearbeitungen, dem *Elenchus*, eines aus, das Balde selbst auszugestalten angeboten hatte. Auf diese Weise sollte deutlich werden, wie ein gestelltes Thema ausgearbeitet werden könne. Die Vereinbarung wird mit Blick auf den lernbegierigen Josephus Bertronius getroffen. Das ist eine ungewöhnliche Erklärung für die Entstehung des *Castrum*.

Elenchus: Balde legt in der *Praefatio* dar, daß Raphael Stibius, der ihn in Neuburg besuchte, in eigenem und anderer Namen gebeten habe, einen Themenkatalog zu verfassen, der Dichtungsadepten bei der Ausarbeitung poetischer Werke als Anregung dienen könne. Er berief sich auf die *Argumentorum sive Lemmatum scribendorum suppellex*, die Balde Guilielmus Petmesius vorgelegt habe. Damit hatte es folgende Bewandtnis, wie Balde in der *Praefatio* zum *Solatium podagricorum* mitteilt.[36] Bei einem Besuch in Augsburg fiel ihm auf, daß er ungewöhnlich vielen Podagristen begegnet sei. Daher fragte er bei einer Einladung, ob die Krankheit auf den Ort oder die Menschen zurückgehe.[37] Er erwog selbst, daß

---

35 *Vt aliquid mollioribus metris illigarem; invitatus, dicam, an irritatus, assensi tandem; sive facundis afflatibus faventium motus; sive insidiantium dubijs querimonijs incitatus: quibus nescias, incendere me probandum voluerint, an exagitare contumacem.*
36 1729, IV, 1–15.
37 *nescio an uspiam in plures Podagricos impegerim. Deinde, loci hic morbus est, an hominum?*

die Zubereitung des Weins schuld sei. Jemand hielt ihm entgegen, ob es nun am Ort oder an den Menschen liege, er solle die Ärmsten nicht verspotten, sondern lieber trösten (*solari*). Man holte seine *Lyrica* herbei und zitierte eine Reihe von Gedichten, in denen er den Adressaten Trost zugesprochen habe. Balde reagierte unter Hinweis auf eine Reihe literarischer Beschäftigungen reserviert, lehnte aber als höflicher Gast weder ab, noch machte er eine feste Zusage. Während er, nach Neuburg zurückgekehrt, mit der Abfassung des Werks *De eclipsi solari* beschäftigt war, besuchte ihn Guilielmus Petmesius, der auf einer Reise von Augsburg nach Ingolstadt begriffen war. Hinter dem Pseudonym verbirgt sich ein angesehener Jesuit der Zeit, Wilhelm Freiherr von Gumppenberg.[38] Dieser erinnerte ihn an die Bitte der Augsburger um ein Trostgedicht für die Podagristen. Balde verwies erneut auf seine mannigfachen Beschäftigungen, vor allem auf die *Urania victrix* (die sein vorletztes großes Werk werden sollte) und zudem auf einen Katalog von 52 Themen, die er noch bearbeiten wolle.[39] Dieser versetzte Petmesius verständlicherweise in Erstaunen (*obstipuit Petmesius ad hæc meditamenta*).

So übertrieben der Katalog sein mochte, sosehr er von Eitelkeit vielleicht nicht ganz frei war:[40] Er war in seiner Funktion sinnvoll. Denn jedes Thema konnte von einer Dichterpotenz wie Balde ausgestaltet werden. Er wollte offenbar demonstrieren, er habe trotz übergroßer Fülle an Aufgaben und Plänen nur dem Drängen der Augsburger nachgegeben – zumal sie eine Autorität wie Gumppenberg als Fürsprecher hatten. So gern er möglicherweise das *Solatium* ersann, hielt er es offenbar für notwendig, die Abstrusität der Thematik zu rechtfertigen.

Demgegenüber ist der Fall des drei Jahre später entstandenen *Elenchus* verschieden. Dieses Mal geht es nach Aussage der *Praefatio* nicht (nur) um *meditamenta* für mögliche eigene Werke, sondern auf Stibius' Bitte hin (auch) um Anregungen für andere.[41] Verflochten ist damit die Funktion, das *Castrum* zu rechtfertigen. Denn Balde macht sich gegenüber Bertronius' Skepsis anheischig, ein von ihm aus dem *Elenchus* ausgewähltes Thema selbst zügig auszuführen. Bertronius entscheidet sich für das letzte: *Castrum Ignorantiæ à Poëtis obsessum, expugnatum, eversum* (489). Wieder fühlt sich Balde genötigt, die Kuriosität des

---

sciscitabar.
38 ▸ S. 160.
39 *si animum habes, lege sis Titulos, licèt temerè congestos: lege, obsecro: ut cognoscas, quantis molitionibus importunus intercedas* (1729, IV, 9).
40 Franciscus Bertronius hielt ihm in der *Praefatio* bezüglich des neuen Katalogs Angeberei vor: *in quem usum hæc paras? nisi fortè talia ostentas ad pompam?*
41 *inde excitari posse ingenia Iuvenum Musis operantium, ut ad eorum normam industrii, similia excogitent; vel certè his ipsis occupentur inventis; artemque suam æmuli, velut ad palam, exerceant.*

neuen Werks zu rechtfertigen, indem er den Grund für seine Entstehung einem anderen in die Schuhe schiebt. Die Apologie ist ein wenig gekünstelt.

Als Ziel des *Castrum* definiert Neubig in seiner unnachahmlichen Art, Balde wolle der Jugend „einige schöne Winke, eine ganz leichte Norm zu poetischen Erfindungen geben, um nicht immer auf abgeschmutzten, schäbigen Saiten mit Affenfingern herumzuklimpern."[42] Doch selbst einen begabten hoffnungsvollen jungen Mann mußte das Resultat, die von Einfällen funkelnde und glitzernde Satire, von Balde gegen Ende seines Lebens nach langer Praxis geschaffen, eher abschrecken als anspornen. Ein Ansporn aber sollte sie sein, wie es im Epilog heißt. Man möchte meinen, daß der Rahmen mit der Entstehungsgeschichte in denselben Bereich des *nugari* gehört, in den Balde am Ende der Widmung das *Castrum* stellte. Vielleicht ist es bezeichnend, daß weder von Raphael Stibius noch von Franciscus oder Josephus Bertronius sonst etwas bekannt ist. Doch kann das bei Baldes Vorliebe für das Unkenntlichmachen der Namen auch Zufall sein.

2. Die Aussage der Epiloge

Castrum und *Elenchus* haben je einen eigenen Epilog, der im ersten Fall an Josephus Bertronius, im zweiten an den *Benevolus Lector* gerichtet ist.

Castrum: Der Leser, der in der *Praefatio* den umständlich erklärten Anlaß des *Castrum* zur Kenntnis genommen und das Werk bis zum Ende gelesen hat, muß über den Epilog überrascht sein. In der *Praefatio* wurde dargelegt, es gehe darum, geeignete Themen bereitzustellen, die Poesieschüler ausführen bzw. nach deren Muster sie eigene ersinnen und ausführen könnten. Gegenüber dem Zweifel des Vaters Franciscus Bertronius am Sinn dieses Verfahrens bot Balde an, selbst eines der genannten 489 Themen zu bearbeiten. Franciscus wählte den *Castrum*-Stoff. Das fertige Elaborat sollte ihm nach seiner Rückkehr aus dem Türkenkrieg überreicht werden. Demgegenüber erfährt der Leser im Epilog ein anderes Ziel: Balde habe dem jungen Josephus Bertronius im *Castrum* die Dichter der Alten charakterisiert, ihre natürlichen Anlagen und ihren Charakter, die Verschiedenheit des Stils, der Gesinnung und die vielfältigen Weisen des Singens, damit er sie sich zu eigen mache. Er solle die Kampfeslust desjenigen Dichters übernehmen, der

---

[42] 1829, 83.

ihm gefalle, und die Waffen, die seinem Maß entsprächen.[43] Hierauf werden 12 Dichter, zumeist ganz kurz, charakterisiert, oder besser: aufgezählt. Das *Castrum* ist demnach ein praktisches Lehrstück für einen angehenden Dichter – vergleichbar der Crescentius Marcona gewidmeten theoretischen *Dissertatio*.

Balde führt nicht aus, was er in der *Praefatio* angekündigt hat. Natürlich will er demonstrieren, daß er selbst jedes der genannten Themen auf hohem Niveau ausführen könne. Andererseits gibt er Josephus Bertronius die Anregung, eins der genannten Themen (oder ein ähnliches von ihm selbst erdachtes) im Stil e i n e s der 12 von ihm charakterisierten Dichter zu bearbeiten.

Es besteht eine gewisse Unausgeglichenheit zwischen *Praefatio* und Epilog.

Elenchus: Auch der Epilog zum *Elenchus* hält eine Überraschung bereit. Nunmehr ist die Überschrift, die das Werk der *Ingeniosa Iuventus* widmet, und Stibius' entsprechende Bitte vergessen. Die Themen werden nur noch unter dem Gesichtspunkt besprochen, daß Balde sie für die eigene Arbeit in petto hat: Tablerus Ruffus (der nicht zu identifizieren ist) werde endlich aufhören, ihm Vorschläge für dichterische Ausarbeitungen aufzudrängen (*obtrudere*), wenn er sehe, daß Balde über einen solchen Vorrat geeigneter Stoffe verfüge. Nicht Stibius oder einer der beiden Bertronii ist angesprochen, sondern der Leser, dem Balde nach wenigen Worten über den Charakter der Sammlung die e i g e n e Art des Dichtens darlegt, indem er zeigt, wie eine ganze Reihe seiner Werke – er nennt 68 Beispiele – aus geeigneten Kurzkonzepten hervorgegangen sei.

Rückblickend wird deutlich, daß Balde zwar durch das Referat von Stibius' Aufforderung, durch die Überschrift und durch die Betonung, er habe die Themen für die Bearbeitung bzw. Nachahmung zur Verfügung gestellt,[44] zum Ausdruck bringt, der Katalog sei für die Jugend gedacht, daß er aber auch die eigene Produktion im Blick hat, ,vorrätig zu haben, was man schreiben könne'.[45] Die Beispiele des anerkannten Malers, des *Graphicus Magister*, und besonders Vergils sprechen ebenfalls eine deutliche Sprache und sprengen die formale Rahmung.

---

43 *Habes igitur [...] ingenia geniumque, stylorum et spirituum varietatem, atque diversos canendi modos [...] assumendos. Indue Vatis, qui placuerit, ferociam & arma, quæ mensuræ respondeant.*
44 *apparatum horum Lemmatum, qualia ad imitandum subjecimus.*
45 *habere parata, quæ scribere possis* bzw. *in promptu habere, quæ multò antè concepta, ad nutum emicent in lucem.*

3. Der Zwitter *Castrum / Elenchus*

Der Zusammenschluß der in ihren Charakteren toto coelo verschiedenen Werke *Castrum* und *Elenchus* hat einen Zwitter ergeben, dem Balde das Mäntelchen einer sinnvollen Einheit umzuhängen bemüht ist. Die Widmung des *Castrum* an Josephus Bertronius und der zugehörige Epilog stellen zusammen mit der von ihnen umschlossenen satirischen Erzählung über die Eroberung der Burg der Ignorantia ein Kontinuum aus einem Guß dar. Es sind nur die knappen Erwähnungen des Vaters am Anfang und am Ende der Widmung weg- bzw. modifiziert zu denken. Wie im Fall Crescentius Marconas ist der junge Widmungsempfänger angesprochen. Wie Balde jenem die *Dissertatio* als ein theoretisches Muster für das richtige Dichten widmete, widmet er Josephus Bertronius das *Castrum* als ein praktisches Muster und erläutert es im Epilog. Er hätte hinzufügen können, daß ihn wiederum der Widmungsempfänger um das Muster gebeten habe.

Aber Balde wollte den monströsen *Elenchus* unterbringen. Dessen Epilog sagt eindeutig, daß es im Grund um eigene Projekte geht. Es handelt sich um eine enge Parallele zu der in der *Praefatio* zum *Solatium* genannten Liste mit 52 Themen für eigene Ausgestaltungen. Kaum war der neue Katalog als selbständiges Werk zu veröffentlichen. Deshalb berief sich Balde darauf, daß Raphael Stibius ihn um Themenvorschläge für Poesieadepten gebeten habe (was tatsächlich geschehen sein mochte), und widmete diese der *Ingeniosa Iuventus*. Damit ergab sich eine Unausgeglichenheit zwischen dem Titel des *Elenchus* und seinem Epilog, aber beide heterogenen Werke waren zusammengeschweißt. Man kann noch mit dem Gedanken spielen, daß Balde in der Widmung zunächst bis zu, sagen wir, 52 Themen nennen und mitteilen wollte, Josephus habe aus ihnen das *Castrum* ausgewählt. Aber dann wuchsen sie auf 489 und mußten separiert werden.[46]

Ein Bindeglied zwischen beiden Werkteilen ist der Titel des zweiten, insofern es heißt, es folge ein *Elenchus similium Argumentorum*. Nicht sind die Themen einander ähnlich, sondern sie sind dem des *Castrum* ähnlich. Worin? Wohl darin, daß sie ebenfalls den Samen für eine fruchtbare Ausarbeitung bergen. Auch mag an den hier wie da satirischen Ton gedacht sein.

Drei ketzerische Fragen mögen erlaubt sein: 1. Wenn Franciscus Bertronius' Wahl auf ein anderes Thema gefallen wäre: Hätte Balde dieses ebenso ausgefeilt ausgeführt? 2. Wenn kein Anstoß von außen zur Gestaltung des *Castrum* erfolgt wäre: Hätte Balde dieses ebenso ausgefeilt ausgeführt? 3. Wenn Balde von Stibius nicht

---

[46] Balde hat übrigens aus den Themen (*Tituli*) des *Solatium* vier etwas modifiziert in den *Elenchus* übernommen: Nr. 17 (▶ zu *El*. 136), 22 (▶ zu 382), 24 (▶ zu 323), 29 (▶ zu 310).

um den *Elenchus* gebeten wäre: Hätte Balde diesen ebenso ausgefeilt ausgeführt? Diese Fragen kann niemand beantworten, aber jeder kann aus ihnen Schlüsse ziehen, die ihm wahrscheinlich dünken, gar fragen: Ist Baldes Konstruktion ein Kartenhaus, um das *Castrum* und den *Elenchus* zu koppeln und überdies beide Werke auf Anstöße bzw. Aufforderungen von außen zurückzuführen?

Eine Erklärung des Problems, warum Balde ein so kompliziertes Fadengeflecht um die beiden so verschiedenen Werke gesponnen hat, könnte sein, daß der *Elenchus* einen Eigenwert hat, der verschleiert werden sollte.[47]

III. Originalität

Novitatem, velut alteram Animam Poëtae

Es wäre ein Irrtum zu glauben, daß aus der perfekten Beherrschung des Stils der alten Dichter im *Castrum* für Balde die vollendete Imitatio als höchstes Prinzip der poetischen Produktion abzuleiten sei. Er erhebt vielmehr in der Widmung den Anspruch, die Schrift stelle das Beispiel eines besonderen, wenn nicht noch nie gehörten Kampfes dar.[48] Sogar für die Themensammlung des *Elenchus* reklamiert er in der *Praefatio* Neuheit. Sie sei ein *novum inventum*. Neuheit, *novitas*, sei es, die die Neulateiner (*Neoterici*) dringend vonnöten hätten,[49] die oft die Erfindung, d. h. die Originalität (*inventio*) geringschätzten und abgespielte Saiten anschlügen, so daß die alte Leier (*antiqua lyra*) wiedertöne. ‚Das Neue werde in die Waagschale geworfen, die am Tor des Parnasses aufgehängt ist'.[50] Schon der Alternativtitel weist auf die Neuheit: *Apparatus novarum Inventionum & Thematum*.

Nachdrücklich hat sich Balde bereits in der vorangegangenen *Dissertatio* für die Neuheit der neulateinischen Dichtung eingesetzt und das bloße Imitieren der Alten verworfen.[51] Die *novitas* nennt er gleichsam die ‚zweite Seele des Dichters'.[52] Selbstbewußt spielt er sie gegenüber dem Philosophen aus: ‚Ohne Zweifel ist dem wahrheitsliebenden Philosophen die Neuheit untersagt, vom

---

47 ▸ S. 45–48.
48 *specimen exquisiti, si non etiam inauditi certaminis, præsens hæc scriptio exhibet*.
49 Zur Forderung nach *novitas* bei Balde: Schäfer 1976, 159.
50 *nova [...] imponantur bilanci, quæ in foribus Parnassi suspensa est*.
51 In der Vorrede *Ad lectorem* zur *Jephtias* (1729, VI, 10–11) von 1654 betont Balde wie für seine lyrischen und satirischen Dichtungen auch für die Tragödie die Neuartigkeit (dazu Stroh 2004, 291–293).
52 *Novitatem, velut alteram Animam Poetae* (Diss. 67). Dazu Schäfer 1976, 159; Burkard 2004, 321.

Dichter, der mit Einfällen unterhält, wird sie auf großen wie auf kleinen Leiern verlangt.'[53] Daß Balde diesen Anspruch sowohl mit dem *Castrum* als auch mit dem *Elenchus* erfüllt, wird niemand bestreiten.[54]

IV. Satire

> „Doch war ihm der lyrische Blüthenduft mit zunehmenden Jahren mehr entflogen, und dafür eine trübere, mit satyrischem Salz gewürzte Lebensanschauung aufgegangen, die ihn jene im Gedichte *de Vanitate mundi* besungene Eitelkeit der Welt mit der Geißel des Humors züchtigen hieß."[55]

Das *Castrum* ist eine Satire.[56] Balde meint den Inhalt durchaus ernst, aber er trägt ihn in einer ironischen, ja stellenweise grotesken Art vor. Dasselbe gilt für viele Themen des *Elenchus*, die von tiefer Ironie geprägt sind. Ist das *Castrum* eine satirische Dichtungsbetrachtung, ist der *Elenchus* eine satirische Weltbetrachtung – jedenfalls über weite Strecken hin. So heißt es im Epilog: *esto: pleraque Satyricum aroma spirent* (‚gut, das meiste mag nach Satire riechen'). Diese Grundhaltung verbindet die beiden auf den ersten Blick so disparaten Teile des Ganzen.[57] Balde

---

[53] *Nimirum Philosopho, veritatem amanti, novitas interdicitur: à Poeta, figmentis delectante, expositur, fidibus, & fidiculis* (*Diss.* 7). Dazu Schäfer 1976, 159, ferner Burkard 2004, 123–124: „Er geht von dem Axiom aus, daß ein Dichter etwas Neues, noch nie Dagewesenes schaffen muß. Seine Bemerkungen über die tatsächliche Situation zeigen aber, daß diese Tatsache keineswegs unter seinen Zeitgenossen als selbstverständlich akzeptiert war. Die Novitas wird in der Diss. insofern beherrschend, als sie alle Bereiche des Gedichts durchdringt: Sprache (abgesehen von Neologismen), Stoff, Aufbau und die Stimmung der ganzen Dichtung." Burkard verweist auf die Widmung der *Crisis* (die 1657, ein Jahr vor der *Dissertatio*, entstand): *Poëma novi prorsus argumenti, novæ compositionis offero tibi, optime Alphonse* (1729, IV, 513).
[54] „Originalität ist die starke Seite Baldes", sagt Knepper 1904, 38 anerkennend.
[55] Knapp 1848, 326 über Baldes Neuburger Zeit – ein eindrückliches Wort.
[56] Das *Castrum* wird öfter als Menippeische Satire bezeichnet, doch ist bei dem Gebrauch dieses Terminus Vorsicht geboten, da er in der Regel eine Mischung von Prosa und Versen bezeichnet, die von demselben Autor stammen (Senecas *Apocolocyntosis* oder Petrons *Satyrica* sind Beispiele), Balde aber Verse antiker Autoren zitiert (Ausnahmen sind das angebliche Vergil-Zitat in 41 und die zwei bzw. drei Hinkjamben in 54, ▸ jeweils die Interpretation in C).
[57] Die Bedeutung der Satire bei Balde ist öfter untersucht worden, etwa von Behrens 1986. Vielfältige Aspekte bietet der neuere Sammelband von Freyburger / Lefèvre 2005, in dem vor allem die vorzüglichen Beiträge von Sauer (13–24) und Baier (245–255) der Theorie gewidmet sind.

ist ein würdiger Nachfolger seines Lieblingsdichters, der ‚lachend die Wahrheit sagen' (*ridentem dicere verum*)[58] als Devise der Satirendichtung formulierte. Nur: Der späte Balde lacht grimmiger.[59]

Im Vorwort des ersten größeren satirischen Werks, der *Medicinae gloria* von 1651, beschreibt Balde die aggressive und zugleich heilende Wirkung der Satire. ‚Sie dringt in die Gemüter ein, wirft die Fehler hinaus und sucht die rechte Mischung der Sitten herbeizuführen. Daher erscheint sie als eine Dichtung, die schrecklich und zu fliehen ist, sofern nicht die Kälte der von dem Hufschlag des Pferds munter fließenden Pegasus-Quelle durch einen musischen Honigüberzug ausgeglichen wird, damit die Zähne nicht erstarren':[60] Die anziehende dichterische Form verleiht der bitteren Wahrheit Wirkung.[61] Das postulierte *mel Heliconium* ist reichlich über das *Castrum* ausgegossen, aber auch die Themen des *Elenchus* sind oft, wie zu zeigen sein wird, mit einer anziehenden, ja dichterischen Pointiertheit formuliert, daß sie schon selbst kleine Kunstwerke sind.

Wenige Jahre vor der *Expeditio* definiert Balde in der *Dissertatio* die Satire in Hinsicht auf den Inhalt als ‚Beschützerin guter Menschen, Zügel für die schlechten, Freundin der Wahrheit, Feindin der Verbrechen, Ausrotterin der Schmeichelei, Schutzherrin der Unschuldigen, Dienerin der Gerechtigkeit'.[62] Das ist ein moralischer Anspruch, und der Leser des *Elenchus* tut gut daran, ihn nicht aus den Augen zu verlieren. Im weiteren Verlauf dieses so wichtigen Kapitels bemerkt Balde, die meisten anderen Genera könne man wohl der Jugend, dem Frühling des menschlichen Lebens, zuweisen, die Satire aber sei die Frucht eines männlichen Geistes und eines reifen Urteils, die zum Herbst des Lebens gehöre.[63] Das trifft seine Situation.[64]

Zu einem überlegenen Satiriker gehört S e l b s t i r o n i e.[65] Horaz hat das mit großer Gelassenheit vorgeführt. Auch in diesem Punkt folgt ihm Balde. So ironi-

---

58 Hor. *Sat.* 1, 1, 24.
59 Das gilt natürlich nicht für jede satirische Äußerung. Sauer 2005, 17 würdigt zu Recht den ‚Aspekt der Heiterkeit, der *festivitas*' von Baldes Satire. Gerade das *Castrum* wird von ihm über weite Strecken hin bestimmt.
60 *Satyra animos intrat, ejectisque vitiis morum temperiem quærit inducere. Ergo horrida Poësis apparet ac fugienda, nisi scilicet algor Pegasei laticis ex ipsa ungula equi vivacius manantis, ne dentes obstupescant, superfuso melle Heliconio corrigatur* (1729, IV, 369).
61 Das Bild nach Hor. *Sat.* 1, 1, 25 (der sich seinerseits an Lukr. 1, 936–940 anlehnt).
62 *bonarum mentium tutelam, malarum frenum; amicam Veritatis, scelerum inimicam; assentationis extirpatricem, insontium patronam; Iustitiae ministram* (67).
63 *Satyra, virilis animi, maturique Iudicii fructus est, ac vitae debetur Autumno.*
64 Balde weist „ausdrücklich auf den inneren Zusammenhang zwischen der eigenen Lebenserfahrung und seinen Satiren hin" (Sauer 2005, 14–15).
65 Ein herausragendes Beispiel: *El.* 169.

siert er die ‚finstere' Art der Satiriker im *Castrum*. Sie sind eine gepanzerte Schar, eine Phalanx, mit scharfen Augen, mit wildem Blick drohend, mit einem Wort: grimmig (*acribus oculis, truculento aspectu minax. verbo: torva*, 40).[66] Beachtet sein will der Zug, daß sich (der baldische) Horaz, als ihm der alte / neue Priscian vorgezogen wird (21), beleidigt zu den Satirendichtern gesellt und sie damit aufwertet – worüber sie sich freuen. An dieser Stelle erhält auch der Satiriker Balde Anerkennung von seinem Lieblingsdichter. Das ist wichtig, obwohl er in der Schärfe des Tons Juvenal folgt. Was haften bleibt: Der Balde der Neuburger Zeit sieht seine Zunft als eine kritische, finstere, scharf abrechnende Schar. Auch in der Übertreibung liegt Wahrheit. Das harmonische Balde-Bild der Balde-Biographen könnte eine Korrektur hinsichtlich der Spätzeit vertragen.

V. Gehalt

1. *Castrum* oder Verteidigung der alten und neuen lateinischen Literatur

Facilem Poësin difficilem esse[67]

Wie ernst es Balde mit der Widmung des *Castrum* an den jungen Josephus Bertronius auch gemeint haben mag, eines ist nicht zu übersehen: Es ist nicht für Anfänger, sondern für ‚Fortgeschrittene' geschrieben. Nur wer die zitierten Verse der Dichter kennt, nur wer die bewußten Änderungen des originalen Wortlauts und vor allem: den so oft völlig verkehrten neuen Sinn sei es oft gebrauchter Wendungen, sei es abgelegener Stellen würdigt, hat den vollen Genuß der Lektüre. Mehr denn je gilt, daß der Poeta doctus Balde für Lectores docti schreibt.[68] Für diese reiht sich ein Hochgenuß an den anderen, und immer, wenn man denkt, jetzt sei kein neuer Einfall mehr zu erwarten, wird die Skepsis widerlegt und in der Fortführung das bisher schon sprühende Feuerwerk weiter angefacht.

a. Ignorantia, Esel und Kritiker
Ignoranz, Esel und Kritiker sind eins.

---

66 Zur Bedeutung von *torvus / torvitas* bei Balde, besonders im *Vultuosæ torvitatis encomium*, Burkard 2004, 316–317; Baier 2005, 245–255, nach dem *torvitas* ein ‚Inbegriff von Angriffslust' ist (250).
67 ‚Daß leichte Dichtung schwierig ist' (*El.* 80, von Balde zu Recht als *Paradoxum* bezeichnet).
68 Lefèvre 2011, 26–28.

Ignorantia, deren Burg von den alten und neuen Dichtern belagert und erobert wird,⁶⁹ ist eine Allegorie. Es geht nicht um Unwissenheit wie bei Ἄγνοια in Menanders *Perikeiromene*, sondern um Ignorieren, Nicht-kennen-wollen und Nicht-anerkennen-wollen derer, die die Bemühungen der neulateinischen Dichter um die Wiederbelebung der antiken Dichtung und ihre Fortführung in (neu)lateinischer Sprache kritisieren. Daß Balde die Allegorie zu einer Königin erhebt, hat den Grund, daß *ignorantia* feminini generis ist. Ginge es um den Irrtum, erhöbe er *error* zu einem König. Ignorantia ist Königin der Böoter und Arkader, *Bœotum Arcadumque Regina*, wie es in der Widmung an Josephus Bertronius heißt. Das gibt keine potentielle Realität wieder, denn Böotien grenzt nicht an Arkadien. Vielmehr galten in der Antike Böoter und Arkader (diese ungeachtet der Schaffung eines idealisierten Arkadiens durch Vergil in den Jahren 42–39) als geistig nicht besonders begabt. Das wußte Balde. Für die Böoter,⁷⁰ deren Plumpheit und Unempfänglichkeit für geistige Anregungen man auf die dicke und feuchte Luft des Kopaissees zurückführte, genüge der Hinweis auf eine ironische Aussage des geliebten Horaz (*Epist.* 2, 1, 241–244):

> quodsi
> iudicium subtile videndis artibus illud
> ad libros et ad haec Musarum dona vocares,
> Boeotum in crasso iurares aere natum.

Alexander der Große, heißt es, hatte ein subtiles Urteil in der Bildenden Kunst. Wenn man ihn aber einlüde, an Werke der Literatur heranzutreten, würde man schwören, er sei in der dicken Luft der Böoter geboren. Um die *Musarum dona* geht es auch im *Castrum*. Was die Arkader betrifft, um deren Ruf es nicht besser bestellt war, genüge der Hinweis auf eine Stelle bei Baldes bevorzugtem Satiriker Juvenal, an der von einem *Arcadius iuvenis* die Rede ist (7, 160). Sie versteht man nur auf dem skizzierten Hintergrund. Auch Persius' Wendung 3, 9 *Arcadiae pecuaria rudere dicas*⁷¹ war Balde bekannt, wo vordergründig von arkadischen Eselherden gesprochen wird, aber der Hintergrund mitzuhören ist.

---

69 Während man *Expeditio* mit Expedition wörtlich wiedergeben kann, ist das bei *polemicus* nicht der Fall. Gemeint ist die griechische Bedeutung ‚kriegerisch' (πολεμικός) – es geht ja um einen Feldzug –, nicht die moderne ‚polemisch'. Zu diesem Unterschied Lukas 2001, 25 Anm. 101 (gegen C. J. Classen).
70 Erasmus *Adagia* 2, 3, 7 *Boeoticum ingenium*; Tosi 1991, 192–193.
71 „Durch das Verb *rudere* wird plötzlich klar, daß *pecuaria* [...] für dumme Esel steht" (Kißel 1990, 382).

Esel werden Ignorantias Anhänger genannt (7, 14, 16, 26, 40), und Ignorantia ist die *Domina asinorum* (52). Vielleicht bekam Balde die Anregung für diese Metapher von der Persius-Stelle.[72] Die *asini* sind *indocti* (unbelehrbar, 14), *rudes* (ungehobelt, 35), *illiterati* (verstehen nichts von Literatur, 47), obwohl sie lange Eselsohren haben (*aures asininae*, 44) und langohrige Tadler sind (*auriti Momi*, 47). Es ist konsequent, daß die angreifenden wahren Dichter auf ihrem Banner einen Pegasus haben, der einen Esel niederreitet (*Pegasi asinum proculcantis imaginem*, 36).[73] Die besondere Eigenschaft der Belagerten spiegelt sich auch in den Namen der Verteidigungsanlagen: Zur Burg führt über das sie umgebende Wasser der *Pons Asinorum*, und neben diesem steht die *Turris Asinaria* (3): Die beiden Einrichtungen dienen dem Schutz der in der *arx* wohnenden Esel. Besonders witzig: Selbst zwei ihrer drei Kanonen wecken Assoziationen an Esel![74]

Kritiker sind die Bewohner der Burg, die Esel. Das wird gleich zu Anfang klargestellt (2). Es sind Leute wie Aristarchus, Momus, Zoilus und Timon (alles berühmte und berüchtigte Literaturkritiker der Antike). Sie werden auch *Idiotæ* genannt oder *Pseudocritici*, d. h. sie reichen in ihrem Niveau an die antiken *critici* nicht heran! Im *Castrum* sind weniger die gemeint, mit denen Balde als Dichter zu tun hatte, als vielmehr die, welche die Beschäftigungen der Humanisten mit der alten Literatur und das Schaffen neuer Literatur in lateinischer Sprache geringschätzen. Doch werden von den vorgeführten Kritikern und Ignoranten auch die antiken Dichter angegriffen (direkt vor allem Lukan), und diese verteidigen sich gegen die modernen Esel gewaltig, allen voran Statius, der in Capaneus' Maske eine hinreißende Abrechnung vom Stapel läßt (47).

Balde macht die interessante – soll man sagen: ätzende? – Gleichung Ignoranten = Esel = Kritiker auf. Von ihr lebt das *Castrum*. Ciceros Wendung *In Pis.* 73 *quid nunc te, asine, litteras doceam?* könnte man als Motto über Baldes Abrechnung mit den literaturunkundigen Kritikern setzen.

Das *Castrum* stellt eine festumrissene geistige oder besser: ungeistige Welt dar. Es verdient aber Beachtung, daß im letzten Kapitel der Wirkungsbereich Ignorantias erheblich ausgeweitet wird – von den ‚Kritikern' auf jedermann (*omnis plebs*).[75] Viele Beispiele dafür wird der *Elenchus* bieten.

---

72 Doch war die Dummheit des Esels schon in der Antike sprichwörtlich (Otto 1890, 40–43; Tosi 1991, 226–227).
73 Derselbe Gegensatz zwischen Pegasus und Esel *El.* 478.
74 ▸ S. 180–182.
75 ▸ S. 153 / 154.

b. Bild der alten und neuen Dichter

Auf der Gegenseite stehen die alten und neuen lateinischen Dichter. Sie ziehen an einem Strang. Die neuen werden von den alten unterstützt. Denn sie fußen auf den ‚Vorgängern'. Nicht aber wird der Vorgang der Rezeption aus der Sicht der neuen Dichter vorgeführt. Vielmehr liegt das Gewicht der Darstellung auf den alten, die mehr oder weniger ausführlich in ihren Vorzügen und Schwächen charakterisiert werden, um zu verdeutlichen, in welcher Hinsicht sie verdienen, Vorbilder zu sein. Eben diese Absicht drückt der an Josephus Bertronius gerichtete Epilog aus.

Von den neuen Dichtern werden vor allem die Italiener in großer Zahl herausgestellt, wie es auch aus heutiger Sicht berechtigt erscheint. Petrarca steht am Anfang als der Wiedererwecker der daniederliegenden *Musae*, d. h. der Dichtung in lateinischer Sprache. ‚Rohe' Versuche wie das Waltharilied oder der Archipoeta zählen nicht. Jedenfalls werden sie nicht erwähnt. Die neue Bewegung habe vor 200 Jahren eingesetzt (1). Es geht also um die humanistischen Dichter des 14. bis 16. Jahrhunderts; aus dem 17. wird niemand genannt, wenn man davon absieht, daß im Epilog ein Vers von Sarbiewski ohne Autornamen aufscheint. Dezent verzichtet Balde darauf, sich direkt in die Tradition einzuordnen. Implizit ist das natürlich der Fall.

Außer den Italienern treten zwei Deutsche hervor, Eobanus Hessus und Joachim Camerarius, beide Poetae Laureati (3). Sie werden ausführlicher als die Mitstreiter vorgestellt. Camerarius wird später nicht mehr erwähnt, während Hessus noch zweimal die Ehre zuteil wird, unter den Alten kurz in Erscheinung zu treten (21 und 23). Auch die italienischen Humanisten verschwinden während des Kampfes in der Versenkung. Nur Petrarca (*is, qui princeps hoc bellum moverat, Latij assertor*, 53) figuriert wie am Anfang auch am Ende, indem er nunmehr das große Ereignis in Verse faßt.

Den Kriegsschauplatz beherrschen die alten Dichter. Das ist nicht Ausdruck einer ungleichgewichtigen Komposition, sondern erklärt sich aus der im Epilog zum *Castrum* erläuterten Absicht, Josephus Bertronius der alten Dichter ‚natürliche Anlagen und Begabung, Verschiedenheit des Stils und der Gesinnung sowie vielfältige Weisen ihres Singens' sinnfällig zu machen.[76] Es spricht der Dichtungslehrer Balde, der den Adepten primär nicht die neuen, sondern die alten Dichter als unvergängliche Muster nahebringen will. Das bedeutet aber nicht, daß er ein poetisches Lehrbuch – wie die *Dissertatio* – verfaßt. Vielmehr ist das ganze ein Spiel, in dem die alten Dichter in ironischer Brechung paradieren. Aus ihrer Parodie speist sich die Komik der Erzählung. Der parodische Effekt ist

---

[76] *ingenia geniúmque, stylorum & spirituum varietatem, atque diversos canendi modos.*

entscheidend. Ließe Balde anonyme Kämpfer mit der Bezeichnung Praeceptor, Magister, Doctor, Professor o. ä. auftreten und sie Ungeschicklichkeiten begehen oder gar Mißgeschicke erleiden, wäre das Ganze nur mäßig witzig. Denn was für Leute wären das? Wenn es sich aber um Leuchttürme handelt, werden ihre Ungeschicklichkeiten und Mißgeschicke zündend. Ungeschicklichkeiten und Mißgeschicke wirken bei hohen und bekannten Personen komisch, bei niederen und unbekannten bemitleidenswert. Eine gewisse Fallhöhe ist wichtig.[77]

Man darf sagen, daß dem Jesuiten der Pegasus über weite Strecken in einer Weise durchgeht, daß der junge Josephus überrannt wird. Der begeisterte Leser dankt das Balde mit Vergnügen. Was Vater Bertronius dazu gesagt hat, ist ihm gleichgültig. Es ist, wie es in der Widmung heißt, ein Tändeln in Utopia (*nugari in Utopia*).[78]

Vergil steht unbestritten an der Spitze der alten Dichter, er ist der *Rex Poëtarum* (27), der *archistrategus*, wie es im Epilog heißt. Zumal als Epiker genießt er im ‚Heer' die höchste Autorität. Zwar schätzt ihn auch Balde sehr hoch, aber seiner intimen Kunst entspricht der Lyriker Horaz in größerem Maß.[79] Da dieser, d. h. sein Werk, unkriegerisch ist, bietet er sich an, auf der Flöte Signale zu blasen. Als ihm jedoch Priscian als Musiker vorgezogen wird, ist er beleidigt und gesellt sich zu den Satirikern (21), die dadurch aufgewertet werden. Damit spiegelt sich Balde wiederum in dem Venusiner, insofern er in der Neuburger Zeit vornehmlich Satiriker ist. In diesem Zusammenhang will auch eine Vignette beachtet sein. Wenn es heißt, Horaz sei vom gestrigen Wein noch etwas trunken (17), mochte mancher Leser daran denken, daß Balde diese Leidenschaft mit seinem Vorbild teilte. Auch die Selbstironie verband beide.[80]

Schwebt Vergil über allen und ist Horaz humorvoll gezeichnet, trifft die anderen Dichter, so unterschiedlich ihr Werk auch eingestuft wird, ein erkleckliches Maß an herrlicher Ironie. Das betrifft sowohl die Hochgeschätzten wie

---

[77] Diese Konstellation liegt vielen Parodien zugrunde. Beliebige moderne Beispiele sind Dramen von Jean Giraudoux. Wenn er erwogen hätte, einen bestimmten Feldzug gegen nordamerikanische Indianer gar nicht stattfinden zu lassen (*La guerre de Troie n'aura pas lieu*), oder statt der Überredung Jupiters durch Alcmène (daß Freundschaft etwas Höheres sei als körperliche Vereinigung) die Überredung eines reichen Bourgois durch eine Pariser Vorortdame vorgeführt hätte (*Amphitryon 38*) – die Wirkungen wären nicht im entferntesten vergleichbar (Lefèvre, Philoktetes – Wandlungen der Sophokles-Tragödie im 20. Jahrhundert, Freiburg 2012, 12).
[78] Die Wendung wird am Ende der *Praefatio* wieder aufgenommen, wenn Balde sagt, er habe sich zur Abfassung des *Castrum* nach Böotien oder besser: nach Utopia begeben: *ego scripturus secessi in Bœotiam aut veriùs Vtopiam*.
[79] Dazu Lefèvre 2010, 187–209.
[80] ▸ S. 16–17.

Statius, Claudian, Lukan, Juvenal und mit Abstand Lukrez,[81] Persius, Silius[82] und Martial als auch die Mindergeschätzten wie Plautus, Terenz, Catull und die Elegiker, während Ovid eine Doppelrolle zuteil wird: Als Epiker gehört er zu den ersten, als Elegiker zu den zweiten. Das Bild der Mindergeschätzten im *Castrum* entspricht der eingeschränkten Rolle, die sie in Baldes Werk spielen.[83] Das ist um so bemerkenswerter, als die Komiker, Catull und die Elegiker in der humanistischen Literatur länderübergreifend eine Renaissance ohnegleichen erlebten. Balde wertet nach seinem persönlichen Standpunkt.[84] Man mag diesen zum Teil aus jesuitischer Einstellung heraus erklären, muß aber auch poetologische Gründe in Rechnung stellen.

Balde entfaltet ein Feuerwerk zündender und knisternder Charakteristiken der alten Dichter, bei dem ein Höhepunkt den anderen jagt. Der Leser wird mitgerissen und stets aufs Neue überrascht, daß noch Steigerungen möglich sind. Aber welcher Leser? Der noch lernende Josephus oder der in poeticis biedere Vater Franciscus Bertronius? Sie hat Balde in seinem Dichtungsrausch längst vergessen. Er spricht ὡς πρὸς εἰδότας, zu Kennern – er spricht, wie jeder echte Dichter, auch zu sich selbst. Der Epilog versucht, einiges zurechtzurücken.

c. Dichtungstheorie

Man könnte das *Castrum* als eine praktische Poetik bezeichnen, die repräsentative lateinische und neulateinische Dichter in den Blick nimmt. Doch fehlt ihr – da es sich um eine Erzählung handelt – jegliche Systematik. Auch der *Elenchus* bietet, wie noch zu zeigen sein wird,[85] Bausteine einer Poetik.

Es ist nicht überraschend, daß Balde im Epilog, der zum größten Teil die Charakteristiken der antiken Dichter zusammenfaßt und einige neue Aspekte

---

81 Lukrez ist eben nur ein ‚halber' Dichter. So heißt es, daß er seine Ansicht *magis Philosophicè, quam poëticè* vorträgt (▸ S. 231).
82 Bemerkenswert ist, daß Balde Silius, der seit Scaliger in keinem guten Ruf stand, verständnisvoll verteidigt (▸ zu 18).
83 Es fällt auf, daß Seneca Tragicus, dem Balde im *Regnum poëtarum* und vor allem in der Tragödie *Jephte / Jephtias* folgt, an unbedeutenden Stellen (29, 39, 42, 52) erwähnt wird, im Epilog gar nicht. Nur in 46 ist davon die Rede, daß durch seine Geschosse ein schrecklicher Sturm entsteht und mit gewaltigem Getöse Wolken und Mauern zerrissen werden. Vielleicht darf man vorsichtig schließen, daß das Gewaltige des senecaischen Stils Balde letztlich doch nicht lag. Zu Seneca im Jesuitentheater Burkard 2004, 219–220.
84 Sicher war es ihm nicht um eine allgemeine Kanondiskussion zu tun, wie Stroh 2006, 240 Anm. 239 gegen Schmidt (1984) 2000 betont.
85 ▸ S. 39–45.

hinzufügt,⁸⁶ wenigstens in Kürze zu dem Genus des Werks Stellung nimmt. Im ersten Absatz geht es, modern gesprochen, um den Unterschied zwischen Sachtexten (*vera facta narrare*) und fiktionalen Texten (*figmenta poëtarum*). Im Blick auf die ersten wird gesagt, daß ihre Autoren eine natürlichere Gesinnung (*syncerior animus*) haben und ein gleichmäßigeres Vorhaben (*constantius propositum*) ausführen. Im Blick auf die zweiten heißt es, daß es (trotz aller Phantasie) auf das Wahrscheinliche (*verisimilia*) ankomme, das durchzuhalten sei (*continuare*) und bezüglich dessen man nicht erlahmen (*deficire*) dürfe, um das Schauspiel eines gebildeten Vergnügens (*spectaculum eruditæ voluptatis*) zu erreichen. Weiter müsse immer das *Decorum* gewahrt werden (was sich Balde selbst aber nicht zurechnet).⁸⁷ Beide Tätigkeiten werden keineswegs als gleichwertig klassifiziert: Die zweite sei Zeichen einer glücklicheren Begabung und einer größeren Kunstfertigkeit (*felicioris ingenij, & majoris artificij*)!

Wie das? Ein Eigenlob, das so gar nicht zu Balde paßt? Man darf sagen: Hier zittert die Erinnerung an das größte Trauma nach, das Balde erlitten hat: die Erinnerung an das ungeliebte Amt des Hofhistoriographen, das er auf sich nehmen mußte und das er erst nach vielen Jahren von sich abschüttelte, was schließlich zu seinem Weggang aus dem geliebten München führte.⁸⁸ Es ist, als wolle Balde den Vorwurf abwehren, er gebe sich jetzt einem leichte(re)n Genus hin, der lockeren Satire, die mit der ernsthaften Geschichtsschreibung nicht zu vergleichen sei. Es hat einen tieferen Grund, wenn Balde auch im *Elenchus* öfter die Schwierigkeit und Notwendigkeit der Satire betont.⁸⁹

Deshalb unterstreicht Balde die *labores*, die mit der fiktionalen Dichtung verbunden sind. Es ist zu verstehen: Diese erfordert ebensogroße Mühen wie die Geschichtsschreibung, aber – das ist der Unterschied – sie bereitet Vergnügen, nicht eine ordinäre *voluptas*, sondern eine *erudita voluptas*! Ein weiterer Unterschied wird hervorgehoben: Neben den *labores* stehen *otia*. Welche Rolle das *otium* für einen Dichter spielt – jedenfalls für einen Dichter wie Balde –, legt er in der *Praefatio* Franciscus Bertronius dar, wenn er das Ausdenken dichterischer Themen schildert. Im *Elenchus* bekennt er ausdrücklich, daß Aurora – entgegen dem Sprichwort – den Musen feind ist (*Auroram Musis inimicam esse*, 278): Der wahre Dichter hängt der Phantasie nach und wartet auf Inspiration. Daher

---

86 ▸ S. 230–233.
87 In diesem Sinn *El.* 466.
88 Balde als Hofhistoriograph: Kagerer 2014, 97–133; ▸ S. 32–33.
89 ▸ S. 39–40.

kommt er erst allmählich zum Dichten. Historiographische Texte kann man sofort nach dem Aufstehen verfassen. Dazu bedarf es keiner Inspiration.[90]

d. Literarische Anregung für das *Castrum*?
Das *Castrum* erscheint als ein originales und originelles Meisterwerk. Trotzdem ist nicht auszuschließen, daß Balde literarische Anregungen bekommen hat.[91] Aus der umfangreichen Produktion der Neulateiner könnte ihn der *Iulius Redivivus* (im Druck erschienen 1585) von Nicodemus Frischlin (1547–1590) zu seiner Erfindung inspiriert haben. In beiden Werken treffen antike und moderne Autoren aufeinander. Die antiken Autoren kommen jeweils aus der Unterwelt. Bei Frischlin besuchen Cicero und Caesar, die von Mercurius an die Oberwelt geleitet werden, die deutschen Humanisten. In Baldes Erzählung endet mit dem Erscheinen der Alten das Wirken der Neuen. Wenn man davon absieht, daß Petrarca als Archeget der Humanisten am Anfang und am Ende der Belagerung eine Rolle spielt (*Ca.* 1 bzw. 53 / 54), nennt Balde von den Neuen, die den Alten direkt begegnen, nur zwei Gestalten: Eobanus Hessus und Frischlins *Priscianus Vapulans* (*Ca.* 20). Die Titelfigur dieser Komödie wird wegen ihres lädierten Zustands von Hessus gestützt, der bei Frischlin die herausragende Person ist, die dem großen Cicero die deutschen Humanisten vorstellt und ihnen zu der Anerkennung durch die unbestrittene Autorität verhilft.

Frischlin und Balde stellen die Verwandtschaft der alten und der neuen Lateiner heraus. Im Grund kommt es beiden aber auf die Neulateiner an, zu denen sie selbst gehören. Sie stehen auf den Schultern der Alten, die die verehrten Muster sind. Andererseits werden unterschiedliche Schwerpunkte gesetzt: Frischlin streicht besonders die deutschen Humanisten bzw. Neulateiner (gegenüber den italienischen) heraus, Balde im Sinn seines pädagogischen Ziels die

---

[90] Es ist daran zu erinnern, daß Balde den Unterschied zwischen Historiographie und Poesie im Blick auf die eigene Person schon etwa 25 Jahre früher als existentiell empfunden und in der berühmten Ode *Lyr.* 4, 36 *Melancholia* gestaltet hat. In ihr liegt „nicht eine allgemeine Lebens- und Gemütsstimmung vor, sondern die Traurigkeit, wenn nicht Depression über die spezielle Lage als Hofhistoriograph, die ihn seine Beschränktheit spüren läßt und aus der er zunächst nicht realiter ausbrechen kann, sondern nur idealiter, als Denker und Dichter. Die *poesis* erscheint in der melancholischen Situation als leuchtende Sehnsucht, die Geschichtsschreibung bewirkt sie. Der Schriftsteller Balde wertet in dieser Ode eindeutig zwischen den Genera Historiographie und Dichtung" (Lefèvre 2006 (1), 192).

[91] Schmidt (1984) 2000, 342 denkt einerseits an die *Psychomachia* von Prudentius (2. Hälfte 5. Jahrhundert), andererseits an die *Ragguagli di Parnaso* von Traiano Boccalini (1556–1613) sowie an die *Prolusio* 2, 6 der *Prolusiones academicae* von Famiano Strada (1572–1649) (ib. 348). Auf Strada hatte schon Schäfer 1976, 143 Anm. 72 verwiesen.

einzelnen alten Dichter als Muster für die neulateinischen Adepten. Vielleicht ist die ‚Einarbeitung' des *Priscianus Vapulans* in das *Castrum* eine Hommage an den ‚Vorgänger'.[92] Doch soll der Vergleich nicht weiter strapaziert werden.[93]

2. *Elenchus* oder Aphorismen zur Lebensweisheit

> *Videri, satis certam posse sumi conjecturam de animo scriptoris, ex idea scriptionis*[94]

Der *Elenchus* ist kein trockener Themenkatalog. Er enthält im Gegentum eindrucksvolle Selbstäußerungen Baldes aus der Spätzeit. Es ist erstaunlich zu sehen, in welchem Maß sein Denken von Kontinuität geprägt ist. Wenn man in Rechnung stellt, daß die *Expeditio* neben dem *Pæan Parthenius*, einem Hymnus auf die Heilige Ursula, Baldes letztes Werk ist, das er ebenfalls im Frühjahr 1664 veröffentlicht,[95] läßt sich am *Elenchus* erkennen, was er noch in pectore erwogen hat. Bach spricht von ‚poetischen Entwürfen, meist satirischen Gehaltes', zu deren Ausarbeitung er nicht mehr gekommen sei.[96] Es wurde, wie Westermayer sagt, still ‚in der Seele des Dichters'.[97] Andererseits ist klar, daß viele Themen Baldes Poesieunterricht entstammen, auf den die Statuten in 227–231 und ihre Umgebung direkt hindeuten. Aber auch sie tragen Baldes ganz persönliche Handschrift.

---

[92] Eine Einzelheit: Hermannus erklärt Caesar eine Muskete, ein *tormentum aeneum* (453), das mit großem Krach schießt und deshalb *Stloppetus* genannt wird (471) nach dem Geräusch, das entsteht, wenn aufgeblasene Backen durch äußeren Druck der Luft beraubt werden (*stloppus*, 474; belegt bei Persius 5, 13 in verschiedener Schreibweise der Handschriften). Dieses Knallgeräusch könnte Balde zu dem zweiten *tormentum* der Ignoranten inspiriert haben, dem *Curule æneum*, dem als Sinnbild ein Satyr eingeprägt ist, der mit der Hand eine Feige formt, die auf das Knallgeräusch von sich erleichternden Hinterbacken weist (▸ zu *Ca.* 10).
[93] Es sei darauf hingewiesen, daß die Darstellung der Rückkehr von Autoritäten aus der Unterwelt auch in Baldes Zeit beliebt war. „Um die nationalen Unsitten zu geißeln, gebrauchte die Jesuitenbühne ein Motiv, das im 16. Jahrhundert schon Frischlin angewandt. Es sind alte Deutsche, die aus der Unterwelt zurückkehren und dann die für sie ganz unerhörte Ausländerei beklagen und verspotten" (Duhr 1921, 495). Im *Elenchus* beklagt auch Balde die ‚Ausländerei' (▸ S. 29–30 ‚Ausländischer Einfluß').
[94] ‚Daß es scheint, daß eine genügend sichere Vermutung über den Charakter des Schreibenden aus der Gestalt des Geschriebenen abgeleitet werden kann' (*El.* 251).
[95] Westermayer 1868, 230.
[96] 1904, 44.
[97] 1868, 230.

a. Welthaltigkeit

Baldes große lyrische Werke, *Lyrica* (1643) und *Sylvae* (1643 / 1646), sind in einzigartiger Weise welthaltig. Sie geben ein Panorama von der Religion über Politik, Ethik und Poetik bis hin zu Freundschaft und Geselligkeit.[98] Die lyrische Form bot sich für diese Aussagen an. Dagegen waren die Inhalte der von Balde gepflegten Satire zunächst randständig – jedenfalls über weite Strecken hin.[99]

Welthaltigkeit ist dagegen für Baldes spätes Werk bezeichnend. Die ein Jahr vor der *Expeditio* erschienene elegische *Urania victrix* von 1663 läßt das erkennen. „Alle Freuden der Sinne, alle Künste, Wissenschaften und Geschäfte der weiten Welt werden darin, jegliches nach seinem Wesen und seinem Range, beleuchtet und gepriesen: Dichtkunst, Malerei, Musik, Tanzkunst, Rhetorik, Philosophie, Mathematik, Astronomie, Astrologie, Geometrie, Geographie, Physik, Chemie, Botanik, Pharmaceutik, Medicin, Jägerei u. s. w."[100] Trotzdem ist die *Urania* nicht durchweg erbaulich.[101] Knapp spricht von ihrer ‚beißendsten Ironie',[102] und Kühlmann betont zu Recht „die selbstgewisse, oft sarkastisch denunzierende und bisweilen satirisch tingierte Rhetorik, mit der Urania, ihres Abstands und Ranges gewiß, Denkfiguren umsetzt".[103] Welthaltigkeit kann sich mit Satire verbinden.

Dasselbe gilt für den *Elenchus*, der auf den ersten Blick als eine ermüdende Reihung von Aufgaben erscheint. Er ist jedoch, wie es nur geht, welthaltig, indem er Themen aus den verschiedensten Bereichen proponiert und die erwarteten Antworten oft impliziert. Ganz zu Unrecht richten die Balde-Freunde ihr Augenmerk vor allem auf das *Castrum* und betrachten den *Elenchus* als mehr oder weniger notwendiges Übel. Auf ihn trifft die Feststellung zu, die Lukas zu dem an die *Batrachomyomachia* angehängten *Usus* trifft: „Umgekehrt proportional zu seinem Umfang – schlichtweg nicht vorhanden – ist das Interesse, das dieser *Usus* in der bisherigen Baldeforschung wecken konnte".[104] Über den *Usus* soll an

---

98 „Die Oden und Epoden bilden eine planmäßig gestaltete, die ‚Totalität' der Welt aus der Perspektive eines literarischen Ich erfassende Gedichtsammlung, kein beliebiges Konglomerat des zufällig Entstandenen" (Kühlmann / Wiegand in: Balde 1729, Nachdruck 1990, I, 13).
99 ▸ S. 45–46.
100 Diese Charakteristik von Knapp 1848, 336–337 wird schon von Westermayer 1868, 226 zitiert. Stroh 2006, 239 sagt ähnlich, daß sich in den dreißig Gedichten „die ganze damalige Welt, im Angebot besonders auch ihrer Künste und Wissenschaften, widerspiegelt."
101 Das bemängelte einer der Zensoren: „Est opus elegans, ingeniosum, eruditum, utile ac pium, plenum iuxta festivi leporis et elegantiae in quo solum fortassis peccavit auctor, quod ingenio suo indulgens sacram materiam subinde iocis vernilibus et a gravitate argumenti alienis nonnihil corruperit" (Pfleger 1904, 75).
102 1848, 337.
103 In Claren et al. 2003, XXIV.
104 2001, 26 Anm. 102.

dieser Stelle kein Urteil gefällt werden. Über den *Elenchus* kann jedoch gesagt werden, daß er von höchstem Interesse ist. Zu Recht bemerkt Schäfer, es sei „ein reicher, selten genutzter Schatz von Maximen, die auch zur Interpretation ihres Verfassers herangezogen werden können."[105]

Der *Elenchus* bietet eine reiche Thematik, die Baldes Denken widerspiegelt. Es war auf die Diskrepanz hinzuweisen, daß das Werk der Jugend gewidmet ist, im Epilog aber deutlich wird, daß es vor allem um Baldes eigene Dichtung geht.[106] Als Vermittlung bietet sich die Feststellung an, daß ein Thema sowohl von Adepten als auch vom Meister selbst behandelt werden kann. Unabhängig vom Ziel sind die Themen schon per se von hohem Interesse. Es ist davon auszugehen, daß es sich allenthalben um Baldes persönliche Ansichten handelt – um Aphorismen zur Lebensweisheit –, daß aber auch Jüngere dazu Stellung nehmen konnten. Wenn ein Thema lautet ‚Über Lügen, die mit Schmuck, Gips oder Stuck überzogen sind' (206), ist klar, daß es solche Lügen gibt und daß sie zu verurteilen sind. Wenn es heißt ‚Warum die Alten Polenta eine philosophische Speise genannt haben' (318), konnten die Adepten, bei denen der Philosophieunterricht dem Poetikunterricht vorausging, aus dem vollen schöpfen und Epikurs Auffassung darlegen. Aber bei der Frage ‚Ob wahr ist, daß, je gewichtiger eine Person mit einem öffentlichen Amt ist, desto leichter die Last der Pflicht wird?' (333) setzte die Ausführung doch wohl eine längere Lebenserfahrung voraus.

Häufig werden S p r i c h w ö r t e r, die von Natur aus welthaltig sind, als Themen verwendet. Balde brauchte nur dem Volk ‚auf's Maul zu schauen' oder auch Sammlungen zu Rat zu ziehen.[107] Sie sind in der Regel kursiv gedruckt. Auch bei ihnen war eine individuelle Bearbeitung möglich, ja gefordert. Wenn es heißt *vinum lac senum* (174) oder *cantores amant humores* (233), konnte dargelegt werden, daß ein solches Wort zutrifft oder zu kurz greift oder aber Differenzierungen angebracht sind. Einmal wird sogar gefragt, ob ein bekanntes *proverbium* falsch ist (455). In den kommentierenden Anmerkungen wird versucht, die Sprichwörter und Redensarten mit Hilfe der bekannten Sammlungen[108] nachzuweisen. Mit *gnome* bezeichnet Balde einen allgemeinen Ausspruch oder Sinnspruch (100, 188, 222, 468, 471) (ebenso *dictum* 224, 367, *dixisse* 475), nicht ein Sprichwort, wofür er *proverbium* gebraucht (192, 233, 326, 455). In diesen vier Fällen erfordert

---
105 1976, 158 Anm. 8
106 ▸ S. 12.
107 ▸ S. 59–61.
108 Erasmus (*Adagia*); Büchmann, Otto, Röhrich, Singer, Tosi, Walther, Wander.

die Formulierung der Themen den Terminus; in den weitaus meisten wird auf ihn verzichtet, weil die Sprichwörter allbekannt sind.

b. Gesellschaftsbild und Zeitkritik

Um die Welthaltigkeit des *Elenchus* zu demonstrieren, werden im folgenden einige Themen zu Gruppen zusammengefaßt, die Baldes Weltanschauung nahezu hämmernd, aber eben auch in überlegener Ironie widerspiegeln. Vollständigkeit ist auch nicht andeutungsweise angestrebt. Jeder Leser muß für sich selbst auf Entdeckungsreise gehen.

Gegenwart

hoc perverso seculo

Balde ist nicht gut auf sein Jahrhundert zu sprechen. Ihm ist *the time out of joint*. Noch im Dreißigjährigen Krieg gibt er der 20. Epode die Überschrift ‚Die Unordnung unseres Zeitalters oder Zeichen, daß sich die Welt zum Untergang neigt'.[109] Daran hat sich nach dem Friedensschluß von Münster wenig geändert. In der nicht lange vor der *Expeditio* entstandenen *Dissertatio* heißt es: ‚Unsere Zeit beflecken dieselben Verbrechen wie das des kahlen Nero, wenn nicht sogar größere'.[110] So bleibt es. Ein Trauerlied ist über die in Deutschland geschwundene Aufrichtigkeit zu singen (115). Was Aufrichtigkeit ist, kann nur schwer beurteilt werden (376). Verschwiegenheit und Diskretion sind aus der Mode gekommen (192). Weisheit wird nicht mehr geschätzt (389). Herz und Zunge sprechen eine verschiedene Sprache (204). Heuchlerische Pharisäer gibt es im Überfluß (327). Bei vielen Reden ist das Gegenteil wahr (374). Pietät gegenüber Toten gilt nicht mehr (381). In diesem Jahrhundert urteilen Blinde über Farben (191). Der Glaube schwindet (392).[111] Die Gegenwart ist ein *perversum seculum* (353). Es wird sogar gefragt, ob der (schärfste römische) Satiriker Juvenal fähig wäre, die Nichtswürdigkeit der Zeit beißend zu verspotten (124).[112] Troja ist durch das Hölzerne Pferd zugrundegegangen, nunmehr geht der ganze Erdkreis durch Esel zugrunde (210).

---

109 *Ataxia nostri seculi, sive Mundi ad occasum vergentis signa*. Das Gedicht „deutet die Gegenwart als Endphase der Menschheitsgeschichte vor dem Anbruch des Jüngsten Gerichts" (Schäfer 1976, 244).
110 *nostrum seculum eadem scelera, quae Calvi Neronis* (= Domitiani, nach Iuv. *Sat*. 4, 38), *inquinant; si non etiam majora* (72).
111 Auf die Interpretation in C wird verwiesen: Es ist eine *Lamentatio*.
112 Beachtenswert die unten in Anm. 177 zitierten Ausführungen von Sauer 2005, 20–21.

Kurz: Torheit und Wahnsinn feiern fröhliche Urständ in der Welt, die in bakchantischem Taumel ist (465).

Ausländischer Einfluß

Omnium gentium mores imitamur

Ein verbreitetes Thema der Jesuiten war ihre Warnung vor dem überhandnehmenden ausländischen Einfluß auf die deutschen Sitten.[113] Als Beispiele seien drei genannt: Jeremias Drexel, Baldes Vorgänger als Hofprediger in München,[114] Nicolaus Avancini[115] und Adam Widl.[116] „Das ganze dritte Buch seines geistlichen *Trismegistus* hat Drexel dem Kampf gegen die allamodische Kleiderpracht gewidmet: ‚Es ist nicht anders, als ich oft gesagt: Ein neuer Tag, ein neues Kleid. Wer wollt aber wissen, woher so vielerlei Wamms kommen? Jetzt trägt man's französisch, bald welsch, bald spanisch. [...] andere wollen es den Franzosen, andere den Engländern nachtun. Ausländisch Zeug muß ihnen weit besser sein als das hieländisch [...]. Willst du sehen, wie die Franzosen, Italiener, Spanier, Engländer, Pollacken bekleidet gehen, durchreis nur Deutschland.'".[117] Avancini war „närrische Ausländerei [...] verhaßt. Die Ode ‚An den österreichischen Adel, daß er seine Söhne nicht ins Ausland schicken solle', beginnt er mit dem Ausruf: O glückliches Deutschland, aber glücklich nur früher, als noch deutsches Recht und deutsche Sitte galt und man welsche Laster noch nicht kannte! [...] Er schildert, wie Österreich mit deutschem Geld unpraktische und häßliche Waren, neumodische Geschirre, Schuhe, Kleider kauft".[118] Für Widl war eine Quelle des Niedergangs „die Ausländerei in Kleidung, Haartracht und Sprache".[119] Auch Balde stellte den Einfluß fremder Länder auf Deutschland in politischer und kultureller Hinsicht an den Pranger. In der Widmung des dritten Buchs der *Sylvae* an Nicolaus Warsenius klagt er: ‚Aufgrund eines schlimmen Verhängnisses schätzen wir das Unsere gering, weil wir immer das Fremde für besser halten. Aller Völker Sitten ahmen wir nach und werden zum Gespött aller. Mit den fremden Kleidern nehmen wir

---

113 „An dem Kampfe gegen diese krankhafte Ausländerei haben mehrere deutsche Jesuiten einen ruhmvollen Anteil genommen" (Duhr 1913, 475).
114 1581–1638, von Balde *Lyr.* 1, 16 eindrucksvoll gewürdigt.
115 1611–1686, aus Südtirol, Jesuit und Professor für Rhetorik, Philosophie und Theologie in Wien.
116 1639–1710, ▸ S. 6.
117 Duhr 1913, 475–476.
118 Duhr 1921, 581.
119 Duhr 1921, 578.

fremde Laster an und werden ebenso viele Arten der Strafe verdienen.'[120] Das war Anfang der vierziger Jahre im Dreißigjährigen Krieg, doch die Klage lautet 20 Jahre später im *Elenchus* nicht anders. Balde bedauert seine Landsleute, weil sie die Güter der Heimat mißachten und Nichtigkeiten und Larven ausländischer Nationen nachjagen, die nur im Urteil der Phantasie wertvoller sind (178). Sie lassen sich durch den äußeren Schein verführen (85). Ausländische ‚Musikanten' täuschen die willigen Deutschen und schöpfen ihre Schätze ab (280). Das könnte allgemein gesprochen, aber vielleicht auch auf die Schweden gemünzt sein, die die Lutheraner in politisch nicht uneigennütziger Weise unterstützten.

Begräbnisse

> *Exequiales pompas magnâ moderatione instituendas esse*

Balde lehnt Luxus bei Begräbnissen ab – auch für seine Person, wie er schon früh in der Ode *Sylv.* 7, 18 gegenüber einem Freund zum Ausdruck bringt. Sie trägt die Überschrift: ‚Der Autor blickt auf seine Totenbahre voraus: Als überflüssig verlacht er die Sorge um Trauerreden und Aufwand'.[121] Die letzte Strophe lautet in Herders schöner Übersetzung:[122]

> Mir einst, o Freund, mir schreibe zur Inschrift nur:
> ‚Hier ruht ein Dichter, nicht ein unrühmlicher.'
> O Eitelkeit! Hinweg auch dieses!
> Lösche die Worte; genug, ich ruhe.[123]

„Nach dem einfachen Brauche der Jesuiten wurde er in der Gruft der Hofkirche bestattet; kein Denkmal, das an ihn erinnern sollte, wurde ihm daselbst errichtet, so daß seine Gebeine trotz eifrigen Nachforschens aus der Menge der Gräber nicht mehr herausgefunden werden konnten. Prunklos, wie er gelebt, ist das Grab des

---

120 *Pessimo fato negligimus nostra quòd semper meliora putemus aliena. Omnium gentium mores imitamur, & omnium ludibrium fimus. Cum peregrinis vestibus mille peregrina vitia induimus, totidem pœnarum genera merituri* (1729, II, 67). Weiterhin ist *Sylv.* 3, 3 zu vergleichen.
121 *Auctor de mortuali pheretro sibi prospicit: supervacaneam Epitaphiorum curam & pompam irridet.*
122 (1795) 1881, 76 (Sperrung original).
123 *A fronte scribes: HEIC. JACET. ALSATA. | POETA. QUONDAM. NON. SINE. LAUREIS. | O Vanitas! expunge rursus. | Si jaceam, satis est, quietè.*

Mannes, der im Leben oft geeifert gegen die eitle Pracht der Grabdenkmäler."[124] In diesem Sinn heißt es im *Elenchus*, bei Begräbnissen sei Mäßigung angebracht, damit wir nicht ‚als Besiegte zu triumphieren' scheinen (203). Das gilt auch für die Trauerreden (37). Deren übertriebene Art wird kritisiert, zumal bei den Lutheranern (345) und bei unbedeutenden Männern, die für bedeutend gehalten werden (462).

Türken

Turcam omnium gentium latronem

Die Türken werden – dem Denken der Zeit gemäß – als die bevorzugten Gegner des christlichen Europa angesehen.[125] 1663 / 1664 entsteht die *Expeditio*, als Kaiser Leopold I., wie die *Praefatio* sagt, gerade einen Feldzug gegen sie plant und sich Vater und Sohn Bertronius (dem das *Castrum* gewidmet ist) zu ihm begeben. Der Wanst der osmanischen Monarchie muß ausgeweidet werden (21). Ihre Bilderwelt mit schrecklichen Monstern erregen den Europäern viel Furcht (31). Es ist ein Wahnsinn, daß die christlichen Fürsten nicht gegen den anrückenden Türken, den Räuber aller Völker, geschlossen vorgehen, sondern sich gegenseitig bekriegen (154).[126]

Lutheraner

Epicurea factio

Es versteht sich, daß die Lutheraner etwa 15 Jahre nach dem Dreißigjährigen Krieg von einem katholischen Priester nicht objektiv gewürdigt werden. Während Balde mit einzelnen Protestanten bzw. Reformierten durchaus freundlich verkehrte (etwa den Niederländern Barlaeus und Sandrart), konnte er es den Lutheranern „nicht verzeihen, daß sie die religiöse und politische Einheit des deutschen Volkes so heillos zerklüftet hatten."[127] Er äußert sich im *Elenchus* nicht

---

124 Bach 1904, 46.
125 Balde und die Türken: Bach 1904, 58–59; Duhr 1913, 480; Lukas 2001, 152 zur *Praefatio* der *Batrachomyomachia*.
126 Zu vergleichen sind ferner 344, 415, 423 sowie *33* im Epilog.
127 Westermayer 1868, 237. Instruktiv die Äußerung des Jesuiten Matthäus Rader (1561–1634) über die Reformation: *Sequenti anno Martinus Lutherus perduellis Dei, Ecclesiae et Imperi Romani in exitium totius prope Germaniae et aliarum, quae septentrionem spectant gentium ex hara Acheruntica prodiit et Rempub. Christianam vehementer turbavit.* ‚Im folgenden Jahr kam Mar-

pamphletistisch, aber eindeutig. Ausdrücklich wird festgestellt, daß die Lehrsätze der Katholiken und Nichtkatholiken himmelweit verschieden sind (152). Die Lutheraner verkünden ein Fünftes Evangelium (32). Seine Herolde zeichnen sich durch *stultitia* aus (345). Dem entspricht, daß sie gerade das kanonische Buch der Weisheit für apokryph halten (384). Sie sind untätig, weil sie sich allein auf die Hoffnung verlassen (103). Sie werden als *Epicurea factio* qualifiziert (129), d. h. als eine Partei / Sekte, der es vor allem um das Wohlergehen zu tun ist. Ihre Feier zum hundertjährigen Jubiläum 1617 wird mit dem Tanz der Israeliten um das Goldene Kalb verglichen (216). Sie sind blind wie die Uhus am hellichten Tag, weil sie den römisch-katholischen Glauben nicht erkennen (241). Sie bedrohen das Christentum (402). Sie gefährden die Einheit des Reiches (285). Ihre religiösen Feiern sind abzulehnen wie die der Heiden (473). Luther wird, wie es scheint, in die Nähe des Antichristen gerückt (402). Früher wurden Ketzer verbrannt, heute genießt der Ketzer Luther Ehre (243). Seine Lehre wird geduldet (244). Denn keiner der Katholiken verdammt diese Ketzer zum Fegefeuer (362). Galgenhumor: Man soll die epikureische Partei mit Thomas Morus klüger durch Lachen auseinanderblasen als durch Argumente besiegen (129).

Hof und Höflinge

Pistrinum Aulicum

Es ist erstaunlich, mit welcher Ironie, ja Abneigung Balde sich gegenüber den Höfen und dem Hofleben vernehmen läßt.[128] Das wird auf eigene Erfahrungen am Hof Maximilians I. in München zurückzuführen sein. Jedenfalls warnt er schon in den 1643 erschienenen *Lyrica* vor dem Hofleben.[129] Nach 12 Jahren (1638–1650) scheidet er nicht in Herzlichkeit. 1640 beauftragt ihn der Kurfürst mit der ungeliebten Aufgabe, sich der bayerischen Geschichte zu widmen – die er letztlich nicht erfüllt. In der zu Lebzeiten nicht edierten handschriftlich überlieferten *Interpretatio Somnij* (Interpretation der Ode *Sylv.* 7, 15 (16)[130]

---

tin Luther, der Feind Gottes, der Kirche und des Römischen Reichs zum Untergang fast ganz Deutschlands und der anderen im Norden lebenden Völker aus dem höllischen Schweinestall hervor und wühlte den christlichen Staat heftig auf' (Text und Übersetzung: Kagerer 2014, 29 mit Anm. 122).

128 Es gibt auch freundlichen Spott: 16, 51.
129 *Lyr.* 3, 44; deutlicher die 4. Epode: Es genügt, die beiden Verse über die Folter des Neids zu zitieren: *ingens per omneis sævit Aulas, nec novum | INVIDIA, tormenti genus* (67–68).
130 Zählung 1643, 1646, 1660: 7, 15; Zählung 1729: 7, 16 (dazu Kagerer 2014, 138 Anm. 1).

Somnium)¹³¹ läßt er seinen Empfindungen freien Lauf. Er werde wie ein Sklave behandelt, p. 96: *frustra iniciuntur frena scriptoribus. frustra conducimus seruitia aulica. frustra ad scriptorem religiosis legibus uinctum transfugimus, tanquam iuratum mancipium* (‚Vergebens legt man den Schriftstellern Zügel an. Vergebens mieten wir Hofsklaven an. Vergebens flüchten wir uns zu einem Schriftsteller, der durch Ordensgesetze gebunden ist, gleichsam einem vereidigten Sklaven'). Es wird zugleich gegen die Ordensoberen ein schwerer Vorwurf ausgesprochen.¹³² Das *iuratum mancipium* kehrt allgemein p. 105 wieder. Über die Marter (*tormentum*) bei Hof heißt es: *quo sanè Principes iurata sibi mancipia torquere possunt: Viros vxoratos, qui nisi cum coniuge et liberis perire uelint, per molas quoque asinarias tracti, pro insanis laboribus gratias agunt; cúmque ultimum uitae halitum et animum debeant, (uolenti, fatentique nulla fit iniuria) etiam animâ persoluunt. occumbunt in obsequio* (‚mit der allerdings Fürsten die auf sie vereidigten Sklaven quälen können: verheiratete Männer, die, wenn sie nicht mit Frau und Kind zugrundegehen wollen, selbst dann, wenn sie durch E s e l s m ü h l e n geschleift werden, für die unsinnigen Mühen Dank sagen; und da sie den letzten Lebenshauch und ihre Seele schuldig sind (demjenigen, der von sich aus will und der das auch zugibt, geschieht kein Unrecht), sogar mit ihrem Leben den Dank abstatten. Sie sterben in Dienstbarkeit'). Balde weiß, wovon er spricht. Wenig später kommen die *seruitia aulica* und die Ordensoberen von p. 96 abermals in den Blick: *Quis igitur furor fuit immittentium hominem in Pistrinum Aulicum, nec famelico Plauto subeundum* (‚Was war das also für eine Raserei derjenigen, die einen Menschen in die H o f m ü h l e einspannten, die nicht einmal dem Hungerleider Plautus zuzumuten war').¹³³ *Pistrinum Aulicum*, Hofmühle¹³⁴ – das sagt

---

131 Vorzüglich neu herausgegeben und kommentiert von Kagerer 2014. Wichtig schon Sauer 2005, 107–146.
132 „Balde will andeuten, dass für den Auftraggeber bei einem Ordensmitglied zusätzlich der Vorteil besteht, dass dieser ein Gehorsamsgelübde abgelegt hat und falls nötig zusätzlich von seinem Ordensvorgesetzten gemaßregelt werden kann, sofern ein gutes Verhältnis zwischen Auftaggeber und Orden besteht. Dies trifft insbesondere auf die Münchner Jesuiten zu, die sich Kurfürst Maximilian in erheblichem Maße verpflichtet fühlten und Balde tatsächlich drängten, dessen Wünschen zu entsprechen" (Kagerer 2014, 603 mit Verweisen). ▸ auch die nächste Anm. In diesen Zusammenhang könnte *El.* 335 gehören (▸ dort).
133 „Balde übt also Kritik daran, dass der Jesuitenorden (‚immittentium' bezieht sich sicherlich auf die Ordensoberen, die Balde als Hofhistoriographen für Maximilian abgestellt haben) zulässt, dass Ordensangehörige schriftstellerische Tätigkeit im Interesse von Fürstenhöfen ausüben" (Kagerer 2014, 629). Dazu ist die vernichtende Charakterisierung Jakob Kellers zu vergleichen (▸ S. 1).
134 Balde bezieht sich auf die Nachricht bei Gellius 3, 3, 14, Plautus habe sich zeitweise Geld in einer Mühle (*pistrinum*) verdienen müssen.

alles. Es wird verständlich, warum Balde noch im *Elenchus* ein denkbar düsteres Gemälde vom Hofleben zeichnet. Die Eselsmühle kehrt *El.* 370 wieder.

1654–1668 wird Balde wieder an einen Hof berufen, nach Neuburg an der Donau. Man pflegt ein harmonisches Verhältnis zum Pfalzgrafen Philipp Wilhelm und seiner Familie anzunehmen. Es könnte in Rechnung zu stellen sein, daß das Hofleben die meiste Zeit nach Düsseldorf verlagert war (während Balde in Neuburg blieb), so daß sich nicht erneut Gefühle von Abhängigkeit und Animositäten gegen intrigierende Hofleute einstellten. Duhrs besonnene Darstellung der Höfe in Düsseldorf und Neuburg zeigt, daß es für die Jesuiten durchaus Probleme gab.[135] Auf jeden Fall wirkten bei Balde die Münchner Erfahrungen nach. So lautet in der Titelliste der *Praefatio* des *Solatium podagricorum* von 1661 Nr. 4: *Quare Aulica vita, dicatur splendidum sophisma.*[136]

Besonders sieht es Balde auf die Hofleute ab: Sie treiben schadenstiftende politische Spiele (97). Nur wenn sie sich vorsehen und über sie weder Gutes noch Schlechtes zu hören ist, leben sie sicher (308). Manchen bricht der Angstschweiß aus (484), andere leben wie ein Vogel im Käfig (460). Ihren Nasen wird wie den (Büffel)ochsen ein Ring eingezogen, damit sie leicht zu gängeln sind (164). Aber es gibt auch solche, die (zu Unrecht) als ‚Heilige' an den Fürstenhöfen figurieren (66). Höflinge sind wie Kentaurn zwittrige Figuren (335). Die menschliche Natur ist bei diesem Spiel in Rechnung zu stellen, da einige sich trotz Erschöpfung nicht vom Hofleben zurückziehen wollen – oder können (220).

Bei dem Leben und Treiben der Höflinge ist von den Herrschenden und Führenden natürlich nicht abzusehen. Diese lassen keine menschliche Regung erkennen, ihre hohen Chargen sind Götzendiener (249). ‚Weise' wird das Plutarch-Wort genannt, daß man sich an den Höfen der *Reges* und *Principes* leicht verbrennt (126); in entgegengesetzter Metaphorik heißt es, daß an den Höfen selbst Würdenträger in heftigen Sturm geraten (364). Aber gerade deshalb gibt es Hofleute, die andere vorschieben, damit sie sich nicht selbst an der Hofflamme (*aulicus calor*) verletzen (127). Die *ratio Politica* heißt: sich selbst gegenüber nachsichtig, anderen gegenüber hart sein – eine erschütternde Aussage (134). Ein Politiker ist Sklave nichtigen Tuns und des Hofs;[137] ihm ist Selbsterkenntnis nicht zu wünschen, weil er sonst sein Amt nicht ausüben kann (397). Hart wird festgestellt, daß Blinde, Taube, Stumme, Gichtgeplagte und Gelähmte besonders geeignet sind, glänzende Aufgaben an illustren Höfen zu übernehmen (269)!

---

135 1921, 860–896.
136 1729, IV, 9.
137 Auch 122 und 166 gehören in diesen Zusammenhang.

Überhaupt steht der Politiker bei Balde allgemein in keinem guten Ruf.[138] Schon *Lyr.* 4, 15 hat den Titel *Atheos hujus seculi, sub larva nominis politici latentes, detestatur*,[139] und *Sylv.* 9, 13 (Zählung 1729) handelt von *Pseudo-Politici*.[140] Auch im *Elenchus* werden die Pseudopolitiker des Jahrhunderts an den Pranger gestellt (323). Schlimmer: Die mit Sesam und Zucker besprengten Betrügereien der Politiker übertreffen durch ihre schädliche Bitterkeit die Galle von Schlangen, den Schleim von Stuten und den Geifer von Cerberus (149).

Wendet man den Blick noch einmal auf die *Interpretatio Somnij* zurück und berücksichtigt die Marter (*tormentum*), ‚mit der allerdings Fürsten die auf sie vereidigten Sklaven quälen können' (*quo sanè Principes iurata sibi mancipia torquere possunt*), ferner die ‚Ordensmänner, die sich vom Köder des Hofs haben verlocken lassen' (*religiosos, aulae uisco captos*), dann ahnt man, daß Balde sich als Hofhistoriograph – und sicher auch auf anderen Gebieten – in den Stricken und Netzen des Hoflebens gefangen fühlte.[141] Das vergaß er nicht.

Herder hat Baldes Haltung gewürdigt. Ein „Vortheil, den ihm sein Orden gab, ist sein s c h n e i d e n d e r B l i c k a u f d i e p o l i t i s c h e n V e r h ä l t n i s s e u n d V e r w i r r u n g e n d e r S t a a t e n. Nicht siehet er kriechend auf diese von unten hinauf, sondern von oben auf sie hinunter. So spricht er über Pflichten der Regenten, der Prälaten, der Hofleute, der Minister, der Feldherren, der Krieger; so über das Elend des Krieges, über die Nothwendigkeit des Friedens. Man hört die Stimme aus einem Institut, das gewohnt war, Staaten zu regieren."[142]

---

[138] „Die abwertende Bezeichnung ‚politicus' kam in der von den Jesuiten getragenen antimachiavellistischen Bewegung auf, in der eine von christlichen Wertvorstellungen abgelöste Politik bekämpft wurde. Als ‚politici' wurden Leute bezeichnet, die sich nur an der Staatsraison orientierten. [...] Auch am Münchner Hof gab es Auseinandersetzungen zwischen ‚politici' und ihren Gegnern" (Kagerer 2014, 414 / 415 mit Belegen).
[139] Dazu die Interpretation von Promberger 1998, 230–255.
[140] Henrich 1915, 91.
[141] „Sein Amt bezeichnet Balde so wie Brunner als Knechtschaft" (Kagerer 2014, 124 im Bezug auf die *Interpretatio Somnij*).
[142] 1881, 215 (Sperrung original). In diesem Sinn betont Duhr 1913, 263: „Die Sonne der Fürstengunst hat seinen Blick nicht geblendet, mit Freimut hält er auch den Fürsten den Spiegel der Wahrheit vor."

Schmeichelei

in aula solos equos non adulari

Mit dem Hofambiente hängen die Attacken gegen Schmeichler eng zusammen. Im *Castrum* wird in ironischer Brechung Statius und Martial Schmeichelei gegenüber Domitian und Claudian gegenüber Arcadius und Honorius vorgehalten (*Ca.* 33). Das gehört in den höfischen Bereich. Es ist naheliegend, daß dieses Verhalten auch im *Elenchus* zur Sprache kommt. Claudian erwischt es in 414 (gegenüber Honorius). Schlimm wird das Thema schon zu Anfang mit dem Ausspruch introduziert, daß am Hof nur Pferde nicht schmeicheln (4). Zwar wird das Diktum vorsichtigerweise einem *quidam* zugeschrieben, doch hat es Gewicht, daß die Herrschenden zu Reaktionen veranlaßt werden. Mehrfach hat Balde die Schmeichler allgemein im Auge, ohne den Bezug zum Hof auszusprechen. Dieser war aber mitzuhören. So heißt es, daß Schmeichler immer einen Circulus vitiosus begehen (weil sie sich ins eigene Fleisch schneiden) (55), daß sie eine törichte Schiffsreise in das Reich der Utopie unternehmen (369), daß die Sprache der Schmeichler und Hunde verwandt ist (405), daß zu fragen ist, ob der Schmeichler (hier: der schmeichelnde Dichter), der gefallen will, oder die Ehebrecherin (Kebse) mehr Schminke benutzt (419). Balde hatte genug erlebt.

Philosophie

humilem rusticum beatiorem esse superbo Philosopho

Balde ist kein großer Freund der Philosophie, sosehr er sie anerkennt. In der *Dissertatio* sind die Kapitel 5–7 dem Verhältnis von Philosophie und Dichtkunst gewidmet.[143] Auf das Philosophiestudium brauchen nur drei Jahre aufgewendet zu werden, für das Poesiestudium sollten es aber fünf Jahre und vielleicht mehr sein (*Lustrum, & amplius fortassis*)! Das ist ein erheblicher Unterschied. Dementsprechend lautet ein Thema, daß viele, die alles andere vernachlässigen, durch Begabung und Fleiß innerhalb von drei Jahren den Gipfel der Philosophie erklimmen, andere in demselben Zeitraum kaum den Namen eines mittelmäßigen Dichters erlangen (141). Es verwundert nicht, daß in dem satirischen *Elenchus* die Philosophie nicht ohne weitere Blessuren davonkommt. Nicht jeder Philosoph ist anzuerkennen. So wird gefragt, wie bewiesen werden könne, daß der niedere Landbewohner nicht nur besser, sondern auch glücklicher ist als der arrogante

---

143 Kenntnisreich kommentiert von Burkard 2004, 109–127.

Philosoph (109). An einer anderen Stelle wird das Thema formuliert, daß das Kartenspiel eine Schule der Weisheit und die ‚wahre Philosophie' ist (299), was bedeutet, daß man sich beim Kartenspiel intellektuell schult und die wahre philosophische Bildung erhält. Das ist zwar Satire, aber doch ein Dolchstoß gegen die allgemeine Schätzung der Philosophie.

S t o a : Balde gehört in seiner Münchner Zeit einem Kreis an, den man die ‚Münchner Stoa'[144] nennt.[145] Dieses „catonische System behagte aber dem tieffühlenden Balde nicht auf die Länge".[146] Jedenfalls lehnt er die Extreme der Stoa ab.[147] Über 20 Jahre später äußert er sich im *Elenchus* abgeklärt, indem er auch das Positive sieht.[148] Wenn es heißt, die beiden Drehpunkte, in denen sich die Angel des stoischen Lebens drehe, seien: zu verachten wissen und Verachtung ertragen zu können (459), darf die Maxime durchaus mit Baldes Haltung gegenüber seinen Kritikern in Verbindung gebracht werden. Auch die Aufgabe, ob es nach Stoizismus schmecke (*sapiat*), Verachtung mit Verachtung zu strafen (5), weist teilweise in diese Richtung. Das ist vorsichtig formuliert, was auch für drei weitere Fragen gilt: Ob die Gnome nach Stoizismus schmecke (*sapiat*), wer einen Verletzenden verletze, greife einen Blinden an (222)? Ob es nach Stoizismus schmecke (*sapiat*), zu sagen, der Mann müsse die tote Gattin nicht mehr betrauern als der Knabe einen entflogenen Sperling (was ein Asket gesagt haben soll) (475)? Beides entspricht nicht wahrem Stoizismus. Die dritte Frage: Ob die Devise ‚sich über nichts wundern' nach der Stoa und dem Misthaufen der Kyniker rieche (*redoleat*) (101)? Hier ist wegen der Einheitlichkeit der Metaphorik *sapiat* durch *redoleat* ersetzt. Ist von dem Hieb gegen die Kyniker auf einen solchen gegen die Stoa zu schließen? Man muß das wohl bejahen, denn es heißt wenig später, daß die Philosophie gelehrt wird, damit das Sich-Wundern verringert, die Theologie, damit es vermehrt wird (112). Es ist jeweils eine Diskussion des Für und Wider erwünscht.

E p i k u r : Die bescheidene Gerstengraupensuppe der Epikureer (ἄλφιτον / *polenta*) wird witzig eine ‚philosophische Speise' genannt (318), aber von dem (einst offiziellen) *Macilentus* anerkannt. Dagegen stehen die Pseudoepikureer bei ihm in keinem hohen Ansehen. So sind ihm die Lutheraner eine (pseudo)epiku-

---

144 Westermayer 1868, 95–97: ‚Die Münchener Stoa'. *Sylv.* 9, 12 ist überschrieben *Placita Monacensis Stoæ*.
145 Zu Baldes zeitweiligem Stoizismus Schäfer 1976, 195–218; Stroh 2006, 223–224.
146 Westermayer 1868, 96.
147 Insbesondere greift Balde die Apathielehre an: Schäfer 1976, 216; Stroh 2004, 272 Anm. 87.
148 „Wenn man bei Balde von einem Wandel sprechen will, so ist es einer vom rigorosen, kynischen Stoizismus zum gemäßigten, christlichen" (Schäfer 1976, 216).

reische Sekte, der es nur um das Wohlergehen zu tun ist (129). Indirekt gibt es vielleicht eine Polemik gegen die Epikureer (18).

Kyniker: Diogenes wird mit einigem Spott bedacht: Keiner der alten Philosophen hat bis in die Gegenwart mehr Schüler hinterlassen als Diogenes, der im Faß wohnte (146): Hier sind die Biertrinker (die Balde in Bayern studieren konnte) seine Jünger! Möglich ist ein lustiger Bezug auf Diogenes auch in 50, wenn das Tübinger Faß mit ihm in Verbindung zu bringen ist. Abschätzig ist die schon zitierte Frage, ob die Devise ‚sich über nichts wundern' nach der Stoa und dem Misthaufen (*fimetum*) der Kyniker rieche (101).[149]

Frau und Ehe

facta viris, verba fæminis comparare

Daß Balde als Priester keine Elogien auf Frauen und Ehe singt, ist klar. Man hat bei ihm sogar von einer ‚frauenfeindlichen Gesinnung' gesprochen.[150] Interessant ist die satirische Beschreibung der Ehe durch Urania in der kurz zuvor (1663) veröffentlichten *Urania victrix* 5, 6.[151] Auch in der satirischen Welt des *Elenchus* geht es zumeist um Kritik. Wenn es heißt, daß Taten mit Männern und Wörter mit Frauen verglichen werden (3), wird nicht schärfer gewertet als mit dem (einen anderen Aspekt betonenden) Sprichwort ‚Ein Mann ein Wort, eine Frau ein Wörterbuch'. In der Ehe gibt es Streitigkeiten (54), zum Beispiel über die Mitgift (407). Mag auch die weibliche Partei stärker belastet sein, prinzipiell wird das Thema nicht behandelt. Etwas deutlicher ist gesagt, daß nur Einfältige die Zungenfertigkeit der Braut statt einer Mitgift zu akzeptieren pflegen (197) – was auch immer die Braut dem Bräutigam wortreich erzählt. Überhaupt die Hochzeit: Das Hochzeitsglück ist schnell vorbei (391). Bei dem Gedanken an die Hochzeit wird ein kurzes Brautlied, aber eine lange Trauerwürdigung assoziiert (342). Es wird ein satirischer Ton erwartet. Satire enthält immer ein Fünkchen Wahrheit. Der in der Musik erfahrene Hochzeitsgott singt bei fast allen Hochzeiten einen

---

149 Dort weiteres zu Balde und Diogenes.
150 Baldes Urteile stellt Henrich 1914, 126–127 zusammen. Für Stroh 2015, 651 ist er „eher ein Asket und Eheverächter" (wichtig in diesem Zusammenhang 2015, 650, zu *El.* 398 zitiert).
151 „Aus der Konzeption der Titelfigur des Werkes als einer weiblichen Rollenfigur ergibt sich ganz natürlich eine Sicht der Ehe aus dem Blickwinkel der Frau. Dem Ansinnen, der Natur zu folgen und eine Ehe einzugehen, hat Urania eine wahrhaft satirisch gehaltene Beschreibung der Ehe entgegengestellt. Satirische Überzeichnung und Verzerrung entzaubert die Ehe, beraubt sie ihrer romantischen Verklärung" (Christes 2006, 298).

weichen und einen harten Gesang (363). Es sind wohl die zwei Seiten einer Ehe gemeint. Sodann wird gefragt, ob es nach Stoizismus ‚schmecke', zu sagen, der Mann müsse die tote Gattin nicht mehr betrauern als der Knabe einen entflogenen Sperling (was ein Asket gesagt haben soll) (475). In streng stoischem Sinn muß die Frage bejaht werden, nicht aber in allgemein christlichem, auch nicht in Baldes Sinn. Sehr scharf 309: Wenn sich die Ehe in ein Labyrinth verwandelt, gibt es keinen Ariadnefaden, sondern nur das Abreißen des Lebensfadens.

Juden

præputia circumcidunt

Balde steht als christlicher Priester wie viele seiner Kollegen den Juden als den Mördern Jesu kritisch gegenüber.[152] Im *Elenchus* gibt er sich aber nachsichtig, jedenfalls freundlich spottend, was ihre Erzählungen (137) und das Beschneiden ihrer Vorhaut betrifft (444).

c. Dichtungstheorie

Da der *Elenchus* auch in den Poetikunterricht gehört, ist es folgerichtig, daß Balde die poetische Praxis berücksichtigt. Das geschieht nicht systematisch, sondern in der lockeren Form der Satire. Die Themen erscheinen ihm aber so wichtig, daß er die meisten durch ein *P* am Rand hervorhebt und in der Vorbemerkung ausdrücklich darauf hinweist.

Satire

salem Satyricum esse venenum quidem, sed necessarium

In der vehementen Verteidigung der Satire im Vergleich zu anderen Gattungen ist eine zentrale Selbstaussage Baldes zu sehen, da er sie in den letzten zwanzig Jahren seines Lebens besonders pflegt. Aus seiner Sicht ist die Frage *An satyrici*

---

[152] Westermayer 1868, 237; Henrich 1914, 123–126; Schäfer 1976, 238; Wiegand 2005, 151–169 (kenntnisreich). Zu nennen ist vor allem *Epod.* 14. *Sylv.* 5, 5, 97–101 wird der römische Kaiser Titus als Zerstörer Jerusalems gefeiert, der gegen die ruchlosen Isaaksöhne (*in impios Isacidas*) stürmte. Promberger 1998, 286 nennt das „ein bedrückendes Zeugnis von Baldes Antisemitismus". Man muß vielleicht berücksichtigen, daß vom Jahr 70 aus gesehen Jesu Tod noch nicht so lange zurücklag.

Poëtæ, justo temperamento utentes, præ ceteris honorandi sint („ob Satirendichter, wenn sie das rechte Maß wahren, vor anderen zu ehren sind') zu bejahen (466). Nicht anders ist die Feststellung, daß Kritiker schon vor der Veröffentlichung von Satiren ihr Geschrei erheben (19), eine Aussage des reifen Dichters; seine Bekanntheit wird vorausgesetzt. Vor allem: Die Kritiker erleiden mit ihrer Kritik Schiffbruch (162).

Allgemein gilt: Das Salz der Satire ist Gift, aber notwendig; ohne es kein Gedicht, das Dauer haben wird (173); die Satire hat scharfe, aber heilsame Wirkung (105), sie muß nicht süß, sondern sauer sein (128), sie muß wie das Stachelschwein Stacheln haben (142), ohne Stachel kann sie wie die Biene nicht existieren (442), kurz: Ein Tropfen satirischen Schwefels bewirkt mehr als eine ganze Flasche Rosenwasser (346).

Epigramm

sicca argumenta

Balde äußert sich im *Elenchus* nicht grundsätzlich über Gattungen, denen er von der Thematik her reserviert gegenübersteht, etwa Catulls Hendekasyllaben oder römische Liebeselegien. Dagegen verschweigt er nicht seine Kritik am Epigramm, dessen besonderer Freund er nie gewesen ist. Deshalb wendet er sich gegen die übermäßige Bedeutung, die es in der Ausbildung der Poetikschüler einnimmt. Ihm sind ‚jene Zwerge töricht, die die Begabungen der Jünglinge, die zum Lorbeer geführt werden sollen, nur mit trockenen Spitzfindigkeiten und dem Spielzeug kleiner Epigramme mehr ermüden als üben' (228). Er erntet dafür den Tadel des Zensors I, doch bleibt er bei seiner Wertung.[153] Im besonderen spricht er sich gegen die, wie es bildlich heißt, ‚eiskalten' Pointen aus (200, 313). Die frostig-intellektualistische Ausrichtung des Epigramms, die die ‚warme' inhaltliche Aussage überlagert oder verdrängt, erscheint ihm ‚kalt' (= ψυχρόν). In 200 wird Martial genannt, dessen Porträt im *Castrum* durchaus ambivalent ist.[154] Gegen ihn hat er auch in anderer Hinsicht Bedenken: Es ist das Laszive, das er ebenso wie schon Scaliger ablehnt,[155] seine, wie er sagt, *Poëmata obscœna* (*Ca.* 33).[156]

---

153 ▸ S. 286 und 364.
154 19, 32, 33. Nur in 45 wird er als *felix in Momos* (Randnotiz) in Schutz genommen (▸ jeweils die Interpretation in C).
155 ▸ S. 154 / 155 und 232.
156 Weiteres zu Balde und Martial: Burkard 2004, 194–195.

Beide Charakteristika des Epigramms haben bei Balde insgesamt eine mindere Schätzung dieses Genus bewirkt.

Grammatiker

grammatici certant

Besonders hat es Balde auf die Grammatiker (Philologen) abgesehen, die er mehrfach verspottet.[157] Eindeutig sagt er am Beginn der *Dissertatio* zu dem jungen Widmungsempfänger Crescentius Marcona, der ihn um diese Schrift gebeten hat: ‚Wenn du die Gesetze oder besser das Gezeter der Philologen im Auge hast und mich aufforderst, nach deren Art Regeln zusammenzustellen – zahllose Regeln, gewichtige, unendlich viele, unterschiedliche, klar gegliederte, so erreichst du gar nichts. Ich habe keine Zeit, da ich nun schon so viele Gedichte herausgegeben habe, in meinem schon zur Neige gehenden Alter die klein gedruckten Anmerkungen in den Grammatiken u. ä. zu zählen oder gar zu vermehren, nein, dazu habe ich wirklich keine Zeit.'[158] In der Titelliste der *Praefatio* des *Solatium podagricorum* lautet Nr. 10: *Adversus molesta litigia Grammaticorum sæpe de unica syllaba, immò & apice, superbè & putidè rixantium*.[159]

Die Grammatiker sind ihm auch im *Elenchus* sprachliche Pfennigfuchser. So wird ironisch unterstellt, daß sie auf einem Kongreß erwägen, aus ihren Regeln (*Regulae*) einen *Lapis Grammaticus* zu entwickeln, wie die Philosophen einen *Lapis Philosophicus* haben (50). Sie streiten wortreich über Quisquilien (333, 334); bei beiden Beispielen geht Balde von dem Horaz-Vers *grammatici certant et adhuc sub iudice lis est* aus (*Ars* 78). Die Antipathie gegenüber der Grammatikerzunft erklärt sich im Zusammenhang mit dem Poetikunterricht, wie *Diss.* 1 erkennen läßt: ‚Man sieht doch, wie Saatfelder durch zu starke Regengüsse vernichtet werden. Ebenso werden die jungen Pflanzen, nämlich die Lernenden, durch eine unermeßliche Zahl von Regeln wie durch eine Art Überschwemmung überflutet. Viele Grammatiker sind ein großes Gewitter, ein Streit ohne Ende, ein Ende ohne Urteil, ein Urteil ohne Geist. Wo an Silben genagt wird, gibt es niemals Ruhe für den See der Seele. *„Viele Ärzte verderben den Kaiser"*, viele

---

157 Zum Thema: Burkard 2004, 78.
158 *Sin ad Grammaticorum Leges, vel potiùs lites respicis, hortator, ut illorum more praecepta conscribam, numerosa, onerosa, plurima, diversa, distincta; nihil impetras. Non vacat mihi, post tot emissa Poemata, hac aetate declivi, non vacat, inquam, numerare, vel multiplicare Appendices Tertii generis &c.*
159 1729, IV, 10.

Grammatiker die Jugend'.[160] In diesen Zusammenhang gehören auch die Zwerge, d. h. klein(geistig)e Lehrer, ‚die die Begabungen der Jünglinge, die zum Lorbeer geführt werden sollen, nur mit trockenen Spitzfindigkeiten und dem Spielzeug kleiner Epigramme mehr ermüden als üben' (228).

Plagiatoren und Poetaster

multa furta Poëtarum etiam restim posse mereri

Daß Balde, der mit Nachdruck Originalität der Dichtung fordert,[161] auf Plagiatoren[162] nicht gut zu sprechen ist, versteht sich von selbst. So können Dichter, die Diebstähle begehen, wenn sie sie nicht als Imitationen kennzeichnen, sogar den Strick verdienen (250). Sie sind einer Satire mit dem Titel ‚Der Kuckuck' würdig (263). Viele Dichter stürben im gegenwärtigen Zeitalter Hungers, wenn sie nicht die Sichel an fremde Ernte legten (295). Sie zahlen für ihre Beute nichts (148). Das vollendete Beherrschen der alten Dichter kann letztlich Unglück bringen (150). Gern gebraucht Balde den nachantiken Terminus *poetaster*,[163] mit dem er im Grund den Plagiator meint. Die Poetaster gehen auf Beutezüge (148). Sie können zwar Verse skandieren, aber nicht den Gipfel des Parnaß erklimmen (156).[164] Sie glänzen mit gekauften Versen wie Mädchen mit gekauften Haaren (= Perücken) (482). Daß auch die sklavische Nachahmung der alten Dichter gemeint ist, zeigt der Spott, daß viele, wie es heißt, mit deren Maske verkleidet, stolzer einherschreiten, als angemessen ist (430). Die Cento-Dichtung gehört ebenfalls in diesen Bereich (230).

---

160 *imbribus nimiis videmus sterni segetes. Haut aliter immensâ praeceptionum copiâ, velut inundatione quadam, obruuntur adulescentes Discentium plantae. Multi Grammatici magna tempestas: lis sine fine: finis sine judicio: judicium sine ingenio. Ubi roduntur syllabae, nulla umquam malacia Maris animi. Multi medici perdiderunt Caesarem. Multi Grammatici Iuventutem.*
161 ▸ S. 14–15.
162 Zur Bedeutung von *plagium* / Plagiat Kagerer 2014, 419.
163 Er wurde wohl von Erasmus in einem Brief an Aloisius Marianus am 25. März 1521 geprägt: *Mundus plenus est [...] poetastris et rhetoristis* (Opus Epistolarum Des. Erasmi Roterodami, denuo rec. P. S. Allen / H. M. Allan, IV, Oxonii 1922, 462). 1601 schrieb Ben Jonson ein satirisches Stück mit dem Titel *The Poetaster*.
164 Witzig formuliert: *scandere* = ‚skandieren' und ‚besteigen'.

Kritiker

omnium censuras anxiè timere, esse quoddam superstitionis genus

Das Unwesen der Kritiker durchzieht das ganze *Castrum*.[165] Gewiß hat Balde in ihm persönliche Erfahrungen miteingeschlossen, ohne daß er seine Person hervorhebt. Im *Elenchus* hat er aber eigene Dichtung im Auge. Schon die Diskussion mit Franciscus Bertronius in der *Praefatio* über den Sinn des Katalogs stellt dieses Thema in den Vordergrund, wenn vielen Kritikern vorgeworfen wird, sie wagten selbst nicht, ihre Worte und Taten der Zensur zu unterwerfen. In dieser Zeit seien sonderbare Areopagiten Richter, die seine Oden völlig falsch einschätzten, die er doch als Autor selbst am besten beurteilen könne.[166] Balde scheint „Kritik an seinen Werken schwer ertragen zu haben".[167] Er ist aber fair genug, zu betonen, daß die Dichter den Kritikern auch Bemühungen um die eigenen Werke verdanken (44). Der späte Balde ist Satirendichter, und als solcher verteidigt er selbstbewußt sein Handwerk, wenn er das Schreien des Kritikers schon vor Erscheinen der Satiren mit dem Brüllen des Esels (!) vergleicht (19), oder wenn er in bravouröser Formulierung feststellt, daß der satirische Dichter zugleich Ziel und Klippe ist, Ziel, auf das die Kritiker zielen, und Klippe, an der sie ihren Kopf einstoßen (162).[168] Anspruchsvoll heißt es, daß Kritik aller ängstlich zu fürchten eine Art Wahnglaube ist (456). Diese letzte Aussage, die hier als Motto gewählt ist, verdient besondere Beachtung: *censurae* – so heißen die offiziellen Gutachten, die die Ordensoberen bestellen. Die Zensoren der *Expeditio*[169] haben das durchgehen lassen, wohl weil sie nicht erkennen lassen wollten, daß (auch) s i e gemeint sein konnten.

Der wahre Dichter

Poëtas fieri

Der wahre Dichter[170] ist kein Elegantling (23), er muß viel feilen (24) und vielfältig begabt sein (42), seine poetische Ader ist nicht ohne weiteres festzustellen

---

165 ▸ S. 19.
166 ▸ S. 46–47 und 162–163.
167 Kagerer 2014, 593.
168 Sollte 157 auf die Kritiker zu beziehen sein, hieße es in stärkster Ironie, daß sie glauben, der Mangel an eigener Schöpfungskraft legitimiere sie als urteilsfähige Kritiker!
169 ▸ E.
170 Mehr als sonst wird nur eine Auswahl vorgeführt und auf die Erläuterungen der Themen des

(47), er ist immer zu fördern, damit er immer singt (110), seine Dichtung erfordert einen kongenialen Rezipienten (114), er soll es dem Leser nicht zu leicht machen (218), er muß aber mißverständlichen Ausdruck meiden (190), er darf nicht verzweifeln (145), die Qualität seiner Werke hängt von Mühe und Ader, von Glück und Begabung ab (131), in drei Jahren kann er den Gipfel der Philosophie, aber kaum den Namen eines mittelmäßigen Dichters erreichen (141), er braucht Phantasie (207, 331), er gibt sich nicht mit Worträtseln, Zeitversen oder Anagrammen ab (223), ihm werden Fehler, auch wenn er sie einsieht, nicht verziehen (245), aus dem Werk kann man sein Denken erkennen (251) – oder doch nicht (252), seine Dichtung muß reifen (255), er selbst ebenfalls (208, 277), er muß erst ein Dichter werden (*Poëtas fieri*, 315), wenn er Epigramme schreibt, muß er zu kalte Pointen meiden (200, 313), er agiert nicht im luftleeren Raum, sondern reagiert auf seine Umwelt (428), Durst nach Ehre ist ihm wichtiger als Hunger nach Gold (461).

Theater

> *pleraque nunc theatra impleri sumptuosâ novitate*

Da Balde selbst für die Bühne dichtet, verfolgt er mit wachem Blick die veräußerlichten Aufführungen der Zeit. Es kommt im Jesuitentheater auf die Vermittlung religiöser, historischer oder sittlicher Lehren an, womöglich mit einem pointierten Fabula docet. Duhr legt sowohl die positiven Charakteristika des Schultheaters dar als auch die ‚Mißstände', etwa den zu großen Raum, den die Einstudierungen, die Musik oder die (mehrfachen) Vorstellungen beanspruchen.[171] Schon in der Perioche zu dem 1637 aufgeführten *Jephte* beklagt sich Balde über die Ansprüche, „die gerade zu seiner Zeit von den Zuschauern an den Aufwand der Inszenierung gestellt würden".[172] In der *Dissertatio* von 1658 wird die Kritik an der Theaterpraxis fortgesetzt.[173]

Im *Elenchus* wird der Nutzen und der Mißbrauch von Komödien und Tragödien, *Comœdiarum & Tragœdiarum usus atque abusus*, thematisiert (217). Euterpe und Melpomene (die die Genera Komödie und Tragödie repräsentieren) sind mit Schmerzen darüber unwillig, daß in der Gegenwart die meisten Theater mit aufwendiger Neuheit, kostspieliger Barbarei und langweiligen Singereien angefüllt

---

Elenchus in D verwiesen, die auch die Zusammenhänge aufzeigen.
171 1921, 493–501.
172 Stroh 2004, 293.
173 Gute Erklärung: Burkard 2004, 213–215.

werden (98). Oft regnet es vom Bühnenhimmel Frösche, Blut und Steine (314). Daher ist zu fragen, ob die Darstellung (*Mimesis*) überhaupt zu den besonderen Sparten der Dichtkunst gehört (326). Jedenfalls verdienen ingeniöse Aufführungen Vorzug vor aufwendigen (415).

d. Das wahre Ziel des *Elenchus*?

semper enim Veritas odium parit

Es war darauf hinzuweisen, daß *Castrum* und *Elenchus* einen Zwitter bilden, daß ferner eine Unausgeglichenheit zwischen der *Praefatio* und dem Epilog des *Castrum* hinsichtlich der Absicht der satirischen Erzählung und zwischen der *Praefatio* sowie der Widmung des *Elenchus* und dessen Epilog hinsichtlich der (des) Adressaten besteht.[174] Wie ist das bei einem Meister der Feder wie Balde zu erklären? Es ist nicht zu übersehen, daß er sich gewunden hat. Was die Absicht des *Elenchus* betrifft, ist nicht so sehr interessant, was er sagt, sondern das, was er nicht sagt – ja, was er offenbar verbirgt.

Was verbirgt Balde? Nach seinem Scheitern in München (1650) bevorzugt er das Genus der Satire. In dichter Folge erscheinen: *Medicinæ gloria* (1651), *Satyra contra abusum tabaci* (1657), *Vultuosæ torvitatis encomium* (1658), *Antagathyrsis* (1658), *Solatium podagricorum* (1661), *De eclipsi solari* (1662). Welch sonderbare Stoffe![175] Ist der Sänger der tief empfundenen Marienverehrung und der Lebensbewältigung, die in so einzigartiger Weise aus den *Lyrica* und den *Sylvae* sprechen, wunderlich geworden? Zieht er sich in seine *Rollwenzelei* zurück, um skurrilen Gedanken nachzuhängen? Landshut, Amberg, Neuburg – das ist auch in geistig-kultureller Hinsicht tiefe Provinz gegenüber dem Glanz des Münchner Hofs! Er ist sich seiner Rolle, zunehmend im Abseits zu dichten, bewußt, ja er spricht es aus. ‚Jetzt benutzen wir den Namen der Satire, nicht seinen Inhalt, sind Schattenboxer. Wir erröten nicht, wenn wir es zugeben. [...] Bisher haben wir mit den Ärzten ausgelassen gescherzt, mit den Rauchern unter großen Dampfschwaden unseren Spaß getrieben. In der nun folgenden Schrift loben wir das finstere Aussehen des Gesichts, das heißt, wir geißeln die Selbstliebe und die Schönheits-

---

[174] ▸ S. 13–14.
[175] Immerhin hat Knepper hinsichtlich der ein spezielles Thema behandelnden *Medicinæ gloria* betont, „daß die Hauptausbeute aus diesen Satiren Baldes auf kulturhistorischem Gebiete liegt, und manches ist nach der Seite hin sicherlich einzig in seiner Art und für die Beurteilung jener ganzen Zeit und der Menschen in ihr ebenso bedeutsungsvoll als willkommen" (1904, 40).

liebe. Ein Stoff, der ohne Zweifel einer Satire wert ist! Das sind Ungeheuer, die nur lachhafte Untaten begangen haben.'[176] Welche eine Selbstironie!

Wie ist die Entwicklung von 1650–1662 zu erklären? Im 72. Kapitel der *Dissertatio* äußert Balde 1658 deutlich, daß eine freie kritische Meinungsäußerung, wie sie sich Juvenal leistete, in seiner Zeit unmöglich sei.[177] ‚Denn immer gebiert Wahrheit Haß, eine schöne Mutter eine häßliche Tochter. Unser Jahrhundert beflecken dieselben Verbrechen wie das des kahlen Nero (= Domitian), wenn nicht sogar größere. Wer würde wagen, ein Juvenal zu sein, Verborgenes ans Tageslicht zu bringen?'[178] Auftragsdichtung[179] wird ausdrücklich abgelehnt (die Schrecken der einst aufgetragenen historiographischen Tätigkeit zittern nach).[180] Balde nennt derlei *incassum scribere* (‚vergebens schreiben')[181] und *stulto labore consumi* (‚sich von törichter Arbeit aufzehren lassen'), wofür er keine Zeit habe. Was bleibt, sind nur randständige Themen.

Aber das Blatt wendet sich mit dem *Castrum* (1664) – man möchte sagen: am Lebensende. Es ist die wohl witzigste und geistreichste Satire, die Balde gedichtet hat. Sie ist gegen die *Indocti, Idiotæ, Aristarchi, Momi, Zoili, Timones, Pseudocritici* gerichtet (*Ca.* 2), kurz: gegen die Kritiker, die Balde im allgemeinen verdammt. Gemeint sind die Kritiker der alten und vor allem der neuen lateinischen Dichtung. Das ist für ihn und die ihm Gleichgesinnten ein zentrales Thema. In der *Praefatio* werden zudem ausdrücklich *multi Critici* genannt, mit denen er zu seinen eigenen Kritikern überleitet, die ihn überhaupt nicht verstehen: ‚In dieser

---

176 *Iam Satyrae nomen usurpamus, non potestatem; umbratici pugiles. nec erubescimus confiteri.* [...] *Hactenus cum Medicis festivè jocati sumus; cum Tabacophilis fumosè nugati sumus. Hac scriptione Vultuosam Torvitatem laudamus; hoc est, Philautiam, & Philocaliam plectimus. dignam scilicet Satyrâ materiam! monstra ridendorum facinorum* (Diss. 72, dazu Burkard 2004, 341 und 351).

177 Schäfer 1974, 136 stellt fest, Balde halte „die durch Religion und Intoleranz errichteten Schranken für so verbindlich, daß er sich eine Nachfolge Juvenals versagte". Burkard 2004, 342–343 erläutert die von Balde angeführten Ursachen *religio, injuria temporis, sanctae Honestatis oculi* und *peccantium aures*. Sauer 2005, 20–22 betont Baldes Überzeugung, „die Zwänge der eigenen Zeit verhinderten eine freie Meinungsäußerung oder offene Kritik, wie sie Juvenal unerbittlich vorgebracht habe. In dieser Frage nimmt Balde selbst als Ordensmann kein Blatt vor den Mund." ▸ auch D zu *El.* 124 und 462.

178 *semper enim Veritas odium parit: formosa mater, deformem filiam. Nostrum seculum eadem scelera, quae Calvi Neronis, inquinant; si non etiam majora. quis audeat Iuvenalis esse? in apricum ferre occulta?*

179 Es kann auch allgemein an adulatorische Dichtung gedacht sein (Burkard 2004, 341).

180 Aus diesem Grund bietet der *Elenchus* keine historischen Themen, wie sie für Poetikschüler durchaus geeignet waren. Man darf sagen: Balde hatte von der Historiographie – sit venia imagini – die Nase gestrichen voll.

181 Zu *incassum* Burkard 2004, 346.

Zeit sind sonderbare Areopagiten Richter. Ich habe viele Oden geschrieben: Die, welchen ich den letzten Rang gäbe, setzen andere auf den ersten. Die, welche eines Mittelplatzes würdig sind, werden auf den Gipfel gehoben, die, welche den höchsten Platz verdienen, an den letzten gestellt. Aber i c h habe sie alle geschaffen, und ich weiß, was den einzelnen zukommt. Einige erfreuen, aber sie sind deswegen nicht hervorragend. Einige schrecken ab, aber sie sind in ihrer künstlerischen Gestalt gelungen. Einige können vernachlässigt erscheinen und stellen (doch) Horaz in Antlitz und Ausdruck und selbst in der gewölbten Kithara vor.'[182]

Und der *Elenchus*? Ist er ein Rückfall in die Zeit von 1650–1662? Keine Annahme verkennte ihn in größerem Maß. Auch er ist eine Satire. *pleraque Satyricum aroma spirent*, heißt es im Epilog. Dementsprechend dominiert die Satire unter den aufgelisteten literarischen Themen. Aber während die 1651–1662 erschienenen Satiren inhaltlich ausweichen, weitgehend Randständiges statt Zentrales bieten, trifft der *Elenchus* über weite Strecken mitten ins Schwarze. Der Überblick über das Gesellschaftsbild und die Zeitkritik[183] hat deutlich gemacht, daß Balde aus seiner Zeit in seine Zeit hinein spricht, ja zielt. Der Gegenwart wird ein Spiegel vorgehalten, der so scharf brennt wie selten zuvor. Der Hof mit den Fürsten und Höflingen, die Türken, die Lutheraner, die Juden, der Luxus bei Begräbnissen und die Verblendung gegenüber nichtigen ausländischen Waren – dem Leser begegnet ein ganzes satirisches Spektrum. Ja, es scheint, daß Balde versteckt sogar über das Verhalten der Ordensoberen in seiner Not klagt (335), in die er durch das Amt des Hofhistoriographen geraten war.[184] Die einzelnen Themen brauchten gar nicht ausgeführt zu werden, sie sprachen für sich. Es sind autarke Aphorismen zur Lebensweisheit, selbst wenn sie aus formalen Gründen die Frageform haben. Die Antwort liegt fast immer auf der Hand. Der *Elenchus* ist zusammen mit dem *Pæan Parthenius*, der ebenfalls 1664 erschien, Baldes letztes Werk. Er bietet, richtig gelesen, einen bitterbösen Blick auf die Gegenwart. Es ist aber kein tristes Pamphlet, keine beleidigte Abrechnung, kein Anschwärzen leuchtender Gestalten.[185] Vielmehr sprüht die Sammlung von geistreichen Einfällen, von

---

182 *sunt hoc ævo mirabiles Areopagitæ Iudices. plurimas odas scripsi: quas ego postremo loco ponerem; statuunt alij primo. Medio dignæ, ad fastigium evehuntur. Summum meritæ, volvuntur ad imum. Atqui omnes ego confeci: & scio, quid singulis debeatur. Quædam delectant: sed non sunt idcircò eximiæ. Quædam horrorem spirant; at artificio pollent. Aliquæ neglectæ videri possunt: & Horatium in ore ac vultu, ipsóque ventre Citharæ gerunt.* ▸ S. 46–47 und 162–163.
183 ▸ S. 28–39.
184 ▸ S. 32–33.
185 Luther ist eine Ausnahme. Aber ein katholischer Priester, der den Dreißigjährigen Krieg miterlebt hat, konnte gar nicht anders urteilen. Die Auseinandersetzung wird jedoch nicht kleinlich, sondern überlegen geführt.

Witz und Ironie, von souveräner Weltbetrachtung, wie sie der immer lachende Demokrit pflegte, den Balde in 343 zitiert (*Democritus semper ridens*). Das war das Äußere, das, was der Leser in die Hand bekam. Wer tiefer blickte, mochte auch den ebendort genannten beständig weinenden Heraklit spüren (*Heraclitus assiduè plorans*). In der beklagten Unfreiheit der Zeit weiß sich der Jesuit zu helfen: Unter dem Deckmantel einer Themensammlung für Poetikschüler,[186] wie es jedenfalls am Anfang der *Praefatio* und in der Widmung des *Elenchus* heißt, rechnet er erbarmungslos mit seinem Jahrhundert ab. Es hat sicher eine tiefere Bedeutung, wenn der Katalog in der *Praefatio* ein *novum inventum* genannt wird.

Ganz neu war das nicht. Schon einige der in der Widmung des *Solatium podagricorum* an Thomas Bernazolius genannten Projekte sind eindeutig, die Balde aber nicht ausführte und, wie man jetzt vielleicht schließen darf, gar nicht ausführen wollte, weil er sich längst zurückgenommen hatte. Er deutete an: *An hoc seculo vitia magis honorentur, quàm virtutes* (5). *Hysteron proteron hujus seculi* (22). *Adversus Pseudopoliticos* (24). *Leonis & Vulpis Anatomia Politica* (29), usw.[187] Das ist auf der Linie des *Elenchus*. Die Problematik schlummerte – oder kochte? – schon lange in ihm. Das waren Andeutungen. Jetzt aber wird er deutlich, und holt zu einem Rundumschlag aus. Nicht versenkt er diesen wie die *Interpretatio Somnij* in die Schublade, sondern veröffentlicht sein Vermächtnis formal verschlüsselt – eine Methode, die er so oft praktiziert hatte. Aber wer Ohren hatte zu hören, konnte, besser: sollte hören.[188]

Das mag das wahre Ziel des *Elenchus* sein. Er ist das persönliche Zeugnis eines Mannes, der sich, wie Doktor Raoul Überbein, *den Wind hatte um die Nase wehen lassen* – und dem der Wind kräftig um die Nase geweht worden war.

---

186 Diese Funktion mag durchaus realistisch sein, wenn ein Raphael Stibius wirklich darum bat.
187 1729, IV, 9–12.
188 Offen sind die poetischen Themen, mit denen er noch einmal das Surrogat einer Poetik gibt. Sie werden eigens durch ein *P* am Rand hervorgehoben und täuschen nach der *Dissertatio* eine neuerliche Poetik vor. Aber man soll zwischen den Zeilen – gewissermaßen zwischen den *P*s – lesen.

VI. Gestalt

1. *Castrum*: Poetische Imagination

> *Fabra hominis Mens est, & novit imagine rerum*
> *Diversas conjungere formas.*
> *Contrahit in medium, quæcunque extrema vagantur,*
> *Ac toto distantia Mundo.*[189]

Bei der Interpretation des ersten Buchs der *Sylvae* wurde der Begriff der ‚poetischen Imagination' für die Beschreibung der bunten Welt, die Balde vorführt, gebraucht. In ihr tummeln sich antike Götter, Nymphen und Faune, begegnen sich antike und moderne Jäger, gehen arkadische und deutsche Landschaften ineinander über.[190]

Auch im *Castrum* wird eine imaginäre Welt beschrieben. Nicht nur agieren antike und neuzeitliche Dichter gemeinsam, sondern verkehren auch miteinander antike Dichter aus dem dritten (Plautus),[191] zweiten (Terenz), ersten vorchristlichen (Tibull), ersten nachchristlichen (Persius), zweiten (Juvenal) und fünften Jahrhundert (Claudian) sowie andererseits neuzeitliche Dichter aus dem 14. (Petrarca), 15. (Marullus) und 16. Jahrhundert (Camerarius). Man könnte sagen, es handele sich um eine verlebendigte Literaturgeschichte, deren Gestalten wieder auferstehen und eine zeitgleiche Gemeinschaft bilden.

Zu der imaginären Welt des *Castrum* gehört der Ort der Schlacht. Die Burg liegt in Böotien (1), aber Ignorantia ist Königin der Böoter und der Arkader (Titel). Diesen Landschaften schrieb man in der Antike einfältige Bewohner zu.[192] Sie grenzen nicht aneinander, sie gehen nur ideell ineinander über. Man darf sogar sagen: Böotien / Arkadien ist überall, wie durch den Schluß anschaulich gemacht wird: Ignorantia entkommt und wohnt künftig in den Herzen der Menschen. Von den Belagerern kennt sich Lukan in den Örtlichkeiten genau aus, weil er die berühmte Schlacht zwischen Caesar und Pompeius bei Pharsalus in Thessalien beschrieben hat (dementsprechend reitet er ein thessalisches bzw. pharsalisches Pferd, 23 / 44). Aber Thessalien grenzt nicht an Böotien und schon gar nicht an

---

189 ‚Des Menschen Geist ist ein Künstler, er versteht, durch die | Imagination der Dinge verschiedene Gestalten zu verbinden. | Er zieht zusammen, was weit entfernt | und über die ganze Welt hin getrennt umherschweift' (*Sylv.* 1, 3, 21–24, dazu Lefèvre 2011, 26).
190 Lefèvre 2011, 24–26.
191 Es wird jeweils nur ein Beispiel genannt.
192 ▸ S. 18.

Arkadien. Alles bewegt sich in einem geographischen Ungefähr. Es kommt hinzu, daß der historische Lukan, soweit bekannt, in keiner dieser Landschaften war. Aber Balde setzt in seiner imaginären Welt literarische und autovisuelle Kompetenz gleich – hat doch Lukan selbst die von ihm geschilderten Kriegsdrommeten gehört (33)!

Damit ist eine poetische Technik angesprochen, die sich durch die ganze Erzählung zieht: Es wird von dem Werk eines antiken oder humanistischen Dichters auf seine Fähigkeiten bzw. Tätigkeiten als moderner Kämpfer geschlossen. Einige Beispiele seien vorgeführt. Bei der sengenden Glut ist Statius in der Lage, seine Soldaten durch schattige Wälder zu geleiten, in die er fünf Schneisen schlägt (hat er doch fünf Bücher *Silvae* gedichtet), während Lukan seine Kohorte über nackte Felder führt (wozu ihn seine Schilderung von Catos Wüstenmarsch im neunten Buch des *Bellum civile* qualifiziert) (41). Statius ist ein großer Kämpfer, der in die Rolle seines gewaltigen Capaneus aus der *Thebais* schlüpfen und die Mauern der Burg erstürmen kann, wobei er von den Zinnen in donnernder Rede mit den eingeschlossenen Eseln abrechnet (47). Ovid, der Dichter der *Metamorphosen*, der ‚Verwandlungskünstler aus Sulmo', ist, in der Gestalt eines Kentaurn, ein Kundschafter von unglaublicher Schnelligkeit (31). Plautus wird der Eselturm anvertraut, weil er die Eselkomödie *Asinaria* gedichtet hat (42). Ganz undisziplinierte Kämpfer, die sich nicht einordnen können, sind dagegen die Elegiker, die ihre Geliebten im Lager zurücklassen müssen (36): Hier ist aus dem für den Jesuiten undisziplinierten Werk auf das Verhalten der Poeten geschlossen – sicher nicht zu Unrecht! Umgekehrt mähen die Satiriker mit ihren spitzen Worten wie mit gezückten Sicheln alles, was ihnen begegnet, nieder (40), sie stellen eine ‚blitzeschleudernde Legion' dar (48). Persius operiert feiner: Er ist prädestiniert, im Dunkeln aktiv zu werden und Verborgenes aufzuspüren, gilt sein Stil doch allgemein als dunkel (51).

Der Einsatz der Neulateiner steht dahinter nicht zurück. Die Italiener sind besondere Krieger, denn sie können beide Hände gebrauchen (sie sind ἀμφιδέξιοι wie Kämpfer bei Homer, die den Speer sowohl mit der rechten als auch mit der linken Hand zu schleudern vermögen). Dazu sind sie imstande, weil sie lateinisch und italienisch dichten. Sannazaro schrieb ‚Fischereklogen', *Eclogæ Piscatoriæ*, aufgrund deren er fähig ist, einige Fischerkähne (*cymbæ piscatoriæ*) für die Überquerung des Gewässers anzubieten, das die Burg umgibt. Die Kähne sind voller jugendlicher Eklogen, d. h. die Gedichte sind die Mannschaft, die kämpfen soll (3). Später führt Sannazaro drei Abteilungen Amazonen ins Feld. Die Frauen sind, wie *A* am Rand vermerkt, *Sannazari Carmina quædam Erotica*, also seine *Eclogæ*, *Elegiæ* und *Epigrammata*, die der Liebe Raum geben (9). Battista Mantovano bietet eine große Menge Soldaten auf, da er sich rühmen kann, 50 000 Verse gedichtet zu haben (9). Besonders tut sich Marullo hervor, der seinen Falken gegen die Unglück bedeutenden Kropfgänse schickt und dessen erwartete Wiederkehr als glückliches Omen ausgibt. Der Falke entstammt dem Marullo-Gedicht *Falco*, das durch Scaligers kleinliche Kritik eine umstrittene Berühmtheit erlangt hat.[193] Ein Fehlschlag: Der Vogel kommt nicht zurück – Balde steht wohl unter dem Eindruck von Scaligers Urteil (dessen Kenntnis er beim Leser voraussetzt). Die Neulateiner verfügen sogar über Theoretiker des Kampfgeschehens: Hessus und Camerarius aufgrund ihrer Kriegsdarstellungen (3) und Vida aufgrund seines strategischen Schach-Epos *Scacchias* (7).

Nicht nur die Werke der Dichter: Auch ihre Namen können Anlaß zu einer speziellen Tätigkeit bei diesem Kriegszug sein. Pontano unternimmt es, eine Brücke (*pons*) einzureißen, Turrianus wird die Belagerung eines Turms, der *Turris Cadmæa*, übertragen (8).

Die Bewohner der Burg sind ‚Esel'.[194] Schon in der Antike galt der Esel als bockig und dumm – ein rechtes Bild für Kritiker. Dementsprechend hat Balde Freude daran, seine Bibelkenntnis zu aktivieren und, auf das griechische Wort ὄνος anspielend, drei seltene Stellen des Alten Testaments auszukramen, indem er die Unglück bedeutenden Vögel *Onocrotali* (3 Mose 11, 18)[195] und eines der urtümlichen Geschütze der Verteidiger *Onocentaurus* (Jesaja 34, 14)[196] nennt sowie an die Hungersnot von Samaria erinnert, bei der ein Eselkopf (ὄνου κεφαλή / *caput asini*) 80 Silberlinge kostet (4 Könige 6, 25).[197] Auch läßt er den Verteidigern das aus dem älteren Plinius bekannte Kraut ‚Esellippe' (*Onochiles* / *Onochites*) ausgegangen sein![198] Ein geistvoller Einfall jagt den anderen. Die alttestamentliche, die antike, die neulateinische Welt und die Welt der gegenwärtigen Ignoranten gehen ineinander über.

Es ist ein faszinierendes Kaleidoskop, in das der Jesuit seine Leser schauen läßt (nicht weniger faszinierend wird sein Unterricht gewesen sein). Man versteht Bachs Urteil über das *Castrum*: „Die beste und geistreichste Satire, die Balde je schrieb".[199]

---

[193] Lefèvre 2008, 265–276.
[194] ▸ S. 19.
[195] ▸ S. 174.
[196] ▸ S. 180.
[197] ▸ S. 184–185.
[198] ▸ S. 185.
[199] 1904, 102.

2. *Elenchus*: Stil und Form der Themen

Neque simplex novitas poscitur, sed illecebrosa;
neque haec tantùm, sed scitâ dictione.[200]

Balde fordert in der *Dissertatio* allgemein für eine Dichtung Neuheit sowie kunstvollen Stil. Selbst für den *Elenchus* nimmt er in der *Praefatio* Neuheit in Anspruch, er sei ein *novum inventum*. Auch das Postulat des kunstvollen Stils wird erfüllt. Zwar sind die Themen wie in einem Katalog nüchtern gereiht, doch bildet jedes eine Einheit für sich, die oft nicht nur durch den Inhalt, sondern überdies durch die stilistische und formale Gestaltung einnimmt.[201] Insofern kann auch hinsichtlich des *Elenchus* bei aller Einschränkung, die in der Natur der Sache liegt, von einem Kunstwerk gesprochen werden.

Stil

Viele Themen des *Elenchus* sind mit stilistischen Figuren ausgefeilt und gewinnen einen ästhetischen Eigenwert. Eine Auswahl kann das zeigen.[202] Die zahlreichen Alliterationen (auch in den folgenden Beispielen) bleiben unberücksichtigt.

Gleichklang (Reim): *contemptores / æstimatores* (zugleich Antithese) (160); *vinum / senum / venenum* (174); *ruere / currere* (181); *mellis / fellis* (359); *fulgura / fulmina* (364); *imitatores / contemptores* (Antithese) (387); *mordeat / mulceat* (zugleich Antithese) (405); *Iris rorans / Ira spumans* (408); *somniantes ↔ vigilantes* (zugleich Antithese) (468).

Antithese:[203] *deformes ↔ formosum* (24); *victi ↔ triumphare* (203); *inscitiam ↔ scientiam* (219); *vacua ↔ pleniora* (239); *ambitum ↔ angulum* (240); *scholam* (übertragen) *↔ academias* (real) (244); *labores ↔ otiosi errores* (247); *boni viri ↔ mali viri; judicium ↔ præjudicium* (330); *gravior ↔ levius* (333); *matrimonium ↔ patrimonium* (334); *ultima linea ↔ longæ lineæ* (348); *vili pretio ↔ summo pretio* (434); *sitis ↔ fames* (zugleich Metaphorik) (461).

Metaphorik:[204] *sapere* (5, 272, 475); *ingruentium pluviarum / tonantium Satyrarum / prognosticum* (19); *odor / gustus* (27); *canis / mens imberbis* (43);

---

200 ‚Aber nicht eine einfache Neuheit wird verlangt, sondern eine anziehende, und nicht nur das allein, sondern sie muß in einem kunstvollen Stil gehalten sein' (*Diss.* 7).
201 Gute Bemerkungen bei Schäfer 1976, 158.
202 Im folgenden werden die Figuren einfach aufgezählt; zu ihrer Bedeutung sind jeweils der Text und die Erläuterungen im *Elenchus*-Kapitel D zu vergleichen.
203 Weitere Beispiele unter ‚Gleichklang' und ‚Parallelbildung'.
204 Ein weiteres Beispiel unter ‚Antithese'.

fimetum / redoleat (101); *aulicæ calore flammæ* (127); *hauriri / amphora Anabaptistica / infundi / effundi* (235); *horologium / primum mobile / oleum* (331); *fluxarum / undulata / fusissimè* (344); *rorans / spumans / tempestas* (408); *spirare* (Epilog).

Wortspiel: *nova luna* = neuer Mond / Neumond (91); *infamem / famæ* (159); *scopum / scopulum* (162); *ædificata / ædilis* (183); *fumus* = Rauch / Ehre (243); *ius* = Suppe / Recht (281); *chordæ / concordiam* (289); *conscientiam / scientia* (382); *sapere / Librum Sapientiæ / desipere* (384); *color* = Farbe / äußerer Anstrich (388); *Iris / Ira* (408).

Parallelbildung: *oculatus / annulatus* (78); *crudeles contemptores aliorum / immodicos æstimatores sui* (zugleich Antithese) (160).

Form

Anordnung der Themen: Im großen ist keine Ordnung der Themen erkennbar. Sie wechseln munter ab, so daß eine Ermüdung des Lesers nicht aufkommt. ‚Variatio delectat' scheint das Prinzip zu lauten. Andererseits folgt zuweilen eng Zusammengehöriges aufeinander. So bilden die drei Aspekte der Dichterversammlung 33–35 und die drei Arten des Cantus 452–454 eine Einheit, 126 und 127 warnen, daß man sich an den Flammen des Hofs verbrennen kann, 252 widerruft 251, 319 ist eine Verteidigung der Frauen (gegen Juvenals Weibersatire), 320 als Gegenstück eine Verteidigung der Männer, 333 und 334 verspotten die Grammatiker, 360 und 361 handeln von Dichterwettkämpfen. Formal werden 23 und 24 durch das Thema der wahren Schönheit der Dichtung, 25 und 26 durch die Todesthematik, 96 und 97 durch die Hofthematik verbunden, 98 und 99 durch die Stichwörter Komödie und Tragödie, 108 und 109 durch die positive Sicht auf den schlichten Charakter, 111 und 112 durch *mirum / admiratio*, 144 und 145 durch die zu bändigenden Einfälle des Dichters, 152 und 153 durch *cœlum*, 369 und 370 durch das Hofambiente, 390 und 391 durch den Gedanken an die Endlichkeit des Lebensweges, 391 und 392 durch das Hochzeitsthema, 402 und 403 durch den Blick auf den Hof, 409 und 410 durch das Motiv der Tränen, 412 und 413 durch die juristische Problematik, 413 und 414 durch das Stichwort *metus*, 437 und 438 durch das Motiv der Verwandlung, 445 und 446 durch *excogitare* (die beiden Thesen sind überdies durch die Überschrift und die parallele Formulierung gekoppelt), 482 und 483 durch die Forderung der Originalität des Dichters. Balde mag in solchen Fällen die *blandas Mentis imagines* des in der *Praefatio* geschilderten Nachsinnens in natürlicher Weise assoziieren. Leichte Fernstellungen können noch beabsichtigt sein wie der Blick auf das Bier in 142 und 146 (witzig), die Plagiatoren in 148 und 150 (sarkastisch), die Sporen in 179 und 181 (prägnant), das Luthertum in 241 und 243 (prekär), die Aufrichtigkeit in 374 und 376 (kritisch) oder Hiob und die Weisheit in 389 und 394 (tiefsinnig). Größere Fernbeziehungen (wie in der *Ilias*-Philologie) sollte man lieber nicht erwägen. Was die Charakterisierungen der geforderten Aufgaben betrifft, fällt auf, daß *Phantasia* nur auf begrenztem Raum erscheint (70, 72, 76, 79).

Formulierung der Themen: Zuweilen sind die Themen schlicht formuliert: *De Scypho Herculis & Alexandri M.* (40); *De ungula Pegasi* (329). Oft steht ein indirekter mit *an* eingeleiteter Fragesatz, bei dem in der Regel *quaeritur* am Anfang zu ergänzen ist: *An pulcherrima Oratio, sit pulcherrimo Poëmati præferenda* (106).[205] Bei Doppelfragen kann *utrum* fehlen: *Pietas, an Crudelitas, tormenta bellica ex ære fusa invenerit* (242). Ein einfacher A. c. I. ist von einem gedachten ‚ob zu Recht gesagt wird, daß' abhängig. Vollständig: *An quidam rectè censuerint, Caussidicorum officium, non esse nisi opificium mercennarium* (214), verkürzt: *Illum Poëtam optimum esse, qui avidum Lectorem torquet* (218).

Theoretisch sind Zustimmung oder Ablehnung des Bearbeiters möglich. Es dürfte aber im jesuitischen Unterricht vorauszusetzen sein, daß es in der Regel nur eine Antwort gab (von Differenzierungen abgesehen). Wenn es 325 heißt: *An, sicut omnes superbi stultescunt, etiam omnes stulti superbiant*, war es aus Gründen des Anstands kaum möglich, die Gültigkeit der Hypothesis zu bestreiten, wohl aber konnte bei der Apodosis unterschieden werden, indem sie entweder einfach verneint oder aber dargelegt wurde, daß es durchaus *stulti* gebe, die Bildung etc. höhnisch / überheblich verachten. Bei einer solchen Differenzierung wurde nicht gegen den Anstand verstoßen. Zuweilen wurde eine Diskussion nach allen Seiten hin gefordert; in diesen Fällen hatte das Thema den Zusatz *Problema*.[206]

Charakterisierung der Themen: Balde schließt am Ende der meisten Themen eine Charakterisierung an, die einen Fingerzeig gibt, um was für eine Aufgabe es sich handelt bzw. in welcher Richtung sie bearbeitet werden soll. Es fällt auf, daß das nicht durchweg der Fall ist. Wie ist das zu erklären? Eine Vermutung liegt nahe: Nach der *Praefatio* sind die Vorschläge auch für die *ingenia Iuvenum Musis operantium* bestimmt. Raphael Stibius hatte sich auf die Projektliste in der Widmung des *Solatium podagricorum* berufen, die aber für Balde selbst vorgesehen war. Aus dem Epilog des *Elenchus* an den *Benevolus Lector* geht hervor, daß Balde auch bei dessen Themen an sich selbst dachte, wie ja das letzte (*Castrum*, 489) zeigt. Balde erklärt sich andererseits bereit, auf Bitten des *Lector* (es sollen wohl die Zensoren beschwichtigt werden) Änderungen vorzunehmen.

---

[205] Öfter steht es da wie in 307: *Quæritur: sævissima animalia in silvis, an in urbibus dentur.*
[206] ▸ S. 59.

Jedenfalls werden auch andere Benutzer vorausgesetzt. Es handelt sich um einen Adressaten-Mix.

Den Eigenprojekten am Anfang des *Solatium podagricorum* waren keine Charakterisierungen beigefügt. Ebensowenig ist das bei den am Ende des *Elenchus*-Epilogs genannten Titeln der Fall, die auf früher ausgeführte Eigenprojekte verweisen. Gewiß, hier liegen die Endprodukte vor, und man kann feststellen, welche Umsetzung vorlag. Der Schluß könnte naheliegen, daß diejenigen Themen des *Elenchus*, denen eine Charakterisierung beigefügt ist, für die *Iuvenes* ersonnen sind. Natürlich ist das unsicher. Noch unsicherer ist der Parallelschluß, daß die Themen ohne Charakterisierung[207] für Balde selbst vorgesehen sind (auch bei dem *Castrum*-Thema fehlt eine Charakterisierung). Es versteht sich aber von selbst, daß ein Meister wie Balde a l l e Vorschläge bearbeiten konnte, wie es andererseits auch ein begabter *Iuvenis* vermochte – nur eben nicht so souverän wie der Lehrer. Deshalb kann nicht strikt zwischen Balde- und Schüler-Projekten unterschieden werden. Bei fehlenden Charakterisierungen ist auch mit Flüchtigkeitsfehlern des Druckers (oder Autors?) zu rechnen.

Die Charakterisierungen beziehen sich auf die äußere oder innere Form der Ausführung. Das häufige Stichwort *Ode* gibt klar an, daß die metrisch gebundene Odenform gemeint ist. Balde wird das unter anderem an eigenen Gedichten demonstriert haben, da er in der Widmung an Josephus Bertronius sagt, dieser verstehe seine *Lyrica* so gut wie er selbst. *Ode* meint also wie *Elegia* oder *Epicum* die äußere (metrisch gebundene) Form. Dagegen weisen Charakterisierungen wie *Consideratio* oder *Disquisitio* auf die innere Form der Ausführung hin, ob also eine einfache Betrachtung oder eine penible Untersuchung, meist wohl in Prosa, erwartet wird.

Grundsätzlich ist zu bemerken, daß in etlichen Fällen eine eindeutige Zuordnung wegen der mangelnden Schärfe der Begriffe und der zahlreichen Alternativen und Überschneidungen nicht vorgenommen werden kann. Möglicherweise gab es in der Redner-Akademie festgelegte Regeln (an die sich Balde auch selbst halten mochte). So bleibt vieles unsicher, doch ergibt sich im großen und ganzen ein aufschlußreiches Bild.

---

207 Es ist natürlich, daß nicht alle Themen einer Charakterisierung bedürfen. Häufig sind es Fragen, die sachlich zu beantworten sind (wenn es anders erwartet wird, steht etwa *Eutrapelia* oder *Satyra* dabei). Dasselbe dürfte bei den auf einem Konvent behandelten bzw. beschlossenen Statuten 226–234 (▸ S. 6–7) oder den Beschreibungen der unterschiedlichen *cantus* 452–454 der Fall sein.

Poesie: Vielfach weist der Gattungsname auf metrisch gebundene Dichtung.
Apologus (259, 421): Fabel.[208]
Elegia (73):[209] Distichen.
Epicum (153, 154):[210] Hexameter.
Heroicum (alternativ: 194): ▸ *Epicum*.
Naenia (115): Klagelied.[211]
Ode (3, 6, 8, 14, 17, 18, 20, 26, 27, 45, 47, 48, 49, 52, 57, 60, 62, 71, 74, 82, 83, 84, 100, 104, 126, 128, 144, 151, 155, 160, 176, 177, 181, 183, 188, 189, 193, 205, 208, 213, 238, 240, 248, 254, 258, 262, 264, 266, 267, 275, 276, 301, 302, 308, 309, 322, 340, 351, 371, 372, 376, 378, 381, 388, 398, 399, 408, 426, 456, 459, 463, 464, 468, 473, 480, 481, 483, 485):[212] (horazische) Odenformen.
Ode satyrica (43).
Ode ascetica (111).
Ode eutrapelica (365, 368).
Querela satyrica (61, 98): satirisches Klagelied.[213]

Poesie oder Prosa: Dialoge (auch solche in der Form des *par pari respondere*) und Satiren konnten als Dichtung oder als Prosa gestaltet werden. Wenn eine alternative Charakteristik lautet *Epicum. Sat. Ode. Eleg.* (427), ist wahrscheinlich, daß eine Verssatire (wie in der *Medicinæ gloria* oder im zweiten Teil des *Solatium podagricorum*) zur Auswahl steht. Wenn aber nur *Sat.* oder *Satyra* angemerkt ist, kann Dichtung oder Prosa gewählt werden, denn Prosa ist grundsätzlich gestattet, wie das *Castrum*-Thema (489) zeigt.
Dialogus (20, 22, 99, 118, 417, 429): Dialog.[214]

---

208 *Apologus*: ‚Gedicht / Fabelred' (Pexenfelder 1670). Wohl in Versen, nach dem Vorbild von Phaedrus (jambische Trimeter) oder Avianus (Distichen), ferner der Fabel von der Land- und der Stadtmaus, Horaz *Sat.* 2, 6 (Hexameter). Zum *Apologus* bei Balde Burkard 2004, 224.
209 Zudem alternativ: *Elegia. Ode* (75). *Epicum, vel Elegia* (147). *Ode. Elegia. Heroicum* (194). *Ode. Sat. Eleg.* (406). *Ode. Elegia* (409). *Epicum. Sat. Ode. Eleg.* (427).
210 Zudem alternativ: *Epicum, vel Elegia* (147). *Carmen Epicum. Ode* (401). *Epicum. Sat. Ode. Eleg.* (427).
211 Es wird gesungen, oder besser: geheult (*ululata*).
212 Zudem alternativ: *Ode. Sat.* (1, 2, 13, 38, 90, 96, 145, 211, 303, 304, 342, 348, 407, 412, 445, 460, 467, 477). *Sat. Ode* (51, 197, 470, 484). *Sat. vel Ode* (63). *Elegia. Ode* (75). *Exhortatio. Ode* (132). *Ode. Dissertatio* (311). *Carmen Epicum. Ode* (401). *Ode. Elegia* (409). *Dialogus. Ode* (417). *Ode. Elegia. Heroicum* (194). *Panegyricus. Ode. Sat.* (294). *Ode. Sat. Eleg.* (406). *Epicum. Sat. Ode. Eleg.* (427). Abkürzungen und Reihung sind nicht einheitlich (z. B. gehören die ersten drei Gruppen zusammen).
213 Die Charakterisierung ist in beiden Fällen am Anfang des Themas genannt. Da die Klage in 98 von zwei Musen vorgetragen wird (Euterpe und Melpomene) und einen poetischen Gegenstand betrifft (römische Komödien und Tragödien), ist sicher an eine metrisch gebundene Bearbeitung gedacht. Dieselbe Annahme liegt in 61 nahe, da von Dichtern und *Poësis* die Rede ist.
214 Versmaße sind in 22 (Hinkjambus und Adoneus) und 99 (Komödie und Tragödie) vorgegeben. In 118 und vielleicht 429 wird auf Petrarcas Prosadialoge verwiesen.

Par pari (338): Schlag-auf-Schlag-Dialog.[215]
Satyra (9, 29, 36, 37, 41, 53, 55, 64, 65, 67, 85, 86, 87, 91, 92, 102, 103, 116, 117, 121, 127, 130, 137, 140, 142, 143, 148, 149, 159, 163, 178, 191, 198, 202, 203, 204, 206, 210, 219, 241, 243, 247, 263, 288, 290, 293, 295, 307, 317, 319, 320, 323, 327, 332, 339, 349, 353, 361, 382, 387, 389, 393, 402, 404, 410, 419, 434, 435, 444, 457, 458, 465, 474, 482, 487):[216] Satire.
   Satyra eutrapelica (355).[217]
   Satyra satyrica (95, 134).
   Satyra stoica (347).
Thema satyricum (420): satirisches Thema.

P r o s a : Vielfach sind Bearbeitungen in Prosa anzunehmen. Andererseits könnten *Allegoria, Exhortatio, Lamentatio* und andere Anweisungen auch dichterisch ausgeführt werden. Selbst bei einem *Catalogus* wäre das möglich, wie die Schiffs- und Heereskataloge der antiken Epiker zeigen. Hier muß einiges offenbleiben.
Admiratio satirica (324): satirisches Staunen.
Allegoria (165, 168):[218] Allegorie.
   Allegoria eutrapelica (285).
Apologia (118, 291, 320): Verteidigung.
Catalogus (300): Katalog.
Causæ (142, 380, 397, 472): Gründe.[219]
Consideratio (31, 78, 239, 249, 280, 282, 305, 306, 330, 362, 446): Betrachtung.[220]
   Consideratio eutrapelica (331).
Declaratio (4, 16, 167, 201, 298, 325): Erklärung.[221]
Deductio (46, 68, 97, 124, 131, 133, 136, 199, 286, 384, 414): Herleitung.[222]
   Deductio satyrica (136).
   Experientia deducta (284): Herleitung der Erfahrung.
Demonstratio (15, 42, 88, 107, 112, 129, 150, 152, 158, 161, 172, 180, 182, 186, 216, 221, 246, 253, 256, 270, 316, 358, 370, 437, 439, 441, 469): Beweis.[223] [224]

---

215 ▸ zu 338.
216 Zudem alternativ: *Ode. Sat.* (1, 2, 13, 38, 90, 96, 145, 211, 294, 303, 304, 342, 348, 407, 412, 445, 460, 467, 477). *Sat. Ode* (51, 197, 470, 484). *Sat. vel Ode* (63). *Allegoria. Satyr.* (56). *Par pari. Sat.* (338). *Ode. Sat. Eleg.* (406). *Epicum. Sat. Ode. Eleg.* (427).
217 ▸ auch *Eutrapelia satyrica* (287).
218 Zudem alternativ: *Allegoria. Satyr.* (56).
219 ▸ auch 295.
220 Wohl etwas abgeklärter, nicht argumentierender / beweisender Stil wie bei *Demonstratio* oder *Indagatio*. Zuweilen klingt die ‚optische' Bedeutung des Begriffs durch: *picturae* (31), *oculatus* (78), *simulacra colere* (249), *effigies pingere* (305), *spectari* (306), *auferre ex oculis* (362) – was aber Zufall sein kann. Ein Unikum: 391 werden fünf *Considerationes* gefordert.
221 ▸ auch 134, 199.
222 Musterhaft 136: Herleitung von Adam zum Menschen der Gegenwart, s. Hor. *Carm.* 4, 4, 19 *mos unde deductus*; Verg. *Aen.* 10, 618 *ille* [...] *deducit* [...] *nomen.* Du Cange: ‚narratio', ‚expositio'.
223 Beweis, nicht Behauptung: *multa dici, sed non demonstrari* (76).
224 ▸ auch 109: *quomodo demonstrari possit* [...].

Disceptatio (39, 106, 120): Streitfrage.[225]
Disquisitio (12, 50, 94, 157, 166, 169, 171, 207, 214, 215, 225, 272, 475, 486): (nicht)gerichtliche Untersuchung.[226]
    Disquisitio eutrapelica (314).
Dissertatio: (31, 40, 58, 59, 69, 89, 101, 110, 111, 139, 220, 236, 252, 311, 329, 386, 394, 396, 413):[227] Erörterung.
    Dissertatio architectonico-politica (373).
    Dissertatio ascetico-politica (354).
    Dissertatio ethico-ascetica (359).
    Dissertatio ethico-politica (296).
    Dissertatio mythologica (350).
    Dissertatio politica (164, 364).
Documenta (415): Belege.[228]
Eutrapelia (7, 30, 54, 66, 93, 113, 119, 146, 237, 321, 333, 334, 366, 411, 432, 436, 443, 448): Scherz.[229]
    Allegoria eutrapelica (285).
    Consideratio eutrapelica (331).
    Eutrapelia satyrica (287).
Examinatio (379): Untersuchung.
Exhortatio (132, neben *Ode*): (ethische) Ermahnung.
Explanatio (224): Auslegung.
Explicatio (335, 369, 433): Erklärung.[230]
Indagatio (138, 245, 395): Aufspüren, Erforschen.[231]
Index (323, neben *Sat*.): Verzeichnis.
Inquisitio (125, 175, 190, 265, 271, 328, 476): ‚gerichtliche' = penible Untersuchung.[232]
    Inquisitio eutrapelica (318).
Lamentatio (11, 392): Klage.[233]
    Lamentatio Satyrica (447).
Opus miscellaneum (35): Schrift gemischten Inhalts.
Oraculum (375): Orakel.
Panegyricus (32, 345):[234] Lobpreis.[235]
Paradigmata (297): Beispiele.

---

225 Alternativfrage: entweder – oder.
226 Penible Untersuchung. Bezeichnend 94: [...] *nisi distinxeris, falsum est*.
227 Zudem alternativ: *Dissertatio. Ode ascetica* (111). *Ode. Dissertatio* (311).
228 ▶ auch 372.
229 *Eutrapelia*: „*Eutrapelia*, quæ cavit unicè, ne quid indecorum in laxamentis animi & convictu hominum" (Pexenfelder 1670); zur *eutrapelia* bei Balde: Burkard 2004, 225. Das gehäufte Auftreten in unmittelbarer Nachbarschaft (zwölfmal in 314–368 und viermal in 432–448) läßt an die Auswertung eines Zettelkastens denken, die aber doch das Prinzip ‚variatio delectat' verfolgt.
230 ▶ auch 28, 68, 121, 202, 338, 383, 404; 440.
231 Es wird nach dem Grund gefragt. Alle drei Fragen beginnen mit *cur*.
232 Schwierigere Untersuchung als etwa *Indagatio*.
233 ▶ auch 431: *furiosa lamentatio, Satyricè exagitata*.
234 Zudem alternativ: *Panegyricus. Ode. Sat.* (294).
235 Beide Themen sind ironisch (gegen Luther).

Paradoxum (10, 23, 80, 81, 174, 187, 209, 218, 266, 268, 269, 274, 278, 279, 299, 315, 479):[236] Paradoxon.[237]
Phantasia (70, 72, 76, 79): Vorstellung.[238]
Philippica (302, neben *Ode*): leidenschaftliche Attacke.[239]
Problema (5, 185, 283, 356): nach allen Seiten abgewogene Diskussion.[240]
  Problematicè (108, 228, 242, 250, 341, 424): ▸ *Problema*.[241]
  Problema eutrapelicum (352).
Quaestio (405): (wissenschaftliche) Frage.[242]
Relatio (438): Bericht.[243]

VII. Rezeption

‚Kuriositäten der Balde-Rezeption'

Obwohl das Interesse der neueren Zeit an Baldes *Expeditio* gering ist, lassen sich einige Spuren der Rezeption im 17. und 18. Jahrhundert ausmachen. Hierbei ist zwischen *Castrum* und *Elenchus* zu unterscheiden.

1. *Zwey Tausend Gutte Gedancken* (1685)

1685 erschien in Görlitz ein Buch mit dem eigenartigen Titel *Zwey Tausend Gutte Gedancken / zusammen gebracht von dem Geübten*, das in 20 Kapiteln je 100 Aphorismen darbietet.[244] Hinter dem Pseudonym verbirgt sich der Jurist Paul

---

236 Zudem alternativ: Paradoxum. *Ode* (266).
237 *Paradoxum* bezeichnet nicht eine Form der Bearbeitung. Vielleicht ist der Terminus deshalb im Gegensatz zu fast allen Charakterisierungen zehnmal recte gedruckt (außer in 187, 209, 218, 274 – was sicher eine Nachlässigkeit des auch sonst nachlässigen Druckers ist). Auf den paradoxen Inhalt dieser Themen weist Baldes Vorbemerkung zum *Elenchus* (▸ S. 237). Interesse verdient die Kritik des Zensors I (▸ S. 366–367).
238 'an imagined situation' (OLD): Träume (70, 72), Zukunft (76), Prophezeiungen (79).
239 ▸ zu 83 und 302.
240 'Subjects proposed for academic discussion, questions for debate, problems' (OLD s. v. *problemata*). Es ist nicht eine Position gegen die andere auszuspielen, sondern das Für und Wider jeder Position herauszustellen (▸ zu 185). Pexenfelder 1670: ‚Zweiffelspruch'.
241 Musterhaft 228: Das Pro und Contra soll auf dem *Conventus* gegeneinander abgewogen werden.
242 ▸ auch 85, 413.
243 ▸ auch 323.
244 Die Kenntnis dieses Werks wird Claudia Michel verdankt, die zu *El.* 188 darauf hinwies.

Winckler (1630–1686). Wie der Titel sagt, sammelt er die Sentenzen aus verschiedenen Quellen. Der Balde-Freund stellt mit Vergnügen fest, daß offenbar auch der *Elenchus* ausgebeutet ist. Die Nummern 29–48 des *Vierzehnden Hundert* haben samt und sonders Entsprechungen im *Elenchus*. Dagegen ist nichts einzuwenden, denn Balde arbeitete selbst Sprichwörter und Redensarten[245] in seinen Katalog ein. Auffallend ist nur, daß es sich um einen geschlossenen Block handelt. Theoretisch wäre es möglich, daß beide Texte auf eine gemeinsame Quelle zurückgehen, aber das ist unwahrscheinlich. Denn dann hätte entweder Winckler 20 Lemmata aus dem postulierten Vorbild in derselben Reihenfolge übernommen, Balde sie aber an verschiedene Stellen des *Elenchus* auseinandergelegt, obwohl sie dort nicht in bestimmten Zusammenhängen stehen,[246] oder aber, wenn sie im postulierten Vorbild nicht nacheinander gereiht waren, hätte Winckler ausgerechnet die, die Balde gefielen, fein säuberlich eines nach dem anderen in seinem Katalog aufgeführt. Es ist daher wahrscheinlich, daß Winckler den *Elenchus* direkt exzerpierte. Dafür spricht auch, daß sein Block im großen und ganzen dieselbe Reihenfolge aufweist wie bei Balde, so daß die Annahme naheliegt, daß er den *Elenchus* von vorn nach hinten durchblätterte.[247]

Vielleicht wollte Winckler das Verfahren nicht übertreiben; denn die bald folgenden Nummern 53–62 richten sich überwiegend gegen das Hofleben – wie es auch bei Balde anzutreffen ist. Es hätte nahegelegen, den *Elenchus* auch bei dieser Thematik auszuschreiben. Das tat er aber nicht.[248]

Die 20 Sentenzen lauten:

29. Alle Menschen werden reicher gebohren / als sie sterben. (*El.* 74)
30. Der Frantzose gedenckt auf das gegenwertige / der Spanier auf das künftige / und der Teutsche auff das vergangene. (*El.* 76)
31. Dieses ist der elendeste Mensch / den niemand einer mißgunst würdiget. (*El.* 96)
32. Dreyerley Sachen muß man zäumen / Pferde / Liebe und Zorn. (*El.* 104)
33. Wenn sich der Geist der Hoffart mit der Einfalt vermählet / so kan nichts anders als die Narrheit darvon gebohren werden. (*El.* 284)
34. Es ist einerley Thorheit / die Speisen zuwurtzen / und das Holz darzu zumahlen. (*El.* 169)
35. Lob betteln ist nach Schimpff Hunger. (*El.* 177)
36. Man kan zwar Waffen wider die Feinde / keine aber wider die Furcht schmieden. (*El.* 188)
37. Prächtige Leich-Begängnüsse sind eben dieses / als wenn ein Überwundener Sieg prangen wolte. (*El.* 203)
38. Die Gedult-Schule hat mehr Freyheiten / als alle Hohe-Schulen in gantz Deutschland. (*El.* 244)

---

245 ▸ S. 27–28.
246 Zur Anordnung der Themen des *Elenchus* ▸ S. 53–54.
247 Unter den ersten 15 Beispielen (Nr. 29–43) ist nur Nr. 33 anders eingeordnet. Die Entsprechung wird kein Zufall sein.
248 Berührungen gibt es auch sonst. Ein Beispiel: Nr. 70 / *El.* 325. Vieles war natürlich bekannt.

39. Man mercket es auch an den Vögeln / daß je kleiner / je ärger sie sind. (*El.* 258)
40. Es ist kein sonderliches Lob in grossen Städten / sondern in kleinen Städten groß zu seyn. (276)
41. Es werden keine lustigere Schauspiele gehalten / als auff der Baare eines reichen Weibes / oder verächtlichen Mannes. (*El.* 306)
42. Es gibt bißweilen grösser Schiffbruche im Wein / als auff der See / in Gläsern / als auf Schiffen. (*El.* 316)
43. Es ist besser Gewissen ohne wissen / als wissen ohne Gewissen. (*El.* 382)
44. Wer sich selbst / oder einen andern recht erkennen will / der muß vorhero alle Glücks-Schmincke / voraus aber Ehre und Reichthum abwischen. (*El.* 347)
45. Das Armuth begleitet Verachtung / das Reichthum Begierden / das Glücke Neid / doch will ein Weiser lieber beneidet / als bejammert seyn. (*El.* 457)
46. Es ist noch kein Tyrann so grausam gewesen / der nicht einmahl gelacht / und zweymahl verziehen hat. (*El.* 450)
47. Die Schlaffsüchtigen sind ihres Lebens eigene Todten-Gräber. (*El.* 470)
48. Es ist kein Schauplatz so veränderlich / als des Menschen Stirne. (*El.* 474)

Winckler hat mehrfach gekürzt. So weisen z. B. Balde *El.* 169, 188 oder 474 längere bzw. individuellere Formulierungen gegenüber Nr. 36, 34 und 48 auf. *El.* 276 könnte unzutreffend verbessert (Nr. 40), *El.* 457 mißverstanden sein (Nr. 45).[249] Das mag genügen. Die 20 *Gutten Gedancken* dürften eine ‚Kuriosität der Balde-Rezeption'[250] sein.

2. *Strategus Criticus Jacobus Balde* (1726)

Der einzige Nachdruck der *Expeditio* vor den Opera omnia von 1729 erschien 1726 in Wien: *Strategus Criticus Jacobus Balde seu Expeditio Polemico-Poëtica adversùs Castrum Ignorantiæ, Bœotorum Arcadúmque Reginæ, Quod à Poëtis Veteribus & Novis Obsessum, expugnatum, eversum.*[251] Es handelt sich um eine schön und klar, man möchte sagen: liebevoll gedruckte Ausgabe. Hierauf scheinen die Verantwortlichen stolz gewesen zu sein, wie das an den Anfang gestellte Epigramm lehrt:

> Auctor ad Lectorem.
> Comptior hac forma quòd ego te, Lector amice,
>   denuo conveniam, si benè nôsse cupis?
> Obvius ut nuper fueram tibi factus, amico

---

249 ▸ jeweils die Erklärungen in D.
250 Zu dieser Qualifizierung ▸ das folgende Kapitel.
251 Zum Text der Ausgabe: ▸ S. 68.

tum vultu anteiquum defugiturus eras.
Ergo novo, Diîs nota manus, vestivit amictu;
Ut magè conspicuum me, nove Lector, ames.

Der Autor an den Leser
Daß ich dich gefälliger in dieser Form, lieber Leser,
erneut aufsuche, wenn du das genau zu wissen wünschst:
Als ich dir vor längerer Zeit entgegengetreten war, da solltest du
den Altertümlichen mit (trotz) freundlicher Miene meiden.
Daher kleidete mich eine den Göttern bekannte Hand mit neuem Gewand,
damit du mich ansehnlicher, neuer Leser, liebst.

Es ist wohl zu verstehen, daß die Erstausgabe nicht so prächtig war, was tatsächlich zutrifft. Sie habe in ihrer antiquierten Art den Leser nicht angezogen. Deshalb habe eine Hand, die nicht näher bestimmt wird, sie in ein neues Gewand gekleidet, damit der neue Leser sie wertschätze.[252]

Man könnte wegen der eigenartigen Bezeichnung Baldes als *Strategus Criticus* – er stellt ja eine kriegerische Expedition dar – auf den ersten Blick annehmen, daß den Initiatoren das brillante *Castrum* wichtiger war als der vergleichsweise trockene *Elenchus* und dieser nur mit abgedruckt wurde, weil er dazugehört. Vor diesem Schluß könnte aber der 1718 ebenfalls in Wien erschienene Teil-Neudruck der *Batrachomyomachia* bewahren, der nicht das brillante Epos vorlegt, sondern umgekehrt den ‚pädagogischen' vergleichsweise trockenen *Usus*[253] – „eine Kuriosität der Balderezeption". Schon der Titel verrät die Absicht der Ausgabe: *Reliquiae ethicae, politicae, Excerptae ex Batrachomiomachia P. Jacobi Balde, è Soc. Jesu* [...]. Die Textsammlung war „für die neu zu Bakkalaurei der Philosophie aufgestiegenen Studenten der Universität Wien" angelegt. „Am inhaltlichen Wert von Baldes moralischen Reflexionen herrschte also ein halbes Jahrhundert nach seinem Tod kein Zweifel."

Die *Reliquiae* dürften sehr erfolgreich gewesen sein, und es ist vielleicht anzunehmen, daß es bei der acht Jahre später an demselben Ort erschienenen *Expeditio* nicht so sehr um den ersten als vielmehr um den zweiten Teil, den moralischen *Elenchus*, ging. In beiden Fällen waren Professoren der Wiener Universität verantwortlich, im ersten der Jesuit Antonius Koghler (Promotor), im zweiten der Jesuit Franciscus Höller (Imprimatur).

---

252 Es könnte sich um Johannes Baptista Schilgen (1687–1743), *Universitatis Typographus* und selbst Autor, handeln, der auf dem Titelblatt genannt ist.
253 Das folgende nach Lukas 2001, 26 mit Anm. 102.

3. *Metamorphosis Poësis Elegiacæ in Eclogam, Heroicam, Satyricam, et Comico-Tragicam* (1731)

Ein weiteres Wiener Zeugnis für die Balde-Rezeption ist die 1731 erschienene *Metamorphosis Poësis Elegiacæ in Eclogam, Heroicam, Satyricam, et Comico-Tragicam.*[254] Es war verbreitet, daß bei Promotionsfeierlichkeiten der Universität die beiden obersten Klassen des Wiener Jesuitengymnasiums den neuen Baccalaurei, Magistern und Doktoren eine Gratulationsschrift in Buchform widmeten, die auch den Gästen überreicht wurde. Sie war in der Regel vom Klassenlehrer verfaßt. Die *Metamorphosis* wurde am 19. Juli 1731 den Doktoren der Philosophischen Fakultät gewidmet. Der Klassenlehrer könnte Franz Xaver Maister (1699–1735) gewesen sein. Es handelt sich um ein Drama[255] in vier Akten bzw. Abschnitten. Kurze Zwischentexte geben jeweils den Inhalt der folgenden Szenen an. Im ersten Akt klagt die Poësis Elegiaca, daß sie von der *juventus scholastica* verlassen werde, weil sie hinke (Pentameter!). Sie bittet Apollo, ihr zu helfen und ihren lahmen Fuß zu heilen. So geschieht es. Der Pentameter wird in einen Hexameter und die Poësis Elegiaca (Elegie) in die attraktivere Poësis Ecloga (Bukolik) umgestaltet, doch auch sie wird im zweiten Akt schließlich von ihren Alumni verlassen und von Apollo in die angesehene Poësis Heroica (Epik) verwandelt, wodurch sie ihre Adepten als Milites zurückgewinnt. Dieser Vorgang führt ebenfalls nicht zu einem guten Ende, so daß im dritten Akt die Poësis Heroica zur Poësis Satyrica wird, um schließlich im vierten Akt durch Apollo Sacer als Poësis Comico-Tragica zu fungieren. Damit gipfelt die *Metamorphosis* im Jesuitendrama,[256] womit ein zugleich würdiger und festlicher Abschluß erreicht wird.

Im dritten Akt läßt Balde grüßen, wie die Zwischentexte auf den ersten Blick erkennen lassen.

§. I. Poësis Heroica Milites suos, nuper ad Heroa studia sua conductos, ad oppugnandum Petulantiæ castrum (cui Marsyas, petulans Satyrus, & audax Apollinis, Musarúmque æmulus, in Arcadia præest) animat; ad quod hi paratos animos offerunt, & in Arcadiam ad oppugnationem proficiscuntur.

§. II. Marsyas Satyrus ab Apolline & Musis, quas jam sæpiùs cantu provocavit, convitiísque lacessivit, malè sibi metuens, castrum suum in Arcadia per Satyros suos munire jubet.

§. III. Poësis Heroica, Petulantiæ castrum oppugnatura, à Satyris risu, ac cavillis excipitur. Milites Heroici, criminibus ac erroribus, à Satyris Poësi Heroicæ objectis, offensi, ab hac,

---

254 Die Kenntnis dieser Dichtung wird Katharina Kagerer verdankt, die auch ein pdf des Originals zur Verfügung stellte. Über die Promotionsgratulationen der Jesuitenuniversität Wien unterrichtet Klecker 2008, 56–85; die *Metamorphosis* stellt Korenjak 2013 vor. Ihnen sind einige der folgenden Fakten entnommen.
255 Korenjak spricht von einem Lesedrama.
256 Korenjak 2013, 185 Anm. 9 (Verweis auf Valentin 1978, I, 350).

malè à Satyris accepta, armísque spoliata, ad Marsyæ castra deficiunt.

§. IV. Dum Poësis Heroica se tam propudiosè à Marsya habitam queritur, adest Apollo; & miseratus,²⁵⁷ eandem, Satyricis suis, quæ etiam Parnasso non desunt, armis instructam, in foro novos milites conducere jubet; suámque ei in oppugnando Marsya operam pollicetur.

§. V. Poësi, jam Satyræ, in foro improbos bacchantium hominum mores carpenti, Horatius, Juvenalis, Balde, Masenius adhærent; atque ad majus contra petulantes Satyros bellum operam suam addicunt.

§. VI. Ubi Marsyas transfugas ad sua castra milites Satyricis suis legibus atque armis instruit, adest Apollo cum Poësi Satyrica, conductísque Alumnis Satyricis: qui armis suis Petulantiæ castrum expugnant, victúmque cantu Marsyam cum ceteris lascivis Satyris laniato corpore Petulantiæ suæ pœnas jubent dependere.

§ I. Die Heroische Dichtung feuert ihre kürzlich zu heroischen Studien zusammengeführten Soldaten an, die Burg der Petulantia zu belagern (der Marsyas, der freche Satyr und dreiste Wetteiferer mit Apollo und den Musen, in Arkadien vorsteht); dazu sind diese guten Mutes und brechen nach Arkadien zur Belagerung auf.

§ II. Marsyas, der Satyr, fürchtet für sich Schlimmes von Apollo und den Musen, die er öfter mit Gesang und Lästereien gereizt hat, und läßt seine Burg in Arkadien durch seine Satyrn befestigen.

§ III. Die Heroische Dichtung, im Begriff, Petulantias Burg zu belagern, wird von den Satyrn mit Gelächter und Sticheleien empfangen. Die Heroischen Soldaten, die durch Anschuldigungen und Irrwörter, die der Heroischen Dichtung entgegengeschleudert werden, unwillig geworden sind, gehen von ihr, die von den Satyrn schlimm empfangen und ihrer Waffen beraubt ist, zu Marsyas' Lager über.

§ IV. Während die Heroische Dichtung klagt, daß sie von Marsyas so schändlich behandelt worden sei, erscheint Apollo; und da er Mitleid mit ihr hat, läßt er die mit seinen satirischen Waffen, die auch auf dem Parnaß nicht fehlen, Ausgerüstete auf dem Forum neue Soldaten zusammenziehen, und verspricht ihr Hilfe bei Marsyas' Belagerung.

§ V. Der schon Satirischen Dichtung, die auf dem Forum die schlimmen Sitten der tobenden Menschen antrifft, schließen sich Horaz, Juvenal, Balde und Masen an und sagen für einen größeren Krieg gegen die frechen Satyrn ihre Hilfe zu.

§ VI. Als Marsyas die zu seinem Lager übergelaufenen Soldaten mit seinen satirischen Gesetzen und Waffen ausstattet, erscheint Apollo mit der Satirischen Dichtung und den zusammengezogenen Satirischen Schülern: Diese erobern Petulantias Burg und lassen den im Gesang besiegten Marsyas mit den anderen frechen Satyrn zerfleischten Körpers[258] seiner Petulantia[259] Strafe zahlen.

---

257 Druckfehler: *misertus*.
258 Anspielung darauf, daß Apollo Marsyas zur Strafe die Haut abzog. In der *Metamorphosis* fällt ‚Balde' diese Aufgabe zu (dazu Korenjak 2013, 185 Anm. 8), während es Horaz auf Marsyas' Hörner und Ohren, Juvenal auf Nase und Augen, Masen auf Zähne und Zunge abgesehen haben.
259 Wohl doppeldeutig: Marsyas zahlt seiner Herrin Petulantia und zugleich seiner eigenen Frechheit (= für seine eigene Frechheit) Strafe.

Das ist eine Wiederauferstehung – man kann auch sagen: ‚Metamorphosis' – von Baldes *Castrum*. Beide Feldzüge finden in Arkadien[260] statt, bei Balde herrscht in der Burg[261] Ignorantia, bei Maister Petulantia (silbengleich). Ignorantia ist die Verkörperung der ignoranten Kritiker, Petulantia die Verkörperung des frechen Marsyas und seiner frechen Satyrn. Damit hat Petulantia (als ‚Frau') einen wesensverwandten Burgwart (wie später Maria Theresia Feldmarschall Daun), während Ignorantia gewissermaßen mit den in der Burg wohnenden männlichen Kritikern identisch ist. Wie die Kritiker befassen sich Marsyas und seine Gesellen in falscher Weise mit Literatur (▶ *cantu* in § 2 und 6). Marsyas wird *audax Apollinis, Musarûmque æmulus* genannt. Das nimmt den Mythos auf, nach dem Marsyas mit der von ihm gefundenen Flöte Athenas den Musengott Apollo herausfordert und schändlich verliert. Balde spielt in *Ca.* 10 auf Marsyas an, der dort ein Vertreter ungehobelter Literatur ist.[262] Maister hat wohl hauptsächlich Vertreter des Genus Satire im Auge, literarische Besserwisser, die Brüder im Geiste der baldeschen Kritiker und zugleich minderwertig und frech sind. Die Satire lebt von der Kritik. Aber es gibt bei Maister auch wahre Satiriker, die er selbst auftreten läßt: Horaz, Juvenal, Balde und Masen,[263] die der Poësis Satyrica gegen Marsyas und seine Gesellen beistehen. Sie werden von ihr aufgefordert, gewissermaßen als Probe ihrer Kunst, die perversen Sitten der Menschen zu verspotten:

> Huc mihi vos Satyros! Satyræ nova plectra Poësis!
> Stringite mordaces dentes: salibúsque cavillo
> Mixtis, perversos hominum conspergite mores.
>
> Her zu mir, ihr Satiriker, neue Zithern der Poësis Satyrica!
> Wetzt eure bissigen Zähne: Und überzieht mit geistvollem
> Spott die verkehrten Sitten der Menschen.

Das tun sie der Reihe nach. ‚Balde' nimmt den Typ des Prassers aufs Korn.

> Non pudet humanam pateris immergere mentem
> Helluo! quem longo peperit tibi dextra labore
> Scylla vorax! uno nummus tibi perditur haustu!
> En hominem excultum ratione! Sabellicus ùt sus
> Obscænos inter porcos qui volvitur! Heûs vos

---

260 Das *Castrum* spielt im Grenzgebiet von Arkadien und Böotien (▶ S. 18).
261 *castrum* bedeutet bei Balde und Maister ‚Burg', nicht ‚Lager' (so Korenjak 2013, 185). In § 3 und 6 der Zwischentexte spricht Maister von *castra* = ‚Lager' (metonymisch).
262 ▶ S. 181.
263 Jacobus Masenius SJ (1606–1681). Zu ihm: Burkard 2004, 81.

> O lanii! citò cultro, & diro hic adeste macello.
> En fartam vobis adipali abdomine scropham!
> Quàm bene mactatus dabit hic farcimina porcus!
>
> Schämst du dich nicht, den menschlichen Verstand in Pfannen zu versenken,
> Prasser! Das Geld, das deine Rechte in langer Arbeit erworben hat,
> gefräßige Skylla, wird von dir in einem Zug verschleudert!
> Seht den Menschen, mit Vernunft versehen! – der sich wie ein sabellisches
> Schwein zwischen gemeinen Schweinen wälzt! He ihr, Schlachter!
> Erscheint schnell zum Messer und hier zum grimmigen Fleischmarkt!
> Seht das für euch mit fettem Wanst gemästete Schwein!
> Wie schön wird dieses Schwein, wenn es geschlachtet ist, Würste geben![264]

Das ist, wenn auch deftig, im Sinn von Baldes Vorbild Horaz gesagt, der im zweiten Buch der Satiren vergleichbare Töne anschlägt. Woher kommt der *Sabellicus sus*? Maister dachte wohl daran, daß sich Horaz *Epist.* 1, 16, 49 als *Sabellus* bezeichnet[265] und *Epist.* 1, 4, 16 auf seinem Sabinum wie ein *Epicuri de grege porcus* gefühlt hat. Selbstironie war kaum einem Dichter der Antike so vertraut wie Horaz. Doch damit nicht genug! Balde war im Gegentum ein *macilentus* und in München längere Zeit Vorsitzender der von ihm gegründeten *Congregatio Macilentorum* – zudem Verfasser des *Agathyrsus*![266] Insofern hat Maister einen bekannten charakteristischen Zug Baldes satirisch durchschimmern lassen. Daß ihre Dichtung geistvoll ist, war ein Markenzeichen der Jesuiten.

Balde hätte über diese Apotheose seines satirischen *Castrum* Freude empfunden, ist es doch die satirische Dichtung, die Petulantias Burg erobert. Ausdrücklich heißt es, daß auch die satirischen Waffen, d. h. die satirische Dichtung, auf dem Parnaß wohnen – ganz in Baldes Sinn, der *El.* 173 sagt, daß unter den Schätzen, die von den Dichtern auf dem Parnaß ausgegraben werden, der *sal Satyricus* der wertvollste ist, da kein Gedicht ohne *spiritus Satyricus* in der Nachwelt weiterlebt.[267] Daß die Poësis Satyrica am Ende des Spiels dem Anlaß der Feier gemäß in

---

[264] Das Geschlecht des in Rede stehenden Schweins ist nicht genau bestimmt: *sus* kann masc. oder fem. sein, hier ist es wegen *Sabellicus* masc.; *porcus* ist masc., im Plural oft unbestimmten Geschlechts; *scropha* ist das Mutterschwein und doch mit *porcus* im folgenden Vers identisch. Deshalb wird in der Übersetzung die variable Trinität *sus*, *porcus* und *scropha* einheitlich mit ‚Schwein' wiedergegeben (so wie im Deutschen auch von einem Mann gesagt werden kann, er sei eine Sau).
[265] „H. fühlt sich auf seinem *fundus in Sabinis* schon ganz verwachsen mit der Bevölkerung" (Kießling / Heinze 1914, 141).
[266] ▸ zu *El.* 118. Zu dieser Thematik umfassend Stroh 2004, 209–240.
[267] ▸ S. 274–275.

die Bühnendichtung verwandelt wird, hätte den Autor des *Jephte* und der *Jephtias* nicht gestört.

Im dritten Akt der *Metamorphosis* dürften der 1726 erschienene Wiener Neudruck der *Expeditio*[268] und die Balde-Verehrung, die zu diesem Neudruck führte, nachwirken.

Auch die *Metamorphosis* ist, wie wohl deutlich geworden ist, eine ‚Kuriosität der Balde-Rezeption'.

VIII. Text

> „Balde selbst korrigirte nur die erste Ausgabe seiner Oden. Um seine anderen Druckschriften kümmerte er sich gar nichts. Darum besonders die Münchner Ausgaben von Druckfehlern nur so strotzen."[269]

Die *Expeditio* ist zu Baldes Lebzeiten einmal verlegt worden: in München 1664 (*A*). Man darf annehmen, daß der Autor den Druck nur locker begleitet hat, da er zwar wenige Fehler, aber eine Reihe Druckversehen bzw. Irrtümer und Inkonsequenzen[270] aufweist. Zwei weitere Ausgaben erschienen 1726 in Wien (*B*) und innerhalb der Opera omnia 1729 in München (*C*). Beide gehen auf den Erstdruck zurück. Es gibt kein Anzeichen dafür, daß die Herausgeber der Opera omnia die Wiener Ausgabe benutzt haben.

A ist ein guter Druck mit wenigen Fehlern. S. 131 sind unter ‚Menda emendata' genannt: *Ca.*: Widmung *armabit* statt *amabit*. 19: *servitute* statt *servitate*. *El.*: 78: *annulatus* statt *annulatu*. 308: *tutissimè* statt *tristissimè*. 343: *reducem* statt *reduces*.

Druckfehler bzw. Irrtümer: *Ca.*: Widmung: Semikolon nach *volubile* falsch. Praefatio: *Poetæ* statt *Poëtæ* (richtig *BC*). *Bellum mirabile promittis* irrtümlich recte (ebenso *C*, richtig sinngemäß *B*). Series 20: am Ende Punkt entfallen (richtig *B*). 5: am Rand & delendum (richtig *B*). 7: nach *meditante* falsch Komma statt Punkt (ebenso *B*, richtig *C*). 10: *cum manu* (Präposition) statt *cùm manu* (Konjunktion) (richtig *BC*). 15: Interpunktion nach *Naso* entfallen. 16: *sic* statt *Sic* (ebenso

---

268 Eher jedenfalls als die Münchner Ausgabe der Opera omnia von 1729, die Korenjak 2013, 187 Anm. 12 erwägt.
269 Neubig 1833, I, XIV Anm.*.
270 Etwa bei den Charakterisierungen der Themen (*Paradoxum* neben Paradoxum) und ihren Abkürzungen (*Satyra* neben *Sat.*) oder der Plazierung der Kapitelzahlen am Rand.

B, richtig *C*). 26: *matutinum*: Kapitälchen (ebenso *BC*) statt kursiv. 27: am Rand *Ex Virg. l* (Punkt entfallen) *2* (ebenso *C*) statt 1 (richtig *B*). Letztes Zitat Z. 1: *armis* (ebenso *BC*) statt *arvis*? (s. Interpretion). 33: Vor dem eingerückten Zitat Semikolon statt Doppelpunkt (richtig *B*; *C* folgt *A*). 34: zu (Lucretius) *magis* Philosophicè, quàm poëticè docebat am Rand: *Vid. Iul. Scaligerum* (ebenso *B*) (s. Interpretion zum Epilog). 41: Randbemerkung zum eingerückten Zitat *Virgil. 6. Æn.* (ebenso *BC*) unzutreffend (s. Interpretation). 44: Nach *M* Doppelpunkt statt Punkt. Nach *Iul* fehlt Punkt (*BC* beides richtig). Randbemerkung: Nach *moderati* fehlt Punkt (ebenso *B*). Epilog: *M. Val. Mart.*: Nach *M* fehlt Punkt. *El.*: 16: Nach *Olla* Punkt statt Komma (richtig *C*). 37: *superbis* statt *superbit* (ebenso *BC*). 127: Nach *utuntur* Doppelpunkt statt Punkt (ebenso *C*, *B* kein Satzzeichen). 135: nach *Pegasi* Satzzeichen entfallen (ebenso *BC*). 244: am Ende Satzzeichen entfallen. 287: nach *Io.* Punkt statt Doppelpunkt (ebenso *B*, richtig *C*).

    B folgt *A*.[271] Der Titel ist geändert: *Strategus Criticus Jacobus Balde seu Expeditio Polemico-Poetica adversùs Castrum Ignorantiæ, Bœotorum Arcadúmque Reginæ, Quod à Poëtis Veteribus & Novis Obsessum, expugnatum, eversum*. Imprimatur: Joannes Wolffgangus Preyser, Rektor der Universität Wien, Franciscus Höller SJ, Poëseos Professor. Daß Balde zu einem *Strategus Criticus* erhoben wird, paßt zu dem Charakter der Satire. Die Druckfehler halten sich in Grenzen; am Ende folgt eine Liste mit 24 Errata. Modernisierungen gibt es in der Orthographie (aber nicht konsequent), etwa *sæculi* statt *seculi*, *Ungula* statt *Vngula*, *litteræ* statt *literæ*, *fæneratores* statt *fœneratores*, Majuskel nach Punkt, vor allem bei der Genetivendung *ingenii* statt *ingenij*, usw. Auch die Interpunktion ist zuweilen geändert, etwa Semikolon statt Komma, Doppelpunkt statt Semikolon oder Fragezeichen nach indirekten Fragesätzen. Gute Verbesserungen: *Ca. 27*: 2. Zitat: *l. 1* (statt *AC*: *2*). *current* wie Vergil (statt *AC*: *currunt*), aber *currunt* kann richtig sein.

    C folgt ebenfalls *A* und modernisiert die Orthographie (wiederum nicht konsequent, so daß an einigen Stellen eine ältere Version als in *B* anzutreffen ist) und ändert die Interpunktion. Im Gegensatz zu *AB* ist die Druckfehlerquote sehr hoch. Eine sorgfältige Korrektur hätte dem Text gutgetan. Gravierend ist, daß im *Elenchus* zwei Themen (64 und 124) und im Epilog fünf Titel (*50, 56, 60, 62, 68*)[272] ausgelassen sind – Flüchtigkeiten, kaum auf Balde zurückgehende Änderungen. Die Behauptung der Münchner Herausgeber, ihnen hätten Autographen vorgelegen, ist in diesem Fall aus dem Text nicht wahrscheinlich zu machen. Es besteht kein Anlaß, *C* als Leittext für eine moderne Ausgabe zu nehmen, was

---

271 Da der Druck klarer als in *A* ist, wurde in Zweifelsfällen (z. B. ob in *A* ein Punkt oder ein Komma zu lesen ist) *B* gefolgt.
272 Man sieht: Der Setzer hatte zum Schluß keine Lust mehr.

angesichts der Verbreitung des Nachdrucks der Opera omnia[273] bedauerlich ist. C steht auch deshalb hinter AB zurück, weil deren wertvolle Randbemerkungen zum Castrum nur sporadisch (in Anmerkungen) übernommen sind. C hat drei der ‚Menda emendata' von A nicht berücksichtigt (Ca. 19, El. 308, 343), zweimal stimmt er mit ihnen überein (Ca. Widmung, El. 78). Da die beiden letzten auf der Hand liegen, ist es wahrscheinlich, daß C die ‚Menda emendata' von A nicht zur Kenntnis genommen hat.

Druckfehler in C (richtige Lesart in Klammern):[274]

Ca. Praefatio: *negotiosum* (*in negotiosum*). *numi* (*nummi*). *plenius* (*planius*). *Enucho* (*Eunucho*). *ridet:* (*ridet:*)). *expresit* (*expressit*). *si cupidini stimulus adjicitur* doppelt gedruckt. Series 1: *ignorantiæ* (*Ignorantiæ*). 3: *Hier. Vida, Pontanus* entfallen (Springfehler). *stratagematum* (*strategematum*).[275] 4: *Summamus* (*Sumamus*). 7: *omnia* (*omina*) (auch in B falsch). 8: Kapitelziffer falsch plaziert und deshalb Interpunktion geändert (s. u.). 9: Kapitelziffer falsch plaziert (s. u.). Punkt nach *muros* (Komma). 11: Punkt nach *prætorium* entfallen. 13: Punkt nach *commoriturum* entfallen. 17: *ac ac* (*ac*). Punkt nach *renuncians* zu streichen (richtig AB). 19 *ctum* (*dictum*). *servitate* (von A übernommen) (*servitute*). 23: *digitio* (*digito*). 25: *die* (*diei*), danach Punkt entfallen. 26: Punkt nach *aurum* entfallen. *vigilatæ* (*vigilata*). 28: Kapitelziffer ein Satz zu früh plaziert. 30: *liquorum* (*liquorem*). 32: Fünfter Vers des Zitats entfallen. 33: Kapitelziffer entfallen. 34: *dicebat* (*docebat*). 35: *haberes* (*habere*). 38: *hiotropio* (*heliotropio*). 40: Kapitelziffer entfallen. 48: *Vevecum* (*Vervecum*). 49: Kapitelziffer falsch plaziert (s. u.). *omninosè* (*ominosè*). 52: Kapitelziffer falsch plaziert und *cùm* falsch suppliert (s. u.). *veneficia* (*venefica*). 54: *ferbat* (*ferebat*).

El. 1: Punkt nach *Ode* entfallen, da sonst *Ode Satyrica* zu verstehen (diese Begründung im folgenden nicht mehr angemerkt). 2: Punkt nach *Ode* entfallen. 3: *Hic* (*hinc*). 9: *Tat* (*Sat*). 13: Punkt am Ende entfallen. 22: *Scazonis* (*Scazontis*). 37: *superbis* (*superbit*; Druckfehler von A übernommen). 38: Punkt nach *Ode* entfallen. 48: *obstitura* (*obstatura*, von *obstare*), vielleicht Konjektur, von *obsistere*. 64: Das ganze Thema entfallen. 65: *Apuelij* (*Apuleij*). 90: Punkt am Ende entfallen. 98: *indignanter* (*indignantur*). 124: Das ganze Thema entfallen (Springfehler, das nächste Thema beginnt ebenfalls mit *Quæritur*). 127: Nach *utuntur* Doppelpunkt (Punkt). 129: *prudendentiùs* (*prudentiùs*). 143: Duplotypie von *jam prudentiæ*. 148: *liberta* (*libertas*). 173: *si* entfallen. 182: *auspicientur* (*auspicentur*). 201: *Declatio*

---

[273] Nur aus diesem Grund werden im folgenden die Druckfehler mitgeteilt.
[274] Unterschiedliche Schreibweisen werden nicht aufgelistet, ebensowenig Abweichungen in der Interpunktion, sofern nicht der Sinn tangiert ist.
[275] Wohl Variante der Zeit, jedoch in 7, 13, 34: *e. B*: in 7: *a*, in 3, 13, 34 *e* im Text, *a* in den Errata.

(*Declaratio*). 211: *intermis* (*inermis*). 212: *lalatissimam* (*latissimam*). 214: Komma statt nach *officium* nach *non* (unsinnig). 231: *vome-* [sic] (*vomeris*). 235: Punkt nach *infundi* entfallen. 249: *& non ambulant; manus habent* entfallen (Springfehler). 253: *e* (*re*). 283: *miscerandi* (*miserandi*). Punkt nach *indagatores* (Syntax nicht verstanden). 286: *Deductior* (*Deductio*). 287: *Gileri* (*Geileri*). *Novem* (*Navem*). *viderant* (*viderunt*). *Meditorranei* (*Mediterranei*). 290: *Alchhymistarum* (*Alchymistarum*). 295: *ut cumque* (*utcumque*). 303: Punkt nach *Ode* entfallen. 320: Punkt nach *Sat* entfallen. 322: *Maria* (*maria*).[276] 331: *Eutrapel.* entfallen. 337: *Portioris* (*Portitoris*). 342: Punkt nach *Ode* entfallen. 359: *unica* (*uncia*). 364: *intempestivus* (*intempestivius*). 366: *Eutrapelica* (*Eutrapelia*), wohl Parallelscheibung zu 365. 377: *Palitici* (*Politici*). 427: Punkt nach *Ode* entfallen. 429: Punkt nach *hominis* (statt Komma), Konstruktion nicht verstanden. 431: *sevitiam* (*sævitiam*). 440: *ex* (*ea*). 445: Komma nach *Thesis* (statt Punkt). 449: *emitunt* (*emittunt*). *Phantasina* (*Phantasia*). 451: *alij* (*allij*). 459: *infra* (*intra*). 468: *sominantes* (*somniantes*). 472: *omninosa* (*ominosa*). Epilog an den Leser: Titel 50, 56, 60, 62, 68 entfallen. Im Schlußabsatz *& opera. nonotioso* (*& maturantur omnia, non otioso*).

Unnötige Abweichungen von *A*: *Ca.*: Praefatio: *iciunt* statt *icunt* (*A*), s. Interpretation. 3: Klammern um *ille, quem videtis hospites* fortgelassen, damit steht der Punkt am Ende, aber *phaselus* ist wohl alleiniges Schlagwort parallel zu *Argo*.[277] 29: *sinceritate* statt *felicitate* (s. Interpretation). 45: *quae* zu *utcunque putabantur* zugesetzt (*B* wie *A*). *El.* 48: *obstitura* statt *obstatura* (s. oben). 326: *Poëseos* (statt *Poësios*). 353: *C* (statt *IXC*).

Akzeptable bzw. diskutable Abweichungen von *A*: *Ca.*: Praefatio: Semikolon nach *volubile* gestrichen.[278] 13: Doppelpunkt nach *distenti* übergangen. 16: Fragezeichen nach *speculatrices*. *El.* 255: *lappas* (statt *pappos*). 448: *sistra* (statt *rostra*). In diesen Fällen könnte es sich ganz oder teilweise um Autorkorrekturen handeln, wenn einige spärliche Notizen doch zu den Herausgebern der Opera omnia gelangt sein sollten. Denn hätte *C* einen intelligenten Korrektor gehabt, wären die zahllosen Druckfehler eliminiert.

Interpunktion: Die Aufzählung der antiken Dichter in *Ca.* 15 zeigt beispielhaft, daß die Interpunktion in *C* von jemandem stammt, der den Inhalt nicht oder höchstens zur Hälfte verstanden hat. Auf jeden Fall ist durchgängig mit einer

---

[276] Der Setzer konnte nicht ausreichend Latein und druckte als frommer Mann *maria* mit Majuskel (*Maria*).
[277] Wäre *A* eine spätantike oder mittelalterliche Handschrift, vermutete der professionelle Textkritiker, *ille, quem videtis hospites* sei ursprünglich eine Randglosse zu *phaselus* gewesen, die später in den Text gelangte.
[278] Cic. *Timaeus* 20: *caelo solivago volubili*; Luk. 6, 447: *caelique volubilis*.

hohen Beliebigkeits- bzw. Fehlerquote in *C* zu rechnen. Der Setzer merkt oft nicht, wann ein Satz endet bzw. auf einen Nebensatz ein Hauptsatz folgt.

Kapitel- und Themenzählung: Die Kapitelzählung in der Series des *Castrum* ist in allen drei Drucken mit römische Zahlen vorgenommen, obwohl *AB* die Kapitel selbst mit arabischen Zahlen markieren. Der Einheitlichkeit halber werden hier auch in der Series arabische Zahlen gedruckt. Die Themen des *Elenchus* sind in keinem Druck numeriert. Der Übersichtlichkeit halber werden sie hier mit arabischen Zahlen versehen. Die Kapitel des *Castrum* sind in allen drei Drucken numeriert, in *AB* mit arabischen, in *C* mit römischen Zahlen (diese sind also nicht original). In *AB* wird der Text fortlaufend gedruckt, in *C* beginnt mit jedem Kapitel ein neuer Absatz. Das wird der Übersichtlichkeit halber auch hier praktiziert, da in der Regel ein neuer Handlungsabschnitt beginnt. Der Fettdruck der Zahlen ist ad hoc eingeführt. In *AB* stehen die Kapitelzahlen am Rand, in *C* im Text. *AB* plazieren die Zahlen nicht immer genau. Sie können um eine halbe bis zwei Zeilen vom Text abweichen, bei vorhergehenden langen Randkommentaren noch mehr. In diesen Fällen ist der Leser aufgefordert, aus der wechselnden Thematik auf den richtigen Kapitelanfang zu schließen. *C* entscheidet zuweilen richtig, zuweilen falsch. *B* folgt in allen Punkten *A* (und wird deshalb in der folgenden Aufzählung nicht berücksichtigt). Im einzelnen ist zu bemerken:
23: *AC*: Ziffer entfallen.
28: *A*: Ziffer anderthalb Zeilen zu tief; *C*: Beginn mit *Hæc* zu früh.
33: *C*: Ziffer entfallen.
37: *A*: Ziffer wegen sehr langer Randbemerkung 9 Zeilen zu tief. *C*: Ziffer falsch vor STATIUS plaziert.
38: *A*: Ziffer wegen sehr langer Randbemerkung 1 Zeile zu hoch. *C* folgt *A*.
40: *A*: Ziffer wegen sehr langer Randbemerkung 9 Zeilen zu tief. *C*: Ziffer entfallen.
49: *A*: Beginn richtig mit *tum verò*. *C*: Beginn 6 Zeilen zu hoch (Setzer läßt sich durch die Kapitälchen von CLAUDIANUS täuschen).
52: *A*: Ziffer 1 Zeile zu tief. *C*: Ziffer falsch zu *unica* bezogen und *cùm* falsch suppliert.

Kursivdruck: Kursivierung deutet entweder auf ein wörtliches Zitat bzw. eine sinngemäße Umschreibung oder hebt einen Begriff bzw. eine Wendung hervor. In den ersten Fällen entspricht sie den modernen (gnomischen) Anführungszeichen, in den zweiten dem modernen Sperr- oder Fettdruck. Beispiel für 1: *Ca.* 3 *phaselus* (*ille quem videtis hospites*), für 2: ib. *Venatoribus*, d. h. typische Kunstbanausen.

Appendix 1:
Die Rolle griechischer Literatur

Balde setzt keine besondere Kenntnis griechischer Literatur voraus. Genaue Zitate sind nicht nachzuweisen. Im *Elenchus* begegnen Bezugnahmen auf Platons *Politeia* (383) und *Ion* (449). In beiden Fällen ist sehr frei paraphrasiert. Das könnte darauf deuten, daß manches aus zweiter Hand übernommen ist, aus Quellen, die entweder ungenau zitieren oder allgemeine Umschreibungen, mit denen Gebildete operieren, nachsprechen.[279]

Ein vergleichbares Vorgehen ist bei der *Batrachomyomachia* zu beobachten. Hier verwendet Balde nicht primär den unter Homers Namen überlieferten Originaltext, sondern vor allem eine lateinische Wort-für-Wort-Übersetzung, die den zeitgenössischen Ausgaben des verbreiteten griechischen Texts beigegeben war.[280] Es handelt sich um eine Paraphrase, die bis auf die Ausgabe der *Odyssee*, der *Batrachomymachia* und der *Homerischen Hymnen* von Johannes Crispinus (Genf 1567) zurückverfolgt werden kann. Sie stammt wahrscheinlich entweder von diesem selbst oder wurde von ihm in Auftrag gegeben (sie löste die ältere Wort-für-Wort-Übersetzung von Aldus Manutius ab). Balde hat die Paraphrase leicht geändert und am Schluß seiner eigenen *Batrachomyomachia* abgedruckt.[281] Die knapp 7 Seiten sind der Nucleus, aus dem heraus er die gut 69 Seiten seines Epos entwickelte.[282] Mehr als ab und zu ein Blick auf das griechische Original braucht für das Quellenstudium nicht vorausgesetzt zu werden – ist aber doch möglich.

Auch in der *Interpretatio Somnij* gibt es unklare Platon-Bezüge (p. 64 bzw. 84),[283] die darauf schließen lassen, daß Balde jeweils einem *on dit* folgt. Dasselbe gilt natürlich für andere ‚Zitate'.

---

[279] In diesem Sinn bemerkt Lukas 2001, 28 Anm. 107 zu einem Passus aus dem zum ersten Buch gehörenden Teil des *Usus* (1729, III, 97–98), es lasse sich kaum feststellen, aus „welchen Werken genau Balde Angaben zu Inhalten gewisser philosophischer Richtungen schöpfte; ob er z. B. den platonischen *Phaidros* selbst gelesen oder seine Informationen aus einem neuzeitlichen Kompendium bezogen hat".
[280] Das folgende nach Lukas 2001, 15.
[281] 1729, III, 76–82.
[282] 1729, III, 6–74.
[283] Kagerer 2014, 528 bzw. 570.

Appendix 2:
Die Rolle der Jäger im Jagdbuch (*Sylvae* 1) und im *Castrum*

Balde hatte im Jagdbuch die Jäger gegenüber den Jüngern Minervas abqualifiziert. Dennoch wurden die Naturburschen, die mit Kultur nicht viel am Hut haben, letztlich mit freundlicher Ironie geschildert. Das war schon deswegen notwendig, weil die Jagdgründe um Ebersberg dem Hof zur Verfügung standen und sogar der Kurfürst (wie es am Schluß dargestellt wird) dort jagte. Doch mischte sich am Ende auch Baldes Unmut über das Amt des Hofhistoriographen mit ein – alles heiter und vorsichtig, sicher aber nicht in Maximilians Sinn.

Nachdem Balde 1650 mit innerem Groll aus München geschieden war und inzwischen die *Interpretatio Somnij* verfaßt hatte, erscheinen ihm 1663 / 1664 – jedenfalls nach Aussage des *Castrum* – Jäger als schlimme Kulturbanausen. Gleich im dritten Kapitel werden die *Venatores* als *hostes Musarum* gewertet, und in der Aufzählung der verschiedenen Jünger Ignorantias ganz am Ende (54) stehen die *Venatores* an erster Stelle! Nimmt man hinzu, daß die ersten *Momi*, auf die die Eroberer treffen, zu Ehren Minervas geopfert werden (49), sieht man, daß nicht mehr wie in *Sylvae* 1 ein (äußeres) Gleichgewicht zwischen Diana und Minerva angestrebt ist, sondern Diana, die Schützerin des höfischen Jagdvergnügens, aufs Korn genommen wird.

Wie die geistige Welt der Burgbewohner aussieht, wird in 50 satirisch aufgespießt: ‚Außer einer gewaltigen Menge Geldes bearbeiteten und unbearbeiteten Silbers und anderen tausend Talenten fand man keine Probe eines Verstands oder Kunstwerks. Nichts von Apelles oder Polyklet oder Mentor. Alles war plump und atmete geistige Stumpfheit (*mentis hebetudo*). Man entdeckte die eine oder andere Statue des Königs der Phryger, Midas, ebenso Bilder von Faunen, Silenus, Bacchus, Priapus, Venus [...]. Im übrigen gab es eine große Hörnersammlung von Hirschen, Böcken und Gazellen – vom Horn bzw. der Nase des Nashorns jedoch nichts. Da war eine große Menge Fangeisen, an denen Wurfspieße, Riemen, Schlingenknoten und einige Hundehalsbänder aufgehängt waren. Die Tische waren übervoll von Spielbrettern und Spielkarten, ebenso von Stäbchen und Würfeln. Welches Gelächter, welches Wundern gab es bei denen, die auf diese Idole der Tollheit (*idola insaniae*) trafen und diese Lehrkanzeln kindischer Possen (*pueriles nugae*) zerstörten?' Tauchte in der Welt der Jäger von *Sylvae* 1 noch das Horn eines Nashorns auf, das ja von exotischem und wohl auch medizinischem Interesse zeugte, sind nunmehr alle geistiger Stumpfheit verfallen. Sicher werden die Kritiker als die eigentlichen Bewohner der Burg ausgegeben, aber es fällt doch auf, daß durch die Einbeziehung der Jäger auch der Hof tangiert ist.

Balde hatte nicht vergessen, daß der Oberjäger Maximilian Clio, die Muse der Geschichtsschreibung, seinen Musen vorzog.[284] Nicht nach religiöser und weltanschaulicher Lyrik stand ihm hinfort der Sinn, sondern vor allem nach essiggetränkter Satire.

---

[284] *Sylv.* 1, 17, 233.

B. *Castrum*. Text / Übersetzung

JOSEPHO BERTRONIO
FRANCISCI BERTRONII FILIO.

Quòd præsens Opusculum composuerim, *Iosephe charissime*, imputabis Patri tuo: quòd tibi inscripserim, spei Summæ, quam de te uterque concepimus. Ex nativo flore lacteum vividúmque nactus ingenium, adhuc adolescens, nedum juvenis, tantâ felicitate laxâsti in amœnitates Poëticas, quantam in viris vix vidimus. Post Philosophicas Disciplinas, capaci animo abundanter haustas, redis ad mansuetiorum Musarum limina, & ultrà tendis. occupaverunt illæ pectus tuum. nihil aliud cogitas, quàm volubile cœlum, & versus. Pellæus Iuvenis habuisse fertur Fortunam in potestate; tu Apollinem; primâ ætate laudem consecutus, quam plerumque nec præceps aliorum vita impetrat. Lyrica nostra, eorúmque sensus & arcana, tam bene calles, quàm qui scripsit. Quin imò jam & paria canis. Perge pede, quo cœpisti. nec te dimoveant animosi spiritus Caroli Fratris, proficiscentis ad bellum Turcicum. ille quidem ut auguramur & vovemus, merebitur sub Augustissimo Imperatore Leopoldo, gloriosa stipendia; augebítque insignia gentis suæ. Tu tamen, si me audis, persta sub signis Minervæ semel electis. Fratrem Bellona armabit: te Pallas, hastâ clypeóque non minùs formidabilis. Et sanè nescio, fortiori Marte pugnet, qui diros Othomannidas manu aggreditur; an qui Sapientiæ superbos hostes, quos *Ignorantes* proprio vocabulo Docti vocant, ingenio debellare studet.

Specimen exquisiti, si non etiam inauditi certaminis, præsens hæc scriptio exhibet. Refertur *Expugnatio Castri Ignorantiæ, Bœotorum Arcadúmque Reginæ*: quod plurium seculorum continuatâ possessione firmaverat; usque ad Franc. Petrarchæ tempora, etiam in Latio potentissima. Hic ausus fuit princeps, tandem aliquando vetulæ & capitali bonarum literarum hosti, serium bellum

AN JOSEPHUS BERTRONIUS,
DEN SOHN DES FRANCISCUS BERTRONIUS.

Daß ich das vorliegende kleine Werk geschrieben, mein lieber Josephus, wirst du deinem Vater anrechnen – daß ich es dir gewidmet habe, der höchsten Hoffnung, die wir beide auf dich gesetzt haben. Du hast aus angeborener Jugendkraft eine reine und lebhafte Begabung erlangt und sie, noch ein Jüngling, geschweige ein junger Mann, mit so großem Erfolg den Wonnen der Poesie geöffnet, wie wir ihn kaum bei erwachsenen Männern sahen. Nachdem du die philosophischen Lehren mit hoher Auffassungsgabe vollauf in dich aufgenommen hast, wendest du dich den Schwellen der milderen Musen zu und strebst weiter. Diese haben von deinem Herzen Besitz genommen. An nichts anderes denkst du als an den kreisenden Himmel und Verse. Der Jüngling aus Pella soll das Schicksal in seiner Macht gehabt haben, du Apollo. In jungen Jahren erwarbst du ein Lob, das meistens nicht einmal das schnell vorübergehende Leben anderer erreicht. Unsere Lyrica und deren Sinn und Geheimnisse verstehst du so gut wie der, der sie geschrieben hat. Ja du singst fürwahr schon selbst ihnen gleichwertige. Fahr auf dem Fuß fort, auf dem du begonnen hast. Nicht mögen dich die mutigen hohen Gedanken deines Bruders Carolus davon abbringen, der zum Türkenkrieg aufbricht. Er wird sicher, wie wir prophezeien und wünschen, unter dem Erhabensten Feldherrn Leopold rühmlichen Kriegsdienst leisten und die Auszeichnungen seines Geschlechts mehren. Du aber harre, wenn du auf mich hörst, unter Minervas Fahne aus, die du einmal gewählt hast. Den Bruder wird Bellona bewaffnen, dich Pallas, die mit Lanze und Schild nicht weniger furchtbar ist. Und ich weiß wirklich nicht, wer in einem heldenhafteren Kampf kämpft: wer die schlimmen Osmanen mit der Waffe in der Hand angreift oder wer die hochmütigen Feinde der Weisheit, die die Gebildeten mit einem charakteristischen Wort Ignoranten nennen, mit dem Geist zu besiegen strebt.

Das Beispiel eines besonderen, wenn nicht sogar eines nie gehörten Streites stellt diese vorliegende Schrift dar. Berichtet wird die Eroberung der Festung der Ignorantia, der Königin der Böoter und Arkader, die sie mehrere Jahrhunderte ununterbrochen in Besitz und befestigt hatte – bis zu Francesco Petrarcas Zeiten sogar in Italien sehr mächtig. Der hatte als erster der alten gefährlichen Feindin der schönen Literatur endlich einmal einen ernsthaften

indicere. Quem successum ista Expeditio Polemico-Poëtica habuerit, tametsi longioris ac justæ Historiæ filo contexi poterat, si prolixiùs nugari in Utopia libuisset; quia tamen Genitor tuus moram non concessit, in epitomen conjeci. Extemporali compendio fave, & vale.

PRÆFATIO
De usu collectorum Thematum: cur Auctor & numerosa excogitaverit; & ex omnibus unicum duntaxat, hoc loco, electum explicaverit.

RAPHAEL STIBIUS *vir politioribus literis excultissimus, perlecto solatio Podagricorum, quod proximè edidi, accesserat me Tridento huc profectus: inter colloquendum affirmabat,* probari sibi multísque alijs Argumentorum sive Lemmatum scribendorum aliquam supellectilem, *qualem* GUILIELMO PETMESSIO, *sub illius opusculi initium proposuissem. inde excitari posse ingenia Iuvenum Musis operantium, ut ad eorum normam industrij, similia excogitent; vel certè his ipsis occupentur inventis; artémque suam æmuli, velut ad palum, exerceant.* simul Auctor fuit, ut plura darem. *Cùm annuissem, quamvis cunctantiùs; aliquot mensium intervallo, perfunctorius annotare cœpi, quæ animus secum attentior loquebatur: cùm videlicet otioso negotio occupatus, per blandas Mentis imagines (quas* Conceptus *vocamus) ex illabentium radiorum velut Heliconio rore, in negotiosum otium reciprocâ curiositate relabitur, & liquescit. prorsus ad eum modum, quo Sancti & illustres vaticinijs Viri, lumina divinitùs immissa in ephemerides referunt: ut eorum, majore cum voluptatis ac sperati fructûs gustu, recordentur: ut grati sint: ut ad mutationem morum, ínque gloriam Largitoris convertant. Audeo fateri: intra breve tempus, non contemnenda hujus farinæ seges collecta est.*

Kampf anzusagen gewagt. Welchen Erfolg jene kriegerisch-poetische Expedition hatte, habe ich, obwohl sie mit dem Faden der längeren und regelrechten Geschichtsschreibung hätte gewoben werden können, wenn es beliebt hätte, noch ausführlicher in Utopia zu tändeln, als Abriß gestaltet, weil doch dein Vater eine Verzögerung nicht erlaubt hat. Nimm die aus dem Stegreif entstandene abgekürzte Version günstig auf und lebe wohl.

VORWORT
Über den Nutzen gesammelter Themen: Warum der Autor zahlreiche erdacht und von allen nicht mehr als ein einziges an diesem Ort ausgewählt und erklärt hat.

Raphael Stibius, ein in der kultivierteren Literatur sehr gebildeter Mann, hatte mich nach der Lektüre des Solatium podagricorum, das ich vor kurzem veröffentlicht habe, aufgesucht, als er von Trient hierher kam. Im Gespräch versicherte er, von ihm und vielen anderen werde ein (solcher) Vorrat an noch auszuführenden Inhalten bzw. Stoffen geschätzt, wie ich ihn Guilielmus Petmessius am Anfang jenes kleinen Werks vorgelegt hatte. Davon könnten die Begabungen junger Männer, die sich den Musen widmen, angeregt werden, nach ihrem Muster eifrig Ähnliches zu ersinnen oder sich wenigstens mit genau diesen schon erdachten Themen zu beschäftigen und ihre Kunstfertigkeit wetteifernd – wie die Soldaten am Pfahl – zu üben. Zugleich riet er mir an, daß ich mehr Themen zur Verfügung stelle. Da ich, wenn auch ein wenig zögernd, zugesagt hatte, begann ich einige Monate lang obenhin zu notieren, was mein etwas angespanntes Sinnen mit sich sprach, sooft es nämlich, mit einer mußevollen Tätigkeit beschäftigt, durch die gewinnenden Bilder des Geistes hin (die wir Konzepte nennen) aus dem gleichsam musischen Tau der einfallenden Strahlen mit wiederkehrender Aufmerksamkeit zu der tätigen Muße zurückgleitet und sich verflüchtigt – gerade in der Weise, in der Heilige und wegen ihrer Prophezeiungen berühmte Männer die Lichtstrahlen, die sie durch göttliche Fügung empfangen haben, in Protokolle eintragen: damit sie sich ihrer mit größerem Genuß der Freude und der erhofften Nutzung erinnern – damit sie dankbar sind – damit sie sie zur Änderung der Sitten und zur Ehre des Spenders verwenden. Ich wage zu gestehen: In kurzer Zeit wurde eine unverächtliche Ernte dieser Art zusammengelesen.

Quam in Catalogum, quasi in fasciculum collectam, cùm FRANC. BERTRONIUS, *Viennam profecturus, comite Carolo Filio, contemplatus esset: avidéque sigillatim evolvisset Problematum copiam; mirabatur primò; mox ad me virili ac sonorâ voce: tu enimverò integra horrea, messis Aoniæ plena, profusus institor videris aperire velle: quam nec centum scriptores, ad debitam trituram, flagellare & evolvere queant. in quem usum hæc paras? nisi fortè talia ostentas ad pompam? Tum ego. Ab inani splendore longè consilij mei ratio, optime* BERTRONI. *permitte mihi libertatem loquendi, quâ tu uteris: & intelliges propositi congruentis firmitatem. Vim judicandi acerrimam in* RAPHAELE STIBIO *ipsemet suspicere soles. hoc suasore, ut scias, & impulsore nixi sumus. si tibi novum hoc inventum videtur; num propterea perire debet, aut sugillari? Quædam novitas & gratiam afflat: neque omnis continuò sinistrâ interpretatione defloranda est. defloranda, dico? imò optanda. Quid scripta laborésque Neotericorum magis labefactat, quàm quòd novi nihil afferre censeantur, alter in alterius horto poma legat, vineta cædat, plantas transferat. Ne inventionis quidem ratio habetur. detritæ chordæ tanguntur: antiqua Lyra remugit. resumpta Veterum repotia multi eructant: & tamen recentissimi musti propolæ haberi volunt. ut vel hinc intelligas, non esse in hoc studiorum genere omnia statim rejicienda, quæ nova sunt. imponantur bilanci, quæ in foribus Parnassi suspensa est; librentur. probari possunt, quæ placent. displicita submoveri; ne Poëta, cùm per errorem absolverit, in saxo Sisyphi sedens, duplici incommodo afficiatur. Multi Critici, opinor, ne dicta quidem & facta sua censuræ submittere audent: erit ille invidendus ad contumeliam, qui etiam cogitationes suas submittit? sunt hoc ævo mirabiles Areopagitæ Iudices. plurimas odas scripsi: quas ego postremo loco ponerem; statuunt alij primo. Medio dignæ, ad fastigium evehuntur. Summum*

Als diese, die zu einem Katalog, gleichwie zu einem Bündel, zusammengestellt war, Franciscus Bertronius, im Begriff, in Begleitung seines Sohns Carolus nach Wien aufzubrechen, betrachtet und begierig die Fülle der Vorschläge einzeln durchgesehen hatte, bewunderte er sie zunächst und sprach kurz darauf zu mir mit männlicher sonorer Stimme: ‚Du scheinst wirklich ganze Speicher voller musischer Ernte als großzügiger Krämer öffnen zu wollen, die nicht hundert Schriftsteller beim notwendigen Dreschen ausschlagen und auswirken können: Zu welchem Gebrauch bereitest du das zu, wenn du nicht so etwas zur Schau stellst?' Darauf ich: ‚Von eitlem Glanz ist die Art meiner Absicht weit entfernt, bester Bertronius. Erlaube mir die Freiheit des Sprechens, die du übst, und du wirst die Solidität meines angemessenen Vorsatzes verstehen. Treffendste Urteilskraft pflegst du selbst bei Raphael Stibius zu bewundern. Auf ihn als Ratgeber, damit du es weißt, und Anreger haben wir uns gestützt. Wenn dir diese Erfindung neuartig erscheint, soll sie etwa deswegen verloren gehen oder verhöhnt werden? Eine gewisse Neuheit atmet auch Charme. Nicht jede ist in verkehrter Auffassung sofort zu beleidigen. Zu beleidigen, sage ich? Im Gegenteil: Sie ist wünschenswert. Was schmälert das Ansehen der Schriften und Bemühungen der Neulateiner mehr, als daß sie im Ruf stehen, nichts Neues zu schaffen, als daß einer Obst in des anderen Garten erntet, Weinpflanzungen fällt und Gewächse zu sich herüberbringt? Nicht einmal für die Themenfindung wird Sorge getragen: Abgegriffene Saiten werden angeschlagen, die alte Leier schallt zurück. Wiederaufgenommene Nachgelage der Alten kotzen viele aus, und dennoch wollen sie für Höker frischesten Mostes gehalten werden. Mögest du gerade hieraus erkennen, daß in dieser Art Bemühungen nicht alles von vornherein zurückzuweisen ist, weil es neu ist. Es werde in die Waagschale geworfen, die am Tor des Parnasses aufgehängt ist, und gewogen. Akzeptiert werden kann, was gefällt, verstoßen, was mißfällt, damit nicht der Dichter, wenn er in Ungewißheit etwas fertiggestellt hat, auf Sisyphus' Stein sitzend, doppeltes Unglück erfahre. Viele Kritiker, glaube ich, wagen nicht einmal, ihre Worte und Taten der Zensur zu unterwerfen. Wird derjenige bis zur Schande hin hämisch anzusehen sein, der sogar seine Erwägungen (der Zensur) unterwirft? In dieser Zeit sind sonderbare Areopagiten Richter. Ich habe viele Oden geschrieben: Die, welchen ich den letzten Rang gäbe, setzen andere auf den ersten. Die eines mittleren Rangs würdigen werden auf den Gipfel ge-

meritæ, volvuntur ad imum. Atqui omnes ego confeci: & scio, quid singulis debeatur. Quædam delectant: sed non sunt idcircò eximiæ. Quædam horrorem spirant; at artificio pollent. Aliquæ neglectæ videri possunt: & Horatium in ore ac vultu, ipsóque ventre Citharæ gerunt. Iámque vides, BERTRONI, *quid ab experientiâ doceamur.*

Illud quoque consideres, velim: Artem longam esse, vitam brevem. *at in istâ brevitate, quàm multa fugiunt nos, & elabuntur optima; quia non advertimus illabi. suffocantur & pereunt Divinæ mentis semina. Hortante* RAPHAELE STIBIO, *imperavit sibi semel animus, strictam aciem intendere in volatica Mentis simulacra: & ecce, uno alteróve mense, quasi per transennam incidentia carpenti, quamvis omnia alia agerem, quanta conceptuum objecta est silva! Nec omnis utilitas abest. Habere parata, quæ scribere possis, (esto, aliqua nunquam scripturus sis:) quanta felicitas! Cella vinaria, adhuc crudi liquoris plena, oblectat hospitem: & Poëtam rudium quantumvis argumentorum luxuriosa libertas. quippe ab utroque depellitur metus inopiæ, quo carere, jam aliqua voluptas est. an soli nummi afficient contemplantem in arca inutiles divitias, è terra erutas; & segniùs mulcebit animum thesaurus, ex suis visceribus progenitus? Vide, obsecro: quàm anxiè multi, quoties occasio vel necessitas scriptionem exigit, opportuna Themata conquirant. concutiunt caput, frontem, pectus: nihil excutitur. velluntur capilli: ne pilus quidem inventionis unà evellitur. explorant venam Poëticam manu: non tamen addicit. pede Pompejano icunt terram: icta nullum versum militarem producit. nulla novitas pullulat. omnia quidem tentant: sed neque si vel dentes suos seminarent; ullum terrigenam in Phocide aspicerent, sex pedibus surgentem. Heroicum versum vel facinus frustra novus tentaret Iason. Non omnibus locis, neque omni tempore, etiam juratis clientibus Apollo favet. ergo juverit, penum domesticum locupletem*

hoben. Die den höchsten Rang verdienenden werden auf den letzten gestoßen. Aber alle habe ich geschaffen, und ich weiß, was den einzelnen zukommt. Einige erfreuen, aber sie sind deswegen nicht hervorragend. Einige atmen Kälte, aber sie sind in ihrer künstlerischen Gestalt gelungen. Einige können nachlässig beschaffen erscheinen und stellen Horaz in Antlitz und Ausdruck und selbst in der gewölbten Kithara vor. Du siehst bereits, Bertronius, worin wir durch die Erfahrung belehrt werden.

Ich möchte, daß du auch das berücksichtigst, ‚daß die Kunst lang, das Leben kurz ist'. Aber in dieser Kürze, wieviel Vorzügliches entflieht und entgleitet uns, weil wir nicht bemerken, daß es in uns hineingleitet. Samen des göttlichen Geistes werden erstickt und gehen zugrunde. Auf Raphael Stibius' Ermahnung hin hat sich mein Denken einmal zur Aufgabe gemacht, einen konzentrierten Blick auf die flüchtigen Bilder des Geistes zu werfen, und sieh die in ein, zwei Monaten wie durch das Gitterfenster eines Reisewagens eingefallenen, obwohl alles, was ich tat, anderer Art war – welche Menge Konzepte begegnete mir! Und es fehlt keineswegs jeglicher Nutzen. Vorrätig zu haben, was man schreiben könnte (gut, einiges wird man nie schreiben), welch großes Glück! Ein Weinkeller voll noch nicht ausgereiften Rebensafts erfreut den Wirt – und den Dichter die üppige Freiheit gänzlich unbearbeiteter Stoffe. Denn durch beides wird die Furcht vor Mangel vertrieben, die zu entbehren bestimmt ein großes Vergnügen ist. Werden etwa allein Münzen jemanden ansprechen, der in seiner Truhe unnütze aus der Erde ausgegrabene Reichtümer betrachtet, und wird ihn ein seinem Inneren entstammender Schatz mäßiger erfreuen? Sieh, ich bitte dringend, wie viele ängstlich nach geeigneten Themen suchen, sooft Gelegenheit oder Notwendigkeit eine Schrift erfordert. Sie schütteln prüfend Kopf, Stirne, Brust: Nichts wird herausgeschüttelt. Die Haare werden gerauft: Nicht einmal das Haar einer Erfindung wird zugleich mit den Haaren ausgerauft. Sie prüfen die poetische Ader mit der Hand: Doch sie gibt kein günstiges Zeichen. Mit pompejanischem Fuß treten sie auf die Erde: Die, obwohl getreten, produziert keinen kriegerischen Vers. Keine Neuheit sproßt hervor. Zwar versuchen sie alles: Aber nicht einmal, wenn sie gar ihre Zähne säten, sähen sie in Phokis irgendeinen Erdgeborenen, der sich sechs Fuß hoch erhebt. Einen heroischen Vers oder eine heroische Tat würde ein neuer Iason vergeblich versuchen. Nicht an allen Orten noch zu jeder Zeit begünstigt Apollo Klienten, selbst

esse. in promptu habere, quæ multò antè concepta, ad nutum emicent in lucem. Laudamus providos Patresfamilias: qui, si hodie genialiter vivunt; jam & crastinum computavêre. Adde præcocia, indigesta, sic maturari posse, vel in ordinem redigi: quâque facilitate, in speciem tantùm blanda, obrepserunt, rursus abjici. Nox dabit consilium, inquit Parœmia: certiùs multi dies. Animus quoque liberior, stimulante lætitiâ: meat promptiùs in negotium conficiendum; medio labore jam profligato, planius redditum. Ajunt, hac de causâ, Virgilium Æneidem suam, priùs composuisse prosâ, quàm versu. nimirum, ut animus hoc ipso liber ab inventionibus morosè excogitandis, tantò impensiùs immensæ moli evolvendæ incumberet. Respice Turnum ipsius. arma movere parans Dardanio rivali; non tunc primùm ivit ad Fabrum, lanceam rogaturus, deinde ad duellum: sed

 Exin, quæ in medijs ingenti adnixa columnæ
 Ædibus adstabat, validam vi corripit hastam,
 Actoris Arunci spolium; quassátque trementem
 Vociferans: nunc ô nunquam frustrata vocatus
 Hasta meos; nunc tempus adest. te maximus Actor,
 Te Turni nunc dextra gerit.

Hoc impetu Iuvenis studiosus corripiat sagittam ex pharetrâ Phœbi: quo scilicet Mars cuidam Eunucho, apud Claudianum, indignatus:

In Eutropium Lib. 2. Tunc adamante gravem nodísque rigentibus hastam
 Telum ingens, nullíque DEO jaculabile torsit.
 Fit latè ruptis via nubibus. &c.

Ex quo insuper cognoscas, apparatum horum Lemmatum, qualia ad imitandum subjecimus, posse quodammodò Poëtæ, non inane nomen aucupantis, constitui Armamentarium.

 Verùm ut propositi mei rationem paucis absolvam; ignosces mihi, FRANCISCE, si te ab armis ad penicillum remisero. Pictorem fuisse accepimus, suavi ingenio, & lepidâ simul arte prorsus admi-

wenn sie auf ihn geschworen haben. Daher dürfte es förderlich sein, daß der häusliche Vorrat reichlich ist – zur Verfügung zu haben, was, lange vorher konzipiert, auf einen Wink ans Licht springt. Wir loben vorausschauende Familienväter, die, wenn sie heute angenehm leben, auch schon den morgigen Tag in Rechnung gestellt haben. Füge hinzu, daß Unreifes und Ungeordnetes auf diese Weise reifen bzw. in Ordnung gebracht und mit der Leichtigkeit, mit der es nur scheinbar angenehm herangeschlichen ist, wieder verworfen werden kann. ‚Die Nacht wird Rat schaffen', sagt das Sprichwort, ‚einen sichereren viele Tage'. Auch geht ein freierer Geist, den Freude beflügelt, bereitwilliger an die Vollendung einer Aufgabe, die leichter erledigt ist, wenn die halbe Arbeit schon bewältigt ist. Man sagt, daß aus diesem Grund Vergil seine Aeneis vor der Versfassung in Prosa geschrieben habe – ohne Zweifel deshalb, damit sich eben dadurch der Geist, frei von unangenehmem Ausdenken inhaltlicher Erfindungen, desto angelegentlicher der Bewältigung der großen Last widme. Sieh auf seinen Turnus: Als der sich anschickte, den dardanischen Rivalen anzugreifen, ging er nicht erst zum Waffenschmied, um eine Lanze zu erbitten, und darauf zum Kampf, sondern –

er ergreift alsdann kraftvoll den starken Speer, der mitten
im Haus an eine gewaltige Säule gelehnt dastand,
erbeutet vom Aurunker Actor, und schüttelt den schwingenden,
rufend: Nun, der du niemals mein Rufen enttäuschtest,
Speer, nun ist die Zeit da; dich führte der große Actor,
dich führt nun Turnus' Rechte.

Der strebsame junge Mann ergreife einen Pfeil aus Phoebus' Köcher mit einem solchen Schwung, mit dem nämlich Mars entrüstet auf einen Eunuchen bei Claudian

da den von Stahl und starrenden Knoten schweren Speer warf,   *In Eutropium B. 2.*
eine gewaltige Waffe, die kein anderer Gott schleudern konnte.
Der Weg ging weit durch die aufgerissenen Wolken, usw.

Daraus mögest du überdies erkennen, daß der Vorrat dieser Themen, die wir zum Nachahmen zur Verfügung gestellt haben, gewissermaßen die Rüstkammer eines Dichters, der einen nicht leeren Namen erstrebt, bilden kann.

Damit ich aber die Art meines Vorhabens mit wenigen Worten darlege: Du wirst mir verzeihen, Franciscus, wenn ich dich von den Waffen auf den Pinsel verweisen werde. Wir hören, daß es einen Maler gab, der wegen der anziehenden Begabung und zugleich an-

rabilem: præsertim ad effigies hominum extemplò ducendas aptissimum. is trecenta & ampliùs capita, in antecessum, diversissima formaverat; genus omne, cana, inculta, crispa, sulcata, juvenilia: Virûm puerûmque, sexûs utriusque, virgines, & aniles vultus, imperfectos tamen: nam absque oculis, cavo relicto, ubi debitis coloribus accendi stellæ possent. pendebant ergo formosæ larvæ, magno numero, in parietibus; quomodò pilei emendi. è quibus licèt multi probentur; emptor tamen unico, qui capiti rotundo quadrat, contentus abit. Quisquis conscius huius rei, effigiem suam petiverat, intra non integram horam, mercede constituta, secum lætus & admirans tulit absolutam. Obtutu enim in petitorem defixo, detraxerat Graphicus Magister ex omni numero commodam personam: quæ saltem aliqua similitudine præsentiùs ad faciem figurandam alluderet. hanc tabellam ophthalmicus Apelles, ut peculiare suum artificium ostenderet, observans pupulam (quippe ex oculi fenestra flagrantior prospicit Animus: vivit, gemit, ridet:) vivacissimè insignivit: & ex cæca larva, tam genuinum alterius vultum expressit; ut ovum ovo non esset similius. Postmodùm, nullo negotio, parerga addidit; eâque dexteritate totam effigiem brevissimo tempore consummavit. Quò tendam, BERTRONI, *facilè capias. Quot Themata rudi delineatione, velut carbone adumbrata, in conspectum do; tot larvas vides; illuminandas, si necessitas postulat: si emptor adest, si operæ pretium suadet, si cupidini stimulus adjicitur, si ab alveari fuci desunt.*

Denique quid verbis opus est? spectemur agendo.
Dicebat Aiax ad Vlyssem. Discute, FRANCISCE, *acervum. elige ex omnibus unum, quod lubet. experimentum cape pollicitationis meæ. Dixeram. ille fiduciâ suâ meâque usus: Quoniam, inquit, copiam facis tui tam liberalem: & ego Viennam proficiscor cum Filio meo* CAROLO, *offerenti se ad Turcicum Bellum, (arma spirantem retinere non possum) age, Thema Martium, in quod ultimum oculos injeci,*

mutigen Kunst geradezu bewundernswert war, vor allem hochbegabt, aus dem Stegreif Porträts anzufertigen. Der hatte dreihundert und mehr Köpfe verschiedenster Art im voraus geformt, jedwede Gattung, weißhaarige, ungepflegte, gekräuselte, gefurchte, jugendliche; von Männern und Knaben, beiderlei Geschlechts, jungfräuliche und greisinnenhafte Gesichter – doch unfertige: freilich ohne Augen, mit freigelassener Höhlung, wo die Augensterne mit den gebührenden Farben entzündet werden konnten. So hingen denn schöne Masken in großer Zahl an den Wänden wie Filzkappen zum Verkauf: Mögen von diesen auch viele gefallen, geht der Käufer doch nur mit einer einzigen, die auf die Rundung seines Kopfes paßt, zufrieden davon. Wer immer, dieses Verfahren kennend, sein Bild begehrt hatte, trug nach Vereinbarung des Lohnes in weniger als einer vollen Stunde das fertige froh und bewundernd mit sich fort. Mit festem Blick auf den Besteller hatte der Meistermaler aus der großen Zahl eine passende Maske herausgenommen, die auf Anhieb wenigstens mit einiger Ähnlichkeit auf das darzustellende Gesicht anspielte. Dieses Bild schmückte der Augen-Apelles, um seine spezifische Kunstfertigkeit zu zeigen, auf die Pupille achtend (denn aus dem Fenster des Auges blickt der Geist lebhaft hervor, er lebt, seufzt, lacht), ganz voller Leben aus; und aus einer blinden Maske heraus drückte er das Antlitz des anderen so echt aus, daß ein Ei dem anderen nicht ähnlicher war. Danach fügte er mühelos Kleinigkeiten hinzu; und mit dieser Gewandtheit vollendete er das ganze Bild in kürzester Zeit. Worauf ich zielen möchte, kannst du, Bertronius, leicht verstehen. Soviele Themen ich in rohem Umriß, wie mit Kohle skizziert, zum Betrachten gebe, ebenso viele Masken siehst du, die mit Augenlicht zu versehen sind, wenn es notwendig ist, wenn ein Käufer da ist, wenn der Preis für die Arbeit zurät, wenn zu dem Wunsch ein Stachel kommt, wenn die Drohnen vom Bienenkorb fern sind.

Wozu am Ende Worte? Laß uns nach Taten beurteilt werden! Das sagte Aiax zu Ulixes. Untersuche den Haufen, Franciscus! Wähle aus allen Themen eines aus, das gefällt! Stelle mein Versprechen auf die Probe!' Ich hatte gesprochen, er antwortete in gegenseitigem Vertrauen: ‚Da du dich mir so großzügig zur Verfügung stellst und ich nach Wien aufbreche mit meinem Sohn Carolus, der sich dem Türkischen Krieg darbietet (den von Waffen beseelten kann ich nicht zurückhalten) – wohlan, das kriegerische Thema, auf das ich meine Augen als letztes geworfen habe,

campo expone. Bellum mirabile promittis: Ignorantiæ Castrum eversum: *veluti nos Constantinopolim expugnatam optamus. Hoc, sodes, præsta; & describe nobis, quo eventu pugnatum sit. Certè* IOSEPHUS *meus intelliget, si non* CAROLUS. *Quasi pacisceremur; respondi me confecturum: addito, absolvetur citiùs, quàm redieris. plenam mysterijs Heliconijs Scriptionem exarabo. nihil frustra, nihil sine usu narrabitur. Sic hilares valediximus: & ille cum Filio* CAROLO *perrexit Viennam Austriacorum: ego scripturus secessi in Bœotiam, aut veriùs Vtopiam.*

FACULTAS
R. P. VISITATORIS ET VICE-PROVINCIALIS
Societatis IESU per superiorem Germaniam.

CUm Opusculum Jacobi Balde, è Societate nostra, inscriptum, Expeditio Polemico-Poëtica: sive Castrum Ignorantiæ oppugnatum, & eversum, solutâ oratione conscriptum: uti & Apparatum novarum inventionum, sive similium Thematum scribendorum, ab eodem in Paradigma propositum, aliquot ejusdem Societatis Patres legerint, censueríntque publicâ luce dignum: Ego CHRISTOPHORUS SCHORRER Societatis IESU per superiorem Germaniam Visitator, & Vice-Provincialis, potestate ab admodum R. Patre IOANNE PAULO OLIVA, Vicario Generali, ad id mihi concessâ, typis excudi permitto, in quorum fidem, hoc Auctori chirographum Officij mei Sigillo munitum dedi.
Neoburgi, 23. Maij, 1664.

CHRISTOPHORUS SCHORRER.

stelle auf dem Schlachtfeld dar. Einen sonderbaren Krieg versprichst du: ‚Die zerstörte Festung der Ignoranz' – so wie wir die Eroberung Konstantinopels wünschen. Das leiste bitte, und beschreib uns, mit welchen Ausgang gekämpft wurde. Gewiß wird das mein Josephus verstehen – wenn nicht Carolus.' Als wenn wir einen Vertrag schlössen, versprach ich förmlich die Ausführung. ‚Füge hinzu: Es wird schneller vollendet, als du zurückkommst. Ich werde die Schrift voller musischer Mysterien entwerfen. Nichts wird umsonst, nichts nutzlos erzählt werden.' So nahmen wir heiter Abschied, und er machte sich mit dem Sohn Carolus nach Wien in Österreich auf; ich begab mich, um zu schreiben, nach Böotien oder richtiger: nach Utopia.

ERLAUBNIS
DES HOCHWÜRDIGEN PATER VISITATOR UND VIZEPROVINZIAL
der Gesellschaft Jesu für Oberdeutschland.

Da das kleine Werk Jakob Baldes aus unserer Gesellschaft mit dem Titel ‚Kriegerisch-dichterischer Feldzug oder die eroberte und zerstörte Burg der Ignoranz', in Prosa verfaßt, wie auch den Vorrat neuer Erfindungen bzw. ähnlicher zu bearbeitender Themen, der von demselben als Beispiel vorgelegt wurde, mehrere Patres der nämlichen Gesellschaft gelesen und als der Veröffentlichung für würdig beurteilt haben: erlaube ich, CHRISTOPHORUS SCHORRER, Visitator und Vizeprovinzial der Gesellschaft JESU für Oberdeutschland, aufgrund der Macht, die mir von dem ganz hochwürdigen Pater JOHANNES PAUL OLIVA, dem Vizegeneral, dafür verliehen wurde, daß es von denen gedruckt werde, deren Zuverlässigkeit ich dieses vom Autor eigenhändig geschriebene kleine Werk, mit dem Siegel meines Amts versehen, übergeben habe.
Neuburg, 23. Mai 1664.

CHRISTOPHORUS SCHORRER.

EXPEDITIO
Polemico-Poëtica:
sive
Castrum Ignorantiæ
Bœotorum Arcadúmque Reginæ à Poëtis Veteribus
ac Novis obsessum, expugnatum, eversum.

Series rerum
in hac expeditione gestarum.

1. *De arce Ignorantiæ expugnandâ Poëtarum Neotericorum concilium, & occasio. Francisci Petrarchæ laus.*
2. *Situs arcis.*
3. *Expugnatorum præcipuorum nomina.*
4. *Marulli alati militis conatus:*
5. *Quamquam Hieronymo Vida non applaudente.*
6. *Poëtarum nominatorum, obsidentium arcem, sinistrum auspicium, & panicus timor:*
7. *Ab Hieron. Vida correctus.*
8. *Pontani Vatis officium, & ingenium.*
9. *Item Sannazarij, Palingenij, Bembi, & Politiani: nec non & Maphæi.*
10. *Bœotorum in arce obsessorum fastus, & arma.*
11. *Francisci Petrarchæ periculum.*
12. *Captantur nova consilia.*
13. *Barbari inclusi ad famem redacti.*
14. *Apollinis imploratum auxilium.*
15. *Qui Veterum Poëtarum suppetias mittit.*
16. *Publ. Virgilius Maro Dictator creatus, non tam, ut pugnet, quàm, ut pugnatores dirigat.*
17. *Horatius Flaccus animandis militibus ad hanc expugnationem, se fistulatorem offert, Poëta Lyricus.*
18. *De Tympanotriba constituendo litigatur.*
19. *Valerij Martialis Epigrammatographi astutia.*
20. *Priscianus vapulans (ex Frischlini comœdiâ) Tympanotriba substitutus.*
21. *Quem tamen Horatius aspernatur, fistulâque abjectâ ad triarios se confert.*
22. *Iuvenalis ad duella parati compressa audacia.*

Die kriegerisch-poetische
EXPEDITION
oder
DIE FESTUNG DER IGNORANZ,
der Königin der Böoter und Arkader, die von Alten und Neuen Dichtern belagert, erobert und zerstört wurde.

Reihenfolge der Ereignisse bei dieser Expedition.

1. Zusammenkunft der Neueren Dichter die Eroberung der Burg der Ignoranz betreffend und Zeitpunkt. Lob Francesco Petrarcas.
2. Lage der Burg.
3. Namen herausragender Eroberer.
4. Beginnnen von Marullos geflügeltem Soldaten,
5. obwohl Gerolamo Vida nicht Beifall zollte.
6. Der genannten die Burg belagernden Dichter ungünstiges Vorzeichen und panische Befürchtung,
7. die von Gerolamo Vida in Ordnung gebracht wurde.
8. Des Dichters Pontano Unternehmung und Charakter.
9. Ebenso Sannazaros, Palingenius', Bembos und Polizianos, schließlich auch Maffeos.
10. Der in der Burg belagerten Böoter Hochmut und Waffen.
11. Francesco Petrarcas gefährliche Situation.
12. Es werden neue Beschlüsse gefaßt.
13. Die eingeschlossenen Barbaren sind in Hungersnot geraten.
14. Erflehte Unterstützung Apollos.
15. Der schickt Hilfe der Alten Dichter.
16. Publ. Virgilius Maro zum Diktator gewählt, nicht so sehr, daß er kämpfe, als vielmehr, daß er die Kämpfer lenke.
17. Horatius Flaccus bietet sich zwecks Anfeuerung der Soldaten zu dieser Expedition als Flötenbläser an, als lyrischer Dichter.
18. Über die Ernennung eines Handpaukenschlägers wird gestritten.
19. Valerius Martials, des Epigrammatikers, Schlauheit.
20. Der geschlagene Priscianus (aus Frischlins Komödie) als Handpaukenschläger substituiert.
21. Den verschmäht jedoch Horaz und begibt sich nach Fortwerfen seiner Flöte ins dritte Glied.
22. Des zum Duell bereiten Juvenal unterdrückte Dreistigkeit.

23. *Lucanus tubicen electus.*
24. *Papinio Statio exercitûs ducendi cura à Marone demandata.*
25. *Quo tempore aggrediendi barbari, in senatu bellico varia consultatio.*
26. *Virgilius auditis quatuor Poëtarum sententijs, tempus vespertinum decernit.*
27. *Claudij Claudiani anceps encomium.*
28. *Statio Ductori exercitûs, comes adjungitur.*
29. *Fremente Lucano, de quo plura.*
30. *Claudianus cum Statio militariter confertur.*
31. *Ovidij Nasonis stupenda celeritas.*
32. *Martialis sarcasticus, militari licentiâ in Claudianum fabam cudit.*
33. *Eam tamen ipse devorare cogitur.*
34. *T. C. Lucretius bellicarum inventionum Magister: vulgò* Ingenier.
35. *Claudiani supervacanea cura, ab expertis militiæ tribunis derisa.*
36. *Quod in bellis frequenter accidere solet, agmen lustratum, jámque in hostem iturum, quatuor Poëtarum æmulatio sistit.*
37. *Lucani Ingenium. Item Statij. Ex ejusdem armamentario quæ tormenta bellica producta.*
38. *Statij & Claudiani equestris pompa.*
39. *Satyricorum phalanx, gravis armaturæ.*
40. *Horatij, Persij, Iuvenalis distincta vexilla. Plauti Comici scomma.*
41. *Papinij Statij Laus.*
42. *Lucretij curiosa solertia, utitur operâ Claudiani.*
43. *Ovidij in hac expeditione felix ingenium.*
44. *Lucani arcem obequitantis infortunium.*
45. *Martialis jacula (sive acumina) quid effecerint.*
46. *Statij industria, & fervor.*
47. *Idem tamen audacior multis, quàm prudentior visus. novus Capanêus.*

23. Lukan zum Tubabläser gewählt.
24. Die Aufgabe, das Heer zu führen, Papinius Statius von Vergil übertragen.
25. Über den Zeitpunkt des Angriffs auf die Barbaren verschiedenstimmige Beratung im Kriegssenat.
26. Vergil setzt nach Anhörung der Ansichten von vier Dichtern die Abendzeit fest.
27. Doppeldeutiges Loblied auf Claudius Claudian.
28. Er wird dem Führer des Heers Statius als Begleiter zur Seite gestellt,
29. während Lukan murrt, worüber mehr berichtet wird.
30. Claudian wird mit Statius in militärischer Hinsicht verglichen.
31. Ovidius Nasos staunenswerte Schnelligkeit.
32. Martial, der sarkastische, führt in militärischer Zuchtlosigkeit einen Hieb gegen Claudian.
33. Doch wird er gezwungen, ihn selbst zu ertragen.
34. T. C. Lukrez, der Meister kriegerischer Erfindungen, allgemein: der ‚Ingenieur'.
35. Claudians überflüssiges Bemühen, das von erfahrenen Kriegstribunen verlacht wird.
36. Was in Kriegen oft zu geschehen pflegt: Den durch ein Reinigungsopfer geweihten und schon im Marsch gegen den Feind begriffenen Zug hält das Konkurrenzstreben von vier Dichtern auf.
37. Lukans Charakter. Ebenso Statius'. Welche Kriegsgeschütze aus seinem Arsenal hergestellt sind.
38. Statius' und Claudians Reiterzug.
39. Phalanx der Satiriker, von schwerer Bewaffnung.
40. Horaz', Persius' und Juvenals unterschiedliche Fahnen. Plautus', des Komikers, Spott.
41. Papinius Statius' Lob.
42. Lukrez' sorgfältige Geschicklichkeit nimmt Claudians Dienst in Anspruch.
43. Ovids glückliche Begabung bei dieser Expedition.
44. Lukans Unglück beim Ritt gegen die Burg.
45. Martials Lanzen (bzw. Spitzen), was sie bewirkt haben.
46. Statius' Energie und Kampfeshitze.
47. Dabei erschien er doch vielen mehr tollkühn als umsichtig zu sein. Ein neuer Capaneus.

48. *Satyrographi, arcis obsessæ portas vi effringunt.*
49. *Arx diripitur. omnia in prædam cedunt.*
50. *Pudenda spolia inventa.*
51. *Persij noctu quoque invigilantis, Laudabilis industria.*
52. *Error à Terentio commissus. Ignorantia per Caminum effugit.*
53. *Franc. Petrarcha arcem captam solo æquat, & rudera Diris devovet.*
54. *Execrationem jubetur Scazon statuarius Vncialibus litteris saxo incidere. perpetuum expeditionis monumentum: Ovidius in libros Fastorum referre.*

1 Arcem Ignorantiæ, in Bœotiâ sitam, jam à temporibus *Franc. Petrarchæ* (qui ante ducentos annos, primus Musas in squalore & situ jacentes allevare sustinuit) institerant Poëtæ Neoterici, omni bellico instrumento expugnare.

2 Sed præter opinionem, supra fidem humanam, inventa firmior fuit, quippe mœnibus, vallis, fossis, turribus instructissima. neque propugnatoribus destituta erat. huc enim, velut ad commune *Indoctorum* receptaculum, profugerant promiscua turba, *Idiotæ, Aristarchi, Momi, Zoili, Timones, Pseudocritici,* aliíque, toto Helicone & curiâ Romanâ proscripti; fæx inficetorum hominum. Ab uno latere Arcis stagnat lacus in viginti circiter stadia diffusus. Munitio ibi inaccessa, nisi fortè ratibus.

Sannazar. Eclogæ halieuticæ.

3 *Act. Sync. Sannazarius* (nam iste inter primos, Petrarchæ consilijs se applicuerat) offerebat quidem *cymbas* aliquot *piscatorias,* plenas Eclogis juvenilibus. deterruere tamen à proposito cæteri commilitones: *Maphæus Vegius, Marullus, Bapt. Mantuanus, Alciatus, Balth. Castilioneus, Bembus, Ang. Politianus, Hier. Vida, Pontanus, Hier. Fracastorius,* omnes egregij utraque manu viri. Ex Germanis apparuerunt duo proceræ staturæ viri; Eobanus Hessus & Ioachimus Camerarius; Poëtæ laureati. & Hessus quidem, quia de arte gladiatoria animosum Carmen condiderat, præfidebat lacertis suis, tanquam Lanista torosus ac valens. Camerarium cele-

48. Die Satirendichter brechen die Tore der belagerten Burg mit Gewalt auf.
49. Die Burg wird geplündert. Alles kommt zur Beute.
50. Beschämende Beute gefunden.
51. Des auch nachts wachsamen Persius löbliche Rührigkeit.
52. Von Terenz begangener Irrtum. Ignorantia flieht durch den Kamin.
53. Francesco Petrarca läßt die eroberte Burg dem Erdboden gleichmachen und gibt das Gemäuer den Rachegöttinnen preis.
54. Scazon, dem Steinmetz, wird befohlen, eine Verfluchung in Unzialschrift auf einen Stein zu meißeln, als ewiges Mahnmal der Expedition, Ovid, sie in die Bücher der Fasti aufzunehmen.

1 Die Burg der Ignoranz, die in Böotien liegt, hatten schon von den Zeiten Francesco Petrarcas an (der es vor 200 Jahren auf sich nahm, als erster die in Trauer und Siechtum daniederliegenden Musen aufzurichten) die Neueren Dichter mit jeglichem Kriegsgerät zu erobern ins Werk gesetzt.

2 Aber wider Erwarten, über menschliches Ermessen hinaus, hatte sie sich als sehr widerstandsfähig erwiesen, da sie mit Mauern, Palisaden, Gräben, Türmen stark befestigt war. Auch war sie nicht von Verteidigern entblößt. Hierhin nämlich waren wie zu einem gemeinsamen Zufluchtsort Ungebildeter als bunt gemischter Haufe Stümper, Leute wie Aristarch, Momos, Zoilos, Timon, Pseudokritiker geflohen und andere, die vom ganzen Helikon und aus der römischen Kurie verbannt waren, die Hefe abgeschmackter Menschen. Auf der einen Seite der Burg erstreckt sich ein See, über etwa 20 Stadien weit ausgedehnt. An das Befestigungswerk war da nicht heranzukommen, wenn nicht vielleicht mit Schiffen.

3 Azio Sincero Sannazaro (dieser hatte sich nämlich als einer der ersten Petrarcas Bestrebungen angeschlossen) stellte zwar einige Fischerkähne zur Verfügung, voll von jugendlichen Eklogen. Doch rieten die übrigen Kommilitonen von dem Vorhaben ab: Maffeo Vegio, Marullo, Battista Mantovano, Alciato, Baldassare Castiglione, Bembo, Angelo Poliziano, Girolamo Vida, Pontano, Girolamo Fracastoro – alles hervorragende beidhändig begabte Männer. Von den Deutschen erschienen zwei Männer von hoher Gestalt, Eobanus Hessus und Joachim Camerarius, Poetae laureati. Hessus vertraute ja, weil er ein kühnes Gedicht über die Ars gladitoria geschrieben hatte, seinen Armen, wie ein muskulöser und

Sannazaros Fischereklogen.

brem reddiderat Elegia, priore adhuc seculo, multò antè vaticinans atque deplorans Magdeburgicum bustum: hoc autem primùm ævo in prædictos cineres subsidens. Præterea curiosæ lectionis vir, atque adeò expertus miles plurium strategematum exempla, quæ summi nominis Duces feliciter usurpaverant, collecta secum ferebat; in omnes eventus usui futura. Hi considerato lacu, ingentia spacia porrigente, unanimes audax propositum ACTIO dissuasere.

Dianæ & Minervæ studia contraria.

quomodo enim una alteráve cymbula, suffectura sit everberandæ moli aquarum tam pigræ. præsertim ab ea parte stantibus, tutandi gratiâ, *Venatoribus*, hostibus Musarum, quod sciret, acerrimis.

Val. Flacci Argonautica. Catulli purus Iambus.

nihil effecturum puppibus suis: etiamsi accederent VALERII FLACCI *Argo*, famosissimum opus, & ipsius CATULLI *phaselus* (*ille, quem videtis hospites.*) Terrâ aggrediendum esse infame latibulum. Hoc ALCIATUS (etiam *emblemate* ostendere paratus) hoc BEMBUS, FRACASTORIUS, aliíque censebant. Quamvis PETRARCHA *ambidexter*, Tusco Latinóque carmine, ad omnem belli aleam se promptum offerret, quamcunque munimenti partem, si permitterent, tentaturus. quod jure suo petere potuit: quippe scriptum felicius nullum, quàm *de utraque Fortuna* edidisse creditur.

Fr. Petrarchæ præcipuum Opus.

Cæterùm & continenti impressionem facturos, impediebant præaltæ fossæ, & inæquales: in quibus *amnis serpebat*, nihil vivi liquoris ex fonte Pegaseo trahens; sed veterno marcidus, & Lethæo torpori colorique simillimus. *Ponti asinorum* sublicio fidere nemo audebat: quia fallax, & ad insidias caducus sternebatur. subter tophi, & pumex, *sicca materia pro vena Poëtica.* Assurgebant præterea geminæ turres in altum: quarum altera, quæ Arcadiam respicit, *Asinaria* vocatur; altera *Cadmæa*, ab Actæone, ut perhibent, Cadmi nepote nomen sortita. nam & hujus aures Diana, æquè ac Apollo Midæ, Ovidianæ Metamorphoseos tractu *cacuminaverat.* Credebatur & ipse Actæon, post formam à Proserpina, una parte corporis exceptâ, restitutam, intus excubare, vigil & auritus, ut qui

mächtiger Fechtmeister. Camerarius hatte die Elegie berühmt gemacht, die noch im vorigen Jahrhundert weit vorher die magdeburgische Brandstätte voraussagte und beweinte, welche aber erst in diesem Jahrhundert in die prophezeite Asche sank. Außerdem trug er, ein Mann sorgfältigen Zusammenlesens und ein sehr erfahrener Krieger, Beispiele mehrerer Strategien, die die angesehensten Führer erfolgreich angewendet hatten, gesammelt bei sich, die für alle Ereignisse von Nutzen sein sollten. Diese rieten, nachdem sie den sich weithin erstreckenden See in Augenschein genommen hatten, einmütig Azio von dem kühnen Vorhaben ab. Auf die Weise würde nämlich der eine oder andere Kahn ausreichen, die träge Wassermasse aufzupeitschen, zumal auf der anderen Seite Jäger zum Schutz bereitstünden, grimmige Feinde der Musen, wie er wisse. Er werde mit seinen Schiffen nichts ausrichten, auch wenn Valerius Flaccus' Argo, das hochberühmte Werk, und Catulls eigener Phaselus (,Er, den ihr seht, Gäste') zu Hilfe kämen. Zu Land sei der ruchlose Schlupfwinkel anzugreifen. Das urteilten Alciato (bereit, es sogar durch ein Emblem zu veranschaulichen), das Bembo, Fracastoro und andere – wie sehr auch der beidhändig (durch italienische und lateinische Dichtung) ausgewiesene Petrarca sich für jedes Kriegsrisiko bereit zeigte, entschlossen, jeden möglichen Teil der Befestigung, wenn sie es erlaubten, anzugreifen. Danach konnte er mit Recht streben, da die Meinung herrscht, daß er keine geglücktere Schrift als De utraque Fortuna veröffentlicht habe.

Aber auch die, die einen Angriff über Land machen wollten, hinderten tiefe ungleichmäßig verlaufende Gräben, unter denen ein Fluß sich hinschlängelte, der kein lebendiges Wasser aus der Pegasus-Quelle bezog, sondern in Lethargie träge und der Starre und Farbe des Lethestroms sehr ähnlich war. Der auf Pfählen ruhenden Eselbrücke wagte niemand zu trauen, weil sie sich trügerisch und hinterhältig zum Fallen geneigt erstreckte. Unten waren Tuff und Bimsstein, trockene Materie statt einer poetischen Quellader. Es ragten außerdem zwei gleiche Türme in die Höhe: Von ihnen wurde der eine, der nach Arkadien zu lag, Eselturm genannt, der andere Cadmus-Turm, der den Namen, wie man sagt, von dem Cadmus-Enkel Actaeon bekommen hatte. Denn Diana hatte auch dessen Ohren – ebenso wie Apollo Midas' Ohren – in einer Wendung der ovidischen Metamorphose zugespitzt. Man glaubte, daß Actaeon sogar selbst, nachdem seine Gestalt von Proserpina mit Ausnahme eines Körperteils wiederhergestellt war, innen wa-

Dianas & Minervas konträre Bestrebungen.

Val. Flaccus' Argonautica. Catulls reiner Jambus.

Fr. Petrarcas Hauptwerk.

maximè. certè venabula potiùs, quàm Palladis hasta, à doctis viris timebantur.

Falco, Poëma Marulli Poëtæ Itali mirè laudatum.

4 Ecce autem MARULLUS, ut erat ingenij curiosi vates, ripam, prope tectum Turris Asinariæ, observaverat *onocrotalis*, fœdo avium genere, tegi. Tum ad socios conversus; quid si, inquit, *Falconem* meum, tot versibus celebrem, emittam in istos.

Sumamus hinc belli felix auspicium. Scio, strage factâ, redibit victor ales in manus. cicur est. vocantem Dominum agnoscit. Sic emissus, *circino Descriptionis Poëticæ*, liquentes metiebatur aëris vias. Mox ab alto in volucres ignavas atque ignobiles præceps, totum agmen fugavit. non paucas inhærentes unguibus, adunco rostro discerpsit. Simul autem avolare *ignotum per iter*: remeare nunquam; omni sibilo *Marulli*, omni & clamore posthabito. Risere scilicet aucupem, sive augurem Parnassium adstantes: quòd jactantior, vanas spes de reditu concepisset.

Hieronymi Vidæ Christias.

5 Præ cæteris HIERONYMUS VIDA in faciem: aliud est, MARULLE, *serium longúmque Poëma*, quale si mea *Christias* non est, certè *Æneis* & *Thebais* erunt, continuo filo texere: aliud, *in unius avis scitula descriptione* Poësin & ætatem consumere. At dices: tamen audimus laudari *passerem Catulli, Stellæ columbam, Papinij psittacum, Phœnicem Claudiani.* Sed nempe hæc minima fuerunt illis. ne Virgilium quidem, si solas *apes* ostentâsset (& quid his divinius?) fastigium dignitatis, quâ modò potitur, ante cæteros fuisse consecuturum.

6 Erant aliqui superstitionibus nimijs obnoxij, qui totam obsidionem solvendam judicabant, propter infaustum omen. Quis enim talibus auspicijs pugnet? utique, cùm *onocrotali* temerè fugati, mox agminatim reversi, rostris corruentes, tantùm non exprobrare viderentur, & insultare obsidentium inertiæ.

che, aufmerksam und mit langen Ohren, so wie nur möglich. Gewiß wurden Jagdspieße mehr als Pallas' Lanze von klugen Männern gefürchtet.

4 Siehe aber, Marullo, aufmerksamer Dichter wie er war, hatte beobachtet, daß das Ufer nahe dem Bauwerk des Eselturms von Kropfgänsen, einer häßlichen Vogelart, bedeckt werde. Er wandte sich darauf an seine Mitkämpfer und sagte: ‚Was haltet ihr davon, daß ich meinen Falco, der durch so viele Verse berühmt ist, gegen jene schicke? Stellen wir dadurch ein glückliches Auspicium für den Krieg an! Ich weiß, nach der Vernichtung wird der siegreiche Vogel auf meine Hände zurückkehren. Er ist zahm und erkennt den Ruf seines Herrn.' So aus dem Kreis der poetischen Darstellung entlassen, durchmaß der Falke die klaren Luftwege. Bald aus der Höhe auf die trägen und gemeinen Vögel herabstürzend, schlug er den ganzen Zug in die Flucht. Nicht wenige, die in seinen Krallen hingen, zerfleischte er mit dem gebogenen Schnabel. Zugleich aber flog er auf unbekanntem Weg davon und kam niemals wieder, nachdem er jedes Pfeifen und jedes Rufen Marullos mißachtet hatte. Die Anwesenden lachten natürlich den Vogelfänger bzw. Dichteraugur aus, weil er zu prahlerisch vergebliche Hoffnungen über die Wiederkehr des Falken gefaßt hatte.

Falco, des italienischen Dichters Marullo wunderbar gelobtes Gedicht.

5 Vor den anderen sagte ihm Girolamo Vida ins Gesicht: ‚Eines ist, Marullo, ein ernsthaftes langes Gedicht, welches, wenn nicht meine Christias, gewiß die Aeneis und die Thebais sein werden, fortlaufend mit dem Faden zu spinnen, ein anderes, bei der allerliebsten Beschreibung eines einzigen Vogels Dichten und Leben zuzubringen. Allein, du wirst sagen: „Wir hören doch, daß Catulls Sperling, Stellas Taube, Papinius' Papagei und Claudians Phoenix gelobt werden." Das waren aber wirklich Kleinigkeiten für jene. Nicht einmal Vergil hätte, wenn er nur die ‚Bienen' dargelegt hätte (und was ist göttlicher als diese?), den höchsten Rang des Ansehens, das er nur irgend besitzt, vor den anderen erreicht.'

Girolamo Vidas Christias.

6 Es gab einige allzu Abergläubische, die urteilten, die ganze Belagerung müsse wegen des ungünstigen Vorzeichens aufgegeben werden. Denn wer wolle unter solchen Auspizien kämpfen? Besonders, weil es scheine, daß die Hals über Kopf in die Flucht geschlagenen Kropfgänse, bald scharenweise zurückgekehrt und mit den Schnäbeln niederstoßend, die Untüchtigkeit der Belagerer beinahe vorhalten und verspotten.

7 Hîc HIERON. VIDA, ut ne desisterent, severâ facie militariter precatus, omnes admonuit officij. vitarent saltem dedecus manaturum ad posteros. omina ex MARULLI *Falcone* concepta, nihil curanda esse. Se verò ostensurum in *Scacchiade* sua (Ludo Palamedis) aleam Martis volubilem jaci: Victoriam autem ingenio adscribi, non avibus sinistris, sive dextris. Sic fatus *Poëma* protulit *repræsentans simulacra belli*; docens quomodo in hostem eundum, ab eo recedendum. quomodo oppugnandus in sua Regiâ. quomodo item eludendi ictus, obliquanda vel munienda latera. quæ denique strategemata adhibenda. hæc omnia disci posse in tabula, ex militibus buxeis, veram aciem, vera prælia imitantibus. De quo nobili invento, obsidendi Arcades nec somniaverint. Ita perrexit manum ducere in asseris spatio rhombis signati. tum Mopsum, *ligneum rusticum* monstrans; hic, ait, adhuc coronabitur, sublatus in apicem. ille tantummodò submovendus erit *eques*, qui cornu ferit. In bello & timiditas & vilitas nonnunquam addunt animos. desperatio ipsa terrorem facit. Desperabimus autem nos tales Viri, PETRARCHA Duce, hos asinos superare? His ostentis animati, excusso pavore, & Falconis aversi omine, animosiùs ad arma conclamârunt. Duceret, quò vellet. Sistendum esse: *pedem pedi Poëtico figendum*. etiam Poëtastri, vix rore Castalio tincti, omnes, quisque suis inventis, quasi scutis galeísque concrepuerunt. FRACASTORII, CASTILIONEI mirabiles impetus exarsere: MARULLO, præ pudore infelicioris jactantiæ, abitum meditante.

8 PONTANUS pontem dejiciendum sibi sumpsit, ex nomine audaciam facinoris capturus. ejusdem enim artis esse, in bello pontem subitò erigere vel dejicere. casurus erat quoque tutò in subiectum amnem: ut qui in carminibus suis, penè nihil præter *lymphas* & *nymphas* loqueretur. TURRIANO *Turris* Cadmæa oppugnanda data est.

7 Hier bat Girolamo Vida mit strenger Miene in militärischem Ton, daß sie nicht abließen, und mahnte alle an ihre Pflicht. Sie sollten mindestens eine Schande meiden, die bis zu den Nachkommen dringen würde. Die Vorzeichen, die man aus Marullos Falco abgeleitet habe, seien nicht zu beachten. Er werde dagegen in seiner Scacchias (dem Palamedes-Spiel) zeigen, daß Mars' Würfel so oder so fallen könne: Der Sieg werde aber der angeborenen Begabung zugeordnet, nicht unglück- bzw. glückverheißenden Vögeln. So sprach er und holte sein Gedicht hervor, das Ebenbilder des Kriegs darstellt und lehrt, wie gegen den Feind vorzugehen und von ihm zurückzuweichen sei, wie er in seiner Burg zu belagern, ebenso wie Angriffe unschädlich zu machen, wie Flanken seitwärts zu lenken oder zu verstärken, welche Strategien schließlich anzuwenden seien. Dieses alles könne auf einem Brett und von Soldaten aus Buchsbaumholz gelernt werden, die eine wirkliche Schlachtreihe, wirkliche Kämpfe nachahmen. ‚Von dieser trefflichen Erfindung dürften die Arkader, die zu belagern sind, nicht einmal träumen.' So fuhr er fort, die Schar auf dem Raum eines mit Quadraten versehenen Holzbretts zu führen. Dann zeigte er auf Mopsus, einen hölzernen Bauern, und sagte: ‚Dieser wird noch bekränzt werden, auf den Gipfel gehoben. Nur jener Ritter, der den Flügel angreift, wird hinauszuwerfen sein. Im Krieg erhöhen Schüchternheit und Schwäche zuweilen den Mut. Gerade die Verzweiflung erzeugt Schrecken. Werden wir aber, solche Männer, unter Petrarcas Führung, daran zweifeln, diese Esel zu überwinden?' Durch diese Erklärungen ermutigt und befreit von der Furcht und dem Omen des Falken, der sich abgewandt hatte, riefen sie leidenschaftlicher zu den Waffen. Er solle sie führen, wohin er wolle. Man müsse Stand gewinnen: Der dichterische (Vers-)Fuß müsse Fuß fassen. Sogar die Dichterlinge, kaum vom Kastalischen Quell benetzt, lärmten alle, jeder mit seinen Einfällen wie mit Schilden und Helmen. Fracastoros und Castigliones Aufwallungen entbrannten bewundernswert, während Marullo aus Scham über sein allzu unglückliches Prahlen auf Abgang sann.

Gir. Vidas Scacchias, eine Dichtung wie wenige berühmt.

8 Pontano machte es sich zur Aufgabe, die Brücke einzureißen, im Begriff, aus seinem Namen die Kühnheit zur Tat abzuleiten. Es sei nämlich dieselbe Kunst, im Krieg schnell eine Brücke zu errichten oder einzureißen. Er war auch bereit, sicher in den unten fließenden Fluß zu stürzen, da er ja in seinen Gedichten fast von nichts anderem als von Gewässern und Nymphen sprach. Turrianus wurde die Belagerung des Cadmus-Turms übertragen.

Pontanos Gedichte.

Sannazar. Carmina quædam erotica.

Baptist. Mant. genius & Poëmata.

Palingenij Zodiacus, Poëma.

9 SANNAZARIUS *Portam Fescenninam* occupavit, Amazonum ritu ibi pugnaturus. Tres turmas secum habebat, ex villa *Mergellinâ* prope Neapolim sitâ: quas omnes egregio Poëmate *de partu Virgineo* instruxerat. BAPTISTA MANTUANUS *magnam multitudinem militum,* sive *subitorum Versuum* (Terrigenas credidisses) in campum eduxit, malè vestitam & inutilem turbam, ridendam fortasse *Populari suo,* cujus auctoritate & patriâ gloriabatur. Aderant & Satyrici aliquot, crinibus incomptis, vultu feroces, quos PALINGENIUS ducebat, *Zodiacum* suum semper aspiciens. ille Latinus: cæteri Thusci: summas alij spes in Bembo & Politiano collocaverant; alij tenues, quippe inassuetis aliquid serium aut arduum agere, turbare hostem, apponere scalas, ascendere muros, solitis potiùs cantare *suas Charites,* Venerem, Cupidinem, flores, violas, lilia, rosas. Cæterùm omnibus ad rem strenuè gerendam incitatis, MAPHÆUS VEGIUS, ut majores animos adderet, si fortè ab obsessorum rebellium contumaciâ fatigarentur, *supplementum Virgilianum* qualecunque, non spernendum tamen promiserat.

10 Interea Bœoti, veteri novóque pugnandi genere usi, fortiter, ut fastuosè indocti solent, inscitiam suam defendêre. Tribus locis tormenta exonerabantur in oppugnantes. totidem habebant. Primum ONOCENTAURUS erat (Catapultæ species) quo tela duntaxat *impolita, rudes* trunci, dolones, spari, hastæ lato ferro, venabulis pares, magno quidem numero, sed andabatarum more, torquebantur: nullâ *Orthographiâ* servatâ, nullâ VEGETII regulâ.

Secundum, CURULE ÆNEUM, *Marsya* dictum: quòd Satyri facies impressa esset, cum manu *ficum* formante. procusum ferunt apud *Moscovitas,* patrijs legibus inscitiam professos, contumeliâ in decus, vel certè receptam consuetudinem versâ. nam discere liberalem artem apud exteros vetantur. domesticæ nullæ sunt. ab omnibus ergo bonis literis arcentur: ne scilicet membra communis

9 Sannazaro belagerte die Porta Fescennina, um dort nach Art der Amazonen zu kämpfen. Er hatte drei Scharen bei sich aus der Villa Mergellina bei Neapel, die er alle in dem hervorragenden Gedicht De partu Virgineo unterwiesen hatte. Battista Mantovano führte eine große Menge von Soldaten bzw. von geschwind entstehenden Versen (man hätte glauben können, sie seien Erdgeborene) in das Feld, einen schlecht gekleideten und unnützen Haufen – einen lächerlichen wohl für seinen Landsmann, dessen Ansehens und Vaterlands er sich rühmte. Es waren auch einige Satiriker anwesend mit ungekämmten Haaren und wild im Gesichtsausdruck, die Palingenius führte, der immer auf seinen *Zodiacus* blickte. Dieser war Lateiner, die übrigen Toskaner. Die einen hatten höchste Hoffnungen auf Bembo und Poliziano gesetzt, andere nur schwache, da diese ja ungewohnt waren, etwas Ernsthaftes oder Schwieriges zu tun, den Feind zu verwirren, Leitern anzulegen, Mauern zu erklimmen, gewohnt, eher ihre Chariten, Venus, Cupido, Blumen, Veilchen, Lilien und Rosen zu besingen. Übrigens hatte, nachdem alle zu wackerem Handeln angespornt waren, Maffeo Vegio, um ihnen größeren Mut einzuflößen, falls sie durch die Widerspenstigkeit der belagerten Empörer ermatteten, sein Supplementum Virgilianum (es sei, wie es wolle, es ist doch unverächtlich) versprochen.

10 Inzwischen verteidigten die Böoter, die eine alte und (zugleich) neue Art zu kämpfen anwandten, rüstig ihre Unbelehrbarkeit, wie es hochmütig Ungebildete zu tun pflegen. An drei Stellen wurden Wurfmaschinen gegen die Belagernden entladen: Ebenso viele hatten sie. Die erste war der Eselzentaur (eine Art Katapult), mit dem mehr oder weniger ungehobelte Geschosse, rohe Stämme, Stilette, Speere, Lanzen mit breiter Eisenspitze, Jagdspießen gleich, geschleudert wurden, zwar in großer Zahl, aber nach der Art, wie es blind tappende Gladiatoren tun: Keine Orthographie wurde beachtet, keine Regel des Vegetius.

Die zweite, ein bronzenes herrschaftliches Geschütz, wurde Marsya genannt, weil die Gestalt eines Satyrn eingeprägt war, mit einer Hand, die eine Feige bildete. Sie soll bei den Moskovitern geschmiedet worden sein, die nach den Gesetzen der Väter ihre Unwissenheit bekennen, wobei Schmach in Ehre oder wenigstens in überkommene Gewohnheit gewendet wird. Denn anständige Wissenschaft(en) bei Ausländern zu lernen ist ihnen verboten. Einheimische gibt es nicht. Von jeder guten Literatur werden sie

Etliche erotische Gedichte Sannazaros.

Battista Mantovanos Begabung & Gedichte.

Palingenius' Gedicht Zodiacus.

Provinciæ plùs sapiant, quàm supremum Caput. ídque mandato expresso *Magni Ducis* cautum est. Tertium tormentum, *Sileni* nomine insignitum fuisse tradiderunt. Satis grandes globos vehit. Quoties igne concepto jaculatur; *Sileni asinum credas rudere,* & antè retróque tonitrua ciere: tam fumosa *Solæcorum & Barbarismorum* volumina exploduntur. Utrumque damna non inficianda castris intulit. Passim gregarij Poëtæ, etiam Cæsarei & Laureati à Barbaris sauciabantur. Quidam & sternebantur.

11 Ipsius quoque FRANC. PETRARCHÆ *tentorio,* dum epistolas ad amicos de successu hujus expeditionis scriberet, incidit globus, post atramentarium eversum, partem cortinæ & effigiem *Lauræ* discerpens. Concurritur ad prætorium. plures affluxere, veriti lethale vulnus Duci inflictum, qui tametsi sanus & integer erat, tamen ingens trepidatio orta est. tum FRACASTORIUS ad VIDAM: nunquid non prædiximus? copias nostras immani huic speluncæ expugnandæ non suffecturas; ut si centies numerosiores simus: arma hebetia habemus. valentioribus machinis destituimur. Barbariem eradicare volumus, ipsi *semipagani*. Veterum Poëtarum convocandæ sunt vires.

Fr. Petarchæ Poëmata de Laura amasia.

12 *Delphicum oraculum* consulendum, quid porrò fieri oporteat. Hoc agamus. Dum legatos mittimus, arctissimâ obsidione Arcem cinctam servemus, ne intereà per fraudem cæcúmque dolum, vel manifestam eruptionem, obsessi ullo *commeatu bonarum literarum* juventur.

13 Non omnes adprobavere consilium. Quid enim? an non constituimus hosti nocere, quaquà possumus? ergo submittamus illi cibaria, quæ sumpta scimus illi nocitura. gypsum farinâ mistum ingentes sæpe stravit exercitus. scientias propinemus inscitiæ, tanquam venenum. sic per strategema necabimus: Ignorantes, nihil oderunt magis quàm literas. Harum suffitum, velut sulphur & allia odorari nequeunt. earum vi magnâ copiosè illata (esto: nares ob-

folglich ferngehalten – damit natürlich die Glieder der gewöhnlichen Provinz nicht mehr verstehen als das höchste Haupt. Das ist durch einen ausdrücklichen Erlaß des großen Führers sichergestellt. Die dritte Wurfmaschine soll mit dem Namen Silenus gekennzeichnet gewesen sein. Sie befördert recht große Kugeln. Sooft sie nach Zündung des Feuers schleudert, möchte man glauben, der Esel des Silens brülle und lasse Donnerschläge vorwärts und rückwärts erschallen: Derart rauchige Schwaden von Solözismen und Barbarismen explodieren. Beides fügte dem Lager nicht zu leugnende Schäden zu. Allenthalben wurden gemeine, ja sogar kaiserliche und lorbeerbekränzte Dichter von den Barbaren verwundet. Einige wurden auch niedergestreckt.

11 Auch schon in Francesco Petrarcas Zelt traf, während er Briefe an Freunde über den Erfolg dieser Expedition schrieb, eine Kugel, die nach dem Umwerfen des Tintenfasses einen Teil des Dreifußes und Lauras Bild zerstörte. Man rennt zum Feldherrnzelt. *Fr. Petrarcas Gedichte auf die Geliebte Laura.* Mehrere kamen in der Furcht herbei, dem Führer sei eine tödliche Wunde zugefügt worden; obwohl er gesund und unverletzt war, entstand doch eine große Unruhe. Da sagte Fracastoro zu Vida: ‚Haben wir das nicht vorausgesagt? Daß unsere Truppen für die Eroberung dieser gewaltigen Räuberhöhle nicht ausreichen würden – als ob wir hundertmal zahlreicher wären? Wir haben stumpfe Waffen, uns stehen keine stärkeren Belagerungsmaschinen zur Verfügung. Wir wollen die Barbarei ausrotten, selbst (aber) sind wir (nur) halbe Dichter. Man muß die Kräfte der alten Dichter herbeirufen.

12 Das Orakel von Delphi ist zu befragen, was weiter zu geschehen hat. Das sei unser Tun! Während wir Gesandte schicken, wollen wir die Burg mit einer engen Belagerung umgeben und aufpassen, daß nicht inzwischen vermittelst Betrug und heimlicher List oder offenem Ausbruch den Belagerten durch irgendeinen Verkehr mit der guten Literatur geholfen wird.'

13 Nicht alle billigten den Rat. ‚Was denn? Haben wir etwa nicht beschlossen, dem Feind zu schaden, wie wir nur können? Also laßt uns ihm Nahrung schicken, die, wie wir wissen, ihm schaden wird, wenn er sie zu sich genommen hat. Gips, mit Mehl gemischt, hat oft große Heere niedergestreckt. Laßt uns der Unwissenheit Wissen zu trinken geben, gleichsam als Gift; so werden wir sie mit Kriegslist töten: Ignoranten lehnen nichts mehr ab als (gute) Literatur. Deren Weihrauchduft können sie wie Schwefel und Knoblauch nicht riechen. Durch reichliche Zufuhr ihrer großen

struant) suffocemus. Contraria videmus contrarijs pelli, tenebras per lucem. igitur, quidquid ingenij & artis superat, utiliore dolo, arci ignorantium sinamus inferri: ut pabulo inassueto distenti: rumpantur. Ista in speciem altioris facundiæ argutè dicta fuerant. Sed contrà FRACASTORIUS: bellandi hic locus est, inquit, non philosophandi. scilicet commeatu suppeditato debilitabimus hostium vires; quia contraria contrarijs pelluntur; inscitiâ per artes immissas fractâ. nihil minùs: aliud præliandi genus hoc est. negetur subsidium; ne vel tantillo bonæ spei reficiantur. etiam stupidi amant analecta Musarum, si corradere queant. fomenta quoque qualiacunque, subtrahenda sunt ijs, quos consumptos volumus. His dictis concio mutata est. plerique Fracastorio assentiebantur. & satis constabat, apud obsessos famem regnare. fessos inopiâ scientiarum premi. *Latio clauso*, arctiorem annonam in dies futuram. quippe jam, quod in Samaria factum legimus lib. IV. Reg. c. 6. *caput asini octoginta argenteis æstimabatur*: salpis, *opicis muribus, carduísque* consumptis. Sed & herba, *onochites* dicta, sensim defecerat, restabat aliquid *Lapparum* & *Loliorum*, esurientibus commoriturum. certum etiam erat, laborare penuriâ *aquæ vivæ*, Aganippeæ: ut jam ne mediocria quidem ingenia ponere sitim, nisi in inertis lacunæ fæcibus, possent. *olei parùm: & hoc de rudi & crassa Minerva*.

14 His ita constitutis, delata ad Apollinem res est. ille primò mirari, adducere supercilium: deinde increpare ignaviam Neotericorum: sed & excusare; quippe ab Augustæi seculi potentia longissimè remotam. Demum ad se: advocemus igitur ex Elysia valle veteres Poëtas: ut junctis viribus infamem Barbariæ nidum dejiciant. Herculi, Jovis filio, non fuisse dedecori, Caci specum vastâsse.

Wirkung wollen wir sie (nun gut, sie mögen die Nasen zuhalten) ersticken. Wir sehen, daß Gegensätzliches durch Gegensätzliches vertrieben wird, Dunkel durch Licht. Daher laßt uns erlauben, daß, was an Geist und Kunst vorhanden ist, mit einer nützlicheren List in die Burg der Ignoranten gebracht wird, damit sie, durch die ungewohnte Speise aufgebläht, platzen.' Das war nach Art der höheren Beredsamkeit sinnreich gesagt. Aber Fracastoro sprach dagegen: ‚Krieg zu führen ist hier der Ort', sagte er, ‚nicht zu philosophieren. Freilich werden wir durch Darreichen von Proviant die Kräfte der Feinde schwächen, weil Gegensätzliches durch Gegensätzliches vertrieben wird, nachdem (wenn) die Unwissenheit durch Zufuhr von Künsten gebrochen ist. Nichtsdestoweniger: Eine andere Art zu kämpfen ist die folgende. Unterstützung sei ihnen verwehrt; nicht einmal von der kleinsten guten Hoffnung sollen sie erfrischt werden. Selbst Dumme lieben der Musen Brosamen, wenn sie sie zusammenkratzen können. Auch Linderungsmittel jeglicher Art sind denen, die wir vernichten wollen, zu entziehen.' Nach diesen Worten änderte die Versammlung die Meinung. Die meisten stimmten Fracastoro zu. Und es stand zur Genüge fest, daß bei den Belagerten Hunger herrsche. Die Erschöpften seien durch Mangel an Wissen in Bedrängnis. Wenn Latium verschlossen ist, werde der Vorrat an Lebensmitteln von Tag zu Tag knapper sein. Denn schon wurde, was wir als geschehen in Samaria Könige 4, 6 lesen, ein Eselkopf auf 80 Silbermünzen geschätzt, nachdem minderwertige Fische, banausische Mäuse und Disteln aufgebraucht waren. Aber auch die Pflanze, die Eselkraut heißt, war allmählich ausgegangen, es blieb etwas Kletten und Lolch, das im Begriff war, mit den Hungernden zu sterben. Es stand sogar fest, daß sie Mangel an lebendigem (frischem) Wasser, aus der Aganippe-Quelle, litten, so daß nicht einmal mehr mittelmäßige Geister den Durst außer im Bodensatz einer trägen Pfütze löschen konnten. Es gab zu wenig Öl: Das rührte von der ungehobelten und derben Minerva her.

14 Nachdem das so beschlossen war, wurde die Angelegenheit Apollo überbracht. Der wundert sich zunächst und hebt die Augenbraue in die Höhe: Dann schilt er die mangelnde Tatkraft der Neulateiner. Aber er entschuldigt sie auch, da sie von der Potenz des augusteischen Zeitalters sehr weit entfernt sei. Schließlich sagt er vor sich hin: ‚Laßt uns also aus dem Elysischen Tal die alten Dichter rufen, damit sie mit vereinten Kräften das schändliche Nest der Barbarei niederreißen.' Hercules, dem Sohn des Zeus,

Satis supérque fore; Si recentiores Poëtæ, veris bellatoribus, calonum ritu, subserviant, discántque mandata exsequi. Nec mora: per Bellerophontem Pegaso impositum defertur imperium: exponitur periculum, proponitur præmium. Summa: jubentur consulere in medium, & Orbi ab indoctis Asinis fesso succurrere.

15 Illicò convenerunt *P. Virg. Maro. Q. Horat. Flaccus. P. Ovid. Naso. M. Annæus Lucanus, Annæus Seneca Tragicus. P. Papinius Statius. Silius Italicus. Cl. Claudianus.* ex antiquioribus *Q. Ennius, T. Lucretius Carus. Catullus, Tibullus, Propertius.* Ante hos *Plautus, Terentius.* accitus quoque *M. Val. Martialis.* Ultimi accesserunt, primi futuri *Iun. Iuvenalis,* & *A. Persius,* Satyrographi. Senatu bellico dato, multa consulta: potiora dijudicata sunt; strictim referenda.

Virgilij Poëtarum Principis Encomium.

16 Rebus maturè deliberatis, per majora suffragia, in hanc sententiam pedibus poëticis itum est. Primò: non placuit, VIRGILIUM educi in campum, ad minùs honorificum certamen. Non decere ejus Majestatem, uni nido Bœotiæ expugnando vacare. Ad nova *Pergama,* Urbémque *Latini,* vel *Ardeam* Dauni, meliùs reservari. Tunc enimverò cum suo Ænea & Turno, Pandaro & Bitia, gloriosiùs processurum. *Equum Troianum, honestè opponi asinis non posse.* rectiùs facturum Maronem, si permanens in tabernaculo, Dictatoris curam suscipiat, & ad bellum ituros, ex loginquo dirigat. Assensum est à plerisque: non tamen ab omnibus, quippe retorquentibus argumentum. Inscitiam per scientissimum utique expugnandam esse; adeóque Virgilium quàm maximè adhibendum. intercesserunt cæteri. in quem usum belli argutiæ Criticorum speculatrices. inter arma non tantùm silere subtiles nugas, sed & Leges. Scilicet si Pagus tumultuetur: ad comprimendam vilium rusticorum seditionem, Achilles statim vel Hector citabitur! sufficiet quisque inferioris ordinis tribunus, vel centurio. laudavere responsum omnes.

habe es keine Schande bereitet, Cacus' Höhle verwüstet zu haben. Sie würden mehr als genug sein, wenn die neueren Dichter wahren Kriegern wie Troßknechte dienten und Befehle auszuführen lernten. Unverzüglich wird durch Bellerophon, der sich auf Pegasus geschwungen hatte, der Auftrag überbracht. Das gefährliche Unternehmen wird dargelegt, eine Prämie in Aussicht gestellt. Kurz und gut: Sie erhalten den Befehl, gemeinsam zu beraten und dem durch die unbelehrbaren Esel erschöpften Erdkreis zu Hilfe zu eilen.

15 Sofort kamen zusammen: Publius Virgilius Maro, Quintus Horatius Flaccus, Publius Ovidius Naso, Marcus Annaeus Lucanus, Annaeus Seneca Tragicus, Publius Papinius Statius, Silius Italicus, Claudius Claudianus, von den älteren Quintus Ennius, Titus Lucretius Carus, Catullus, Tibullus, Propertius. Aus der Zeit vor diesen: Plautus, Terentius. Herbeigeholt wurde auch Marcus Valerius Martialis. Als letzte langten die zukünftigen ersten an, Iunius Iuvenalis und Aulus Persius, die Satirendichter. Nachdem der Kriegssenat einberufen war, wurde vieles beraten, Wichtigeres entschieden, was kurz zu berichten ist.

16 Nachdem die Dinge reiflich beratschlagt waren, faßten die Dichter unter größerer Zustimmung folgenden Beschluß: Zunächst: Man lehnte ab, daß Vergil zu einem weniger ehrenvollen Kampf ins Feld geschickt werde. Es zieme nicht dessen Majestät, der Eroberung nur eines Winkels von Böotien zu obliegen. Er werde besser für das neue Troja und Latinus' Stadt oder Daunus' Ardea, aufgespart. Denn dann werde er mit seinem Aeneas und Turnus, Pandarus und Bitias ruhmvoller vorrücken. Das Trojanische Pferd könne den Eseln nicht in ehrenvoller Weise entgegengestellt werden. Richtiger werde Maro handeln, wenn er, im Feldherrnzelt bleibend, das Amt des Diktators übernehme und die in den Kampf Ziehenden aus der Ferne dirigiere. Zustimmung kam von den meisten, doch nicht von allen, da sie das Argument umdrehten: Die Unwissenheit müsse durch den Wissendsten ganz und gar unterworfen und gerade Vergil am meisten eingesetzt werden. Die anderen erhoben Einspruch: Welchem Nutzen für den Krieg dienten die spekulativen Spitzfindigkeiten der Kritiker? Unter den Waffen schweigen nicht nur subtile Lappalien, sondern auch Gesetze. ‚Natürlich, wenn ein Dorf in Aufruhr gerät, wird, um einen Aufstand gemeiner Bauern zu unterdrücken, sofort Achilles oder Hector zitiert werden! Genügen wird jeder Tribun oder Zenturio von geringerem Rang.'

Vergil, des Ersten Dichters, Lobpreis.

STATIUS certè, quamvis æmulatione satis manifestâ præfervidum, ægriùs fortasse laturum metuebant, *Thebaidem* suam eius pedibus statim subjecit, sic librum affatus:

Thebaid. 12.
    nec tu divinam Æneida tenta:
 Sed longè sequere, & vestigia semper adora.

PROPERTIUS præconem agens elatâ voce:
 Cedite Romani scriptores, cedite Graij,
  Nescio, quid majus nascitur Iliade.

Horatij Flacci Laus. **17** Non defuêre, qui etiam HORATIUM FLACCUM ab oneribus molestæ expeditionis exemptum volebant. Cur enim Latini sermonis Venusinam venustatem Cæs. Octaviani ore laudatam, quovis vitro pellucidiorem, ipso Blandusiæ fonte liquidiorem, inquinaret commercio linguæ peregrinæ? ne aspectu quidem fædissimæ sedis, tot inficetijs ac sordibus verborum oppletæ, violandos esse eius oculos. At ipsemet FLACCUS intercessit, privilegio suo ultrò renuncians (hesterno mero, ut credebant, adhuc temulentus.) Quamvis tubæ assuetus non sim, ajebat; conabor tamen animare milites *Horatij Lyrica.* *fistulâ* meâ, quâ delector. huius usum in bellis æquè novimus commendari.

Silij Italici genius & Poëmata. **18** Quærebatur deinde eligendus in *Tympanotribam*. His PLAUTUM, illis TERENTIUM nominantibus; tandem designatus fuit SILIUS ITALICUS. eò quòd solidum Poëtæ nomen ex integro non mereatur; neque magnum aut excelsum quidquam ex ipso, etiam Africana bella canente, sperandum sit; saltem alios Poëtas contra Barbariam militaturos, qualicunque classico excitare posse. STATIUS & CL. CLAUDIANUS indignum rati, *Virum consularem*, trabeâ conspicuum, divitijs gravem, vili tympanotribæ munere defungi. imò, hercle, inquiunt, PLAUTUS vel TERENTIUS pulsent. Comici sunt, ridiculi sunt. non erit eis pudori hoc officium. ludere ipsis solemne est, ante & post siparium. Atqui HORATIUS, quanti nominis vir, in fistulatorem se obtulit: cur SILIUS tympanum recuset? Nempe, reponebant,

Alle lobten diese Antwort. Statius unterwarf ohne Zweifel, obwohl sie fürchteten, er werde sie, in seinem ganz offenbaren Wettstreben erregt, vielleicht ziemlich übelnehmen, seine *Thebais* sofort Vergils Füßen, indem er das Buch so ansprach:

> Nicht fordere die göttliche Aeneis heraus, *Thebais 12.*
> sondern folge ihr von fern und bete stets ihre Spuren an.

Properz übernahm die Heroldrolle und sagte mit erhobener Stimme:

> Weicht, römische Autoren, weicht, griechische,
> etwas Größeres als die Ilias entsteht.

17 Es gab einige, die wollten, daß auch Horatius Flaccus von den Plagen der lästigen Expedition verschont werde. Warum nämlich solle er die venusinische Anmut seiner lateinischen Sprache, die aus Caesar Octavianus' Mund gelobt worden und klarer als jedes Glas, heller als selbst die Blandusische Quelle sei, durch den Verkehr mit der fremden Sprache beflecken? Nicht einmal vom Anblick des abscheulichen Sitzes, der mit Abgeschmacktheiten und Unflat von Ausdrücken angefüllt sei, dürften seine Augen verletzt werden. Aber Flaccus schritt höchstselbst ein und verzichtete freiwillig auf sein Vorrecht (vom gestrigen Wein, wie man glaubte, noch etwas trunken). ‚Obwohl ich nicht an die Tuba gewöhnt bin', sagte er, ‚werde ich doch versuchen, die Soldaten mit meiner Flöte, an der ich Gefallen finde, anzufeuern. Wir wissen, daß sich ihr Gebrauch in Kriegen gleicherweise empfiehlt.' *Horatius Flaccus' Lob.*

Horaz' Oden.

18 Dann wurde jemand gesucht, der zum Handpaukenschläger gewählt werden sollte. Während die einen Plautus, die anderen Terenz nannten, wurde schließlich Silius Italicus designiert – deshalb weil er den Namen eines gediegenen Dichters nicht ungeschmälert verdiene noch etwas Großes oder Überragendes – obwohl er sogar die Afrikanischen Kriege besinge – von ihm zu erhoffen sei; er könne wenigstens die anderen Dichter, die gegen die Barbarei zu kämpfen im Begriff seien, mit seiner wie auch immer gearteten Trompete anspornen. Statius und Cl. Claudian hielten es für unwürdig, daß ein Konsular, der sich durch die Trabea auszeichne und von Reichtum ‚schwer' sei, das niedere Amt eines Paukenschlägers ausübe. ‚Nein, beim Hercules', sagten sie, ‚Plautus oder Terenz sollen die Pauke schlagen. Sie sind Komiker, sie sind Scherzbolde. Ihnen wird dieses Amt nicht zur Schande gereichen. Possen zu treiben sind gerade sie gewohnt, vor und hinter dem Vorhang.' ‚Aber Horaz – ein Mann von so großem Namen! – hat sich als Flötist angeboten: Warum solle Silius die Pauke ableh- *Silius Italicus' Begabung & Gedichte.*

FLACCUM tibijs ludere consuêsse. nempe hoc petere. *volenti non fieri injuriam.* At SILIUM clarissimum Virum, non interrogatum, útque credibile est, invitum, ad ignobilis officij vile munus detrudi. Non potuisse illum quidem assequi Virgilij majestatem: esto. quis verò audeat hoc sibi polliceri? at tentâsse id ipsum, homini cætera pluribus negotijs curulis Magistratûs impedito, licèt majoribus ausis exciderit, cur damno sit aut opprobrio? certè indecorum videri non debere; *Vel Maronis Vmbram, & Simiam, & statuam adorandam esse,* reverentiâ illius, quem sibi imitandum suppliciter, non temerè proposuerat.

Censura de Silio Ital.

19 Quid si, ait Claudianus ad PAPINIUM mussans, hoc officium mandemus VAL. MARTIALI; non extenuaturum gloriam eius; quippe ludicri Poëtæ, vel potius Sannionis, vix ullâ re magis, quàm Rom. antiquitatis notitiâ commendabilis. cibi & gulæ gratiâ cecinisse, *quasi ad januam.* Præsenserit hoc ludibrij meditamentum VALERIUS, (sicut in naso acumen, & in palato gustum mirabilem habuisse constat) an ex delatione intellexerit, nescitur. avertere tamen probrum parans, etsi tacitè propterea iniquum suffragatorem oderat, eundem demereri & placare conabatur; ídque munere. Habebat in delitijs Catellum, *Issam* dictum, miris leporibus & *Hendecasyllabis* gratiosum. illum ipsum dono dare statuit Claudiano, mittendum postea *Serenæ* Stiliconis uxori. Ut ut sit: Qui, suo tempore, cunctos homines *allatraverat,* canis beneficio, à metu contemptûs & servitute plebeiâ liberatus est.

Censura de Val. Mart.

Issa, Epigramma Mart. celebre.

20 Itaque si PLAUTUS huic operi *Militem* suum *gloriosum* accommodare nollet; potiùs ex recentioribus aliquem substituendum censuerunt communibus suffragijs, suggerente PLAUTO, elegere FRISCHLINI *Teutonis Comœdi Prisicanum Vapulentem,* ex infernis sedibus suscitandum. quippe hunc tympana pulsantem *pulsatúm-*

Gloriosus miles, Plauti Comœd.

Priscianus vapulans, Frischlini Comœd.

nen?' Flaccus sei ja doch, erwiderten sie, gewohnt, die Flöte zu spielen. Er fordere es ja doch. Da er es wolle, geschehe ihm kein Unrecht. Aber Silius, der ausgezeichnete Mann, werde ungefragt und, wie zu glauben sei, unwillig zu dem niederen Amt einer gemeinen Obliegenheit gedrängt. Freilich habe er nicht Vergils Größe erreichen können – sei's drum. Wer aber wage es, sich dessen anheischig zu machen? Doch ebendas versucht zu haben, warum gereiche das einem Mann, der im übrigen durch mehrere Ämter des kurulischen Magistrats behindert worden war, möge er auch bei größeren Unternehmungen nicht glücklich gewesen sein, zur Schande oder zum Vorwurf? Wenigstens dürfe das nicht als unrühmlich gelten. Sogar Maros Schatten und Nachahmer und Statue seien zu verehren, aus Achtung vor jenem, den er sich demütig, nicht leichtfertig, zum Vorbild genommen hatte.

Urteil über Silius Ital.

19 ‚Was, wenn', sagte Claudian zu Papinius murmelnd, ‚wir dieses Amt Martial übertrügen, das seinen Ruhm nicht schmälern wird – allerdings den eines tändelnden Dichters oder besser: Hanswursts, der durch kaum etwas mehr zu empfehlen ist als durch die Kenntnis der römischen Antike?' Um des Essens und der Gurgel willen habe er gesungen, gewissermaßen ‚an der Tür'. Ob Valerius dieses Erwägen einer Verspottung ahnte (wie denn feststeht, daß er in der Nase Scharfsinn und im Gaumen bewundernswerten Geschmacksinn hatte) oder durch Denunziation erfuhr, weiß man nicht. Er schickte sich an, den Schimpf abzuwenden, und versuchte, wenn er auch heimlich den gehässigen Fürsprecher deshalb nicht riechen konnte, ihn sich zugleich zu verpflichten und zu besänftigen, und zwar durch ein Geschenk. Er hatte unter seinen Spielereien ein Hündchen, *Issa* genannt, anmutig aufgrund wunderbarer Liebenswürdigkeiten und Elfsilbler. Eben dieses Claudian zu schenken beschloß er, damit es später Stilichos Gattin Serena geschickt (geschenkt) werde. Wie dem auch sei: Er, der zu seiner Zeit alle Menschen angebellt hatte, wurde durch die Wohltat eines Hundes von der Furcht vor Verachtung und einem niederen Dienst befreit.

Urteil über Val. Mart.

Issa, Martials berühmtes Epigramm.

20 Daher entschieden sie unter allgemeiner Zustimmung, wenn Plautus seinen Miles gloriosus für diese Aufgabe nicht hergeben wolle, daß dann lieber einer von den Neueren zu substituieren sei, wobei Plautus anriet, den Priscianus Vapulans des deutschen Komödiendichters Frischlin auszuwählen, der von den unterirdischen Sitzen hochzuholen sei. Ganz begreiflich werde dieser als

Plautus' Komödie Miles gloriosus.

Frischlins Komödie Priscianus vapulans.

que, questu, gemitu, ululatu tam sonorum chaos editurum, ut barbari hostes vel eminus terreantur, animúmque despondeant. Accitus Priscianus, sistente Eobano Hesso, quamquam *toto corpore saucius* (scias, belli faciem, & stipendia vulnerum pati posse) extentam instar tympani pellem, suam atque alienam, vix quatere cœptabat:

Horatius inter Satyricos medius.

21 cùm indignatus Horatius, fistulâ Lyrâque abjectâ, secessit ad partes Satyricorum, mussans: Num Augustæi seculi Poëta, *Romanæ fidicen Lyræ*, adhæreat *cicatricoso Grammatico* Cæsariensi? Non Dij, non Deæ Lebethrides siverint. effusè risum. gaudebántque Satyrographi, tam nobili bellatore suas cohortes fulciri.

22 Iuvenalis tamen primas tenere perseveraverat, contumaci ad sociorum monita vultu. Qua enim re præstabilior Flaccus? vibrantibus sententijs? an aculeatis verbis? an florentibus tropis, & salsis argutijs, aut vehementiâ insectandi flagitiorum vicatim errantium dedecora? provoco ad duellum, si placet. sanguine dirimatur lis. simúlque eduxerat ancipitem machæram.

Grande Sophocleo carmen bacchatus hiatu.

23 Mirum! Eobanus Hessus, quia torosus gladiator, statim se Juvenalis lateri applicuerat, ostentandæ artis suæ occasionem quæsiturus. sed interposuit auctoritatem Dictatoriam Virgilius: remitterent hos spiritus communi bono: (nam Horatium aliquis horror perstrinxerat.) servarent hanc ferociam in veros hostes: Composito utcunque tumultu, Lucanus, qui *equo Thessalico* vehebatur, admonitus dare classicum tubâ, qualem inflari audivisset in Pharsalia; quando spectabat

Lib. 1.

infestis obvia signis
Signa, pares aquilas, & peila minantia peilis.

Accipio, inquit, lubens hanc conditionem, quaquà possum, nociturus hosti, ære & ferro, voce ac manu. Sic fatus plenâ animâ increpuit buccinam.

Trommelschläger und Geschlagener mit Klagen, Stöhnen und Geheul ein so tönendes Chaos von sich geben, daß die barbarischen Feinde sogar von weitem in Schrecken geraten und ihren Mut verlieren würden. Priscianus – Eobanus Hessus stützte ihn – wurde herbeigeholt und begann kaum, obwohl am ganzen Körper verwundet (man muß wissen, daß er das Antlitz des Krieges und den Zoll der Wunden erdulden konnte), seine und anderer gespannte Haut wie ein Trommelfell zu schlagen –

21 als Horaz beleidigt Flöte und Leier fortwarf und sich zu der Partei der Satiriker zurückzog, brummend: ‚Soll etwa d e r Dichter des Augusteischen Zeitalters, ‚d e r Spieler der römischen Leier', ein Anhängsel des narbenreichen Grammatikers aus Caesarea sein? Nicht die Götter, nicht die Musen mögen das zulassen!' Es wurde ausgelassen gelacht, und die Satirenschreiber freuten sich, daß durch einen so vornehmen Krieger ihre Kampftruppen unterstützt wurden. *Horaz mitten unter den Satirikern.*

22 Juvenal hatte sich dennoch bemüht, die Führung zu erhalten – mit trotziger Miene gegenüber den Ratschlägen der Kollegen. ‚Denn wodurch wäre Flaccus vortrefflicher? Durch funkelnde Sentenzen? Oder stachlige Worte? Oder üppige Bilder und beißende Schärfen oder Heftigkeit, Schändlichkeiten gassenweise umherschweifender Verbrechen zu verfolgen? Ich fordere ihn zum Duell, wenn es recht ist. Mit Blut sei der Streit entschieden!' Und zugleich zog er ein zweischneidiges Schlachtmesser hervor.

Er tönte ein großes Gedicht mit Sophokles' großem Mund.

23 Seltsam! Eobanus Hessus hatte, weil er ein muskulöser Gladiator war, sich sofort an Juvenals Seite gestellt, um eine Gelegenheit zu suchen, seine Kunstfertigkeit zu zeigen. Aber Vergil ließ die Autorität des Diktators obwalten: Sie sollten diesen Trotz im Interesse des gemeinen Wohls bezähmen. (Denn Horaz hatte ein schöner Schrecken durchlaufen.) Sie sollten diese Wildheit gegen die wahren Feinde aufsparen. Nachdem der Aufruhr wie auch nur immer beigelegt war, sagte Lukan, der auf einem thessalischen Pferd ritt, aufgefordert, das Signal mit der Tuba zu geben, die er in der Gegend von Pharsalus blasen gehört hatte, als er sah

(*römische*) *Feldzeichen gegen* (*römische*) *Feldzeichen gewendet, gleiche Fahnen und Lanzen Lanzen drohend.* *B. 1.*

‚Ich nehme diese Bedingung gern an, um dem Feind, wie ich es kann, mit Erz und Eisen, mit Stimme und Hand zu schaden.' So sprechend blies er mit vollem Atem das Horn.

Lucanus in Pharsal.

Tunc stridulus aër
Elisus lituis, conceptáque classica cornu.
Hoc ideò tam promptè, quia, ut postea animadversum fuit, speraverat totius exercitûs deducendi Antesignanus constitui. Cùm enim Thessalia inter Bœotiam & Macedoniam jaceat, utique neminem semitas Regionis istius meliùs callere, quàm qui tractus illos decem annis (*totidem* scilicet *Libris*) peragraverit: eâdem fortunâ habiturus pulcherrimam occasionem, jactandi *Pharsaliam suam*, quam digito monstrare volebat, invidendis vel æmulo *Neroni* carminibus inclytam: quum caneret

Initium Lib. 1.
Pharsal.

Bella per Æmathios plùs quàm civilia campos,
Iúsque datum sceleri, &c.

Iudicium de Statio & Lucano ex Iul. Scal.

24 Veruntamen inani spe delusus, ludibrio se obnoxium præbuit. Quippe Maro paullò pòst hanc Provinciam *Papinio Statio* demandaverat. & fatebantur omnes, post MARONEM, nullum certiùs grandiúsque Heroico passu incedere. LUCANUM sæpe propiorem videri Historico, quàm Poëtæ. *Mythologum* hæc tempora poscere. non enim *Mutinam*, aut *Ilerdam*, offerri occupandum, sed *fabulosum delitescentis Ignaviæ castrum*. LUCANUM præntereà ducturum exercitus per stratos Romanis cadaveribus campos, & civili sanguine undantes, medio æstu, continuis iteneribus, insalubri aëre, ut multa imprudenter alia taceantur jam commissa. STATIUM scire viam, per amœnissimas *silvas*: quarum stirpes Hippocrene rigatas, ipsemet propriâ manu plantâsset: extemporali calore, celeriter in pulcherrimorum nemorum speciem erigente.

Statij V. libri
Silvarum.

Quatuor magnorum
Poëtarum genius.

25 Post ea quæsitum, simul deportatus miles fuerit, quo tempore castro assultandum. contulere sententias. PERSIUS existimabat, Bœotos esse opprimendos *concubiâ nocte*. contrà CLAUDIANUS, *de medio die.* hoc Victoribus ad famam fore celebrius: & bubones stricturas lucis ferre non posse.

26 STATIUS suadebat *crepusculum vespertinum*, OVIDIUS *matutinum.* Intellexit VIRGILIUS ex Quatuorviris quemque genio suo conveniens tempus elegisse, & sibi sapere. Cur enim Auroram

Da wurde schwirrende Luft aus den   *Lukan in der Pharsal.*
Zinken gepreßt und Signale mit dem Horn gegeben.
Das tat er deshalb so bereitwillig, weil er, wie später bemerkt wurde, gehofft hatte, als Vorkämpfer für die Führung des ganzen Heeres aufgestellt zu werden. Da nämlich Thessalien zwischen Böotien und Makedonien liegt, kenne schlechterdings niemand die Wege jener Region besser als der, der jene Landstriche in zehn Jahren (d. h. in ebensovielen Büchern) durchstreift habe – um mit demselben glücklichen Los die schönste Gelegenheit zu erhalten, sich mit seiner Pharsalia zu brüsten, auf die er mit dem Finger zeigen wollte, welche durch ihre Gesänge, die sogar der Nebenbuhler Nero beneiden mußte, berühmt war, als er sang
Kriege, mehr als Bürgerkriege, auf thessalischen Feldern,   *Anfang von B. 1 der*
und das Recht, das dem Verbrechen verliehen wurde, usw.   *Pharsal.*

24 Aber von leerer Hoffnung getäuscht, machte er sich des Gespötts schuldig. Denn Maro hatte ja wenig später dieses Amt Papinius Statius übertragen. Und alle gestanden, daß nach Maro keiner sicherer und erhabener im heroischen Schritt einhergehe. *Urteil über Statius & Lukan aus Iul. Scal.* Lukan erscheine oft einem Historiker näher als einem Dichter. Einen Mythenerzähler heischten diese Zeiten. Denn nicht stehe die Belagerung Mutinas oder Ilerdas, sondern die der fabulösen Festung der sich verkriechenden Feigheit an. Außerdem werde Lukan die Heere über die von toten Römern bedeckten und von Bürgerblut wogenden Felder führen, mitten in der Sommerhitze, in ununterbrochenen Märschen, in verpesteter Luft, um von vielem anderen bisher unklug begangenem zu schweigen. Statius kenne den Weg durch lieblichste Wälder, deren von der Hippokrene bewässerte Wurzeln er selbst mit eigener Hand gepflanzt hatte, wobei *Statius' 5 Bücher Silvae.* plötzlich aufwallende Hitze sie schnell wie schönste Haine aufrichtete.

25 Danach wurde untersucht, wann die Festung, sobald der *Vier großer Dichter* Soldat herangeführt sei, anzugreifen sei. Man tauschte Meinungen *Begabung.* aus. Persius hielt dafür, die Böoter seien zur Zeit des ersten Schlafs zu überfallen. Dagegen Claudian: mitten am Tag. Das werde den Siegern in feierlicherer Weise zum Ruhm gereichen: Und die Uhus könnten die Zusammepressungen des Augenlichts nicht ertragen.

26 Statius riet zur abendlichen Dämmerung, Ovid zur morgendlichen. Vergil merkte, daß jeder des Vierergremiums einen seiner Gesinnung entsprechenden Zeitpunkt gewählt und im Blick auf die eigene Person Einsicht habe. ,Denn warum nennt Ovid

OVIDIUS? nisi quia sopore vix deterso, statim promptus est ad facitandos versus. Vel summo manè paratum invenies, fatali felicitate. quomodo orto sole, aves, simul atque evigilaverint, momento temporis vestiuntur, lavantur, pectuntur, comuntur, canunt. At STATII operosior Poësis, non sine mora & pompa, in caliginem aliquam declinat, sacrum horrorem spirans, præsertim, cùm

In Theb.
Arma fluunt, longísque crepat singultibus aurum.

Statius iterum laudatus.
Cæterùm, ut crepuscula vespertina non omnino injucunda sunt, ita, licet aliquid obscuritatis invehat Thebais, ingrata rudibus; tamen *bis senos multùm vigilata per annos*, eruditas aures mulcet. Macte Vatum doctissime. *Parthenope*, quæ tibi Patria est, mea Nutrix fuit. Macte, inquam, & sub vesperum, si potes, invade stolidos hostes

Statius Neapolitanus.
Iudicium de Persio.
ac debella. Mirum! *si asini, ferre hinnitum equi Neapolitani queant.* Iam verò Persianas noctes, ad victoriam vel claritatem nominis consequendam, nemini suaserim. exhalant Satyræ hujus Viri graves nebulas. omnia crassis vaporibus fumant, non tantummodò inimicum Lectorem, sed & amicum terrentia.

Claudiani Encomium.
27 His è diametro contraria opponuntur scripta, CL. CLAUDIANI. quibus nihil esse illustrius pronuncio. etiam noctem in diem vertit. etiam, cùm *Inferni Raptoris equos*, Orphnæum & Alastora, ex imis

Claud. in Eutropium.
terræ cavernis profert, radiatis versibus fulget. In *Spadone vexato* quàm severè splendidus, quantâ acrimoniâ festivus! (vultúmque ad Jun. Juvenalem converterat, velut invidiam moturus) In *creatis Consulibus laudandis* quàm copiosus ac nitens! porrò quoties *Hymenæum* cecinit, aut calathos delicijs Heliconij Veris exoneravit:

Claud. in Stilicone.
Tunc & Solis equos, tunc exsultâsse choreis
Astra, ferunt: mellísque lacus, & flumina lactis
Erupisse Solo. tunc & Callæcia risit
Floribus, & roseis formosus Duria ripis.

Obstupuerunt omnes ad hoc VERGILII præconium. quòd STATIUM laudâsset; meritum fuisse submissione: qualis in Claudiano non reperitur. At quantum hoc! Regem Poëtarum, aureæ ætatis primarium

die Morgenröte? Doch nur, weil er, wenn er den Schlaf kaum abgewischt hat, sofort entschlossen ist, Verse zu produzieren. Sogar frühmorgens wirst du ihn in seiner fatalen Fruchtbarkeit bereit finden – so wie sich die Vögel bei Sonnenaufgang sofort nach dem Erwachen im Augenblick ankleiden, waschen, kämmen, schmükken und singen. Statius' ausgefeiltere Dichtung dagegen, die nicht ohne langsames Voranschreiten und Pomp ist, neigt zu einem gewissen Dunkel und atmet heiligen Schauder, besonders wenn

die Waffen fließen und von langen Seufzern das Gold klirrt. *In der Theb.*

Aber wie die abendliche Dämmerung nicht ganz unerfreulich ist, so ergötzt – mag sie auch einige Dunkelheit mit sich führen – die bei Ungebildeten unbeliebte *Thebais*, ‚die durch zwölf Jahre hindurch in vieldurchwachten Nächten geschaffen worden ist', doch die gebildeten Ohren. Wohl dir, der Dichter Gelehrtester! Neapel, das dein Vaterland ist, war meine Amme. Wohl dir, sage ich, und zieh am Abend, wenn du es vermagst, gegen die törichten Feinde und besiege sie. Es wäre ein Wunder, wenn die Esel das Wiehern des neapolitanischen Pferds aushielten! Gewiß aber Persius' Nächte möchte ich niemandem empfehlen, um den Sieg oder auch Ruhm des Namens zu erringen. Die Satiren dieses Mannes atmen dichten Nebel aus. Alles dampft von drückendem Dunst, was nicht nur den ungünstigen, sondern auch den freundlich gesinnten Leser schreckt.

Statius wiederum gelobt.

Statius Neapolitaner.
Urteil über Persius.

27 Diesen Schriften stehen diametral entgegengesetzt die Claudians gegenüber. Ich verkünde, daß nichts lichtvoller ist als diese. Sogar die Nacht wendet er zum Tag. Sogar wenn er die Pferde des Unterirdischen Räubers, Orphnaeus und Alastor, aus den innersten Höhlen der Erde heraufholt, leuchtet er mit strahlenden Versen. Im Verspotteten Eunuch – wie ernsthaft glänzt er, bei wie großer Pointiertheit ist er heiter!' (Und er hatte das Gesicht zu Iunius Iuvenalis gewandt, wie um seine Eifersucht anzustacheln.) ‚In der Wahl der lobreichen Konsuln – von welcher Fülle und leuchtend ist er! Ferner – wie oft hat er ein Hochzeitslied gesungen oder Körbe von Köstlichkeiten des frühlingshaften Helikon entleert!

Lobpreis Claudians.

Claud. In Eutropium.

Dann sollen auch der Sonne Rosse, dann Sterne im Reigen getanzt haben und Teiche von Honig und Flüsse von Milch aus dem Boden hervorgebrochen sein. Dann auch lachte Galizien mit Blumen und der schöne Duria mit Ufern voller Rosen.'

Claud. im Stilicho.

Alle waren starr bei dieser Verkündigung Vergils. Daß er Statius gelobt hatte, habe dieser sich durch Unterordnung erworben, wie sie bei Claudian nicht gefunden wird. Aber ein wie starkes Stück sei

sidus, sic extollere quadringentis pòst annis natum, Florentiæ an Canopi dubitabilem vernam? cùm jam *argenteum* quoque *seculum* in æs, si non in *ferrum* degenerâsset. Sed cur à floribus & forma, & nitore, & tantùm non apertiùs à calamistro & Stibio commendavit? Sagaciores aliqui, Maronis facetiam, lepôrem, jocum; quidam & *contemptum* interpretabantur. Ipse certè Claudianus in ancipiti stetit, famam suspectans. Nam nimia laus, proxima vituperio est. ergo ut eliceret veram mentem; ipse quoque laudatori suo alienos versus, ex Æneide reposuit.

Ex Virg. l. 1. Æneid.

    Haud equidem tali me dignor honore.
 O quem te memorem, Vates. *namque haud tibi vultus*
 Mortalis: nec vox hominem sonat. icta Deo mens
 Totum numen habet. Quæ te tam læta tulerunt
 Secula? qui tanti talem genuere parentes?
 In freta dum fluvij currunt, dum montibus umbræ
 Lustrabunt convexa: Polus dum sidera pascet:
 Semper honos, noménque tuum, laudésque manebunt.

Hæc dicens posuit genu, Dictatorem veneratus. ille procumbentem mox allevavit, professus vera & seriò dixisse; omninóque velle, ut Papinium, quem secundum à se agnoscat, semper *exterior* comitaretur. conscenderent uterque *equos*, quos tantis plausibus celebrâssent. *ex ungula Pegasi fluxisse carmina,* quæ in caballorum phaleras & frena sumptuosè sparsissent. Quibus signis abstergenda erat suspicio, geminata est, & crevit in mente Claudiani: omninò Virgilium pergere manifestiùs jocari, & quodammodò mimum agere. laudat equos meos, quorum cursum, iubásque & ornamenta descripsi! Ac si *equilia Mantuana* lib. 3. Georg. statuta non intrassem! ubi

 Continuò pecoris generosi pullus in armis
 Altiùs ingreditur, & mollia crura reponit.
 Circumstant properi Aurigæ, manibúsque lacessunt
 Pectora plausa cavis, & colla comantia pectunt.

Hæc tacitè secum. dissimulavit tamen etiam hac vice, & pressit vocem.

das! Daß der König der Dichter, das erste Gestirn des Goldenen Zeitalters, den vierhundert Jahre später geborenen Sklaven dermaßen preise, bei dem es zweifelhaft sei, ob er in Florenz oder Canopus geboren wurde? Als schon das Silberne Zeitalter zum Erz, wenn nicht Eisen degeneriert war. Aber warum empfahl er ihn aufgrund von Blüten, Schönheit und Glanz und beinahe offener von Schnörkel und Schminke? Einige Klügere legten das als Maros Laune, Scherz und Witz aus, manche auch als Geringschätzung. Claudian gewiß war sich selbst im unklaren und vermutete üble Nachrede. Denn zu großes Lob ist dem Tadel am nächsten. Damit er also Vergils wahre Meinung herauslocke, setzte er auch selbst seinem Lobredner ‚fremde' Verse vor, aus der Aeneis:

> ‚*Nicht halte ich mich solcher Ehre für würdig.*   Aus Verg. Aen. 1.
> *Wie nenn ich dich, Seher? Denn du hast kein sterbliches*
> *Antlitz, deine Stimme ist nicht eines Menschen. Mein Geist ist*
> *gottgetroffen und ganz gotterfüllt. Welche glückliche Zeit*
> *gebar dich? Welche bedeutenden Eltern zeugten dich großen?*
> *Solange Flüsse ins Meer fließen, solange auf Bergen Schatten*
> *Abhänge durchwandern, solange der Himmel Gestirne weidet:*
> *Immer werden deine Ehre, dein Name und dein Ruhm bleiben.*'

Bei diesen Worten beugte er das Knie und erwies dem Diktator Reverenz. Der hob den Knienden alsbald auf, öffentlich verkündend, daß er wahr und ernsthaft gesprochen habe. Und er wolle auf jeden Fall, daß er Statius, den er als zweiten nach sich anerkenne, immer zur Linken begleite. Beide sollten sie Pferde besteigen, die sie unter so großem Beifall gerühmt hätten. Aus Pegasus' Huf seien die Gedichte geströmt, die sie auf Brustschmuck und Zügel der Pferde verschwenderisch ausgestreut hätten. Durch diese ‚Beweise', durch die er zerstreut werden sollte, wurde der Verdacht verdoppelt und wuchs in Claudians Innerem: Auf jeden Fall fahre Vergil fort, offen zu scherzen und gewissermaßen ein Possenspiel aufzuführen: ‚Er lobt meine Pferde, deren Lauf, Mähnen und Schmuck ich beschrieben habe! Als ob ich die Mantuaner Pferdeställe, die im dritten Buch der Georgica errichtet sind, nicht betreten hätte! Wo

> *sogleich das Fohlen aus edler Herde mit dem Bug*
> *stolzer einhergeht und die Beine geschmeidig aufsetzt.*
> *Rings stehen rührige Lenker und tätscheln mit hohler Hand*
> *die Brust der Pferde und kämmen die Mähnen an den Hälsen.*'

Das sprach er leise mit sich. Doch ließ er sich auch bei dieser ‚Erwiderung' nichts anmerken und unterdrückte seine Stimme.

28 Tum Virgilius: Quod dixi, repeto. Statii individuus comes esto. *alterum ab altero temperandum censeo.* ille tibi majestatem addet: tu vicissim ipsius caligantibus Thebis serenam lucem affundes. In hac verò expeditione contra Barbaros, volumus, jubemus, ut *agmen agas equitum & florenteis ære catervas.* Nam famâ accepimus, ibi ad lævam arcis impiæ, tesqua spinis, vepribúsque & senticetis obsita squallere. Spes est, lilijs & rosis tuis locum repurgari posse. tanto Floræ Florentinæ apparatu omnia facilè sternentur.

Virg.
Claud. Poëta floridus.
Claud. Florentinus putatur fuisse.

29 At non Lucanus hæc lætâ fronte & æquo animo: se neglectum vel præteritum reputans. Quid enim? Num defertur mihi magistratus? num æqualis istis habeor? Scilicet *tubicinem* me fecerunt, qui Iulium Cæsarem & Pompejum M. in campis Æmathijs statui. At, hercule, *si solas vel sententias meas expenderent,* quas pleno ore despumavi, mererer Statio & Claudiano anteferri. Quis altiùs cecinit? quis destinata clariùs expressit? fulgurant ante oculos Pharsaliæ meæ monumenta, &, ut spero, perennabunt. Tandem, hortante Annæo Seneca Populari suo, accessit propiùs Virgilium, suam quoque tesseram poscens. responsum est, Lucano licentiam dari agundi, quidquid luberet. extra intráque Pharsaliam posse rapi, usque *ad ultimas Africæ arenas,* Pharsalicas nihilominus dicendas, pergeret *furere.* adesse tempus probandi vires. favorem fortunámve hominum, nihil ad rem facere. dexterâ & calamo quærendum decus in bello. tamen ipsum jam olim cecinisse:

Lucanus facundè sententiosus.

medio posuit Deus omnia campo.

Lucanus in Phars.

Denique, tubam & hastam habes, Lucane: utrinque vales. *modò casside fortiùs munias caput,* insuperabilis eris. Quis crederet? placatus hac felicitate loquendi, tetras cogitationes sopivit, imò contentus, & jam securus sui, ocyùs latissimè intonuit, ut plerique

Creditus alicubi defectu judicij laborasse.

28 Darauf Vergil: ‚Was ich sagte, wiederhole ich. Sei Statius' unzertrennlicher Begleiter! Ich halte dafür, daß einer von dem anderen zu lenken sei. Der wird dir Hoheit verleihen, du wirst deinerseits seinem nebligen Theben heiteres Licht hinzugießen. Bei dieser Expedition gegen die Barbaren wollen, (ja) befehlen wir in der Tat, daß ‚du den Reiterzug und die von Erz blühenden Scharen führst'. Denn durch Kunde haben wir erfahren, daß dort zur Linken der abscheulichen Burg Steppen öde daliegen, die von Stacheln, Dornbüschen und Sträuchern übersät sind. Es besteht Hoffnung, daß der Ort durch deine Lilien und Rosen wieder gereinigt werden kann. Mit so großer Zubereitung an Florentiner Flora wird alles leicht überzogen werden.'

Verg.

Claud., ein blumiger Dichter. Claud. soll Florentiner gewesen sein.

29 Aber Lukan nahm das nicht mit froher Stirn und Gleichmut auf, überdenkend, daß er nicht beachtet oder gar übergangen worden sei. ‚Was denn? Wird das Amt doch nicht mir übertragen? Gelte ich denen da doch nicht gleich? Sie haben mich freilich zum Tubabläser gemacht, der ich Iulius Caesar und Pompeius Magnus auf den emathischen Feldern (zum Kampf) aufgestellt habe. Aber, beim Hercules, wenn sie zum Beispiel nur meine Sätze wögen, die ich aus vollem Mund schäumend ausgegossen habe, verdiente ich, Statius und Claudian vorgezogen zu werden. Wer hat in höherem Stil gesungen? Wer hat seine Absichten klarer ausgedrückt? Es leuchtet vor den Augen das Denkmal meiner Pharsalia, und es wird, wie ich hoffe, bestehenbleiben.' Endlich trat er auf Ermahnung seines Landsmanns Seneca näher zu Vergil und forderte auch seine Losung. Es ergeht die Antwort: Lukan werde die Freiheit gegeben zu tun, was ihm beliebe. Außerhalb und innerhalb der Pharsalia könne er sich hinreißen lassen, er fahre fort, bis zu den äußersten Stränden Afrikas (die trotzdem ‚Pharsalische' zu nennen seien) zu rasen. Die Zeit sei gekommen, die Kräfte zu erproben. Gunst oder Glück der Menschen trügen nichts zum Erfolg bei. Mit der Rechten und mit dem Schreibrohr müsse im Krieg Ehre gesucht werden. Er habe doch auch selbst schon früher gesungen:

Lukan beredt voller geschliffener Sätze.

Mitten auf dem Feld hat der Gott alles bereitgestellt.

Lukan in Pharsal.

‚Schließlich hast du Tuba und Lanze, Lukan: Auf beide Gebiete verstehst du dich. Wenn du nur mit dem Helm ganz tapfer dein Haupt schützt, wirst du unüberwindlich sein.' Wer hätte das glauben können? Durch Vergils glückliche Art zu reden besänftigt, beruhigte er seine finsteren Gedanken, ja zufrieden und schon selbstsicher donnerte er ganz schnell weithin, daß die meisten

Man glaubte, er habe stellenweise an Aussetzen des Urteils gelitten.

putarent signum esse datum ad prælium. indulserat lætitiæ suæ, acerbitate animi, quam conceperat, expulsâ. adeò repentini & mutabiles sunt impetus Poëtarum. Rara ingeniorum moderatio, intra spei iræque terminos.

Statij stylus tumens & rapidus.

30 Digerebantur jam in turmas milites laureati: & PAPINIUS recensebat. Cui tacitè invidens CLAUDIANUS, quòd homini utcunque furioso, certè humanæ mentis alveum *sideratis versibus* egresso, summa rei delata esset; urgens volebat communicari habenas. *alternis*, ajebat, *imperandum*. Majores non frustra sanxisse legem, quâ æquarentur sagatorum Consulum vices.

Claud. in Eutrop.

exquirite retrò
Prælia, continui lectis Annalibus ævi:
Prisca recensitis evolvite secula Fastis.

At LUCANUS, qui & ipse dolebat CLAUDIANUM sibi prælatum esse, talia exigentem, stimulante invidiâ, refutavit. Reipublicæ salutem in alterno Magistratu sitam non esse; & sæpe periculosiùs stare; mox ruere.

Lucan. lib. 1. Phars.

Nulla fides Regni socijs, omnísque potestas
Impatiens consortis erit.

Unum & perpetuum Ducem rerum gerendarum summum, omnia secula prudentiùs recepisse. Gaudio fremebat STATIUS: & dextrâ manu plaudens humeros fautoris sui, jam dignus es, animose vir, inquit: cujus Natalem Diem geniali carmine celebraverim.

Stat. in Silvis l. 2. c. 7.

Lucani proprium Diem frequentet
Quisquis collibus Isthmiæ Diones,
Docto pectora concitatus œstro,
Pendentis bibit ungulæ liquorem.

Mox ad CLAUDIANUM; per me sanè licet: imperemus alternis, si MARONI placet. at scias:

In Thebaide l. 1.

Fraternas acies, alternáque Regna profanis
Decertare odijs.

MARO lætatus ingenio; sua ex tempore, ad usum citantis, litem decidit, STATIOque summum Magistratum in hac expeditione confirmavit.

glaubten, das Zeichen zur Schlacht sei gegeben. Er hatte seiner Freude freien Lauf gelassen, nachdem die Bitterkeit des Denkens, die er gefaßt hatte, vertrieben war. So plötzlich und veränderlich sind die Aufwallungen der Dichter. Selten ist die Beherrschung der Charaktere in den Grenzen von Hoffnung und Zorn.

30 Schon wurden die mit Lorbeer bekränzten Soldaten eingeteilt, und Papinius musterte sie. Da Claudian ihm schweigend neidete, daß einem wie auch immer rasenden Menschen, der sicherlich den gleichmäßigen Fluß des menschlichen Geistes mit hirnwütigen Versen verlassen habe, der Oberbefehl übertragen worden war, wollte er mit Nachdruck, daß die Zügel geteilt werden; ‚abwechselnd', sagte er, ‚ist zu befehlen. Die Vorfahren haben nicht umsonst das Gesetz erlassen, durch das die Abwechslung der kriegführenden Konsuln gleichmäßig festgesetzt wurde.   *Statius' schwülstiger & reißender Stil.*

Erforscht der Vergangenheit Schlachten   Claud. in Eutrop.
durch die Lektüre der Annalen der fortlaufenden Zeit:
Entrollt durch das Studium der Fasten die alten Jahrhunderte.'
Aber Lukan, der auch seinerseits Schmerz empfand, daß Claudian ihm vorgezogen wurde, wies den solches Fordernden unter dem Stachel des Neids zurück. Das Wohl des Staats liege nicht in der Abwechslung der Amtsgewalt; und oft sei es gefährlicher, stillzuhalten und bald darauf loszustürmen.

Es gibt keine Treue bei Mitherrschern, und keine Macht   Lukan Phars. 1.
wird einen Teilhaber dulden.
Daß einer und auf Dauer der höchste Staatsführer sei, hätten alle Zeitalter sehr verständig gutgeheißen. Vor Freude schnaubte Statius und, mit der rechten Hand auf die Schultern seines Gönners klopfend, sagte er: ‚Du bist wirklich würdig, kühner Mann, daß ich deinen Geburtstag mit einem festlichen Gedicht gefeiert habe.

Zu dem Tag, der Lukan gehört, ströme,   Stat. Silv. 2, 7.
wer auf den Hügeln der Isthmischen Dione,
im Innern von gelehrtem Rasen erregt,
Das Wasser des schwebenden Hufes trinkt.'
Bald darauf sprach er zu Claudian: ‚Von mir aus sehr gern: Laß uns abwechselnd befehlen, wenn es Maro gefällig ist. Aber wisse, daß
brüderliche Schlachtreihen und abwechselnde Königsgewalt   Theb. 1.
in gemeinem Haß kämpfen.'
Maro, der sich über die Geistesgegenwart des eigene Verse rechtzeitig zu seinem Nutzen Zitierenden freute, brachte den Streit zu Ende und bestätigte Statius die höchste Amtsgewalt bei dieser Expedition.

31 Paulò antè Ovidio clàm negotium datum erat, explorandi in Bœotia situm loci, viarum flexus, robur hostium. Dictum factum. *Sulmonensis Vertumnus*, subitâ metamorphosi in Centaurum transformatus, pedestris eques, postquàm omnia lustraverat, redijt incredibili celeritate: & retulit, pacatum nihil audiri; diversas infestásque voces, ex Castro Barbarorum, velut ex Circæo stabulo resonare. ab una parte ingentem lacum extendi. ab altera fossas veterno & mephiti sordere. aditus esse difficiles: & alia plura. Interrogatus, num volâsset, respondit:

Ovid. Metamorph.

Sponte sua carmen numeros veniebat ad aptos.
Nam quidquid conor dicere, versus erit.

Ovid. in Eleg.

Hæc dicens, positâ Centauri larvâ in verum Nasonem redijt. mox in *mannulum Tomitanum* insiliens, Getarum more pharetratus, aliquot saltus fecit tam mirabiles, ut agilis Schœnobates vix imitari posse crederetur. Sed anxietatem Poëtis majoribus moverat Ovidiana Relatio, de lacu & fossis.

De Ponto.

32 Martialis adhuc maligno animo adversus *Claudianum*, in quem vindictam coquebat, scurriliter jocatus, putabat solis ejus *Fascibus* fossas impleri posse: tantum Fascium cumulum in sua carmina, præsertim *Consulares Panegyricos* congessisse. & cœperat numerosiùs exponere, plaudente Lucano. ecce strues fascium, inquiebat,

Candida pollutos comitatur Curia Fasces.
Fascésque *salignis postibus affixos.*
Serus temeratis Fascibus *ultor advenio.*

Claud. In Eutrop.

Trepidos submittit Fascibus *Indos.*
Tertia Romulei sumant exordia Fasces.

In Gildonem.

Exsultant reduces Augusto Consule Fasces.
Crinitúsque tuo sudabit Fasce *Suëvus.*

De Cons. Hon.

Nec Fascibus *ullis erigitur.*
Per Fasces *numerantur Avi.*

Ad Theod. Manl.
Ad Probin. & Olybr.

Atque uno bijuges tolli de limine Fasces.
Libertas Consule Bruto reddita per Fasces.

De Stilicone.

Hic Fascibus *expulit ipsis servitium.*

31 Kurz vorher war Ovid heimlich die Aufgabe gestellt worden, in Böotien die Lage des Orts, die Verläufe der Wege und die Stärke der Feinde zu erkunden. Gesagt, getan. Der Verwandlungskünstler aus Sulmo, durch eine plötzliche Metamorphose in einen Kentaurn verwandelt, der Ritter, der zu Fuß geht, kam, nachdem er alles besichtigt hatte, mit unglaublicher Schnelligkeit zurück und berichtete, es werde nichts Friedliches gehört; unterschiedliche feindliche Stimmen ertönten aus der Festung der Barbaren wie aus Kirkes Stall. Auf einer Seite erstrecke sich ein sehr großer See, auf der anderen widerten Gräben durch Schmutz und Ausdünstung an. Zugänge seien schwierig – und anderes mehr. Gefragt, ob er geflogen sei, antwortete er: *Ovid Metamorph.*

Von selbst lief mein Gedicht in die passenden Rhythmen. *Ovid in Eleg.*
Denn was ich zu sagen versuche, wird ein Vers sein.

Nachdem er das gesagt und die Maske des Kentaurn abgelegt hatte, kehrte er in Nasos wahre Gestalt zurück. Bald darauf auf ein Pony aus Tomi springend, machte er, nach Art der Geten einen Köcher tragend, einige so wunderbare Sprünge, daß kaum zu glauben war, ein wendiger Seiltänzer könne es ihm nachtun. Aber den älteren Dichtern hatte der ovidische Bericht über den See und die Gräben Angst gemacht. *De Ponto.*

32 Martial, noch immer bösen Sinnes gegen Claudian, gegen den er eine Rache auskochte, überschlug in skurrilem Scherz, daß nur mit dessen Rutenbündeln die Gräben gefüllt werden könnten: Einen so großen Haufen Rutenbündel habe er in seine Gedichte zusammengetragen, besonders in die *Consulares Panegyrici*. Und er begann unter dem Beifall Lukans, sie weitläufiger darzulegen. ‚Siehe, du wirst', sagte er, ‚von den Rutenbündeln aufschichten

Die weißgekleidete Kurie begleitet die entehrten Fasces. *Claud. In Eutrop.*
Und die an Pfosten von Weidenholz | aufgehängten Fasces.
Als Rächer für die entweihten Fasces | *komme ich spät.*
Es (sc. Rom) *unterwirft die zitternden Inder den* Fasces. *In Gildonem.*
Romulus' Fasces *mögen ein drittes Jahr eröffnen.*
Die zurückkehrenden Fasces *jubeln über des Kaisers Konsulat.* *De Cons. Hon.*
Der langhaarige Suebe wird unter deinem Fascis *schwitzen.*
Nicht wird sie (sc. Virtus) *durch irgendwelche* Fasces *erhöht.* *Ad Theod. Manl.*
Die Ahnen werden aufgrund ihrer Fasces *gezählt.* *Ad Probin. & Olybr.*
Und daß zwei Paar Fasces *aus einem Haus stammen.*
Die Freiheit wurde von Brutus | durch die Fasces *gegeben.* *De Stilichone.*
Der (sc. Stilicho) *nahm gerade von den* Fasces | *Knechtschaft.*

Venerare curulem, quæ tibi restituit Fasces.
Consule lustrandi Fasces.

33 Hoc ultimo audito, non ampliùs tenuit iram CLAUDIANUS: & MARTIALI excussissimum colaphum infregit. Talibus servis, & cocis, & mensarum parasitis lustrandi sunt fasces, inquit. tu *scabiose Domitiani canis*, Arcadij & Honorij Augustissimorum Cæsarum amico, & ab ijsdem *statuâ in foro Trajani donato* sic illudere! assentator impudens: ego mitissimos principes, pace ac bello inclytos viros, veris laudibus extuli. Tu crudelissimo tyranno, tu ignavissimo *muscarum carnifici* turpiter assentatus es. infamis lixa: an tibi tam invisa est *metonymia*, quæ per *Fasces* Magistratum consularem designat. STATIUS quoque erubuit, quia & ipse consulatum gesserat, Fascibus & securibus stipatum: non indignè ferens, argutantis proterviam cædi! nisi quòd invitus *Domitiani canem* nominari audiverat: an non enim eidem & ipse adulatus esset effusiùs, quàm gravem Poëtam decebat, ideóque torque cum effigie Tyranni donatus: *memor epuli*, memor & testatissimi versûs:

Palladio tua me manus induit Auro.

Sed & SILIUS ITALICUS pœnitudine videbatur duci, quòd *pauperem* MARTIALEM, nunc tam petulantem, aliquando stipe juvisset. VIRGILIUS graviter: Quæ hæc, malum, dementia agitat, te MARCE, honestissimorum Virûm ora sarcasmis impetere. censes tu, per ludibrium, fossas implendas esse CLAUDIANI *Fascibus*? ego verò potiùs illas obscœnorum Poëtarum scriptis, *tuis præsertim*, tuíque similibus injectis complanandas esse censeo. his dictis Bilbilitanum scurram senatu movit: motúmque CLAUDIANO in servum addixit, omnia eius bona ipsi attribuens, *Scazonte excepto*: quem T. LUCRETIO CARO donaverat, ad usus fabriles aptissimum. Utpote cujus & forma corporis, & claudicans gressus, & oris color, à similitudine Vulcani non multùm abhorreant.

Ehre den Konsul, der dir die Fasces *wiederhergestellt hat.*
Mit dem (Blut des) *Konsul(s) sind die* Fasces *zu reinigen.'*   *In Eutrop.*

33 Nach dem Hören des letzten Verses hielt Claudian seinen Zorn nicht länger zurück und versetzte Martial einen Schlag mit weitausgestreckter Faust. ‚Mit (dem Blut von) solchen Sklaven, Köchen und Tischschmarotzern sind die Fasces zu reinigen', sagte er. ‚Du räudiger Hund Domitians, den, der Freund der Erhabensten Kaiser Arcadius und Honorius war und von ihnen mit einer Statue auf dem Forum Traianum beschenkt wurde, so zu verspotten! Schamloser Schmeichler: Ich habe die mildesten Principes, in Frieden und Krieg berühmte Männer, mit wahren Lobliedern erhoben. Du hast dem grausamsten Tyrannen, du dem feigsten Henker von Mäusen schändlich geschmeichelt. Berüchtigter Marketender! Ist dir etwa die Metonymie so verhaßt, die mit Rutenbündeln das Konsulamt bezeichnet?' Auch Statius errötete, weil er selbst den Konsulat, der mit Rutenbündeln und Beilen umgeben ist, innegehabt hatte. Er nahm nicht übel, daß auf die Frechheit des Schwätzenden eingeschlagen wurde – außer, daß er unwillig gehört hatte, daß Martial Domitians Hund genannt wurde: Denn hatte er nicht auch selbst demselben reichlicher geschmeichelt, als es einem charakterfesten Dichter anstand, und war deshalb mit einer Halskette mit dem Bild des Tyrannen beschenkt worden? Er dachte dabei an das Mahl und dachte auch an den wohlbezeugten Vers:

Mit Pallas' Gold hat mich deine Hand bekleidet.

Aber auch Silius Italicus schien von Reue bewegt zu werden, weil er dem armen Martial, der jetzt so frech war, einst mit einem Geldbetrag geholfen hatte. Vergil sprach mit Nachdruck: ‚Welche Torheit, alle Wetter!, treibt dich um, Marcus, hochehrenwerten Männern bitteren Spott in das Gesicht zu schleudern. Glaubst du aus Hohn, die Gräben seien mit Claudians Rutenbündeln zu füllen? Ich aber bin der Meinung, sie seien eher durch das Hineinwerfen von Schriften anstößiger Dichter, besonders deinen und dir ähnlichen, einzuebnen.' Nach diesen Worten stieß er den Schnorrer aus Bilbilis aus dem Senat und sprach den Ausgestoßenen Claudian als Sklaven zu, seinen ganzen Besitz diesem übereignend – mit Ausnahme des Hinkjambus: Den hatte er T. Lucretius Carus geschenkt, da er für handwerkliche Tätigkeiten sehr geeignet war – wie ja seine Gestalt, der hinkende Schritt und die Gesichtsfarbe nicht viel von dem ähnlichen Vulkan abstechen.

Martial ein armer Schnorrer.

Sc. Domitianus Caesar.

Statius Domitian befreundet. Siehe Silv. 2, 1 & 2 & 3.

Stat. in Silvae.

Der Dichter Sil. & Plinius gegenüber Martial großzügig.

Epigrammatiker zu Streit & Sarkasmen neigend.

Lucretius Poëta &
Philosophus.

34 Quòd autem Scazontem *Lucretio* famulum assignaverit, causam istam afferunt. ille, eodem consessu, non multò antè facundè disseruerat de varijs strategematum inventis, de tormentis curulibus, de subterraneis operibus, agendísque cuniculis, quibus, si pulvis pyrius supponatur *à calore Poëtico* accendendus, speret, *metu Vacui*, totam Arcem in auras, nullo negotio, difflari posse.

Vid. Iul. Scaligerum.

quæ tamen magis *Philosophicè*, quàm poëticè docebat. igitur eum VIRGILIUS *Panurgum* expeditionis constituerat; hoc est bellicæ necessitatis artificem, ad omnia ingenio versatili præditum. Cæterùm CLAUDIANUS *Martialem* duobus lictoribus castigandum tradidit, ut disceret modestioribus verbis affari Heroes. illi expediverunt *fasces & lora*, & non perfunctoriè conciso, ingeminârunt illum versiculum, ex omnibus omissum, sed præ omnibus memorabilem, quem CLAUDIANUS in Eutropium scripserat:

In Præfat. l. 2. contra Eutrop.

Fascibus & tandem vapulat ille suis.
Bene contusum, ne militiæ deesset vir alioqui strenuus *missilibus jaculandis*, libertati restituit, hoc addito: parceret in posterum nocentibus convicijs: epigrammatum suorum sales prudentiùs alijs salibus condiret; ne reducis fronti longè *tetrius epigramma* inscribere cogeretur.

35 Sapienter & moderatè hæc CLAUDIANUS. Idem tamen alibi caput impegit. tanquam sapientior videri volens cæteris, ad supervacaneas cæremonias defluxit. In procinctu stabat acies. ex ungula caballi jam biberat; Daphne lustrata, post oscula Delphici Tripodis, jussum moliebatur iter: quum CLAUDIANUS: Quid si Vet. Rom. Consulum more, priùs arma quàm inferantur, *misso Feciali*, spontaneam deditionem flagitemus. Explosum fuit consilium. An nesciret, *rudes asinos, longissimas quidem aures habere, sed & duras, superbas, contumaces, surdas.* fustibus agendum, & apertâ vi. honorem infulati præconis, sive qualiscunque denunciationis,

Claud. Panegyrici de Coss.

34 Dafür aber, daß er den Hinkjambus als Gehilfen Lukrez zuwies, führen sie folgenden Grund an. Der hatte nicht viel vorher in derselben Sitzung beredt diskutiert über verschiedene Erfindungen von Kriegslisten, über große Geschütze, über unterirdische Arbeiten und das Anlegen von Gängen, mit deren Hilfe er hoffe, wenn von dichterischer Glut zu entzündendes Feuerpulver deponiert werde, daß die ganze Burg – wobei (sogar) das Leere in Furcht geriete – ohne Mühe in die Lüfte auseinandergeblasen werden könne. Das dozierte er aber mehr auf philosophische als auf dichterische Art. Folglich hatte Vergil ihn zum Alleskönner der Expedition ernannt, d. h. zum Sachverständigen des Kriegserfordernisses, der für alles mit einem wendigen Geist begabt war. Im übrigen übergab Claudian Martial zwei Liktoren zur Züchtigung, damit er lerne, Ehrenmänner mit bescheideneren Worten anzusprechen. Jene machten die Rutenbündel und Riemen bereit und wiederholten dem nicht nur obenhin Zusammengeschlagenen jenen Vers, der von allen übergangen wird, aber vor allen erwähnenswert ist, den Claudian gegen Eutropius geschrieben hatte:

Er wird schließlich mit den eigenen Rutenbündeln geschlagen.
Den tüchtig Zerbläuten ließ er wieder frei, damit der ansonsten im Schleudern von Geschossen rührige Mann nicht beim Feldzug fehle, und fügte hinzu: Er solle künftig mit schädlichem Gezänk sparsam umgehen. Das Salz seiner Epigramme solle er vorsichtiger mit anderem Salz würzen, damit er (Claudian) nicht gezwungen werde, auf die Stirn des Zurückkommenden eine weit schlimmere Aufschrift zu schreiben.

35 Weise und maßvoll führte das Claudian durch. Doch zugleich stieß er sich anderswo den Kopf. Da er gleichsam weiser als die anderen erscheinen wollte, glitt er in überflüssige Zeremonien herab. Das Heer stand bereit zur Schlacht, aus dem Huf des Pferds hatte es schon getrunken, der Lorbeer war geweiht, nach dem Küssen des Delphischen Dreifußes wollte es den befohlenen Marsch beginnen, als Claudian sagte: ‚Was, wenn wir nach der Sitte der alten römischen Konsuln, bevor die Waffen geschleudert werden, einen Kriegsherold schicken und die freiwillige Übergabe fordern?' Der Plan wurde ausgezischt. Ob er nicht wisse, daß es ungehobelte Esel seien, daß sie zwar sehr lange, aber auch harte, stolze, hochmütige, taube Ohren hätten? Man müsse mit Knütteln und offener Gewalt vorgehen. Die Ehre eines mit der Binde geschmückten Herolds oder einer wie auch gearteten Ankündigung werde anständigen, d. h.

Lukrez Dichter & Philosoph.

Siehe Iul. Scaliger.

In Praefat. B. 2. Contra Eutrop.

Claudians Panegyriken auf Konsuln.

honestis, hoc est, eruditis hostibus haberi. Idiotas, barbaros, non esse capaces familiaris & sagacis alloquij. proinde bellum instare: bellum cogitarent: arma capesserent.

36 Omnibus ritè ordinatis, & jam ingredi viam jussis: cùm tympana & cornua inter fistularum sonitus streperent; & fluitarent latè vexilla, Pegasi asinum proculcantis imaginem referentia: ecce nova remora. apparuerunt primùm heteroclita Poëtarum ingenia, quàm diversis *humoribus* alerentur, non sine aliquo fastu, & cupiditate ventosæ gloriæ; ac, penè dixerim, stultitiâ. Non agminibus, multò minùs mentibus poterant coire. hi præcedere, hi subsequi volebant: *Elegiaci Heroicis æquari*, quidam & superiores videri. propè seditionem res erat. Cùm in utroque canendi genere excelleret *Ovidius*, soli concessa facultas erat, antè retróque meandi, in speciem: quasi *Legatus*, vel *Adjutor bellicus*, primo medióque agmini prospiceret; ultimum cogeret. Hoc animadverso, *Catullus*, *Tibullus*, *Propertius*, ægriùs ferentes exulem præferri, aliquantum restitabant. Sed minis tandem *Satyrici* adegerunt, ut viam inchoarent: *Lesbiâ*, *Neærâ*, *Cynthiâ*, (*Corinnæ* tædium, Nasoni jam olim Augustus Cæsar moverat) pellicibus illorum, tantisper intra castra cohibitis. in quem enim usum hæc Martis & Phœbi impedimenta circumvehantur? bellum inquinant, Pacem dedecorant. Semper tantùm amores modulari, sonare basia, & bella labella, & mille suavia, tanti negotij moles sit, & lauro digna! irent jam in hostem absque cupidine, & alias quàm Veneris promerent sagittas. Catullus non satis lætâ mente talia accepit: perrexit tamen, principem autem poscebat locum, ut interior iret, titulo *Docti*. id quidem nomen obtinuit: sed non sine dicterio. certè non apparere, cur ipse *Docti* nomen decúsque præ cæteris ferret. Num *Argonautica* ipsius, num

Poëtarum Genij diversi.

Exsul Ovid.

Iudicium de Catullo. Vid. Scaliger. in Hypercrit.

gebildeten Feinden erwiesen. Ungebildete, Barbaren seien unfähig zu einem vertraulichen klugen Gespräch. Deshalb dränge der Krieg, sie sollten auf Krieg sinnen und die Waffen ergreifen.

36 Nachdem alle nach Brauch aufgestellt waren und ihnen schon zu marschieren befohlen war und als Trommeln und Hörner unter den Tönen der Flöten erschallten und weithin die Banner flogen, die das Bild des einen Esel niederreitenden Pegasus wiedergaben: Siehe, da gab es einen neuen Verzug. Zum erstenmal wurden die (von einander) abweichenden Charaktere der Dichter sichtbar, von wie verschiedenen Säften sie sich nähren – nicht ohne einen gewissen Hochmut und Verlangen nach leerem Ruhm und, beinahe möchte ich sagen: Torheit. Nicht konnten sie sich mit den Zügen, viel weniger mit den Gesinnungen (der anderen) vereinigen. Die einen wollten vorn, die anderen hinten gehen, die Elegiker sich den Epikern gleichstellen, einige auch vorzüglicher zu sein scheinen. Die Lage war einem Aufruhr nahe. Da Ovid in beiden Arten des Dichtens herausragte, wurde ihm als einzigem die Möglichkeit eingeräumt, vor und zurück zu gehen, so daß es den Anschein hatte, als ob ein Legat oder Kriegsadjutant nach dem vorderen und mittleren Zug vorausschaute und den Schluß zusammenhielt. Als sie das bemerkt hatten, nahmen es Catull, Tibull und Properz übel, daß ihnen ein Verbannter vorgezogen wurde, und blieben merklich zurück. Aber durch Drohungen brachten die Satiriker sie schließlich dazu, daß sie den Marsch begannen, nachdem ihre Mätressen Lesbia, Neaera und Cynthia unterdessen im Lager eingesperrt worden waren (Überdruß an Corinna hatte Caesar Augustus schon längst bei Naso bewirkt). ‚Denn zu welchem Zweck können diese Hindernisse des Mars und des Phoebus (hier) herumfahren? Den Krieg beflecken, den Frieden entehren sie. Immer nur Liebeslieder dichten, Küsse und schöne Lippen und tausend Schmätzchen besingen möchte (wahrlich) eine Mühe sein, die aus einer (so) großen Beschäftigung resultiert und des Lorbeers würdig ist!' Sie sollten augenblicklich ohne Liebesverlangen gegen den Feind marschieren und andere als Venus' Pfeile hervorholen. Catull nahm derlei nicht besonders freudig auf: Er schritt dennoch weiter, forderte aber den ersten Platz, daß er als mittlerer marschiere, wegen seines Titels eines Gelehrten. Diesen Namen besaß er zwar, doch nicht ohne Schmähung: Es leuchte wenigstens nicht ein, warum gerade er den Namen eines Gelehrten und die Auszeichnung vor den anderen trage. Verdienten etwa seine Argonautica, etwa die Hochzeit

Verschiedene Charaktere der Dichter.

Ovid als Verbannter.

Urteil über Catull. Siehe Scaliger im Hypercrit.

Pelei & Thetidis nuptiæ, num *Phaleucia* erotica, & *elumbes versiculi* tale quid mereantur? hoc militari licentiâ, festivè. nihil tamen usque ad jurgium. ita tres Elegiographi, *Propertio in medium accepto*, arripuerunt iter. TIBULLUS tamen paullò *cultior*, quàm militem decebat, processerat.

Et est inter Catullum & Tibullum Propertius etiam medius propter Stylum.

37 LUCANUS *extra ordinem*, semper Thessaliæ propior, raptus est, variato habitu nunc Julij Cæs. modò Pompeij magni. jam galero Mercuriali, jam casside tectus: modò eques, modò pedes: nescires, Poëtam an historicum ageret; utrumque, an neutrum, re ipsa *totus Pompeianus*. STATIUS cum suis versibus cataphractis, *quadrato agmine* incessit, velut Adrastus cum Polynice Thebas expugnaturus. Addita nostri seculi subsidia, *curulia Tormenta*. duo *prima magnitudine*, prorsus immodica, LUCRETIUS conflaverat ex metallis à STATIO subministratis, & *ære Dodonæo*; fractíque veteris *Delphici Tripodis* per tot secula frustis. Primum, *Deiodameia* dictum, ex Achilleide procusum: quamvis altero tanto auxerit *statua Domitiani liquefacta*,

Lucani impetus torrens, & quædam mentis inconstantia.

Et super imposito moles geminata colosso.

Statius in lib. I. Silv. c. 1

Secundum, *Sphynx* vocabatur, nimirum Sphyngis imagine insignitum. puto Thebaidis honori hoc datum. SCAZON Cyclops, additus custos.

38 Ipse autem PAPINIUS Ductor *equo Neapolitano* ferebatur sublimis,

Papin. Statius Neapolitanus: gressum equorum popularium, pedibus versuum imitatus.

Fulmine cristatum galeæ jubar: armáque visu
Tristia. Squallebat triplici ramosa coronâ
Hydra recens obitu. pars anguibus aspera vivis,
Argento cælata micat: pars arte repertâ
Conditur; & fulvo moriens ignescit in auro.

Stat. in Thebaid.

Exterior, ut jussus erat, ad sinistram equitabat CLAUDIANUS, ornatus *cinctu Gabino*, vinctus crines diademate & heliotropio. equum agitabat miræ pulchritudinis, & phaleris sumptuosissimis instruc-

Claud. in Panegyr. Consular.

von Peleus und Thetis, etwa seine erotischen Hendekasyllaben und lendenlahmen Verschen dergleichen? Das geschah in militärischer Ausgelassenheit, nach Herzenslust. Nichts ging jedoch bis zum Streit. So machten sich die drei Elegiendichter, Properz in die Mitte genommen, auf den Weg. Doch Tibull war ein wenig gepflegter aufgetreten, als es sich für einen Soldaten ziemte.

Und überhaupt ist Properz auch wegen des Stils in der Mitte zwischen Catull & Tibull.

37 Lukan wurde außerhalb der Ordnung, immer näher an Thessalien, hingerissen, unter wechselndem Äußeren nun als Iulius Caesar, dann als Pompeius, schon mit Merkurs Kappe, schon mit einer Sturmhaube bedeckt, eben als Reiter, eben als Fußsoldat. Man hätte nicht wissen können, ob er sich als Dichter oder Historiker betätigte, ob als beide oder keinen von beiden – in der Tat ganz ein Pompejaner. Statius schritt mit seinen gepanzerten Versen in einem quadratischen Zug wie Adrastus, der sich anschickt, mit Polynices Theben zu erobern. Dazu kamen Hilfsmittel unseres Zeitalters, große Geschütze: Zwei der ersten Größenordnung, geradezu unmäßige, hatte Lukrez gefertigt aus Metallen, die von Statius zur Verfügung gestellt waren, und aus Erz von Dodona und Stücken des in so vielen Jahrhunderten gebrochenen Delphischen Dreifußes. Das erste hieß Deiodameia, aus der Achilleis geschmiedet; indes machte es die eingeschmolzene Statue Domitians noch einmal so groß

Lukans reißender Impetus & gewisse mentale Unbeständigkeit.

und die durch den aufgetürmten Koloß gedoppelte Basis.
Das zweite Geschütz wurde Sphinx genannt, natürlich, weil es mit dem Bild einer Sphinx geschmückt war. Ich glaube, dieser Name wurde zur Ehre der *Thebais* gegeben. Der hinkende Cyclops wurde als Aufseher dazugetan.

Statius Silv. 1, 1.

38 Papinius selbst aber, der Anführer, stürmte auf einem neapolitanischen Pferd hochaufgerichtet,
Wie ein Blitz der Glanz des Helmbuschs, die Waffen düster zu schauen. Es starrte, in dreifachem Kranz verzweigt, die eben getötete Hydra. Ein Teil, mit lebenden Schlangen trotzig, glänzt in Silber getrieben, der andere ist durch erdachten Kunstgriff verborgen und brennt sterbend in rotgelbem Gold.
Zur Linken ritt, wie es ihm befohlen war, Claudian, mit dem Gabinischen Gürtel geschmückt, dessen Haare von einem Diadem und einem Sonnenwendestein (Heliotrop) eingefaßt waren. Er führte ein Pferd von wunderbarer Schönheit und mit ziemlich aufwendigem Stirn- und Brustschmuck ausgerüstet. Auf beiden Seiten hatte es Rutenbündel mit lorbeerumwundenen Beilen. Es ging die

*Statius Neapolitaner, heimischer Pferde Schritt mit Versfüßen nachahmend.
Stat. in Thebais.*

Claud. in Konsulatspanegyriken.

tum. ab utroque latere Fasces cum Securibus laurigeris. fama ibat, equum ipsius Honorij Cæs. fuisse, laudanti donatum.

Claud. in Panegyr. 1 & passim.

Ignescunt patulæ nares: non sentit arenas
Vngula; discussæque jubæ sparguntur in armos.
Turbantur phaleræ. spumosis morsibus aurum
Fumat: anhelantes exsudant sanguine gemmæ.
Ipsius at vestis radiato murice solem
Combibit: ingesto crispatur purpura vento.

De Raptu Proserpinæ.

Ferratus lascivit apex, horrórque recessit
Martius, & cristæ placato fulgure vernant.

Crederes senatum petere, non pugnam: curulem Sellam, non campum.

In tertio Paneg. Honorij.

Lictori cedunt aquilæ: ridétque togatus
Miles, & in medijs effulget Curia castris.

Comicorum & Tragœdorum symbola.

39 Proximi his ibant in *cothurnis* Tragœdi, Ductore ANNÆO SENECA Cordubensi; nam Comici sub PLAUTO & TERENTIO in *soccis* jam præcesserant, manipulatim sparsi; gens levis & vaga. in horum vexillis *Simia* expressa saliares ludos faciebat. Tragici *hircum* in aëre saltantem gestabant.

Satyrici, eorumque genius & character.

40 Agmen clausit cataphracta Satyricorum Phalanx, *sarissis* Macedonicis armata: acribus oculis, truculento aspectu minax. verbo: torva.

Iuvenal.

Cui tu per mediam nolles occurrere noctem:
immò, hercle, nec per diem. Tribus vexillis distinguebantur. In

Horatij pura latinitas.

Horatiano candidi coloris, vidisses puerum ridentem depictum, qui porco nitido insidens, ludibundâ per rictum manu, curvos dentes tentabat evellere. *Persianum* ex colore prasino nigricans, martes & bubo, animalia nocturna, insederant. Ultimum *Iuvenalis* vexillum mirâ spiculorum varietate, dirus quidam fulgor contristavit. Ex una parte *hystrix*; ex altera *herinaceus* spectabatur intextus. Sequebantur aliquot falcati currus: è quorum jugo, & rotæ curvatura, eminebant romphææ versatiles, quas *amphisbænas* vocant. denotantur his Satyricorum penetrantes argutiæ, & acutè dicta,

Persius morosè difficilis, & caligans.

Stylus Iuvenalis Satyrici.

Kunde, das Pferd habe Kaiser Honorius selbst gehört, das dem (ihn) Lobenden geschenkt worden sei.

> *Feuer sprühen die weiten Nüstern, nicht spürt den sandigen Boden der Huf, die Mähne erstreckt sich breit über den Bug. Die Brustzier rasselt, aus schäumendem Gebiß keucht Atem golden hervor, dampfende Edelsteine schwitzen im Blut. Sein Kleid aber von strahlender Röte trinkt die Sonne. Der Purpur flattert im dreinfahrenden Wind. Die eiserne Helmspitze hüpft, der Schrecken des Kriegs wich, und der Kamm glänzt milde wie im Frühling.*

Claud. in Panegyr. 1 u. passim.

De Raptu Proserpinae.

Man hätte meinen können, er wolle in den Senat, nicht in die Schlacht, zur Sella curulis, nicht ins Feld.

> *Dem Liktor weichen die Adler, und es lacht der Soldat in der Toga, und mitten im Lager erglänzt die Kurie.*

Im 3. Paneg. auf Honorius.

39 Als nächste folgten ihnen auf Kothurnen die Tragödiendichter unter der Führung von Annaeus Seneca aus Cordoba, denn die Komödiendichter unter Plautus und Terenz waren in ihren Sandalen schon vorangeschritten, in Manipeln zerstreut – ein leichtes und unstetes Volk. Der auf ihren Bannern dargestellte Affe machte nach Art der Salier Sprünge. Die Tragiker führten einen Bock, der in der Luft tanzte.

Kennzeichen der Komiker und Tragiker.

40 Den Zug schloß die gepanzerte Schar der Satirendichter, mit makedonischen Lanzen bewaffnet – mit scharfen Augen, mit wildem Blick drohend, kurz: grimmig.

Die Satiriker, ihre Natur und ihr Charakter.

> *Der (Schar) wolle nicht mitten in der Nacht begegnen:*

Juvenal.

nein, beim Hercules, auch nicht mitten am Tag. Sie wurden durch drei Banner unterschieden. Auf dem des Horaz, das von heller Farbe war, hätte man die Darstellung eines lachenden Knaben sehen können, der, auf einem glänzenden Schwein sitzend, mit spielender Hand ihm die gebogenen Zähne im Rachen auszureißen versuchte. Auf dem des Persius, das dunkel von grüner Farbe war, hatten Marder und Uhu, die nächtlichen Tiere, Platz genommen. Das letzte Banner, das Juvenals, von wundersamer Vielfalt an Pfeilen, verdüsterte gewissermaßen ein unheilvoller Glanz. Auf der einen Seite war ein Stachelschwein, auf der anderen ein Igel, die eingewoben waren, zu sehen. Es folgten einige Sichelwagen, von deren Joch und Radfelge leicht zu handhabende zweischneidige Schwerter ragten, die man Amphisbaenae nennt. Durch sie werden die tief eindringenden Schärfen und spitzen Worte der Satiriker bezeichnet, mit denen sie wie mit gezückten Sicheln alles, was ihnen

Horaz' reine Latinität.

Persius eigensinnig schwierig & voller Nebel.

Stil des Satirikers Juvenal.

Plauti Comœdi ingenium.   quibus, ceu strictis falcibus, obstantia quæque metunt. PLAUTUS, ut postea relatum fuit, has machinas irridens, fatua terriculamenta appellaverat, ad ostentationem magis, quàm ad usum subvecta. quò enim falcatæ quadrigæ in obsessos? servilem sarcasmum si Volcus Aquinas in tempore rescîsset, haud dubiè & PLAUTUS pœnam luiturus, MARTIALIS supplicium renovâsset, orare coactus ad puteal,

Iuven.   *Vt liceat paucis cum dentibus inde reverti.*

41 Cæterùm singularis prudentiæ laus, in ducendo exercitu, penes PAP. STATIUM stetit. Nam cùm torrentior æstus Solis arva ureret, per consitas lauro cedrísque *Silvas* feliciter traduxit, *quinque tramitibus sectis.* implexarum & incumbentium arborum Rami opacis vestiti folijs, meanti militi gratissimum præbebant umbraculum. quo LUCANI cohors, per nudos campos incedens caruit. unde capitum dolor, fatigatio, & virium marcor. Ut primùm ad Arcem Idiotarum perventum est:

Virgil. 6. Æn.   *Continuò audiri strepitus, vocésque rudentum,*
Verbáque jactantum, & confusæ murmura linguæ.

42 LUCRETIUS, ante omnia sollicitus, de cuniculis agendis, ad *Portam Fescenninam,* prodigiosæ novitatis & efficaciæ SPECULUM, ad formam *Archimedæi* excogitaverat, quod radios solis in centrum collectos, undanti fulgore reddebat. Ergo, ut commodiùs inventa arci evertendæ idonea disponere posset; Speculum istud CLAUDIANO tradidit, docuítque ejus usum. Hîc, inquit, consiste, dum terram subeo: & Arcadicos spectatores, ne me observent, submove. si in obversi speculi medium punctum de cœlo jubar Phœbeum inciderit; radiorum, quos reciprocos vibrabit, copia perstringet intuentium oculos, & quodammodò excæcabit. nam, ut ipsemet cecinisti:

Claud. in tertio Paneg. Honorij.   *acies stupet igne metalli,*
Et circumfuso trepidans obtunditur auro.

Eius ingenium clarum. Versus illustres, venusti, accomodati auræ & tempori.   Age, *tuos versus Sole nitidiores* immitte, & condensa, oppositos in curiosa barbarorum lumina contorquens. Sicut Medusæ caput

begegnet, niedermähen. Plautus hatte, wie später berichtet wurde, diese Geschütze verlacht und einfältige Schreckmittel genannt, die mehr zum Angeben als zum Nutzen hinaufgeführt würden. ‚Wozu nämlich taugen mit Sicheln ausgestattete Quadrigen gegen die Belagerten?' Den niederen Spott hätte, wenn der aus Aquinum stammende Volsker (Juvenal) rechtzeitig dahinter gekommen wäre, ohne Zweifel auch Plautus gebüßt und (damit) Martials Bestrafung wiederholt – gezwungen, beim Puteal um Gnade zu bitten,

daß es erlaubt sei, von dort mit einigen Zähnen heimzukehren!

41 Im übrigen war das Lob vorzüglicher Umsicht in der Führung des Heers auf Papinius Statius' Seite. Denn da glühende Sonnenhitze die Gefilde brannte, führte er es glücklich durch mit Lorbeer und Zedern bepflanzte Wälder, nachdem fünf Schneisen geschlagen worden waren. Von beschattenden Blättern bewachsene Zweige miteinander verflochtener und sich aufeinander neigender Bäume gewährten dem marschierenden Soldaten einen hochwillkommenen Laubengang. Dessen entbehrte Lukans Kompanie, die über nackte Felder schritt. Daraus (resultierten) Kopfschmerz, Ermüdung und Trägheit der Männer. Sobald man zur Burg der ‚Idioten' gelangte,

wurden sofort Lärm und Stimmen von Brüllenden gehört und Worte von Schreienden und murmelndes Stimmengewirr.

42 Lukrez, vor allem um das Anlegen unterirdischer Gänge bei der Porta Fescennina besorgt, hatte einen Spiegel von wundersamer Neuheit und Wirksamkeit nach Archimedes' Modell erdacht, der die im Zentrum gesammelten Sonnenstrahlen in wellenförmigem Blinken reflektierte. Er übergab also, damit er die für die Zerstörung der Burg geeigneten Erfindungen bequemer einsetzen könne, jenen Spiegel Claudian und lehrte ihn seinen Gebrauch. ‚Hier', sprach er, ‚postiere dich, während ich unter die Erde gehe, und halte die arkadischen Zuschauer fern, damit sie mich nicht beobachten. Wenn das Sonnenlicht vom Himmel in den Mittelpunkt des ihm zugewandten Spiegels eingefallen sein wird, wird das Bündel der Strahlen, die er zurückschwirren lassen wird, die Augen der Zuschauer streifen und gewissermaßen blind machen. Denn, wie du selbst gesungen hast,

das Auge ist starr durch das Feuer des Metalls und wird zitternd durch das sie umgebende Gold geblendet.

Auf, schicke deine mehr als die Sonne glänzenden Verse hinein und bündele sie, wenn du die neugierigen Augen der Barbaren vorgehaltenen schleuderst. So, wie das Haupt der Meduse, wenn es

Naturell des Komödiendichters Plautus.

Juven.

Statius' 5 B. Silv.

Vergil Aen. 6.

Claud. im 3. Paneg. auf Honor. Seine Begabung klar, Verse leuchtend, anmutig, Stimmung und Zeit angepaßt.

aspectum, homines in saxa obdurabit, ita tu claritate repercussâ, rude vulgus in noctuas mutaveris. Quo dicto, hypogea subijt, Q. Ennio comitante, qui vel maximè gnarus erat *verba osca & casca* ex fætentibus sepulcris refodere. quò si penetrâssent, moliebatur Carus, cœco pulvere locato, extantes Muros Ignorantiæ à fundo supinare. Plauto *Turris Asinaria* comissa: mandatúmque est, ut illam ex Comœdia, quam ipse *Asinariam* vocitâsset, identidem lacesseret. Terentius in speculis stare jussus. Papinius *Turrim Cadmæam* sibi sumpserat verberandam, directis in eam prædictis grandibus tormentis, *Sphynge* & *Deiodameia* adjuvante Annæo Seneca, in omnes casus attributo.

Q. Ennius vet. seculi primus Poëta, dignus legi.

Plauti Comœdia.

43 Eminuit verò præsignis industria atque ingenium P. Ovid. Nasonis. ille circa munimenta, quatenus conditio loci permisit, multiplici gyro volans, diversúmque iter, jam hoc, jam illud equitando circinabat, intentus, sicubi nocere posset: útque proritaret ignavum hostem, recitabat ex composito *fabellas* de longis auribus Midæ, de Actæonis cornibus, & Batto, & Marsya, de cornibus Cippi, & incolis Cypri in boves mutatis; digna atque indigna comminiscens. tum si quis ex pergolis, vel per angusta foramina prospiceret, conviciatorem visurus; hunc illicò, mirabili dexteritate, *jaculis veneno Scythico tinctis* (qualia in *Ibin* ex Ponto probaverat) confixit. Dicitur plurimos Arcades hac nequitiâ peremisse.

Ovidius ingeniosus.

Ex suis Metamorph. libris.

44 Lucano suas vires probaturo, conatus seciùs accidit. Nam dum Pharsalicum equum in orbem agitans, circum mœnia assultat: ecce, Onocentaurus *phalaricam* torsit, cujus impetu (licet tempus lævum prætervolâsset) adeò territus fuit, ut penè attonito similis ex equo defluxerit. Miserabantur obsidentes socij. At obsessi, qui casum observaverant, de Muro exprobrabant. *En ille*

Lucani versus masculi & equestres: sed impetus non semper ad rationis normam moderati. Vid Iul. Scaligerum.

erblickt wird, die Menschen in Steine verwandeln wird, wirst du, wenn der Glanz reflektiert wird, das ungebildete Volk in Nachteulen verwandelt haben.' Sprachs und ging in die unterirdischen Gänge hinunter in Ennius' Begleitung, der gar sehr kundig war, oskische und uralte Wörter aus modernden Gräbern auszugraben. Als sie dort eingedrungen waren, beabsichtigte Carus, nachdem Pulver verdeckt deponiert war, die ragenden Mauern der Ignoranz von Grund auf umzustürzen. Plautus wurde der Eselturm anvertraut: Er erhielt den Auftrag, diesem von der Komödie her, die er selbst Asinaria genannt hatte, immer wieder zuzusetzen. Terenz bekam den Befehl, bei dem Spiegel zu stehen. Papinius hatte sich vorgenommen, den Cadmus-Turm zu treffen, nachdem die vorgenannten großen Geschütze Sphinx und Deiodameia gegen ihn gerichtet waren, wobei auch der für alle Fälle abgeordnete Annaeus Seneca half.

Q. Ennius, der alten Zeit erster Dichter, lesenswert.

Plautus' Komödie.

43 Hervor ragte in der Tat die in die Augen fallende Energie und der Einfallsreichtum P. Ovidius Nasos. Um die Befestigungsanlagen zog er Kreise, indem er, soweit es die Beschaffenheit des Ortes zuließ, in vielfacher Runde flog und einen Weg in verschiedene Richtung – bald diesen, bald jenen – ritt, darauf achtend, ob er irgendwo Schaden anrichten könne; und damit er den schlaffen Feind hervorlocke, rezitierte aus dem Stegreif Geschichten von Midas' langen Ohren, von Actaeons Hörnern, von Battus und von Marsyas, von Cipus' Hörnern und von Zyperns Einwohnern, die in Rinder verwandelt wurden – Würdiges und Unwürdiges ersinnend. Wenn dann einer aus Vorsprüngen oder durch enge Öffnungen lugte, um den Lästerer zu sehen, durchbohrte er ihn sofort in bewundernswerter Gewandtheit mit Lanzen, die mit skythischem Gift benetzt waren (wie er sie vom Schwarzen Meer aus gegen Ibis erprobt hatte). Man sagt, er habe sehr viele Arkader durch diese Schelmerei getötet.

Ovid ingeniös.

Aus seinen Büchern der Metamorphosen.

44 Für Lukan, der seine Kräfte erproben wollte, geht der Versuch anders aus. Denn während er sein pharsalisches Pferd im Kreis lenkt und rings um die Mauern anstürmt, siehe, da schleuderte der Onocentaurus ein riesiges Geschoß, durch dessen Ungestüm (mag es auch an der linken Schläfe vorbeigeflogen sein) er so sehr erschreckt worden war, daß er beinahe wie ein vom Donner Gerührter vom Pferd fiel. Die belagernden Genossen bedauerten ihn. Aber die Belagerten, die den Vorfall beobachtet hatten, machten ihm von der Mauer herab Vorhaltungen. „Seht, der hochherzige

Lukans Verse männlich & ritterlich, aber die Aufschwünge nicht immer nach Norm der Ratio gemäßigt. Siehe Iul. Scaliger.

tantorum præliorum magnanimus narrator: sed justâ Nemesi plexus. *Pompejum M.* tot victorijs clarum belli Ducem, tot versibus tuis celebrem, *Iul. Cæsare majorem, victum denique, tam abjectè timidum in fuga descripsisti, oblitus tui; ut etiam in silva errantem, ad omnes foliorum motus trepidâsse confinxeris. Hæc est constantia Magni! Hoc judicium Vatis! Hæc religio servandi Decori!* Dignus es, LUCANE, panico terrore, quo Maximum Heroëm perculisti. Hæc opprobria ex mœnibus. unde autem hæc fiducia & temeritas barbarorum? imò scientia? requiret aliquis. Quis credat, Ignorantes LUCANI, generosissimi Poëtæ Pharsaliam peragrâsse? legisse carmina cedro digna, & Hispanum Vatem sonantia? prorsus ab omni veri similitudine aberrat hoc nugatorium commentum. Hinc patet, Historicos, omni ævo, pro lubidine plurima finxisse & fingere. Respondemus: per omnem insolentiam Ignavorum non insolens esse, si indoctissimi quique doctissimis exprobrent, quod nesciunt. nam quæ vel rudi auditione accepta perperam hauserunt asininis auribus, vel iniquâ mente confinxerunt; effundere solent in CL. Virûm capita; ut saltem quomodocunque noceant, & alterius famam conspurcent, ipsi fœdissimi. *Calumniare fortiter*: semper aliquid hærebit; inquiebat similis Bœotus.

Epigrammata præclaris majorum Poëmatum monumentis non esse exæquanda.

45 Cæterùm neque Val. Martialis magnum attulisse momentum, aut terrorem intulisse credebatur. Nam malleolis flammas spargentibus certabat, non magno profectu. Epigrammatum telis sæpe *acumina* deerant: & missilia, pyropi in aëre futura, humidiore materiâ composita, difficulter ignem concipiebant. Cuspides quædam, utcunque putabantur sulphuratæ, dissilientes, *in fumum abierunt.* certè vim latè grassandi, ad hostium damna non pertulere. Aliqua tamen, irâ potiùs, quàm arte inflammata, satis feliciter in Zoilos torsisse fertur. Credo ignominiam, quam ex colapho

Martialis felix in Momos.

Erzähler so großer Schlachten, aber von der gerechten Rachegöttin gestraft! Du hast Pompeius Magnus, den durch so viele Siege berühmten Kriegführer, den durch so viele deiner Verse Gefeierten, der größer als Iulius Caesar war, den schließlich Besiegten, so gemein als Verzagten auf der Flucht beschrieben – deiner vergessend –, daß du erdichtetest, er habe sogar im Wald umherirrend bei allen Bewegungen der Blätter gezittert. D a s ist die Standhaftigkeit des Magnus! D a s ist das Urteil des Poeten! D a s ist die gewissenhafte Sorgfalt, das Schickliche zu wahren! Du bist, Lukan, des panischen Schreckens würdig, mit dem du den größten Helden geschlagen hast.' Diese Schmähungen tönten von den Mauern. Woher aber diese Zuversicht und Verwegenheit der Barbaren? Ja, ihr Wissen? Einer wird fragen: ‚Wer möchte glauben, daß die Ignoranten die Pharsalia Lukans, des hochsinnigen Dichters, durchgearbeitet haben? Daß sie das Gedicht gelesen haben, welches der Unsterblichkeit würdig ist und den Ruhm des spanischen Dichters kündet? Gar sehr irrt diese läppische Erdichtung von jeder Wahrscheinlichkeit ab. Hieraus wird klar, daß Historiker aller Zeiten das meiste nach Lust und Laune erdichtet haben und erdichten.' Wir antworten, daß es bei der ganzen Unverschämtheit der Untüchtigen nicht ungewöhnlich ist, wenn gerade die Ungebildetsten Hochgebildeten etwas vorwerfen, das sie nicht verstehen. Denn was sie entweder durch unkundiges Hören mit den Eselohren falsch aufgeschnappt oder sich in ihrer gehässigen Gesinnung ausgedacht haben, pflegen sie gegen die Häupter berühmter Männer zu schleudern, um wenigstens auf irgendeine Weise zu schaden und den Ruf eines anderen zu besudeln – selbst ganz verächtlich. Lästere unerschrocken: Immer wird etwas hängenbleiben, sagte ein ähnlicher Böoter.

45 Übrigens glaubte man, daß Valerius Martialis weder sehr Entscheidendes beigetragen noch Schrecken verbreitet habe. Er kämpfte nämlich mit flammenwerfenden Brandpfeilen, ohne großen Erfolg. Den Geschossen der Epigramme fehlten oft Stacheln; und die Wurfwaffen, die in der Luft wie Goldbronze leuchten sollten, entzündeten, weil sie aus zu feuchtem Material gefertigt waren, nur schwer Feuer. Etliche Spitzen, von denen man wie auch immer annahm, sie seien mit Schwefel durchsetzt, barsten und lösten sich in Rauch auf. Wenigstens führten sie die Wirkung, sich weit auszubreiten, nicht zum Schaden der Feinde aus. Doch einige, die mehr von Zorn als von Kunst entflammt waren, soll er recht glücklich gegen Kritiker geschleudert haben. Ich glaube, daß die Schande, die

Daß Epigramme den berühmten Denkmälern der älteren Gedichte nicht zu vergleichen sind.

Martial glücklich gegen Kritiker.

Claudiani impacto sustinuit, Viro cætera egregio, vires animúmque minuisse.

46 Interea STATIUS *curules machinas*, sine intermissione, in propugnaculum Cadmæum exonerabat: SCAZONTE loripede ser-

Ann. Seneca sententiosus.

vo strenuam operam navante. Notaverat tamen SENECA, ex globis emissis *plus fumi* & nebularum excitari, quàm damni inferri. quati muros, non verti. Itaque *efficacissimas sententias & quidem amentatas* (quarum scilicet inopiâ PAPINIUS laborabat) nitróque & bitumine Tragico permistas *Sphyngi* indidit. Tum enimverò horren-

Quam in Œdipo descripserat.

da tempestas excitata, immani fragore nubila & mœnia laceravit. Volabant verba pondus habentia ex tropis & figuris Poëticis, quaquaversùm, *in decussim*, jámque à carminum tonantium frequentibus globis, cadebant fragmina murorum, pinnarúmque; tanto numero, ut grandinem æquare viderentur. Ex ijs frustis, *Amphion* aliquis, facilè novas *Thebas*, ad Testudinis sonum, condidisset. hinc summa apud obsessos consternatio. Multa loca præsidijs nudata.

Statius in Tropis formandis audax habitus.

47 Non contentus hoc tumultu STATIUS, denique moræ impatiens, ipsam Turrim, quanquam dissuadentibus alijs, solus ascensu superare parat, fomite rapidi ingenij stimulante: omnia ausurus, quæ Capanêus.

Lib. 10. Theb.

Seu virtus egressa modum, seu gloria præceps:
Jam sordent terrena viro, tædétque morari.
Ardua mox torvo metitur culmina visu:
Innumerósque gradus geminâ latus arbore clusus
Aërium sibi portat iter: longéque timendus,
Ocyùs alterno captiva in mœnia gressu
Surgit ovans.

Obstupuere omnes, CLAUDIANUS certè oculis manum opposuit, miratus audaciam: temeritatem potiùs, quàm fortitudinem esse. videbatur in aëre pendere: & ruina timebatur. STATIUS autem jam

Initium Achilleidos.

altior, *Magnanimum Æaciden formidatámque Tonantis Progeniem* imitatus, nulli labore parcere.

er wegen des von Claudian empfangenen Faustschlags ertrug, dem im übrigen hervorragenden Mann Kräfte und Unternehmungsgeist minderten.

46 Inzwischen leerte Statius ohne Unterlaß die großen Geschütze gegen das kadmäische Bollwerk, wobei Scazon, der schlappfüßige Sklave, tüchtige Hilfe leistete. Doch hatte Seneca bemerkt, daß aus den abgeschossenen Kugeln mehr Rauch und Nebel erzeugt als Schaden zugefügt wurde, daß die Mauern getroffen, aber nicht zerstört wurden. Deshalb gab er wirkungsvollste Sätze und zwar mit einem Schleuderriemen versehene (an denen Papinius nun ja Mangel litt) und mit dem Natron und Pech der Tragödie vermischte der Sphinx ein. Darauf wurde in der Tat ein schrecklicher Sturm erregt und zerriß mit gewaltigem Getöse Wolken und Mauern. Es flogen Ausdrücke, die aufgrund der bildlichen Bedeutung und der dichterischen Redefiguren Gewicht hatten, überall hin, kreuz und quer; und schon fielen durch die häufigen Kugeln der tönenden Gedichte Bruchstücke von Mauern und Zinnen – in so großer Zahl, daß sie einem Hagelsturm gleichzukommen schienen. Aus diesen Brocken hätte ein Amphion leicht ein neues Theben zum Klang der Leier erbaut. Hieraus resultierte bei den Belagerten größte Niedergeschlagenheit. Viele Plätze waren ihres Schutzes beraubt.

Ann. Seneca voller prägnanter Formulierungen.

Den er im Oedipus beschrieben hatte.

47 Mit diesem Tumult nicht zufrieden und schließlich wegen der Verzögerung ungeduldig, schickt Statius sich an, obwohl ihm andere abrieten, sogar den Turm allein im Aufstieg zu überwinden, wobei ihn der Zündstoff seines ungestümen Charakters antreibt – alles wagen wollend, was Capaneus wagte.

Statius galt als kühn in übertragener Redeweise.

Sei es maßlose Kampflust, sei es überstürztes Ruhmesstreben: Schon ist es auf der Erde dem Mann zu gering, und es ekelt ihn zu säumen. Bald mißt er mit trotzigem Blick den steilen First. Zahllose Sprossen, seitwärts von zwei Bäumen eingeschlossen, trägt er sich als Weg durch die Luft: Und weithin zu fürchten, schneller wechselnden Schritts erhebt er sich triumphierend gegen die eroberten Mauern.

Theb. 10.

Alle waren starr. Claudian wenigstens hielt die Hand vor die Augen, sich über die Kühnheit wundernd: Es sei mehr Leichtsinn als Tapferkeit. Er schien in der Luft zu hängen, und sein Sturz wurde befürchtet. Statius aber, der schon höher ist und es dem hochherzigen und gefürchteten von Iupiter abstammenden Aeacus-Enkel nachmacht, scheut keine Mühe.

Anfang der Achilleis.

Lib. 10. Theb.   Vtque petita diu celsus fastigia supra
　　　　　　　　 Emicuit, trepidámque assurgens desuper Arcem
　　　　　　　　 Vidit, & ingenti captos exterruit umbrâ:
　　　　　　　　 Increpat attonitos:
Vos Bœoti, vos asini illiterati, vos flaccidi stolones. Defendite Regiam vestram Idiotæ, Auriti Momi, Ignorantes professi. ego vos Zoili: ignavissimi stupores! Semper mihi obscuritatem obicere! quasi verò caudicibus istis nubila prætendam! quasi vestrum cerebrum, si tamen habetis ullum, tenebris confundam! vestræ inscitiæ culpa est, non mei moris. En, vindex adsum injuriarum. Nec fortiùs dixit, quàm fecit. devolvere in subeuntes carminum formidolosorum sonantia latè saxa, trabes, rudera: insuper suspicientibus, nam ascensu Bœotos jam superaverat, *Palladis Gorgonem* (credebatur ab ipsa Diva subitò per aërem Alumno suo delata) obvertere. quidquid obvium ex *Thebaide* & *Achilleide* diripi potuit, in Arcadicum pecus projicere.

Capanêus apud　　Simul insultans, gressúque, manúque,
Statium lib. 10. Theb.　Molibus obstantes cuneos, tabulatáque sævus
　　　　　　　　Destruit. absiliunt pontes, tectíque trementis
　　　　　　　　Saxea frena labant: disseptóque aggere rursus
　　　　　　　　Vtitur, & truncas rupes in fana domósque
　　　　　　　　Præcipitat, frangítque suis jam mœnibus Arcem.
Desperata res visa. jam non obsessi tantùm, sed propè expugnati, concurrunt ad *Portam Fescenninam*, exitum quæsituri, fugam spectantes.

48 Sed eo ipso tempore, *fulminatrix Satyricorum Legio* portam effregerat. IUVENALIS, cùm diu clamâsset:

Sat. 1.　　Semper ego auditor tantùm: nunquámne reponam,
Sat. 10.　Vervecum in patria, crassóque sub aëre natis?

Arietavit in postes. idem ardor HORATII, idem PERSII fuit. junctis viribus procubuerunt cardines eversi. mox latè patuit via in primum atrium. Volscus altissimè vociferari, & socios auxiliares respectans advocare: identidem fulmineum & fatalem suum versum ingeminans:

Und als er über den lang erstrebten Giebel hoch hervorragte   *Theb. 10.*
und, sich emporreckend, von oben die zitternde Burg sah und
mit gewaltigem Schatten die Eingeschlossenen erschreckte,
schreit er die vom Donner Gerührten an:
‚Ihr Böoter, ihr literaturunkundigen Esel, ihr schlappen Tölpel! Verteidigt eure Königsburg, Idioten, Kritiker mit langen Ohren, bekennende Ignoranten. Ich will euch, Kritiker ––! Energielose Holzköpfe! Immer mir Dunkelheit vorzuwerfen! Als ob ich mit diesen Stämmen Wolken vorzöge! Als ob ich euer Gehirn, wenn ihr überhaupt eins habt, mit Dunkelheit verwirrte! Das ist Schuld eurer Unwissenheit, nicht meines Betragens. Seht, ich bin als Rächer des Unrechts da.' Nicht war er mit Worten tapferer als mit Taten. Er wälzt auf die sich Duckenden seiner furchterregenden Gedichte weithin tönende Felsen, Balken, Gestein herab: Den zu ihm Aufblickenden streckt er von oben – denn er war durch den Aufstieg schon über die Böoter gekommen – Pallas' Gorgonenhaupt (man glaubte, es sei von der Göttin selbst ihrem Zögling geschwind durch die Luft heruntergebracht worden) entgegen. Was auch immer aus Thebais und Achilleis zuhanden war und herausgerissen werden konnte, schleudert er gegen das arkadische Vieh.

Zugleich mit Fuß und Hand angreifend, zerstörte er wild   *Capaneus bei*
keilförmige die Mauern stützende Steine und Stockwerke;   *Statius Theb. 10.*
Fallbrücken springen ab, des zitternden Daches
steinerne Bänder wanken; und den zerstörten Wall benutzt er
erneut und schleudert zerborstene Steine von oben auf Tempel
und Häuser und bricht die Burg schon mit eigenen Mauern.
Die Sache schien verzweifelt. Die nicht mehr nur Belagerten, sondern fast Besiegten laufen zur Porta Fescennina zusammen, um einen Ausgang zu suchen – nach Flucht trachtend.

48 Aber zu eben dem Zeitpunkt hatte die blitzeschleudernde Legion der Satiriker das Tor aufgebrochen. Als Juvenal von weitem gerufen hatte:

Bin ich immer nur Hörer? Werde ich niemals erwidern   *Sat. 1.*
den in der Heimat der Hammel und in dicker Luft Geborenen?   *Sat. 10.*
stürmte er gegen die Torpfosten an. Denselben Feuereifer hatte Horaz, denselben Persius. Durch vereinte Kräfte stürzten die ausgehebelten Angeln zu Boden. Bald stand der Weg breit offen auf den ersten Platz. Der Volsker erhebt seine Stimme sehr laut und ruft, sich umsehend, die Hilfstruppen herbei, immer wieder seinen blitzenden und fatalen Vers wiederholend:

Quidquid habent telorum Armamentaria cœli, devolvite.
CLAUDIANUS, floridioribus armis, ipsóque speculo LUCRETII abjecto, *Stiliconiam Securim,* quam in Ruffinum & Eutropium olim strinxerat, resumpsit in manus, consociatis lictoribus; unáque cum alijs in penetralia irruit.

49 tum verò miserabilis rerum facies explicata. continua strages & laniena audiebatur. ceu in perditissimos eunuchos, & meritos proditores Patriæ grassarentur, sævitum est. Quotquot Momi primi incursabant, *formam & vocem bovis referentes*, ominosè in victimas computati sunt, statímque in ipso vestigio, absque vitta, & polline Deabus SOPHIÆ ac MINERVÆ immolati. Adhuc cumulatiùs favit Apollo victoribus. Nam plures *asini coccineis tapetibus & auro onusti*, qui per posticum elabi tentaverant, retracti intercipiebantur. in prædam cessere pleraque.

Symbola divitum indoctorum.

50 At enim præter ingentem pecuniæ vim, facti infectíque argenti, & alia mille talenta, nullius ingenij, nullius artificij specimen inventum. Nihil Apellis, vel Polycleti aut Mentoris. cuncta rudia, & mentis hebetudinem spirantia. Unam alterámque statuam Midæ, Regis Phrygiæ, repererunt. Simulacra item Faunorum, Sileni, Bacchi, Priapi, Veneris, & saxum Batti. OVIDIUS & LUCRETIUS putabant ipsissimum esse saxum, in quod stupor diriguit. Cæterùm ingens *Cornucopia* ex cervis, & hircis, & bubalis collecta. De cornu, vel naso Rhinocerotis, nihil. Magna seges *venabulorum*: quibus veruta, lora, nodi vinculorum, & quædam monilia canum appensa. Mensæ alveis & chartis lusorijs; item taxillis & aleis refertissimæ. Quis risus, quæ admiratio occupantium hæc idola insaniæ, & evertentium has Cathedras puerilium nugarum?

Persius obscurus Poëta, sed reconditæ doctrinæ.

51 PERSIUS de die minùs solitus videre, quàm noctu, usus fumo, & pulvere, & tenebris, ipsóque Solis occasu, quasi aliud agens, dum alij furunt & mactant, per anfractus & conclavia spatiatus, abditissima quæque rimabatur. casu incidit, in *arculam* vermiculato

Was des Himmels Rüstkammern an Waffen haben, holt herab! Claudian nahm, nachdem er seine allzu blumenreichen Waffen und sogar Lukrez' Spiegel beiseite gelegt hatte, das ‚stilichonische Beil', das er einst gegen Rufinus und Eutropius geschwungen hatte, wieder in die Hände, rief die Liktoren zusammen und stürzte zugleich mit den anderen in das Innere.

49 Da wurde wahrlich ein jämmerlicher Anblick des Geschehens enthüllt. Ununterbrochenes Morden und Schlachten war zu hören. Als gingen sie gegen ruchlose Eunuchen und schuldige Vaterlandsverräter vor, wurde gewütet. Soviele Kritiker als erste, in der Gestalt und mit der Stimme von Rindern, heranstürmten: Sie wurden in schlimmer Vorbedeutung zu den Opfertieren gerechnet und sofort, wie sie dastanden, ohne Binde und Mehl den Göttinnen Sophia und Minerva geopfert. Noch immer begünstigte Apollo die Sieger überreichlich. Denn mehrere Esel, die, mit scharlachroten Teppichen und Gold beladen, durch die Hintertür zu entweichen versucht hatten, wurden aufgehalten und abgefangen. Das meiste kam zur Beute. *Symbole dummer Reicher.*

50 Aber außer einer gewaltigen Menge Geldes, bearbeiteten und unbearbeiteten Silbers, und anderen tausend Talenten fand man keine Probe einer Begabung oder eines Kunstwerkes. Nichts von Apelles oder Polyklet oder Mentor. Alles war plump und atmete geistige Stumpfheit. Die eine oder andere Statue des Königs der Phryger, Midas, entdeckten sie, ebenso Abbilder von Faunen, Silenus, Bacchus, Priapus, Venus und den Stein des Battus. Ovid und Lukrez glaubten, er sei höchstselbst der Stein, in den seine Verdutztheit erstarrte. Im übrigen gab es eine gewaltige Fülle Horn, von Hirschen, Böcken und Gazellen gesammelt – vom Horn bzw. der Nase des Nashorns (jedoch) nichts. Da war eine große Menge Fangeisen, an denen Wurfspieße, Riemen, Knotenschlingen und einige Hundehalsbänder aufgehängt waren. Die Tische waren übervoll von Spielbrettern und Spielkarten, ebenso von Stäbchen und Würfeln. Welches Gelächter, welches Staunen gab es bei denen, die auf diese Götzenbilder der Tollheit trafen und diese Lehrkanzeln kindischer Possen zerstörten?

51 Persius, der gewohnt war, am Tag weniger zu sehen als in der Nacht, und Rauch, Pulverdampf, Dunkelheit und gerade den Sonnenuntergang nutzte, spazierte, als ob er etwas anderes vorhabe, während die anderen toben und morden, durch die gekrümmten Gänge und Gemächer und durchstöberte die abgelegensten *Persius ein dunkler Dichter, aber von verborgener Gelehrsamkeit.*

ebore ornatam, reconditam in angulo; Secretorum Consiliorum fasciculum complexam: qualia Bœoti adversus bonarum literarum Principes, ultimo conciliabulo statuerant. Infanda ea quidem, ac propter horrorem scelerum vix fidem inventura, propediem, si superis placet, vulganda.

52 Iam omnia Poëtarum summâ lætitiâ fervebant. unica frustratio iniquioris Fortunæ, plausum turbavit. *Ignorantia*, Domina asinorum, utcunque arctâ indagine Terentii septa cingebatur, ne posset evadere; deprêndi nequijt. Per furnum creditur venefica in auras erupisse, exemplo Medeæ. *Seneca Tragicus* hunc dolum observaverat. Quare Diris devotam in hæc verba persecutus est.

Vltimi versus Tragœdiæ de Medea.

Per alta vade spacia, spissato æthere,
Testare nullos esse, quà veheris, Deos.

Quo cognito, cùm convenissent Poëtæ Victores, Lauri folijs comas innexi: postquam satiaverant dolorem (& hunc ipsum Ignorantiæ elapsæ) stragibus obvijs; Arcem evertendam funditùs esse censuerunt. Nec mora; solo æquata est. *Onocentaurus* Catapulta, aliæque barbaræ machinæ, in frusta comminutæ sub Dio jacuerunt, ludibrium inertis soli.

53 Aderat *Franciscus Petrarcha*, (is, qui princeps hoc bellum moverat, Latij assertor) & entheâ exclamatione, destructionem funestæ Munitionis firmavit: quali scilicet Iosue Urbem Ierichuntinam devoverat. *Maledictus vir, qui suscitaverit & ædificaverit* Arcem Ignorantiæ dirutam. *in primogenito suo fundamenta illius jaciat: & in novissimo liberorum ponat portas ejus.*

L. Ios. c. 6.

54 statímque advocato Scazonte, curavit tres claudicantes versus humili saxo incidi, ut à prætereuntibus facilè legi possent.

Orte. Zufällig traf er auf ein mit ‚würmchenförmigem' Elfenbein geschmücktes Kästchen, das in einem Winkel verborgen war und ein Bündel geheimer Pläne enthielt, wie sie die Böoter gegen die Führer der guten Literatur in der letzten Versammlung beschlossen hatten. Die Pläne, die ohne Zweifel unsäglich und wegen des Entsetzens vor den Verbrechen bestimmt waren, kaum Glauben zu finden, sollten nächster Tage, wenn es den Göttern gefällt, veröffentlicht werden.

52 Schon erdröhnte alles von der größten Freude der Dichter. Eine einzige Täuschung der allzu ungnädigen Fortuna störte das freudige Getöse. Ignorantia, die Herrin der Esel – wie auch immer sie von Terenz' enger Umstellung umgeben eingeschlossen war, damit sie nicht zu entkommen vermöge –, konnte nicht gefaßt werden. Man glaubte, die Zauberin sei nach Medeas Beispiel durch den Rauch (des Ofens) in die Lüfte ausgebrochen. Der Tragiker Seneca hatte diese List beobachtet. Daher verfolgte er die den Furien Anheimgegebene zu diesen Worten:

Geh hin durch die hohen Räume, im dichten Äther,   *Letzte Verse der*
bezeuge, daß es keine Götter gibt, wo du fährst.   *Tragödie über Medea.*

Als das bemerkt worden war und die siegreichen Dichter, mit Lorbeerblättern im Haar, zusammengekommen waren, beschlossen sie, nachdem sie ihren Schmerz (auch gerade den über Ignorantias Entkommen) aufgrund der Leichenhaufen, auf die sie trafen, gestillt hatten, daß die Burg von Grund auf zu zerstören sei. Es gab keinen Verzug: Sie wurde dem Erdboden gleichgemacht. Der Katapult Onocentaurus und andere Maschinen der Barbaren lagen, in kleine Stücke zertrümmert, unter freiem Himmel, ein Spielball des unfruchtbaren Bodens.

53 Francesco Petrarca erschien (er, der als erster diesen Krieg in Gang gesetzt hatte, Latiums Anwalt) und bekräftigte die Zerstörung des unheilvollen Bollwerks mit einer begeisterten Rede, wie – man denke nur! – Josua die Stadt Jericho dem Untergang geweiht hatte: ‚Verflucht der Mann, der wieder erheben und aufbauen wird die   *B. Ios. c. 6.*
zerstörte Burg der Ignoranz. Auf Kosten seines Erstgeborenen lege er die Fundamente, und bei dem letzten der Kinder setze er ihre Tore.'

54 Und nachdem sofort Scazon herbeigerufen war, ließ er drei hinkende Verse einem niederen Felsen einschneiden, daß sie von den Vorübergehenden leicht gelesen werden konnten:

> *Exstruere rursum si quis ausit hoc Castrum:*
> *Hiscente Terrâ, quæ ferebat, absorptus*
> *(vivus vidénsque).*

Sed aderat & Satyricus aliquis, cavillatus in hunc sensum. Quid proderit evertisse hosticam sedem, aut reparatores arcere? *Ignorantia,* ut scitis, *abijt, excessit, erupit, evasit,* modò nusquam & ubique habitat: omnium indoctorum & rudium pectoribus recipienda. in omni plebe reperiet diversorium. Venatores, milites profani, avari, fœneratores, torquati publicani, purpurati cerdones etiam palatium aperient. Cæterùm expugnationem famosæ hujus Arcis, omnémque gestæ rei seriem, *Ovidius* in suos *Fastos* referre jussus est.

Ovidius auctor Fastorum.

FINIS.

*

HAbes fabulam, Iosephe, confectam. cui si applaudere vis, favori immerito adscripserim: si explodere; scias, te cum fumo & imaginibus aërijs litigare. Sed & hoc noveris: Figmentis Poëtarum subesse verisimilia, quæ continuare, *servato semper Decoro,* (quam laudem nobis non pollicemur) rem in *Poëtica Facultate* esse difficillimam. Vera enim facta narrare, uti est syncerioris animi, & constantioris propositi; ita in ficto schematum usu non deficere; progredíque usque ad spectaculum eruditæ voluptatis; nisi me labores & otia fallunt; dicam esse felicioris ingenij, & majoris artificij.

Habes igitur, Iuvenis nobilissime, Veterum Poëtarum (nam Recentium censuram, delibando vix attigimus) ingenia geniúmque, stylorum & spirituum varietatem, atque diversos canendi modos, militariter à nobis descriptos, non sine illecebra, ut putamus, ali-

*Wenn jemand wagen sollte, diese Burg wieder aufzubauen,
durch einen Spalt der Erde, die ihn trug, verschluckt
(lebend und sehend) --*

Aber es war auch ein Satiriker da, der in diesem Sinn spottete: ‚Was wird es nützen, den feindlichen Sitz zerstört zu haben oder Wiederaufbauer fernzuhalten? Ignorantia ist, wie ihr wißt, fortgegangen, verschwunden, ausgebrochen, entflohen, bald wohnt sie nirgendwo und überall: Die Herzen aller Dummen und Ungehobelten müssen sie aufnehmen. Im ganzen Volk wird sie eine Bleibe finden. Jäger, verkommene Soldaten, Geizhälse, Wucherer, Zöllner mit goldenen Ketten, in Purpur gekleidete Proleten werden sogar ihren Palast öffnen.' Übrigens bekam Ovid den Befehl, die Eroberung dieser übelbeleumdeten Burg und die ganze Kette des Geschehens in seine Fasti aufzunehmen.

Ovid Autor der Fasti.

ENDE.

*

Da hast du, Josephus, die fertige Erzählung. Wenn du ihr Beifall erweisen willst, möchte ich ihn unverdienter Gunst zurechnen, wenn Tadel, wisse, daß du mit Rauch und Luftbildern streitest. Aber auch das sieh ein: daß den Erfindungen der Poeten Wahrscheinliches zugrunde liegt, das durchgängig darzustellen – immer unter Wahrung des Schicklichen (ein Lob, das wir uns nicht zurechnen) – eine bei der Dichtergabe sehr schwierige Sache ist. Denn wie wahre Fakten erzählen Zeichen einer natürlicheren Gesinnung und eines gleichmäßigeren Vorhabens ist, so ist bei der dichterischen Anwendung von Ausdrucksformen nicht zu erlahmen und bis zu dem Schauspiel eines gebildeten Vergnügens vorzudringen – wenn mich Mühe und Muße nicht täuschen, möchte ich sagen – Zeichen einer glücklicheren Begabung und einer größeren Kunstfertigkeit.

Du hast hier also, edelster Jüngling, der Alten Dichter (denn eine Kritik der Neueren haben wir kaum nippend berührt) Anlagen und Charaktere, Verschiedenheit der Stile und Gesinnungen sowie vielfältige Weisen des Singens, die von uns auf militärische Weise nicht ohne einen deinem Alter, wie wir glauben, angemessenen

qua, conveniente tuæ ætati, assumendos. Indue Vatis, qui placuerit, ferociam & arma, quæ mensuræ respondeant.

Ad *Crisin* quod attinet, hujus militiæ nervum & animam; non tam proprio, quàm alieno doctissimorum Virorum judicio adhæsimus. VIRGILIUM, quasi Archistrategum, primas tenere, quis nescit? ab illo secundas STATIO alij quoque assignant. OVIDIO, ingenij & facundiæ prærogativam, nemo sine piaculo eripiet. LUCANUM, animosissimum Poëtam, legíque dignissimum, multis tamen *Tautologijs* indulgere, sibíque non semper constare, constat. CLAUDIANI elegantiam & nitorem nativum, séque ubertim propinantem studiosæ Iuventuti, qui hactenus superaverit, non vidimus. LUCRETIO philosophari, ut ipsemet fatetur, amor & gloria fuit. Quare TIBULLUS vocetur *cultus*, scimus; quo autem jure CATULLUS *Docti* nomen antonomasticè usurpet, multi mecum hodiéque ignorant: esto: Passeratio aliud videatur. IUVENALEM HORATIO, quoad Satyras, non ego tantùm, sed & alij præponunt. PERSIUM obscurum esse, res loquitur. Hinc quidam: *Vis Persī tetricas videre noctes? Auditor lege scripta: Lector audi.* MARTIALEM semper impurè calidum, nonnunquam ineptè frigidum cavillari, jocosæ ejus & lascivæ paginæ docent. Cæterùm negari non potest; M. Val. Mart. Epigrammatographum loco suo honestissimè stare. Poëtam non ignobilem, ingenio & facundiâ præstantem, dignúmque, qui à Iuvenibus correctus foveatur. Paupertas illi in hac Expeditione objecta, militare convicium est; imò potiùs jocus. Quòd aliqua indignè perpessus sit, ad belli licentiam referas. Mars promiscuè spolia & injurias dividit. probri aut incommodorum in bello metuens, etiam ante tubam, necesse est, clypeum & hastam abjiciat.

Anreiz beschrieben und von dir aufzunehmen sind. Eigne dir desjenigen Dichters, der dir gefallen hat, Kampfeslust und Waffen an, die deinem Maß entsprechen.

Was die vergleichende Beurteilung betrifft, Nerv und Seele dieses Kriegszugs, haben wir uns nicht so sehr an das eigene als vielmehr an das fremde Urteil gelehrtester Männer gehalten. Daß Vergil, gewissermaßen als Erzstratege, den ersten Platz innehat, wer weiß das nicht? Den zweiten Platz nach ihm teilen auch andere Statius zu. Ovid wird niemand den Vorzug seiner Begabung und Beredsamkeit straflos entreißen. Daß Lukan, ein sehr kühner Dichter und sehr würdig gelesen zu werden, dennoch viele Doppelungen liebt und nicht immer fest (sich gleich) bleibt, steht fest. Jemanden, der Claudians Eleganz und natürlichen und sich in reichem Maß der studierenden Jugend empfehlenden Glanz bisher übertroffen hat, haben wir nicht gesehen. Lukrez war das Philosophieren, wie er selbst gesteht, Liebe und Ruhm. Warum Tibull ‚gepflegt' genannt wird, wissen wir. Mit welchem Recht aber Catull den Namen ‚Gelehrter' als Antonomasie beansprucht, wissen viele mit mir heute noch nicht. Sei's drum, Passerat denke anders. Juvenal ziehen Horaz, soweit es die Satiren betrifft, nicht nur ich, sondern auch andere vor. Daß Persius dunkel ist, sagt die Sachlage aus. Deshalb dichtete jemand: ‚Willst du die finsteren Nächte des Persius sehen? Hörer, lies die Schriften: Leser, höre sie!' Daß Martial oft unrein hitzig, zuweilen töricht frostig spottet, lehren seine witzigen und lasziven Seiten. Im übrigen kann nicht bestritten werden, daß Marcus Valerius Martialis als Epigrammatiker in ehrenhaftester Weise auf seinem Platz steht – kein geringer Dichter, an Begabung und Redegewandtheit herausragend und würdig, daß er, verbessert, von den Jünglingen gehegt wird. Die in dieser Expedition ihm vorgeworfene Armut ist eine Soldatenstichelei, ja eher ein Scherz. Daß er einiges unwürdig erlitten hat, magst du auf die Lizenz des Kriegs zurückführen. Mars teilt vermischt Beute und Unrecht aus. Wer Schimpf und Schaden im Krieg fürchtet, für den ist es notwendig, sogar vor dem Tubasignal Schild und Lanze fortzuwerfen.

C. *Castrum*. Interpretation

Widmung

Das *Castrum* ist Josephus Bertronius, dem Sohn des Franciscus Bertronius, gewidmet. Beide sind unbekannt. Man erfährt aber, daß der Vater mit dem älteren Sohn Carolus unter Leopold I. (Kaiser 1658–1705) in den Krieg gegen die Türken zu ziehen im Begriff ist. Es handelt sich um den siegreichen 1. Türkenkrieg 1663–1664 (10. August 1664: Frieden von Vasvár). Die Widmung ist also auf 1663 zu datieren. Das Werk erscheint 1664 im Druck. Josephus befindet sich noch in der Aus- bzw. Weiterbildung. Denn er ist jung (*adhuc adolescens*). Er hat bereits Philosophie studiert und könnte ein angehender Theologe sein. Für Jesuiten war im Studium ein mindestens dreijähriger *Cursus philosophicus* vorgeschrieben.[1] Nun wendet Josephus sich (wieder) den Musen zu und wird von Balde in der aktiven Dichtkunst unterwiesen. Es könnte sich um die Redner-Akademie für junge Jesuiten handeln, in der das Dichten eine große Rolle spielte.[2]

Die Konstellation der Brüder gibt Balde Gelegenheit, die Vita contemplativa (Musendienst) gegen die Vita activa (Kriegsdienst) zu stellen und beider Bedeutung darzulegen.[3] Zunächst wird aber Carolus mit dem Jüngling aus Pella, Alexander dem Großen, verglichen: Der große Feldherr beherrschte Fortuna, Josephus beherrscht Apollo (die Dichtkunst). Bei dem Vergleich mit dem Bruder steht Carolus unter dem Schutz Bellonas, der Kriegsgöttin, Josephus unter dem Minervas, der Musengöttin. Beide kämpfen; ja Balde sagt, er wisse nicht, wer einen tapfereren Kampf zu bestehen habe: wer gegen die unheilvollen Türken oder wer gegen die überheblichen Feinde der Weisheit zu Felde ziehe. Hier wird das Ziel der Ausbildung genannt: nicht sich privat als Schöngeist mit der Dichtung zu befassen, sondern für sie einzutreten und sie gegen Angriffe zu verteidigen. Es ist die neulateinische Dichtung gemeint, die auf dem Studium der alten Dichter beruht.

Die *superbi hostes* sind die *Ignorantes*, ihre Königin die *Ignorantia*. Damit wird in das Thema des *Castrum* eingeführt. Petrarca sei der erste gewesen, der sich der Ignoranz entgegenstellte, die sogar in Italien, dem Ursprungsland der antiken römischen Literatur, herrschte. Petrarca schuf aus ihr heraus eine neue lateinische Literatur. Er ist damit, jedenfalls in Baldes Augen, der Initiator der

---

[1] Burkard 2004, 111–112 (mit Literatur).
[2] ▸ S. 4–8.
[3] Wenn es heißt, Joseph denke an nichts anderes als an den kreisenden Himmel und an Verse (*volubile cœlum & versus*), sind mit dem ersten Objekt ‚hohe Dinge' gemeint; er hat ja Macht über Apollo (den Sonnen- und Musengott). *volubile cœlum*: Cic. *Timaeus* 20: *caelo solivago volubili*; Luk. 6, 447: *caelique volubilis*.

neulateinischen Dichtung – der ‚Renaissance', der Wiedergeburt der Antike, und er ist nicht nur der Ahnherr der neulateinischen Dichter, sondern letztlich auch Baldes.

Balde betont, daß er ein großes Thema nur in Aspekten darstellt, daß er nicht eine *justa historia*, sondern eine *epitome* vorlege. Er hat keine Neigung zu einem größeren Werk, und man wird sagen dürfen: zu Recht. Denn wenn das Ganze auf 100 oder mehr Seiten ausgesponnen wäre, verlöre es den durchweg prägnanten Witz. Dessen war sich Balde bewußt. Es sollte, wie er selbst sagt, ein *nugari in Utopia* sein. Im übrigen geht es um einen ‚Kampf', nicht um eine Literaturgeschichte.

Vorwort

Wie Vater und Sohn Bertronius ist auch Raphael Stibius, der nach Baldes Worten den *Elenchus* veranlaßt hat, nicht zu identifizieren. *stibium* ist ein Pulver aus geröstetem Spießglaserz, das wie Ruß (*fuligo*) aussieht und von Frauen auf die Augenbrauen gestrichen wurde.[4] Stibius könnte Schwarz geheißen haben.[5] Ob er in Trient gewohnt oder sich dort nur vorübergehend aufgehalten hat, ist ebenso unbekannt.[6] Er beruft sich auf das 1661 erschienene *Solatium podagricorum*, in dem Balde darlegt, daß er Guilielmus Petmessius einen Schatz an Inhalten bzw. Stoffen vorgelegt habe, die er dichterisch bearbeiten wolle.[7] Stibius versichert, von ihm und vielen anderen werde eine solche Sammlung sehr geschätzt, damit junge Dichter ähnliche Sujets ersinnen oder sich wenigstens an Baldes Themen

---

4 Georges: ‚Augenschwärze'. Schon Plin. *Nat.* 33, 102 berichtet über diese Sitte.
5 Der Name des Malers Christoph Schwarz wird allerdings anders latinisiert: *Niger* (*Lyr.* 4, 13, 49; *Urania* 1, 3, 88).
6 In Trient gab es ein Jesuitenkolleg (Duhr 1921, 160–162). Stibius könnte ihm angehört haben.
7 Hinter dem Pseudonym Petmessius steht der bedeutende Jesuit Wilhelm von Gumppenberg (1609–1675), über den Balde in der Widmung des *Solatium* berichtet (1729, IV, 8–14, dort *Petmesius* geschrieben). Gumppenberg beendete 1624 die Gymnasialzeit am Jesuiten-Gymnasium in München und trat 1625 in den Jesuitenorden ein. Balde bekam die Anregung für den lateinischen Namen Petmes(s)ius wohl von Gumppenberg, einem Weiler und Ortsteil des Marktes Pöttmes im Landkreis Aichach-Friedberg im schwäbischen Bayern, wo eine Linie der Gumppenbergs ansässig war. Natürlich kann der Name auch von einem Angehörigen des bedeutenden Geschlechts gebildet worden sein. Petmessius wurde durch den *Atlas Marianus sive de imaginibus Deiparae per orbem christianum miraculosis* (I / II, Ingolstadt 1657) bekannt, in dem 1200 Wallfahrtsorte mit Marienverehrung beschrieben sind. Balde nennt ihn *inter Marianophilos non postremus institor*.

üben könnten – wie Soldaten am Pfahl.[8] Balde möge davon mehr zur Verfügung stellen. Wie so oft teilt er mit, daß er zu einem neuen Werk von anderen aufgefordert wird. Die Schilderung, auf welche Weise er neue Konzepte[9] ersinnt, gibt einen psychologisch interessanten Vorgang wieder: Die Bedeutungen der Oxymora *otiosum negotium* und *negotiosum otium* dürften auf dasselbe hinauslaufen: Beschäftigungen, bei denen man an andere Dinge denken kann – eben an Konzepte.[10] *Diss*. 64 erwähnt Balde *negotiosas [...] mentis imagines, magnorum operum effectrices*.[11] Nach den Abschweifungen wendet sich der *animus* wieder der eigentlichen Beschäftigung zu und konzentriert sich auf sie. So sei innerhalb kurzer Zeit eine unveråchtliche Ernte dieser Art[12] eingebracht worden.[13]

Daß Balde Stibius' Aufforderung betont, könnte auch darin begründet sein, daß man ihm Zurschaustellung seiner Einfälle vorwarf bzw. daß er einem solchen Vorwurf vorbeugen wollte. Jedenfalls spricht Franciscus Bertronius davon (*ostentare ad pompam*),[14] was Balde zurückweist. Der Disput gibt ihm ferner Gelegenheit, die Neuheit des Werks nachdrücklich zu betonen,[15] denn die *novitas* der

---

8 *palus*: Pfahl = hölzernes Phantom eines Gegners, das junge römische Soldaten zur Übung angriffen (Burkard 2004, 321).
9 *conceptus* wird hier wörtlich wiedergegeben. Schäfer 1976, 158 versteht: ‚Einfälle für Vers- oder Prosadichtungen', Claren et alii 2003, 208: „Lateinische Übersetzung von ‚Concetto', dem Fachterminus für ein pointiert zugespitztes Wort- bzw. Gedankenspiel" (mit weiterer Erklärung), Burkard 2004, XXXIII: ‚geistreiche Einfälle, Pointen', die ‚als Themenvorgabe für ein Gedicht dienen' (s. ferner dort 107–108). Schäfer bestimmt unter Hinweis auf *El*. 331 (▸ dort) näher: „Aus der Phantasie entspringen die *conceptus*, ein Vorgang, bei dem sich Rationalität und Irrationalität, Handeln und Erleiden durchdringen. Balde stellt ihn einerseits als Schöpfung aus dem Nichts dar [...], andererseits als Eingebung, die er mit den mystischen Erleuchtungen der Heiligen vergleicht" (1976, 159).
10 Oben S. 82 wird derselbe Vorgang beschrieben: Die Konzepte fielen Balde ein, *quamvis omnia alia agerem*, wie er sagt.
11 Nach der *Castrum*-Stelle müßte man *negotiosas mentis imagines* als ‚Bilder, die während einer Beschäftigung (mit anderen Dingen) im Geist aufscheinen' verstehen (Burkard 2004, 61: ‚Die geschäftigen Bilder des Geistes').
12 *hujus farinæ* (*farina*: ‚Mehl') heißt hier wohl ‚dieser Art', ‚dieses Schlags' wie Pers. 5, 115 *nostrae farinae* (Georges: ‚unseres Schlages', weitere Belege: Tosi 1991, 50–51). *seges* umfaßt die Saat bis zur Ernte (Georges: ‚bis zum Abmähen'). Aus der Saat wird Korn und dann Mehl, aus den *conceptus* werden literarische Ausarbeitungen. Wenig später folgt das Bild des Dreschens (*tritura*) für die Tätigkeit der *scriptores*.
13 Der Katalog wird zu einem ‚Bündel' / einer ‚Sammlung' (*fasciculus*) zusammengestellt. Zum Wort (auch in 51): Johann Moller veröffentlichte einen Fasciculus Sermonum Funeralium Nobilium [...], Leipzig 1670.
14 Franciscus Bertronius prüft die Themen einzeln: *sigillatim* = *singulatim* (Niermeyer 2002).
15 *deflorare*: ‚beleidigen' (Mittellat. Wörterbuch III, 2007).

neulateinischen und damit der eigenen Dichtung ist ihm ein Grundanliegen, wie er *Diss.* 7–9 eindringlich ausführt.[16] Was schade den Schriften und Bemühungen der Neulateiner mehr, als daß sie in dem Ruf stehen, nichts Neues zu schaffen, als daß einer in des anderen Garten Obst sammelt, dessen Weinpflanzungen fällt[17] und die Gewächse zu sich herüberbringt?[18] Auf eigene Themenfindung (*inventio*) wird kein Wert gelegt, die Literatur der Alten einfach nachgebetet.[19] Trotzdem bleibt eine Frage. Neu ist der *Elenchus* gewiß, das ist nich zu bezweifeln. Ist er auch sinnvoll? Ein Dichter kann viele Pläne haben, aber er braucht sie nicht zu veröffentlichen. Um dieses Dilemma zu beheben, wird mitgeteilt, die Sammlung solle auch der dichtenden Jugend Anregungen vermitteln. Das ist sinnvoll. Vielleicht hat ihre Existenz noch einen tieferen Grund. Ungeachtet der Frage, ob er selbst einiges außer dem *Castrum*-Thema bearbeiten wolle bzw. könne, gibt Balde mit den pointierten, teilweise scharfen Formulierungen der Themen sein inneres Denken preis.[20]

Balde verteidigt die Veröffentlichung[21] geplanter Themen, wie sie das *Solatium* in der Widmung und der *Elenchus* bieten. Auf diese Weise könne der Dichter rechtzeitig sehen, ob er auf dem richtigen Weg ist. Wenn er *per errorem* etwas nicht Gelungenes ersonnen habe, solle er nicht, trauernd auf Sisyphus' Stein sitzend,[22] doppeltes Unglück erfahren, nämlich zu dem unzureichenden Werk auch noch (hämische) Kritik dazu ernten. Ein nicht geringer Hieb trifft die Kritiker, gegen die sich Balde immer gewehrt hat. Während sie nicht wagten, ihre Worte und Taten der Zensur zu unterwerfen, unterwerfe Balde sogar seine Erwägungen der (öffentlichen) Prüfung. Die Kritiker werden sonderbare Areopagiten[23]

---

16 Dazu Burkard 2004, 117–144.
17 ▸ zu *El.* 295.
18 Dasselbe Bild *Diss.* 9.
19 *repotia* ist eine Nachfeier, nicht eine reguläre Feier (*symposium*). Balde bezog *repotia* wohl aus Hor. *Sat.* 2, 2, 60.
20 ▸ S. 45–48.
21 Dichterisches Bild: Sie werden auf der Waage gewogen, die am Tor des Parnasses angebracht ist. Je nach dem Ergebnis kann der Dichter das Tor durchschreiten – oder nicht.
22 Balde nimmt Ovids Bild auf, daß die Büßer in der Unterwelt erschüttert Orpheus' Gesang hören und innehalten. Sisyphus setzt sich sogar auf seinen Stein (den er zur Strafe unaufhörlich einen Berg hinaufzuschleppen hat): *inque tuo sedisti, Sisyphe, saxo* (*Met.* 10, 44). Er ist gewissermaßen ‚gelähmt'.
23 Mitglieder des höchsten Gerichtshofs in Athen mit politischem Einfluß.

genannt, die Baldes Oden hinsichtlich ihrer Qualität[24] – es ist wohl zu verstehen: überwiegend – anders bewerten als der Dichter selbst.[25]

Die Apologie geht weiter: Bertronius möge berücksichtigen, daß die Kunst lang, das Leben kurz ist[26] und uns in dieser Kürze viele gute Gedanken entschwinden, die wir nicht festhalten, weil wir ihr Aufscheinen nicht wahrnehmen. Eben dem will Balde vorbeugen, indem er die flüchtigen Bilder des Verstandes beachtet und eine Fülle von Konzepten gewinnt, die wie durch das Gitterfenster eines Reisewagens von selbst einfallen.[27] Vorräte zu haben sei wichtig. Bertronius sehe – Balde schreibt eine blitzende Satire –, wie viele ängstlich nach geeigneten Themen suchen, sich die Haare raufen und nicht einmal das Haar einer Erfindung in der Hand halten[28] – die die poetische Ader mit der Hand prüfen[29] – die mit Pompeius' Fuß[30] (im lukanischen Hexameterrhythmus) auf die Erde stampfen und trotzdem keinen (echten) kriegerischen Vers produzieren. ‚Keine Neuheit sproßt hervor'.[31] Nicht einmal, wenn sie ihre (!) Zähne säten, sähen sie einen Erd-

---

24 *horrorem spirant*: ‚hauchen Frostschauer aus', d. h. wirken kalt. Es könnte wie bei den frostigen Pointen der Epigrammatik in *El.* 313 (▶ dort) an den Stilbegriff ψυχρῶς (‚kalt', ‚frostig') gedacht sein.
25 *Horatium in ore ac vultû, ipsóque ventre Citharæ gerunt*: Die letzte Gruppe der Oden kommt Horaz hinsichtlich Schönheit und Ausdruck (*os* und *vultus* wie Tac. *nihil impetus* (auch *metus* überl.) *in vultu, gratia oris supererat*) sowie des musikalischen Duktus gleich, sie sind ‚echter' Horaz (*gerere aliquem* wie *agere aliquem* = ‚jemandes Rolle spielen / übernehmen'). Horaz war Dichter und Komponist (G. Wille, Einführung in das römische Musikleben, Darmstadt 1977, bes. 131); Balde meint wohl den musikalischen Charakter der Oden. *ventre Citharæ* wie *cava testudine* (Hor. *Epod.* 14, 11). Thorsten Burkard gibt folgende Erklärung: „Die Oden werden zu Mädchen personifiziert (vgl. etwa Ov. *ars* 3, 153: *Et neglecta decet multas coma*), die auch mit vernachlässigtem Äußeren schön (= echt horazisch) sein können. Der Ausdruck *Horatium in ore ac vultu* (wohl synonym zu *vultus*) *gerunt* ist (auch innerhalb der Personifikation) übertragen zu verstehen – dann nimmt Balde den Ausdruck *gerere* ernst und drückt den Oden-Mädchen die Cithara in die Hand, in deren Bauch (es ist an die moderne Laute zu denken) sie Horaz im Wortsinne tragen können."
26 Sen. *De brev. vitae* 1, 1: *inde illa maximi medicorum exclamatio est, vitam brevem esse, longam artem* (nach Hippokrates' 1. Aphorismus: ὁ βίος βραχύς, ἡ δὲ τέχνη μακρή).
27 D. h., die Konzepte fallen Balde, während er mit anderem beschäftigt ist, spontan ein, nicht nach festem Plan.
28 Wortspiel: *capilli* = Haare; *ne pilus quidem inventionis* = nicht einmal das Haar einer Erfindung: absolut nichts.
29 Ein witziges Bild, in dem das Prüfen des Pulses mit der Hand und das Prüfen der poetischen Ader ineinander übergehen.
30 D. h., es nützt nichts, wie Pompeius zu marschieren = Pompeius zu imitieren = Kriege in Lukans Stil zu dichten (Pompeius ist einer beiden Hauptelden des *Bellum civile*). *icunt* (A) / *iciunt* (C): Beide Formen begegnen in der Antike, gebräuchlicher ist *iciunt*.
31 Imitation führt nicht zu *novitas*. Auch dieses Bild ist überlegt: *pullulat* paßt zu *terra*.

geborenen in Phokis, der sich sechs Fuß[32] hoch erhebt.[33] Ein neuer Iason nähme vergeblich einen heroischen Vers oder eine heroische Tat in Angriff.[34] Die Bilder bedeuten: Bloße Lukan- oder bloße Valerius Flaccus-Imitation ergibt noch keine n e u e, eben neulateinische Dichtung. Es fehlt die *novitas* = Originalität.

Nicht an allen Orten noch zu jeder Zeit begünstigt Apollo Klienten, selbst wenn sie auf ihn geschworen haben: Der Dichter muß selbst aktiv werden und Vorsorge treffen.[35] Zwar kann die Nacht Rat schaffen, aber einen besseren Rat geben viele Tage.[36] Wenn die halbe Arbeit schon erledigt ist, wird eine Aufgabe leichter bewältigt. Als Musterbeispiel wird angeführt, daß Vergil die *Aeneis* vor der Versfassung in Prosa konzipiert habe,[37] damit der Geist frei von ängstlichem Ausdenken der inhaltlichen Erfindung sei und sich desto angelegentlicher dem künstlerischen Bewältigen der großen Mühe widmen könne. Das ist hoch gegriffen, und so folgt dem Genus der Satire entsprechend sogleich ein nicht ernstzunehmendes Beispiel aus der *Aeneis* selbst. Als Turnus in den Kampf gegen Aeneas zog, habe er nicht erst eine Lanze beim Waffenschmied bestellt, sondern eine bereitstehende aus dem Tempel geholt![38] Das ist bewußt grotesk argumentiert. Und noch einmal greift Balde (zu) hoch: Der junge Krieger nehme[39] einen Pfeil aus Apollos Köcher,[40] der einen Erfolg habe wie der einst von Mars gegen Eutropius geschleuderte Speer,[41] der hoch durch die Wolken flog.[42] Präparation ist

---

32 *sex pedibus* ist doppeldeutig: Größe / epischer Hexameter.
33 Aus den von Iason in Kolchis bei der Gewinnung des Goldenen Vlieses gesäten Drachenzähnen entstanden gewaltige Krieger. Phokis: Landschaft in Mittelgriechenland. Hier könnte eine Verwechslung vorliegen: Bei der Gründung Thebens säte Kadmos Drachenzähne, woraus ebenfalls riesige Krieger erwuchsen. Theben liegt in Böotien (an das nordwestlich Phokis grenzt). Die ‚Erdgeborenen' auch in *Ca. 9*.
34 D. h., es nützt nichts, den Haupthelden der *Argonautica* Iason zu imitieren = Kriege in Valerius Flaccus' Stil zu dichten.
35 *quæ multò antè concepta*: die vorsorgend erdachten *conceptus* (*concepta*).
36 Der erste Teil ist ein Sprichwort, das schon das Mittelalter kannte: *nox consilium dabit* (Walther 18860c). Balde führt es im Sinn seiner Argumentation (wie andere?) weiter.
37 Überliefert in der *Sueton / Donat-Vita 23*.
38 Zitat: Verg. *Aen*. 12, 92–97. Zu der Stelle ▸ auch *El*. 148.
39 *corripiat* nimmt *corripit* aus dem Vergil-Zitat auf.
40 Der Leser erinnert sich der Widmung: Der junge dichterisch begabte Josephus Bertronius hat Apollo *in potestate*.
41 Zitat: Claud. *In Eutrop*. 2, 166–168 (Mars beginnt mit dem Speerwurf den Kampf gegen den verschnittenen Konsul Eutropius).
42 Der Leser erinnert sich der Widmung: Der junge dichterisch begabte Josephus Bertronius denkt an nichts anderes als an *volubile cœlum, & versus*: Er zielt mit seiner Dichtkunst auf den Himmel, d. h. auf Höheres.

alles! Daher können, sagt Balde, die von ihm ersonnenen Themen[43] gleichsam ein Arsenal für einen jungen Dichter sein, der nach Höherem strebt.

Das zweite Beispiel ist nicht weniger ambivalent. Schwerlich hat Balde einen bestimmten Porträtmaler im Auge (es sei denn einen vom Jahrmarkt), der dreihundert und mehr Köpfe verschiedenster Art im voraus geschaffen, aber die Augen, auf die es ankomme,[44] noch nicht eingesetzt habe. Die Geschichte von dem *ophthalmicus Apelles*[45] klingt arg nach Satire: Balde antwortet den Kritikern und Skeptikern – zu den letzten gehört auch Bertronius – souverän.[46] Ist er unwillig?

Dann läßt er Ajax sprechen, der nach den Worten auf Taten drängte,[47] und bietet Bertronius an, die Probe aufs Exempel zu machen, um zu demonstrieren, daß die Sammlung Sinnvolles bündelt. Der wählt das letzte Thema (Die zerstörte Burg der Ignoranz), weil es zu der erstrebten Eroberung Konstantinopels paßt,[48] und Balde erbietet sich förmlich,[49] die Schrift voller musischer Mysterien[50] bis zu Bertronius' Rückkehr auszuführen.

So also entstand das *Castrum* – auf Wunsch eines Auftraggebers. Balde gibt dafür die gleiche Ursache an wie für den *Elenchus*. Beide sind ganz ungewöhnliche Werke, beider Entstehung glaubte er rechtfertigen zu müssen. In Wahrheit saßen die Ursachen tiefer.

---

43 *Lemmatum*: *lemma* = Thema, Titel. Balde kennt Mart. 11, 42, 2; 14, 2, 3.
44 *stellæ*: die Sterne in den Augen (Georges), 'pupils' (Platnauer 1922, II, 227), beide zu Claud. *Phoenix* 37 (in der Jägersprache Stern = Iris beim Wild).
45 Apelles, Zeitgenosse Alexander des Großen, galt als der größte Maler der Antike.
46 *si ab alveari fuci desunt*: d. h. ‚wenn sonst kein Hindernis da ist'; könnte sprichwörtlich gewesen sein und somit die Reihung krönen. Daß die Drohnen, ohne dazu beizutragen, auf die Honigwaben der Bienen Anspruch erheben, kannte Balde, wenn nicht aus eigener Anschauung, so doch aus Vergil *Georg.* 4, 244 *immunisque sedens aliena ad pabula fucus* sowie aus der Phaedrus-Fabel 3, 13 *Apes et fuci vespa iudice*.
47 Zitat: Ov. *Met.* 13, 120 (aus Ajax' Rede gegen Ulixes, mit der er sich bei den griechischen Führern vor Troia um Achilles' Waffen bewirbt).
48 *campo*: ‚Schlachtfeld' wie Iuv. 2, 106. *Bellum mirabile promittis* ist kursiv (wie der fortlaufende Text) zu drucken, weil es nicht zu dem folgenden Kurztitel Ignorantiæ Castrum eversum gehört. Falsch *AC*, richtig *B* (sinngemäß).
49 Souverän formuliert, insofern dreimal ein juristischer Kontext suggeriert wird: *pacisci* (‚ein Abkommen treffen') / *respondere* (‚förmlich versichern') / *addito* (Imperativ Futur besonders in der Gesetzessprache anzutreffen). *addito* könnte auch verkürzt formelhaft verstanden werden (‚indem hinzugefügt wurde') wie am Ende von 34: *hoc addito* (‚indem das hinzugefügt wurde').
50 *mysteria Heliconia*: *Sylv.* 1, 17 (*Dithyrambus Venatorius*), 110–111 ist von *Apollo mysticus* die Rede: *queis Apollo | mysticus secreta pandit* (‚denen der mystische Apollo die Geheimnisse der Dichtkunst offenbart hat'), dazu Lefèvre 2011, 149. Zu *poetarum mysteria* (Diss. 1) Burkard 2004, 83.

Balde spielt mit Bertronius, er spielt auch mit dem Leser. Zwischen einem Thema, das in der Regel ein bis drei Zeilen, und einer Ausführung wie der des *Castrum*, die in der Ausgabe von 1664 48 Seiten umfaßt, besteht ein gewaltiger Unterschied. Zu Recht beschreibt er das Spiel als *nugari* und sagt, er dichte *in Utopia*. In dieser Weise wird er einen faszinierenden Poetikunterricht erteilt haben. Aber man darf bezweifeln, daß er den Adepten dieselbe Lizenz zugestand und dasselbe Können zutraute wie sich selbst.

Das Turnus-Beispiel ist für den Wissenden eingeführt, der über den überraschenden Zusammenhang Verwunderung empfinden – und lächeln soll. Dergleichen blieb sicher dem Meister vorbehalten.

Erlaubnis des Visitators und Vize-Provinzials Schorrer

Wie bei den Jesuiten üblich, mußte der Druck der *Expeditio* von den Oberen gestattet werden. Über das strenge Procedere der Ordenszensur zu Baldes Zeit unterrichten Pfleger[51] und Duhr.[52] Es wurden jeweils mehrere Zensoren bestellt. Im allgemeinen mußten ihre Urteile nach Rom geschickt werden, und je nach dem Tenor derselben gab oder verweigerte der General die Druckerlaubnis. Für die *Expeditio* war Ioannes Paulus Oliva (1600–1681) zuständig, der 1661 Generalvikar geworden war.[53] Oliva hatte in diesem Fall die Entscheidung an Christophorus Schorrer (1603–1678) delegiert, der 1661 zum Visitator und Vize-Provinzial der Oberdeutschen Provinz ernannt wurde.[54] Es wird gesagt, Baldes Schrift hätten *aliquot Patres* der Societas Jesu gelesen und sie der Publikation für würdig erachtet.[55]

Schorrers Erlaubnis war um so erfreulicher, als es mit ihm ein Jahr zuvor bei der *Urania Victrix* über die Form der Zueignung an Papst Alexander VII. zu Meinungsverschiedenheiten gekommen war.[56] Jedenfalls wurde sie von dem Vize-Provinzial ‚corrigirt'.[57] Bei der *Expeditio* hatten Schorrer keine, die uns bekannten Zensoren kleinere Einwände. Gewiß war die Widmung an einen jungen Mann,

---

51 1904, 73–78.
52 1921, 531–534.
53 Duhr 1921, 4.
54 Duhr 1921, 119 Anm. 1.
55 Zwei Gutachten sind erhalten. Ob es mehr gab, ist unklar: ▸ E.
56 Dargestellt bei Westermayer 1868, 186–187; Pfleger 1904, 75–78; Claren et al. 2003, XVI–XVII.
57 Westermayer 1868, 187.

der heute nicht mehr identifiziert werden kann, weniger prekär. Und Einwände vom theologischen Standpunkt aus waren nicht angebracht. Was den *Elenchus* betrifft, hatte Balde im Epilog darauf hingewiesen, daß er nur profane Themen vorgelegt und auf religiöse verzichtet habe, aber bereit sei, sie nachzuliefern: ‚Aber du, freundlicher Leser, wer du auch immer diesen Katalog aufschlägst: Wenn du nicht alles billigst, streich wenigstens, bitte ich, nicht alles. Gut, das meiste mag nach Satire riechen. Aber viele werden durch diese Würze nachdrücklicher erfreut. Ein wenig mehr wirst du eingestreut finden, was Natur und Sitten der Dichter bezeichnet. Das, was wir am meisten beabsichtigen. Es sind mit wenigen Ausnahmen profane Themen. Religiöse und vom süßen Tau der Pietas tropfende Gegenstände in gleicher Weise zu notieren wird, wenn es der Wunsch einiger fordert, keine sehr große Arbeit sein.' Das klingt, als wolle sich Balde einer möglichen Kritik durch die Zensoren nicht verschließen.

Die *Expeditio* erschien 1664 bei Johann Wagner in München. Der Drucker war, wie das Titelblatt angibt, Johann Wilhelm Schell. Beide hatten schon der *Urania Victrix* 1663 an das Licht verholfen.[58]

Inhaltsverzeichnis

Der eigentlichen Erzählung ist ein nach den Kapiteln gegliedertes Inhaltsverzeichnis vorgeschaltet.[59] Die römische Zählung von *ABC* ist hier durch eine arabische ersetzt.[60]

Castrum

AB haben arabische, *C* römische Kapitelzählung. Die jeweils folgenden Punkte sind ad hoc fortgelassen.

---

58 Titelblatt der *Urania Victrix* bei Claren et alii 2003, 2 abgedruckt.
59 Kapitelüberschrift 32 *fabam cudere*: wohl Sprichwort, Ter. *Eun.* 381 (dazu Donat; Otto 1890, 128; ThlL: ‚in me recidet hoc malum'). Wörtlich: Plin. *Nat.* 18, 257 *faba metitur, dein cuditur*. Im Bild bleibt *devorare* in der folgenden Kapitelüberschrift. Kapitelüberschrift 54 *statuarius*: = ‚ad statuas pertinens' / ‚statuarum artifex' (Forcellini), könnte auch darauf anspielen, daß Scazon am Ende der zweiten Auflage von *De Vanitate Mundi* (1638) eine Statue mit einer Inschrift erhält, also gewissermaßen Fachmann ist. Handwerker ist er ohnehin (▶ auch zu 33).
60 ▶ S. 71.

1 Francesco Petrarca (1304–1374) wird als erster Wiedererwecker der römischen Literatur genannt. Er war selbst ein ‚Neulateiner', dem sich die neulateinischen Dichter verpflichtet fühlten.[61] Von der Entstehung des *Castrum* aus gerechnet wäre es korrekt, von 300 Jahren zu sprechen. Aber Balde verlegt das Geschehen in das 16. Jahrhundert: Es wird unter den Kämpfern kein Dichter aus dem 17. Jahrhundert genannt.

2 Ignorantias Burg ist wider Erwarten stark befestigt. Auch entbehrt sie nicht der Verteidiger. In diesen Zufluchtsort Ungebildeter sind die Kritiker geflohen, wie gesagt wird, Stümper, Leute wie Aristarch,[62] Momos,[63] Zoilos,[64] Timon,[65] Pseudokritiker und andere, die vom ganzen Helikon[66] und aus der römischen Kurie verbannt sind, d. h. die sowohl von den Musen überhaupt als auch von der lateinischen und neulateinischen Dichtung keine Ahnung haben. Das ist harter Tobak, ebenso überraschend wie unmißverständlich. Die Burg ist Sinnbild dafür, daß sich die Kritiker wie eine unzugängliche Gilde zusammengeschlossen, ja verschanzt haben. Balde rechnet vor allem mit Gegnern der neulateinischen Literatur (und damit indirekt seiner eigenen Dichtung) ab, besser gesagt: Er gibt sie dem Spott preis. Schon in der *Praefatio* klingt das Thema im Gespräch mit Franciscus Bertronius deutlich an.

3 Am Ende von 2 wird noch mitgeteilt, daß sich auf der einen Seite der Burg über etwa 20 Stadien (4 km) ein See erstreckt und dort an die Mauern der Burg nicht heranzukommen ist – es sei denn mit Schiffen. Das ist das richtige Ambiente für den neulateinischen Dichter Actius Sincerus Sannazarius, mit bürgerlichem Namen Azio Jacopo Sannazaro (1458–1530), der sich, wie es heißt, als einer der ersten Petrarcas Bestrebungen angeschlossen hatte. Er wird weiter in 9 gewürdigt. Hier geht es um seine ‚Fischereklogen', *Eclogae Piscatoriae*, aufgrund deren er für Gewässer zuständig erscheint.[67] Er bietet einige Fischerkähne, *cymbas pis-*

---

61 Das ist im Sinn von Scaligers Urteil gesagt: *primus, quod equidem sciam, Petrarcha ex lutulenta barbarie os cælo attollere ausus est* (1561, 296a).
62 Aristarchus aus Samothrake (2. Jh. v. Chr.), strenger alexandrinischer Textkritiker. Nach ihm wird ein scharfer Vertreter der Zunft *Aristarchus* genannt (Cic. *Ad Att.* 1, 14, 3; Hor. *Ars* 450; Hieron. *Epist.* 57, 12).
63 Sohn der Nyx (Hes. *Theog.* 214, Aisop. *Fab.* 253), Personifikation des Tadels und der Schmähsucht. „Als *Momi* bezeichnet Balde alle Gegner seiner Dichtung, gegen die er sich zur Wehr setzen muß" (Burkard 2004, 325; s. auch Kagerer 2014, 595).
64 Kynischer Redner und Sophist (4. Jh. v. Chr.), strenger Kritiker Homers, Isokrates' und Platons. Sprichwörtlich: Erasmus *Adagia* 2, 5, 8.
65 Timon von Athen (5. Jh. v. Chr.), Misanthrop, der die Sittenverderbnis anprangerte.
66 ▸ zu *El.* 173.
67 Variierend *A* am Rand: *Eclogæ halieuticæ*.

catorias, an. Damit wird zum erstenmal im *Castrum* das literarische Werk eines Dichters in doppeldeutiger Weise für seinen Kampfeinsatz fruchtbar gemacht. Diese Kähne sind voll von jugendlichen Eklogen, d. h. die Gedichte bedeuten die Mannschaft, die kämpfen soll.

Aber die anderen Com-Milites (sie sind ja auch Kämpfer) winken ab. Es ist eine lange Reihe neulateinischer Dichter, die sich an der Belagerung beteiligen, zunächst nur italienische Humanisten: Maffeo Vegio (1407–1458),[68] Michele Marullo Tarcaniota (~1453–1500),[69] Battista Mantovano (1447–1516),[70] Andrea Alciato (1492–1550),[71] Baldassare Castiglione (1478–1529),[72] Pietro Bembo (1470–1547),[73] Angelo Poliziano (1454–1494),[74] Girolamo Vida (1485–1566),[75] Gioviano Pontano (1426–1503),[76] Girolamo Fracastoro (~1478–1553).[77] Über sie heißt es, daß sie beide Hände gebrauchen können, d. h. lateinisch und italienisch dich-

---

[68] Italienischer Humanist, seit 1443 päpstlicher Sekretär und Kanoniker von St. Peter, dichtete ein *Supplementum Virgilianum* (▸ zu 9), verfaßte eine Biographie des Hl. Antonius (1437) und das pädagogische Werk *De educatione liberorum et eorum claris moribus* (I–III, hrsg. 1491).
[69] Aus Konstantinopel stammender, in Italien lebender Dichter, schrieb Lyrik, Epigramme, *Hymni Naturales* (von Lukrez inspiriert).
[70] Aus einer aus Spanien gebürtigen Familie (deshalb auch Battista Spagnoli), Karmeliter, stark religiöser Dichter.
[71] Bedeutender Jurist, Begründer der Rechtsschule von Bourges. Überaus beliebt war der *Emblematum Libellus* (Augsburg 1531, erweitert Paris 1542), über 170mal nachgedruckt.
[72] Italienischer Humanist und Politiker, lebte an den Höfen von Urbino und Mantua, schrieb lateinische Epigramme und Elegien sowie *Il libro del cortigiano* (1528), eine humanistische höfische Bildungslehre.
[73] Italienischer Humanist und Dichter, Kardinal in Rom, hervorgetreten durch lateinische (*Carmina*; *Epistolae*; *Rerum Venetarum Historiae libri XII*) und italienische Schriften (*Gli Asolani*; *Rime*).
[74] Eigentl. Angelo Ambrogini, Poliziano nach dem Geburtsort Montepulciano, den Medici verbundener Florentiner Humanist, Professor für griechische und römische Literatur in Florenz, bedeutender Philologe und Dichter in lateinischer (*Silvae*; *Coniurationis pactianae commentarium*) und italienischer Sprache (*Orfeo*; *Rime*; *Stanze per la giostra*), Epigramme in Altgriechisch.
[75] Italienischer neulateinischer Dichter, Priester (1510), Bischof von Alba (1532), bedeutend das Versepos *Christias* (1535), lehrhafte Dichtungen über die Seidenraupe und das Schachspiel, von großer Wirkung: *De arte poetica* (1527).
[76] Italienischer Humanist und Dichter, seit 1471 Leiter der nach ihm benannten Accademia Pontaniana in Neapel, verfaßte lateinische Traktate und Dialoge moralphilosophischen und naturwissenschaftlichen Inhalts (*Charon*; *Antonius*; *Asinus*), Wiegenlieder (*Neniae*), ein mythologisches Hirtengedicht (*Lepidina*) sowie Epigramme (*De amore coniugali*).
[77] Arzt und Humanist, dichtete unter anderem Eklogen und Carmina und verfaßte das Lehrgedicht *Siphylis sive de morbo gallico* (1521, gedr. 1530).

ten.⁷⁸ Bei Homer ist ein ἀμφιδέξιος ein Kämpfer, der den Speer sowohl mit der rechten als auch mit der linken Hand zu schleudern vermag.

Gegenüber den italienischen Dichtern werden zwei Deutsche ‚von hoher Gestalt' herausgehoben, Eobanus Hessus (1488–1540)⁷⁹ und Joachim Camerarius (1500–1574),⁸⁰ *Poëtæ laureati*.⁸¹ Daß sie gemeinsam auftreten, ist sinnvoll, da sie befreundet waren.⁸² Camerarius veröffentlichte 1553 eine von Anerkennung und Wärme bestimmte *Narratio de Helio Eobano Hesso*. Hessus ist bei Balde ein starker Kämpfer, der ein kühnes Gedicht über die Kriegskunst geschrieben hat.⁸³ Camerarius' Charakterisierung ist doppelter Art. Erstens heißt es, ihn habe die Elegie berühmt gemacht, die im vorhergehenden Jahrhundert vor der Zeit den Untergang Magdeburgs vorhersagte und beweinte, welches aber erst in diesem Jahrhundert in die prophezeite Asche sank. Magdeburg wurde 1550 / 1551 von Moritz von Sachsen belagert. Petrus Lotichius Secundus (1528–1560) dichtete darüber

---

78 Weiter unten wird auch Petrarca dazu gerechnet. (▶ S. 172).
79 Eigentl. Eoban Koch, Humanistenname Helius Eobanus Hessus, Professor für Latein in Erfurt (1533–1536) und Marburg (1536–1540), dichtete *Bucolica, Heroides Christianae*, übertrug die *Ilias* in Latein.
80 Eigentl. Joachim Kammermeister, Humanistenname Camerarius, Professor für Ev. Theologie in Tübingen (1535–1541) und Leipzig (1541–1574), einer der bedeutendsten Philologen des 16. Jh.s.
81 Beide waren keine Poetae laureati im institutionellen Sinn (vom Kaiser gekrönt).
82 Sie waren zeitweise Kollegen am Aegidiengymnasium in Nürnberg.
83 Eine *Ars gladiatoria* hat der historische Hessus nicht verfaßt. Die schwierige Stelle erklärt sich, wenn man berücksichtigt, daß im *Castrum* Eignung und Handlungsweise der Dichter beim Feldzug aus ihren Werken abgeleitet werden. Es genügt, auf *De tumultibus horum temporum Querela* (Nürnberg 1528) zu verweisen. Im Inhaltsverzeichnis werden drei große Teile hervorgehoben. 1. *Praesentium temporum cum priscis collatio*, in der ein ausführlicher Vergleich der Kriege von den Assyrern an bis in die Gegenwart gegeben und festgestellt wird, daß die zeitgenössischen Kriege erheblich schlimmer als die vergangenen seien. 2. *Mutatio omnium Regnorum Europae*, in der es um die Kriege geht, ‚die in jüngster Vergangenheit überall auf unserem Erdteil ausgetragen worden sind, sowie die Kriege, die noch heute geführt werden' (V. 1–2, Übers. H. Vredefeld). 3. *Bellum servile Germaniae*, in dem der Bauernkrieg in Deutschland beklagt wird. Die drei Teile in Hexametern sind wahrlich, wie in 3 gesagt wird, ein *animosum Carmen* (*Haec omnia carmine Heroico* heißt es in Hessus' Inhaltsverzeichnis). Aufgrund dieses Werks (und anderer Gedichte) konnte Balde den Dichter gemäß seiner Technik als hervorragenden Kämpfer präsentieren. Andererseits ist die Darstellung des großen muskulösen Hessus in 3 und 23 (*gladiator* = Fechter) sachlich begründet. Camerarius (1553) 2003, 52 berichtet, daß Hessus von hoher Gestalt war (*corpore firmo & procero*) und den Körper in verschiedenen Disziplinen trainierte, damit er *robustius* werde. U. a. wird *chironomia* (Fechten) genannt. Was die Gestalt betrifft, ist ferner an Hessus' Selbstcharakteristik zu denken, die er in dem Gedicht *Eobanus Posteritati* (*Farragines* 254) gibt, in dem es heißt: *Corpus erat membrisque decens patiensque laborum, | robore firma suo bracchia, crura, latus* (zitiert nach Krause 1879, I, 96). Wie auch sonst gehen Dichtung und ‚Realität' ineinander über.

die Elegie 2, 4 *De obsidione urbis Magdeburgensis*, die er Camerarius widmete. Es ist nicht auszuschließen, daß Balde Camerarius und Lotichius[84] verwechselt,[85] obschon diese Annahme voraussetzt, daß das den peniblen Zensoren[86] entgangen wäre.[87] Zweitens wird über Camerarius gesagt, daß er ein Mann sorgfältigen Zusammentragens und ein erfahrener Soldat sei, der Beispiele vieler Strategien, welche die angesehensten Führer erfolgreich angewendet hätten, gesammelt bei sich trage, um gegebenenfalls Nutzen aus ihnen zu ziehen. Balde argumentiert wie bei Hessus: Camerarius ist ein *expertus miles*, weil er eine Reihe von Kriegen beschrieben hat.[88] Abermals gehen Dichtung und ‚Realität' eine Symbiose ein.[89]

---

84 Auf Lotichius' Gedicht trifft der von Balde Camerarius attestierte Ruhm zu: „Im 17. Jahrhundert wurde L. mit dieser [...] Elegie der Ruf eines Dichterpropheten zuteil. Denn er schien damit ahnungsvoll auf die Belagerung und Zerstörung Magdeburgs im Dreißigjährigen Krieg (1631) hinzudeuten" (Kühlmann et al. 1997, 1217).
85 Lothar Mundt bemerkt in diesem Sinn, es könne zwar sein, „daß es unter den vielen verstreut erschienenen und bis heute nicht bibliographisch erfaßten Gedichten von Camerarius eines gibt, das von der Stadt Magdeburg handelt – es kann aber keines zu besagtem Thema sein, das ihn ‚berühmt gemacht hätte'. Letzteres kann nur von Lotichius gelten."
86 ▸ E.
87 Sinnvoll wäre die Aussage, wenn der Satz *Camerarium celebrem reddiderat Elegia* [...] bedeutete: ‚Camerarius hatte sein Kommentar zu der ihm von Lotichius gewidmeten Elegie berühmt gemacht'. Denn Lotichius scheint ihm eine Deutung des Traums (er spricht von *somnia*) anheimgestellt zu haben: *Haec tibi, cui fas est casus aperire futuros, | Carminibus volui non reticere meis* (2, 4, 105–106). Eckart Schäfer wird die Kenntnis von Petrus Burmannus' Anmerkung z. St. verdankt: „Non sine ratione Camerario somnii explicandi peritiam tribuit. Sive respexerit ad Camerarii Commentarium de Generibus Divinationum; sive ad ejus *Somnia*" (Petri Lotichii Secundi Solitariensis Poëmata omnia, I, Amsterdam 1754, 108). Das erstgenannte Werk erschien erst 1576, die *Querela D. Martini Luteri, seu Somnium* 1554, während Lotichius' Elegie ‚wohl 1552' vollendet wurde (Kühlmann et al. 1997, 1217). Aber 1532 veröffentlichte Camerarius in Wittenberg *Norica, sive de Ostentis libri duo*. Er war ein bekannter Traumdeuter. Der springende Punkt ist, daß von einer Äußerung zu Lotichius' Gedicht, die ihn berühmt gemacht hätte, nichts bekannt ist. Auch Burmannus scheint nichts davon gewußt zu haben.
88 Eckart Schäfer verweist auf folgende Werke: *Commentarius captae urbis Ductore Carolo Borbonio*, Basel 1536; *Oratoria senatoria de bello Turcico*, Frankfurt 1542; *Belli Smalcaldici anno M.D.XL.VI inter Carolum V. Caes. et Protestantium Duces gesti Commentarius Graeco sermone scriptus*, in: Marquardus Freherus (ed.), Germanicarum rerum scriptores varii, III, Hannover 1611, 387–423; *De rebus Turcicis commentarii duo*, Frankfurt 1598.
89 Man könnte freilich wieder eine Verwechslung annehmen. Lothar Mundt vermutet: „Ich bin mir ziemlich sicher, daß Balde an den damals schon verstorbenen Enkel unseres Camerarius, nämlich den Staatsmann und Diplomaten Ludwig Camerarius (1573–1651), gedacht hat, der am Beginn seiner Karriere in den Diensten des Kurfürsten Friedrich V. von der Pfalz (1619–1620 als Friedrich I. König von Böhmen, der ‚Winterkönig'), später in denen des Königs von Schweden stand und alt genug war, daß er noch vor Ablauf des 16. Jahrhunderts jene prophetische Elegie von der Zerstörung Magdeburgs hätte verfassen können. Zwar war er kein *miles*, aber doch 1619

Die italienischen und deutschen Dichter raten Sannazaro aus praktischen Gründen von dem kühnen Vorhaben ab, zumal auf der anderen Seite Jäger zum Schutz stünden, die, wie er wisse, grimmige Feinde der Musen seien. Daß Jäger nicht Anhänger der Musen sind und damit auch nicht Pallas verehren, weiß der Leser von Baldes erstem Buch der *Sylvae*. Das wird durch die Marginalglosse in A bestätigt: *Dianæ & Minervæ studia contraria*. Die mehrheitliche Meinung gilt selbst für den Fall, daß Valerius Flaccus'[90] *Argo* und Catulls[91] *Phaselus* zu Hilfe kämen. Die Burg müsse zu Land angegriffen werden. Hierzu raten Alciato (der entschlossen ist, das mit Hilfe eines Emblems wie ein Feldherr mit Hilfe einer Landkarte zu verdeutlichen), Bembo und Fracastoro. Andere stimmen ihnen bei. Nur Petrarca wäre bereit, b e i d e Wege zu beschreiben, da er dafür ausgewiesen ist.[92] Er ist *ambidexter* wie die zu Anfang des Kapitels Genannten, also ein *egregius utraque manu vir*, wie es dort heißt. Es kommt eine weitere ‚Beidseitigkeit' hinzu: Er hat das Werk *De utraque Fortuna* verfaßt.[93] Petrarca weiß sowohl der

---

Leiter der pfälzischen Kriegskanzlei in Prag und vertrat sein Leben lang die Auffassung, daß das Konfessionsproblem im Reich im Interesse der Protestanten militärisch, mit dem Ziel einer Niederringung des Hauses Habsburg als katholischer Vormacht, gelöst werden sollte, soweit der gründlichen Biographie von F. H. Schubert zu entnehmen: Ludwig Camerarius 1573–1651. Eine Biographie, Kallmünz Opf. 1955 (es gibt eine erweiterte Neuausgabe von Anton Schindling, Münster 2013, die ich nicht gesehen habe). Die Kennzeichnung *curiosæ lectionis vir* paßt sehr gut zu L. Camerarius. Er war ein großer Autographensammler und hat, nachdem er 1641 in den Ruhestand versetzt worden war, mit der Zusammenstellung der riesigen, heute 78 Foliobände umfassenden ‚Collectio Camerariana' (München, BSB) begonnen (fortgesetzt von seinem Sohn, Joachim Camerarius IV); s. dazu Schubert 1955, 414–428 (‚Camerarius als Sammler'), u. K. Halm, Ueber die handschriftliche Sammlung der Camerarii und ihre Schicksale, München 1873. Ob L. Camerarius auch tatsächlich *strategematum exempla* gesammelt hat, ließ sich aus den Arbeiten von Schubert und Halm nicht ersehen. Nach den z. T. sehr allgemeinen Angaben, die Halm zu den Inhalten der Collectio Cameriana macht (z. B. ‚Akten aus dem 30jährigen Krieg' o. ä.), scheint mir aber gar nicht ausgeschlossen, daß man hier vielleicht noch Spuren solcher Sammeltätigkeit findet, wenn die Collectio auch von der Zeit her, als sie noch in privatem Besitz war, große Lücken aufweist."

90 Bedeutender frühkaiserzeitlicher Epiker, dichtete etwa 70–90 das Epos *Argonautica* in 8 B. (unvollendet).

91 Bedeutender Lyriker der ersten Hälfte des ersten Jahrhunderts v. Chr. Der Anfang von *Carm.* 4 lautet: *Phaselus ille quem videtis hospites*. *phaselus* ist ein kleines schnelles Schiff. *purus Iambus*: Das Gedicht steht in jambischen Trimetern, wobei die Abfolge der kurzen und langen Silben strikt eingehalten wird.

92 Zu den lateinischen Dichtungen Hoffmeister 1997, 31–80, zu den italienischen 81–96.

93 Genauer *De remediis utriusque Fortunae* (1354–1366) (Sapegno 1963, 199–200; Hoffmeister 1997, 54–56). „Der lateinische Titel bezieht sich auf Trostmittel gegen Fortuna, die Glück oder Unglück bringen kann" (Hoffmeister).

glückbringenden wie der unglückbringenden Fortuna zu begegnen – er, der (zudem) doppelhändig ist! Der Witz überschlägt sich.

Die Burg ist von Wassergräben umzogen, es gibt sogar einen trägen Fluß. Er hat wieder poetologische Bedeutung. Denn er bezieht sein Wasser nicht aus der lebendigen musischen Pegasus-Quelle, sondern gleicht dem starren Lethestrom der Unterwelt:[94] Die Kritiker haben keine poetische Ader, kein Verständnis für Poesie. Dazu paßt der Name der Eselbrücke, der auf die eselgleiche Stumpfheit der Bewohner weist.[95] Der Brücke kann man nicht trauen, denn einem Kritiker ist nicht zu trauen, er liegt im Hinterhalt (*ad insidias*). Unter der Brücke erstreckt sich toter Tuff und Bimsstein, deren übertragene Bedeutung sofort erklärt wird. ‚Trockene Materie statt einer poetischen Quellader' meint, daß die Kritiker keinen Zugang zur poetischen Pegasus-Quelle haben, vielmehr trocken und ‚tot' sind! Der Eselturm bedarf keines weiteren Kommentars.[96] Der Name Cadmus-Turm ist ein wenig um die Ecke gedacht, denn es geht um den Cadmus-Enkel Actaeon, den bekannten Jäger, dem Diana so übel mitspielte. Ovid erzählt *Met.* 3, 138–252 die Geschichte, daß er auf der Jagd zufällig Diana beim Baden sah, von ihr zur Strafe in einen Hirsch verwandelt und von den eigenen Hunden zerrissen wurde. Bei der Metamorphose in einen Hirsch spitzte die Göttin seine Ohren oben zu:[97] *summasque cacuminat aures* (195).[98] Die Verwendung des seltenen Worts war ein Genuß für den Poeta doctus Balde, der gleich noch eine pointierte Parallele zur Hand hat: Midas kritisierte bei einem musikalischen Wettkampf zwischen Apollo und Pan die Entscheidung, daß Apollo gewann, worauf sich der Gott damit rächte, daß er seine ‚unmusikalischen' Ohren in die eines Esels verwandelte.[99] Die Geschichte wird noch fortgeführt:[100] Man glaube, daß Actaeon selbst, nachdem seine Gestalt von Proserpina mit Ausnahme eines Teils wiederhergestellt war, innen wache, aufmerksam und mit langen Ohren. Proserpina beläßt ihm also bei der Rückverwandlung die langen Ohren, weshalb er *auritus* genannt wird – wie

---

94 *colori*: Farbe / Beschaffenheit, ▸ *El.* 388.
95 Vielleicht denkt Balde an die in Mittelalter und früher Neuzeit bekannte Nachricht des älteren Plinius, daß Esel nicht über Brücken gehen, durch deren Fugen man das Wasser scheinen sieht (*Nat.* 8, 169), die man verschieden auswertete, oder an die Redensart ‚eine Eselbrücke bauen / benutzen' (zu beiden und anderen Aspekten Röhrig 1991, 400–401). Die Redensart war jedenfalls dem zeitnahen Pexenfelder 1670, 385 bekannt („pontem *quem* asinorum *vocant*').
96 *Arcadia*: ▸ S. 18.
97 *tractu*: ‚Wendung' (Georges: ‚Wendung des Ausdrucks' wie *pares elocutionum tractus*: Quint. 4, 2, 118).
98 Ebenso *Diss.* 52 zitiert, wo auch Midas genannt ist.
99 Ov. *Met.* 11, 171–179.
100 Sie scheint in der Antike nicht belegt zu sein; auch Burkard 2004, 273 nennt keine Parallele.

üblicherweise der Esel; zudem ist er *vigil*. Actaeon ist ein Jäger und liegt sogar in seinem ‚zweiten Leben' auf der Lauer. Jäger, so war zu lernen, sind Kunstbanausen. Actaeon, kunstbanausischer Jäger und Esel, liegt auf der Lauer,[101] wie es Jäger zu tun pflegen. Das symbolisiert das hinterhältige Geschäft der Kritiker. Wie zur Bekräftigung schließt das Kapitel mit der Feststellung, daß kluge Leute Jagdspieße mehr als Pallas' Lanze fürchten; denn, so hieß es im ersten Buch der *Sylvae*, Diana protegiert die banausischen Jäger, Pallas die Dichter. Der ganze Passus hat einen pointierten dichtungstheoretischen Hintersinn. Deutlicher konnte Balde die Kritiker, auch die eigenen, nicht verurteilen.[102]

4 Nunmehr greift Marullo ein, indem er seinen Falken ins Spiel bringt. Das ist ein Bezug auf das berühmte Epigramm 14 *Ad Falconem*,[103] das Scaliger in der *Poetik* einer ausführlichen Kritik für würdig erachtete.[104] Wieder werden das literarische Werk und die besondere Situation des Kampfes in Parallele gesetzt. Marullo beobachtet aufmerksam, daß das Ufer am Eselturm[105] von Kropfgänsen, einer häßlichen Vogelart, bedeckt ist. Obwohl das seltene Wort den klassischen Autoren bekannt war,[106] dürfte Balde es aus der Bibel bezogen haben. 3 *Mose* 11, 18 nennt der Herr in seiner Rede an Mose und Aaron unter den Vögeln, die die Kinder Israel nicht verzehren sollen, den *onocrotalus* (Luther: ‚Rohrdommel'; Katholische Einheitsübersetzung: ‚Kleineule'). In der Prophezeiung über den Untergang Edoms heißt es *Jesaja* 34, 11: *et possidebunt illam onocratalus et ericius; ibis et corvus habitabunt in ea* (Luther: ‚Rohrdommeln und Igel werden's innehaben, Nachteulen und Raben werden daselbst wohnen'; Katholische Einheitsübersetzung: ‚Dohlen und Eulen nehmen es in Besitz, Käuze und Raben hausen darin'). Die Stelle ist deswegen interessant, weil drei Verse weiter der in 10 genannte *onocentaurus*, ein Eselgeschütz,[107] aufscheint (*Jesaja* 34, 14). Die *onocrotali* wählt Balde, weil er in dem ersten Bestandteil des Wortes ‚Esel' (ὄνος) hört[108] und die

---

101 *ut qui maxime*: ‚so wie nur möglich' (Menge § 199 Anm. 3 Abs. 10).
102 Das wird im *Elenchus* aufgenommen: ▸ S. 43.
103 *A* am Rand: Falco, *Poëma Marulli Poëtæ Itali mirè laudatum*.
104 6, 4 (1561, 298). Dazu Lefèvre 2008, 266–269.
105 Genügt hätte: *prope Turrim Asinariam*. Balde setzt *tectum* (Haus, Gebäude) hinzu, weil in dem Turm auch eine Wache stationiert ist bzw. stationiert werden kann. So wacht Actaeon am Ende von 3 im Cadmus-Turm (*intus excubare*). In 46 wird der Cadmus-Turm *propugnaculum Cadmæum* (‚Kadmäisches Bollwerk') genannt, was nur Sinn ergibt, wenn er mehr als ein bloßer Aussichtsturm ist. ▸ die Kritik des Zensors I S. 359.
106 ‚Kropfgans' (Georges), 'a pelican' (OLD). Martial 11, 21, 10 spricht (in obszönem Zusammenhang) von dem schändlichen Kropf der Ravenna-Gans (*turpe Ravennatis guttur onocrotali*). Nach Plin. *Nat.* 10, 131 sind die *onocrotali* den Schwänen (*olores*) ähnlich.
107 ▸ dort.
108 In der Katholischen Einheitsübersetzung wird *onocrotalus* einmal mit ‚Kleineule', das an-

Bewohner der Burg Esel (*asini*) sind.[109] Die Vögel halten sich sinnigerweise an der *Turris Asinaria* auf. Marullo erbietet sich, den Falken, den er wegen seiner angeblich vielen Verse selbst als berühmt bezeichnet, gegen die *onocrotali* loszulassen und mit dessen (erwartetem) Sieg ein gutes Omen für den Ausgang des Feldzugs herbeizuführen. Abermals werden Dichtung und Kampfeinsatz auf eine Stufe gestellt. Dementsprechend bedeutet der kursiv gedruckte Ausruf *Sumamus hinc belli felix auspicium*[110] ein Präludium zum Krieg und machen die ebenfalls kursiv gedruckten Worte für den Start des Falken *emissus circino Descriptionis Poëticæ* deutlich, daß er die literarische Ebene verläßt und in die kriegerische wechselt. Doch kehrt der Vogel entgegen der vollmundigen Ankündigung[111] seines Besitzers (der ja auch sein Schöpfer ist!) nach dem siegreichen Kampf nicht wieder, und der geschädigte Marullo braucht für den Spott der Kollegen nicht zu sorgen. Das kleine Intermezzo ist sprachlich liebevoll mit Assonanz, paralleler Bildung und Anapher gestaltet: *volucres ignavas atque ignobiles / omni sibilo Marulli, omni & clamore / aucupem sive augurem.*

Gewiß liegt es Balde fern, den mit seiner Unternehmung Gescheiterten gegenüber den anderen herabzusetzen. Sie ziehen ja alle den kürzeren. Marullo steht als einer der Frühesten an erster Stelle. Deshalb hat er ein Omen für den Kampf im Sinn. Daß das Auspicium negativ ausgeht, weist auf das Scheitern der Neulateiner voraus, insofern Ignorantia am Ende entkommt.

5 Aufgelöst bedeutet die Marullo-Episode, daß ein so kleines Gedicht wie der *Falco* nicht in der Lage wäre, die Ignoranten zu überzeugen. Darum tritt als zweiter Marco Girolamo Vida (1485–1566)[112] auf den Plan, der sich als Anwalt der ‚großen' Dichtung vorstellt. Er versucht, Marullo die Bedeutung eines ‚ernsthaften umfangreichen Gedichts' zu erklären: Seine *Christias* von 1535, die das Leben Jesu Christi schildert, umfaßt zwar nur sechs, Vergils *Aeneis* und Statius' *Thebais* aber je zwölf Bücher. Es sei ein Unterschied, ein solches Epos zu dichten oder ‚bei der allerliebsten Beschreibung eines einzigen Vogels Dichten[113] und Leben hinzu-

---

dere Mal mit ‚Dohle' wiedergegeben: Balde durfte guten Gewissens mit ὄνος sein Spiel treiben.
109 Dasselbe gilt für *onocentaurus* in 10 und *onochites* in 13.
110 Der Setzer von A ließ mit *Sumamus* einen neuen Absatz beginnen (*BC* folgen ihm), wofür es keinen einsehbaren Grund gibt. Vielleicht hielt er den kursiv gedruckten Ausruf für ein Zitat, das einzurücken sei.
111 Dazu gehört auch, daß er bei dem nur 13 Verse umfassenden Epigramm von *tot versibus* spricht. Vida wird am Anfang von 5 in diese Kerbe hauen.
112 Italienischer neulateinischer Dichter, 1532 Bischof von Alba, Verfasser einer Poetik von nachhaltiger Wirkung (*De arte poetica*, 3 B., 1527). Die beiden anderen großen Werke nennt er selbst.
113 *Poësin*: 'the production of a poet' (OLD).

bringen'. Balde läßt Vida in geistreicher Weise über bekannte Vogelgedichte der römischen Literatur räsonieren, die er nur als Kleinigkeiten wertet. Es sind dies Catulls *Passer*, Stellas *Columba*, Statius' *Psittacus* und Claudians *Phoenix*. Catulls *Passer* ist das mit diesem Wort beginnende zweite Gedicht auf den Sperling der Geliebten Lesbia. Martial dichtete eine *Columba* in Hendekasyllaben (1, 7), ein Gedicht, nach dem der Gönner L. Arruntius Stella aus Patavium eine Taube (wohl die seiner Gemahlin Violentilla) besang. Die ersten drei Verse lauten: *Stellae delicium mei Columba, | Verona licet audiente dicam, | vicit, Maxime, Passerem Catulli*. Wie Martial zitiert Balde Catulls Gedicht als *Passer*. Bei Statius ist *Silvae* 2, 4 *Psittace, dux volucrum, domini facunda voluptas* gemeint, eine Klage um den Papagei des Gönners Atedius Melior. Wieder figuriert der Bezugsvogel an erster Stelle. Claudian schließlich hat das 27. der Carmina minora mit dem Titel *Phoenix* auf den sagenhaften langlebigen Vogel Phoenix geschrieben. Damit endet Vidas, oder besser Baldes Parade der Vogelgedichte, die Marullos *Falco* vorausgingen, in dem es sich wie in jenen um das Tier eines anderen Besitzers handelt. Auf diese Weise wird Marullos *Falco* in eine von der Antike herreichende Tradition gestellt.[114] Insofern ist es auch wieder eine Würdigung.

Als Verfasser ‚kleiner' Dichtung gälte nach Vidas Worten selbst Vergil, wenn er nur den Bienenstaat aus dem vierten Buch der *Georgica* verfaßt hätte. Das könnte im Blick auf den Fortgang der Expedition heißen: Ohne die *Aeneis* hätte Vergil den *Neoterici* und *Veteres* nicht zum Sieg verhelfen können.

6 In einem kurzen Einschub werden einige allzu Abergläubische erwähnt, die aufgrund des schlechten Omens des Falkenflugs dafür eintreten, die Expedition abzubrechen, zumal damit zu rechnen sei, daß die *onocrotali* wiederkämen und dadurch die Untüchtigkeit der Belagerer offenbar werde.[115]

7 Das gibt Vida Gelegenheit, noch einmal einzugreifen. Als zweites Werk führt er seine *Scacchias*[116] an, die etwa 1510 entstand und nach mehreren Umarbeitungen 1527 in Rom gedruckt wurde.[117] Das Lehrgedicht erreicht 658 Verse und

---

114 Wenn die Datierung von Kidwell 1989, 136 ('about 1490') zutrifft, kann Marullo noch nicht von der 1494 in Florenz (und 1503 in Venedig) erscheinenden Anthologia Graeca mit ihren zahlreichen Tierepigrammen Kenntnis haben.
115 *tantùm non*: ‚beinahe' (Menge § 483 Anm. 1), ebenso 27.
116 Die erste Gesamtausgabe der Werke Vidas (Basel 1537) bietet *Scacchia ludus* bzw. *Scacchorum ludus* (Ludwig 1979, 20 Anm. 3). Hier wird die von Balde verwendete Form *Scacchias* beibehalten (*A* am Rand; im Text falsch *Schacciade*).
117 Das Schachspiel wird *Ludus Palamedis* genannt, da Palamedes aus Nauplia (der vor Troja einer griechischen Intrige zum Opfer fiel) als Erfinder eines Brettspiels (nicht des Schachspiels, das der Antike unbekannt war) galt. Außerdem wurde ihm, was glänzend in Vidas und Baldes Zusammenhang paßt, die Erfindung der Schlachtordnung, des Gebens der Signale, der Parolen

hat damit eine ‚große' Form. Es war zu Marullos Lebzeiten weder verfaßt noch publiziert. Den Anachronismus darf sich Balde erlauben. Er läßt Vida den Anfang des Werks[118]

> Ludimus effigiem belli simulataque veris
> Proelia, buxo acies fictas et ludicra regna.

> Spielend ergötzen wir uns am Bilde des Kriegs und an Schlachten,
> Ähnlich den wahren, an Treffen aus Bux und erdichteten Reichen.

selbst umschreiben: Es sei ein *Poëma repræsentans simulacra belli*, und die Soldaten seien *veram aciem, vera prælia imitantes*.

Auch das ist ein geistvoller Einfall: In der *Scacchias* siegt Mercurius als Gott der Findigkeit über Apollo, den Gott der Schönheit. Das liegt auf der Ebene, daß Vida Marullos *Falco* als ‚allerliebst', ‚niedlich' (*scitula descriptio*) abtut. Das umfangreiche Epyllion lehrt dagegen Nützliches, nämlich Strategien (*strategemata*) für den Kampf, um den es ja geht. Die Figuren auf dem Schachbrett[119] sind aus Buchsbaumholz, das schon in der Antike wegen seiner besonderen Härte geschätzt wurde und sich deshalb für die *milites* eignet. Der Springer wird dem militärischen Ambiente zuliebe ‚Ritter' (*eques*) genannt.[120] Zwar werden von Vida die Dichtungen *Christias* und *Scacchias* angeführt, doch durfte er vor allem als Verfasser der berühmten *Poetik* sein kritisches Richteramt gegenüber dem Dichterkollegen Marullo ausüben – jedenfalls in dem Punkt, auf den es ankommt. Alles ist bei dem Jesuiten überlegt.

Vidas Stellungnahmen leben von der Alternative ‚kleine' Dichtung ↔ ‚große' Dichtung. Gemäß dem doppelten Boden des *Castrum* folgt daraus, daß nur Dichter ‚großer' Dichtung für den Kampf geeignet sind, Dichter ‚kleiner' Dichtung nicht. Das ist natürlich Spiel. Denn Dichter ‚kleiner' Dichtung wie Archilochos und Alkaios konnten durchaus Krieger sein, wenn sie wollten – Horaz wollte es nicht.

---

und Wachen zugeschrieben (*ordinem exercitus, signi dationem, tesseras, vigilias Palamedes invenit*: Plin. *Nat.* 7, 202).
118 Zitiert nach Ludwig 1979.
119 Balde nennt das Schachbrett wie Vida *tabula*. Wenig später spricht er einfach von einem Stück Holz (*asser*); dieser Ausdruck für das Schachbrett begegnet auch *Lyr.* 3, 13, 4. *rhombis*: Das Quadrat ist wegen seiner rechten Winkel ein spezieller Fall des Rhombus.
120 So auch bei Vida (z. B. 68), wie frz. ‹cavalier›, engl. 'knight'. Der ‚Landmann' Mopsus hat den Namen von einem Hirten in Vergils fünfter Ekloge.

Durch Vidas Appell[121] entbrennen Fracastoro und Castiglione in bewunderungswürdigen Kampfeseifer, und Marullo gibt sich geschlagen.

8 Es treten zwei Dichter auf den Plan, deren spezieller Einsatz sich nicht nach ihren Werken, sondern nach ihrem Namen (!) bestimmt, Pontano[122] und Francisco Torres[123] (~ 1509–1584). Pontano macht es sich zur Aufgabe, die Brücke einzureißen, und Turrianus wird die Belagerung des Cadmus-Turms übertragen. Das sind zwei artige Wortspiele: Pontanus / *pons*, Turrianus / *turris*. Balde hört aus Pontanos Namen die Fähigkeit heraus, im Krieg Brücken zu bauen, und er folgert weiter: Wer Brücken bauen kann, kann auch Brücken einreißen. Pontano ist bereit, in den Fluß zu stürzen, da er, wie es witzig heißt, in seinen Gedichten fast von nichts anderem als von Gewässern und Nymphen spreche (*lymphas & nymphas* ist ein wunderbarer Schlagreim, vielleicht ein Zitat). Es könnte eine Anspielung auf seinen *Eridanus* (mythischer Name für den Padus / Po) sein, der teilweise erotischen Inhalts ist. Immerhin rügte Scaliger Pontano allgemein: *toties Nymphas admiscet.*[124]

9 Sannazaro hat seinen Platz an der Porta Fescennina, um dort nach Art der Amazonen zu streiten. Gemeint ist, mit Hilfe kriegerischer Frauen, von denen er drei Abteilungen aus der Villa Mergellina mit sich führt. Diese war ein Geschenk des Königs Federico am Golf von Neapel. Das weist auf den persönlichen Bereich des Poeten. Die Frauen sind, wie *A* am Rand anmerkt, *Sannazari Carmina quædam Erotica*, also seine *Eclogæ*, *Elegiæ* und *Epigrammata*, die wie der Schäferroman *Arcadia* der Liebe Raum geben.[125] Es ist von Interesse, daß der Jesuit Johannes Bisselius (1601–1682), dessen Lebensweg sich mehrfach mit dem Baldes kreuzte,[126] sosehr er das Epos *De partu Virginis* schätzte, gegenüber Sannazaros *Vita* (Lebensführung) reserviert war und in einem Wortspiel wünschte, daß *Sincerus* (der Reine) doch *Sincerior* (reiner) wäre![127] Aber Balde beläßt es nicht bei

---

121 Pointiert: Wenn Vida sagt, der dichterische Fuß müsse Fuß fassen, könnte zuerst der Versfuß (auch möglich: der Fuß der Dichter), sodann das bekannte Bild ‚Fuß fassen' gemeint sein: Die Dichter müssen gegen die kunstlosen Kritiker standhalten.
122 ▸ zu 3.
123 Spanischer Jesuit, verfaßte zahlreiche theologische Schriften, darunter polemische Traktate gegen die Protestanten.
124 1561, 312a.
125 Balde läßt Sannazaro sich die Porta Fescennina aussuchen, weil *Fescennina* – wie Diss. 38 – Hochzeitsgedichte sind, die einen erotischen Bezug haben (Burkard 2004, 249). In 47 steht die Porta Fescennina wohl für niedere Dichtung (▸ dort).
126 Nach Westermayer 1868, 59 ist Bisselius „auf dem Gebiete der Dichtkunst damals sein einziger namhafter Doppelgänger".
127 *Heu, Superi facerent, ut vel Syncerior esses; / Vel SANNAZARI fama retenta foret!* in: Deliciae Veris 2, 17, III, 5–6 (1640, 127–128; 2013, 236); s. Czapla 2006, 242; Claren et alii 2013, 598–599.

der Liebesdichtung, sondern wertet die ‚Kämpferinnen' auf, indem er witzig feststellt, Sannazaro habe ihnen Unterweisung in dem berühmten Gedicht *De partu Virgineo*[128] gegeben: Sie können sich also angemessen aufführen.

Wie bei Sannazaro wird bei Battista Mantovano, der eine große Menge Soldaten ins Feld führt, die Tätigkeit aus dem Werk abgeleitet. Balde spielt auf seine ungewöhnliche Fruchtbarkeit an, da die dichterische Produktion 50 000 Verse überstieg. Diese (die schnell entstehen) werden mit den Erdgeborenen verglichen, die aus Cadmus' (des Gründers von Theben) und Iasons (des Führers der Argonauten auf dem Zug nach Colchis) Saat von Drachenzähnen plötzlich der Erde entwuchsen. Dementsprechend wird die Qualität abgewertet: Es sei ein schlecht gekleideter und unnützer Haufen, der wohl den Spott von Mantovanos Landsmann Vergil[129] ernten würde, mit dessen Ansehen und Vaterland er sich doch rühme.

Der dritte ist Marcello Stellato (Marcellus Palingenius Stellatus) aus Neapel (~1500-~1551), der einige Satiriker, die ungekämmte Haare haben und wild anzuschauen sind,[130] anführt, indem er immer auf seinen *Zodiacus* blickt. Stellato ist vermutlich Verfasser des *Zodiacus Vitæ* (zuerst Venedig 1536), der den einzelnen Zeichen des Tierkreises entsprechend 12 Teile umfaßt. Das Werk enthält satirische Polemik sowohl gegen die Katholische Kirche als auch gegen die Lutheraner. Gemäß den doppelten Bezügen im *Castrum* blickt Stellato immer als Dichter auf sein Buch und als Kriegführer auf den Tierkreis am Himmel (zur Orientierung). Der Satz, daß er Lateiner, die übrigen Tusker seien, meint wohl, daß er nur durch lateinische, die anderen auch durch italienische Dichtung bekannt wurden. Es soll nicht übersehen werden, daß sich in Baldes ironischer Schilderung der Satiriker Selbstironie ausspricht, da er sich zu dieser Zeit wesentlich als Satiriker verstand.

Weiter werden Bembo und Poliziano genannt.[131] Ein Teil der Belagernden setzt nur schwache Hoffnungen auf sie, da sie nicht gewohnt seien, etwas Ernsthaftes oder Schwieriges zu tun. Balde mochte aus keinem ihm bekannten Titel auf einen martialischen Inhalt schließen (die lateinischsprachige Geschichtsschreibung rechnet er wohl nicht). Er läßt die Skeptiker als Stoffe (ihre!) Chariten, Venus, Cupido, Blumen, Veilchen, Lilien und Rosen aufzählen.

---

128 *De Partu Virginis*, 3 B., über die Geburt der Jungfrau in der Sprache der vergilischen Epik.
129 Vergil wurde in Andes bei Mantua geboren.
130 Vergleichbar die Schilderung der Satiriker am Anfang von 40.
131 ▶ zu 3.

Im Gegensatz zu Bembos und Polizianos unkriegerischer Dichtung weist Maffeo Vegios[132] *Supplementum Virgilianum* (1427), eine Fortsetzung der *Aeneis* Vergils als 13. Buch (*Aeneidos Liber XIII*), unabhängig von der literarischen Qualität (die Balde offenbar nicht sehr hoch ansetzt), genau den geforderten epischen = kriegerischen Charakter auf, der für die Erstürmung der Burg, falls es notwendig sein sollte, geeignet ist. Wieder wird von dem Inhalt eines Werkes auf den kämpferischen Beitrag des Verfassers geschlossen.

10 Balde überschreibt im Inhaltsverzeichnis das Kapitel: ‚Der in der Burg belagerten Böoter Hochmut und Waffen'. Diese verteidigen ihre Unwissenheit nachdrücklich, wie es arrogante Ungebildete zu tun pflegen. Damit ist der doppeldeutige Sinn der Waffen vorgegeben. Man verfügt über drei Geschütze, den *Onocentaurus*, das *Curule Æneum*, das *Marsya* genannt wird, und den *Silenus*. Nicht empfiehlt es sich, bei Balde an Spezialkenntnisse der Poliorketik zu denken. Vielmehr spielt er auf zwei Ebenen.

(1) *Onocentaurus*: In der Prophezeiung über den Untergang Edoms heißt es *Jesaja 34, 14*: *et occurrent daemonia onocentauris et pilosus clamabit alter ad alterum* (Luther: ‚Da werden untereinander laufen Wüstentiere und wilde Hunde, und ein Feldteufel wird dem andern begegnen'; Katholische Einheitsübersetzung: ‚Wüstenhunde und Hyänen treffen sich hier, die Bocksgeister begegnen einander').[133] Balde funktioniert den Namen des geheimnisvollen Tiers[134] deswegen zu dem Namen eines Geschützes um, weil er im ersten Bestandteil des Worts ‚Esel' (ὄνος) hört, denn die Bewohner der Burg sind ja *asini*.[135] Es werden unter anderem ungehobelte Geschosse und rohe Stämme auf das Geratewohl hin[136] geschleudert. *impolita* und *rudes* sind Fachausdrücke für unausgefeilte Literatur. Es sind die Machwerke der Burgbewohner, die weder Orthographie noch Regeln für den Satzbau beachten. Beides ist wieder doppeldeutig: *orthographia* und *regula* beziehen sich sowohl auf die Kampfesweise als auch auf die literarischen Erzeugnisse. Ein Buch wie das des Vegetius ist den Belagerten ein böhmisches Dorf.[137] Auch das hat einen doppelten Boden.

---

132 ▸ zu 3.
133 Die Stelle ist deswegen interessant, weil drei Verse zuvor die in 4 genannten *onocrotali* aufscheinen (▸ dort).
134 Georges: ‚eine ungeschwänzte Affenart, übertr. von unreinen Dämonen'.
135 Dasselbe gilt für *onocrotali* in 4 und *onochites* in 13.
136 *andabatae* sind Gladiatoren, die einen Helm ohne Öffnung für die Augen tragen und wie Blinde herumtappen; dazu Erasmus *Adagia* 2, 4, 33, ferner Kagerer 2014, 378–379. Andabatae hieß eine Satire Varros.
137 Renatus Vegetius (4. Jh.): Verfasser einer militärtechnischen Schrift (*Epitoma rei militaris*) in 4 B.

(2) *Curule Æneum*, genannt *Marsya*: Marsya(s) war ein Satyr, der Athenas Flöte gefunden und den Musengott Apollo zu einem musischen Wettkampf herausgefordert hatte. Apollo siegte und zog ihm zur Strafe die Haut ab. Das ist ein Gleichnis für die Ignoranten in der Burg, die mit ihrer Auffassung von Literatur (sie können wahre Musenkunst nicht beurteilen) auf verlorenem Posten kämpfen. Sie werden wie Marsya verlieren. Die Feige, welche eine Hand des dem Geschützrohr aufgeprägten Satyr bildet, könnte eine Erinnerung[138] an Horaz' Satire 1, 8 sein, in der ein zu einer Priap-Figur umgeschnitzter Feigenbaum (*ficus*) erzählt, wie er so kräftig gefarzt habe, daß die beiden Hexen Canidia und Sagana Reißaus genommen hätten: *nam displosa sonat quantum vesica pepedi | diffisa nate ficus* („denn wie eine zerplatzte Blase knallt, farzte ich, ein Feigenbaum, wobei sich mein Gesäß spaltete"). Auf das laute ungehobelte Geräusch kommt es hier und bei dem folgenden dritten Geschütz an: So sind die ‚musischen' Äußerungen der Burgbewohner.[139] Zu *Æneum* ist *tormentum* zu ergänzen; *curulis* heißt bei den Römern ‚auf hohe Magistratspersonen bezogen',[140] seit dem Mittelalter ‚herrschaftlich', ‚amtlich'.[141] Balde meint damit die aus Bronze gegossenen Geschütze seiner Zeit,[142] deren Rohre reich verziert (daher der Satyr) und mit Namen wie David, Goliath, Helena usw. versehen waren (daher Eselzentaur, Marsya, Silenus). *Curule Æneum* ist ein aus Bronze / Kupfer[143] gefertigtes ‚Staatsgeschütz'. Balde hat wohl den Zaren Alexei Michailowitsch (1645–1676) im Auge, unter dem es zwar eine starke territoriale Expansion des Moskauer Reiches gab, in dem aber bedrückende soziale Verhältnisse herrschten. Es könnte ein Bezug auf die äußerste Finanznot des Zaren vorliegen, unter dem 1656–1663 Kopeken und Dengen statt aus Silber aus Kupfer geprägt wurden,[144] was Millionen Rubel in die Staatskasse spülte, doch eine ‚Kupfergeldinflation' zur Folge hatte. 1663, als Balde das *Castrum* begann, „wurden die Kupfergeldmühlen geschlossen, die Gehälter wieder in Silber gezahlt und Handelsgeschäfte auf dieser Basis abgewickelt." Es war also genügend Kupfer vorhanden, aus dem man Geschütze fertigen konnte![145] Deshalb spricht Balde nicht wie bei den beiden anderen Kanonen von *tormentum*, sondern von *æneum*. *curule* könnte darauf hinweisen, daß der

---

138 *ficum* ist kursiv gedruckt, was auf ein Zitat deutet.
139 Zu *ficus* an anderen Stellen bei Balde (*Diss.* 72 und *Crisis* 36) Burkard 2004, 349.
140 In diesem Sinn spricht Balde von *curulis magistratus* (18) oder *curulis sella* (38) und zitiert (32) Claud. *De Cons. Stil.* 3, 6, wo *curulis* für den Konsul steht.
141 Mittellat. Wörterbuch II, 1999.
142 Die *curulia Tormenta* in 37 werden *nostri seculi subsidia* genannt.
143 Bronze ist eine Sammelbezeichnung für Kupferlegierungen mit mehr als 60% Kupfergehalt.
144 Dieses Verfahren war in Baldes Jugend auch in Deutschland verbreitet (Duhr 1913, 470–471).
145 Torke 1995, 117.

Zar die Kriegskunst liebte und selbst neue Waffen entwarf.¹⁴⁶ Schließlich mag die Aussage, daß die Moskoviter in ihrer Rückständigkeit Unverstand gemäß den Gesetzen der Väter zu erkennen geben und nicht die ausländischen Artes liberales lernen sollen, unter anderem auf die erheblichen kirchlichen Reformen des Patriarchen Nikon (1605–1681) anspielen, die eine große Unruhe in der Bevölkerung hervorriefen. So gab es etwa das Verbot, Ikonen im inzwischen verbreiteten westlichen Stil zu malen.¹⁴⁷ Alles war aktuell. Die Schilderung des zweiten Geschützes liegt auf drei Ebenen: denen des Kampfes, der Literatur und der Zeitgeschichte.

(3) *Silenus*: Auch bei der dritten Wurfmaschine liegt die literarische Ebene zutage. Wenn sie eine Kugel schleudert, ist das dem brüllenden Esel des mythischen Silens vergleichbar, der vorne und hinten Donnerschläge erschallen läßt. Das Tier weist auf die *asini* der Burg! Es geht um grammatisch unrichtige Wortverbindungen und Wortfehler¹⁴⁸ der Kritiker.¹⁴⁹ Das liegt auf derselben Ebene wie der zuvor inkriminierte Mangel an *orthographia* und *Vegetii regula*: Sie beherrschen nicht einmal die elementaren Regeln schriftlicher Äußerungen!¹⁵⁰ Aber sie sind demohngeachtet hartnäckig und zielen nicht nur auf durchschnittliche Dichter, sondern auch auf Poëtæ Laureati.¹⁵¹ Das ist harter Tobak.

---

146 Torke 1995, 110.
147 Torke 1995, 125.
148 Die Termini βαρβαρισμός und σολοικισμός bezeichnen ursprünglich fehlerhaftes Sprechen des Griechischen. Später verengen sie sich zu stilistischen Begriffen: *barbarismus* (Fehler eines Einzelworts: Quint. *Inst.* 1, 5, 6), *soloecismus* (Fehler einer Wortverbindung: ib. 1, 5, 34). In der frühen Neuzeit bedeuten sie sprachliche Schnitzer im Lateinischen: ‚Barbariem facit soloecismus, qui est fœdatio Latini Sermonis, sive sit in singulis verbis, sive in contextu plurium. [...] Barbarismus est dictio, aut omnino barbara; aut Latina quidem, sed vitiosa scriptô, pronuntiatione, significatu' (Pexenfelder 1670). Dasypodius 1536 betont beim Soloecismus überdies den griechischen Bereich (beide Begriffe *El.* 402 in übertragener Bedeutung, die an dieser Stelle mitschwingen könnte, ▸ dort). Balde hat hier im Gegensatz zum *Elenchus*-Passus die verkürzte Form *Solæcorum* (= *Solœcismorum*) wie Cic. *Ad Att.* 19, 10, der auch bei *barbarismus* die verkürzte Form gebraucht: *barbara quaedam et* σόλοικα. Scherze mit dem Stilbegriff *soloecismus* trieben Martial 11, 19, 2 (obszön) und Juvenal 6, 456 (lustig).
149 *volumina* könnte doppeldeutig sein: 1. *fumosa volumina* = ‚Rauchschwaden' wie Ov. *Met.* 13, 601 *nigrique volumina fumi* (auch *volumine* überliefert, *fumi* Gen.), die beim Schießen entstehen, d. h. die Kritiker vernebeln den wahren Sachverhalt. 2. *volumina* = ‚Bände' / ‚Bücher'. Zu der Bedeutung von *fumus* = ‚leeres Zeug', ‚falsche Dinge' ▸ *El.* 243, wo *fumus* doppeldeutig gebraucht ist: ‚Rauch des Scheiterhaufens' (wörtlich) und ‚Rauch der nichtigen Ehre' (übertragen).
150 Vielleicht wirft Balde den Kritikern nebenbei vor, daß sie nicht richtig Latein (und Griechisch) können (und trotzdem über neulateinische Literatur urteilen).
151 Die vielfach vom Kaiser gekrönten Poetae Laureati hießen oft Poetae Caesarei Laureati. *Laureati*: ▸ auch zu 3 und 52.

Mit Hilfe der drei Wurfmaschinen sind die literarischen Qualitäten der Anwürfe durch die ignoranten Kritiker geistvoll charakterisiert – ein Kabinettstück.

11 Selbst Petrarca, der vornehmste der Belagerer, kommt in Gefahr. Sein Zelt (*tentorium*) wird als Feldherrnzelt (*prætorium*), er selbst als Führer (*Dux*) bezeichnet. Auch er spielt eine doppelte Rolle, denn er übt selbst in dieser Situation seine dichterische Tätigkeit aus: Er schreibt über die Expedition Briefe an Freunde, was auf die *Epistolae ad Familiares* anspielt. Das Zelt ist eine rechte Dichterklause, denn die Kugel, die sich dorthin verirrt, wirft das Tintenfaß um und zerstört teilweise den Dreifuß[152] sowie Lauras, der Angebeteten, Bild.[153] Die Dichterkollegen stürmen besorgt herbei, und Fracastoro wendet sich mit den Worten[154] an Vida, sie seien nicht mit den notwendigen Waffen für die Eroberung der Burg[155] ausgerüstet, sie seien halbe ‚Gaugenossen' (*semipagani*), d. h. halbe Dichter,[156] man müsse die alten Dichter zu Hilfe rufen. Das bedeutet aufgelöst, daß die Neulateiner für sich doch nur ‚halbe' lateinische Dichter sind: Sie brauchen das Fundament der alten – freilich nicht in enger *imitatio*, sondern im Sinn des baldeschen Originalitätsbegriffs.[157]

12 Daher fährt Fracastoro fort, man müsse das Orakel von Delphi (Apollos berühmteste Orakelstätte in der Antike) befragen, was weiter geschehen solle. Bis die Gesandten zurückkämen, sei die Burg zu umzingeln, damit die Belagerten sich nicht inzwischen mit Betrug und List durch ‚irgendeinen Verkehr mit der guten Literatur' Hilfe verschafften. Hier klingt der Gedanke an, daß die Hungers-

---

152 Apollos Dreifuß steht für dichterische Inspiration: Petrarca wird durch den Dichtergott inspiriert. Die Kugel stört diesen Prozeß.
153 Kühlmann 2006, 161 meint, Lauras Bildnis im Feldherrnzelt sei „für Jesuiten wie Balde ein Problem", und fragt, ob „das Gemälde deshalb von einer Kugel zerfetzt" werde? Kagerer 2014, 657 erwägt, Balde mache sich „über Petrarcas Verehrung der Laura lustig".
154 Zunächst erinnert er den Kollegen daran, daß sie beide das vorhergesagt hätten. Das wurde nicht erwähnt. Fracastoro hatte zu einem Angriff über Land geraten (3), und Vida war als erfahrener Stratege aufgetreten (7).
155 *spelunca* = klass. ‚Höhle'. Hier wohl Anspielung auf die für das entweihte Haus des Herrn stehende *spelunca latronum* = ‚Räuberhöhle' (*Jeremia* 7, 11, danach *Matthäus* 21, 13), die sprichwörtlich wurde. Der wissende Leser sollte verstehen: Die Kritiker sind ein Räubergesindel, die anderen (d. h. den neulateinischen Dichtern) auflauern.
156 *semipaganus*: Pers. Prolog 6 (*ipse semipaganus | ad sacra vatum carmen affero nostrum*). Scholion: = *semipoeta*. "Word applied by Persius himself in a self-depreciatory sense, as an unworthy member of the 'religious guild' of poetry" (OLD). Ausführliche Diskussion bei Kißel 1990, 85–89, der nach anderen *semipaganus* als *semirusticus* versteht und mit ‚ein halber Bauer' übersetzt. Balde war sicher von Persius' selbstironischer Aussage fasziniert.
157 ▸ S. 14–15.

not auf der Burg eine Folge der Entbehrung der richtigen geistigen Nahrung, d. h. der (lateinischen und) neulateinischen Dichtung, ist.

13 Aber nicht alle sind mit Fracastoros Vorschlag einverstanden. Man solle die geistige Nahrung den Ignoranten nicht entziehen, sondern im Gegenteil zuführen. Da sie sie so wenig wie Gips[158] vertrügen, werde man ihnen auf diese Weise mit List schaden: In ihrer Unwissenheit lehnten sie nichts mehr als (gute) Literatur ab.[159] Deren Duft[160] könnten sie gleich Schwefel und Knoblauch nicht riechen. Man solle, was an Geist und Kunst vorhanden ist, in die Burg schaffen, damit die Ignoranten, durch die ungewohnte Speise aufgebläht, platzen. Das bedeutet wohl, daß die Ungebildeten nicht einfach (neulateinische) Bildung übernehmen könnten, sondern mit ihr tödlich überfordert wären. Das war nach Art der höheren Beredsamkeit eindringlich gesagt. Aber Fracastoro bleibt bei seinem Vorschlag, den Belagerten jegliche Unterstützung zu verweigern und ihnen nicht durch die kleinste Hoffnung Erfrischung zu gewähren. Selbst die Dummen liebten der Musen Brosamen,[161] wenn sie sie nur zusammenkratzen können. Daraufhin stimmen die meisten Fracastoro zu. ‚Wenn Latium verschlossen ist', d. h. jeder Verkehr mit dem (Neu)latein unterbleibt, werde es den Bewohnern schlecht ergehen – wie bei der Hungersnot in Samaria, bei der ‚ein Eselkopf auf 80 Silbermünzen geschätzt' wurde.[162] Die Stelle ist grotesk: Die Esel (*asini*)

---

158 *gypsum farinâ mistum ingentes sæpe stravit exercitus*: Sabine Holtz verweist auf folgende interessante Quelle: Abhandlung vom Gipse, in: Der Bienenstock, eine ökonomische Zeitschrift, 2. Jahrgang, 2. Band, Wien 1769, 678–697, hier 696–697: „Er ist giftig. Dieses wußte schon Kayser Emanuel I., welcher aus Haß gegen die Creuzzüge Gips unter das Mehl mischen ließ, welches das christliche Heer, das im Jahr 1180 nach dem gelobten Lande ziehen wollte, zur Speise haben sollte. [...] Diese Wirkung beweiset auch das Beyspiel des C. Proculeius, welcher sich durch einen Trank, in welchen Gips gemischet war, den Todt beschleunigte: wovon auch Plinius Lib. XXXVI. cap. 24 seine natürliche Geschichte redet. Sobald man etwas vom Gipse in sich bekommen hat, so verhärtet es wie ein Stein, dann der Gips besitzet diese Eigenschaft [...], daß er vermittelst einer Vermischung mit Wasser, oder einer andern Feuchtigkeit, hart wird; und er besitzt eine erstickende Kraft, er naget und frißt die innwendigen Theile an, und kann eine Person solchergestalt gar bald in die andere Welt befördern." Plinius *Nat.* 36, 183 berichtet: *exemplum inlustre, C. Proculeium, Augusti Caesaris familiaritate subnixum, in stomachi dolore gypso poto conscivisse sibi mortem* (Proculeius war Maecenas' Schwager).
159 Balde spielt mit der wörtlichen Bedeutung von *odisse*: ‚nicht riechen (können)' und der übertragenen: ‚ablehnen', ‚hassen'.
160 *suffitus* (Räucherduft), z. B. der *herba Sabina* (Sadebaum), die wie Weihrauch duftet (*herbaque turis opes priscis imitata Sabina*, Ps.Verg. *Cul.* 404) und daher anstelle von Weihrauch verwendet wurde (Plin. *Nat.* 24, 102 über die *herba Sabina*: *a multis in suffitus pro ture adsumitur*).
161 *analecta* = Aufgelesenes, nämlich Reste von Mahlzeiten, die unter den Tisch fielen und von Sklaven aufgelesen wurden (Mart. 7, 20, 17).
162 4 *Könige* 6, 25 (Vulgata = 2 *Könige* 6, 25 der Lutherbibel, zur Zählung der Bücher ▸ zu *El.* 119):

der Burg würden für einen Eselkopf (ὄνου κεφαλή / *caput asini*) 80 Silberlinge bieten! Weiter ist ihnen das Eselkraut[163] allmählich ausgegangen. Auch in dieser seltenen Pflanze, die er ausgräbt, hört Balde ὄνος mit und weist abermals auf die *asini* der Burg hin. Die Metaphorik ist konsequent. Die Bewohner haben in ihrer Not zu Minderwertigem gegriffen, was der Poeta doctus exquisit andeutet: *salpis*,[164] *opicis muribus*,[165] *carduis*,[166] *aliquid Lapparum & Loliorum*.[167] Man sehe: Die ‚Esel' (fr)essen Eselkopf und Eselkraut wie ungebildete Mäuse, welche Bücher mit *divina carmina* fressen. Alles ist zweischichtig.

Auch im folgenden ist der poetologische Hintergrund klar, wenn es heißt, die Belagerten hätten Mangel an lebendigem / frischem Wasser aus der Aganippe (der Musenquelle am Helikon), so daß nicht einmal mittelmäßige Dichter mehr den Durst angemessen löschen konnten.[168] Zudem gab es zu wenig Öl, was von der ungehobelten und derben Minerva herrührte. Der Ölbaum ist Minerva, der Schutzgöttin der Dichter,[169] heilig. *crassa Minerva* ist eine horazische Prägung: *Sat.* 2, 2, 3 (‚mit derbem Verstand', hier: ‚Kunstverstand'); *rudis* als Terminus für ‚ungehobelte' Dichtung begegnet schon in 10. Das ganze Kapitel ist ein erneuter witziger Pranger, an den die Ignoranten (= Kritiker) gestellt werden.

14 Wie man beschlossen hat, wird die Angelegenheit Apollo überbracht. Der attestiert von hoher Warte, daß die neulateinischen Dichter an die augusteischen

---

Benhadad, der König der Syrer, belagerte Samaria. „Und es war eine große Teuerung zu Samaria. Sie aber belagerten die Stadt, bis daß ein Eselskopf achtzig Silberlinge und ein viertel Kab Taubenmist fünf Silberstücke galt" (Luther).

163 *ABC*: *onochites*. Plin. *Nat*. 21, 100; 22, 51 erwähnt die seltene Pflanze *onochiles* (ὀνοχειλές = Esellippe). An der ersten Stelle ist auch *onochitae* überliefert, was man in Baldes Zeit als richtige Lesart ansehen konnte.

164 Ovid spricht *Halieutica* 121 von der *merito vilissima salpa*. Über diesen wenig attraktiven Fisch weiß Plinius *Nat*. 9, 68 zu berichten: [...] *circa Ebusum salpa, obscenus alibi et qui nusquam percoqui possit nisi ferula verberatus* (‚bei Ebusos (= Ibiza) der Goldstriemen, der an anderen Orten ekelerregend ist und sich niemals durchkochen läßt, wenn man ihn nicht mit einer Rute mürbe geschlagen hat', Übers. König / Winkler).

165 *opici* von Ὀπικοί (alter Name für die Bewohner Kampaniens, lat. *Opsci / Osci*): ‚barbarisch', ‚bäurisch', ‚ungebildet'. Die *opici mures* gehen auf Juvenal zurück, bei dem 3, 207 barbarische / ungebildete Mäuse an den göttlichen Liedern griechischer Bücher nagen, die in einer alten Kiste lagern.

166 Die Distel ist bei Vergil eine unfruchtbare Pflanze καθ' ἐξοχήν (*Buc*. 5, 39; *Georg*. 1, 152).

167 Erklärt zu *El.* 255.

168 Wenn es heißt, sie schlürften aus dem Bodensatz einer trägen Pfütze (*inertis lacunæ*), schwingt in *in-ers* die wörtliche Bedeutung ‚kunst-los' mit.

169 Es ist abermals auf das erste Buch der *Sylvæ* zu verweisen, in dem Pallas als Göttin der Weisheit auch Patronin der Dichter ist.

nicht heranreichen,[170] was natürlich auch Baldes Meinung ist. Deshalb sollen die *veteres Poëtæ* aus dem Elysium zu Hilfe geholt werden, auf daß sie mit vereinten Kräften das schändliche Nest der Barbarei niederreißen. Das sei keine ihrer unwürdige Arbeit, denn Hercules, Zeus' Sohn, habe es nicht zur Schande gereicht, Cacus' Höhle zu verwüsten.[171] Die neueren Dichter hätten sich als Troßknechte den alten unterzuordnen, womit noch einmal eine klare Rangordnung festgelegt wird. Der korinthische Sagenheld Bellerophon, dessen Flügelroß Pegasus mit dem Huf die Musenquelle Hippokrene ('Pferdequelle') auf dem Helikon schlug, überbringt die Aufforderung, daß man gemeinsam dem durch die unbelehrbaren Esel erschöpften Erdkreis zu Hilfe eile. Auch dieses Kapitel hat einen doppelten Boden, einen 'realen' und einen poetologischen.

15 Es werden in verschieden begründeter Reihung 18 römische Dichter bemüht: Vergil, Horaz, Ovid, Lukan, Seneca tragicus, Statius, Silius, Claudian, Ennius, Lukrez, Catull, Tibull, Properz, Plautus, Terenz, Martial, Juvenal, Persius. Die beiden Letztgenannten kommen als letzte: Die Satiriker sind unangepaßt, sie werden aber die ersten sein: Sie sind besondere Kämpfer. Alle kommen im folgenden mehr oder weniger zum Einsatz. Der *senatus bellicus* berät über das weitere Vorgehen.

16 Die Dichter beschließen,[172] Vergil von vornherein auf ein besonderes Podest zu heben.[173] Der Rang ist unbestritten, nur über seine Rolle ist man sich nicht im klaren. Zunächst heißt es, er solle nicht im Feld kämpfen, es zieme nicht seiner Majestät,[174] sich mit der Eroberung nur eines Winkels[175] von Böotien abzugeben. Er werde besser für die Darstellung des neuen Troja, Latinus' Stadt oder Daunus' Ardea, aufgespart.[176] Denn dann werde er mit seinen Gestalten Aeneas und Turnus, Pandarus und Bitias[177] ruhmvoller vorrücken. Das Trojanische Pferd könne den Eseln nicht in ehrenvoller Weise entgegengestellt werden. Das ist eine

---

170 Es wird die räumliche und zeitliche Entfernung betont (*remotam*), denn Apollo entschuldigt die Neulateiner zugleich. Gemeint ist wohl, daß die Alten zu wenig studiert werden und Bemühungen wie die Petrarcas zu unterstützen sind.
171 Verg. Aen. 8. Hercules trug damit zur Kultivierung der Gegend des späteren Rom bei.
172 Statt der gewöhnlichen Ausdrucksweise *in hanc sententiam pedibus poëtae ierunt* formuliert Balde witzig: *in hanc sententiam pedibus poëticis itum est*.
173 *A* am Rand: *Vergilij Poëtarum Principis Encomium*.
174 ▸ zu 24.
175 *nidus*: Winkel (eigentlich: Nest): Mart. 1, 117, 15; 7, 17, 5.
176 Neues Troja: Nachbildung des zerstörten Troja durch den geflohenen Priamus-Sohn Helenus in Epirus (*Aen.* 3, 336, 350). Latinus ist König von Latium, seine Stadt Laurent(i)um (die Junktur *urbemque Latini* findet sich *Aen.* 6, 891). Daunus ist der Vater von Aeneas' Gegenspieler Turnus, seine Stadt Ardea in Latium.
177 Pandarus und Bitias werden von Turnus im Kampf erschlagen (*Aen.* 9, 672–755).

eigenartige Argumentation. In einer irrealen Zeitrechnung wird vorausgesetzt, daß Vergil bislang nur die erste Hälfte der *Aeneis* geschaffen habe, die lediglich im zweiten Buch Kämpfe schildert, nämlich Trojas Fall. Aber durch die Darstellung des Hölzernen Pferds sei er noch nicht genügend ausgewiesen, selbst zu kämpfen. Dazu müsse er erst die zweite Hälfte dichten, die die Kämpfe in Italien bringt! Vergil solle im Feldherrnzelt das Amt des Diktators übernehmen und die in den Krieg Ziehenden aus der Ferne dirigieren. Das wird nach einigem Hin und Her[178] angenommen. Zwar fürchtet man, Statius werde das übelnehmen, doch unterwirft er sofort seine *Thebais* Vergils Füßen, indem er die berühmte Huldigung aus dem Schluß des Werks zitiert (12, 816–817).[179] Balde läßt eine zweite berühmte Huldigung an die *Aeneis* folgen, Properz' Prophezeiung 2, 34, 65–66, die er in der Rolle eines Herolds mit erhobener Stimme verkündet. Die antiken Dichter präludieren dem Urteil des modernen Kollegen! An dieser Stelle begegnet dieselbe Plazierung Vergils vor Statius wie in der *Pudicitia vindicata*, im *Regnum poëtarum* und in der *Dissertatio de studio poëtico*[180] und schließlich im Nachwort an Josephus Bertronius.

17 Einige wollen, daß auch Horaz von den Plagen der Expedition befreit werde.[181] Warum solle er die venusinische Anmut[182] seiner lateinischen Sprache, die von Augustus gelobt worden[183] und klarer als die Bandusia-Quelle[184] sei, durch den Verkehr mit der fremden Sprache beflecken? Das heißt doch wohl, daß die Kritiker nicht richtig Latein können, aber doch über (neu)lateinische Literatur urteilen! Nicht einmal durch den Anblick des abscheulichen Sitzes, der voller Abgeschmacktheiten[185] und Unflat von Ausdrücken (Wörtern) sei, dürften seine

---

178 Nach *speculatrices* setzen *AB* einen Punkt, *C* ein verdeutlichendes Fragezeichen.
179 *tenta*: *provoces* (Lactantius).
180 Lefèvre 2010, 188–191, 195–196.
181 *A* am Rand: *Horatij Flacci Laus*.
182 Horaz wurde in Venusia geboren. *Venusina Venustas* auch *Antagathyrsus* 50, 25 (1729, IV, 340), „Schlüsselbegriff für Baldes Horazimitatio, erinnert mit dem doppelten Anklang an Venus an einen dem Jesuiten verwehrten Stoffbereich, deutet aber auch die Möglichkeit an, Venus dem lateinischen Sprachgebrauch entsprechend als eine von erotischer Thematik gelöste ästhetische Eigenschaft zu bewahren" (Schäfer 1976, 143).
183 Vielleicht Anklang an Horaz *Sat.* 2, 1, 84 *laudatus Caesare* (Bezug auf Horaz).
184 Horaz spricht sie *Carm.* 3, 13, 1 auf seinem Sabiner Landgut an: *o fons Bandusiae splendidior vitro* – ein direktes Zitat. *ABC*: *Blandusiæ*, zu dieser Form Schäfer 1976, 142 Anm. 68 („im 17. Jh. bevorzugte Lesung einer schlechteren Überlieferung"); Burkard 2004, 154.
185 Bei Cat. 36, 19 sind die *Annales* des Volusius voller *inficetiae* (*pleni ruris et inficetiarum* | *Annales Volusi*) – Aufnahme eines bereits in poetologischem Sinn verwendeten Bildes. Auch *sordes* wurde schon in der Antike in übertragenem Sinn vom Stil gebraucht: Tac. *Dial.* 21, 4 (Parallelen im Kommentar von A. Gudeman, Leipzig / Berlin ²1914, 345).

Augen verletzt werden. Aber Flaccus verzichtet auf das Privileg unter Hinweis darauf, daß er nicht an die Tuba gewöhnt sei, d. h. kein Epos gedichtet habe. Er erbietet sich, statt dessen die Soldaten mit der Flöte, die für lyrische Dichtung steht,[186] anzufeuern. Horaz hat eine Reihe von Oden mit ‚kriegerischem' Inhalt gedichtet. Am bekanntesten (und umstrittensten) ist der Vers: *dulce et decorum est pro patria mori* (*Carm.* 3, 2, 13). Mit Selbstironie spielt der notorische Weintrinker Balde auf den notorischen Weintrinker Horaz an.

18 Dann soll ein Handpaukenschläger[187] gewählt werden. Es ist ein niederes Amt (*vile munus*), für das zunächst Plautus und Terenz erwogen werden. Dieser Vorgang zeigt wohl, wie wenig Balde im Grund die römische Komödie schätzt, die doch seit dem 15. Jahrhundert in Europa hoch im Kurs stand. Darauf wird Silius Italicus, der Dichter der ‚Afrikanischen Kriege',[188] designiert.[189] Es ist eine harte Charakterisierung, die dem Konsular[190] zuteil wird. Aber sie entspricht einem verbreiteten Urteil des 17. Jahrhunderts, für das Scaliger den Weg geebnet hatte. Er tat Silius in der *Poetik* kurz ab: ‚Ich halte ihn für den letzten der guten Dichter, ja nicht einmal für einen Dichter. Nicht hat er Kraft, nicht Takt, nicht hohes Denken. So sehr ist ihm jede Anmut fremd, daß keiner weniger anmutig ist. Zur Gänze stockt, schwankt, wankt er: Wo er etwas wagt, stürzt er.'[191] Balde spricht die Kritik nicht in eigenem Namen aus, sondern läßt sie allgemein vorgetragen und Silius durch die kollegialen Epiker Statius und Claudian verteidigt werden, die das Amt für seiner unwürdig halten. Damit sei nicht zu vergleichen, daß Horaz die Flöte blasen werde: ‚Da er es wolle, geschehe ihm kein Unrecht.'[192] Aber der angesehene Silius sei nicht gefragt worden.[193] Zwar habe Silius Vergils Größe nicht erreicht, aber er habe es wenigstens versucht.[194] Warum gereiche das

---

186 *A* am Rand: *Horatij Lyrica*.
187 *tympanotriba*: Plaut. *Truc.* 611 („qui tympanum terit, i. e. pulsat, Graece τυμπανοτρίβης. Hic significatur homo mollis et effeminatus, quales erant Cybeles sacerdotes tympana pulsantes": P. J. Enk, Plauti Truculentus, Leiden 1953, II, 142).
188 Silius stellte in 17 Büchern *Punica* den Zweiten Punischen Krieg (218–201) dar.
189 *A* am Rand: *Silij Italici genius & Poëmata*.
190 Silius war 93 Konsul. *trabea*: mit scharlachroten Streifen und einem Purpursaum besetzte weiße Toga, die Ritter bei feierlichen Anlässen trugen, metonymisch für den Ritterstand, dem Silius angehörte. *divitijs gravem*: Der Census für die *equites* lag in der klassischen Zeit bei 400 000 Sesterzen.
191 *quem equidem postremum bonorum poetarum existimo: quin ne poetam quidem. Non neruos, non numeros, non spiritum habet. adeò* [Druckfehler: *daeò*] *verò ab omni venere alienus est, vt nullus inuenustior sit. Totus hæret, trepidat, vacillat: vbi audet, cadit* (1561, 324ab).
192 Sentenz schon im Mittelalter: *volenti non fit iniuria* (Walther 34133c). Die Devise auch *El.* 280.
193 *A* am Rand: *Censura de Silio Ital.*
194 Sprichwort, z. B. Prop. 2, 10, 7: *in magnis et voluisse sat est* (Otto 1890, 362).

einem Mann, der beruflich (durch mehrere offizielle Ämter) als Dichter behindert wurde, möge er auch bei größeren Unternehmungen nicht glücklich gewesen sein,[195] zur Schande oder zum Vorwurf? Silius habe Vergil auf seine Art verehrt. Balde kennt Plinius' Brief über Silius 3, 7, in dem berichtet wird, er habe den Ruf unter Nero verletzt, das aber durch ein *laudabile otium* wettgemacht. Dort wird seine ungewöhnlich große Verehrung Vergils beschrieben, auch die der Statue des Gefeierten.[196] Im übrigen konnte Bald in dem Brief das negative Urteil über Silius' Kunst lesen: *scribebat carmina maiore cura quam ingenio*. Der Jesuit urteilt ausgleichend. Sogar ein Schatten und Nachahmer Vergils (das war Silius) und auch Vergils Statue (die verehrte Silius) seien verehrungswürdig. Das ist eine Verteidigung des Epigonen. Denn Silius w o l l t e ein Schatten und Nachahmer Vergils sein. *Simia* hat keinen negativen Beiklang, so wie sich Balde in der *Elegia ad Musas* des *Poëma de vanitate mundi* selbst als *Simia Papinij grande sonantis opus* bezeichnet, als ‚Nachahmer des ein großes Werk tönenden Statius'.[197]

19 Claudian schlägt Statius vor, das Amt Martial zu übertragen.[198] Das werde den Ruhm des Hanswursts nicht schmälern, der durch kaum etwas mehr zu empfehlen sei als durch seine Kenntnis der römischen Antike.[199] Er habe um des Essens und der Gurgel willen gesungen, ‚gewissermaßen an der Tür'. Das ist ein vernichtendes Urteil über den ‚Bettelpoeten' Martial. Auch die Charakterisierung, er habe wie in der Nase Scharfsinn, so auch im Gaumen bewundernswerten Geschmackssinn (mit dem er Speisen prüfen konnte),[200] ist die eines findigen Schnorrers mit parasitären Eigenschaften. Im Epilog an Josephus Bertronius ist Baldes Martial-Bild ebenfalls zwiespältig. Aber da geht es nicht um die adulatorischen, sondern um die lasziven Seiten seiner Dichtung. Witzig läßt der Jesuit den ahnungsvollen Martial Claudians Vorschlag zuvorkommen und ihm sein Lieblingshündchen *Issa* schenken[201] – das später als passendes Angebinde Sti-

---

195 *magnis ausis excidere*: große Unternehmungen verfehlen, in ihnen nicht glücklich sein. Balde denkt wohl an Phaethons Grabinschrift *magnis [...] excidit ausis* (Ov. Met. 2, 328).
196 Zu diesem Thema sind Balde auch Martials Epigramme 11, 48; 11, 50; 12, 67 bekannt.
197 1729, VII, 194 (dazu Lukas 2001, 42 Anm. 139).
198 *A* am Rand: *Censura de Val. Mart.*
199 Martials Epigramme gewähren einen vielfältigen Blick auf das römische Alltagsleben.
200 *in naso* und *in palato* stehen scherzhaft parallel: Mit seiner feinen Nase hat Martial gespürt (*præsenserit*), daß er verspottet wird. Die Nase galt als Sitz intellektueller Fähigkeiten wie Witz und Spott (Martial 1, 41, 18 *non cuicumque datum est habere nasum*; 5, 19, 17 *iam dudum tacito rides, Germanice, naso*). Der Gaumen als Organ, Speisen zu prüfen, ist natürlich einem Mann zu eigen, dem der Beiname Cocus gegeben wurde (▶ zu 33).
201 Martial besang Issa, den von Catull gepriesenen Sperling Lesbias parodierend, 1, 109 in Hendekasylben (Elfsilblern), einem von Catull oft gebrauchten Metrum. *A* am Rand: *Issa, Epigramma Mart. celebre.*

lichos Gattin Serena zu schicken sei.[202] Diese Konstruktion ist nicht so harmlos, wie sie scheint, denn Claudian legt in seinen Dichtungen Stilicho (und Serena) gegenüber durchaus adulatorische Züge an den Tag – wie Martial Domitian gegenüber.[203] Balde schließt die erste Etappe des Streits mit einer paradoxen Pointe: Martial, der zu seiner Zeit alle Menschen (wie ein Hund) ‚angebellt', d. h. in seinen Epigrammen angegriffen habe, sei durch die Wohltat eines Hundes von der Furcht vor Verachtung und einem niederen Dienst befreit worden. *allatrare* in dem hier gemeinten Sinn fand Balde bei Horaz (*Sat.* 2, 1, 85).

20 Plautus lehnt ab, die Trommel zu schlagen. Er gibt nicht seinen *Miles Gloriosus* dazu her, d. h. er will nicht die Rolle seines glorreichen Soldaten übernehmen. Wieder werden die Ebenen der ‚Realität' und der Literatur miteinander verwoben. Es handelt sich um die einzige Komödie des Dichters, deren Titel auf einen kriegerischen Inhalt deutet. Sie war zu Baldes Zeit eine der bekanntesten und der Titel sprichwörtlich. Plautus bringt Priscian ins Spiel. Das ist auch eine antike Gestalt, aber Balde erlaubt sich um seines Zusammenhangs willen den Scherz, einen ‚Nachfahren', die Titelfigur einer neulateinischen Komödie, an seine Stelle zu setzen: Nikodemus Frischlins *Priscianus Vapulans*.[204] Der geschundene Held verkörpert das korrekte Latein in der Weise, daß jeder von anderen begangene Grammatikfehler ihn wie ein Schlag trifft: Er ist der ‚Geschlagene' bzw. ‚Geprügelte Priscian', der schwer blessiert mit Wunden durch das Stück wankt. Als Trommelschläger, der selbst ‚geschlagen' worden ist, wird er nach Plautus' Meinung mit Klagen, Stöhnen und Geheul ein so tönendes Chaos von sich geben, daß die Feinde schon von weitem erschreckten und ihren Mut verlören. Priscian wird herbeigeholt und beginnt sofort, seine und anderer gespannte Haut wie ein Trommelfell zu schlagen. Hier gehen die historische Grammatiker-Autorität und die literarische Wiederauferstehung eine witzige Verschmelzung ein. Der ‚vapulans' muß nach seinem Leiden ein besonderes Interesse daran haben, die Ignoranten zu Fall zu bringen. Insofern er in Frischlins fünftem Akt nicht wie bisher unter Grammatikfehlern, sondern auch unter schlechter Literatur leidet,

---

202 Claudian widmete Serena die *Laus Serenae* (Carm. min. 30), die *Epistula ad Serenam* (Carm. min. 31) und die sechs Distichen über eine *zona equi regii*, die sie Honorius ‚schickte' = schenkte (Carm. min. 48). Da solle Claudian Serena auch, meint Martial, ein Hündchen ‚schicken' = schenken. Vielleicht spielt Balde auf das letzte Gedicht an, da er wie Claudian das Verbum *mittere* gebraucht.
203 Der Streit zwischen Martial und Claudian wird in 32 und 33 fortgesetzt.
204 Priscianus aus Caesarea in Mauretanien, bedeutender römischer Grammatiker an der Wende vom 5. zum 6. Jh., verfaßte als Hauptwerk die *Institutio grammatica* in 18 B. Nikodemus Frischlin (1547–1590), Humanist und Dichter, schrieb 1580 die Komödie *Priscianus Vapulans* (Der verprügelte Priscian), eine scharfe Satire auf unkultiviertes Gelehrtenlatein.

ist er der ideale Unterstützer der Belagerer, denen es ja um diese beiden Felder geht. In dem kurzen Kapitel werden Plautus mit seinem *Miles gloriosus*, Frischlin mit seinem *Priscianus Vapulans* sowie (der antike) Priscian mit Frischlins (!) Priscian amalgamiert, wobei dieser seine (die das ja gewohnt war) und anderer (!) Haut wie ein Trommelfell benutzt – ein gelehrt-witziges Kaleidoskop.

21 Es kommt aber zu einer Störung, da Horaz als ‚d e r Spieler der römischen Leier',[205] indigniert ablehnt, an der Seite des narbenreichen Grammatikers aus Caesarea zu wirken. Das möchten die Götter und die Musen[206] nicht zulassen! *cicatricosus Grammaticus Caesariensis* ist wieder pointiert-verschmelzend formuliert, da nicht der aus Caesarea stammende Priscian narbenreich ist, sondern sein Nachfahr bei Frischlin. Horaz tritt mitten unter die Satirenschreiber,[207] die sich über die vornehme Unterstützung freuen. Dort ist er am rechten Platz, denn in seinen Satiren ist er ein verständiger Literaturkritiker. In 40 und 48 zieht er tatsächlich mit dieser Gruppe an einem Strang.

22 An Horaz' herausragender Stellung ist kein Zweifel. Weil es hier aber um die Satiriker geht, läßt Balde Juvenal die Führung beanspruchen. Das ist mehr als ein witziger Einfall, denn im Epilog an Josephus Bertronius sagt er klar, daß er selbst mit anderen den Satiriker Juvenal höher einschätze als den Satiriker Horaz. In diesem Sinn legt er Juvenal eine Kritik an Horaz[208] in dem Mund, die sich mit der Scaligers berührt.[209] Sie ist scharf formuliert, wie es der antike Juvenal zu tun pflegte. Ob sie in jedem Punkt Baldes Ansicht entspricht,[210] ist schwer zu sagen. Aber er schreibt ja eine Satire. Juvenal fordert Horaz mit einem zweischneidigen Schlachtmesser[211] zu einem blutigen Duell. Die Rede wird von Balde in witziger Weise mit einem anspruchsvollen Zitat aus seinem Werk kommentiert: ‚Er ließ ein erhabenes Gedicht mit Sophokles' großem Mund bakchantisch ertönen.'[212]

---

205 Horaz über sich (*Carm.* 4, 3, 23).
206 *Lebethrides*: Beiname *der* Musen Verg. *Buc.* 7, 21 (bezüglich der Herkunft des Namens wurden schon in der Antike verschiedene Örtlichkeiten erwogen).
207 A am Rand: *Horatius inter Satyricos medius.*
208 *aculeatis verbis*: *El.* 142 spricht Balde von der *Satyra aculeata* und gebraucht den Terminus *hystrix* (Stachelschwein) für sie, ▸ dort sowie unten zu 40; *tropis*: ▸ zu 46; *vicatim*: wohl Erinnerung an Hor. *Epod.* 5, 97.
209 ▸ S. 232.
210 Nach Burkard 2004, 330 ist das der Fall. Auf die Ausführungen daselbst über Baldes Verhältnis zu Juvenal wird verwiesen.
211 Die *anceps machaera* ist von derselben Art wie die *amphisbaenae* in 40 (▸ dort), die nach zwei Seiten hin (d. h. vielseitig) verwendet werden können. An Doppeldeutigkeit ist nicht zu denken.
212 = Iuv. 6, 636 (*bacchamur*).

23 Eobanus Hessus stellt sich als Gladiator und Verfasser von Kriegsdichtungen (▶ 3) sofort auf Juvenals Seite. Aber Vergil schreitet mit der Autorität des Diktators ein und untersagt den Streit. Daraufhin wird Lukan, dessen thessalisches Pferd darauf verweist, daß die Handlung eines Teils seines *Bellum civile*[213] in Thessalien spielt,[214] aufgefordert, mit der Tuba (die für das Epos steht) das Signal zu geben.[215] Ist das schon doppeldeutig gesagt, wird diese Art der Schilderung mit drei direkten Zitaten aus seinem Epos fortgesetzt.[216] Der Thessalien-Bezug dient dazu, nicht nur Lukans Kampferfahrung, sondern auch die aktuelle Geländekenntnis zu motivieren, da Thessalien zwischen Böotien (wo sich die Burg der Ignorantia befindet) und Makedonien liege und niemand die Wege der Region besser kenne als der, der diese Gegenden in zehn Jahren (eine Zeitspanne, die aus den zehn erhaltenen Büchern des *Bellum civile* abgeleitet ist) durchstreift habe! Überall bewegt sich der Erzähler auf doppeltem Boden.

Wenn es heißt, Lukan wolle mit dem Finger auf sein Epos zeigen, läßt er eine Eigenschaft erkennen, die Balde gutmütig als Prahlen auffaßt; sie wurde in seiner Zeit von anderen zum Teil deutlicher hervorgehoben.[217] Balde greift hoch und zitiert Horaz' nicht minder anspruchsvolles Wort *monstror digito praetereuntium | Romanae fidicen lyrae*.[218] Quod licet Jovi non licet bovi?[219]

24 Aber Lukan erntet nur Spott, und Vergil überträgt die Aufgabe Statius; man meint, niemand gehe nach Maro sicherer und erhabener im heroischen Schritt. Das ist wieder doppeldeutig: im Kampf schreiten bzw. Epen dichten. Lukan dagegen gleiche oft mehr einem Historiker als einem Dichter – eine Kritik, die in 37 wiederholt und in 44 aufgenommen wird.[220] Nach Meinung der Spötter

---

[213] Balde verwendet den früher verbreiteten Titel *Pharsalia*, der auf einem Mißverständnis von 9, 985 beruht (*Pharsalia* = ‚Schlacht bei Pharsalus'). Aber nicht alle entschieden so: Die Ausgaben etwa Frankfurt 1551 (ohne Herausgeber) und Amsterdam 1658 (Herausgeber Cornelius Schrevelius) nennen als Titel *De bello civili*. Die Handschriften überliefern *bellum civile* oder *de bello civili*.

[214] Nach Burkard 2009, 283 Anm. 48 könnte eine Anspielung auf *Thessalicus sonipes* (6, 397) vorliegen.

[215] Lukan befolgt die Aufforderung gern, weil er *Antesignanus* werden möchte, „also der zweite Anführer der Dichter nach Vergil". „Das seltene Wort ist nicht zufällig gewählt; Cicero sagt zu Antonius: *fueras in acie Pharsalica antesignanus* (Phil. 2, 71)" (Burkard 2009, 294 mit Anm. 112).

[216] Nacheinander: 1, 6–7; 7, 475–476; 1, 1–2.

[217] ‚Eitelkeit und Ehrgeiz' überschreibt Burkard 2009, 292–294 sein diesbezügliches Kapitel.

[218] Burkard 2009, 294 Anm. 115.

[219] Daß Nero gegenüber dem erfolgreichen Dichter *invidia* und *odium* empfand, überliefert die wohl auf Vacca zurückgehende *Vita Lucani*.

[220] Das ist ein alter Vorwurf. Petrons Kritik an einer Geschichtsschreibung in Versen (*non enim res gestae versibus comprehendendae sunt, quod longe melius historici faciunt*, 118, 6) ist wohl auf

erfordert die Zeit aber einen Mythenerzähler wie eben Statius (der den Zug der Sieben gegen Theben darstellte). Denn nicht seien historische Städte zu belagern (wie es Lukan beschrieb),[221] sondern die fabulöse Festung der sich verbergenden Feigheit. A hat als Randglosse: *Iudicium de Statio & Lucano ex Iul. Scal.* Dieser Hinweis trifft vor allem darin zu, daß Scaliger Statius an die zweite Stelle nach Vergil setzte: *neque enim vllus veterum aut recentiorum propius ad Virgilianam maiestatem accedere valuit. etiam propinquior futurus, si tam propè esse noluisset.*[222]

Der Vergleich von Lukan und Statius ist noch nicht beendet. Es folgt eine witzige Differenzierung: Lukan werde die Angreifer über heiße, mit römischen Leichen bedeckte verpestete Felder, Statius hingegen durch schattige Wälder führen. In irrealer Weise werden das Schlachtfeld des *Bellum civile* mit dem lieblichen Ambiente der *Silvae* (jedenfalls was ihren Titel betrifft) kontrastiert und beides auf die ‚Gegenwart' der Belagerung bezogen. Das ist natürlich ein schlagendes Argument für Statius' Führerschaft! Daß dieser die ‚Wälder' in plötzlich entstehender Hitze (*extemporali calore*) gepflanzt habe, ist wieder doppeldeutig gesagt (worauf *Hippocrene* hindeutet). Einerseits hat Balde die den Wuchs junger Bäume fördernde spontane Hitze, andererseits die extemporierende Aufwallung des dichtenden Ingeniums im Auge. Es ist wohl gemeint, daß die *Silvae* vielfach spontane Gelegenheitsdichtung bieten und nicht so ausgetüftelt wie die *Thebais* sind,[223] sondern gewissermaßen extemporiert erscheinen.[224]

Lukans *Bellum civile* zu beziehen. ‚Unpoetisches' hob auch Quintilian an Lukan hervor: *ut dicam quod sentio, magis oratoribus quam poetis imitandus* (Inst. 10, 1, 90). Deutlicher wurde Servius zu Verg. *Aen.* 1, 382: *Lucanus [...] in numero poetarum esse non meruit, quia videtur historiam composuisse, non poema.* Auch die Commenta Bernensia bemerken zu *Bell. civ.* 1, 1: *Lucanus dicitur a plerisque non esse in numero poetarum quia omnino historiam sequitur, quod poeticae arti non convenit.* Dazu Burck (1958) 1966, 300 mit Anm. 60.
221 Während Caesars Kämpfe mit den Pompejanern bei der spanischen Festung Ilerda (49 v. Chr.) im vierten Buch ausführlich geschildert werden, wird Mutina in Oberitalien (Schlacht zwischen Oktavian und Antonius 43 v. Chr.) nur zweimal kurz erwähnt (1, 41; 7, 872).
222 1561, 325a (‚Denn keiner der Alten oder Neueren vermochte es, näher an Vergils Majestät zu kommen. Er wäre ihm noch näher, wenn er ihm nicht so nahe hätte sein wollen'). Die Wendung *Virgiliana maiestas* könnte Balde inspiriert haben, in 16 von Vergils *Majestas* zu sprechen.
223 In 26 ist von Statius' *operosior Poësis* die Rede, womit die epische Dichtung gemeint ist.
224 Wieder klingt Scaligers Urteil durch, der Leute nennt, die von der schweifenden ‚leidenschaftlichen Hitze' der *Silvae* erfreut würden, durch deren Schwung die Rede gleichsam in Sprüngen nach allem greife ([...] *delectati calore illo vago, cuius impetu quasi per saltus omnia carpat oratio*, Poet. 1561, 324b). Balde läßt die Mitstreiter, die Statius gegen Lukan ausspielen, sich positiver äußern als Scaliger.

25 Bei der Beratung, wann die Festung anzugreifen sei, werden zunächst zwei Extreme ins Spiel gebracht. Persius plädiert für die Zeit des ersten Schlafs, Claudian für einen Angriff mitten am Tag. Balde charakterisiert mit diesen Vorschlägen die große Dunkelheit von Persius' und die große Klarheit und Helligkeit von Claudians Stil.[225] Die Diskussion über Klarheit und Unklarheit der Stile[226] wird im folgenden fortgesetzt. Mit *bubones* ist das lichtscheue Gesindel der Belagerten gemeint, das sich in der Burg verbirgt (*delitescentis Ignaviæ*, 24), nicht ein Symbol für Persius' dunklen Stil (wie in 40).

26 Statius rät zur Abenddämmerung, Ovid zur Morgendämmerung. Damit liegen vier verschiedene Stellungnahmen vor. Balde spricht scherzhaft von *Quatuorviri*, einem Viermännergremium, wie es in Rom für verschiedene Aufgaben zuständig war. Ihre Ansichten läßt er von Vergil in einer längeren bis zur Mitte von 27 reichenden Rede kommentieren. Der Meister versteht sofort, daß jeder der Kontrahenten seiner – künstlerischen! – Gesinnung gemäß die passende Zeit wählt. Zunächst wird Ovid kurz abgetan. Seine Empfehlung des frühen Morgens[227] ist darin begründet, daß er bereits früh am Tag zu schreiben beginne, um möglichst viel zu schaffen.[228] Wenn ihm eine *fatalis felicitas* attestiert wird – offenbar Vielschreiberei –, könnte das eine Verballhornung der *curiosa felicitas* sein, mit der Eumolpus Horaz auszeichnet.[229] Statius' Dichtung wird demgegenüber eine *operosior Poësis* genannt. *operosus* dürfte dasselbe meinen wie *curiosus*. Vielleicht ist direkt auf Horaz angespielt, der seine Oden im Gegensatz zu denen Pindars *operosa carmina* (,sorgfältig gearbeitete Gedichte') nennt.[230] Balde ist die Umdeutung der stilkritischen Termini zuzutrauen. Statius' schwieriger Stil ist treffend erfaßt. Das wahrlich obskure Zitat stammt aus der *Thebais* (7, 682): Capaneus durchstößt mit einer Lanze den Schild des goldbewehrten Bacchus-Priesters Eunaeus, so daß ihm die Waffen zu Boden ,fließen' und sein langes Stöhnen an dem Gold widerhallt! Balde läßt Vergil geradezu genial fortfahren:[231] Wie die abendliche Dämmerung nicht ganz unangenehm ist, dürfe auch die *Thebais* einige Dunkelheit aufweisen. Damit nimmt er Statius' Vorschlag auf, die

---

[225] Zu Persius ▸ 26, 35, 36 und 40 sowie den Epilog an Josephus Bertronius und dessen Interpretation, zu Claudian 27 sowie Burkard 2004, 140. *stricturas lucis*: wörtlich die Zusammenpressungen (*stringere*) des Augenlichts, da das helle Licht die Augen der Eulen ,zusammenpreßt'.
[226] *A* am Rand zu 25: *Quatuor magnorum Poëtarum genius*.
[227] *ABC* drucken *matutinum* in Kapitälchen statt kursiv.
[228] Das Frequentativum *factitandos* ist wohl abwertend.
[229] Petr. 118, 5 (Ehlers: ,umsichtige Genialität'; Schnur: ,auf höchster Sorgfalt beruhende glückliche Wortwahl des Horaz'). Vielleicht ist zu verstehen: ,glückliche Sorgfalt'.
[230] *Carm.* 4, 2, 31–32.
[231] *A* am Rand: *Statius iterum laudatus*.

Feinde in der abendlichen Dämmerung anzugreifen. Da dieser aber zwölf Jahre lang sein Epos nächtelang ausgefeilt habe (*o mihi, bissenos multum vigilata per annos | Thebai*, 12, 811–812),²³² entzücke es die Gebildeten. Besondere Sympathie zeigt Vergil gegenüber Statius, weil er aus Neapel stammt, wo er selbst von Siro unterrichtet wurde. So hübsch das gesagt ist: Das Qualitätskriterium ist nicht auf die Goldwaage zu legen. Statius möge also gegen die Feinde in der (beginnenden) Dunkelheit vorgehen (wozu er nach Vergils Meinung durch die moderate Dunkelheit seines Stils qualifiziert ist). Es wäre ein Wunder, wenn die Esel (d. h. die Bewohner der Burg) dem Wiehern des neapolitanischen Rosses (d. h. Statius)²³³ widerstünden. Schließlich wird Persius' Vorschlag, des Nachts anzugreifen, mit der doppelten Begründung abgelehnt, er tauge nicht, den Sieg (über die Esel in der Burg) oder auch Ruhm des Namens (als Dichter) zu erringen! Wieder wird das strategische Problem mit dem Charakter des Werks in Verbindung gebracht: Die Satiren seien so dunkel (nebelhaft), daß sie Freund und Feind erschreckten – ein gewiß modernes Urteil. Damit ist nach Ovid am Anfang nun auch Persius hinsichtlich seines Kriegsrats und seiner Dichtung deutlich abgestuft.

27 Schließlich wendet sich Vergil ausführlich Claudian zu,²³⁴ der zum hellen Tag als Angriffszeit geraten hatte: Nichts sei luzider als seine Schriften.²³⁵ *illustris* ist mit *lucere / lux* verwandt. Wieder steht – in geistreicher Kombination – der Stil der Werke mit der vorgeschlagenen Strategie in Zusammenhang. Doch damit nicht genug! Zum Beweis beruft sich Vergil auf Claudians Schilderung der Pferde des Unterweltgottes Pluto, der mit dem Gespann aus der Tiefe kommt, um Proserpina zu rauben (*inferni raptoris equos* ist der Anfang des ersten Buchs des Epos *De raptu Proserpinae*). Hiermit ist das im folgenden herrschende Pferdethema angeschlagen. Zwei Rosse werden zitiert: Orphnaeus und Alastor (*De rapt.* 1, 284 / 286). Abermals gebraucht Vergil ein Paradoxon: Die Pferde kommen *ex imis terrae cavernis*, aber Claudian schildert sie *radiatis versibus*! Sodann wird der Glanz – das ist der weiterleitende Begriff – der Invektive gegen den Eunuchen Eutropius

---

232 *vigilata Thebai* ist eine manierierte Junktur: Die *Thebais* wurde in schlaflosen Nächten gedichtet (K. F. L. Pollmann, Statius, *Thebaid* 12, Paderborn [...] 2004, 286, mit Parallelen); *vigilata* wie *vigilatum carmen* (Ov. Ars 2, 285).
233 Der *equus Neapolitanus* spielt geistreich auf den aus Neapel stammenden Autor des berühmten Einleitungsgedichts der *Silvae*, des *Equus Maximus Domitiani Imperatoris* an. Auch die Bewohner der Burg werden ja durch eine Tiermetapher umschrieben.
234 A am Rand: *Claudiani Encomium*.
235 Zu diesem Passus Gineste 2005, 30. *è diametro*: ‚*E diametro opposita*, Sachen, die einander schnurstracks zuwider sind' (Kirschius 1796). Die Library of Latin Texts nennt für diesen Gebrauch Beispiele bei Laurentius a Brundisio und Jan van Ruusbroec.

gerühmt, der 399 Konsul von Ostrom wurde.²³⁶ Das Lob des satirischen Werks gibt Vergil Veranlassung, einen kleinen Seitenhieb gegen Juvenal, den schärfsten römischen Satiriker, von sich zu geben, der mit von der Partie ist. Auch als Autor der Preisgedichte auf die Wahl der Konsuln Honorius, Theodorus und Stilicho erhält Claudian die Lichtmetapher *nitens*. Ferner werden das *Epithalamium de nuptiis Honorii Augusti*²³⁷ und das *Epithalamium dictum Palladio V. C. tribuno et notario et Celerinae* gerühmt.²³⁸ Vergil schließt seine Rede, indem er vier Verse Claudians direkt zitiert, zunächst *De consulato Stilichonis* 1, 84–86a, sodann *Laus Serenae* 71b–72.²³⁹ Die beiden Stellen sind kunstvoll kombiniert; die erste bezieht sich auf Stilichos Hochzeit mit Serena, die zweite auf Serenas Geburt.²⁴⁰ Bei Balde erscheinen sie als fortlaufender Text, in den er *tunc et* einfügt. Man soll das am Anfang angeschlagene Pferdethema durch alle vier Verse hindurch im Ohr haben. Das ist insofern raffiniert gedacht, als Gallizien in der Tat durch Pferdezucht berühmt war.²⁴¹ Der Witz liegt aber darin, daß in dem nächsten Vers (*Ser.* 1, 73), den Balde fortläßt, von Schafen die Rede ist! Der Claudian-Kenner soll das natürlich bemerken – und würdigen.

Alle sind sprachlos,²⁴² daß Vergil Claudian derart preist. Wie könne das erste Gestirn der Goldenen Latinität einen Sklaven zweifelhafter Herkunft – aus Ägypten oder Florenz²⁴³ – so rühmen, der vierhundert Jahre später geboren sei, als das Goldene Zeitalter zu einem Ehernen, wenn nicht Eisernen herabgesunken war?²⁴⁴ Warum spreche er von Blumen, Schönheit und Glanz und stelle

---

236 *Spado vexatus* ist eine lässige Umschreibung für *In Eutropium* (*Diss.* 8 spricht Balde von dem *Irrisus Spado*). Zu vergleichen ist im folgenden *creatis Consulibus laudandis*.
237 *Hymenaeus* volkstümlich für *Epithalamium*.
238 Dieses findet sich unter den Carmina minora (25).
239 Auf die letzten anderthalb Verse aus dem Loblied auf Stilichos Frau Serena trifft die am Ende gedruckte Bezeichnung *in Stilic.* in C nicht zu (*AB* drucken am Anfang *Claud. in Stilicone*, was sich auf die ersten zweieinhalb Verse bezieht).
240 Die zitierten Verse dienen als Beleg dafür, daß Claudian, wie Vergil einleitend sagt, Körbe mit Frühlingsblumen vom Helikon ausschüttet. Der vierte Vers nimmt die Blumenmetapher auf (*floribus* / *roseis*).
241 In der *Laus Serenae* heißt es kurz vorher über Spanien (wo Serena geboren wurde), es sei *dives equis* (54). Callaecia wird herausgegriffen, den Duria könnte man als Südgrenze dieses Landesteils bezeichnen. Gratt. *Cyn.* 514 spricht von *Callaeci* (Enk: *Callaici*) *equi*.
242 Für Kenner: *obstupuerunt omnes* variiert eine berühmte Wendung Vergils: *conticuere omnes* (*Aen.* 2, 1). In 47 heißt es noch ‚vergilischer' *obstipuere omnes* (▸ dort).
243 Claudian wurde in Alexandria geboren (Canopus, Stadt in Unterägypten, steht oft für Unterägypten oder Ägypten). Petrarca bezeichnete Claudian irrtümlich als Florentiner (dazu Burkard 2004, 134).
244 Zu der Charakterisierung der Zeitalter nach Metallen (die der Antike unbekannt war) Burkard 2004, 140–141 zu *Diss.* 9. ▸ auch *El.* 131.

beinahe²⁴⁵ offen das Gekünstelte seiner Dichtung heraus?²⁴⁶ Während Einsichtigere bei Vergil freundlichen Esprit erkennen, einige aber Geringschätzung, ist Claudian selbst über dessen Absicht im ungewissen. Um die wahre Meinung zu erkunden, verleiht er seinerseits der Verehrung des großen Dichters mit Vergil-Zitaten Ausdruck. Der folgende Cento²⁴⁷ ist noch witziger als der, der ihm zuteil wurde. Den ersten Vers richtet Venus an Aeneas, die dem Sohn vor Karthago in Menschengestalt gegenübertritt und von ihm als Göttin apostrophiert wird (*Aen.* 1, 335b).²⁴⁸ In gleicher Art weist Claudian die nach seiner Ansicht unverdiente Würdigung durch Vergil zurück. 2–3a entspricht Aeneas' Anrede an die als Jungfrau verkleidete Mutter: *o quam te memorem, virgo? namque haud tibi voltus | mortalis nec vox hominem sonat* (*Aen.* 1, 327–328a). Das ist geistreich. Wenn es bei Balde *quem* [...] *vates* statt *quam* [...] *virgo* heißt, erschließt sich die Pointe nur dem Vergil-Kenner, ebenso bei der folgenden Feststellung, weder Antlitz noch Stimme seien die eines Menschen.²⁴⁹ 4b–8 sind Aeneas' Dankrede an Dido entnommen (*Aen.* 1, 605b–609)²⁵⁰ und werden von Claudian auf Vergil bezogen, dessen Ruhm immer bleiben werde. Beidemal wird der ‚jungfräuliche'²⁵¹ Vergil mit Apostrophen bedacht, die er selbst an Frauen richten ließ. Die Anerkennung ist inhaltlich perfekt, die Form zweischneidig. Claudian schlägt Vergil mit den eigenen Waffen – ein kleines Meisterstück.

Damit nicht genug. Balde läßt Claudian vor Vergil das Knie beugen und seine Verehrung darbringen. Doch der versichert, er habe alles ernst gemeint. Seinen Stellvertreter Statius solle Claudian zur Linken²⁵² begleiten – beide auf Pferden,

---

245 *tantùm non:* ▶ zu 6.
246 *calamistro et Stibio:* ‚gekräuselter und geschminkter Stil' (Schmidt (1984) 2000, 364).
247 *A* zu Anfang, *C* am Ende: falsche Angabe *Æneid. l. 2.* Richtig *B: l. 1.*
248 In ernsthaftem Sinn (als *Parodia Christiana*) bezieht Balde die Apostrophe auf Maria *Lyr.* 4, 40, 1 *o quam te memorem, Dea*; dazu Lefèvre 2007, 693–694.
249 3b–4a ist eine Überleitung Baldes, *icta Deo mens* auch *Sat. contra abusum tabaci* 24 (1729, IV, 459). Das Gedicht *Ad beatissimam Virginem Dei Matrem* von M.-A. Muret (1526–1586) beginnt: *Unde mihi insolitus praecordia concutit horror, | Et perfusa metu trepidat, velut icta Deo mens?* (Opera omnia, ed. C. H. Frotscher, II, Lipsiae 1834, 324). *numen habet* ist geläufig, etwa Verg. *Aen.* 4, 521; Ov. *Fast.* 1, 90; bei Balde: *De vanitate mundi* 73 (1729, VII, 143); *Antagathyrsus* 65 (1729, IV, 358).
250 Balde schreibt in 6 *currunt* (*AC*); Vergil und *B* gebrauchen wie bei den folgenden Verben das Futur (*current*).
251 Sueton (Donat), *Vita* 11: *Napoli Parthenias vulgo appellatus.*
252 Anspielung auf Hor. *Sat.* 2, 5, 16–17 *ne tamen illi | tu comes exterior, si postulet, ire recuses.* „*comes exterior* scheint nur hier vorzukommen [...]. Erklärt wird es sogleich mit *latus tegit* [18], dem stehenden ursprünglich militärischen Ausdruck vom untergeordneten Begleiter, der im allgemeinen zur Linken des Höhergestellten geht" (Kießling / Heinze 1921, 283, mit Belegen).

die sie so trefflich besungen hätten, kämen doch die vielen Verse, die sie auf deren Schmuck und Zügel gedichtet hätten, aus Pegasus' Hufschlag.[253] Natürlich ist das wieder ein glänzender Scherz, denn Pegasus ist für alle Dichtung zuständig, nicht nur für Pferdepoesie! Claudian bemerkt das deutlich, er ist sich seiner Verpflichtung gegenüber Vergil, speziell gegenüber den ‚Mantuaner Pferdeställen' (also der vergilischen Schilderung von Pferden), bewußt. Er gestaltet die Erwiderung aber nur in der Form eines inneren Monologs, an dessen Ende er vier Verse Vergils direkt zitiert. Gemeint ist zunächst die Darstellung der Pferdezucht im dritten Buch der *Georgica* (3, 72–122) des aus Mantua stammenden Vergil. Aus deren Anfang werden zwei Verse (75–76)[254] mit zwei Versen aus der *Aeneis* kombiniert, die schildern, wie Wagenlenker bei Turnus' letzter Ausfahrt die Pferde tätscheln (*Aen.* 12, 85–86). Auch sie gehören zu den Mantuaner Pferdeställen. Damit hat Claudian, wie vorher Vergil, Pferdemotive aus dem Werk des Kontrahenten zitiert – allerdings mit unterdrückter Stimme. Es steht gewissermaßen 1 : 1.[255]

28 Vergil wiederholt aus 27 seine Anordnung, daß Claudian Statius' unzertrennlicher Begleiter sei. Sie sollen sich gegenseitig positiv beeinflussen.[256] Die Ebene des Kampfs wird wiederum mit der des Stils vermischt, indem Claudian von Statius Erhabenheit (*majestas*) und Statius (nebliges Theben, d. h. dunkle *Thebais*) von Claudian heiteres Licht (*serena lux*) bekommen sollen. In dem Vergilzitat *agmen agens equitum et florentis aere catervas* (*Aen.* 7, 804) klingt das Pferdethema noch einmal an. Die Erinnerung an diese Worte könnte eine tiefere Bedeutung haben. Denn die kriegerische Tüchtigkeit ist die einer Frau, der Volskerfürstin Camilla, die Anmut mit Kraft verbindet – eben das, was Vergil den beiden Dichtern empfiehlt. Wenn die Rede mit dem Lob der reinigenden Wirkung

---

[253] Der Hufschlag des geflügelten Rosses Pegasus ließ die Musenquelle Hippokrene am Helikon entstehen.

[254] *ABC* drucken in 75 *armis* (doch wohl von *armus*; Böhm 1875, 11 denkt an *arma* und übersetzt ‚gerüstet') statt des vergilischen *arvis*. Burkard erwägt eine bewußte Änderung Baldes (bei Lefèvre 2010, 201 Anm. 60). Es könnte sich auch um einen Druckfehler oder um die Lesart einer Vergil-Ausgabe des 17. Jahrhunderts handeln. Interessant ist, daß Silius bei der Nachahmung der Vergil-Stelle 16, 440–446 in der Beschreibung des stolzen Rosses Panchates die *armi* erwähnt: [...] *arduus* [~ *altius*]. *effusas lenis per colla, per armos | ventilat aura iubas, dum mollia crura superbi | attollens gressus magno clamore triumphat.* (Allerdings begegnet *per colla, per armos* Verg. *Aen.* 11, 497, worauf Ferdinand Stürner hinweist).

[255] *etiam hac vice*: ‚auch bei dieser Erwiderung', d. h. obwohl Claudian mit dem Zitat vergilischer Pferdeverse ausdrückt, daß er bezüglich eigener Pferdeverse von Vergil abhänge und dessen großes Lob daher nicht echt sein könne – das spricht er aber nicht laut aus.

[256] *alterum ab altero temperandum censeo* geht (wohl indirekt) auf Sen. *Epist.* 84, 2 *alterum altero temperandum* zurück.

von Claudians lieblicher Dichtungsart[257] schließt, ist vielleicht das Fazit zu ziehen, daß Balde einen Stil, der, grob gesagt, in der Mitte zwischen Statius' und Claudians Ausdrucksweise liegt, als einzigen betrachtet, der dem vergilischen an die Seite treten könnte.

29 Bisher sind in der Rangfolge der Dichter die ersten drei Plätze vergeben: an Vergil, Statius und Claudian. Zu Recht kann man fragen, wie es mit Lukan stehe. Das ganze Kapitel dient einer Charakterisierung seines Stils – immer zugleich unter der Prämisse, daß dessen Ebene mit der des Kampfs gleichgesetzt wird. Balde spricht wie üblich nicht in eigenem Namen, läßt auch nicht anonyme Stimmen laut werden, sondern Lukan zunächst selbst zu Wort kommen, der als positiv anführt, was das 16. und 17. Jahrhundert großenteils negativ wertete.[258] Der Stoff seines Epos – Caesar und Pompeius auf den emathischen (= thessalischen) Feldern – habe ihm nur das Amt eines Tubabläsers eingebracht. Es sei nicht das Überschäumende seiner Darstellung[259] gewürdigt worden; keiner habe ‚höher' als er gesungen, es leuchte vor den Augen der Menschen das Denkmal seiner Pharsalia[260] – so daß er verdiene, Statius und Claudian vorgezogen zu werden. Der Anspruch erinnert an Scaligers Urteil über Lukan: *suo more omnia ponit in excessu* („nach seiner Art übertreibt er alles").[261] Vergil ist Diplomat und antwortet, Lukan könne fortfahren, bis zu den äußersten Stränden Afrikas zu rasen, die seiner Meinung nach trotzdem ‚Pharsalische' zu nennen seien.[262]

---

257 Mit *Flora Florentina* wird noch einmal auf Florenz als Claudians Geburtsort angespielt. *A* am Rand: *Claud. Poëta floridus. Claud. Florentinus putatur fuisse*. 48 ist von seinen *arma floridiora* die Rede. Zu *floridus* im Zusammenhang mit Claudian: Kagerer 2014, 655–656.
258 Scaliger 1561, 279b, 325a–327b; zur jesuitischen Lukan-Rezeption im 17. Jahrhundert Burkard 2009, 275–313.
259 Lukan spricht von seinen *sententiae*. Quintilian urteilt über Lukan: *ardens et concitatus et sententiis clarissimus* (*Inst*. 10, 1, 90). Rahn 1988 übersetzt: ‚Lukan ist voll Glut und Erregung, am glänzendsten in seinen moralischen Betrachtungen'; jedenfalls sind es nicht einfache Gnomen. Scaliger sagt, Lukan sei *sententiis anxius, Nicander verbis atque numeris vulgaris*, 1561, 279b). Der Gegensatz *sententiae* ↔ *verba atque numeri* legt nahe, daß *sententiae* hier keine Sentenzen, sondern pointierte Sätze sind. In der *Pudicitia vindicata* wird über Lukan gesagt: *sententiis excellere*, aber auch hier(in) sei er maßlos: *sed etiam hîc esse immodicum*. Es sind also pointierte Sätze gemeint (anders Burkard 2009, 285). *A* bemerkt am Rand: *Lucanus facundè sententiosus*. Cic. *Brutus* 325 heißt *sententiosus* ‚reich an geschliffenen Sätzen' (Kytzler), 'full of meaning, pregnant, significant' (OLD), vielleicht auch ‚voller witziger Gedanken' (Georges). Zu Senecas *sententiae* ▶ zu 46.
260 Der Anspruch *fulgurant ante oculos Pharsaliæ meæ monumenta, &, ut spero perennabunt* erinnert an Horaz' Anspruch *exegi monumentum aere perennius* (*Carm*. 3, 30, 1).
261 1561, 279b.
262 Wohl ein Reflex (Burkard 2009, 296 Anm. 128) der Diskussion darüber, daß das Epos zu

Jetzt müßten die Kräfte erprobt werden, *fortuna* spiele keine Rolle.[263] Auf die beiden Ebenen der Darstellung bezogen, fährt Vergil fort, mit der Rechten und dem Schreibrohr müsse im Krieg Ehre gesucht werden, habe Lukan doch auch selbst die Bedeutung des Schlachtfelds in 7, 348 hervorgehoben. Er verfüge über Tuba und Lanze, d. h. er verstehe etwas vom Epos und vom Kampf. Dann folgt ein doppeldeutiger Satz: Wenn er nur mit dem Helm tapfer seinen Kopf schütze, werde er unüberwindlich sein. Was an der Oberfläche besorgt klingt, ist offenbar eine scharfe Spitze. Als Kommentar steht in *A* am Rand: *creditus alicubi laborasse judicij defectu* („man hat geglaubt, er leide stellenweise an einem Aussetzen des Urteils'). Der *defectus judicij* wurde schon in der *Pudicitia vindicata* betont und mit einem Beispiel belegt.[264] Beide Punkte, das Überbordende des Stils und das Aussetzen des Urteils, berühren sich mit Scaligers Verdikt: *Effrenis mens, sui inops, serva impetus; atque idcirco immodica, raptáque calore simul & calorem ipsum rapiens, hostem maximum [...] temperamenti [...]. Proinde vt nimis fortasse liberè dicam, interdum mihi latrare, non canere videtur* („Sein Geist ist zügellos, unbeherrscht, Sklave der Aufwallung und deswegen maßlos, mitgerissen von Hitze und zugleich selbst Hitze mit sich reißend, den größten Feind des [...] richtigen Maßes [...]. Daher, um es vielleicht allzu offen zu sagen, scheint er mir manchmal zu bellen, nicht zu singen'). Was von Scaliger über die *mens* gesagt wird, entspricht Baldes *caput* sowie *defectus judicij*,[265] Scaligers *impetus* und *rapta calore*[266] entsprechen Baldes *rapi* und *furere*.[267] Nach der scharfen Kritik fährt Balde scherzend fort, als wolle er sie vom Tisch wischen (diese Technik hatte er bei seinem Lieblingsdichter Horaz gelernt), Lukan sei besänftigt,[268] ja

---

Unrecht *Pharsalia* heiße, weil nur ein Teil einen thessalischen Schauplatz habe (so Scaliger 1561, 325b). Die Diskussion läuft aber ins Leere, da der richtige Titel *Bellum civile* ist (▸ zu 23).

263 Nach Burkard 2009, 296 Anm. 129 wird damit auf die häufige Verwendung von *fortuna* bei Lukan angespielt (ebenso *Pudic. vind.* 1729, III, 313: *Lucanum pænè in omnibus foliis Fortunæ nomen vel reprehendere vel adorare*). Dementsprechend beginnt der *Stylus L. Annæi Lucani* in der *Pudicitia vindicata* mit einer über 20 Verse langen Attacke gegen Fortuna: 1729, III, 311–312 (Lukas 2006, 17).

264 *Contra judicium autem illum sæpe sæpius peccare* (1729, III, 313).

265 Gemeint ist ein temporäres Aussetzen des Urteils im Eifer des Dichtens, nicht ein generelles. Wenn es *Pudic. vind.* 1729, III, 313 heißt, Lukan gerate so in Glut *ut defectus dein spiritu materiam absolvere non potuerit*, bedeutet das wohl nicht, daß „er schließlich *defectus spiritu* sein Werk nicht vollenden kann", wenn damit der unvollendete Zustand des *Bellum civile* gemeint ist (Burkard 2009, 296 Anm. 125), sondern eher, daß er den gerade in Arbeit befindlichen Stoff nicht meistern kann, o. ä.

266 Zu *calor* s. *Pudic. vind.* 1729, III, 313 *ingenium calorificum* bzw. *incalescere*.

267 In diesem Sinn die Kritik an Lukan im Epilog: *sibique non semper constare, constat* (▸ dort).

268 *AB* drucken *placatus hac felicitate loquendi*: Lukan ist durch Vergils glückliche Art zu reden zufrieden und wieder selbstsicher – und was tue er? Er donnere weithin, daß die meisten glauben, das Zeichen zur Schlacht sei gegeben. Lukan hat die Kritik nicht verstanden und bleibt sich weiterhin treu. Denn *intonuit* ist von seiner Dichtung gesagt, der gemäß er hier handelt.

30 Der in 29 durch Lukan vom Zaun gebrochene Streit über die Führungspositionen wird zu Ende gebracht. Doch zuvor ficht nach Lukan nun auch Claudian Statius' Oberbefehl an. Denn als dieser die, wie es heißt, mit Lorbeer geschmückten bzw. nach Lorbeer strebenden Soldaten (sie sind ja im Hauptberuf Dichter)[269] mustert, erscheint er Claudian als jemand, der rase[270] und ‚mit hirnwütigen Versen' den gleichmäßigen Fluß des menschlichen Geistes verlasse.[271] Das ist eine eigenwillige Kritik, die daran erinnert, daß Scaliger Statius gegen den Vorwurf, geschwollen (*tumidus*) zu sein, verteidigte.[272] Claudian erhebt den Anspruch (indem er *In Eutrop*. 2, 58–60 zitiert),[273] daß er wie die Konsuln der Römer mit Statius abwechselnd die Befehlsgewalt erhalte. Doch Lukan, der seinerseits nicht damit einverstanden ist, daß ihm Claudian vorgezogen wird, stützt, indem er die eigenen Verse 1, 92–93 als Beleg anführt, Statius als Alleinbefehlshaber,[274] der darob freudig reagiert und auf der Stelle die ersten vier Verse seines Gedichts auf Lukans Geburtstag rezitiert.[275] Balde verfolgt dieses Scharmützel jedoch nicht weiter. Er läßt Statius Claudian generös den Wechsel der Herrschaft unter der Voraussetzung, daß Vergil einverstanden sei, anbieten, aber andererseits die ersten anderthalb Verse der *Thebais*[276] zitieren, die in negativer Weise von der abwechselnden Königsherrschaft der Brüder Eteocles und Polinices sprechen. Vergil freut sich über Statius' Schlagfertigkeit, weil sie seine Wertschätzung rechtfertigt,

---

besänftigt. Vergil sagt: J e t z t (in der Situation des bevorstehenden Kampfes) ist *rapi* und *furere* angebracht. Lukan merkt aber nicht, daß Vergil die beiden Affekte keineswegs als Dauerpassion anerkennt. *C* druckt *sinceritate loquendi*: durch die Aufrichtigkeit der Rede. Offenbar haben die Herausgeber von 1729 nicht gesehen, daß Vergil unausgesprochen einen Vorbehalt macht.

269 In diesem Sinn heißt es nach dem Sieg in 52: *Poëtæ Victores, Lauri folijs comas innexi* (obwohl nur Feldherren Lorbeer erhielten).

270 *A* am Rand: *Statij stylus tumens & rapidus*.

271 Zu dieser Stelle Burkard 2004, 242.

272 1561, 324b.

273 Im zweiten Vers läßt Balde Claudian der Argumentation entsprechend *crimina* durch *prælia* ersetzen.

274 Das Statement, daß es oft gefährlicher sei, stillzuhalten und bald darauf loszustürmen, meint die unterschiedliche Mentalität der sich abwechselnden Befehlshaber.

275 *Silv*. 2, 7, 1–4. Dione (Aphrodite) hatte auf Akrokorinth ein Heiligtum. Pegasus' ‚schwebender / fliegender' Huf schlug die Musenquelle auf dem Helikon (Hippokrene).

276 Dort in V. 2 *decertata*. Balde gleicht den Text wieder seiner Argumentation entsprechend an.

und bleibt bei der Entscheidung, daß Statius die höchste Amtsgewalt bei dieser Expedition erhält.

Damit ist die Handlung da angelangt, wo sie schon in 28 war. Aber das Streitintermezzo hat Balde Gelegenheit gegeben, die drei Dichter Statius, Claudian und Lukan näher zu charakterisieren – was ja ein Hauptthema des *Castrum* ist.

31 Ovid betritt den Schauplatz. Wie in 26 wird er nicht ganz ernst genommen. Schon daß dem *lusor amorum* ein veritabler Spähergang zugemutet wird, ist gewissermaßen ein Widerspruch in sich. Da die *Metamorphosen* sein Hauptwerk sind – ironisch wird er der ‚Verwandlungskünstler aus Sulmo' genannt[277] –, läßt Balde ihn sich in einen Kentaurn verwandeln,[278] der natürlich mit seinen vier Beinen sehr schnell ist, weshalb Ovid in unglaublich kurzer Zeit zurückkehrt. Es wird noch rasch die Pointe eingefügt, er sei ein Ritter (Ovid war von Stand Ritter), der nicht reitet, sondern zu Fuß geht. Aber das ist nicht so schlimm, da das Pferd, das in Rom den Ritter auszeichnete, seinen Unterleib bildet! Auch die stinkenden Gewässer stehen zu dem eleganten Ästheten Ovid in komischem Kontrast. Daß die Stimmen der Burgbewohner (die ja die Kritiker sind) wie die von Tieren klingen, ist eine Variation der anderen Stellen, an denen sie Eseln oder Rindern verglichen werden. Das ist ein lichtvoller Einfall. Denn die verglichenen Tiere der Göttin Kirke waren Menschen, nämlich die von ihr verwandelten Gefährten des Odysseus![279] Auf die Frage, ob er geflogen sei, zitiert Ovid in abgewandelter Form eines seiner berühmtesten Distichen (*Trist.* 4, 10, 25–26):[280]

> 25   sponte sua carmen numeros veniebat ad aptos,
>   et quod temptabam scribere versus erat.

Der zweite Vers ist in das Präsens (bzw. Futur) transponiert. Ovid sagt selbst, bei ihm gehe alles schnell, was wieder doppeldeutig ist. Nicht nur der Kundschaftergang ist gemeint, sondern auch das Dichten. Als Schnellschreiber wurde er schon in 26 qualifiziert.

Nachdem Ovid die pferdeähnliche Kentaurengestalt abgelegt hat, zaubert er ein echtes Pferd herbei – natürlich aus seinem Werk, aus den *Epistulae ex Ponto*, wie die Randbemerkung sagt: ein Pony[281] aus Tomi, seinem Verbannungsort am

---

277 Vertumnus ist ein römischer Verwandlungsgott. Ovid ist in Sulmo im Pälignerland geboren.
278 Das könnte eine Anspielung auf den Kampf zwischen den Lapithen und Kentaurn im 12. Buch der *Metamorphosen* sein (Schmidt (1984) 2000, 343).
279 Balde denkt an Ovid *Met.* 14, 254–257.
280 *AB* drucken als Randbemerkung *Ovid. in Eleg.* Die ungenaue Angabe könnte ein Beleg dafür sein, daß Balde (wie so oft) aus dem Kopf zitiert.
281 Das seltene Wort *mannulus* mochte Balde aus seiner Martial-Lektüre (12, 24, 8) im Gedächt-

Schwarzen Meer. Dieses besteigt er und macht mit ihm – als Krieger nach Art der Geten mit einem Köcher bewehrt – wunderbare Sprünge. Er ist ein wahrer Seiltänzer,[282] bei dem sich wie bei den anderen ‚Realität' und Werk decken – er ist nicht nur *lusor amorum*, sondern auch *lusor factorum*. Ovids Bericht über den See und die Gräben, die die Burg schützen, macht den älteren Dichtern Angst. Es ist eine Schlamm- und Wasserschlacht gemeint, vor der sie Furcht haben. Aber die Stelle könnte doppeldeutig sein, wenn man an die Schilderung der die Burg umgebenden Wässer in 3 zurückzudenkt, wo es über einen dort befindlichen Fluß heißt: *amnis serpebat, nihil vivi liquoris ex fonte Pegaseo trahens; sed veterno marcidus, & Lethæo torpori colorique simillimus.*[283] Dort ist von einem Ambiente die Rede, das mit (guter) Literatur und dem Verständnis für sie nichts zu tun hat – wie es eben bei den Bewohnern der Burg, den Kritikern, anzutreffen ist.[284] Macht den jüngeren Dichtern das Barbarentum des Feindes weniger aus als den älteren?

32 Nunmehr kommt wieder Martial in den Blick, der wegen der schlimmen Charakterisierung, die er von Claudian in 19 erdulden mußte, noch immer bösartige Gedanken hat und Rache ‚auskocht'.[285] Er überschlägt mit skurrilem Witz, daß nur mit Claudians Rutenbündeln[286] die Wassergräben trockenzulegen seien: So oft habe er diese in seinem Werk, besonders in den Konsulatspanegyriken, erwähnt. Der Einfall ist besonders deswegen stechend, weil es sich bei den Gräben (*fossae*) genau um die handelt, die Ovid in 32 als stinkend bezeichnet hatte und die für schlechteste Literatur und schlechtestes Literaturverständnis (nämlich der Kritiker) stehen.

Zum Beweis zitiert Martial in bunter Folge 14 Verse. Claudian werde folgende Fasces aufschichten (können):

Die weißgekleidete Kurie[287] begleitet die entehrten Fasces.[288]

Und die an Pfosten von Weidenholz | aufgehängten Fasces.[289]

---

nis geblieben sein.
282 *Schœnobates*: Balde kennt das Wort aus Iuv. 3, 77.
283 *veterno* begegnet an beiden Stellen.
284 Auf die Interpretation wird verwiesen.
285 *coquere*: übertragen ‚auf etwas sinnen', ‚über etwas brüten'. Hier in pointierter Weise ‚auskochen' mit Bezug auf Martials Beinamen *Cocus / Coquus* gesagt (▸ zu 33).
286 Die Fasces waren Rutenbündel, aus denen ein Beil hervorragte. Sie wurden als Zeichen der Herrschergewalt der höheren Magistrate (Konsuln, Prätoren) von den ihnen voranschreitenden Liktoren getragen.
287 sc. der Senat.
288 *In Eutrop.* 1, 308.
289 *De quarto Cons. Honorii* 416–417.

Als Rächer für die entweihten Fasces | komme ich spät.[290]

Es (sc. Rom) unterwirft die zitternden Inder den Fasces.[291]

Romulus' Fasces mögen ein drittes Jahr eröffnen.[292]

Die zurückkehrenden Fasces jubeln über des Kaisers Konsulat.[293]

Und der langhaarige Suebe wird unter deinem Fascis schwitzen.[294]

Nicht wird sie (sc. *Virtus*) durch irgendwelche Fasces | erhöht.[295]

Die Ahnen werden aufgrund ihrer Fasces gezählt.[296]

Und daß zwei Paar Fasces aus e i n e m Haus stammen.[297]

Die Freiheit wurde von Brutus | durch die Fasces gegeben.[298]

Der (sc. Stilicho) nahm gerade von den Fasces | Knechtschaft.[299]

Ehre den Konsul, | der dir die Fasces wiederhergestellt hat.[300]

Mit dem Blut des Konsuls sind die Fasces zu reinigen.[301]

Claudians Worte sind äußerst geschickt aus den verschiedensten Zusammenhängen gewählt. Zuweilen wird ein ganzer Vers zitiert, zuweilen ein längerer Satz verkürzt, zuweilen aus zwei originalen Versen ein neuer produziert, der aber nicht metrisch zu lesen ist. Jedenfalls erzielt Martial den Effekt, daß es sich Schlag auf Schlag um apodiktische Aussagen handelt, die um so eindrücklicher wirken. Der Fasces-Passus ist ein faszinierender Teppich des Poeta doctus Balde.

---

[290] *In Eutrop.* 2, 142–143.
[291] *De Bello Gild.* 20.
[292] *De tertio Cons. Honorii* 1.
[293] *De quarto Cons. Honorii* 4.
[294] *De quarto Cons. Honorii* 655.
[295] *Pan. Manlii Theodori* 2–3.
[296] *Pan. Probini et Olybrii* 15.
[297] *Pan. Probini et Olybrii* 233 (gemeint: zwei Konsuln).
[298] *De Cons. Stil.* 2, 323–324a.
[299] *De Cons. Stil.* 2, 324b–325.
[300] *De Cons. Stil.* 3, 6–7.
[301] *In Eutrop.* 1, 21 (Übers. nach Platnauer 1922, I, 140).

Martials Attacke vollzieht sich unter Lukans Beifall. Damit wird noch einmal der Handlungsstrang aufgenommen, daß er sich in der Führungsfrage gegenüber Claudian zurückgesetzt fühlt (29, 30).

33 Es versteht sich, daß Claudian, der Martial zornig einen Faustschlag versetzt,[302] mit einer Gegenrede reagiert. Er greift den zuletzt zitierten Vers auf. Wie die historischen Fasces dort mit dem Blut des Konsuls zu reinigen (entsühnen) sind, seien seine literarischen Fasces mit dem Blut von solchen Sklaven, Köchen[303] und Parasiten wie Martial[304] zu reinigen (entsühnen). Schließlich sei er als Freund der Erhabensten Kaiser Arcadius und Honorius von ihnen mit einer Statue auf dem Forum Traianum geehrt worden.[305] Er habe die gnädigsten Principes, die in Frieden und Krieg berühmt seien, mit wahrem Lob erhoben, während Martial dem grausamsten Tyrannen Domitian, dem feigsten Henker von Mäusen,[306] schändlich geschmeichelt habe. Ob ihm die Metonymie verhaßt sei, die mit den Rutenbündeln das Konsulat bezeichnet?[307] Das trifft: Auch Statius errötet, weil er selbst den Konsulat mit den Rutenbündeln und Beilen innegehabt hatte.[308] Er findet es gut, daß Martials Frechheit gezüchtigt wird,[309] hört aber widerwillig, daß dieser Domitians Hund genannt wird. Denn er hatte ihm selbst, wie Balde sagt, in größerem Maß geschmeichelt, als es einem charakterfesten Dichter ansteht, er war von ihm zu Tisch geladen worden[310] und hatte eine Hals-

---

302 *colaphus*: Faustschlag; *colaphum infregit* nach Ter. *Ad.* 200 *plus quingentos colaphos infregit mihi*.
303 Cocus / Coquus ist ein seit dem 11. Jh. nachweisbares Cognomen Martials (Schmidt (1984) 2000, 355 Anm. 40; Burkard 2004, 195).
304 *A* am Rand: *Martialis pauper coenipeta*. Balde wird das (nachklassische) Wort aus zeitgenössischen Ausgaben Martials kennen. So hat der berühmte Codex Thuaneus (Parisinus Lat. 8071, s. IX) zu 2, 11 die Überschrift *Ad Rufum de Sillo coenipeta* (s. die Ausgabe M. V. Martialis Epigrammata [...], coll. N. E. Lemaire, Parisiis, I, 1825, 179, die sie ebenfalls, mit der richtigen Form *de Selio*, über den Text setzt).
305 Auf diese Statue nimmt Claudian in der *Praefatio* zu *De Bello Gothico* 7–8 selbst Bezug. Die griechische Inschrift ist erhalten (Platnauer 1922, I, XII Anm. 1). Die Statue wird von Balde auch *Diss.* 8 und *Urania victrix* 2, 5, 102 erwähnt.
306 Suet. *Dom.* 3, 1. Balde spielt auf die Anekdote auch *Sylv.* 1, 11, 18 an (dazu Lefèvre 2011, 94).
307 Wohl gemeint: ‚Zielen deine Angriffe gegen die Fasces auf den Konsulat, d. h. auf meine Konsulatspanegyriken?' (Deshalb spricht Martial direkt vor seiner Zitatensammlung von Claudians *Consulares Panegyricæ*.) In diesem Sinn heißt es *Diss.* 9, Claudian sei *novo Consulari auro* [...] *effulgens*, was Burkard 2004, 141 so erklärt: „Claudian erneuert mit seinen Konsulatspanegyriken das goldene Zeitalter der augusteischen Dichter."
308 Zum Motiv *El.* 414.
309 *cædi*: wohl Anspielung auf die Strafe des Auspeitschens (*caedere*), die mit den Fasces der Liktoren vollzogen wurde (wie es in 34 geschildert wird).
310 Die Einladung wird ausführlich in *Silv.* 4, 2 beschrieben.

kette mit dem Bild des Tyrannen als Geschenk erhalten. Nun denkt er an das Mahl und auch an seinen bekannten Vers, in dem er rühmte, daß Domitian ihn beim Albanischen Agon für Preisgedichte mit einem goldenen Olivenzweig bekleidete.[311]

Bei der Auseinandersetzung zwischen Martial und Statius wird Silius Italicus dessen inne, daß auch er (wie Domitian!) gegenüber Martial großzügig war, weil dieser ihn gerühmt hatte (etwa in 4, 14 *Sili, Castalidum decus sororum*).[312] Schließlich wird Vergil der Streit zu bunt, und er spricht Martial, über dessen *Poëmata obscœna* er spottet,[313] samt seinem Besitz Claudian als Sklaven zu[314] – mit Ausnahme des Hinkjambus:[315] Diesen schenkt er Lukrez, da er ein geschickter Handwerker ist, der in Gestalt, hinkendem Schritt[316] und Gesichtsfarbe dem geschickten Schmied Vulkan (Hephaistos) ähnelt: Beide hinken – ein witziger Vergleich.

34 Lukrez gilt im *Castrum* als ‚Ingenieur', wie es in der *Series rerum* zu 34 heißt: ‚*T. C. Lucretius bellicarum inventionum Magister: vulgò* Ingenier.' Der philosophische Dichter wird auf einen praktisch ausgerichteten Poliorketiker reduziert. Die christlichen Humanisten schätzten zwar Lukrez' herausragende poetische Leistung, hatten aber mit dem epikureischen Weltbild Schwierigkeiten, nach dem es keinen Schöpfergott gibt und die Seele des Menschen mit dem Körper vergeht. So ernennt Vergil ihn zum *Panurgus expeditionis* und stellt ihm den in Vulcanus' Künsten erfahrenen Hinkjambus als Gehilfen zur Seite. Für diese Entscheidung waren Lukrez' Stellungnahmen bezeichnend zu verschiedenen Erfin-

---

[311] *Silv.* 4, 2, 67.
[312] Eindeutig ist auch der Vergleich von Silius mit Vergil bei Mart. 11, 50, 4 *Silius et vatem* (sc. Vergilium), *non minor ipse, colit*.
[313] Martials *lascivæ paginæ* werden im Epilog hervorgehoben (▶ S. 154).
[314] *Bilbilitanum scurram senatu movit*: Martial stammt aus Bilbilis in Spanien. Witzig heißt es, Vergil stoße ihn (wie ein Zensor einen Senator wegen Verfehlungen gegen die Mores) aus dem Senat und erniedrige ihn zu einem Sklaven.
[315] Scazon (der Hinkjambus) wird von Martial 1, 19, 1 und 7, 26, 1 wie ein Sklave beauftragt, daß er den Freunden Maternus bzw. Apollinaris jeweils ein in Hinkjamben stehendes Gedicht überbringe. Hieraus leitet Balde die Berechtigung ab, Scazon als Martials Sklaven einzuführen. Aufgrund seines hinkenden Schritts wird er dem hinkenden Vulcanus verglichen. Da dieser Schmiedegott und überhaupt ein guter Handwerker war, wird Scazon dem erfinderischen ‚Ingenieur' Lukrez zugewiesen. In 38 heißt er *Cyclops*. Die Kyklopen galten als tüchtige Schmiede (sie fertigten Iupiters Blitze). Insofern liegt die Assoziation Vulcanus / Cyclops nahe. Balde kannte die Verbindung von Vulkan und Kyklopen aus Verg. *Aen.* 8, 416–453. Scazon spielt noch in 37, 46 und 54 eine Rolle. In der zweiten Auflage von *De vanitate mundi* (1638) ließ Balde die 100 Kapitel von 100 Gedichten in Hinkjamben des „zum Rüpelhaften neigenden" Scazon (Stroh 2004, 129) beschließen und trat am Ende des umfangreichen Gedichts in einen Dialog mit ihm ein. Der Balde-Kenner mochte sich daran erinnern.
[316] 46 wird er *loripes* (‚schlappfüßig') genannt.

dungen von Kriegslisten, großen Geschützen,[317] unterirdischen Arbeiten und zum Anlegen von Gängen, mit deren Hilfe er hoffte, wenn man in ihnen Feuerpulver entzünde, daß die ganze Burg ohne Mühe auseinandergeblasen werden könne – so daß sogar das Leere in Furcht gerate![318] Es ist eine groteske Vorstellung (die einen Grundstein der lukrezischen Philosophie parodiert), daß das Leere Furcht empfindet, wenn bei der Explosion plötzlich (zusätzlich!) Millionen von Atomen durch den (leeren) Raum fliegen bzw. zu fliegen drohen! Alles sagt Lukrez mehr nach philosophischer[319] als nach dichterischer Art. Dennoch läßt ihn Balde die doppelte Argumentationsebene des *Castrum* im Auge haben, indem er betont, das Feuerpulver sei von dichterischer Glut zu entzünden.

Am Ende des Kapitels wird in witziger Weise der Streit zwischen Claudian und Martial aufgenommen: Claudian übergibt Martial zwei Liktoren zur Züchtigung, damit er lerne, Ehrenmänner mit bescheideneren Worten anzusprechen. Die verabreichen ihm mit ihren Rutenbündeln Schläge und wiederholen, wie es pointiert heißt, den Vers, den Claudian gegen Eutropius geschrieben hatte: ‚Er wird schließlich mit seinen eigenen Rutenbündeln geschlagen.'[320] Eutropius wurde mit den Rutenbündeln, die er einst als Konsul führte, nunmehr selbst geprügelt. Genau das wiederholt sich bei Martial: Er wird nunmehr mit den Rutenbündeln, deren übermäßigen Gebrauch er bei Claudian inkriminiert hat, selbst geprügelt. Es ist ein Jonglieren mit der doppelten Bedeutung von *fasces* als politisches Hoheitssymbol und als Strafwerkzeug.

Claudian läßt den Zerbläuten, den er zum Sklaven erniedrigt hatte, aber frei, damit der im Schleudern von Geschossen (d. h. von angriffsfreudigen Versen) tüchtige Mann bei dem Feldzug nicht fehle. Das Salz seiner Epigramme solle er vorsichtiger mit anderem Salz (d. h. mit anders pointierten Angriffen) würzen, damit Claudian nicht gezwungen werde, auf die Stirn des Zurückkommenden eine weit schlimmere Aufschrift zu schreiben. Wieder liegt ein Wortspiel vor: Epigramm als dichterische Form und als Aufschrift.[321]

35 Das Heer steht bereit: Es hat schon aus der Musenquelle getrunken, den Lorbeer geweiht und den Delphischen Dreifuß geküßt. Gemäß der doppelsinnigen Parodie des ganzen Werks werden die üblichen Vorbereitungen eines regu-

---

317 ▸ *curule æneum* (10).
318 Bei Lukrez ist das Leere (*inane*, 1, 439: *vacuum inane*) der leere Raum, in dem sich die Atome (aus denen alle Dinge bestehen) bewegen. *Vacui* ist offenbar Gen. subj.: Furcht des Leeren.
319 *A* am Rand: *Vid. Iul. Scaligerum.* ▸ S. 231.
320 *In Eutrop.* 2, *praef.* 8.
321 Nämlich als Brandmal (*stigma*) bei einem wieder ergriffenen Sklaven (Schmidt (1984) 2000, 355 Anm. 41).

lären Feldzugs in ‚literarischer' Weise getätigt. Der Huf des Pferds[322] meint die von Pegasus geschlagene Hippokrene, der Lorbeer den Schmuck der Dichter und der Delphische Dreifuß den Dichtergott Apollo. Auf dieser Ebene fährt Balde fort. Claudian will weiser als die anderen erscheinen und verfällt auf eine überflüssige Zeremonie: Man solle vor dem Waffengang nach der Sitte der alten römischen Konsuln einen Herold schicken und die freiwillige Übergabe fordern. Doch damit ist man nicht einverstanden: Ob er nicht wisse, daß es ungehobelte Esel seien, daß sie zwar sehr lange, aber harte und stolze, hochmütige und taube Ohren hätten? Man müsse mit Stöcken und offener Gewalt vorgehen. Die Ehre eines mit der Binde geschmückten Herolds oder einer wie auch gearteten Ankündigung werde nur anständigen, d. h. gebildeten Feinden erwiesen. Diese seien jedoch Ungebildete, Barbaren, eines vertraulichen klugen Gesprächs Unfähige. Die doppelte Ebene des Feldzugs wird durchgängig gewahrt. Die Eselmetapher leistet erneut ihren Dienst.

36 Schon soll das Heer losmarschieren – seine Fahnen zeigen bezeichnenderweise das Musenroß Pegasus, der einen Esel niedertritt –, da gibt es eine neue Verzögerung durch undisziplinierte Dichter, deren Ingenia ganz anders als die anderer Dichter sind, da sie sich von anders gearteten Säften nähren.[323] Hier kommt Baldes Säftelehre, die sich von der Antike herleitete und immer wieder modifiziert wurde,[324] ins Spiel. Nach ihr sind vier Säfte (gelbe und schwarze Galle, Schleim, Blut) bzw. ihre richtige Mischung für den Charakter und auch für den Beruf eines Menschen verantwortlich. Natürlich handelt es sich nicht um ein wissenschaftliches System. So heißt es (zum Teil scherzhaft) einerseits, daß Musiker und Dichter (*El.* 161) sowie Arzt und Jurist (*El.* 281) jeweils von demselben Saft bzw. derselben Säftemischung, andererseits die verschiedenen Dichter von jeweils verschiedenen Säften bestimmt werden (*El.* 199). Balde hat speziell – bis zum Kapitelende – die Liebesdichter im Visier, die sich auffallend ehrgeizig gerieren. In witziger, ja komödiantischer Weise wird ihr Auftritt geschildert. Ovid bekommt eine Sonderstellung, weil er in beiden Arten des Dichtens, des elegischen und des epischen, herausragt, doch nehmen Catull, Tibull und Properz übel, daß ihnen ein Verbannter vorgezogen wird. Die Kenntnis des Exils in Tomi wird vorausgesetzt. Die Satiriker bringen die Liebesdichter endlich dazu, daß sie

---

322 Eine kühne Metonymie, die Statius' ebenso kühner Metonymie *pendentis* [...] *ungulae liquorem* für die Hippokrene nicht nachsteht, die Balde in 30 wörtlich zitiert (▸ dort).
323 *A* am Rand: *Poëtarum Genij diversi.*
324 Zu Baldes Humoralpathologie ausführlich *Diss.* 59–64 (von Burkard 2004, XLII–LII kenntnisreich erklärt). *hetroclitum*: in der Antike ein Wort, das in einzelnen Casus eine andere Deklination zuläßt, hier übertragen im Sinn von ‚anders als andere(s) geartet', auch *Diss.* 67 und *Argumentum* zur *Eclipsis* (Burkard 2004, 320).

sich in Bewegung setzen. Ihre Geliebten werden derweil weggesperrt: Catulls Lesbia, Tibulls[325] Neaera und Properz' Cynthia (während Augustus Ovid schon längst von Corinna, d. h. von der erotischen Dichtung,[326] abgebracht hatte). Es werden Vorwürfe erhoben: Zu welchem Zweck könnten die Frauen bei dem Kriegszug mit herumziehen?[327] Sie werden sowohl Mars' als auch Phoebus' Hindernisse genannt, womit sich wieder die ‚reale' und die literarische Ebene überschneiden: Sie kämpfen nicht und inspirieren auch nicht zur Kampfdichtung (= Epos bzw. ‚große' Dichtung).[328] Sie beflecken den Krieg und entehren den Frieden. Ihren Liebhabern (den Elegikern) wird stark ironisch vorgehalten: Immer nur Küsse, schöne Lippen und tausend Schmätzchen[329] besingen sei wahrlich ein gewaltiges Unternehmen und des Lorbeers würdig! Die Phrase *basia, & bella labella, & mille suavia* ist ein Nest catullischer Termini. Der Neoteriker ist denn auch wenig erbaut! Trotzdem fordert er den ersten Platz, da er den Titel eines Gelehrten habe.[330] Aber man fragt nach der Berechtigung des Beinamens. Ihn verdienten weder seine Argonautica noch die Hochzeit von Peleus und Thetis (gemeint ist *Carmen* 64) noch seine erotischen Hendekasyllaben[331] und lendenlahmen Verschen.[332] Die drei Elegiendichter[333] marschieren endlich los, Properz in der Mitte. Abermals überlagern sich ‚Realität' und Literatur. Denn *A* kommentiert: *Et est inter Catullum & Tibullum Propertius etiam medius propter Stylum.*[334] Auch Tibull wird doppeldeutig bewertet: Er rückt gepflegter vor, als es einem Soldaten ziemt. Damit wird auf seinen ehrenvollen ‚Titel' *cultus*[335] angespielt.

37 Nur auf den ersten Blick ist es verwunderlich, daß auf das Elegiker-Kapitel eine (erneute) Charakterisierung Lukans folgt. Aber sie ist wohlüberlegt: Er ist unbeständig wie die Elegiker. In *A* steht die richtige Erklärung am Rand: *Lucani impetus torrens & quædam mentis inconstantia*. Lukan hält sich außerhalb jeder

---

325 Eigentlich Lygdamus' Geliebte im Corpus Tibullianum.
326 Schmidt (1984) 2000, 345.
327 *circumvehantur*: ‚herumfahren'. Balde denkt offenbar an Planwagen, in denen Marketenderinnen seiner Zeit in Kriegsgebieten herumfuhren. Diese waren zuweilen durchaus ‚lose' Frauen.
328 Für diese ist Apollo zuständig (ihn ruft etwa Valerius Flaccus 1, 5 an), er ist nicht der Gott der Liebesdichtung.
329 Georges für *suavia*.
330 *A* am Rand: *Iudicium de Catullo. Vid. Scaliger. in Hypercrit.* Zitiert S. 231.
331 *Phaleucius*: auf den griechischen Dichter Phalaikos (4. / 3. Jh.) bezogen, nach dem der Hendekasyllabus (Elfsilber) benannt ist.
332 *versiculis*: Deminutivum, wie es Catull liebt (von den eigenen Versen: 16, 6).
333 Catull gilt hier als Elegiker. Die Gedichte 68 und 76 werden vielfach als Elegien bezeichnet.
334 Vielleicht stützt Balde sich bei dieser Bewertung auf Scaligers Urteil in der *Poetik* 1561, 329a.
335 Scaliger 1561, 332b: *Omnium verò cultissimus* (▶ auch S. 231). Wieder wird vom Stil auf die Haltung des Autors geschlossen.

Ordnung, immer nahe Thessalien (wo Pharsalus liegt), ohne daß klar wird, ob er auf Caesars oder Pompeius' Seite steht, ob er Dichter oder Soldat ist,[336] ob er zu Pferd oder zu Fuß kämpft, ja ob er Dichter oder Historiker, ob er beides oder keines von beiden ist[337] – ganz ein Pompejaner. Hier dürfte Pompeius' schwankende Haltung, die sich sowohl in der Geschichte als auch in Lukans Darstellung[338] zeigt, pointiert auf die Kampfesweise seines Dichters übertragen sein.[339]

Darauf kommt Statius in den Blick. Er führt seine ‚gepanzerten' Verse gewissermaßen in einem ‚quadratischen', d. h. nach allen vier Seiten gesicherten Zug,[340] wie es römische Soldaten im Kampf praktizierten. Die beiden Ebenen werden wieder durch die Gleichung Verse = Soldaten deutlich gemacht. Was das Militärische betrifft, ist das Kämpferische, die Wucht der Verse gemeint. Es wird auf das Kampfepos *Thebais* (in der Adrastus und Polynices sich anschicken, Theben zu erobern), nicht auf die *Silvae* verwiesen. Wie die Bewohner der Burg haben auch die Belagerer moderne Hilfsmittel, große Geschütze:[341] Zwei gewaltige sind von Lukrez aus Metallen gefertigt, die Statius zur Verfügung gestellt hat. Damit sind wieder die ‚gepanzerten' Verse gemeint. Weiteres Material liefern das Erz von Dodona und die Stücke des in vielen Jahrhunderten gebrochenen Delphischen Dreifußes. Das ist doppeldeutig. Es sind die Jahrhunderte, seit Ignorantia herrscht, in denen die Erinnerung an die Gottheiten Jupiter und Apollo, d. h. an die Antike und ihre Musenkunst, verloren gegangen ist. Gemäß der Geschützproduktion werden die bekannten bronzenen Kessel aus dem Jupiter-Heiligtum in Dodona (in Epirus),[342] die Balde bei Vergil *Aen.* 3, 466 fand, und der ebenso bekannte bronzene Dreifuß des Dichtergottes Apollo in Delphi genannt – auch er ist vergessen. Die Namen der beiden Geschütze spielen auf Statius' epische Werke an. *Deiodameia*:[343] Das erste Buch der *Achilleis* schildert Achilles' Liebe zu Deidamia auf Skyros. Witzig-pointiert sagt Balde, das Geschütz sei noch einmal

---

336 Die Filzkappe ist das Wahrzeichen Merkurs, des Schutzgottes der Dichter (Horaz rechnet sich *Carm.* 2, 17, 29–30 zu den *Mercuriales viri*), der Metallhelm das Wahrzeichen des Soldaten.
337 ▸ zu 24 und 44.
338 Burck (1958) 1966, 302–303 betont Pompeius' „Züge einer hilflosen Schwäche und eines steuerlosen Sich-Treiben-Lassens" im *Bellum civile*.
339 Anders versteht Burkard 2009, 287 *totus Pompeianus*: Lukan wolle „ja Pompeius positiv darstellen".
340 An diesem Kurzvergleich nahm der Zensor I Anstoß (▸ S. 362).
341 ▸ *curule æneum* (10).
342 Erasmus *Adagia* 1, 1, 6 *Dodonaeum aes*.
343 Bei Statius (und anderen) begegnet nur die Form *Deidamia*. Balde gebrauchte *Dejodamia* auch *Batr.* 2, 303 (1729, III, 24).

so groß durch das zusätzliche Einschmelzen der von Statius in *Silv.* 1, 1[344] gepriesenen gewaltigen Reiterstatue Domitians samt ihrer Basis[345] (da die wohl unvollendete *Achilleis* nur etwas mehr als ein Buch umfaßt, bedurfte sie dieser Ergänzung!). Die zweite Kanone heißt Sphinx, was auf die *Thebais* hindeutet. Gemeint ist ihr dunkler und rätselhafter Stil. Erneut gehen ‚Realität' und Literatur eine Symbiose ein. Scazon, der hinkende Kyklop,[346] wird als Aufseher (wohl beider Geschütze) bestimmt.[347]

38 Statius, der Anführer, stürmt auf einem neapolitanischen Roß in der Weise daher,[348] wie er selbst Mars und Capaneus, den übermächtigen Helden im Truppenkatalog des argivischen Heers, in der *Thebais* geschildert hatte. Das sind anspruchsvolle Vergleiche. Der erste Vers und das erste Wort des zweiten entsprechen *Theb.* 3, 223–224a (Mars),[349] 2b–5 mit leichter Änderung *Theb.* 4, 168b–171;[350] sie bringen Capaneus ins Spiel. Dieser schritt zu Fuß und überragte doch das Kriegsgeschehen, *pedes et toto despectans vertice bellum* (*Theb.* 4, 165). Statius eilt *sublimis* auf dem Pferd, was eine Steigerung gegenüber seinem Helden bedeutet. In der *Thebais* ist die Hydra auf Capaneus' Schild dargestellt, bei Balde ist von *arma* die Rede. Wie es Vergil in 27 angeordnet hat, reitet Claudian Statius zur Linken.[351] Er ist mit einem Gabinischen Gürtel geschmückt. Das spielt auf den *Panegyricus de tertio consulatu Honorii Augusti* an, in dem Claudian ausmalt, wie der Kaiser Honorius beim Antritt des dritten Konsulats die feierlichen *cinctus Gabini* anlegt (3). Natürlich kannte Balde auch *Aen.* 7, 642, wo der alte Brauch

---

344 Vers 1 wird wörtlich zitiert, dessen erstes Wort *quae* lautet. Balde paßt das Zitat, wie oft, in die Syntax seines Satzes ein.
345 „Die Basis *moles* wird durch die darauf getürmte gleich imposante Masse von Roß und Reiter gleichsam verdoppelt" (F. Vollmer, P. Papinii Statii Silvarum Libri, hrsg. u. erkl., Leipzig 1898, 215).
346 *Cyclops*: ▸ zu 33 Ende.
347 Dieser Satz gehört noch zu 37. In A beginnt mit ihm 38 (*BC* folgen A). Das könnte durch die sehr lange Randbemerkung zu Statius am Anfang von 38 bedingt sein, die unterzubringen war.
348 Hierzu bemerkt A: *Papin. Status Neapolitanus: gressum equorum popularium, pedibus versuum imitatus.* Das bedeutet. daß der Neapolitaner Statius den Gang bzw. den Ausritt der einheimischen Pferde mit den Versfüßen nachahmt. Gemeint sind wohl die vielen Daktylen. Die Zucht neapolitanischer Pferde war sowohl in der Antike als auch besonders in der Barockzeit berühmt.
349 Die ersten vier Wörter übersetzt R. D. Shackleton Bailey: 'brandishing the splendour of his bolt-crested helm'. Balde paßt Statius' *in auro* am Ende des ersten Verses seinem Inhalt an: *visu*. Zudem vermeidet er dadurch die Doppelung zu dem Schluß des fünften Verses.
350 Die Lernäische Hydra, eine Schlange, deren viele Köpfe sofort nachwuchsen, wenn sie abgeschlagen wurden, tötete Hercules, indem er den Kunstgriff ersann, die Köpfe schon in statu nascendi auszubrennen.
351 ▸ dort.

erwähnt wird, daß bei einer Kriegserklärung der Konsul den *cinctus Gabinus* trägt. Aber gemäß seiner Gepflogenheit, das Verhalten der einzelnen Belagerer aus der eigenen Dichtung abzuleiten, ist die Claudian-Stelle die erste ‚Quelle'. So, wie Lukan ein thessalisches und Statius ein neapolitanisches Pferd reiten, hat auch Claudian ein besonderes Pferd. Es trägt wie die römischen Liktoren Fasces mit Beilen – ein Motiv, das Martial in 32 Claudian um die Ohren schlug. Sodann wird auf die Fama verwiesen, Honorius habe sein Pferd dem Dichter geschenkt, weil der ihn gepriesen hatte. Damit wird das Motiv untermauert, daß Claudian mit Herrscherlob freigebig war. Es folgen acht Verse, deren erste vier belegen, daß er sogar das Herrscherroß gerühmt hat. Sie sind wie die beiden folgenden dem *Panegyricus de quarto consulatu Honorii Augusti* entnommen:[352] Preis des Rosses: 547–550,[353] Preis des Kaisers: 552–553.[354] 7–8 zitieren die Verse *De raptu Proserpinae* 2, 146–147,[355] die von Minerva gesagt sind. Das ist ein besonderes Elogium auf den Kaiser. Mit schalkhaftem Humor überträgt Balde die Schilderung des Kaiserrosses auf Claudians *equus*, die Schilderungen des Kaisers und Minervas auf ihn selbst. So könnten die Kämpfer mit Recht meinen, er wolle in den Senat, nicht in die Schlacht, zur Sella curulis, nicht ins Feld.[356] Senatssitzung und Kriegslager werden durch ein weiteres Zitat ‚veranschaulicht', das wieder aus dem *Panegyri-*

---

352 Die Zählungen der Panegyrici in den Randnotizen von *A* (und *B*) sind verwirrend, wenn nicht fehlerhaft. Zum letzten Zitat in 38 aus dem Panegyricus auf den 3. Konsulat des Honorius wird am Rand bemerkt: *In tertio Paneg. Honorij*. Eben dieselbe Randnotiz begegnet zu dem Zitat in 42 aus dem Panegyricus auf den 6. Konsulat des Honorius. Entweder liegt ein Fehler vor, oder Balde zählt verschieden: *1.* 4 Panegyrici (Epithalamium + 3 Konsulatspanegyrici auf den 3., 4. und 6. Konsulat). *2.* 3 Konsulatspanegyrici. Dann bedeutet *In tertio Paneg. Honorij* in 38 nach der ersten Zählung den Panegyricus auf den 4., in 42 nach der zweiten Zählung den Panegyricus auf den 6. Konsulat. Nicht leicht zu verstehen sind auch die beiden ersten Randbemerkungen zu Claudian in 38 *in Panegyr. Consular.* und *in Panegyr. 1 & passim*: Offenbar bedeutet die erste, daß die folgenden Stellen allgemein aus den Konsulatspanegyrici genommen sind, die zweite (die ganz zu dem Prosatext, nicht zu dem Zitat gehört), daß der zitierte *cinctus Gabinus* aus dem 1. Panegyricus stammt (nach der zweiten Zählung ist das der Panegyricus auf den 3. Konsulat). *passim* meint dann: Über dieses Thema äußert sich Claudian auch an anderen Orten, wie es sogleich mit den Zitaten aus dem Panegyricus auf den 4. Konsulat (nicht angemerkt) und *De raptu Proserpinae* (angemerkt) der Fall ist. So könnte es gewesen sein, aber Baldes Zettelkasten kann auch ein unliebsamer Windstoß heimgesucht haben.
353 Balde liest in 550 (mit den Ausgaben seiner Zeit) die Alternativüberlieferung *exsudant* (moderne Ausgaben ziehen *exundant* vor).
354 In 552 paßt Balde aus inhaltlichen Gründen den Text an: *ipsius at* statt *caesaries*.
355 Balde liest in 147 (mit den Ausgaben seiner Zeit) die Alternativüberlieferung *placato* (moderne Ausgaben ziehen *pacato* vor).
356 Zu dieser Stelle Burkard 2004, 98.

cus de quarto consulatu Honorii Augusti geborgt ist (9–10). ‚Realität' und Literatur überlagern sich immer wieder.

39 Das Kapitel nimmt die Bühnendichter und Satiriker ins Visier.[357] Den prächtig anzuschauenden Statius und Claudian folgen die Tragiker, die von Seneca angeführt werden. Die Erwartung, daß dann die Komiker kommen, wird getäuscht, denn sie sind unter der Leitung von Plautus und Terenz mit ihren leichten Schuhen schon vorausgeeilt – ein unbeständiges umherschweifendes Völkchen. Balde spielt darauf an, daß die Schauspieler in der Tragödie den Kothurn, einen stiefelähnlichen hohen, in der Komödie den Soccus, einen sandalenähnlichen niedrigen Schuh, trugen. Diese Gepflogenheit wird auf das Kriegsgeschehen übertragen. Ihre Banner charakterisieren sie: Die Komiker tragen einen Affen vor sich hin, die Tragiker einen Bock. Der nachahmende Affe deutet wohl darauf hin, daß sich die Komiker eng an griechische Vorbilder hielten (was in Terenz' Prologen zu lesen war), der Bock, daß der Ursprung der Tragödie schon in der Antike u. a. mit einem Bock in Zusammenhang gebracht wurde wurde (τράγος = Bock).[358] Der Affe tanzt wild wie die Salier, die Priester des Mars, der Bock tanzt in der Luft. Das meint, daß sich die Komödie auf der Erde bewegt, die Tragödie ins Hohe strebt.

40 Den Zug beschließt, wie es heißt, die gepanzerte Phalanx der Satirendichter, was darauf hindeutet, daß sie unerbittlich angreifen.[359] Dementsprechend haben sie ungewöhnlich drohende, grimmige Mienen. Das ist programmatisch gesagt.[360] Der Satirendichter Balde ist ganz deutlich. Den Auftritt der Kollegen bedenkt er mit exquisiten Einfällen. Der finstere Anblick der Gesellen wird prächtig mit einem (leicht angepaßten) Vers des Satirikers Juvenal kommentiert, daß ‚man dieser Schar nicht mitten in der Nacht begegnen wolle'[361] – aber auch nicht am Tag, wie von Balde hinzugefügt wird!

---

357 A am Rand: *Comicorum & Tragœdorum symbola. Satyrici, eorumque genius & character.*
358 Balde kannte natürlich Horaz *Ars* 220, wo es über den Ursprung der Tragödie heißt, daß der Dichter um den Preis eines Bocks in einen Wettkampf eintrat: *carmine qui tragico vilem certavit ob hircum*. Ps.Acro kommentiert entsprechend: *hircus fuit praemium tragoediae, unde et tragoedia dicta est.* „H. folgt der herkömmlichen Etymologie, welche den Namen τραγῳδία davon ableitete, daß der Sieger in den [...] tragischen Agonen einen Bock, τράγος, das Tier des Dionysos, als Preis – *vilem*, so geringfügig für so erhabene Leistung! – erhalten habe" (Kießling / Heinze 1914, 329). Das genügt für Balde. Das Problem des Ursprungs des Namens ‚Tragödie' wird noch heute kontrovers diskutiert.
359 Das seltene Wort *sarisa* (so klassisch) für eine Makedonische Lanze konnte Balde bei Lukan finden (8, 298; 10, 47).
360 Zur Bedeutung von *torvus* / *torvitas*: ▸ S. 17.
361 *et cui per mediam nolis occurrere noctem* (5, 54).

Wie die Tragiker und Komiker sich durch verschiedene Darstellungen auf den Fahnen unterscheiden, trifft das auf die Satiriker untereinander zu. Über den Knaben auf dem horazischen Banner, das von heller Farbe ist (*Horatij pura latinitas*, erklärt *A* am Rand), heißt es, er sei ‚lachend' (*ridentem*). Das klingt an Horaz' berühmtes Satirenprogramm *ridentem dicere verum* an (*Sat.* 1, 1, 24). Dementsprechend verrichtet er sein Werk *ludibundâ manu*.[362] Ein weiteres berühmtes Horaz-Wort charakterisiert den ‚sanften' Satiriker. Der Knabe sitzt auf einem ‚glänzenden Schwein'. Das verweist darauf, daß sich Horaz selbstironisch unter Berücksichtigung seiner runden Figur und seines Lebensstils als Schwein aus Epikurs Herde bezeichnet hat, der folgerichtig ‚glänzt': *me pinguem et nitidum bene curata cute* [...] | [...] *Epicuri de grege porcum* (*Epist.* 1, 4, 15–16). Aber so zahm ist der Satiriker Horaz doch nicht, er hat immerhin Zähne (*dentes*). Persius' Dichtung ist dunkler, daher ist das Banner von dunkelgrüner Farbe (*ex colore prasino nigricans*), und nicht ein lachender Knabe, sondern Marder und Uhu beschreiben den Charakter.[363] Damit spielt Balde auf die Dunkelheit seines Stils an wie schon in 25, 35 und 36 sowie im Epilog an Josephus Bertronius.

Schließlich Juvenal. Seine angriffsfreudige Dichtung[364] wird durch eine Vielfalt von Pfeilen symbolisiert. Zu beiden Seiten sieht man folgerichtig ‚spitzige' Tiere: Stachelschwein und Igel. Daß das Stachelschwein für eine mit Spitzen versehene Satire steht, sagt Balde *El.* 142. Das Wort *hystrix* fand er im neunten der Carmina minora Claudians *De hystrice* (das allerdings keinen Bezug auf die Satire hat). Das Bild vom Satiriker als Stachelschwein begegnet schon *Lyr.* 3, 22, 18 mit Blick auf die eigene Person.[365] Der Igel entspricht dem Stachelschwein. Das seltene Wort *herinaceus* kannte Balde aus *Psalm* 103, 18 *montes excelsi cervis, petra refugium herinaceis*.[366]

Es folgen die von Balde öfter zitierten Sichelwagen, die ihn sehr beeindruckt haben.[367] Sie wurden in der Antike von den Persern und später von den Seleu-

---

[362] Nach Schäfer 1976, 144 Anm. 74 spielt Balde auf Persius' Wort über den Satiriker Horaz an: *circum praecordia ludit* (1, 117).

[363] *martes* = Marder (Pexenfelder 1670). Marder und Uhu sind überwiegend dämmerungs- und nachtaktiv. *A* am Rand: *Persius morosè difficilis, & caligans*.

[364] Gegenüber Horaz' und Persius' Banner dürfte auch die Düsterkeit der Farbe gesteigert sein (*dirus quidam fulgor contristavit*), was sich nicht auf den Stil, sondern auf das düstere Weltbild bezöge.

[365] Zu dieser Ode Manuwald 2005, 65–82.

[366] Text nach der Vulgata.

[367] Belege bei Lukas 2001, 53 mit Anm. 161; Kagerer 2014, 525 (die vorliegende Stelle fehlt); Weiß 2015, 128–129.

kiden verwendet.³⁶⁸ Livius 37, 41, 5–8 beschreibt solche *falcatae quadrigae*. Vereinfacht gesagt, waren an den Achsen der Räder Sicheln und vorn an dem auf der Deichsel festsitzenden Joch Spieße von zwei Ellen Länge angebracht. Damit waren sie sowohl in der Stoßrichtung als auch zur Seite hin gefährliche Kampfinstrumente – so recht geeignet, die Angriffsfreude der Satiriker zu symbolisieren. Markgraf Georg Friedrich von Baden-Durlach setzte sie 1622 in der Schlacht bei Wimpfen, die er gegen Tilly verlor, ein.³⁶⁹ Bei Balde ragen vom Joch und von den Radnaben Schwerter, über die Position der Sicheln wird nichts gesagt. Wichtiger sind die erlesenen literarischen Anklänge. Phaethons Sonnenwagen wird in Erinnerung gerufen: Sowohl das Joch (*iugum*) als auch die Felge (*curvatura rotæ*) weisen auf Ovid, der nach poetischem Brauch nur von e i n e r Felge spricht³⁷⁰ (was Balde nachmacht). Die leicht zu handhabenden zweischneidigen Schwerter (*romphææ*) sind sogenannte *amphisbænæ*. Damit fallen gleich zwei gewählte Wörter. *romphaea* mochte Balde aus Claudian Carmina minora 50, 9 (*sic Geticos ultrix feriat romphaea catervos*),³⁷¹ *amphisbaena* aus Lukan 9, 719 (*in gemimum vergens caput amphisbaena*) im Gedächtnis haben. *amphisbaena* bezeichnet eine Schlangenart, die vorwärts und rückwärts kriechen kann und an den Enden je einen Kopf hat.³⁷² Hier ist die Waffe der Satiriker gemeint, nämlich die tief eindringende Schärfe und die spitzen Worte, mit denen sie wie mit gezückten Sicheln alles, was ihnen erreichbar ist, niedermähen. Abermals liegen ‚Realität' und Literatur auf derselben Ebene. Dem Satiriker Balde ist es Ernst, und so wischt er, wie es schon Horaz zu machen liebte, den Ernst mit einem Scherz beiseite,

---

368 Y. Le Bohec, DNP 11 (2001), 1051–1052.
369 Er selbst „konstruierte eine besonders bewegliche Haubitzenform (‚Spitzwägen' [...])" (A. Duch, NDB 6, 1964, 199).
370 *aurea summae | curvatura rotae, radiorum argenteus ordo; | per iuga chrysolithi positaeque ex ordine gemmae [...]* (*Met.* 2, 108–109).
371 In der *Isagoge* der *Urania* sagt Balde, er habe der *Juvenalis et Horatij ancipiti rhomphaeae* genug Tribut gezollt. Das ist wie an der *Castrum*-Stelle von der Schärfe der Satire gesagt (nicht, wie Claren et alii 2003, 208 alternativ erwägen, von der Doppelgestalt der Satire, wie sie Horaz gemäßigt und Juvenal angriffslustig pflegten). Dort und bei Kagerer 2014, 419 zu *Interpretatio Somnij* p. 22 *rhomphaea bis acuta* Hinweis auf *Apokalypse* 2, 12 *qui habet romphaeam utraque parte acutam* (vom Weltenrichter). Das seltene Wort beggenet in dem Motto der 73. Gedichtfolge von *De Vanitate mundi* (nach *Ecclesiasticus* = *Jesus Sirach* 46, 3) *Gloriam adeptus est in tollendo manus suas, & jactando contra Civitates rhomphæas* (1729, VII, 142). (Die Schreibweise von *r(h)omphaea* jeweils nach den Quellen.)
372 Griech. ἀμφίσβαινα.

indem er Plautus die *falcatæ quadrigæ* verspotten³⁷³ läßt,³⁷⁴ nicht ohne zu bemerken, daß dem Komiker das schlecht bekommen wäre, wenn Juvenal (der aus der Volskerstadt Aquinum in Latium stammte) sein Verhalten erfahren hätte: Plautus wäre gezwungen geworden, vor dem Praetor urbanus, dessen Tribunal sich beim Puteal³⁷⁵ auf dem Forum Romanum befand, um Gnade zu bitten, um bei den Prügeln wenigstens einige Zähne zu retten. Das hätte an die Prügelstrafe erinnert, der Martial in 34 wegen seiner frechen Worte (die in 33 als *sarcasmi* bezeichnet werden, so wie hier von Plautus' *sarcasmus* die Rede ist) überantwortet wurde. Witzig wird die Erwägung mit einem Juvenal-Vers belegt (3, 301)!

41 War bisher vorwiegend der Epiker Statius im Visier, widerfährt nunmehr auch dem Lyriker Gerechtigkeit. Denn bei der großen Sonnenhitze führt er das Heer glücklich durch Wälder, die mit Lorbeer und Zedern bepflanzt sind, indem er fünf Schneisen schlägt. Das ist alles doppeldeutig gesagt. Die Wälder nehmen auf die *Silvae* Bezug, die fünf Wege auf deren fünf Bücher. Mit Lorbeer und Zedern verbindet man Langlebigkeit, ja Unvergänglichkeit. Der Lorbeer ist immer grün, und mit dem aus der Zeder gewonnenen Öl schützte man Bücher vor Würmern und Fäulnis, um sie widerstandsfähig zu machen. Baldes Lieblingsdichter Horaz sprach von *carmina linenda cedro*, Gedichten, die „der Unvergänglichkeit wert sind".³⁷⁶ Beide Gewächse sind ein großes Lob für den fortdauernden Ruhm der *Silvae*.

Dem festgelegten Rangunterschied zwischen Statius und Lukan entspricht es, daß die von dem letzten geführte Kohorte es nicht so gut hat. Sie genießt keinen Schatten und wird demgemäß müde und träge. Wieder ist der Grund für diesen Einfall literarischen Ursprungs: eine Anspielung auf den berüchtigten Wüstenmarsch in Nordafrika, den Cato und seine Truppen im neunten Buch des *Bellum civile* unternehmen mußten und bei dem sie von einem Sandsturm heimgesucht wurden.

Sobald man zur Burg der ‚Idioten' gelangt, werden Lärm, Brüllen und Schreie gehört. Die beiden zitierten Verse geben das Unartikulierte der Äußerungen der Burgbewohner glänzend wieder. Die Randglosse in *A* (und *B*) bzw. die Anmerkung in *C*, sie stammten aus dem sechsten Buch der *Aeneis*, sind unzutreffend.³⁷⁷

---

373 *subvecta*: von der Ebene zur Burg hinauf; *servilem sarcasmum*: Der Spott hat unteres Niveau wie bei einem Bedienten (er ist ‚unterste Schublade', wie es in Neudeutsch heißt).
374 Nach der Randbemerkung in *A Plauti Comœdi ingenium* ist das ein charakteristischer Zug.
375 Dieses kannte Balde aus Hor. Sat. 2, 6, 35 und Epist. 1, 19, 8.
376 Ars 331–332 (die Erklärung: Kießling / Heinze 1914, 346). In diesem Sinn 44: *carmina cedro digna*. Balde kannte Pers. 1, 42 und Mart. 3, 2, 7, vielleicht auch Erasmus *Adagia* 4, 1, 54. Diss. 8 begegnet *de cedro*, Urania 2, 5, 151 *cedro digna* (dazu Claren et alii 2003, 365).
377 Anklänge bieten Aen. 6, 426–427 (*continuo auditae voces vagitus et ingens | infantumque*

42 Lukrez, der, wie in 34 berichtet, vor allem um das Anlegen unterirdischer Gänge bei der Porta Fescennina (9) besorgt war, hat als ‚Ingenieur' des Unternehmens einen Brennspiegel nach Archimedes' Modell erdacht.[378] Mit seiner Hilfe soll Claudian die Arkader blenden, damit sie nicht sehen, wie Lukrez unter die Erde geht. Sofort leitet die Erzählung wieder auf die literarische Ebene über. Lukrez zitiert *De sexto Cons. Hon.* 51–52,[379] um Claudian den physikalischen Vorgang mit eigenen Worten zu verdeutlichen. Er fordert ihn auf, seine ‚Verse, die glänzender als die Sonne' seien, in den Spiegel zu senden und die Barbaren damit zu blenden. Hier sind die Sonnenstrahlen durch Claudians Verse, die die Sonne an Glanz übertreffen, ersetzt, was eine Anspielung auf die immer wieder betonte Klarheit seines Stils ist,[380] die Vergil in 27 ex cathedra dargelegt hat. Wenn es heißt, Claudian werde auf diese Weise das ungebildete Volk in Nachteulen (*noctuas*) verwandeln, wird damit das Bild aus 25 aufgenommen, das sie bereits als Uhus (*bubones*) klassifizierte.

Im zweiten Teil des Kapitels paradieren noch kurz einige Dichter, deren poliorketische Tätigkeit literarisch motiviert wird. Ennius[381] begleitet Lukrez in die unterirdischen Gänge, weil er gewohnt ist, wie Balde sagt, oskische[382] und

---

animae flentes) und 7, 15–16 (*hinc exaudiri gemitus iraeque leonum | vincla recusantum et sera sub nocte rudentum*) sowie Lukan 1, 561 (*tum pecudum faciles humana ad murmura linguae*). Wenn die Anklänge bewußt sind, handelt es sich im Fall der beiden eingeschobenen Verse um ein Potpourri bzw. einen Cento aus drei klassischen Stellen für unartikulierte Töne von Kleinkindern, Löwen und Vieh: *Aen.* 6, 426 *infantum animae flentes*; 7, 15–16 *gemitus leonum*; Lukan 1, 561 *pecudum linguae*. Das an der zweiten Vergil-Stelle verwendete *rudentum* (wie bei Balde am Versende) ist im *Castrum* Fachausdruck für die ‚literarischen' Artikulationen der in der Burg wohnenden Esel (*Ca.* 10 wird im Hinblick auf ihren barbarischen Stil das Bild von dem brüllenden Esel des Silen gebraucht: *Sileni asinum credas rudere*). Merkwürdig ist jedoch zweierlei: 1. Alle anderen eingerückten Zitate sind wörtlich oder nur hinsichtlich einzelner Wörter um der Pointe bzw. um des Zusammenhangs willen geändert. 2. Die Randbemerkung in *AB* bzw. die Anmerkung in *C* sind falsch. Sie erklären sich wohl dadurch, daß die erste der genannten Parallelen aus dem 6. Buch der *Aeneis* stammt und dieses für den Fundort des ganzen ‚Zitats' genommen wurde. Balde kann die Stelle nicht korrekturgelesen haben.
378 Daß der griechische Mathematiker Archimedes († 212 v. Chr.) einen Brennspiegel konstruierte, mit dessen Hilfe feindliche Schiffe etc. in Brand gesteckt werden konnten, ist eine spätere Erfindung (Hultsch RE II, 1 (1895), 539).
379 Randnotiz in *A Claud. in tertio Paneg. Honorij*: ▶ zu 38.
380 Dementsprechend *A* am Rand: *Eius ingenium clarum. Versus illustres, venusti, accommodati auræ & tempori.*
381 *A* am Rand: *Q. Ennius vet. seculi primus Poëta, dignus legi.*
382 Für sein Bauerndrama (*Drama Georgicum*), das er 1647 aus Anlaß des Waffenstillstands schrieb, den Maximilian mit Frankreich und Schweden vereinbart hatte, rekonstruierte Balde in skurril-gelehrter Weise dem konservativen Personal entsprechend aus Grammatikerzeugnissen

uralte³⁸³ Wörter aus Gräbern auszugraben.³⁸⁴ Hier ist sprachwissenschaftliche Tätigkeit in Kriegshandlung umgesetzt. Plautus wird der Eselturm anvertraut, weil er die Eselkomödie *Asinaria* gedichtet hat (die aber nur von leibhaftigen Eseln³⁸⁵ berichtet, welche nicht auftreten). Terenz wird zum Spiegel beordert, vielleicht, weil er das Bild *inspicere, tamquam in speculum, in vitas omnium* gebrauchte,³⁸⁶ vielleicht, weil Cicero die Komödie eine *imitatio vitae*, ein *speculum consuetudinis* nannte.³⁸⁷ Schließlich kommen Statius' aus dem Charakter seiner Verse gegossene Geschütze Sphinx und Deiodameia aus 37 noch einmal zur Geltung. Wenn ihm Seneca zur Seite gestellt wird, mag auf die Wucht seines Stils angespielt sein, die der des statianischen nicht nachsteht. In 46 wird er deutlicher charakterisiert. Wie in 39 werden in 42 die drei bekanntesten römischen Bühnendichter zusammengesehen.

43 Hat sich Ovid in 31 schon als Kundschafter und Verwandlungskünstler ausgezeichnet, zieht er nun auf einem waghalsigen Ritt³⁸⁸ als Lästerer (*conviciator*) in den Kampf. Da ihm wie den anderen bekannt ist, daß die Bewohner der Burg ungebildete Esel sind, rezitiert³⁸⁹ er ingeniös – *Ovidius ingeniosus* bemerkt A

---

eine alte Sprache, die er nach dem vorrömischen Volk der Osker in Kampanien ‚Oskisch' nannte (Westermayer 1868, 167–172; Schäfer 1976, 132–133; Stroh 2006, 228–229). Deshalb lautet der Alternativtitel *Poësis Osca* (1729, VI, 337–432).

383 Bei Ennius werden in den *Annales* die *Prisci Latini* als *casci populi*, alte Völker (Fr. 22 Skutsch), bezeichnet (Varro *De Ling. Lat.* 7, 28: *cascum vetus esse significat Ennius*; Cic. *Tusc.* 1, 27; Hieron. *Epist* 8, 1). Auch Balde läßt sich das ehrwürdige Wort nicht entgehen, wenn er das *Drama Georgicum* im Titel als *Carmen Anteiquum Attellanum, Oscum, Cascum* bezeichnet (Atella war eine alte Oskerstadt).

384 Ennius war einer der gelehrtesten archaischen römischen Dichter, der sich selbst *dicti studiosus* (φιλόλογος) nannte (Fr. 209 Skutsch).

385 Es sind *Arcadici asini* (333): Ob Balde die Stelle kannte? Zu den arkadischen Eselherden bei Pers. 3, 9 ▸ S. 18.

386 *Ad.* 415. Der Vers führte wohl ein Eigenleben.

387 Donat exc. *de com.* p. 22, 19 Wessner.

388 Zur Syntax des ersten Satzes: Wenn Balde die singuläre Wendung *circinat auras* (Ov. *Met.* 2, 721) nachahmt, muß *munimenta* zu *circinabat* gehören und *circa* Adverb sein. Leichter ist die Annahme, daß *circa* zu *munimenta* gehört (wie *circum moenia* in 44) und *circinabat* absolut steht bzw. *munimenta* noch einmal mitzudenken ist. *volans / equitando*: zu der grammatischen Variation Menge § 451 Anm. 3.

389 *ex composito*: klass. ‚verabredetermaßen'. Doch davon ist vorher nicht die Rede. Daß Balde nachträgt, daß man die Rezitation von Eselgeschichten verabredet habe, ist bei seinem selbstherrlich gezeichneten Ovid wenig wahrscheinlich. Da *compositus / composite* bei Reden und literarischen Werken ‚wohlgeordnet' heißt, könnte *ex composito* hier ‚auf wohlgeordnete Weise', nämlich in dichterischer Form (wie in den *Metamorphosen*) bedeuten. Ovid verspottete die Esel in der Burg nicht nur, sondern gäbe ihnen, die ja auch vom klassischen Latein wenig verste-

am Rand –, aber eben auch anzüglich thematisch einschlägige Erzählungen aus den *Metamorphosen*. Einige begegneten schon, so die der beiden Kunstbanausen Midas (der von Apollo mit langen Eselohren bestraft wurde) in 3 und Marsyas (der als Satyr gespitzte Eselohren hat) in 10. An den Geschichten von Actaeon (der ebenfalls lange Ohren bekam)[390] und Cipus[391] interessieren die Hörner, ein altes sprechendes Symbol. Auch bei der Verwandlung der Bewohner von Zypern in Rinder sind die Hörner von Bedeutung.[392] Schließlich Battus, der alte wortbrüchige Hirt: Er wurde in einen Stein verwandelt,[393] das Symbol der Empfindungslosigkeit. Wir dürfen auch Balde als *ingeniosus* bezeichnen.

Das ist eine lose Art, die Feinde zu verspotten. Balde sagt ausdrücklich, Ovid ersinne Würdiges und Unwürdiges. Trotzdem ist er nicht nur Lästerer, sondern auch erfolgreicher Kämpfer. Wieder spielt die Literatur eine Rolle. Denn seine Lanzen sind in Skythisches Gift getaucht, wie er es in der Verbannung am Schwarzen Meer im Schmähgedicht *Ibis* (gegen einen unbekannten Feind) erprobt hatte. ‚Realität' und Literatur überlagern sich.

44 Lukan hat weniger Erfolg als Ovid. Nachdem er sich in 29 zu einer Selbstverteidigung aufgerufen fühlte und in 37 Kritik erfuhr, wird ihm nun ein weiteres Mal zugesetzt. Geschickt legt Balde die Anwürfe den eselgleichen Bewohnern der Burg in den Mund. Zwar werden sie zurückgewiesen, aber sie stehen, wie man so sagt, im Raum. Es gilt: *semper aliquid haeret*. Das Sprichwort ist schon im Mittelalter belegt: *calumniare audacter! semper aliquid heret.*[394]

Lukan reitet ein pharsalisches Roß, das in 23 als thessalisches bezeichnet wurde. Der literarische Bezug stellt klar, daß es sich um den Dichter der *Pharsalia* handelt. Aber durch einen Schuß des aus 10 bekannten ‚Eselzentaurn' wäre er beinahe heruntergefallen. Damit wird zur ‚Realität' übergeleitet. Der Onocentaurus schleudert eine *phalarica*, ein speerförmiges Riesengeschoß.[395] Das seltene Wort kennt Balde aus Lukan (6, 198 in einer irrealen Reflexion).[396] Welch

---

hen, zugleich einen gezielten Anschauungsunterricht für gute Dichtung. Da *compositus* ferner ‚erdacht', ‚erdichtet' heißt, könnte *ex composito* ebensogut ‚in erdichteter Weise', d. h. ‚aus dem Stegreif' bedeuten, zumal unmittelbar darauf gesagt wird, Ovid rezitiere, ‚Würdiges und Unwürdiges erdichtend' (*digna atque indigna comminiscens*).
390 ▸ zu 3.
391 *Met.* 15, 565–621.
392 *Met.* 10, 220–237 (*cornua*: 235).
393 *Met.* 2, 687–707 (▸ auch zu 50).
394 Walther 2255a; Tosi 1991, 3–4.
395 Pexenfelder 1670: ‚ein dicker und schwerer Pfeil'.
396 Es begegnet auch Verg. *Aen.* 9, 705, doch wird die *phalarica* dort von Menschenhand geschwungen.

tragischer Witz: Lukan wird gewissermaßen von seiner eigenen Waffe zutiefst erschreckt! Erschöpft sich damit der Sinn des Pferdeauftritts? Offenbar nicht. Denn A kommentiert: *Lucani versus masculi & equestres: sed impetus non semper ad rationis normam moderati. Vid. Iul. Scaligerum.* ‚Lukans Verse sind männlich und ritterlich' (deshalb reitet sein Ebenbild), ‚aber die Aufschwünge sind nicht immer nach der Richtschnur des Verstandes gezügelt.' Scaliger sagte, Lukans *effrenis mens* sei *serva impetus*.[397] So also setzt Balde Literaturkritik in Bilder um.

Die Belagerten erheben in aller Ausführlichkeit e i n e n Vorwurf: Lukan habe Pompeius Magnus, den in so vielen Kämpfen berühmten Kriegführer, der größer als Caesar sei, nach der verlorenen Schlacht bei Pharsalus zu negativ dargestellt[398] und damit nicht das *decorum* gewahrt. So kann man urteilen.[399] Balde urteilt nicht so. Denn er legt die Schmähungen ‚Eseln' in den Mund und läßt eine Gegenstimme sich vernehmen, die fragt, wer glauben wolle, daß die Ignoranten Lukans, des *Hispanus Vates*,[400] der Unsterblichkeit[401] würdiges Werk überhaupt gelesen hätten? Es sei klar, daß die Schmähenden Historikern aufsitzen, die wie immer nach Lust und Laune das meiste erdichten (*fingere*), also Pompeius in ihren Werken zu positiv darstellen. Balde will wohl sagen, daß historische Kriterien nicht ausreichen bzw. falsch sind, um einen Dichter wie Lukan zu beurteilen. Dahinter steht der bekannte Vorwurf,[402] daß Lukan mehr Historiker als Dichter sei, der hier zurückgewiesen wird: Es ist der D i c h t e r Lukan, der die Wahrheit berichtet. Der Erzähler schließt den Streit mit der Feststellung, es sei nicht ungewöhnlich, wenn gerade die Dümmsten Hochgelehrten etwas vorwerfen, was sie nicht verstehen![403] ‚Denn was sie entweder durch unkundiges Hören mit ihren Eselohren falsch aufgeschnappt oder sich in ihrer gehässigen Gesinnung ausgedacht haben, pflegen sie gegen die Häupter berühmter Männer zu schleudern, um wenigstens auf irgendeine Weise zu schaden und den Ruf eines anderen zu besudeln, sie, die selbst abscheulich sind.'[404] Das ist eine vehemente Anklage,

---

397 1561, 325b.
398 *panico terrore*: ebenso *Diss. 72 panicis terroribus* (dazu Burkard 2004, 348). Erasmus erläutert *Adagia* 3, 7, 3 *panicus casus* (mit Parallelen)
399 Burkard 2009, 288 mit Anm. 73 argumentiert in dieser Richtung und verweist auf Forschungsliteratur.
400 Senecas und Lukans Familien waren spanischer Herkunft (aus Cordoba).
401 *carmina cedro digna*: ▸ zu 41.
402 ▸ 24 und 37.
403 Es wird mit alliterierendem / assonantischem Nachdruck argumentiert. Die vier Wörter *insolentiam / ignavorum / insolens / indoctissimi* werden in der Übersetzung entsprechend wiedergegeben: Unverschämtheit / Untüchtigen / ungewöhnlich / Ungebildetsten.
404 Das Kapitel setzt Rede gegen Rede. Die Schmähenden sprechen von *En ille* bis *perculisti*, die

die fast aus dem Kontext herausfällt. Sie läßt daran denken, wie oft Balde sich über seine eigenen Kritiker geärgert hat – und noch immer ärgert.[405]

45 Als nächster Kampfgenosse erscheint Martial. *A* kommentiert: *Epigrammata præclaris majorum Poëmatum monumentis non esse exæquanda.* Hier werden (seine)[406] Epigramme von älteren Gedichten abgesetzt. Konkret wird bemängelt,[407] daß sie zu wenig Stacheln und Schärfen hätten,[408] im Grund zu harmlos seien. Das scheint im Widerspruch dazu zu stehen, daß Balde *El.* 200 sich gegen die ‚eiskalten' Pointen der Epigrammatiker wendet und dabei auch Martials Namen nennt. Er tritt offenbar für einen gesunden Mittelweg ein. Insgesamt dürfen Martials Epigramme nicht mit der älteren römischen Dichtung verglichen werden: Sie verpuffen in Baldes Augen wie ein Spiel. Alles ist gemäß dem Kampfambiente und der Literaturkritik doppeldeutig gesagt, in fünf Bildern: *malleolis*,[409] *acumina, cuspides, sulphuratæ*[410] und *inflammata*[411] bedeuten als Wortspiele die (mangelnde) Treffsicherheit der Geschosse bzw. der Epigramme.

Aber Martial erfährt auch Lob, das Balde wieder ganz in seinem Sinn ausspricht. Es wird in *A* so umschrieben: *Martialis felix in Momos.* Die schon in 2 inkriminierten Momi und Zoili sind Baldes Lieblingsfeinde. In diesem Punkt fühlt er sich Martial verwandt, obgleich festzustellen sei, daß einige seiner Epigramme mehr *irâ* als *arte* gedichtet sind. In einem weiteren Punkt, der handlungsgebunden ist, nimmt Balde Martial in Schutz: Er sei noch immer durch den von Claudian in 33 empfangenen Faustschlag benommen, er, der im übrigen hervorragende Mann (*cætera egregius*). Es handelt sich im ganzen um eine zwiespältige Beurteilung, wie sie auch im Epilog an Josephus Bertronius anzutreffen ist, wo auf die Kritik (in einer anderen Hinsicht) ein versöhnliches Lob folgt. Ambiguität in der Wertschätzung Martials begegnet schon bei Scaliger, der zum Teil andere

---

Gegenstimme von *Quis credat* bis *fingere* (eingeleitet mit *requiret aliquis*). Der Rest gehört dem Erzähler (eingeleitet mit *respondemus*).
405 In diesem Sinn *Bœotus*: ▸ S. 18.
406 So ist wohl zu verstehen. Die vor Martial entstandenen römischen Epigramme rechnet Balde nicht. Sie reichen in der Tat nicht an die Martials heran. Balde war gegenüber der Epigrammatik überhaupt reserviert: ▸ S. 40–41.
407 Der Gleichklag *attulisse / intulisse* mit wird mit ‚beigetragen' / ‚beigebracht' wiedergegeben.
408 Das seltene Wort *pyropus* (Goldbronze) fand Balde bei Ov. *Met.* 2, 2 *regia Solis erat* [...] | *clara micante auro flammasque imitante pyropo* (von dem golden leuchtendem Palast des Sonnengottes).
409 Wörtlich: Cic. *Catil.* 1, 32: *malleolos et faces ad inflammandam urbem comparare*.
410 Wörtlich: Die Spitzen der Brandpfeile wurden schon in der Antike anteilig mit Schwefel durchsetzt. Übertragen: *El.* 346 *sulphur Satyricum* (▸ dort).
411 Übertragen: Cic. *Or.* 99 *rem inflammare* (‚eine Sache mit Leidenschaft behandeln').

Punkte nennt.[412] Balde gibt nicht nur seine Auffassung wieder, sondern auch die anderer (*credebatur, putabantur, fertur*).

46 Zunächst richtet sich der Blick wieder auf Statius, der mit den beiden aus seinem Werk gebauten großen Geschützen,[413] Deiodameia und Sphinx (die in 37 vorgestellt wurden), ohne Unterlaß Kugeln auf das kadmäische Bollwerk[414] schleudert,[415] aber nicht besonders erfolgreich ist. Deshalb greift Seneca ein und gibt der Sphinx wirkungsvollste und zwar ‚mit Schleuderriemen versehene Sätze' ein,[416] die mit dem Natron und Pech der Tragödie[417] vermischt sind. Damit ist der treffsichere Charakter seines tragischen Stils angesprochen, der etwa in den Stichomythien zum Ausdruck kommt. Senecas stark pointierte kurze Sätze, seine *minutissimae sententiae*, wie Quintilian sie nannte,[418] erreicht Statius nicht. Es entsteht ein schrecklicher Sturm und zerreißt mit gewaltigem Getöse Wolken und Mauern.[419] Senecas Ausdrücke haben durch bildliche Bedeutung[420] und dichte-

---

412 1561, 323b (▸ S. 232).
413 ▸ *curule æneum* (10).
414 Damit ist der Kadmus-Turm (▸ 3) gemeint, den sich Statius in 42 zum Ziel genommen hat.
415 Ihm hilft Scazon, der ‚schlappfüßig' genannt wird: Er verkörpert ja den Hinkjambus (▸ zu 33 Ende).
416 Cicero spricht *De orat.* 1, 242 und *Brut.* 271 metaphorisch von *amentatae hastae*, ‚schußfertigen' Lanzen, für treffsichere Argumentationen. Das ist hier auf Senecas treffende Formulierungen übertragen (*Diss.* 21 auf das Epigramm: Burkard 2004, 192).
417 Vielleicht stammen die im literarkritischen Sinn verwendeten Begriffe *nitrum* und *bitumen* wie *amentatas* aus dem Kriegsleben: Bei *nitrum* kann man an Kaliumnitrat (Salpeter) denken, das etwa 75% des Schwarzpulvers bildete, womit wieder eine zielsichere Waffe gemeint wäre. Pech wurde bei der Herstellung von Brandpfeilen (die Martial in 45 benutzt) verwendet.
418 *Inst.* 10, 1, 130 (Rahn 1988: ‚winzige Satzglieder'; von Quintilian wohl auf die Prosa bezogen, aber ebenso für die Tragödien geltend). Jedenfalls sind nicht Sentenzen gemeint wie auch nicht ib. 129 *multae claraeque sententiae* (Rahn 1988: ‚viele herrliche Gedanken'). Zu Lukans *sententiae* ▸ zu 29. A am Rand: *Ann. Seneca sententiosus*. Das seltene Wort *sententiosus* bedeutet bei Cic. *Brut.* 325 (*genus dictionis*) *sententiosum et argutum, sententiis non tam gravibus et severis quam concinnis et venustis* ‚voller (bes. witziger) Gedanken, gedankenreich' (Georges) bzw. 'full of meaning, pregnant, significant' (OLD): Genau das ist bei Balde gemeint.
419 A zu *tempestas* am Rand: *Quam in Œdipo descripserat*. Eine direkte Sturmbeschreibung gibt es im *Oedipus* nicht. Wohl aber schildert Creo, wie bei Tiresias Beschwörung der Schatten der Unterwelt die Erde ins Wanken gerät und tief im Innern berstend erdröhnt (569–583), was an Baldes *fragor* erinnert. 611–612 scheint auch der bei Balde gleich darauf erwähnte Amphion mit seiner Leier auf.
420 τρόπος *est verbi vel sermonis a propria significatione in aliam cum virtute mutatio* (‚Ein Tropus ist die kunstvolle Vertauschung der eigentlichen Bedeutung eines Wortes oder Ausdruckes mit einer anderen') (Quint. *Inst.* 8, 6, 1, übers. Rahn 1988). Der häufigste und schönste Tropus ist die Metapher (ib. 8, 6, 4).

rische Redefiguren Gewicht und fliegen überall hin, kreuz und quer.[421] Wieder werden Charakteristika der Werks in die aktuelle Kampfsituation umgesetzt.

Balde bezieht sich in 46 auf Senecas *Oedipus* und zitiert in 52 zwei Verse aus dessen *Medea*. Es ist interessant, daß Balde in der Seneca-Epiphanie des über drei Jahrzehnte zurückliegenden *Regnum poëtarum* alle „Stellen, an denen Seneca so zitiert wird, dass ein guter Kenner des Tragikers ihn heraushören kann oder muss [...], vom ersten Vers an, aus diesen beiden Stücken genommen" hat.[422] Balde kannte *Oedipus* und *Medea* offenbar besonders gut.[423] Inzwischen hatte er in der Tragödie *Jephte* von 1637 und der Druckfassung unter dem Titel *Jephtias* von 1654 eine umfangreiche Seneca-Kenntnis erkennen lassen.

Das Kapitel der Verwüstung schließt mit einer lieblichen Vignette, daß nämlich aus den umherliegenden Steinen Amphion, wie der alte Mythos erzählt, leicht ein neues Theben hätte erbauen können; denn sie kamen einst von selbst zu dem bezaubernden Klang seiner Leier herbei.[424]

47 Statius erhält eine beeindruckende Aristie, indem er ungeduldig einen waghalsigen Alleingang unternimmt. In 42 wird berichtet, daß er mit seinen Kanonen den Cadmus-Turm angreifen will. Das setzt er jetzt persönlich ins Werk – alles wagend wollend, was sein gewaltiger Held Capaneus wagte, der Thebens Mauern erstürmte. Zum Anfang des Kapitels bemerkt *A*: *Statius in Tropis formandis audax habitus*: Statius habe als kühn in übertragener Redeweise gegolten.[425] Balde bezieht die Schilderung des gewaltigen und zupackenden Kämpfers bildlich auf den gewaltigen und zupackenden Stil des Dichters. Statius habe Tropen gebraucht: Balde verfährt ebenso.[426] Übrigens urteilte Scaliger, Statius sei zuweilen von seiner Anlage hingerissen worden.[427]

Mit kleinen Änderungen werden die Verse *Theb.* 10, 834, 837, 840–842, 848–849 zitiert,[428] mit denen sich Balde die geniale Beschreibung der Leiter nicht

---

421 Zu *in decussim* = ‚kreuzweise' (auch *Batrach.* Praef.) Lukas 2001, 152.
422 Stroh 2004, 107.
423 Stroh 2004, 108 vermutet, daß sich bei der Seneca-Nachfolge im *Regnum poëtarum* vor allem die Schwerpunkte des von Balde zu absolvierenden Lehrplans niedergeschlagen haben.
424 *El.* 371 wird die Sage ins Christliche gewendet: Christus ist der *Amphion Cælestis*, der die Mauern des Himmlischen Jerusalem fügt.
425 ▸ zu 46.
426 Balde bildet dabei wohl absichtlich einen Tropus: *fomes* (Zündstoff).
427 1561, 325a: *Siquidem natura sua elatus, sicubi excellere conatus est, excreuit in tumorem* (‚Wenn er von seiner Anlage hingerissen wurde, geriet er, wenn er sich irgendwo hervorzutun versuchte, in Schwulst').
428 Mit dem letzten Wort von 837 (*morari* statt *profundae*) und dem ersten von 848 (*ocyus* statt *dicit et*) ist der Text inhaltlich angepaßt. Balde liest in 841 mit Ausgaben des 17. Jahrhunderts (wie Veenhusen 1671) *clusus* (auf den Kämpfer Statius bezogen), nicht das ebenfalls überlieferte *clu-*

entgehen läßt, die er auch sonst schätzt.⁴²⁹ Statius scheint in der Luft zu hängen, vermag sich aber oben an der Mauer zu halten, indem er dem großen Achilles nacheifert⁴³⁰ und die erschreckten Burgbewohner anherrscht. Diese Kühnheit wird abermals durch ein Zitat aus der *Thebais* veranschaulicht (10, 870–873a).⁴³¹ Seine Rede ist mitreißend. Die Böoter werden als literaturunkundige Esel (*asini illiterati*) und Kritiker mit langen Ohren (*auriti Momi*) apostrophiert, als bekennende Ignoranten (*Ignorantes professi*). Die allgemeine Attacke gegen die Kritiker ist ein Hauptthema Baldes. Vielleicht hat er bei Capaneus' *Ego vos Zoili* Neptuns berühmte Aposiopese *quos ego* -- im Ohr.⁴³² Auch *stupores* mag ein Zitat sein, falls er sich an Catulls Personifikation *stupor* = Holzkopf, Einfaltspinsel (17, 21) erinnert. Die spezielle Attacke richtet sich gegen das Vorhalten der Obskurität seines Stils. Statius begnügt sich damit, den Anwurf zurückzugeben: Es sei ihre Schuld, wenn sie ihn nicht verstehen, nicht seine.

Gemäß Baldes Verfahren, literarische Charakteristika als Kampfingredienzien einzusetzen, läßt er Statius ‚seiner furchterregenden Gedichte weithin tönende Felsen, Balken und Gestein' schleudern: Die gewaltigen *carmina* sind *formidolosissima*, die wie das abgeschlagene Gorgonenhaupt⁴³³ auf Pallas' Schild die Feinde starr werden läßt, welche dementsprechend von Capaneus *stupores* (‚Starrende', ‚Erstarrte' = Holzköpfe, Einfaltspinsel) angeredet werden. Dann heißt es noch einmal, daß Statius Brocken der *Thebais* und *Achilleis* als Wurfgeschosse verwendet. Der Erfolg wird mit einem direkten Zitat aus *Theb.* 10, 877–882 ‚bewiesen'.⁴³⁴ Die Bewohner versuchen, durch die Porta Fescennina zu entflie-

---

sos (auf die *gradus* bezogen). Zur Stelle: R. D. Williams, P. Papini Stati Thebaidos liber decimus, ed. with comm., Ludg. Bat. 1972, 127.
429 Lukas 2001, 154 (mit Parallelen).
430 *Magnanimum Æaciden formidatamque Tonantis | Progeniem* ist durch Kursivdruck als Zitat gekennzeichnet. Die Randbemerkung in *A* nennt die Quelle: Stat. *Ach*. 1–2a. Balde liest *Tonantis* statt des überlieferten nicht leicht verständlichen *Tonanti* (Statius spielt darauf an, daß Themis prophezeite, ein Sohn von Thetis, um die Jupiter warb, werde stärker als der Vater sein, worauf Thetis Peleus vermählt wurde). Aeacus ist Jupiters Sohn und Achilles' Großvater.
431 Mit dem letzten Wort von 871 (*arcem* statt *urbem*) und dem vierten von 872 (*captos* statt *Thebas*) ist der Text inhaltlich angepaßt.
432 Verg. *Aen*. 1, 135.
433 Medusa war die furchtbarste der drei Gorgonen. Pallas tötete sie und heftete den Kopf (der bereits in 42 begegnet) auf ihren Schild. Von dem Haupt ist mehrfach in der *Thebais* die Rede, aber nicht in Zusammenhang mit Capaneus. (Das Titelkupfer der Ausgabe der *Dissertatio* und des *Torvitatis encomium*, München 1658, zeigt Minerva mit dem Gorgonenhaupt, wiedergegeben auf der Umschlagvorderseite bei Burkard 2004.)
434 Baldes Text wird wie schon bei dem Zitat von 871 (mit dem letzten Wort *arcem* statt *urbem*) aus inhaltlichen Gründen angepaßt. Ansonsten hat er gegenüber den modernen Ausgaben in

hen, die für die niedrigste Dichtung steht:[435] Auf diesem Niveau sind sie angekommen!

48 Der Fluchtversuch mißlingt, denn die Satiriker haben das Tor von außen aufgebrochen. Aufgrund ihrer angriffsfreudigen Dichtung werden sie eine *fulminatrix Legio* genannt. Wieder gilt: Wie die Werke, so das Verhalten ihrer Schöpfer im Krieg.

In glänzender Weise läßt Balde Juvenal zwei eigene Verse zitieren. Der erste ist gewissermaßen der Programmvers seines gesamten satirischen Œuvres (1, 1): In ihm begründete er (scherzhaft) das Dichten als Reaktion auf die Unzahl von Rezitationen anderer Dichter, die er anhören müsse. In gleicher Weise will er bei der Erstürmung der Burg endlich aktiv werden! Der zweite Vers ist nicht weniger pointiert in den neuen Zusammenhang gestellt (10, 50). Der bekannte Philosoph Demokrit stammte aus der Stadt Abdera in Thrakien, deren Bewohner in demselben Ruf standen wie die Böoter und Arkader.[436] Er ist ein Beispiel dafür, daß bedeutende Männer in der Heimat von Hammeln und in ‚dicker Luft' geboren werden können. Da Balde Juvenals letztes Wort *nasci* durch *natis* ersetzt und dieses von *reponam* im ersten Vers abhängig macht, ergibt sich die treffliche Aussage, daß die Bewohner der Burg nunmehr als Hammel und in dicker Luft Geborene[437] erscheinen!

Mit vereinten Kräften öffnen Juvenal, Horaz und Persius einen breiten Weg durch das Tor, wobei Juvenal, der Dichter aus Aquinum im Volskerland (Latium), immer wieder ‚seinen blitzenden und fatalen Vers wiederholt' (13, 83). Der bezog sich ursprünglich auf Betrüger, die abstreiten, Geld geliehen zu haben, und das bei Mars' Speer, Apollos und Dianas Pfeilen, Neptuns Dreizack und ‚was des Himmels Rüstkammern an Waffen haben' beschwören. Um den Vers in die beschriebene Kriegssituation einzupassen, fügt Balde *devolvite* (unmetrisch)[438] hinzu. Nur wer Juvenal kennt, kann den Witz der drei in den neuen Kontext gestellten Verse ermessen. Der Poeta doctus schreibt für Lectores docti.

---

879 zwei Parallelüberlieferungen (*destruit* statt *restruit* und *trementis* statt *prementis*), die er in Ausgaben seiner Zeit gefunden haben wird (sie druckt z. B. Veenhusen 1671). Ihnen kann er auch in 880 (*disjecto* statt *dissaepto*) und 881 (*fana* statt *templa*) folgen. Es besteht kein Anlaß zu der Annahme, er ändere selbst. Vielleicht zitiert er sogar aus dem Kopf.
435 Die Feszenninen waren improvisierte (also mündliche) Spottdichtung, wie man aus Liv. 7, 2 wußte. Dem literarischen Rang nach rangierten sie im unteren Bereich, weshalb Balde als hochelaborierter Dichter sie mit den ‚Eseln' der Burg in Verbindung bringen könnte (▸ auch zu 9).
436 ▸ S. 18.
437 Antiker Topos für wenig begabte Menschen.
438 Dieser siebte Fuß des Hexameters ist ein Signal dafür, daß das Wort nicht bei Juvenal steht.

Auch für Claudian wird es ernst. Er legt seine allzu ‚blumigen' Waffen[439] und Lukrez' Spiegel, dessen Handhabung ihm in 42 übertragen worden war, beiseite und holt das ‚stilichonische Beil' wieder hervor,[440] d. h. nunmehr kommt ein anderer, der kämpferische Zug seiner Dichtung zur Geltung, der in die Kriegssituation umgesetzt wird. Wenn es heißt, daß er von Liktoren begleitet in das Innere stürzt, erinnert man sich des Befehls in 34, wo er seinen Liktoren den frechen Martial zur Züchtigung übergab.

49 Innen hebt ein großes Morden an. Wie werden die Bewohner genannt? Es sind *Momi*, Kritiker. Wurden sie zuvor öfter mit Eseln, in 48 mit Hammeln verglichen, sind sie nunmehr Rinder. Der Wechsel der Metaphorik hat seinen Sinn, denn die ersten von ihnen werden als (traditionelle) Opfertiere, eben Rinder, angesehen, sie werden ohne die sonst üblichen Zeremonien geschlachtet und den Göttinnen Sophia und Minerva dargebracht – ein makabrer Einfall des Jesuiten!

Sophia, die Göttin der Weisheit (eine spätantike Personifikation), und Minerva, die Göttin der Dichtkunst, wurden natürlich in der Festung der Ungebildeten nicht verehrt. Ihnen fühlen sich die Eroberer von sich aus verpflichtet, ebenso Apollo, dank dessen Gunst es ihnen gelingt, mehrere Esel gefangenzunehmen, die, mit scharlachroten Teppichen und Gold beladen, durch die Hintertür zu entkommen versuchen. Es handelt sich, wie *A* vermerkt, um *Symbola divitum indoctorum*, Kennzeichen reicher Idioten. Trefflich fungieren die *asini* zugleich als Lasttiere (*onusti!*) und Illiterate.

50 In diesem Stil geht es weiter. Man findet unermeßliche Reichtümer, aber keine Probe eines Verstandes oder Kunstwerkes, nichts von Apelles, Polyklet oder Mentor.[441] Alles ist plump und atmet geistige Stumpfheit. Dagegen gibt es Statuen von dem Kunstbanausen Midas, der es gewagt hatte, den Musengott Apollo selbst zu kritisieren,[442] von Faunen, Silenus, Bacchus, Priapus und Venus, die keines Kommentars bedürfen. Sie zeugen vom Geist der Besitzer. Battus, der alte Hirt des Neleus, ist weniger bekannt. Er verriet um eines hohen Gewinns willen Merkur, ohne es zu wissen, an ihn selbst und wurde zur Strafe in einen Stein (= Statue) verwandelt. Ovid erzählt die Geschichte *Met.* 2, 687–707.[443] Nun trifft der Dichter auf ‚seine' Figur und hält die steinerne Statue des Verdutzten (der von Merkur aufgeklärt wurde) für Battus selbst: So gekonnt hatte er ihn geschildert! Ihm ist

---

439 Den ‚blumenhaften' Charakter seines Stils hatte Vergil betont: ▸ zu 27 und 28.
440 Claudian verfaßte im Interesse des Weströmischen Reichsfeldherrn Stilicho (~ 365–408) Invektiven gegen seine Widersacher Rufinus und Eutropius.
441 Berühmte griechische Künstler der Malerei, Bildhauerei und Toreutik.
442 Ov. *Met.* 11, 171–179, ▸ zu 3 und 43.
443 Die Burgbewohner interessiert nicht der bestrafte Betrüger, sondern der mit allen Mitteln nach Besitz Strebende.

Lukrez, der nüchterne Ingenieur, als Fachmann an die Seite gestellt, aber dem geht es genauso.

Weiter stoßen die Eroberer auf Jagdgeräte und eine große Hörnersammlung[444] von gewöhnlichen Hirschen, Böcken und Gazellen, nicht aber vom Nashorn. Hier stehen die Jäger wie schon in 3 und vor allem im ersten Buch der *Sylvae* für Kunstbanausen, deren Handwerk dem Tun der Dichter entgegengesetzt ist. Dort hatte ein Jäger wenigstens noch das Horn eines Rhinozerus, das er stolz unter den Jagdtrophäen zeigte.[445] Die Kritiker rangieren darunter. Als Hintergrund ist zu beachten: Jagdtrophäen haben im allgemeinen keinen materiellen, sondern einen ideellen Wert (Erinnerung, naturwissenschaftliches Interesse, Prahlerei). Das Horn des Rhinozerus war dagegen für medizinische Zwecke brauchbar.[446] Besonders in Asien wurde es verwendet. Europa faszinierte das exotische Tier, wie Dürers bekannter Holzschnitt zeigt.[447] Die Tische der Bewohner sind weiterhin übervoll von Spielbrettern und Spielkarten, von Stäbchen und Würfeln, die ihr Niveau verraten. Alles erregt das Gelächter der Eroberer, die diese Lehrkanzeln kindischer Possen zerstören. Es wird klar, daß die Kritiker ex cathedra[448] nur kindische Dinge (*nugae*) von sich geben!

51 Aus Persius' von Balde mehrfach betonter Dunkelheit des Stils[449] wird abgeleitet, daß er in der Dämmerung besser als am Tag sehen kann und daher Freude hat, die abgelegensten dunklen Winkel der Burg zu durchstöbern. Dabei findet er ein mit ‚würmchenförmiger' Elfenbeinarbeit[450] geschmücktes Kästchen, das ein Bündel[451] geheimer Pläne der Böoter gegen die Führer der guten Literatur, die in der letzten Versammlung[452] beschlossen worden waren, enthält. Dieser Vorgang wird durch eine Randbemerkung in *A* erläutert: *Persius obscurus Poëta,*

---

444 *cornucopia* ist das Füllhorn (Erasmus *Adagia* 1, 6, 2). Balde legt scherzhaft die Bedeutung ‚Fülle an Horn / Hörnern' zugrunde.
445 *Sylv.* 1, 13, 72: Lefèvre 2011, 105.
446 Neubig 1833, 67 (zu *Med. gloria* 12, 13); Wiegand 1992, 260.
447 Dürer hat kein Nashorn gesehen, er stützte sich auf die Beschreibung eines Exemplars, das 1515 nach Lissabon gelangte.
448 *cathedra* bedeutet schon im Mittelalter ‚Lehrstuhl' (Niermeyer 2002).
449 ▸ S. 232. Vom *fumus Persij* spricht Balde auch in der Widmung des dritten Buchs der *Sylvæ* an Nicolaus Warsenius (1729, II, 67).
450 *vermiculatus*: ‚wurmförmig'. Der antike Terminus opus vermiculatum (‚Würmchenwerk') bezeichnet eine Mosaikarbeit mit unregelmäßiger Krümmung der Fugen (A. M. Panayides, DNP VIII, 2000, 406).
451 *fasciculus*: ▸ S. 161 Anm. 13.
452 *conciliabulum*: 1. locus conveniendi (auch klassisch), 2. conventus, coetus (Mittellat. Wörterbuch II, 1999).

sed reconditæ doctrinæ. Das ist wieder ein hervorragendes Beispiel für die Art, wie Balde Literaturkritik in lebendige Bilder umsetzt.

52 Es ist die großartige Pointe der ganzen Expedition, daß Ignorantia, die Hauptgegnerin der wahren Dichter, entkommt, wie sehr sie auch von Terenz überwacht wird.[453] Hier erhält der in 42 vorgestellte Spiegel, dem er zugeordnet wurde, rückwirkend eine zweite Funktion: Ignorantia (und die kämpfenden Esel) zu überwachen. Im Inhaltsverzeichnis wird von Terenz' *error* gesprochen. Er hat sich also täuschen lassen. Vielleicht wird der Spiegel von Balde deshalb einem notorisch unzuverlässigen Komiker anvertraut.[454] Man glaubt, Ignorantia sei wie Medea in die Luft entkommen – und zwar durch einen Kamin. Für Medea ist Seneca zuständig, und er tritt prompt auf den Plan und ruft der Fliehenden die Schlußverse seiner *Medea* nach (1026–1027).[455] 1026 lautet bei ihm: *per alta vade spatia sublime* (oder *sublimi*) *aetheris*. Zwar sind die Formen der letzten beiden Wörter nicht eindeutig überliefert, aber Balde ersetzt nicht deswegen *sublime* bzw. *sublimi* („in der Höhe'), sondern um einen komischen Effekt zu erzielen: In dem Ofenrohr, durch das Ignorantia – wie die Hexe im Märchen von Hänsel und Gretel – entflieht, ist dicke Luft!

Angesichts der großen Verluste der Verteidiger[456] können die Dichter, die sich mit Lorbeer schmücken (wie es sich für Dichter ziemt),[457] ihren Schmerz bändigen. Dann machen die Sieger die Burg dem Erdboden gleich. Die zerstörten Wurfmaschinen zeugen von ihrer einstigen (plumpen) Macht. Es wird auch der Onocentaurus genannt – womit noch einmal an die ὄνοι erinnert wird. Der Boden der verwüsteten Burg ist *iners* – ohne Kunst (*ars*).

53 Petrarca, auf den der Krieg gegen Ignorantia letztlich zurückgeht, tritt auf den Plan. Ehrend wird er *Latij assertor* genannt, der Anwalt der lateinischen Sprache und Literatur. Gelehrt, wie er ist, zitiert er die Verfluchung, die Josua über das zerstörte Jericho aussprach.[458]

---

453 Ignorantias Eingeschlossensein durch Terenz wird – kaum übersetzbar – dreimal ausgedrückt: *indagine, septa, cingebatur*, wobei *indagine* noch durch *arctâ* verstärkt ist.
454 In 39 werden Plautus und Terenz als *gens levis & vaga* qualifiziert.
455 Balde nennt Medea *venefica*. Senecas Medea mischt tatsächlich Gift (737).
456 *strages* ist, wie Kirschius 1796 erklärt, ‚ein Haufen Todter auf der Wahlstadt'.
457 Leicht ironisch ist auch der Lorbeer der römischen Triumphatoren zu assoziieren. Zum Dichterlorbeer: ▸ zu 3, 10 und 30.
458 Balde folgt *Josua* 6, 26 nach der Vulgata, läßt aber dem Inhalt entsprechend *coram Domino* nach *vir* aus und ersetzt *Jericho* durch die Burg der Ignoranz. Luther übersetzt: ‚Verflucht sei der Mann vor dem Herrn, der sich aufmacht und diese Stadt Jericho wieder baut! Wenn er ihren Grund legt, das koste ihn seinen ersten Sohn; und wenn er ihre Tore setzt, das koste ihn seinen jüngsten Sohn!' *in primogenito*: *in* hat hier die seltene Bedeutung ‚pro abl. pretii' (ThlL VII / 1,

54 Petrarca läßt Scazon, den Hinkenden, rufen, damit er drei Hinkjamben (die in der Spottdichtung Verwendung fanden) in Stein meißele – aber es sind nur zwei Verse (wobei zudem im Hauptsatz das Verbum unvollständig ist) und als Fetzen zwei in Klammern gesetzte Wörter (die in *ABC* an den zweiten Vers angehängt sind): Das Spottgedicht kommt nicht zu Ende, es hinkt!⁴⁵⁹ Die Begründung ist witzig und tragisch zugleich: Es ist alles umsonst! Ein Satiriker ist zur Stelle, der erklärt, daß nunmehr Ignorantia in den Herzen aller Ungebildeten und Ungehobelten wohne. Das ganze Volk werde sie beherbergen. Es folgt eine interessante Reihe zweifelhafter Gestalten: Jäger,⁴⁶⁰ verkommene Soldaten,⁴⁶¹ Habsüchtige, Wucherer, Zöllner mit goldenen Ketten⁴⁶² und ebenso ‚erfolgreiche' Proleten,⁴⁶³ die den niedrigsten Stand repräsentieren, aber in Purpur gekleidet sind: Sie alle öffnen Ignorantia sogar ihren Palast. Reichtum, der auf unrechte Weise erworben ist, geht nicht mit Bildung Hand in Hand – will der Satiriker sagen, der am Ende seines Werks den Wirkungsradius der Ignoranz erheblich ausdehnt.

Nicht ohne Bedeutung gibt Balde einem skeptischen Satiriker das Schlußwort. In der Zeit, als das *Castrum* entstand, fühlte er sich selbst als Satiriker. Der ‚epische Morgen' und der ‚lyrische Mittag' lagen lange zurück, es herrschte der ‚satirische Abend'⁴⁶⁴ – an dem Baldes Dichtung geistvoll wie eh und je funkelt. Ein witziger Einfall ist es, daß Ovid den Auftrag bekommt, die Expedition in die *Fasti* aufzunehmen. Dieses an Erzählungen reiche Werk hatte der historische Ovid nur zur Hälfte vollendet. Es war also Platz genug für eine geistreiche Dar-

---

793, 69–75), die in der Vulgata mehrfach belegt ist, z. B. *Prov.* 4, 7: *Principium sapientiæ: Posside sapientiam, et in omni possessione tua acquire prudentiam* (Luther: ‚Denn der Weisheit Anfang ist, wenn man sie gerne hört und die Klugheit lieber hat als alle Güter').
459 Es ist nicht zu entscheiden, ob Petrarca bereits ahnt, daß alles umsonst ist, oder ob der nicht sonderlich begabte Scazon den Rest des Auftrags vergißt – oder nicht meistert.
460 Über die Jäger als Kunstbanausen ▶ zu 3 sowie *Sylvæ* I (Lefèvre 2011, 16–17).
461 Sie plündern im Krieg.
462 *publicani*: Zöllner, Steuereinnehmer, die sich maßlos bereichern. Das Mittellat. Wörterbuch II, 1999 gibt auch die Bedeutung ‚Büttel'. Jedenfalls sind subalterne Individuen gemeint, die auf ihre Kosten kommen. *torquati*: ‚einer, der eine goldene Kette um hat' (Kirschius 1796). Denn Manlius Torquatus nahm 361 v. Chr. einem im Zweikampf besiegten Gallier seine goldene Halskette (*torquis* / *torques*) ab, wofür er den Beinamen Torquatus erhielt. *torques* aus Gold auch *El.* 448.
463 *cerdones*: Pers. 4, 51; Iuv. 4, 153; 8, 182. Zur Bedeutung Kißel 1990, 563–564, nach dem Persius *cerdo* „als abwertende Synekdoche für den einfachen Mann aus dem Volk verwendet (‚Prolet' [...])." Die Scholien für die Juvenal-Stellen führen weiter: *cerdonibus. ignobilibus. cerdo est proprie turpis lucri cupidus* bzw. *cerdoni. Graece dixit turpem lucri cupidum.* Der negative Beiklang ist deutlich (κέρδος = ‚Gewinn' / ‚Vorteil').
464 Westermayer 1868, 31 im Bild.

stellung. Balde tändelt auch in dem letzten Satz in Utopia, wie er es am Ende der Widmung angekündigt hatte (*nugari in Utopia*).

Epilog an Josephus

Der Epilog[465] steht mit der Widmung in Einklang. Beide sind an Josephus Bertronius gerichtet, in beiden ist von dem *Elenchus* nicht die Rede. Es mutet merkwürdig an, daß Balde dem jungen Adressaten rät, er möge sich nach der Darstellung der verschiedenen Dichter einen von ihnen als Vorbild auswählen, um in seinem Stil zu dichten. Wer sollte das sein? Es werden in der satirischen Erzählung fast alle mehr oder weniger ironisiert. Auch ist ihre Eigenart trotz Baldes gegenteiliger Versicherung für einen Adepten nicht immer zu erkennen. Weder Plautus noch Terenz haben Profil. Von dem leichten Völkchen der Elegiker wird eher abgeraten. Bei den Epikern steht es nicht besser. Lukan erscheint eigenwillig; und Statius ist trotz allen faszinierenden Zügen kaum als Vorbild zu verstehen. Sicher, Lukan und Statius dichten Kampfepen, und Kriegerisches ist, wie Balde sagt, dem jugendlichen Alter angemessen. Genügt das? Kann sich Josephus wirklich ein Urteil bilden? Ungeschoren kommen nur Vergil, Horaz, Juvenal und – mit kleinem Abstand – Claudian davon. Aber was ist aus der Darstellung Vergils zu lernen, außer daß er souverän ist und von allen anerkannt wird? Auch von Horaz' Porträt bleibt nicht viel mehr haften, als daß er dem Wein zuneigt und beleidigt ist, daß neben ihm Priscian den Auftrag erhält, die Kämpfer anzufeuern. Es ist zu sehen, daß der Rahmen mit Widmung und Epilog an Josephus Bertronius ein wenig künstlich um den kunstvollen Kern gelegt ist[466] und sich die unvergleichliche Ironie des *Castrum* vor allem an Kenner, nicht an Adepten wendet.

---

465 Der dichtungstheoretisch interessante erste Absatz wird S. 22–24 behandelt. Hier werden zwei begriffliche Erläuterungen nachgetragen. *fictus schematum usus*: ‚erdichtete / dichterische Anwendung von Redefiguren / Ausdrucksformen'. *schema*: ‚Figura uel Ornatus. Ein gestalt oder zierde / ein neuwe oder zierliche weyß der worten odder rede / was anderst dann der gemein brauch ist' (Dasypodius 1536); 'Any mode of expression employing anomalies of word-order, usage, etc. for literary or rhetorical effect' (OLD 4a). *spectaculum*: übertragen wie *taetrum enim spectaculum oppressa ab impiis civitas* (Cic. *Ad Brut.* 1, 15, 5 über den römischen Staat) oder *levium spectacula rerum* (Verg. *Georg.* 4, 2 über den Bienenstaat). Kirschius 1796 zitiert verkürzt Cic. *Ad Att.* 10, 2: *homini non amico nostra incommoda spectaculo esse nollem* und übersetzt: ‚ich möchte nicht gern, daß mein Feind die Augen daran weide.'
466 ▶ S. 11–12.

Der zweite Teil des Epilogs geht noch einmal auf einzelne Dichter ein.[467] Balde nennt 13 mit Namen, einige aus der Erzählung fehlen wie die nicht übermäßig geschätzten Plautus, Terenz, Properz, Valerius Flaccus oder Silius Italicus. Catull wird nur genannt, um ihm die Berechtigung des Epithetons *doctus* abzusprechen. Am Anfang stehen Vergil, Statius[468] und Ovid (als Epiker). Das sind keineswegs Baldes drei Lieblingsdichter, denn zu diesen gehören auch Horaz, Juvenal und Claudian. Aber es sind allgemein (und natürlich auch von ihm) geschätzte Vorbilder, die nicht weiter charakterisiert werden.

Balde sagt, er folge *non tam proprio, quam alieno doctissimorum Virorum judicio*. Ist das nur Bescheidenheit? Niemand wird bezweifeln, daß er hinter den vorgetragenen Urteilen steht. Doch könnte es einen Grund für diese Feststellung geben. Bei der Wertung einiger Dichter klingen Scaligers Urteile an. Es beginnt bei Lukan, dem *multae tautologiae* vorgehalten werden. Die Charakterisierung stützt sich auf Scaligers Urteil, nach dem Lukan den Fehler (*vitium*) hat, dasselbe zwei- oder dreimal zu sagen (*idem bis aut ter dicere*).[469] Ferner wird ihm mit einer eindrucksvollen Traductio[470] vorgeworfen, daß er sprunghaft sei, sich nicht treu bleibe, was Scaliger ausführlich kritisiert hat.[471] Daß für Lukrez das *philosophari* bezeichnend sei,[472] geht nach der Randbemerkung in *A* zu der Aussage über ihn *quæ tamen magis Philosophicè, quam poëticè docebat* (34) auf Scaliger zurück: *Vid. Iul. Scaligerum*.[473] Die Charakterisierung Tibulls als *cultus* deckt sich mit Scaligers Ansicht, der ihn sogar *omnium cultissimus* nennt.[474] Weiterhin teilt Balde mit Scaliger die Reserve gegen das Attribut *doctus* für Catull.[475] Das spricht sich

---

467 *Crisis* = κρίσις (Beurteilung, Auslegung, Deutung).
468 Statius nimmt auch in *Diss.* 9 die zweite Stelle ein.
469 1561, 326a. Scaliger führt als Beispiel den zweimaligen Ausdruck für einen Kometen in 1, 528–529 an: *crinemque timendi | sideris et terris mutantem regna cometen* („den Haarschweif des zu fürchtenden Gestirns und den Kometen, der auf Erden Änderung der Königsherrschaften bedeutet"). Am Rand des Texts der *Poetik* erscheint das Stichwort: *Repetitio peculiare Lucani vitium*. Dazu Burkard 2009, 290.
470 *sibique non semper constare, constat*.
471 Oben zu 29 zitiert (▶ dort).
472 Die Feststellung, daß er das selbst gestehe, bezieht sich wohl auf die von ihm betonte Epikur-Nachfolge.
473 Dieses Urteil ist im Gegensatz zu allen anderen aus der *Poetik* nicht nachzuweisen.
474 1561, 332b.
475 In 36 fordert Catull den *titulus Docti*. ‚In antonomastischer Weise': Gemeint ist die Antonomasie (*poeta*) *doctus* für Catull, also Catull als d e r *poeta doctus*. Das anders lautende Urteil von Jean Passerat (1534–1602): Commentarii in C. Val. Catullum, Albium Tibullum, et Sex. Aur. Propertium, Parisiis 1608 (Schmidt (1984) 2000, 345 Anm. 11).

sogar in der Formulierung[476] aus.[477] Daß Balde Juvenal mit Horaz hinsichtlich der Satiren vergleicht, erinnert ebenso an Scaliger wie die Wertung, daß Juvenal den Vorzug verdiene.[478] Nicht anders als Scaliger[479] urteilt Balde über Persius' dunklen Stil[480] – wie schon in 25, 26, 40 und 51. Schließlich steht hinsichtlich Martials bei Balde[481] wie bei Scaliger[482] neben der hohen Anerkennung als Dichter die Kritik am Hang zum Lasziven.[483] Schon in 45 wurde ein zwiespältiges Bild von ihm gezeichnet: Die Epigramme hätten zu wenig pointierte Treffsicherheit und er habe sie teilweise *irâ potiùs, quam arte* gedichtet, er selbst aber sei ein *vir cætera egregius*.[484] Mag Balde bei diesen Charakterisierungen Scaligers Urteile

---

476 Maliziös: *Catullo docti nomen quare sit ab antiquis attributum, neque apud alios comperi: nequedum in mentem venit mihi* („warum Catull der Name eines Gelehrten von den Alten beigelegt wurde, habe ich weder bei anderen in Erfahrung gebracht, noch bin auch ich darauf gekommen") (1561, 333a). Bei Martial 1, 61, 1 ist Catull ein *vates doctus*.
477 *hodièque*: ‚heute noch' (Kühner / Stegmann, Satzlehre § 152 Abs. 9). Balde betont ausdrücklich, daß Scaligers Urteil noch immer in Geltung ist.
478 Unkonventionell: *Iuvenalis autem candidus: ac Satyrorum facilè princeps. nam eius versus longè meliores quàm Horatiani: sententiæ acriores: phrasis apertior* („Juvenal ist glänzend und von den Satirendichtern ohne weiteres der erste; denn seine Verse sind bei weitem besser als die horazischen, seine Sätze schärfer, sein Stil klarer") (1561, 323a).
479 Prägnant: *quum legi vellet quæ scripsisset, intellegi noluit quæ legerentur* („obwohl er wollte, daß das, was er geschrieben hatte, gelesen werde, wollte er nicht, daß verstanden werde, was gelesen wurde") (1561, 323a).
480 Daß er in eigenem Namen spricht, zeigt die Formulierung *res loquitur*. Die beiden Hendekasyllaben bilden das Epigramm 68 *De A. Persii Satyris* (in: *Epigrammatum Liber Unus*) des von Balde hochgeschätzten Sarbiewski (1595–1640).
481 Balde und Martial: Burkard 2004, 194–195.
482 *Multa sunt eius Epigrammata diuina: in quibus & sermonis castitas, & argumenti species luculenta est. versus verò candidi, numerosi, pleni, denique optimi. Alia fœda ne legerim quidem, tantùm abest vt ad censuram vocem* („Viele seiner Epigramme sind göttlich: In ihnen sind die Reinheit der Sprache und die Art des Inhalts lichtvoll. Die Verse sind wirklich glänzend, rhythmisch, volltönend, überhaupt sehr gut. Anderes, das schändlich ist, möchte ich nicht einmal lesen, schon gar nicht zur Kritik heranziehen") (1561, 323b). Balde läßt Vergil in 33 von Martials *obscœna Poëmata* sprechen.
483 Balde denkt bei Martial an gereinigte Ausgaben, wie sie zu seiner Zeit von den alten Dichtern existierten – nach dem Muster ‚Catullus purgatus' oder ‚Ovidius purgatus'. Zu diesem Verfahren informativ Schäfer 1976, 110–112. Besonders erfolgreich war eine purgierte Martial-Ausgabe von Matthäus Rader SJ (1561–1634), die mehrere Auflagen erlebte (Kagerer 2014, 21).
484 Ganz zum Schluß wischt Balde die im *Castrum* geübte Kritik an Martial mit einem Scherz vom Tisch: Im Krieg teile Mars nun einmal Gutes wie Schlechtes aus. Wer das (zweite) fürchte, werfe schon vor Kampfbeginn Schild und Lanze fort. Damit spielt er auf Horaz' Selbstironie an, der (frei nach Archilochos) vorgab, bei Philippi den Schild auf ungute Weise fortgeworfen zu haben (*relicta non bene parmula*, Carm. 2, 7, 10). *ante tubam*: Vielleicht Anspielung auf Claud. *De Cons. Stil*. 1, 192 *ante tubam nobis audax Germania servit*.

im Hinterkopf haben, ist es andererseits unbestreitbar, daß sie seinen eigenen Anschauungen entsprechen. Daß er sagt, er sehe niemanden, der sich so sehr der studierenden Jugend empfehle wie Claudian,[485] entspricht seiner Wertschätzung dieses Dichters im Unterricht.[486]

Das *Castrum* ist ein extrem kühnes Werk, und die Porträts der einzelnen Dichter sind extrem kühn. Zu den Kritikern, die Balde gleich am Anfang der Schrift in 2 unsanft als *fæx inficetorum hominum* bezeichnet, gehörten auch eigene Ordensbrüder, besonders die Vorgesetzten, die seine Werke zensierten bzw. zensieren ließen. Man darf vermuten, daß es Balde aus diesem Grund für angebracht hielt, am Ende der neuen Satire darauf zu verweisen, daß er in den Urteilen der communis opinio folge. So konnte er den Kritikern den Wind aus den Segeln nehmen.[487] Der Umstand, daß hinter den Charakterisierungen einzelner Dichter Scaligers Ansichten durchscheinen, könnte sich daraus erklären. Denn in dem Werk selbst, das zahlreiche Wertungen darbietet, bringt Balde die eigenen Urteile hinreichend zur Darstellung, die nur insoweit an Scaliger anklingen, wie dessen *Poetik* Allgemeingut geworden war.

---

485 Auch Scaliger gab ihm einen hohen Rang: *maximus poeta* (1561, 321b).
486 Schon im Jugendwerk *Regnum poëtarum* von 1628, das für den Umkreis der Humanitas-Klasse am Alten Gymnasium in München bestimmt war, spielt Claudian eine bedeutsame Rolle. Zu Claudian im Unterricht der Jesuiten Burkard 2004, 131.
487 ▸ E.

D. *Elenchus*

Sequitur Elenchus similium Argumentorum, sive
Apparatus novarum Inventionum & Thematum scribendorum
in gratiam Ingeniosæ Iuventutis.

QVæ *Poësin,* & *Castalium Poëtarum Humorem, propiùs contingunt; in margine litera P. signavimus. Paradoxa, quæ proponimus, non explicamus: nam declarata, nonampliùs erunt paradoxa. cuiusque divinationi relinquuntur.*

Es folgt ein Verzeichnis ähnlicher Inhalte oder
Ein Vorrat neuer zu bearbeitender Erfindungen und Themen
der begabten Jugend zu Gefallen.*

Was die Dichtung und den Kastalischen Saft der Dichter näher berührt, haben wir am Rand mit dem Buchstaben P gekennzeichnet. Paradoxa, die wir vorstellen, erklären wir nicht: Denn in helles Licht gesetzt, werden sie nicht mehr Paradoxa sein. Sie werden der höheren Eingebung eines jeden überlassen.

Das Wasser aus der Apollo und den Musen heiligen Kastalischen Quelle am Parnaß (bei Delphi) verhalf zu dichterischer Inspiration, zugleich Anspielung auf die Säftelehre (▸ zu 199 und *Ca.* 36). Aus drucktechnischen Gründen wird das in *AB* am Rand plazierte (in *C* fortgelassen) *P* jeweils an das Ende der betreffenden Themen gerückt. Diese Auszeichnung unterstreicht Baldes Absicht, den poetologischen Charakter des Werks in den Vordergrund zu stellen (▸ S. 48). Die auffällige Bemerkung zu den Paradoxa geht offenbar auf die Kritik des Zensors I zurück (▸ S. 365–367).

Themata

1 Malæ Conscientiæ *Culeo* insutæ parricidale supplicium. *Ode. Sat.*
Eines schlechten in einen Schlauch eingenähten Gewissens mörderische Strafe.
Auch wenn man ein schlechtes Gewissen gewaltsam unterdrückt / zu unterdrücken sucht, indem man es gleichsam in einen Sack einnäht, ist es eine mörderische Strafe: Ein schlechtes Gewissen läßt sich nicht unterdrücken, sondern wirkt wie eine Strafe für Elternmörder. Balde spielt mit dem Fachausdruck *culleus parricidalis* (Augustinus *Contra Faust.* 22, 22), der den zugenähten Sack bezeichnet, in dem Elternmörder ertränkt wurden.

---

* Die (petit gesetzten) Erläuterungen werden so knapp wie möglich gehalten. Es versteht sich, daß allgemeine Aussagen oft verschieden ausgelegt werden können. Trotzdem wird in der Regel nur *ein* Vorschlag gemacht (der Indikativ schließt somit andere Auffassungen nicht aus). Bei Zahlverweisen ohne Zusatz sind stets die Themen des *Elenchus* gemeint. Bezüglich der zumeist am Ende zugefügten (nicht übersetzten) Charakterisierungen der Ausführungen wird auf S. 54–59 verwiesen.

2 *Vrna Fortunæ*, mortalium vota multipliciter ludificans. *Ode. Sat.*
Die Urne der Fortuna, die die Wünsche der Sterblichen vielfältig täuscht.
>   Fortuna ist unberechenbar. Aus der Urne wurden Lose gezogen.

3 Quare facta viris, verba fæminis comparentur. *Ode.*
Weshalb Taten mit Männern, Wörter mit Frauen verglichen werden können.
>   Allgemeine Beobachtung („Ein Mann ein Wort, eine Frau ein Wörterbuch'), nicht Ausdruck einer individuellen Frauenfeindlichkeit. Zum Themenkreis: ▶ S. 38–39.

4 An quidam ex vero dixerit: *In aula solos equos non adulari*. hinc Principes quoque & Reges cogi, equitandi artem addiscere. *Declaratio.*
Ob jemand zu Recht gesagt hat, daß am Hof nur die Pferde nicht schmeicheln. Daß deshalb auch Fürsten und Könige gezwungen werden, die Kunst des Reitens dazuzulernen.
>   Fürsten und Könige können in ihrem Bereich nicht mit Aufrichtigkeit rechnen – jedenfalls nicht bei höheren Chargen; deshalb sind sie gezwungen, sich um niedere zu bemühen (d. h. reiten zu lernen – um der Pferde, nicht der Fortbewegung willen). Balde stellt die schlimme Aussage, die seine Ansicht wiedergibt (▶ S. 32–35 ‚Hof und Höflinge'), abgemildert als die eines *quidam* dar.

5 An Stoicismum sapiat: *Contemptum contemptu vindicare. Problema.*
Ob es nach Stoizismus schmeckt, Verachtung mit Verachtung zu strafen.
>   Die Antworten ‚Ja' (die stoisch ist) und ‚Nein' sind abzuwägen (*Problema*: ▶ zu 185 sowie S. 59). Verwandt: 459. Stoa: ▶ S. 37.

6 Quæ vera, quæ falsa libertas. *Ode.*
Welches wahre, welches falsche Freiheit ist.
>   Ein gelehrter Ansatzpunkt: *libertas* und *licentia* bei Tacitus *Dial.* 40, 2.

7 An quidam rectè & muscis catarrhum assignaverit. *Eutrapelia.*
Ob jemand zu Recht auch Fliegen einen Katarrh zugeschrieben hat.
>   Scherzhaft gegen die Erforschung von extremen Quisquilien.

8 Invidiâ vesci solitos, nutriri viperis infœcundis. *Ode.*
Daß die, die sich von Neid zu nähren (leben) gewohnt sind, sich mit unfruchtbaren Schlangen ernähren.
>   Neid ist falsch wie Schlangen. *infœcundis*: Aus Neid entsteht nichts (gemeint: nichts Positives).

9 *Ad Senes decrepitos, ætatem jactantes.* Vitam hominum nunc breviorem; post Nostri SERVATORIS mortem, ejus beneficium esse, non inter ultima ponendum. *Sat.*
Im Blick auf abgeklapperte Greise, die sich ihres Alters rühmen: Daß das Leben der Menschen, das nun einmal sehr kurz ist, nach dem Tod unseres Heilands seine Wohltat ist, die nicht zu den geringsten Wohltaten zu zählen ist.
>   Auch ein kurzes Leben ist ein Geschenk des Heilands, der die Menschen erlöst hat, erst recht ein langes Leben; es besteht also kein Anlaß, sich dessen zu rühmen.

10 Vivendum in hoc seculo, tanquam semper vivendum. *Paradoxum.*
Daß in diesem Jahrhundert leben müssen gleichsam immer leben müssen bedeutet.

Paradox: *semper vivere* gilt als wünschenswert, Leben ist aber in diesem Jahrhundert eine Strafe: Balde äußert sich durchgehend negativ über die eigene Zeit (▸ S. 28–29 ‚Gegenwart'). In ihr leben müssen bedeutet, daß das Leben in der subjektiven Empfindung kein Ende nimmt. *hoc seculo* im Sinn von *hoc perverso seculo* (353).

11 De hedera ante vacuum dolium suspensa. *Lamentatio.*
Über Efeu, der vor einem leeren Faß aufgehängt ist.
    Mit Efeu bekränzten sich Bacchus und seine Anhänger (d. h. Weintrinker). Hier ist er nach dem Leeren des Fasses lamentabel abgelegt.

12 An Poëtæ ab intestato heredes relinquere possint: an succedere? *Disquisitio.* P. Ob Dichter ohne Testament Erben hinterlassen oder eine Nachfolge antreten können?
    Weder mit noch ohne Testament kann Dichterbegabung vererbt oder geerbt werden. Jedes Dichteringenium muß selbständig reifen. Dichter werden nicht als Künstler geboren: ▸ 277; 315 heißt es: *Poëtas fieri, Oratores nasci* (▸ dort).

13 Victore ejulante, nihil infelicius ferre Campum Martium. *Ode. Sat.*
Daß der Sportplatz nichts Schlimmeres erleidet als einen aufheulenden Sieger.
    Ein Sieger im Sport sollte Contenance bewahren. Das gilt im 21. nicht weniger als im 17. Jahrhundert.

14 Sapienti nihil subitum, nihil inopinatum accidere. *Ode.*
Daß dem Weisen nichts plötzlich, nichts unvorhergesehen begegnet.
    praemeditatio futurorum bonorum et malorum (das Vorherbedenken künftiger guter und schlechter Dinge, ▸ 28), stoisch (▸ S. 37).

15 Desperationem stolidâ superbiâ prægnantem, plerumque contemptores Musarum parere. *Demonstratio.*
Daß Verzweiflung, die mit törichter Überheblichkeit schwanger geht, meistens Verächter der Musen gebiert.
    Überhebliche Verzweiflung ist nicht für die Umsetzung in künstlerische (poetische) Tätigkeit geeignet. Diese erfordert innere Reife.

16 Cur *Aula*, & *Olla*, apud Vett. idem significaverint. *Declaratio.*
Warum *Aula* und *Olla* bei den Alten dasselbe bedeutet haben.
    Altlat. *aula* = klass. *olla* (‚Topf'), daher *idem*. Die ältere Form starb aber nicht aus. Ambrosius, *De Institutione virginis* 12, 79: ‚*Moab aula spei vel olla spei meae.*' *Utrumque enim diversis in codicibus inveniri*. Psalm 59, 10 (Vulgata): *Moab olla spei meae* (= Lutherbibel 60, 10: ‚Moab ist mein Waschbecken'). Da Balde kaum an Sprachgeschichte denkt, könnte er pointiert / doppeldeutig mit dem nichtverwandten Wort *aula* (von griech. αὐλή) = Hof spielen: Gleichsetzung von Hof und Topf, so daß sich eine Abwertung des Hofs ergibt: ▸ S. 32–35 ‚Hof und Höflinge'. Ähnliches Spiel vielleicht in 51 (▸ dort). Nach *Olla* in *A* Punkt, in *B* kein Satzzeichen, in *C* Komma (wohl richtig, da Komma vor & sehr häufig, z. B. in 18 oder 65).

17 *Armatis precibus* nihil esse violentius, aut acerbius. *Ode.*
Daß nichts heftiger oder bitterer ist als bewaffnete Bitten.
    Unter Anwendung von Waffengewalt geäußerte Bitten sind keine echten Bitten – im Gegenteil.

18 Voluptatis gustum, & honoris fructum rarò simul conjuncta reperiri. *Ode.*

Daß Genuß der Lust und Frucht der Ehre selten miteinander vereint gefunden werden.

> Gegen die Epikureer, die behaupten, *voluptas* (ἡδονή) sei nicht von der *virtus* (ἀρετή) zu trennen, nicht lebe jemand ehrenhaft, ohne auch angenehm zu leben, und nicht angenehm, ohne auch ehrenhaft zu leben. So konnte es Balde bei Seneca *De vita beata* 7 lesen: *negant posse voluptatem a virtute diduci et aiunt nec honeste quemquam vivere ut non iucunde vivat, nec iucunde ut non honeste quoque. gustum / fructum*: parallel, klanglich ähnlich.

19 *Clamorem asini*, esse præsagium ingruentium pluviarum: & *clamorem momi*, esse prognosticum tonantium Satyrarum. P.

Daß das Schreien des Esels eine Prophezeiung für kommenden Regen und das Schreien des Kritikers ein (vorausweisendes) Wetterzeichen für donnernde Satiren ist.

> Die Kritiker schreien schon, ehe die Satiren erscheinen, sie ahnen, daß die Satirendichter unerschrocken sind, gewissermaßen eine *cataphracta Phalanx* (*Ca.* 40) bilden. Dementsprechend erleiden sie Schiffbruch (▸ 162). Es könnte der Vorwurf mitschwingen, daß der Kritiker gar nicht erst die neuen Werke liest / prüft, sondern sich sein Urteil schon vorher bildet. *Clamor Momorum, classicum est Poëtarum* („Das Geschrei der Tadler [= Kritiker] ist für die Dichter das Signal zum Kampf'), heißt es *Diss.* 68 (dazu Burkard 2004, 325–326). Balde war nicht gut auf seine Kritiker zu sprechen. Es genügt der Hinweis, daß im *Castrum* die *Momi* unter dem Schutz Ignorantias stehen (2) und durchgehend mit Eseln verglichen werden (▸ S. 19). Darauf ist hier angespielt (*clamorem asini*). Die Metaphorik ist einheitlich: *ingruentium pluviarum* steht parallel zu *tonantium Satyrarum*, wozu noch *prognosticum* gehört. Stünde etwa *minantium* für *tonantium*, wäre das Bild weniger pointiert. Auch ist die vollkommene grammatische und klangliche Parallelität beider Satzhälften zu beachten. Ähnlich 428.

20 Dialogus Cicadæ & formicæ. *Ode.*

Dialog der Zikade und der Ameise.

> Entsprechende Fabeln: Babrios 140 (nach Äsop) und Avian 34 *De formica et cicada* (nach Babrios). Avian (römischer Fabeldichter um 400 n. Chr.) war im Mittelalter Schulautor. Die Ameise sammelt im Sommer genügend Vorrat für den Winter, die Zikade vergeudet den Sommer mit Singen und leidet im Winter Hunger. Vielleicht gemeint: Der Dichter (*Cicadæ* mit Majuskel) ist kein berechnender Spießer (*formicæ* mit Minuskel) und nimmt dafür Nachteile in Kauf.

21 Othomannicæ Monarchiæ abdomen, quomodo exenterandum.

Auf welche Weise der Wanst der osmanischen Monarchie auszuweiden ist.

> Die ungeheuere Ausdehnung des Osmanischen Reichs (noch im 17. Jahrhundert) wird in ein treffliches Bild gekleidet. Gegen Türken auch 31 und 154, zu vergleichen ferner 344, 415, 423 sowie 33 im Epilog (▸ S. 31 ‚Türken').

22 Gladius & pugio, sive *Scazontis* & *Adonij carminis* in conventu Poëtarum lepidum duellum. *Dialogus.* P.

Schwert und Dolch oder heiteres Duell zwischen einem Gedicht im Hinkjambus und einem im Adoneus auf einem Dichtertreffen.

> Das lange Schwert und der kurze Dolch sind ungleiche Waffen, ebenso der lange (sechsfüßige) Hinkjambus und der kurze (fünfsilbige) Adoneus. Aber David kann Goliath besie-

gen. Gedichte in Hinkjamben sind häufig, der Adoneus wird erst in der Spätantike stichisch verwendet (z. B. Boeth. *Cons. Phil.* 1, *Carm.* 7), was Balde im Anschluß an Boethius in der *Philomela* von 1645 aufnimmt. Es könnte an ein ‚Duell' zweier Poetikschüler mit entsprechenden Gedichten in der Redner-Akademie gedacht sein: ▶ 226 und S. 4–8.

23 Ad Poëtas. *Cultus videri qui volet, fit negligens.* Paradoxum. P.
Im Blick auf die Dichter. Wer wünschen wird, gepflegt auszusehen, wird nachlässig.

> Dichter legen auf das Äußere keinen Wert; tun sie es, vernachlässigen sie ihre Kunst. Nach Bach 1904, 99 ist das *Torvitatis encomium* „eine Verspottung jener Gigerl, die allzuviel Sorgfalt auf die Pflege des Körpers verwenden und dabei die Bildung des Geistes vernachlässigen." Das bezieht die Dichter mit ein. Burkard 2004, 316 (zu *Diss.* 65–67) holt weiter aus: „Der Nachweis, daß alle großen Geister, sei es in der Philosophie, sei es in der Dichtkunst, nicht auf ihr Äußeres geachtet haben, ist de facto keine Aufforderung zu kynischer Philosophie oder christlicher Askese, sondern die Verhöhnung eines Kultes der Oberflächlichkeit, der die glänzende Form mit dem Inhalt identifiziert."

24 Alterum. *Multæ lituræ, deformes sulci, Poëma formosum faciunt.* P.
Ein anderes (Paradoxum). Viele Streichungen, häßliche Furchen, machen ein Gedicht wohlgestaltet.

> Durch vieles Ausstreichen auf den römischen Wachstäfelchen entstanden Furchen. Ein gutes Gedicht bedarf vieler Korrekturen. 23 und 24 sind durch das Thema ‚Wahre Schönheit der Dichtung' verbunden. Schlagkräftige Antithese: *deformes* (wörtlich) ↔ *formosum* (übertragen).

25 Fortunæ musto ebrios, vix unquam, nisi moribundos, crapulam exhalare.
Daß von Fortunas Most Trunkene kaum je, außer wenn sie dem Tod nahe sind, ihren Rausch ausdünsten.

> Glück übermäßig Genießende kommen wie Trinker kaum je zur Einsicht. Erst wenn der Tod anklopft, geht ihnen wie Hugo von Hofmannsthals Jedermann ein Licht auf.

26 Non esse dignum Epitaphio, qui mortem surdam aliquid rogat. *Ode.*
Daß nicht einer Totenwürdigung würdig ist, wer den tauben Tod um etwas bittet.

> Wer nicht zu sterben bereit ist, verdient keine lobende Würdigung. *Lyr.* 1, 27 hat den Titel: *Ad Isidorum Schmirckium. Ut senex promto animo mortem admittat.* Verwandt: 84. 25 und 26 sind durch das Thema ‚Tod' verbunden. *epitaphium*: ▶ zu 462.

27 Beneficiorum memoriam exprobratam, omnem odorem & gustum perdere. *Ode.*
Daß vorgehaltene Erinnerung an Wohltaten den ganzen Duft und Genuß verdirbt.

> Wer einen anderen daran erinnert, daß er ihm Wohltaten erwiesen hat, löst bei dem Angesprochenen Abneigung gegen diese aus. *odor / gustus*: sinnliche Wahrnehmungen in übertragener Bedeutung, wie *odor* auch *redoleat* (101) und *spirent* (Epilog), wie *gustus* auch *sapiat* (5, 272 und 475).

28 Explicatio versiculi hujus: *Gaudebo minùs, & minùs dolebo.*
Erklärung dieses Verses: Ich werde mich weniger freuen, und ich werde weniger Schmerz haben.

> Freude vergeht. Daher: Je weniger ausgelassen Freude ist, desto weniger Schmerz wird empfunden, wenn sie vergeht. Erinnert an die stoische *praemeditatio futurorum malorum*: ▶ 14.

Nach dem Hendekasyllabus Martials 12, 34, 11 *gaudebis minus et minus dolebis* (auch im Mittelalter bekannt: Walther 10175).

29 *Quosdam æquis, an iniquis Fatis damnatos, nec scire, nec posse, nec velle alijs benefacere. Satyr.*

Daß einige einem gerechten oder (bzw.) ungerechten Schicksal Verfallene anderen nicht zu helfen wissen noch können noch wollen.

Wenn die Übersetzung richtig ist (Jürgen Blänsdorf versteht: ‚Balde vertritt die Meinung, dass Menschen, die vom Schicksal getroffen sind, sei es gerecht oder ungerecht, niemandem helfen, weil sie es weder wissen noch können noch wollen'), wäre zu verstehen: Jemand, der von einem gerechten Schicksal gestraft wird, ist, obwohl er Schuld hat, so deprimiert, daß er in dieser Situation anderen nicht zu helfen weiß, usw. Noch mehr ist das der Fall, wenn er von einem ungerechten Schicksal gestraft wird, also keine Schuld hat. Thorsten Burkard interpretiert: „Einige Glückskinder und einige ewige Pechvögel verstehen sich nicht darauf, anderen Gutes zu tun, ja sie wollen und können es nicht einmal. Warum? Weil sie zu sehr mit sich selbst beschäftigt sind. Man könnte an die Hauptlaster der *superbia* bzw. *acedia* denken." Das Thema ist nicht auf christlicher Grundlage gestellt, weshalb von den antiken *Fata* die Rede ist (sonst nur in der Phrase *post fata* = ‚nach dem Tod': 305). Über die Bedeutung der Wohltaten verfaßte Seneca die umfangreiche Schrift *De beneficiis* in 7 Büchern: Da gab es reichlich Anregungen. *damnari* + Dat.: ‚jemandem anheimfallen', ‚verfallen'. Balde mochte an Iunos Worte über Ilion (Troja) denken: *ex quo destituit deos | mercede pacta Laomedon, mihi | castaeque damnatum Minervae* (Hor. Carm. 3, 3, 21–23). Strukturell verwandt: 220.

30 *An liceat alteri lacrymas elicere risu. Eutrapelia.*

Ob es erlaubt ist, einem anderen Tränen durch Lachen zu entlocken.

Lachen und Weinen bilden gewöhnlich einen Gegensatz, hier nicht: *eutrapelia*! Das Motiv auch 410.

31 *Barbari tapetis ex Turcia allati picturæ intextæ. imaginum horrenda monstra; Europæis cæteris utique formidolosa. Consideratio. Item, de Turcica papyro ominosa Dissertatio.*

Eines aus der Türkei hergebrachten barbarischen Teppichs eingewobene Gemälde. Der Bilder schreckliche Scheusale sind den anderen Europäern ganz und gar furchterregend. Betrachtung. Ebenso: Erörterung voller Vorbedeutung eines türkischen Papiers.

Es geht um Bilder auf Teppichen, die die Welt der Türken darstellen / verherrlichen, welche für die anderen (!) Europäer schreckenerregend sind. Aus ihnen können die Motive der Türken abgeleitet und betrachtet werden (*Consideratio*). Türkenteppiche waren im 17. Jahrhundert in Europa beliebt. *item*: leitet eine parallele Aufgabe ein (wie in 35 und 234). *papyro*: Diese Aufgabe ist analog der Entzifferung eines Gemäldes auf Papier zu lösen, worauf ein Bild bzw. Bilder gemalt sind. Gegen Türken auch 21 und 154, zu vergleichen ferner 344, 415, 423 sowie 33 im Epilog (▸ S. 31).

32 *Duodecim fructus Quinti Evangelij. Panegyricus.*

Zwölf Früchte des fünften Evangeliums.

Als fünftes ‚Evangelium' wird ironisch die Lehre der Lutheraner bezeichnet (▸ auch 345). 12 ist eine besondere / heilige Zahl (z. B. 12 Stämme Israels, 12 Apostel). Zahlenparadoxon:

Zwölf (angebliche) Früchte des fünften Evangeliums. *fructus* ironisch / negativ, ebenso *Panegyricus*.

33 *Comitia Vett. Poëtarum*, ad ipsorum genios stylósque dignoscendos excogitata. quo tempore quisque advenerit: quo apparatu & pompa, & similia apta præsenti proposito. *Mimesis hujus Expeditionis*. P.

Versammlung der alten Dichter, ihre Begabungen und Stile zu erkennen erdacht. Wann jeder angekommen ist, mit welchem Aufwand und welcher Begleitung und ähnliches, was für das vorliegende Vorhaben geeignet ist. Nachbildung dieser Expeditio.

> 33–35 sind schwierige Aufgaben, da die charakteristischen Eigenheiten der alten Dichter (wie im *Castrum*) gekannt und dargestellt werden sollen. Gibt das *Castrum* einen Feldzug vornehmlich der alten Dichter wieder, ist nunmehr eine Versammlung zu ersinnen. Ein ebenbürtiges Sujet. Es läßt einen humorvoll-satirischen Ton erkennen. Man muß bedauern, daß Balde die drei Themen nicht selbst bearbeitet hat.

34 Sicut & eorundem *convivium*. ubi describuntur accubitus, situs, ordo, ferculorum series, pocula, gula, appetitus, lepôres, facetiæ, dicta. P.

Wie auch das Gelage derselben. Wo beschrieben werden Plätze, Stellung, Anordnung, Gangfolge, Becher, Kehle, Appetit, Witze, Scherze, Aussprüche.

> Es kommt darauf an, die individuellen Gewohnheiten der alten Dichter beim Essen und Trinken aus charakteristischen Zügen ihrer Werke abzuleiten.

35 Quò item pertinent mensis remotis, illorum instituta *Naumachia, Piscatio, venatio, aucupium, hastiludia, jaculationes*, arcus & sagittæ, omnia symbolicè, & ad scopum. *Opus miscellaneum*. P.

Worauf sich ebenso das von ihnen nach Tisch Unternommene bezieht, Seeschlacht, Fischen, Jagd, Vogelfang, Lanzenspiele, Speerwerfen, Bogen und Pfeile – alles symbolisch und zielbezogen. Eine Arbeit gemischten Inhalts.

> *omnia symbolicè*: alles in übertragener Weise; & *ad scopum*: Jede Lustbarkeit muß einem Zug der Werke entsprechen – wie im *Castrum*.

36 Pluris se facere in *insignibus* visum vomerem aut ligonem, cum oculo tauri; quàm caudam pavoninam cum facie vulpis: aut leporem in aurata galea sedentem. *Sat*.

Daß der Autor unter den Wahrzeichen den Anblick einer Pflugschar oder Hacke mit einem Stierauge mehr schätzt als den eines Pfauenschwanzes mit einem Fuchsgesicht oder den eines in einem vergoldeten Helm sitzenden Hasen.

> Unter den Wahrzeichen / Abzeichen / Wappen verdienen Symbole des biederen Bauerntums den Vorzug vor solchen, die protzig (Pfau / Goldhelm) oder geschmacklos / gekünstelt (Pfauenschwanz mit Fuchsgesicht / Hase im Helm) sind. Das Stierauge und die (mitzudenkenden) Augen auf dem Pfauenschwanz betonen den Gegensatz. Verwandt: 427.

37 *Quid superbit terra & cinis?* cur aliquot humani pulveris, etsi adhuc vivi, libræ tanti æstimantur? id enim verò apparere ex pretiosis vestibus, delicijs, titulis, luxu, fastu, ipsísque epitaphijs. *Sat*.

Warum brüstet sich Erde und Asche? Wieso werden etliche, die menschlicher Staub – wenngleich noch ‚lebender' – sind, von der Waage so hoch geschätzt? Daß das in Wahrheit in der Tat aus wertvollen Kleidern, Kostbarkeiten, Titeln, Luxus, stolzem Betragen und gerade den Totenwürdigungen resultiert.

> Manche imponieren den Menschen über den Tod hinaus, weil sie zu Lebzeiten reich, angesehen und stolz waren. Sogar die übertriebenen Totenwürdigungen tragen dazu bei. *etsi vivi*: Einige Menschen leben selbst als Staub (d. h. als Tote) noch weiter. Das Bild pointiert: Der ‚nichts' wiegende Staub wird von der Waage, die bei ihm ‚hoch' gehen müßte, hoch geschätzt! Balde nimmt das Motto der zweiten Gedichtfolge aus *De vanitate mundi* nach *Ecclesiasticus* (= *Jesus Sirach*) 10, 9 *Quid superbit terra & cinis?* (1729, VII, 18) auf. *ABC*: Druckfehler *superbis. epitaphijs*: übertriebene Leichenreden (▸ zu 462), auch Grabinschriften (▸ S. 30–31).

38 Imperia pro consilijs vendentem, pretium laboris iniquè poscere. *Ode. Sat.*
Daß der, der Reiche für Ratschläge verkauft, unbillig einen Preis für die Last fordert.

> Paradox: Der Verkäufer sollte froh sein, daß er die *imperia* und damit den *labor* los wird, und nicht noch *consilia* dafür fordern. Schlimme Ironie.

39 Utri majore laude digniores, Bibliothecarum an armamentariorum conditores. *Disceptatio.*
Wer eines größeren Ruhms würdig ist: Gründer von Bibliotheken oder von Waffenarsenalen.

> Ansichtssache. Jesuiten und Jesuitenschüler denken an die Gründer von Bibliotheken, doch ist die Notwendigkeit der Kriege gegen protestantische Fürsten und Türken zu bedenken. Die Zuspitzung der Frage ist mehr von Humor als von Ernst geprägt. Verwandt: 215.

40 De Scypho Herculis & Alexandri M. *Dissertatio.*
Über Hercules' und Alexanders des Großen Becher.

> Herakles und Alexander der Große galten in der Antike als Säufer. Die Bearbeiter des Themas konnten die Becher als besonders groß oder mit Bacchus und seinen Symbolen geschmückt darstellen. Zudem war zu berücksichtigen, daß beide Helden bei ihren gewaltigen Taten gewaltigen Durst hatten. Der Phantasie waren keine Grenzen gesetzt.

41 Quibus passibus notentur nostra tempora, ad finem properantiùs labi. *Sat.*
Daß diejenigen, die unsere Zeit(en) mit Schritten kenntlich machen (ausmessen), dem Ende eiliger entgegengleiten.

> Diejenigen, die die Zeit unbedingt ausnutzen wollen, gelangen schneller an den *finis* (*vitae*). Ihnen entrinnt das Leben. Sie kennen nicht das *carpe diem*, welches das Gefühl, Zeit zu haben, einschließt. *passibus*: römisches Längenmaß, 1 Doppelschritt = etwa 1, 5 m. Vielleicht ist an das Ausmessen der Strecke des wandernden Schattens gedacht, den der Zeiger einer auf dem Boden angebrachten Sonnenuhr wirft. Balde beschreibt im *Epithalamion* 178–180 „eine der aus Buchsbaum gebildeten Sonnenuhren, die die Rasenflächen des Hofgartens schmückten. Der von Sol erzeugte Schatten, der auf die Uhr fällt, zeichnet den Verlauf der Zeit en miniature nach" (Weiß 2015, 114 mit Literatur, gemeint ist der Münchner Hofgarten).

42 Tam parùm volare posse Poëtam uno solóque ingenio; quàm parùm avis potest solo unius alæ remigio. *Demonstratio.* P.

Daß der Dichter mit einer einzigen Begabung so zu wenig fliegen kann wie der Vogel zu wenig mit dem Ruderwerk nur eines einzigen Flügels.
> Der Dichter braucht mehr als eine Spezialbegabung. Zentrales Thema.

43 Frustra canis aspergi caput, quamdiu *mens imberbis* manet. *Ode Satyrica.*
Daß der Kopf umsonst mit weißen Haaren gesprenkelt wird, solange der Geist bartlos bleibt.
> Gegensatz zwischen reifem Aussehen und unreifem Geist. Das Haarthema (*canis*) wird brillant mit einer Haarmetapher (*mens imberbis* = unreif) weitergeführt.

44 Absque æmulis, belli pacísque studia languere: absque Momis, Poëtas. P.
Daß ohne Gegner die Bemühungen um Krieg und Frieden daniederliegen, ohne Kritiker die Dichter.
> Kritiker spornen zu Leistung an. Man will sie unbedingt überzeugen (gewissermaßen: es ihnen zeigen). Bemerkenswert, weil Balde die Kritiker immer wieder verwünscht (▶ S. 19 und 43 ‚Kritiker').

45 Non qui nunquam timuit; sed qui timuit & vicit, esse fortissimum. *Ode.*
Daß nicht der, der sich niemals gefürchtet hat, sondern der, der sich gefürchtet und gesiegt hat, der Stärkste ist.
> Nicht der ist der Stärkste, der andere, sondern der, der sich überwindet.

46 *Anastasin corporum*, sive *resurrectionem carnis*, esse omnium Piorum, in adversis, solatium. *Deductio.*
Daß die Wiederauferstehung der Leiber bzw. das Sichwiedererheben des Fleisches aller Frommen Trost im Unglück ist.
> Christliche Betrachtung in der Not. Gewählt formuliert: *anastasis* und *resurrectio* (griech. / lat.) sowie *corporum* und *carnis* (durch Alliteration verbunden) bedeuten jeweils dasselbe.

47 Sicut Medici venam tentant pollice, judicaturi de valetudine corporis; sic æquè tentari posse *venam Poëticam* à formaturo judicium de habitudine ingenij, valetudine animi. *Ode.* P.
Daß so, wie die Ärzte die Ader mit dem Daumen prüfen, um über den Gesundheitszustand des Körpers zu urteilen, in gleicher Weise die poetische Ader von dem geprüft werden kann, der ein Urteil über die Gestalt (Art) der Begabung, den Gesundheitszustand des Geistes abgeben will.
> Die Beschaffenheit der poetischen Ader kann bei Dichtern (▶ P) Auskunft über die Art der Begabung und den Gesundheitszustand des Geistes geben, d. h. offenbar, daß das poetische Werk über die Begabung und die geistige Gesundheit der Dichter Auskunft gibt. An ihren Werken sollt ihr sie erkennen (▶ 183). Zu beachten: Es wird nicht behauptet, der Dichter habe einen gesunden Geist; er ist ja finsteren Gemüts (*Torvitatis encomium*), überdrüssig und haßt seine Kunst (81) etc., was hier nicht zur Debatte steht. Konsequente Metaphorik: *venam* (wörtlich) ↔ *venam Poëticam* / *valetudine corporis* ↔ *valetudine animi*. Poetische Ader auch 131 und 150 sowie indirekt 472.

48 Adversa linguæ spicula nihil potentiùs infringere, quàm oppositum thoracem laneum. secùs: non obstatura ne quidem magico rigore munita pectora: *Passavienses schedas* nihil valituras. *Ode.*

Daß feindliche Zungenspitzen nichts wirksamer brechen als einen ihnen entgegengehaltenen wollenen Brustlatz. Anders: daß (ihnen) nicht einmal eine von magischer Kraft gestärkte Brust widerstünde: Daß Passauer Blätter (im Vergleich zu ihnen) nichts wert wären.

> Verleumdungen kommen an ihr Ziel. *thorax laneus* spielt ironisch auf Suet. *Aug.* 82, 1 an, wonach Augustus gegen Kälte so empfindlich war, daß er sich im Winter durch einen Brustlatz aus Wolle schützte. Hinsichtlich der Wirksamkeit sind im Vergleich zu den Zungenspitzen selbst die berühmten Passauer Klingen nichts wert. „Die Blätter aus Passau scheinen mir die Schwertklingen aus Passau zu sein, die berühmt waren ('Passauer Wolf' als Schwertmarke) – sie wurden weit verhandelt. Da die ‚Klinge' auch ‚Blatt' genannt werden kann, ist m. E., auch im Sinnzusammenhang, diese Interpretation naheliegend" (Hinweis von Oliver Stoll). Die Passauer Wolfsklingen waren noch zu Baldes Zeit in ganz Europa bekannt. Blattförmige flache Klingen wurden am ehesten als Stichwaffen verwendet, was gut zu Baldes Bild paßt. Der Ausdruck *scheda* für ein solches Blatt ist natürlich ein Scherz. *A*: *obstatura* (von *obstare*), *C*: *obstitura* (von *obsistere*), unnötige Verbesserung (vielleicht sogar unbewußt).

49 Omnem voluptatem corporis deficere, in quo incipit. *Ode*.
Daß jede körperliche Lust an dem Punkt abnimmt, an dem sie beginnt.

> *voluptas corporis* ist nichts Beständiges. *Lyr.* 4, 23, 55–56 heißt es: *Tam cito quippe levis fugit, & brevis interit Voluptas, | quam flos in agro, cana spuma ponto.*

50 Conventus celebrium Grammaticorum Tubingæ, in sacrario *famosissimi illius Magni Libri*, deliberantium: an sicut Philosophi invenerunt ad plurima secreta utilem *Lapidem philosophicum*; Grammatici non etiam queant ex suis Regulis atque pulveribus conflare *Lapidem Grammaticum*, utilem ad &c. *Disquisitio*.
Ein Konvent berühmter Grammatiker in Tübingen im Heiligtum jenes hochberühmten Großen Buches, die folgendes beraten: Ob so, wie die Philosophen in bezug auf die meisten Geheimnisse einen nützlichen Philosophischen Stein erfunden haben, nicht auch die Grammatiker aus ihren Regeln und Staubkörnern einen Grammatischen Stein zusammenpusten könnten, nützlich in bezug auf usw.

> *Lapis philosophicus*: Begriff aus der Alchimie (nicht: Philosophie). Schon im Mittelalter galt der *Lapis philosophicus* (Stein der Weisen) als eine magische Substanz, um gewöhnliche Metalle in Gold zu verwandeln. Starker Spott über Grammatiker, ebenso 334 und vielleicht 333 (▶ S. 41–42). *pulveribus*: Schon *Diss.* 1 ist abfällig von den zahllosen Regeln der Grammatiker und ihrem *pulvis elementarius* die Rede. „Der *pulvis scholasticus* war seit etwa 1600 ein Ausdruck für das elende Leben der Schulmeister" (Burkard 2004, 79 unter Verweis auf Kühlmann 1982, 303–306). *pulvis* wird witzig mit *conflare* verbunden! Es dürfte sich um einen fiktiven *Conventus* handeln. Der *famosissimus ille Magnus Liber* ist nach der Vermutung von Udo Rauch das 1546 gezimmerte riesige Weinfaß, das sich im Tübinger Schloßkeller befindet. Auf einer im Internet zu sehenden Photographie von 1911 kann man folgenden Text an der Vorderseite lesen:
>
> > Als großes Buch bin ich bekannt
> > Durch Herzog Ulrich sogenannt

> 1546 wurde ich erbaut
> Aus 90 Eichen – wie Ihr schaut
> 2mal war ich gefüllt mit Wein
> 286 Eimer nehm ich ein.

Weiter erwägt Rauch einen Bezug zu Diogenes im Faß. Das wäre möglich, zumal der alte Philosoph und das Faß in 146 erwähnt werden. Dort geht es ebenfalls um Trinken / Trinker. Auch das Anführen des *Lapis philosophicus* könnte sich so erklären. 50 und 146 strotzen von satirischen Einfällen. Diogenes: ▸ zu 101.

51 Ollarium amicorum mores, & lepida Praxis. *Sat. Ode.*
Der Topffreunde Sitten und heiter stimmendes Vorgehen.

Balde nimmt als *macilentus* die Topffreunde (wohl Schlemmer) nicht ernst. Da er in 16 (scherzhaft) sagt, *aula* (von griech. αὐλή = Hof) und *olla* (von altlat. *aula* = Topf) hätten bei den Alten dasselbe bedeutet, könnte er *ollaris* („zum Topf gehörig') auch mit *aula* (= Hof) in Verbindung bringen. Dann machte er sich zudem über die Hoffreunde lustig (▸ S. 32–35 ‚Hof und Höflinge').

52 Gynæceum parcissimè invisendum esse. *Lampades enim non vitantem, facilè oleo & fumo inquinari. Ode.*
Daß das Frauengemach sehr selten aufzusuchen ist. Daß nämlich derjenige, der Leuchten nicht meidet, sich leicht mit Öl und Rauch befleckt.

Bei den Leuchten (Öllampen) ist an die Nacht gedacht, also an heimlichen Besuch; bei einem solchen befleckt man sich leicht mit Öl und Rauch – mitzuhören: man befleckt sich leicht in übertragenem Sinn. *fumus* bedeutet übertragen ‚Betrug' (▸ 243).

53 De pauperum superborum sumptuosis jejunijs. *Satyra.*
Über eitler Armer aufwendiges Fasten.

pauperes superbi können aus Eitelkeit demonstrativ so tun, als ob sie freiwillig fasten, während sie doch dazu gezwungen sind. *sumptuosis*: etwa ‚mit Aufwand inszeniert'.

54 *Sciomachia hominum* multiplex demonstrata. Quinam maximè domesticos umbrarum conflictus patiantur. *Eutrapelia.*
Der Schattenkampf der Menschen in seiner Vielfalt dargelegt. Welche am meisten häusliche Schattenkämpfe erleiden.

σκιομαχία = Fechten im Schatten, d. h. in der Fechtschule oder zu Hause, nicht auf dem Schlachtfeld, hier wohl: Scheinkämpfe / Stellvertreterkämpfe (im zweiten Teil Ehestreitigkeiten). Balde könnte andeuten, daß auf die wahren / notwendigen Kämpfe / Auseinandersetzungen (aus taktischen Gründen) oft verzichtet wird (zum Wort und vergleichbaren Tatbestand Burkard 2004, 350). Es wird eine *eutrapelia* erwartet. *sciomachia* (griech.) = *umbrarum conflictus* (lat.).

55 Adulatores, semper facere *vitiosum circulum. Sat.*
Daß Schmeichler immer einen Circulus vitiosus begehen.

adulatores schneiden sich stets ins eigene Fleisch.

56 Quid de *fungis* sentiendum unica nocte natis: altero die, in argentea patina ad cœnam appositis. *Allegoria. Satyr.*
Was von Pilzen zu denken ist, die in einer einzigen Nacht wachsen und am nächsten Tag in einer silbernen Schüssel beim Mahl beigelegt werden.

Pilze schießen nach Regen aus dem Boden (daher die Redensart ‚Wie Pilze aus dem Boden schießen'). Turbopilze haben keine besondere Qualität und gehören daher nicht in eine Silberschüssel wie gereifte Pilze. Diskrepanz zwischen dem Äußerem und dem Kern. Da es eine Allegorie sein soll, gilt das für viele andere Dinge, z. B. Turbokarrieren (in diesem Fall würde das Thema der Schmeichelei aus 55 nachwirken) und vor allem: poetische Erzeugnisse, die nicht gewissenhaft ausgefeilt sind. 24 propagiert *multæ lituræ*. Horaz empfiehlt, Dichtungen bis ins neunte Jahr liegen zu lassen, ehe sie veröffentlicht werden (*Ars* 388), ebenso Balde *Diss.* 35. Die *Icon Authoris* (1729, I) bezeugt, daß Balde Schnelldichter nicht schätzte: *ferre non poterat, qui Musas ad turpissimam servitutem cogerent: & nunc ad sistendos puerorum vagitus, nunc ad pingenda sponsarum flammeola, nunc ad sepelienda magna cadavera, extemporali promptitudine accinctas vellent; tamquam versus ut fungi, unius noctis spatio innumeri protrudi possent.* Übertragene Bedeutung von *fungus*: ▶ 285.

57 Rarò alijs semper placere posse, qui sibi nunquam displicet. *Ode.*

Daß selten anderen immer gefallen kann, wer sich niemals mißfällt.

Selbstkritik ist eine Voraussetzung dafür, anderen zu gefallen.

58 An Stoici ad Legationes adhibendi. *Dissertatio.*

Ob Stoiker zu Gesandtschaften heranzuziehen sind.

Gesandte überbringen Botschaften, ohne in der Regel Vollmachten oder Befehlsgewalt zu haben (‚Ich hab' hier nur ein Amt und keine Meinung', sagt der schwedische Oberst Wrangel in Schillers *Wallenstein*). Oder gar: Gesandte werden häufig für den Inhalt ihrer Botschaft verantwortlich gemacht. Da braucht man stoischen Gleichmut.

59 Cur Veteres Inferis *pari numero*, Superis *impari* litare consueverint. *Dissertatio.*

Warum die Alten den Unterirdischen in gerader Zahl, den Überirdischen in ungerader zu opfern pflegten.

Fritz Graf verweist auf Servius zu *Aen.* 5, 78: [...] *notandum, quia partim quasi mortuo pari numero sacrificat, partim inpari, quasi deo, ut ‚caedit quinae de more bidentes'* (*Aen.* 5, 96): *nam legimus ‚numero deus inpare gaudet'* (*Buc.* 8, 75). Danach bringt Aeneas seinem Vater Anchises einerseits als Totem je zwei Schalen Wein, Milch und Blut (von den Opfertieren), andererseits als Gott je fünf Schafe, Schweine und Stiere dar, denn wir läsen, daß der Gott sich an der ungeraden Zahl freue. Diese Stellen werden von den Kommentatoren verschieden interpretiert, zumal in *Aen.* 5, 96 neben *quinas* (je 5) auch *binas* (je 2) überliefert ist. Graf hält die Nachricht für „Grammatikerweisheit, die durch Servius in den mittelalterlichen und frühneuzeitlichen Unterricht gewandert sein muss." In der Vorrede zum *Solatium podagricorum* an Thomas Bernazolius heißt es: [...] *quando etiam* numero DEUS impare gaudet, *vel Poëtæ ex Virgilio sciant, divinius esse* (1729, IV, 6).

60 Miserum esse, vigore juvenum destitui; & privilegijs senum non frui. *Ode.*

Daß es elend ist, von der Kraft der Jungen verlassen zu werden und die Vorzüge der Alten nicht zu genießen.

Vorzüge der Alten sind etwa, daß man sie ehrt oder um Rat fragt, wie Cicero in der Schrift *Cato de senectute* darlegt. Goethe sagte: *Was man in der Jugend wünscht, hat man im Alter die Fülle* (Motto über dem Zweiten Teil von *Dichtung und Wahrheit*). Es gibt aber auch geringere *privilegia* des Alters, die man genießen kann, ohne der Morosität zu verfallen.

61 *Querela Satyrica*. Multos aversari Poësin: quomodo lascivi quidam criminantur mulieres, quarum tamen amoribus nemo magis inhiet. P.

Satirische Klage. Daß viele die Dichtkunst so verschmähen, wie manche Lüstlinge Frauen die Schuld geben, nach deren Liebe jedoch niemand in größerem Maß giert (als sie).

> Manche äußern sich über die Dichtkunst abfällig, obwohl sie intensiv danach gestrebt haben, sich in ihr auszuzeichnen – aber sie haben in ihr nichts erreicht. Sie suchen den Grund für das Scheitern nicht bei sich, sondern in der Sache. Sie sagen mit dem äsopischen Fuchs, die Trauben seien ihnen zu sauer. Ihre Klage gehört wahrlich in den Bereich der Satire.

62 Potiùs dimitti Deum, quàm amitti. *Ode.*
Daß Gott eher entlassen als verloren wird.

> Gott verläßt den Menschen nicht, wohl aber kann der Mensch Gott verlassen. Pointiert: *dimitti* ↔ *amitti*.

63 Aliquos, præ nimia stultitia, *non posse disipere in loco. Sat. vel Ode.*
Daß etliche, aus allzu großer Torheit, sich nicht der Torheit überlassen können, wo es am Platz ist.

> Eine Weisheit, die Horaz vertrat: *Carm.* 4, 12, 28: *dulce est desipere in loco*, von Balde auch *Lyr.* 2, 5, 11 zitiert. Hier als Paradox zugespitzt.

64 Ad iracundiam pronos, plerumque etiam superbos esse. *Sat.*
Daß zu Jähzorn Neigende meistens auch überheblich sind.

> Wie Seneca (der in diesem Punkt auf Aristoteles zurückgeht) in der Schrift *De ira* lehnt Balde Jähzorn (*iracundia*) ab. Er führt zu erheblicher Rechthaberei.

65 Unicum dari *asinum Apuleij aureum*: nostro ævo ferreos plures, & forsitan præstantiores. *Sat.*
Daß es als einzigen Apuleius' Goldenen Esel gibt, in unserer Zeit viele eiserne – und vielleicht aktivere.

> Apuleius' *Metamorphosen* (2. Jh. n. Chr.) nannten Augustinus und Fulgentius wegen seiner literarischen Qualität *Asinus Aureus*. In ihm wird der Ich-Erzähler in einen (per se unbedeutenden) Esel verwandelt, der die verschiedensten Abenteuer erlebt. Was die eisernen Esel der Gegenwart betrifft, kommen für den Leser des vorhergehenden *Castrum* nur die Kritiker in Betracht (▶ S. 19), die mit ‚eiserner' Macht und Konsequenz die Dichter verfolgen. *præstantiores*: ‚tun sich mehr hervor', stark ironisch. Die modernen Esel sind aktiver als der antike von Natur aus träge Esel, sie greifen an. *aureum* ↔ *ferreos*: Antithese, Metallmetaphorik, *ferreos* in übertragener Bedeutung, Georges bietet: ‚unempfindlich', ‚gefühllos', ‚hartherzig', ‚hart', ‚grausam' – alles paßt zu Baldes Kritikerbild (▶ S. 43). *dari*: zu Bedeutung und Gebrauch Lukas 2001, 262.

66 Semper fuisse Stylitas, olim sanctos in columnis stantes: nunc, quasi Sanctos, in aulis Principum. *Eutrapelia.*
Daß es immer Säulenheilige gegeben hat, einst als Heilige auf Säulen stehend, jetzt als Quasi-Heilige an Fürstenhöfen.

> Gegen die oberen Chargen an Höfen, die als ‚Heilige' figurieren, ▶ S. 32–35 ‚Hof und Höflinge'. Starke Ironie (*Eutrapelia!*). στυλίτης = Asket, der auf einer Säule lebt (seit der Spätantike belegt).

67 Adversus unguentarios, abhorrentes à cæpis & allijs. *Sat.*

Gegen Salbenhändler, die vor Zwiebeln und Knoblauch zurückschrecken.

> Salbenhändler beachten nicht, daß Salben (Parfums) für manche nicht besser duften als Zwiebeln und Knoblauch – im Gegentum. Sie haben keinen Grund, vor diesen zurückzuschrecken. Das Thema könnte gleichnishaft zu verstehen sein: Jeder möge vor seiner eigenen Haustür kehren.

68 Ænigma de funebri *Sandapila*, membratim explicatum. *Deductio*.

Rätsel über die Totenbahre, gliedweise erklärt.

> Wohl die (auch heute noch) unklare Etymologie der beiden Bestandteile (*membra*) von *sanda-pila* gemeint. Sicher geht es nicht um eine wissenschaftliche Theorie, sondern um eine eher phantasievolle Herleitung (*Deductio*) der Bedeutung (z. B. kann *pila* = ‚Ball' zu hübschen Spekulationen verleiten).

69 Pulchris, an turpibus fæminis, *Larva* suadenda. *Dissertatio*.

Ob schönen oder häßlichen Frauen eine Maske anzuraten ist.

> Es kommt auf die Gelegenheit und den Geschmack an: Eine Maske kann schützen oder verbergen (und damit ebenfalls schützen). Eine bierernste (*Dissertatio*) Scherzfrage. *larva*: könnte auch einen dichten Schleier bezeichnen.

70 An somniantis, *omnia somnia esse vana*, hoc ipsum somnium sit verum, an vanum. *Phantasia*.

Ob von jemand, der träumt, alle Träume seien nichtig, eben dieser Traum wahr oder nichtig ist.

> Scherzhafte Alternative. Wer glaubt, Träume seien nichtig, hält einen solchen Traum ausnahmsweise für wahr, wer glaubt, Träume seien wahr, hält einen solchen Traum für nichtig. Die *vanitas* der Träume ist sprichwörtlich. *Ecclesiasticus* 5, 6 heißt es: *Ubi multa sunt somnia, plurimæ sunt vanitates*. Bei Vergil wohnen die *Somnia vana* in der Unterwelt unter den Blättern einer schattigen Ulme: *Aen*. 6, 283–284. Das Eingangsgedicht der neunten Gedichtfolge von *De vanitate mundi* (mit dem Motto *Ubi multa sunt somnia, ibi plurima sunt Vanitates* nach *Ecclesiasticus* 5, 6) schließt mit folgenden Versen: SUNT VANA, VANA SOMNIA, | SUNT VANA, VANA VANA (1729, VII, 30). *phantasia*: ▶ 72, 76, 79.

71 Omne encomium laudati, in laudantem reflecti. *Ode*.

Daß jedes Lob eines Gelobten auf den Lobenden zurückfällt.

> Zuweilen merkt man des Lobenden Absicht und ist verstimmt. Das im klassischen Latein nicht belegte *encomium* (ἐγκώμιον) bedeutet dasselbe wie *laus* / *laudatio*. Deren Zusammenstellung mit *laudati* und *laudantem* wollte Balde wohl als zu penetrant vermeiden.

72 Quinam, de die, in somnis ambulent. *Phantasia*.

Welche am Tag im Schlaf umhergehen.

> Wohl nicht von Schlafwandlern gesagt, sondern übertragen zu verstehen: Träumer / Traumtänzer. Verwandt: 89. *phantasia*: ▶ 70, 76, 79.

73 *Nemesis Stuartina*: sive sanguis Mariæ Stuartæ, Reginæ Scotiæ in cœlum ex tumulo clamans, contra Elisabetham Reginam Angliæ. *Elegia, &c*.

Stuartsche Rachegöttin oder das Blut Maria Stuarts, der Königin von Schottland, das aus dem Grab zum Himmel schreit, gegen Elisabeth, die Königin von England.

> Baldes katholischer Blickwinkel ist zu beachten (Maria Stuart war katholisch). Unter den

von ihm nachgelassenen Elegien findet sich eine mit dem Titel *Clamor Sanguinis ex Tumba Stuartiana* (1729, V, 312–313). Nachgelassene Elegien: ▸ zu 301.

74 Contra communem: *omnes homines ditiores mori, quàm nasci. Ode.*
Gegen den Gemeinplatz (wird behauptet), daß alle Menschen reicher sterben als geboren werden.

    Der Gemeinplatz lautet offenbar, daß alle Menschen reicher geboren werden als sterben (so formuliert ihn Paul Winckler nicht lange nach Baldes Tod 1685: ▸ S. 60), d. h. daß alle Möglichkeiten, die die Menschen nutzen können, vor ihnen liegen, sie sie aber nicht nutzen, so daß sie am Ende ‚arm' dastehen. Dagegen bedeutet das Thema, daß alle Menschen reicher sterben als sie geboren werden, d. h. daß sie, wenn sie geboren werden, arm und hilflos sind, und wenn sie sterben, einen lebenslang erworbenen geistigen und materiellen Besitz haben – und sei er noch so klein. Sie konnten die Chance ergreifen, sich im Leben zu bewähren. Das ist wahrer Reichtum – und sei er noch so bescheiden. Vor allem erwartet sie die Gnade Gottes. Ein strukturverwandtes Beispiel dafür, daß eine bekannte Sentenz in diesem Sinn umgedreht wird, bietet Senecas 22. Brief an Lucilius, an dessen Schluß Epikur zitiert (*nemo aliter quam quomodo natus est exit e vita*) und von Seneca ‚widerlegt' wird (*falsum est: peiores morimur quam nascimur. nostrum istud, non naturae vitium est*: Es ist Schuld der Menschen, wenn sie im Lauf des Lebens den Affekten unterliegen, etc.). Derlei Aufgaben dürften im Jesuitenunterricht beliebt gewesen sein. (Natürlich gibt es bei beiden Aussagen Ausnahmen wie bei jedem Gemeinplatz. Lügen können durchaus lange Beine, Morgenstund(en) kein Gold im Mund haben, wie 278 lehrt.) *communem*: sc. *locum*. Die grammatische Konstruktion des Themas wie in 237. Es sei aber bemerkt, daß sie auch umgekehrt sein könnte: ‚Gegen den Gemeinplatz, daß alle Menschen reicher sterben als geboren werden' (ist Stellung zu nehmen) o. ä.

75 Caducas res sub Luna omnes, nihil esse, nisi glaciem colore lucidam, lapsu lubricam, duratione fluxam. *Elegia. Ode.*
Daß alle vergänglichen Dinge unter dem Mond nichts sind als Eis, das durch Farbe leuchtet, durch Gleiten flüchtig wird, durch Dauer zerfließt.

    Thema der Vergänglichkeit. Alle Dinge zwischen Mond und Erde sind vergänglich wie das Eis, sie leuchten (blühen) zunächst, nutzen sich ab und lösen sich schließlich auf. *lucidam / lubricam / fluxam*: Gleichklang.

76 Multa dici, sed non demonstrari, ut: *Tempus præsens* cogitare Gallos, *Futurum* Hispanos, *Præteritum* Germanos. *Phantasia.*
Daß vieles gesagt, aber nicht bewiesen wird, wie: daß an die Gegenwart die Franzosen denken, an die Zukunft die Spanier, an die Vergangenheit die Deutschen.

    Heute werden derlei Ansichten durch Umfragen ‚bewiesen' (oder ‚widerlegt'). *phantasia*: ▸ 70, 72, 79.

77 Favente Phœbo, carmina & oracula ex *olla* quoque decidere. P.
Daß, wenn Phoebus günstig ist, Gedichte und Orakel auch aus einem Topf fallen.

    Über die Inspiration der Dichter (▸ 207, 331). In der Antike war eine verbreitete Form der Orakelbefragung, daß Lostäfelchen aus einem Gefäß gezogen wurden. Die berühmteste Orakelstätte Apollos war Delphi, das am Fuß des Parnaß liegt. Apollo, der Gott der Dichter, ist dort Herr über die Musen (μουσαγέτης). So kann er nach Baldes scherzhafter Darstellung nicht nur Orakel, sondern auch Gedichte in der Urne bereithalten (▸ P).

78 *Argus oculatus* & *Gyges annulatus*, ambo Pastores, ad nostri seculi Politicos aspectus comparati. *Consideratio.*
Argus mit den Augen und Gyges mit dem Ring, beide Hirten, im Blick auf die politischen Aspekte unseres Jahrhunderts verglichen.

> Argus sah besonders gut, Gyges konnte sich unsichtbar machen: Gefragt wird, was die beiden Eigenschaften in der Politik des 17. Jahrhunderts bewirken könnten bzw. welchen politischen Verhaltensweisen sie entsprechen. Argus war der hundertäugige Bewacher der von Iupiter entführten Io; er wäre willkommen, da in diesem Jahrhundert Blinde über Farben urteilen (191), doch könnte er im Gegenteil auch ein Höfling sein, der alles ausspioniert (▸ S. 32–35 ‚Hof und Höflinge'). Gyges konnte sich mit Hilfe eines Rings unsichtbar machen. Balde kennt die schon von Herodot und Platon erzählte Geschichte aus Cicero *De off.* 3, 38. Danach verführte der Hirte die Königin, tötete mit ihrer Unterstützung den König und beseitigte – immer unsichtbar – diejenigen, von denen er glaubte, sie könnten ihm gefährlich werden; schließlich wurde er selbst König von Lydien. Er ist somit ein trefflicher Repräsentant des Hoflebens. Argus und Gyges sind Hirten, was wohl auf eine gewisse ‚Geistesverwandtschaft' schließen läßt. Den *Gygis anulus* behandelt Erasmus *Adagia* 1, 1, 96. *oculatus / annulatus*: Parallelbildungen. *annulatus*: A in den ‚menda emendata' (statt *annulatu*), richtig BC.

79 An contra decorum & modestiæ leges peccent Poëtæ, saltem Christiani, qui in exordio aliísque intervallis, ficto impetu abrepti, artem, se suáque præsagia facundiùs jactare videntur. *Phantasia. P.*
Ob die Dichter gegen den Anstand und die Gesetze der Bescheidenheit verstoßen, wenigstens christliche, die im Proömium und an anderen Einschnitten, von einem fingierten Impetus fortgetragen, ihre Kunst, sich und ihre Vorhersagen allzu beredt zur Schau zu stellen scheinen.

> Die antiken Dichter sprachen in den Proömien (und Binnenproömien) gern von sich und ihren Unternehmungen. Für christliche Dichter ziemt sich Bescheidenheit. Aber Balde könnte im weiteren Sinn auch sich selbst, nämlich seine Enthusiasmen, im Auge haben. Sie grenzen gewiß an das *facundiùs jactare* (zu den Enthusiasmen ▸ zu 235). *præsagia*: Eine berühmte Vorhersage / Ahnung eines (allerdings heidnischen) Dichters war der letzte Vers der *Metamorphosen* Ovids *siquid habent veri vatum præsagia, vivam* (15, 879). Er ist sicher *facundiùs* formuliert. Zu 79: Schäfer 1976, 180 mit Anm. 11. *phantasia*: ▸ 70, 72, 76.

80 *Facilem Poësin, difficilem esse.* Paradoxum. P.
Daß leichte Dichtung schwierig ist.

> Das *Castrum* ist sicher dafür ein Beispiel (▸ S. 17–22). Bei einem minder begabten Dichter wäre ein albernes Produkt herausgekommen. Hugo von Hofmannsthal betrachtete, wie Carl J. Burckhardt mitteilt, „das Lustspiel als die schwierigste aller literarischen Kunstformen" (Erinnerungen an Hofmannsthal und Briefe des Dichters, Basel 1948, 28–29).

81 *Fastidiosum Poëtam, & artis suæ osorem, esse optimum.* Paradoxum. P.
Daß der Dichter, der überdrüssig ist und seine Kunst haßt, der beste ist.

> Der wahre Dichter nimmt seine Kunst ernst und ist einem leichthin schreibenden Kollegen überlegen. Die *Icon Authoris* im ersten Band der Ausgabe von 1729 berichtet, daß Balde seine Erzeugnisse immer wieder überarbeitete: *Nihil effudit in publicum entheus. Omnia*

ad limam plus, quàm decies revocabat; & polibat ita, ut omnino effusa viderentur, facillitate naturæ, non artis labore. In diesem Sinn war Balde sicher ein *fastidiosus poeta*.

82 Silentium injustè accusati, muto dolore vindictam meditari. *Ode.*
Daß das Schweigen eines zu Unrecht Angeklagen in stummem Schmerz auf Rache sinnt.
> Treffende psychologische Beobachtung. Leider verhalten sich auch *justè accusati* so.

83 Contra se reum peroranti, non opus esse Philippicis Ciceronis. *Ode.*
Daß der, der gegen sich als Angeklagten argumentiert, nicht der Philippischen Reden Ciceros bedarf.
> Derjenige, der sich selbst beschuldigt (statt: sich verteidigt), bedarf keiner großen Redekunst, wie sie Cicero besaß. Dessen 44 / 43 gehaltene 14 (später so genannte) *Philippische Reden* gegen M. Antonius sind das Musterbeispiel einer Angriffsrhetorik (Vorbild: Demosthenes, ▸ 302).

84 Morti laudabilem contumeliam facere, qui non resistit. *Ode.*
Daß dem Tod eine lobenswerte Schande bereitet, wer keinen Widerstand leistet.
> Wer zu sterben bereit ist, verdirbt dem Tod den Triumph. Verwandt: 26.

85 *Speciosa Quæstio.* Mercibus peregrinis pretium, naturæ virtus, an cupiditas æstimationis fecerit. *Sat.*
Frage des äußeren Scheins. Ob für ausländische Waren die Güte der natürlichen Beschaffenheit oder die Begierde, sie anzuerkennen, den Preis festgesetzt hat.
> Die Aufgabe gehört zu der Alamode-Thematik: ▸ 91, 178 und 279. Man zahlt für ausländische Güter nicht den natürlichen (ihnen zukommenden) Preis, sondern ist wegen der Begierde, sie zu besitzen, bereit, einen höheren zu zahlen. *mercibus peregrinis*: ▸ S. 29–30 ‚Ausländischer Einfluß'.

86 Regio cultu atque amore prosequendas esse Artes & Scientias: Qui tyranni more subigit illas, & quodammodo proprias sibi facere conatur, dominatum exercens; odiosum reddi. *Sat.*
Daß mit königlicher Pflege und Liebe die Künste und Wissenschaften zu geleiten sind. Daß der, der sie nach Tyrannenart unterwirft und sich gewissermaßen zu eigen zu machen versucht, indem er Herrschaft ausübt, verhaßt wird.
> Künste und Wissenschaften verdienen Förderung und sind frei, Auftragsdichtung ist abzulehnen. Balde hat den ungeliebten Auftrag von einst, bayerischer Hofhistoriograph zu sein (▸ S. 32–35 ‚Hof und Höflinge'), noch immer im Hinterkopf.

87 *Pegasum* caballum non esse Bucephalum: hinc nec Alexandro M. statim pariturum: multò minùs tauriformibus bestiarijs; ne dum Thressis agasonibus. *Sat.* P.
Daß das Roß Pegasus nicht Bucephalus ist: Daß es daher nicht einmal Alexander dem Großen sofort gehorchen würde, viel weniger stierförmigen Tierkämpfern, geschweige thrakischen Reitknechten.
> Bucephalus war das Lieblingspferd Alexanders des Großen (weiteres bei Kagerer 2014, 382–383). Nicht einmal diesem Feldherrn würde das Dichterroß Pegasus sofort gehorchen, geschweige klobigen Tierbändigern: Körperliche Kraft und Geschicklichkeit befähigen nicht zur Dichtkunst. Pegasus gehorcht feineren Naturen – wie Dichtern.

88 Aut hominem non esse, aut supra hominem, *qui nunquam veniam petivit*. *Demonstratio*.
Daß der entweder kein Mensch ist oder über dem Menschen steht, der niemals um Verzeihung gebeten hat.

> *hominem essse*: ‚wahrer Mensch sein' (*homo humanus*: ▸ 167). Zur Humanität gehört, um Verzeihung zu bitten, wo es angebracht ist; wer das niemals tut, ist nicht wahrhaft ein Mensch (weil er Fehler nicht einsieht) oder aber ein Übermensch (weil er niemals Fehler macht), was, wenn überhaupt, selten vorkommt.

89 De Vigilantium somnijs. *Dissertatio*.
Über die Träume der Wachenden.

> Es geht nicht, modern gesprochen, um ‚Wachträume', sondern um das Bauen von Luftschlössern – obwohl die Grenzen fließend sind. Verwandt: 72.

90 Miratur aliquos esse, qui prudentiam à potentia non distinguant. *Ode. Sat.*
Er (der Autor) wundert sich, daß es manche gibt, die Klugheit nicht von Macht unterscheiden.

> Klugheit (Umsicht) soll Macht kontrollieren, nicht ihr dienen. *prudentiam* ↔ *potentia*: inhaltliche und klangliche Antithese. Verwandt: 108.

91 *Fasti Germani*. In hac Regione æquè annorum cursus distingui posse, ex succedentium sibi & redeuntium novarum vestium perpetuâ varietate; ac Mensium lapsus dignoscuntur ex constanti inconstantia mutabilis Lunæ. Eandem plenam, fieri novam; novam, iterum plenam. hanc esse vestimentorum volubilium reciprocationem. *Sat.*
Deutscher Kalender. Daß in dieser Gegend die Abläufe der Jahre nach der dauernden Abwechslung der einander folgenden und wiederkehrenden neuen Kleider ebenso eingeteilt werden können, wie das Gleiten der Monate wahrgenommen wird nach der beständigen Unbeständigkeit des sich ändernden Monds: Daß er, wenn er voll ist, neu wird, und wiederum, wenn er neu ist, voll wird. Daß so das Abwechseln der veränderlichen Kleider ist.

> Geistreiche zeitkritische Reflexion. Man kann den Lauf der Jahre danach einteilen, daß es jedes Jahr neue Kleider (*novae vestae*) gibt, so wie man den Lauf der Monate danach einteilen kann, daß es jeden Monat einen neuen Mond (*nova luna*) gibt. Natürlich ist der Mond immer derselbe, und so meint der Satiriker wohl, daß auch die Jahr für Jahr angeschafften neuen Kleider in Wahrheit immer dieselben sind. Kritik der Sucht nach Neuem, das in Wahrheit nichts Neues ist. Balde lehnt in der Mode besonders den fremdländischen Einfluß ab (▸ S. 29–30 ‚Ausländischer Einfluß'). Offenbar liegt ein Wortspiel vor: *nova luna* = ‚Neumond' / ‚neuer Mond'. *reciprocatio*: ‚Wechsel' / ‚Abwechseln', z. B. von Ebbe und Flut (Plin. *Nat.* 9, 29).

92 Verbum *deglubere*, ex Iudicum, Præsidum, Caussidicorum *Lexico* eradendum esse. *Sat.*
Daß das Wort *deglubere* aus dem Lexikon (Wortschatz) der Richter, Vorsitzenden und Advokaten zu entfernen ist.

> *deglubere* (‚masturbieren') heißt wörtlich ‚abschälen', ‚abhäuten' (von Hülsenfrüchten), übertragen wird es von der männlichen Eichel gesagt. Es geht wohl darum, in den offiziel-

len Texten ein weniger bildhaftes Wort zu gebrauchen (oder den Tatbestand nicht explizit zu erwähnen). *Caussidicorum*: auch ‚Rechtsverdreher' (Claren et al. 2013, 215). *Lexico*: Das spätgriechische Wort λεξικόν (sc. βιβλίον) = ‚Wörterbuch' (der Patriarch Photios verfaßte im 9. Jahrhundert ein *Lexikon* der griechischen Sprache) war in der Zeit des Humanismus sehr verbreitet, z. B. Aelius Antonius Nebrissensis (de Nebrija, 1441–1522), Iuris civilis lexicon. Latina vocabula ex iure civili in voces hispanienses interpretata, Salamanca 1506 (Hinweis von Detlef Liebs).

93 Non tantùm jam *quot capita, tot sententiæ*; sed ampliùs dici posse; *quot capita, tot sunt pilei*, eorúmque multiplices formæ. *Eutrapelia*.

Daß nicht nur schon ‚wieviel Köpfe, soviel Meinungen', sondern umfassender gesagt werden kann: ‚wieviel Köpfe, soviel Kappen gibt es', und ihre verschiedenartigen Formen.

In witzig-sarkastischer Weise wird die Verschiedenheit der Menschen auf das Äußere (ihre verschiedenen Hüte!) reduziert. Nicht jeder hat eine (eigene) Meinung! Sprichwörtlich: *quot homines, tot sententiae* (Ter. *Phorm.* 454); *quot capitum vivunt, totidem studiorum | milia* (Hor. *Sat.* 2, 1, 27–28); weitere Beispiele: Otto 1890, 166–167.

94 An verum: *qui se honore cognoscunt dignos, hoc ipso dignitate excidere*. nisi distinxeris, falsum est. *Disquisitio*.

Ob es wahr ist, daß die, die sich als der (einer) Ehre für würdig erkennen, gerade dadurch aus der Würde herausfallen. Wenn man nicht unterscheidet, ist das falsch.

Ehrungen zu erstreben und sich ihrer für würdig zu erachten ziemt sich nicht. Doch ist zu unterscheiden: Man kann sich einer Ehre, die eine große Verpflichtung bedeutet, stellen. Das tut Wagners Sachs, als das Volk ihn ehrt: ‚Euch macht Ihr's leicht, mir macht Ihr's schwer, | gebt Ihr mir Armen zuviel Ehr'. ▶ 224. Die Sentenz ist in verschiedenen Variationen verbreitet. Wander I, 1867, 733 nennt u. a.: ‚Der ist der Ehre nicht werth, der sie mit Hast begehrt.' 741: ‚Wer der Ehre nachjagt, den flieht die Ehre.'

95 Defectum ingenij suppleturos fraudibus vel inamœnis astutijs, imperitè virilem infantiam macerare. *Satyra Satyrica*.

Daß diejenigen, die einen Mangel an Begabung durch Hinterlist oder unerfreuliche Verschlagenheit ausgleichen wollen, unerfahren eine männliche Kindheit schwächen.

Erziehung zu Lug und Trug stärkt nicht, sondern schwächt eine Kindheit / Jugend, die zwar einen Mangel an Intelligenz hat, aber sonst kräftig-gesund ist.

96 Meritò miserrimum videri, quem nemo dignatur invidiâ: illaudatum, cui & laudes nocent. *Ode. Sat.*

Daß mit Recht derjenige als der elendste erscheint, den keiner des Neids für würdig erachtet, einen, der nicht Lob erntet und dem auch Lobesworte schaden.

Das gilt allgemein und besonders für das wenig beneidenswerte Leben eines Höflings. Verwandt: 308 (▶ S. 32–35 ‚Hof und Höflinge').

97 *Innocentes Pastorum Ludi*, oppositi nocentibus Politicis Aulicorum. *Deductio*.

Die unschädlichen Spiele der Hirten, im Gegensatz zu den schädlichen politischen der Höflinge.

Gegen das Hofleben (▶ S. 32–35 ‚Hof und Höflinge'). Gegensätze: Hirten ↔ Höflinge, *innocentes* ↔ *nocentibus*; *pastorum ludi*: musische Wettkämpfe wie in Vergils *Bucolica*; politische Spiele: Hofintrigen. In 96 sind die ‚passiven', in 97 die ‚aktiven' Höflinge gemeint.

98 *Querela Satyrica.* Euterpe atque Melpomene dolentes indignantur; calcatâ majestate Latij, Romanæque linguæ; Legibus item Vett. Comicis Tragicísque magnam partem abolitis, pleraque nunc theatra impleri sumptuosâ novitate, pretiosâ barbarie, oscitantibus cantilenis. P.

Satirische Klage. Euterpe und Melpomene sind mit Schmerzen darüber unwillig, daß, nachdem das Ansehen Latiums (Roms) und der lateinischen Sprache mit Füßen getreten und ebenso die Gesetze der alten Komödien und Tragödien großenteils außer Kraft gesetzt worden sind, heute die meisten Theater mit aufwendiger Neuheit, kostspieliger Barbarei und langweiligen Singereien angefüllt werden.

> Die Muse Euterpe war für das Flötenspiel und für vom Flötenspiel begleitete Literatur zuständig, sie steht hier für die teilweise von der Flöte begleitete römische Komödie (von Musik in der römischen Tragödie wußte man im 17. Jahrhundert nichts). Die Muse Melpomene galt als erhaben und war Patronin der Tragödie. Die beiden trauern darüber, daß nicht mehr römische Komödien und Tragödien in der Originalsprache und auf das Wort konzentrierte Stücke aufgeführt werden – zugunsten aufwendiger moderner Inszenierungen mit Musik. Es wird an die Jesuitenbühne gedacht sein. Hiermit könnte die von Balde nicht veröffentlichte Elegie *Turpia Theatrorum Spectacula Sacris esse Permutanda* (1729, V, 306–308) zusammenhängen (zum Problem der nachgelassenen Elegien ▶ zu 301). Klage über moderne aufwendige Inszenierungen auch 326 (▶ dort). Zur Musik auf der Jesuitenbühne Duhr 1921, 497 bzw. 499: Das „immer stärkere Eindringen der Musik war zwar als Bildungswert zu begrüßen, mußte aber doch den eigentlichen Zwecken des Schultheaters Abbruch tun. [...] Gegen das Überhandnehmen der Musik bei den dramatischen Aufführungen machte das Memoriale der oberdeutschen Kongregation vom 2. September 1660 folgendes geltend: Es entspricht nicht dem Zweck und der Einrichtung unserer Schüler-Aufführungen, daß dieselben fast nur in Musik und nicht in Deklamation bestehen." Mehrfach nimmt Balde unter verschiedenen Aspekten gegen veräußerlichte Aufführungen auf der zeitgenössischen (Jesuiten-) Bühne Stellung: 98, 314, 326, ▶ auch 415 (▶ S. 44–45 ‚Theater'). Eingeleitet wird die ‚Klage' durch die Feststellung, daß die lateinische Sprache zunehmend mit Füßen getreten wird, d. h. an Wertschätzung verliert. *oscitantibus cantilenis*: pointiert gesagt, weil man sowohl beim Singen als auch beim Gähnen den Mund aufsperrt (*os* = ‚Mund', *oscitare* = ‚den Mund aufsperren' / ‚gähnen').

99 *Socci* & *Cothurni*, uter præstantior, sub arbitris Plauto & Senecâ, certamen pedestre, quinque congressibus permissis. *Dialogus*. P.

Der Sandale und des Stiefels ‚Fuß'-Wettkampf, wer besser sei, unter den Schiedsrichtern Plautus und Seneca, wobei fünf Zusammentreffen gestattet sind.

> Wettstreit der Komödie und der Tragödie, die nach der antiken Fußbekleidung der jeweiligen Schauspieler benannt sind. *socci* (Sandalen) und *cothurni* (Stiefel) stehen für Komödien und Tragödien: Horaz *Ars* 80. In diesem Sinn sagt der Emeritus Doktor Wübbke in Wilhelm Raabes *Die Gänse von Bützow*: ‚und wenn ich den Kothurnus verstehe, so halte ich es doch nicht eines verständigen Mannes unwürdig, auch am Soccus Gefallen zu finden'). Bei *pede-*

stre dürfte an *pes* = Versfuß, also an einen Wettkampf in Versen gedacht sein (die Komödie könnte wie Plautus und Terenz in jambischen Senaren, die Tragödie wie Seneca in jambischen Trimetern sprechen). Nach dem Dialog in fünf Runden entscheiden Plautus und Seneca über den Sieger. Das erinnert an das *certamen* der 3. Ekloge Vergils (bei dem es aber nur einen Schiedsrichter gibt). 98 und 99 sind durch die Theaterthematik verbunden.

100 Calumniantem vitia, virtutis esse præconem. Gnome. *Ode.*
Daß der, der Laster kritisiert, ein Herold der Tugend ist. Sinnspruch.

> Es handelt sich um eine relative Tugend. *virtutis praeco*: Cicero *Pro Archia* 24 (von Homer als Achilles' Herold). *vitia* ↔ *virtutes*: in der Antike häufige Antithese, ▸ 372. *gnome*: allgemeiner Ausspruch oder Sinnspruch, nicht Sprichwort (▸ S. 27).

101 An Stoam & fimetum Cynicum redoleat, *nihil mirari. Dissertatio.*
Ob nach der Stoa und dem Misthaufen der Kyniker (die Devise) riecht, ‚sich über nichts wundern'.

> *nil admirari*: stoische Maxime (Belege bei Kießling / Heinze 1914, 56–57), dem Wortlaut nach bei Cicero *Tusc.* 3, 30 und Hor. *Epist.* 1, 6, 1, der Sache nach bei Pythagoras (μηδὲν θαυμάζειν, Plut. *Mor.* 44 B) und Demokrit belegt. Verwandt: *admiratio* in 112. Bei den Kynikern hat Balde wohl die provozierende niedere Lebensweise (‚Hundeleben') einzelner Vertreter im Sinn, die schon in der griechischen und römischen Antike verspottet wurde. So bedenkt er den bekanntesten Kyniker Diogenes von Sinope in 146 (vielleicht auch in 50) mit Ironie, indem er auf das berühmte Faß in Zusammenhang mit Bier bzw. Wein anspielt. Im Bühnenerstling *Iocus serius theatralis* von 1629 erscheint Diogenes als komische Figur (Stroh 2004, 257–259), im *Torvitatis encomium* von 1658 „als Musterbeispiel körperlicher Verwahrlosung" (Stroh ib. Anm. 52). Im *Torvitatis encomium* I heißt es: Was sei weiser (*sapientius*) in Griechenland als Diogenes? Aber er bekenne sich zu dem Schmutz und Unflat eines Hunde(leben)s, keinen Herrschaften und keinem Hof hörig (*atqui pædorem canis, illuviemque professus, | nullis imperiis, nullique obnoxius Aulæ* (1729, III, 358). Das ist in seiner Ambivalenz durchaus anerkennend. *pædor* und *illuvies* erklären *fimentum*; die Metapher wegen *redoleat* gewählt (dazu S. 37 ‚Stoa').

102 In sepulchra dealbata. *Satyr.*
Gegen weißgewaschene Gräber.

> Das Thema richtet sich offenbar gegen die Devise *De mortuis nil nisi bene*, das auch in 462 angeschlagen wird (▸ dort). *Diss.* 35 ist von dem *splendidè piéque mentiri* kritisch die Rede; dazu Burkard 2004, 242: „der Sinn ist, daß man Ehrfurcht vor dem Toten hat und deswegen die oft nicht ehrenwerte Wahrheit verschweigt, ja daß man vielmehr sein Leben ungeniert mit Halbwahrheiten und Lügen ausschmückt (*splendidè ... mentiri*)."

103 Fanum *Bonæ Deæ*, & Templum *Bonæ spei* apud molles Lutheranos idem esse. *Sat.*
Daß das Heiligtum der Guten Göttin und die Kirche der Guten Hoffnung bei den untätigen Lutheranern dasselbe ist.

> *Bona Dea*: In Rom unter Beteiligung der Vestalinnen in nächtlichen Geheimfeiern verehrte Frauengottheit. Thorsten Burkard erklärt: *Templum bonæ spei*: „Die Lutheraner erheben die Hoffnung zu einer Gottheit"; *molles*: ‚untätig'. „Wer sich nur auf die Hoffnung verlässt und die Hände in den Schoß legt, verhält sich passiv [...]. Auf der Gegenseite steht die Werkgerechtigkeit, die Luther abgelehnt hat und die Balde in dieser Sentenz bei ihm

vermisst [...]. Wie die *Bona Dea* von Frauen verehrt wurde, so die *bona spes* von verweichlichten, also effeminierten Menschen." Zu Luthers Hoffnungstheologie kann auf die 1522 veröffentlichte Schrift *Von der Christlichen hoffnung ain trostlich leer für die klainmütigen* verwiesen werden, die den letzten Vers des 5. *Psalms* behandelt: ‚Denn du, Herr, segnest die Gerechten; du krönest sie mit Gnade wie mit einem Schilde' (Luther).

104 Tria frenanda. equus, amor, ira. Cætera libertati permiseris. *Ode.*
Drei Dinge sind zu zügeln: Pferd, Liebe, Zorn. Die übrigen mag man der Freiheit überlassen.

Reihung und Auswahl leicht komisch. (Wenn Kagerer 2014, 527 zu *iacturae, consilia, caligines, miseriae* (*Interpretatio Somnij* p. 64) mit Recht sagt, die etwas seltsame Liste aus heterogenen Begriffen solle wohl die ‚allgemeine Kriegswirrnis' wiedergeben, könnte die hier vorliegende ebenso seltsame Liste die nicht zu bändigende Impulsivität der angesprochenen Mächte widerspiegeln.)

105 *Satyrici carminis spiritum* apud Poëtas esse, quod apud Medicos est spiritus vitrioli, sal armeniacum; pulvis Hermeticus, aliáque Chymica. P.
Daß der Geist des satirischen Gedichts bei den Dichtern das ist, was bei den Ärzten der Geist der blauen Pflanze, das Armenische Salz, das Hermetische Pulver und andere Arzneien sind.

Die drei Medizinen werden auch in *Solatium podagricorum* 1, 16 *Quæ autem medicina tandem Podagricis ex sapientium consilio suadenda?* genannt (1729, IV, 32–33): *Sudorem verò promovebit* pulvis Hermeticus, *quem Chymici ex auro purissimo præparant.* [...] *Nil præstantius floribus salis Armoniaci. Super omnia sal vitrioli, quod vocant* camphoratum. *Illud in primis, quod ex Ungaria, vel Transsylvanis montibus allatum, Chymicè præparatur. sal Armeniacum / Armoniacum*: auch sal ammonicum (Salmiak / Ammoniak). *sal / spiritus vitrioli*: vitriolum mineralisches Salz. Alle drei Medizinen sind scharf (‚gesalzen'), aber heilsam (bzw. galten als heilsam), auch die Satire ist scharf – und hat eine heilsame Wirkung (bzw. erstrebt sie). 128 wird sie dem Essig (*acetum*), 173 dem Salz (*sal*), 346 dem Schwefel (*sulphur*) verglichen (▶ S. 39–40 ‚Satire'). *Chymica*: = Arzneien. So spricht der bedeutende Arzt, Pharmazeut und Alchimist Oswald Croll / Crollius (1560–1609) in seinem Werk ‚Basilica Chymica. Continens philosophicam propria laborum experientia confirmatam descriptionem et usum remediorum chymicorum selectissimorum et lumine gratiae et naturae desumptorum', Francofurti 1609) von *remedia chymica*.

106 An pulcherrima Oratio, sit pulcherrimo Poëmati præferenda. *Disceptatio.* P.
Ob die schönste Rede dem schönsten Gedicht vorzuziehen ist. Streitfrage.

Balde und seine Adepten antworten mit ‚nein'. Nach ihrer Meinung ist das Handwerk des Dichters viel schwieriger als das des Redners (▶ 315).

107 Plerosque homines cogitare primùm de ordine *Divinæ Providentiæ*, quando jam inciderunt in manus *Divinæ Iustitiæ. Demonstratio.*
Daß sehr viele Menschen zum erstenmal an die Ordnung der Göttlichen Fürsorge denken, wenn sie schon in die Hände der Göttlichen Justiz gefallen sind.

Sehr viele wenden sich Gott erst dann zu, wenn sie in Not gekommen sind.

108 An Reipublicæ prosit, *simplicitatem naturalem* potestate armari. *Problematicè.*
Ob es dem Staat nützt, daß natürliche Schlichtheit mit Macht bewaffnet wird.

problematicè: Nutzen und Nachteile sind gegeneinander abzuwägen. Menschen von natürlicher Schlichtheit können gute Soldaten sein, aber nicht führen, ja sogar umstrittene Entscheidungen treffen wie in den Bauernkriegen. Macht bedarf kluger Kontrolle (durch *prudentia*). In diesem Sinn ist die Aussage durchzuspielen. Verwandt: 90.

109 Quomodo demonstrari possit, *humilem rusticum, non tantùm meliorem, sed & beatiorem in hac vita esse superbo Philosopho.*

Wie bewiesen werden kann, daß der niedere Landbewohner nicht nur besser, sondern auch glücklicher in diesem Leben ist als der arrogante Philosoph.

An dem Faktum wird nicht gezweifelt; nur der Beweis steht zur Diskussion. 108 und 109 könnten zusammengehören (*simplicitatem naturalem / humilem rusticum*).

110 An Poëtarum factio sit lautè habenda? an avium more tantùm, ut certo tempore canat. *Dissertatio.* P.

Ob die Zunft der Dichter auf stattlichem Fuß zu halten ist? Oder nur nach Art der Vögel, damit sie zu bestimmter Zeit singt?

Permanentes Mäzenatentum ist besser als temporäre Förderung (bei der an Auftragsdichtung zu denken ist). Singvögel gibt es in der Regel nur im Frühling und Sommer. Sie werden von vielen gefüttert (wie vom Heiligen Franziskus), auch in Käfigen.

111 Mirum! Homines voluptatem brutam amare, per quam brutis similes fiunt: cùm tamen animam suam, in animæ brutæ similitudinem transire nolent. *Dissertatio. Ode ascetica.*

Verwunderlich! Daß die Menschen stumpfe Lust lieben, durch die sie den Stumpfen ähnlich werden, während sie doch nicht wollen, daß ihre Seele einer stumpfen Seele ähnlich wird.

Gegen niedere körperliche Lust. Es geht um Enthaltung. Deshalb *Ode ascetica* (▶ zu 169). Den Körper zu beherrschen erfordert Ethos.

112 Philosophiam tradi, ut minuatur admiratio; Theologiam, ut augeatur. *Demonstratio.*

Daß die Philosophie gelehrt wird, damit das Sich-Wundern verringert, die Theologie, damit es vermehrt wird.

ut minuatur admiratio: ▶ 101. Die Philosophie ist bestrebt, alles rational zu erklären, die Religion lehrt den Glauben an wunderbares Geschehen (Gottes Barmherzigkeit oder Jesu Werke). Die Antithese ist nicht sachlicher, sondern gedanklicher Art. 111 und 112 verbunden durch *mirum / admiratio*.

113 *Lapidem Lydium*, quo verus Aulicus, Pictor, Politicus, Philosophus, Mathematicus, Poëta probentur; inveniri in Murbonia. *Eutrapelia.* P.

Daß der lydische Stein, mit dem der wahre Hofmann, Maler, Politiker, Philosoph, Mathematiker (Astronom), Dichter geprüft werden, in Murbonia anzutreffen ist.

Ironisch (*Eutrapelia!*). *Lapis Lydius*: Prüfstein, Probierstein, harter Marmor, in Lydien gefunden, mit dem Gold und Silber auf ihre Qualität geprüft wurden: ▶ 376. Zum Thema: Erasmus *Adagia* 1, 5, 87 *Lydius lapis, sive Heraclius lapis*. Rätselhaft ist *Murbonia*. Es ist ein Phantasiewort wie *Morbovia* bei Sueton *Vesp.* 14 *abire Morboviam* (gehen in das Land der Krankheiten, d. h. dahin, wo der Pfeffer wächst: Otto 1890, 228; OLD: 'to go to the devil'). Nun lasen die Sueton-Ausgaben des 17. Jahrhunderts (besonders die verbreiteten Ausgaben von Joannes Schildius) *Morbonia*, eine Variante, die Balde selbst im *Solatium podagricorum* 1, 15 gebraucht, wo es über die *podagra* heißt: *ceu desparata Furia in Morboniam, ultra Malabaricas Insulas, trans Thulen proscribenda* (1729, IV, 31). Es ist sehr wahrscheinlich, daß Balde an dieser Stelle Sueton vor Augen hatte. In *Morbonia* (*Morbovia*) steckt *morbus*. Sollte *Murbonia* nicht ein Druckfehler oder Irrtum, sondern eine beabsichtigte Variante sein, könnte auch in ihr eine Spitze stecken. „Der Satz ist wahrscheinlich ein Paradox, sodass es eine plausible Vermutung wäre, dass *Murbonia* das Land der Unbegabten bezeichnet [...]. Der Grimm kennt immerhin ‚mürbeln' i. S. v. ‚murren' und ‚Murbel' (‚Gerücht') [...]" (Hinweis von Thorsten Burkard). Die Bedeutung ‚murren' könnte weiterführen: Dann wären in ironischer Weise die Kritiker gemeint, auf die es Balde sowohl im *Castrum* als auch im *Elenchus* immer wieder abgesehen hat. Spottende Ironie: In ihrem Lager weiß man natürlich über den wahren Dichter und die anderen Künstler Bescheid. Dann hieße die Aussage des Themas schlicht: Einen solchen *Lapis Lydius*, den einige zu besitzen glauben, gibt es nur am Ende der Welt, d. h. gar nicht.

114 Poëmata, quemadmodum divina oracula, eo spiritu legenda esse, quo scripta sunt, alioqui nullum factura gustum.
Daß Gedichte, wie göttliche Orakel, in dem Geist gelesen werden müssen, in dem sie geschrieben worden sind, da sie anders keinen Genuß bewirken werden.

Gedichte erfordern Leser, die mit dem Autor gleichgestimmt sind. Sie müssen sich um die Werke bemühen. Kein *P*: Der Akzent liegt auf den Rezipienten.

115 Nænia super Tumulum synceritatis Germaniæ ululata.
Ein Trauerlied, über dem Grab der deutschen Aufrichtigkeit geheult.

synceritas Germanica gibt es nicht mehr. Klage über das Schwinden der Aufrichtigkeit in der Gegenwart wie in 204 und 374, verwandt 376 (▸ S. 28–29 ‚Gegenwart').

116 Meliúsne sit, ingeniosum esse & pauperem; quàm divitem & stupidum. *Sat.*
Ob es besser ist, begabt und arm zu sein oder reich und dumm.

Hängt von der individuellen Einstellung ab. Wie der Kreis denkt, an den sich Balde wendet, liegt auf der Hand.

117 Adversus eos, qui supra *concavum Lunæ* conantur ascendere. *Satyra.*
Gegen die, die über die Mondsphäre hinaus aufzusteigen versuchen.

Peter Walter gibt folgende Deutung: „*concavum orbis lunae* meint die der Erde am nächsten gelegene Himmelssphäre (vgl. Thomas von Aquin, *Summa theologiae* I q. 68 art. 2 corpus), also nicht den Mond als solchen, sondern die Sphäre bzw. Himmelsschale, an der er aufgehängt ist und mit der er sich dreht. *infra lunam* (sublunar) spielt sich nach Aristoteles das Wandelbare ab, jenseits ist der Bereich des Unwandelbaren, Ewigen (vgl. auch Cic. *rep.* 6, 17). Deshalb würde ich *supra* mit ‚über die Mondsphäre hinaus' deuten als Beschreibung für Menschen, die sich nicht an die gegebenen Grenzen halten."

118 Francisci Petrarchæ redivivi Dialogus, pro Agathyrso stans contra Antagathyrsum: *Apologia pro Macris adversus Pingues.*
Eine dialogische Schrift des wieder in das Leben zurückgekehrten Francesco Petrarca, die für den Agathyrsus gegen den Antagathyrsus eintritt: Verteidigung zugunsten der Mageren gegen die Dicken.

Petrarca schrieb Prosadialoge, etwa *Secretum* oder *De remediis utriusque Fortunae* (Lefèvre 2005, 282–290). Es soll offenbar ein Dialog in diesem Stil gedichtet werden, in dem das in

Baldes *Agathyrsus* von 1638 dargestellte Ideal der Magerkeit und das im *Antagathyrsus* von 1658 dargestellte Ideal der Beleibtheit streiten. Es wäre ein dritter Beitrag zu dieser Thematik, gewissermaßen ein Widerruf des Widerrufs.

119 Mundus Deo contrarius: Quatuor Regum Libris sacris, opponens alios *Quatuor Regum Libros profanos*, suis Lusoribus evolvendos. *Eutrapelia*.

Die Welt (läuft) Gott zuwider, indem sie den Vier Heiligen Büchern der Könige andere Vier Profane Bücher der Könige entgegenstellt, die ihre Spieler zu wälzen (studieren) haben.

> Die Welt steht gegen Gott und setzt den heiligen Büchern *Könige* profane entgegen. Im Barocktheater wurde gern dargestellt, daß jeder Mensch eine Rolle spielt, die ihm zugeteilt ist, bekannt: Calderón (1600–1681), *El Gran Teatro del Mundo* (1655), in dem Gott und Welt den Spielrahmen abstecken. Calderón war Priester. Balde erwägt aber aufgrund seiner negativen Zeiterfahrung (▸ S. 28–29 ‚Gegenwart') den Gedanken, daß die Welt sich g e g e n Gott stellt – ein schlimmes Experiment, das der Phantasie freien Lauf läßt. Doch ist eine *Eutrapelia* ins Auge gefaßt. Der Gedanke des Rollenspiels stammt aus der Antike. Man konnte ihn am ehesten, wenn es überhaupt einer speziellen Anregung bedurfte, bei Epiktet (▸ zu 429) im *Encheiridion* (‚Handbüchlein', sc. der Moral) 17 finden. Das Bild von der *Comœdia vitæ*, in der es verschiedene Rollen (*actores, personae*) gibt, malt Balde *Torv. enc.* 7, 50–62 aus. Die gängige deutsche Luther-Übersetzung folgt mit der Bezeichnung 1 *Könige* und 2 *Könige* der Zählung der Hebräischen Bibel, während die Vulgata die vorangehenden Bücher 1 und 2 *Samuel* als 1 und 2 *Könige* und die folgenden Königsbücher als 3 und 4 *Könige* zählt (Balde zitiert stets die Vulgata). *lusor = lusor scenicus* erst mittelalterlich (Du Cange).

120 Plurésne dentur Philosophi Peripatetici, an Stoici. *Disceptatio*.

Ob es mehr peripatetische Philosophen oder mehr stoische gibt.

> Die beiden Richtungen wurden von den Griechen nach ihrem bevorzugten Unterrichtsort benannt: Der Peripatos, ein wahrscheinlich mit Bäumen bepflanzter Wandelweg außerhalb der Stadtmauer Athens (H. Gottschalk, DNP 9, 2000, 584), auf dem man umhergehen konnte, gab den Peripatetikern, die Stoa Poikile, eine bemalte Säulenhalle an der Agora Athens, den Stoikern den Namen. Eine Bearbeitung des Themas hinsichtlich der Quantität wäre ohne Reiz und zudem kaum zu leisten. *Disceptatio* = Streitfrage könnte scherzhaft gemeint sein: Die Frage wäre: Wie ist das heute? An welchem Ort wird mehr philosophiert? Gibt es mehr Philosophen, die im Freien, z. B. beim Spazierengehen, oder die unter einem Dach, z. B. in einer Universität oder einem Jesuitenkolleg, denken und diskutieren? Zur Bedeutung von Aristoteles, dem bekanntesten Peripatetiker, im Philosophiestudium Burkard 2004, 111–112, zur Stoa bei Balde ▸ S. 37 ‚Stoa'.

121 Explicatio sequentis Distichi.

Quae dantur fatuis æquè ac prudentibus, illa
Vilia fortunæ quis neget esse bona? Sat.

Erklärung des folgenden Distichons:

Wer könnte abstreiten, daß das, was Einfältigen und Klugen
in gleicher Weise gegeben wird, nichtige Güter Fortunas sind?

> Was Kluge auszeichnet, ist Einfältigen nicht gegeben. Die Verse sind offenbar nicht antik, vielleicht stammen sie von Balde (er zitiert 202 einen eigenen Vers).

122 Quæ servitus, libero & innocenti viro, accidat omnium miserrima.

Welche Knechtschaft einem freien und unschuldigen Mann als schlimmste aller begegnet.

> Am Hof ist schlimmster Sklavendienst zu leisten: ▸ 397. Balde mochte auch an seinen eigenen Sklavendienst denken, als den er das Amt des Hofhistoriographen in der Münchner ‚Hofmühle' (*Pistrinum Aulicum*) empfand: ▸ S. 32–35 ‚Hof und Höflinge'.

123 *Ex filis, quæ Musæ fabulantes noctu ad colum ducunt, posse etiam regale paludamentum* confici. P.

Daß aus Fäden, die die plaudernden Musen nachts am Rocken spinnen, sogar ein königlicher Feldherrnmantel gefertigt werden kann.

> Wohl bildlich zu verstehen: Die Allmacht der Poesie, die mit Leichtigkeit (*fabulantes*) nächtlich (*noctu*) gewissermaßen aus dem Nichts (*colum*) Edles (*regale*) schafft. *regale paludamentum*: könnte für ein Epos oder einen Panegyricus stehen (▸ *P*). Kalkulierte Gegensätze: nachts ↔ strahlender Königsmantel; (einfache) Fäden ↔ (wertvoller) Königsmantel. Die Junktur *regale paludamentum* ist in lateinischsprachigen Texten der Neuzeit häufig. *paludamentum*: ‚schönes Kriegskleid' (Pexenfelder 1670).

124 *Quæritur*: num Juvenalis Satyricus, seculi nostri nequitiæ exagitandæ suffecisset. *Deductio*. P.

Es wird gefragt: Ob der Satiriker Juvenal fähig gewesen wäre, die Nichtswürdigkeit unseres Jahrhunderts beißend zu verspotten.

> D. Iunius Iuvenalis (letztes Drittel des 1. und 1. Hälfte des 2. Jahrhunderts) war der schärfste römische Satiriker (5 Bücher mit 16 Satiren). Eine negative Antwort wird suggeriert. Es handelt sich um eine denkbar düstere Aussage über die Nichtswürdigkeit der Zeit (▸ S. 28–29 ‚Gegenwart'). Ein weiterer Aspekt mag zu beachten sein. Juvenal war nach Baldes Ansicht der größte römische Satiriker, den er sich gern zum Vorbild genommen hätte, aber „er hielt die durch Religion und Intoleranz errichteten Schranken für so verbindlich, daß er sich eine Nachfolge Juvenals versagte" (Schäfer 1976, 136). ▸ S. 46 zu *Diss.* 72.

125 *Quæritur*: Pictores, Poëtas, Musicos, Mathematicos; paupertas an opulentia ad officium & gloriam magis exstimulent. *Inquisitio*. P.

Es wird gefragt: Ob Maler, Dichter, Musiker, Mathematiker (Astronomen) Armut oder Reichtum mehr zu Schaffen und Ruhm stimulieren.

> 461 setzt voraus, daß die Dichter eher zu den *pauperes* gehören. Für die anderen Genannten dürfte Entsprechendes gelten. Wem im 17. Jahrhundert *opulentia* zur Verfügung stand, wählte eher eine andere Beschäftigung (oder keine). *opulentia* lähmt mehr, als daß sie zu künstlerischem und geistigem Schaffen anspornt. Horaz trieb *paupertas* zu den *versus*, wie er, wohl mehrdeutig, sagt (*Epist.* 2, 2, 51–52). Damit meinte er die Situation von 42 v. Chr., als er vor dem materiellen und dem seelischen Nichts stand. Ihn drängte es, die Zeitumstände als Dichter zu ‚kommentieren' (E. Lefèvre, Horaz, München 1993, 45–46).

126 Sapienter Plutarchum monuisse: *ad aulas Regum & Principum accedendum, tamquam ad ignem*: non nimis propè, ne uraris; nec nimis procul, ne frigeas. *Ode*.

Daß Plutarch weise gemahnt hat: Zu den Höfen der Könige und Fürsten sei wie zu einem Feuer zu gehen, nicht zu nahe, damit man sich nicht verbrennt, nicht zu entfernt, damit man nicht friert.

Dem an Sentenzen reichen Plutarch von Chaironeia (nach 45 – nach 120) wurden viele Aussprüche zugeschrieben, die aus seinem Werk nicht nachzuweisen sind. Heinz Gerd Ingenkamp weist darauf hin, daß das von Balde zitierte Diktum mehrfach für den Sokratiker Antisthenes (etwa 445–365) bezeugt ist. So heißt es bei Stobaios 4, 4, 28, 1: Ἀντισθένης, ἐρωτηθείς, πῶς ἄν τις προσέλθοι πολιτείᾳ, εἶπε ‚καθάπερ πυρί, μήτε λίαν ἐγγύς, ἵνα μὴ καῇς, μήτε πόρρω, ἵνα μὴ ῥιγοῖ'. Verwandt: 127.

127 Adversus qualescunque fortunæ suæ fabros fuligine Politicâ infectos: qui ne aulicæ calore flammæ lædantur, aliorum manibus, *velut forcipe*, utuntur. *Sat.*
Gegen alle von politischem Ruß gefärbten Schmiede ihres Glücks ohne Unterschied, die, damit sie von der Hitze der Hofflamme nicht verletzt werden, die Hände anderer wie eine Zange gebrauchen.

Stellungen bei Hof sind gefährlich, da man sich leicht verbrennt (▶ 126, ferner S. 32–35 ‚Hof und Höflinge'). Deshalb ist es verbreitet, andere im eigenen Interesse vorzuschieben, damit sie die Kohlen aus dem Feuer holen, d. h. sie zum eigenen Vorteil zu mißbrauchen. „Die ‚fuligo' bringt Balde oft mit skrupellosen ‚Politikern' bzw. Höflingen in Verbindung" (Kagerer 2014, 570 zu *Interpretatio Somnij* p. 84, Parallelen dort S. 415 und 450). Die Metaphorik ist aus dem Sprichwort *fabrum esse suae quemque fortunae* entwickelt (das Ps.Sallust *Epist.* 1, 1 dem berühmten Zensor von 312 v. Chr. Appius Claudius Caecus zuschreibt): *fuligine / infectos* (gefärbt) / *calore flammae / forcipe* (Zange der Metallarbeiter, die Heißes greift). Verwandt: 126. Nach *utuntur AC*: Doppelpunkt, *B*: kein Satzzeichen, richtig wohl Punkt.

128 Dulcem Satyram, esse *miseriam cum aceto*. *Ode. P.*
Daß eine süße Satire ein Unglück mit Essig ist.

Eine gute Satire darf nicht angenehm sein, sondern muß beißen (▶ 105). Ihre Wirkung ist der des Essigs vergleichbar im Sinn des horazischen *Italum acetum* (*Sat.* 1, 7, 32), das „von der beißenden Schärfe der Schmährede" gesagt ist (Kießling / Heinze 1921, 135). Eine ‚süße' Satire ist somit (nach Baldes Verständnis) ein Widerspruch in sich, sie ist, wie mit einem Paradoxon gesagt wird, eine *miseria cum aceto* – literarisch gesehen, weil sie dem Charakter der Gattung nicht entspricht. Martial kritisiert *dulcia [...] epigrammata* (7, 25, 1). *miseria cum aceto*: eine gebräuchliche (auch abgegriffene) Redewendung, die wohl von *Psalm 68, 21–22* (Vulgata = Lutherbibel 69, 21–22) ausgeht (einer Stelle, die für *Matthäus 27, 34 / 48* Vorbild ist): (21) *In conspectu tuo sunt omnes, qui tribulant me: improperium exspectavit cor meum, et m i s e r i a m. Et sustinui, qui simul contristaretur, et non fuit: et qui consolaretur, et non inveni.* (22) *Et dederunt in escam meam fel: et in siti mea potaverunt me a c e t o* (Hinweis von Stefan Faller).

129 Secluso *scandali* periculo, vel *cancri serpentis* metu, Lutheranismi Epicuream factionem, cum Th. Moro prudentiùs risu difflari, quàm argumentis oppugnari. *Demonstratio.*
Daß ohne Gefahr vor einem Ärgernis oder Furcht vor einem schleichenden Krebs die epikureische Partei des Luthertums mit Thomas Morus klüger durch Lachen auseinandergeblasen als mit Argumenten angegriffen wird.

Thomas Morus (1478–1535): englischer Staatsmann und Humanist, scharfer Gegner Luthers, Mitverfasser der unter dem Namen Heinrichs VIII. erschienenen *Assertio septem sacramentorum adversus Martinum Lutherum*, die er 1523 in einer pseudonym veröffentlichten ausführlichen Schrift gegen Luthers Angriffe verteidigte (*Responsio ad Lutherum*).

scandalum: ‚Stein des Anstosses' (Niermeyer 2002). *cancer serpens*: „*cancer* bezeichnet seit der Antike ein bösartiges Geschwür, das mit der modernen, seit Virchow zellularpathologisch definierten Krankheit, die wir so nennen, wenig zu tun hat. Natürlich gab es in der Vormoderne echten ‚Krebs', siehe etwa Galen über den Brustkrebs [...]. Aber damit ist man auch schon im Reich der Spekulation bzw. der retrospektiven Diagnose. Baldes *cancer serpens* steht in der Tradition des vormodernen *cancer*, und dass der sich ‚schleichend' ausbreitet (was nach moderner Vorstellung auch eine um sich greifende Infektion sein könnte), fügt sich dazu" (Hinweis von Karl-Heinz Leven). Balde könnte meinen, daß sein ironischer Angriff keine unangenehmen Folgen hat (weil er einfach im Recht ist). *risu diffari*: wohl kein Zitat (da nicht kursiv gedruckt), sondern Anspielung auf die Souveränität von Morus' Entgegnung(en). „Die Würdigung des Thomas Morus durch Jakob Balde kann man speziell mit Blick auf die 'merry jests' des Thomas Morus in seinen hauptsächlichen Kontroversschriften (der *Responsio ad Lutherum* und dem *Dialogue Concerning Heresies*, darüber hinaus auch in den Schriften gegen Tyndale, et al.) durchaus so stehen lassen, es ist eine subjektive, schwer falsifizierbare Einschätzung, zumindest hinsichtlich der eingesetzten rhetorischen Waffen im Kampf um den rechten Glauben" (Hinweis von Uwe Baumann). Morus: ▸ auch 172.

130 Quæ sint illæ *arundines longæ*, in quibus barbati pueri Horatiani equitant. *Satyra*.
Welches jene langen Schilfrohre sind, auf denen die bärtigen Knaben des Horaz reiten.

Bezug auf Hor. *Sat*. 2, 3, 248–249 (auf diese Stelle spielt auch *Diss*. 72 an): *equitare in arundine longa | siquem delectet barbatum, amentia verset* (‚wenn es jemanden, der schon einen Bart hat, d. h. nicht mehr Knabe ist, erfreut, auf einem langen Schilfrohr zu reiten, den dürfte Verrücktheit umtreiben'). Wörtlich genommen, handelt es sich um eine Scherzfrage. Die Aufgabe könnte aber danach fragen, welche Verrücktheiten zu dem Bild passen. Bei Horaz gehört es zu einer Diatribe gegen „die Verliebtheit, durch die der Erwachsene kindisch wird" (Kießling / Heinze 1921, 252). Führt *equitant* zu Pegasus (▸ 135)? Ihn könnte nicht einmal Alexander der Große bändigen (▸ 87). Sind also Dichterlinge gemeint?

131 *Metallifodina Poëtarum*, pro cujusque labore & venâ inventâ, fortunâ vel genio, apta diversi generis metalla, aurum, argentum, stannum, vel ferrum, vel etiam plumbum, ex imis Parnassi cavernis eruentium. *Deductio*. P.
Das Metallbergwerk der Dichter, die je nach eines jeden Mühe und entdeckter Ader, Glück oder Begabung geeignete Metalle verschiedener Art, Gold, Silber, Werk(blei) oder Eisen oder auch Blei, aus den innersten Höhlen des Parnaß ausgraben.

Der Parnaß bietet solche Bodenschätze nicht wirklich (*Urania victrix* 2, 6, 97), sie stehen bildlich für die im Rang verschiedenen Produkte der Dichter. Balde kennt bereits die (nicht antike) Einteilung der römischen Literatur in eine *aetas aurea* und eine *aetas argentea* (▸ zu *Ca*. 27 sowie Burkard 2004, 140–141). Der Vergleich des Parnaß mit einer *metallifodina* schon *Diss*. 17: *hic mons, instar Fodinae metalliferae Suazensis, infrà, suprâque confossus, & perfossus est: vix ullam venam reperies intactam* (‚Dieser Berg ist wie die Schwazer Metallgrube von oben und unten umgegraben und durchwühlt, kaum eine Ader wirst du noch unberührt finden'). *labore*, *venâ* (Metallader / *vena Poëtica*, ▸ 47, 150), *fortunâ* und *genio* sind doppeldeutig auf die Bergwerksarbeit und das Dichterhandwerk bezogen.

stannum / *stagnum*: Mischung aus Silber und Blei. Dieses Metall steht in der Aufzählung folgerichtig zwischen *argentum* und *plumbum*. In der Thematik verwandt: 173.

132 De malacia animi, inter humanarum rerum fluctus & inimicas tempestates conservanda. *Exhortatio. Ode.*

Über die Meeresstille des Geistes (Gemüts), die in den Fluten und feindlichen Stürmen der menschlichen Dinge zu bewahren ist.

malacia entspricht γαλήνη (Windstille auf dem Meer), die bei den Epikureern für die absolute Ausgeglichenheit des menschlichen Geistes (Gemütes) steht. Balde spinnt die Metaphorik fort: *fluctus / tempestates.*

133 Omnia ingenia certo gyro circumscribere, est, nugari, & actum agere. *Deductio.*

Alle Charaktere / Begabungen in einem bestimmten Kreis zu umschreiben („einzukreisen") heißt Possen treiben und schon Entschiedenes wieder aufnehmen.

Ein großes Unterfangen, das trotzdem nichts Neues brächte. Balde könnte einen entsprechenden Versuch der Zeit, gewissermaßen einen erweiterten Theophrast, im Auge haben. Warnung vor Haarspaltereien? *actum agere*: juristischer Grundsatz des Römischen Rechts, daß eine einmal entschiedene Sache nicht erneut verhandelt werden kann: Erasmus *Adagia* 1, 4, 70 (s. auch Kagerer 2014, 454 und 669).

134 Cur sibi mites & benigni, plerumque alijs sint duri & austeri. ratio Politica, pluribus declarata. *Sat. Satyr.*

Warum die, die sich gegenüber milde und gütig sind, anderen gegenüber meistens hart und streng sind. Das politische Geschäft, an mehreren (Beispielen) verdeutlicht.

Erschütternde Skepsis gegenüber den Politikern (▶ S. 32–35 ‚Hof und Höflinge'), die sich zu wenig an die eigene Nase fassen. *pluribus*: Beispielen oder Politikern.

135 *Hippodromus Pegasi*, equus; an equites Poëtæ, in eo magis exerceantur. P.

Der Hippodrom des Pegasus, ob sich darin mehr das Roß oder die Dichter als Reiter üben.

Das Musenroß Pegasus verkörpert die Dichtkunst, es braucht nicht zu üben. Aber die Dichter müssen versuchen, es zu bändigen. In 400 sollen junge Dichter *in Hippodromo Poëtarum* üben und versuchen, Pegasus richtig aufzuzäumen. ABC: nach Pegasi kein Satzzeichen. Die Vorstellung, daß der Dichter auf dem Pegasus reitet, ist der Antike fremd (Weiß 2015, 165).

136 Omnem protoplasti Adami nepotem, saltem aliquem *vermiculum*, in Avi primo pomo momordisse. hoc est: *patimur Manes*. Virg. *Deductio Satyr.*

Daß jeder Enkel des zuerstgebildeten / ersten Menschen Adam wenigstens auf irgendeinen Wurm in dem ersten Apfel des Ahnherrn gebissen hat. D. h.: Wir erleiden unsere Manen. Verg.

Mit Adam hat jeder seiner Nachkommen in den sündebedeutenden (wurmstichigen) Apfel gebissen, d. h. jeder Nachkomme ist dadurch gezeichnet. Jeder büßt für die Tat des Vorfahren. Problem der Erbsünde. Bezug auf Verg. *Aen.* 6, 743 *quisque suos patimur manis* (Anchises erklärt Aeneas in der Unterwelt die Leiden der Abgeschiedenen). Die in der Forschung umstrittenen Worte sind wohl ohne Bezug auf Vorfahren, sondern individuell zu verstehen. Exempli gratia sei R. D. Williams zitiert: "'we all endure our own ghosts', i. e.

are guiltily aware of the imperfections of our souls, stained and blotched with earthly sins" (The Aeneid of Virgil 1–6, ed., London / Basingstoke 1972, 504). Balde deutet die Aussage in christlichem Sinn. In der Titelliste der *Praefatio* des *Solatium podagricorum* bezeichnet er sie als *Oraculum*, indem er fragt (Nr. 17): *Quomodo intelligendum illud Oraculum Virgilij lib. 6. Æneidos. Quisque suos patimur Maneis* (1729, IV, 10). Das klingt nicht, als denke er an eine definitive Deutung. In der ein Jahr vor der *Expeditio* erschienenen *Urania* zitiert er Vergils Worte im invidvellen Sinn (2, 6, 29), wie er von den modernen Philologen angenommen wird. Demgegenüber ist der Bezug auf die Erbsünde an der vorliegenden Stelle offenbar anderweitig nicht belegt (Hinweis von Peter Walter). Die geforderte satirische Ausarbeitung (*Deductio Satyrica*) ist zu beachten. (Vergils Worte sind bis heute ein *Oraculum* geblieben: R. G. Austin, Aeneidos Liber Sextus with a comm., Oxford 1977, 227 bemerkt: "If one single phrase had to be chosen from the whole *Aeneid* to illustrate the elusiveness of Virgil, it might well be this"). Adams Apfel in vergleichbarem Zusammenhang auch 439.

137 Fabellarum & næniarum Iudaicarum Centuria prima, aliquot suspectis Judaizantibus *sub hasta*, in exemplum proposita. *Satyr.*

Eine erste Hundertschaft kleiner jüdischer Erzählungen und Klagen als Muster vorgestellt, wobei etliche verdächtige (unsichere Kandidaten) (erst) unter der Lanze (bei genauer Untersuchung) sich jüdisch gerieren (einen jüdischen Charakter erkennen lassen).

Bei Gerichtsverhandlungen der Centumviri (einem für Zivilangelegenheiten zuständigen Richterkollegium in Rom) wurde eine Lanze aufgestellt (Mart. 7, 63, 7 *centum gravis hasta virorum*). Balde assoziiert pointiert *centuria* (Hundertschaft als Maßeinheit) mit *centumviri* (Hundertmänner als Richter). Die hohe Zahl weist nur darauf hin, daß eine umfangreiche Materie intendiert ist (wie *Lib. unus* in 327, ▸ dort). Es dürften kurze Anekdoten (*Centuria prima*!) gemeint sein, die klar einen ‚jüdischen' Charakter erkennen lassen (oder was man dafür hielt); offenbar muß nur bei einigen erklärt werden, worin sie jüdisch sind (*judaizare* = ‚religionem et ritus Judaeorum sectari': Du Cange; ‚more Iudaeorum se gerere': ThlL). E. Fuchs, Die Juden in der Karikatur, München 1921 bietet zahlreiche Beispiele, so S. 29 ein Spottgedicht auf den diebischen Juden Amschel von 1671. *næniarum*: Allgemein galten Klagen als für Juden typisch (charakteristisch und vor allem in Judenparodien immer wieder zitiert: *wai geschrien!*), etwa derart: ‚Die sich bey Erlernung des Exercitiums beklagenden jüdischen Rekruten, Mauschel beginnt: *Verzweifelndes Geschick! au wei! wir sind verloren.* | *Allein zum Unglück sind wir auf die Welt gebohren*' usw. (Fuchs S. 37). Balde mochte Horaz *Epist.* 1, 63 *puerorum nenia* = ‚formelhafter monotoner Singsang der Knaben' (Kießling / Heinze 1914, 14) im Gedächtnis haben. Man könnte *næniarum* mit ‚alter (klagender) Leiern' wiedergeben; Dasypodius 1536: ‚[...] abusiue, Ein [...] vngeschickt / vnnütz rede / oder gesang'; Wilfried Stroh: ‚Albernheiten' (er übersetzt, indem er *cum* vor *aliquot* konjiziert: ‚Die erste Centurie jüdischer Fabeln und Albernheiten zusammen mit einigen, die unter dem Verdacht des Judentums stehen, zur Auktion als Musterbeispiel ausgestellt'). Balde und die Juden: ▸ S. 39 ‚Juden'.

138 Cur plerique à *Manlianis* imperijs abhorreant. *Indagatio.*

Warum die meisten vor Manlianischen Befehlen Abscheu empfinden.

Sprichwörtlich (Otto 1890, 209). Gellius 9, 13, 20 berichtet, daß nach dem Konsul der Jahre 347, 344 und 340 v. Chr. Titus Manlius Imperiosus Torquatus (der, wie es heißt, seinen Sohn hinrichten ließ) *imperia et aspera et immitia ‚Manliana' dicta sunt.*

139 De *Crypta subterranea* poparum Chaldæorum, Sacerdotum Bel. Dan. 14, v. 12. *Dissertatio.*

Über die unterirdische Krypta der babylonischen Popen, der Bal-Priester. *Dan.* 14 V. 12.

> Kap. 14 des Buches *Daniel* (Vulgata, nicht in der Lutherbibel) erzählt die Geschichte von Daniel, der an Kyros' Hof nicht bereit war, die Statue des Bel anzubeten, weil er bezweifelte, daß dieser ein lebendiger Gott sei. Als der König darauf hinwies, daß die 12 Scheffel Feinmehl, 40 Schafe und 6 Maß Wein, die man ihm täglich opfere (d. h. zur Verfügung stelle), immer konsumiert würden, wies Daniel nach, daß die 70 Belpriester einen unterirdischen Gang benutzten, auf dem sie heimlich mit Frau und Kindern zu kommen und sich an den Opfergaben gütlich zu tun pflegten. Daraufhin ließ Kyros sie hinrichten. V. 12 lautet: *contemnebant autem quia fecerant sub mensa absconditum introitum, et per illum ingrediebantur semper, et devorabant ea.*

140 Adversus nummularios Quæstores, qui *Vespasianum* patrem, quàm *Titum* filium refodere malunt. *Satyra.*

Gegen Münzquästoren, die lieber Vespasian, den Vater, als Titus, den Sohn, ausgraben wollen.

> *Quæstores*: Schatzmeister / Steuerbeamte. Gegen die Strenge moderner Steuereintreiber, die sich Vespasian (Kaiser 69–79) zum Leitbild nehmen. Im Gegensatz zu seinem Sohn Titus (Kaiser 79–81) war er äußerst sparsam und erhob zahlreiche Steuern, u. a. eine Urinsteuer, die Titus tadelte (Suet. *Vesp.* 23, 3; hierauf spielt *Nihil gratis* 36 an: 1729, IV, 486). Titus' Herrschaft wurde als human empfunden (für ihn könnte in Baldes Sicht auch die Eroberung Jerusalems 70 n. Chr. sprechen; ▶ S. 39 ‚Juden'). *refodere*: wörtlich vom Ausgraben der Münzen mit Vespasian- bzw. Titus-Porträt.

141 Cur cæteris omnibus positis, ingenio & diligentiâ; multi intra triennium, apicem Philosophiæ conscendant: alij intra idem spatium vix mediocris Poëtæ nomen assequantur. P.

Warum viele unter Vernachlässigung alles anderen durch Begabung und Fleiß innerhalb von drei Jahren den Gipfel der Philosophie erklimmen, andere in demselben Zeitraum kaum den Namen eines mittelmäßigen Dichters erlangen.

> Es ist leichter, sich in der Philosophie auszuzeichnen als in der Dichtkunst (▶ S. 36–37 ‚Philosophie'). Der Dichter muß nicht nur das Dichterhandwerk erlernen, sondern braucht auch Lebenserfahrung (Reife) und Urteil. Die Satire gehört sogar in den Herbst des Lebens (▶ S. 16).

142 *Hystrix.* sive Satyra aculeata in Frugiperdas: qui decolorant aquas, & vix spicam Cereris odoratas, statim à primo pallore pro Cerevisia vendunt. an Zythepsæ culpandi? inquiruntur causæ & discutiuntur. *Sat.*

Stachelschwein oder Eine mit Stacheln versehene Satire gegen die Fruchtverderber, die Wasser färben und dieses, das kaum nach der Ähre duftet, gleich auf die erste blasse Farbe hin als Bier verkaufen. Oder ist den Bierzapfern (Schankwirten) die Schuld zuzuweisen? Es werden Gründe aufgespürt und diskutiert.

> Ob Brauer oder Wirte an der Bierpanscherei größeren Anteil haben. *hystrix*: ▶ *Ca.* 40 (Wahrzeichen der scharfen Satire Juvenals). (In Berlin gibt es seit 1949 ein erfolgreiches sati-

risches Kabarett ‚Die Stachelschweine'.) Der hyperbolische Ton verrät, daß die Frage nicht ganz ernstgenommen wird – vielleicht, weil Balde Weintrinker war. *Satyra aculeata*: ▸ zu *Ca.* 22 und 40. *frugiperdas*: Die Brauer setzen der Gerste (*spica Cereris*) zuviel Wasser bei und ‚verderben' sie. Im klassischen Latein ist *frugiperdius* in der Bedeutung ‚fruchtverlierend' nur bei Plin. *Nat.* 16, 110 überliefert (Adjektiv zu *salix* gesetzt; von den alten Editoren zu *frugiperda* verbessert). Balde hört in der zweiten Hälfte *perdere* = ‚verderben'; in diesem Sinn Pexenfelder 1670: ‚Brodverderber'. Von Wein- und Bierpanschern handelt 447.

143 Silentium, anceps signum esse: jam prudentiæ, jam modestiæ, jam superbæ ignorantiæ. *Sat.*

Daß das Schweigen ein zweideutiges Zeichen ist: bald der Klugheit, bald der Bescheidenheit, bald der überheblichen Dummheit.

Klimax / Antiklimax zu aufgeblasener Ignoranz hin. Die Klugen und Bescheidenen wissen, worum es in einer Situation geht, die Dummen nicht, sie verbergen das hinter arrogantem Vornehmtun.

144 Quomodo fluctuantis animi conceptus, sint quidam quasi æstus maris. *Ode.*

Wie Konzepte eines wogenden Geistes gleichsam Meeresstürme sind.

conceptus in der *Praefatio* = ‚Konzept', zu bearbeitender Stoff (▸ S. 161). Der Dichter zum Beispiel hat ungebändigte Einfälle, die er zu klaren Aussagen bändigen / klären muß. Wassermetaphorik (▸ auch 235, 344, 380) bei Dichtungsproblemen schon in der Antike häufig.

145 Tigridem sævientem, felem blandientem, lupum ululantem, Poëtam desperantem meritò vitari. *Ode. Sat.*

Daß ein wütender Tiger, ein schmeichelnder Marder, ein heulender Wolf (und) ein verzweifelnder Dichter mit Recht gemieden werden.

Dem verzweifelnden Dichter, der die *fluctuantis animi conceptus* (144) noch nicht gebändigt, d. h. sein Werk noch nicht in Angriff genommen oder fertiggestellt hat, geht man lieber aus dem Weg. Verwandt: 81.

146 Nullum veterum philosophorum, plures discipulos sequaces reliquisse; & ad usque nostra tempora continuare, quàm Diogenem in *Dolio* habitantem. Quot enim non habet sectarios! *Eutrapelia.*

Daß keiner der alten Philosophen mehr ihm folgende Schüler hinterlassen hat und sie bis auf unsere Zeiten weiter fortführt als der im Faß wohnende Diogenes. Denn wieviele Jünger hat er nicht!

Viele (bayerische) Dauerbiertrinker wohnen gleichsam im (Bier)faß. Die *Eutrapelia* geht auf das Konto des Weintrinkers Balde. Diogenes: ▸ zu 101 (und 50).

147 Vitam nostram quodammodo musicam esse, per omnia ex arte probari potest: per scalam, notas, suspiria, concentum, & pausam. *Epicum, vel Elegia.*

Daß unser Leben gewissermaßen Musik ist, kann durch alles regelrecht bewiesen werden: durch Leiter, Noten, Seufzer, Zusammenklang und Stillstand.

Die fünf gereihten Begriffe können sowohl auf die Musik als auch auf das Leben angewendet werden, z. B. in der Art: Tonleiter / zu bewältigender Aufstieg; Noten / Male am Körper; tiefes Atemholen / Seufzen; Harmonie / Eintracht; Pause / Ende (*vitai pausa*, Lukrez 3, 930). Verwandt der Vergleich von Dichter und Sänger in 161.

148 Poëtastrorum summa libertas & felicitas, quòd Apollo, Principum cæterorum more, *Fiscum* habere dedignetur. quæ enim spolia non eò devolverentur. *Satyr.* P.
Der Poetaster höchste Freiheit und Glück ist, daß Apollo es verschmäht, nach Art anderer Fürsten, eine Kasse zu haben. Denn welche Beute käme dort nicht hinein!

> Kriegsbeute wurde (teilweise) in Tempeln niedergelegt. Balde erwähnt in der Praefatio zum *Castrum* (nach Verg. Aen. 12, 92–94), daß Turnus den Speer, den er im Kampf gegen den Aurunker Actor erbeutet hat, in einem Tempel aufhängt (▸ S. 84 / 85). Die Poëtaster / Plagiatoren, die anderer Dichter Erzeugnisse kopieren (,erbeuten'), müßten eigentlich ihre Beute dem Dichtergott Apollo abliefern, d. h. sie haben Glück, nicht zur Rechenschaft gezogen zu werden. Zum Thema und zum Terminus *Poëtaster* ▸ S. 42 ‚Plagiatoren und Poetaster'. 148 und 150 sind durch das Thema ‚Plagiatoren' verbunden.

149 Fallacias Politicorum, sesamo & saccaro inspersas; nocenti acerbitate, fel draconum, & virus equarum, & spumam Cerberi superare. *Sat.*
Daß der Politiker mit Sesam und Zucker besprengte Betrügereien an schädlicher Bitterkeit Schlangengalle und Stutenschleim und Cerberus-Geifer übertreffen.

> Paradoxon. Scharfe Polemik gegen Politiker, ▸ S. 32–35 ‚Hof und Höflinge'. *saccarum*: ‚Zucker' (Pexenfelder 1670). *sesamo & saccaro*: durch Alliteration, gleiche Silbenzahl und Homoioteleuton hervorgehoben, in Antithese zu *acerbitate*.

150 Infelicibus Ingenijs, ipsummet Ovidij Pegasum fore *Equum Seianum*: auream Statij venam, *aurum Tolosanum. Demonstrat.* P.
Daß unfruchtbaren Geistern selbst Ovids Pegasus ein Sejanisches Pferd, Statius' goldene Ader ein Tolosanisches Gold wäre.

> *Equus Seianus* und *aurum Tolosanum* bezeichnen sprichwörtlich wertvolle Dinge, die Unglück bringen (Gell. 3, 9; Erasmus *Adagia* 1, 10, 97 bzw. 98; Otto 1890, 315 bzw. 350). Das war bei dem *Equus Seianus* (nach dem ersten Besitzer, einem gewissen Cn. Seius, davon das Adjektiv *Seianus*) für seinen jeweiligen Besitzer ebenso der Fall wie bei der Plünderung der Goldschätze von Tolosa (Toulouse) durch die Römer 106 v. Chr. für den Konsul Qu. Servilius Caepio, der 104 wegen Unterschlagung derselben (wohl erfolglos) angeklagt wurde. Wenn gesagt wird, daß das Beherrschen von Ovids und Statius' eminent hoher Dichtkunst unfruchtbaren Begabungen (d. h. solchen, die sich nicht durch Originalität auszeichnen) Unglück bringe, dürfte es sich um Plagiatoren handeln, die auch sonst kritisiert werden: 148, 230, 250, 263, 295 (▸ S. 42 ‚Plagiatoren und Poetaster'). *ABC* drucken fälschlich *Equum Seiani*, was ‚Pferd des Sejan' heißt (Sejan war Präfekt unter Tiberius). *Equum Seianum* richtig *Interpretatio Somnij* p. 7 (dazu Kagerer 2014, 383–384). 148 und 150 sind durch das Thema ‚Plagiatoren' verbunden.

151 Qui omnem famam pueriliter metuunt, semetipsos tandem exhorrescere. *Ode.*
Daß die, die jedes Gerede kindisch fürchten, schließlich vor sich selbst schaudern.

> Die Furcht könnte der Befürchtung entspringen, es möchten Teile des Geredes berechtigt sein oder einige das Gerede für wahr halten. Das führt aufgrund mangelnden Selbstbewußtseins schließlich zu einem unnatürlichen Verhältnis zu sich selbst. Verwandt: 264.

152 Propriè dici: Catholicorum & Acatholicorum sententias, *Toto cœlo esse diversas*. *Demonstratio*.
Daß ausdrücklich gesagt wird: Daß die Lehrsätze der Katholiken und Nichtkatholiken himmelweit voneinander verschieden sind.

> Gegen die Lutheraner: ▸ S. 31–32 ‚Lutheraner'. *toto cœlo*: ganz und gar (abgegriffen), hier vielleicht wörtliche Bedeutung mitzuhören.

153 Misericordes, auro prope Tartara effosso cœlum lucrari: Vanè gloriosos, virtutibus in cœlo natis, Tartara. *Epicum*.
Daß Barmherzige durch Gold, das nahe der Hölle ausgegraben ist, den Himmel gewinnen, eitel Ruhmredige durch Tugenden, die im Himmel geboren sind, die Hölle.

> Barmherzigkeit versus Ruhmredigkeit bzw. Denken an andere versus Denken an sich selbst. Doppeltes Paradox: Barmherzige führt Gold, das seinen Ursprung nahe der Hölle hat, in den Himmel (weil sie anderen mit gemünztem Gold = Geld helfen), Ruhmredige führen Tugenden, die ihren Ursprung im Himmel haben, in die Hölle (weil sie mit ihnen prahlen oder sich fälschlich zulegen). Vielleicht hat Balde Horaz' bekannte Wendung im Sinn, daß *virtus* den Himmel aufschließt (*virtus recludens* [...] | *caelum*, *Carm*. 3, 2, 21–22). Hier schließt *misericordia* den Himmel, (falsche) *virtus* die Hölle auf.

154 Qualis dementiæ species sit? quòd galli gallinacei; cùm hostiliter præliantur, vulture viso utriusque hoste, à pugna cessent: Principes autem Christiani, audito, Turcam omnium gentium latronem adversùm ire; sævire pergant & in mutua vulnera ruere. *Epicum*.
Was das für eine Art von Wahnsinn ist, daß Hähne, wenn sie feindlich gegeneinander kämpfen, sobald ein Raubvogel, der Feind beider, gesehen wird, vom Kampf ablassen, aber christliche Fürsten, wenn gehört wird, daß der Türke, der Räuber aller Völker, anrückt, zu wüten fortfahren und zu gegenseitigen Verwundungen stürzen.

> Bedauern, daß Katholiken und Protesanten nicht gemeinsam gegen die anrückenden Türken vorgehen, sondern sich selbst weiter bekriegen. *omnium gentium latronem* ist grimmige Wiederaufnahme der Verurteilung der Römer als *latrones gentium* durch Mithridates VI. Eupator (Sall. *Hist.*, *Epist. Mithrid*. 22). Gegen Türken auch 21 und 31, zu vergleichen ferner 344, 415, 423 sowie 33 im Epilog. *gallus*: ‚Hahn', *gallus gallinaceus*: ‚Hühnerhahn' (bereits antik). Balde will wohl betonen, die Hähne kämpften wegen der Hühner miteinander, seien also mit eigenen Angelegenheiten beschäftigt.

155 Neminem unquam *Laurum* momordisse, quin & postea saltem odore foliorum sæpiùs delectaretur, Mecœnas studiorum factus. *Ode*. P.
Daß niemand je auf Lorbeer gebissen hat, ohne auch später wenigstens durch den Duft der Blätter öfter erfreut zu werden, ein Maecenas der Bemühungen (um die Dichtkunst) geworden.

> Wer selbst gedichtet hat (aber kein professioneller Dichter geworden ist), wird später wenigstens ein Förderer der Dichtkunst sein. Maecenas: berühmter ‚Mäzen' (etwa 70–8 v. Chr.) der augusteischen Dichter Vergil, Horaz, Properz, als Dichter weniger bedeutend. *Mecœnas*: gebräuchliche Variante der Zeit (z. B. in Amaradulcis Oder Je Länger / Je Lieber. Das ist:

Lob-Predigten etlicher Heiligen [...], Wienn 1658, 346). *laurum mordere* = ‚dichten' auch *Torv. enc.* 24, 23.

156 Poëtastros posse quidem versus scandere, sed non honores & apicem Parnassi. P.

Daß Poetaster zwar Verse skandieren, nicht aber auf Ehren(stellen) und den Gipfel des Parnaß steigen können.

> Genial. Doppelte Bedeutung von *scandere* = ‚skandieren' und ‚besteigen'. Poetaster sind Handwerker, keine Dichter (▶ S. 42 ‚Plagiatoren und Poetaster'). Verwandtes Bild: 223.

157 An, quod aliqui ambitiosè sibi persuadere conantur; defectus ingenij, sit signum præsentioris judicij. *Disquisitio.*

Ob, was sich einige eifrig einzureden versuchen, Mangel an schöpferischer Kraft Kennzeichen einer wirksameren Urteilskraft ist.

> Offenbar gemeint: Einige nehmen für sich in Anspruch, daß der bei ihnen herrschende Mangel an spontaner Begabung (Wilfried Stroh: schöpferischer Kraft) durch eine um so wirksamere Urteilskraft ausgeglichen wird, z. B. in Baldes Sinn: Kritiker statt Dichter! Stärkste Ironie. *defectus ingenij* wie 95. Die Bedeutung *defectus* = ‚Abnehmen', ‚Schwinden' ist weniger wahrscheinlich. Pointiert: *defectus ingenij* (Abwesenheit) ↔ *præsentioris judicij* (Anwesenheit). Verwandt: 339.

158 Quomodo urgendo unam literam, perdamus sæpe duas syllabas, & tres amicos. *Demonstratio.*

Auf welche Weise wir durch Beharren auf einem Buchstaben oft zwei Silben und drei Freunde verlieren.

> Kleinlichkeit kann schlimme Folgen zeitigen. Pointierte inhaltliche (*literam, syllabas, amicos*) und formale (*unam, duas, tres*) Steigerung. Vielleicht klingt von fern 2 *Korinther* 3, 6 an: *littera enim occidit, Spiritus autem vivificat* (Luther: ‚Denn der Buchstabe tötet, aber der Geist macht lebendig').

159 Quippe ni hunc esse verè infamem, qui nec atomum bonæ famæ habet. *Sat.*

Daß allerdings der wahrlich verrufen ist, der auch nicht den geringsten guten Ruf hat.

> Paradoxes Wortspiel: Wer keinen guten Ruf hat, hat trotzdem einen Ruf, nämlich einen schlechten. *infamem* ↔ *famæ*: pointierte Antithese.

160 Crudeles contemptores aliorum, hoc ipso convinci, esse immodicos æstimatores sui. *Ode.*

Daß die, die andere unbarmherzig verachten, gerade dadurch widerlegt werden, daß sie sich selbst maßlos schätzen.

> Ihnen fehlt Maß / *modus* / *modestia*, sie sind *immodici*. So wie sie sich selbst nicht richtig einschätzen können, ist das auch im Blick auf andere der Fall. Parallel formulierte Antithese (durch Alliteration betont): *crudeles contemptores aliorum* / *immodicos æstimatores sui*.

161 Variorum Poëmatum natura atque indoles ex analogia artis Musicæ demonstrata. quippe *Poëtam* & *Phonascum* ijsdem penè modis delectari, eodem artificio & humore circumagi. P.

Verschiedener Dichtungen Natur und Eigenart nach Analogie der Musik gezeigt. Daß ja Dichter und Sänger von beinahe denselben Weisen erfreut, von derselben Kunstfertigkeit und demselben Saft umgetrieben werden.

> *Diss.* 29 heißt es in diesem Sinn: *poeta cantor est.* Dort wird der *cantor* positiv vom *phonascus* (Claren et al. 2003, 167: ‚Singmeister'; Burkard 2004, 34 und 228: ‚Stimmkünstler') abgesetzt. Hier ist *Phonascus* keine pejorative Bedeutung beigemischt. Zur Parallelität / Analogie von Musik und Dichtung bei Balde: Lukas 2001, 156–157, zur Säftelehre: ▸ zu 199 und zu *Ca.* 36. *humore*: auch ‚Laune, Stimmung, geistige Verfassung' (Claren et al. 2003, 163 und 335). Verwandt der Vergleich von Leben und Musik in 147.

162 Satyricum Poëtam esse scopum & scopulum. *Scopum*, in quem Momi collineant; *scopulum*, in quem caput impingant. P.

Daß der satirische Dichter Ziel und Klippe ist, Ziel, auf das die Kritiker zielen, Klippe, an der sie ihren Kopf einschlagen.

> Der Satiriker ist der Kritik ausgesetzt, aber die Kritiker erleiden mit ihrer Kritik (oft) Schiffbruch, weil (wenn) sie unzutreffend ist. Ganz sicher spricht der späte Balde in eigenem Namen. Wortspiel *scopum / scopulum*. Verwandt: 19.

163 Plerosque sua vitia odisse in alijs. *Sat.*

Daß sehr viele ihre Laster bei anderen hassen.

> Tiefe Lebensweisheit.

164 Cur Bubalorum naribus *annulus* inseratur. *Dissertatio Politica.*

Warum den Nasen der (Büffel)ochsen ein Ring eingezogen wird.

> Ein politischer ‚(Büffel)ochse' (*Dissertatio Politica!*) ist ein Höfling, mit dem der Fürst macht, was er will, den er ‚an der Nase herumführt' (▸ S. 32–35 ‚Hof und Höflinge').

165 Quænam vina ad *aquam Zelotypiæ* proximè accedant. *Allegoria.*

Welche Weine dem Wasser der Eifersucht am nächsten kommen.

> Ein zugleich brillantes und verschrobenes Thema! Die *aqua Zelotypiæ* bezieht sich auf die Verkündigung der *lex zelotypiae* durch den Herrn an Mose (4 Mose 5, 12–31), nach der eine Ehefrau, die verdächtigt wird, bei einem anderen Mann gelegen zu haben, ein verunreinigtes und vom Priester verfluchtes Wasser zu trinken hat und je nach dem, wie es ihr bekommt, erkennen läßt, ob sie schuldig oder unschuldig ist. Das Wasser der Eifersucht ist also ein übles Getränk (*aqua amarissima, aqua maledicta*), dem besonders unbekömmliche Weine verglichen werden sollen. Westermayer 1868, 241 läßt sich über Baldes Geschmack so vernehmen: „Aus dem traubenreichen Elsaß gebürtig, liebte er den Wein natürlich vor allem; unter den heimathlichen Sorten hebt er in einer Ode den Rangwein (vinea Rangensis), der auf dem Rangenberg bei Thann wächst, besonders hervor [*Lyr.* 3, 34, 17]. [...] Dagegen war er mit unversöhnlichem Grauen erfüllt gegen jene Säuerlinge, die man an einzelnen Orten dem widerstrebenden Boden mit strafbarem Frevel abgewinnt, zumal gegen die niederbayerischen und oberen Donauweine". *Allegoria*: Balde könnte im Zusammenhang mit der *Mose*-Stelle suggerieren, schlechter Wein sei eine Prüfung (wer ihn nicht verträgt, habe Anlaß, in sich zu gehen).

166 Quæ illa ingenia sint digna in Foro subhastari. *Disquisitio.*

Welche jene Charaktere sind, würdig, auf dem Markt öffentlich versteigert zu werden.

Sklaven wurden oft öffentlich versteigert. Sarkastisch dürfte an die Höflinge gedacht sein, die ‚Sklaven' sind, aber auch bei dem heftig abgelehnten Hofleben arg mitmischen (▸ S. 32–35 ‚Hof und Höflinge'). *illa*: Es wird gewissermaßen mit dem Finger auf diese Gruppe gedeutet. *subhastari*: Die *hasta* (Lanze) wurde bei öffentlichen Versteigerungen aufgestellt (Cic. *Phil.* 2, 64); ▸ auch 137.

167 *Homines sumus*: hoc diverbium non tantùm ad humani corporis pedes (hoc est vulgus) sed sæpe magis ad summa capita (Dominos) pertinere. *Declaratio*.

‚Wir sind Menschen': Daß dieser Dialog sich nicht nur auf die Füße des menschlichen Körpers (das ist das Volk) bezieht, sondern oft mehr auf die oben sitzenden Köpfe (die Herren).

Homines sumus geht auf den berühmten Dialog in Terenz' *Heautontimorumenos* zurück, in dem der Senex Chremes seinem Nachbarn Menedemus gegenüber bekennt: *homo sum* (77). Dafür spricht, daß *diverbium* Fachausdruck der antiken Grammatiker für die Sprechpartien der römischen Komödie in jambischen Senaren ist, später = ‚Gespräch' (Kirschius 1796). Während Chremes ethisches Verhalten im Sinn hat, ist Baldes Aussage, auf den Punkt gebracht, bitterböse: Qua Füße sind auch die Unterschichten ‚Menschen', qua Kopf oft nur die Herren.

168 Quædam deleri posse, non tamen abscondi. *Allegoria*.

Daß gewisse Dinge vernichtet, nicht aber verborgen werden können.

Man kann – zum Beispiel – Bücher oder Märtyrer verbrennen, nicht aber ihr Gedankengut unterdrücken / auslöschen.

169 An æquè fatuum sit, cibos sapore condítos quærere, ac ligna cremanda coloribus pingere. quod quidam tamen sive Asceta, sive Stoicus putavit. *Disquisitio*.

Ob es gleich töricht ist, geschmackvoll gewürzte Speisen zu begehren wie Brennholz mit Farben zu bemalen – was dennoch jemand, sei es ein Asket, sei es ein Stoiker, geglaubt hat.

Das Würzen von Speisen ist ebenso wie das Bemalen von Brennholz eine überflüssige Arbeit. Ist der *Asceta, sive Stoicus* eine Erfindung? Geht es nicht um die Person, sondern um die Haltung? Es könnte sich um ein herausragendes Beispiel von Selbstironie handeln. Balde führte 1638–1643 die Münchner Congregatio Macilentorum (Westermayer 1868, 90–93; Stroh 2004, 209–240) und sympathisierte in eben dieser Zeit mit der ‚Münchner Stoa' (▸ S. 37 ‚Stoa'). Insofern ist der Terminus Asket gut gewählt. *asceta*: Mönch, auch jeder, der eine strenge Lebensweise führt (Kagerer 2014, 656 mit Literatur). Am Ende des *Torvitatis encomium* wird Jeremias Drexel SJ (1581–1638), Baldes hagerer Vorgänger als Hofprediger am Münchner Hof, als *Asceta* bezeichnet (von ihm überliefert er den Ausspruch kurz vor seinem Tod: *es werden die Würm an mir ein schlechte Mahlzeit haben*: 1729, VII, 212, dazu Stroh 2004, 220).

170 An ex Ludo, quem *Scacchum* appellant, per varios & ancipites ductus, ac quasi insidias & stratagemata, æquè deprehendi possint Poëtarum ingenia, affectus, mores; ac deprehensæ fuerunt ijsdem præliandi simulacris aliquorum belli ducum naturæ, animorúmque cupiditates, & impetus, modíque belligerandi. P.

Ob aus dem sogenannten Schachspiel an verschiedenartigen und doppeldeutigen Zügen und gleichsam Hinterhalten und Listen in gleicher Weise Begabungen,

Leidenschaften und Sitten der Dichter erfaßt werden können, wie durch dieselben Bilder des Kämpfens das Wesen einiger Kriegführer und Leidenschaften des Geistes, das Drängen und die Arten des Kriegführens erfaßt wurden.

> Anspruchsvolles Thema. Zum zweiten Teil: Girolamo Vida hatte in der *Scacchias* das Schachspiel als *effigies belli* dargestellt und Balde ihn das in *Ca.* 7 ausführlich erläutern lassen (▸ dort und Interpretation). Zum ersten Teil: Mit Phantasie könnte die Frage beantwortet werden, wenn man zum Beispiel vom König auf Hofdichter, von den Türmen (im *Castrum* gibt es deren zwei) auf Epiker, von den Bauern auf Landsänger (*Bucolica!*) oder von den Springern auf Dichter von Reiterpoesie (von der in *Ca.* 27 ausführlich die Rede ist: ▸ dort und Interpretation) schließt und die *Poëtarum ingenia* entsprechend klassifiziert.

171 Quo artificio penetrari possit in Anatomiam arcanorum, quæ in corde superbi Hypocritæ latent. *Disquisitio.*

Mit welcher Fertigkeit (Kunst) in die Anatomie der Geheimnisse eingedrungen werden kann, die im Herzen eines überheblichen Heuchlers verborgen sind.

> Die Sektion (▸ zu 186) erlaubt, die *arcana* eines (toten) menschlichen Körpers, das psychologische Sezierbesteck, die *arcana cordis* eines (lebenden) Heuchlers zu erkennen. *Anatomia*: wörtlich Sektion zwecks Erkenntnis, übertragen Analyse wie in der Titelliste der *Praefatio* zum *Solatium podagricorum* Nr. 29: *Leonis & Vulpis Anatomia Politica* (1729, IV, 11); beide Bedeutungen schwingen spielerisch mit, die wörtliche in Bezug auf das Herz, die übertragene in Bezug auf die *arcana*; beide Bedeutungen auch in 310 (▸ dort).

172 Rectè Thomam Morum Angliæ Cancellarium pronuntiâsse: *Homines laboriosiùs Infernum, quàm cœlum petere.* Demonstratio.

Daß Thomas Morus, der Kanzler Englands, zu Recht gesagt hat, daß die Menschen mit größerer Anstrengung die Hölle als den Himmel erstreben.

> Thomas Morus: ▸ zu 129. Uwe Baumann teilt mit: „Ich vermute spontan eine Notiz aus einer der Renaissance-Biographien des Thomas Morus, am ehesten Roper, Ro. Ba., Harpsfield oder Stapleton, mein erster Kandidat wäre Roper." Eine spätere Quelle ist der Wiener Augustiner Paulus Samuel Depser in dem Buch ‚Zachæus Jubilatus, Fünfftzig [...] Predigen / Von dem Hochen Fest der Dedication oder Kirchweyhung', Saltzburg 1700, 199: „[...] Derentwegen jener Engeländischer Cantzler *Thomas Morus* in Betrachtung dessen zu sagen pflegte: *Quàm multi in hoc sæculo eo labore infernum mercantur, cujus vel dimidio cælum lucrati fuissent.* Wie vil thun auf diser Welt mit diser Mühe die Höll einkramen / welche mit halber Mühe den Himmel hätten gewinnen können" (Die 16. Kirchweyh-Predig / Concio XVI.).

173 Ex opibus Terræ Heliconiæ erutis, *salem Satyricum*, esse quasi inter metalla *argentum vivum*, venenum quidem, sed necessarium. Sicut enim absque *spiritu Mercurij*, non facilè neque affabrè argenteus calix inaurari potest: ita nullum Poëma (puta Toreuma, ex quo Apollo laticem Castalium bibat) duraturum ad posteros, si absque *spiritu Satyrico* confeceris. P.

Daß von den ausgegrabenen Schätzen des helikonischen Erdreichs das Salz der Satire gleichsam unter den Metallen das Quecksilber ist, Gift zwar, aber notwendig. Wie nämlich ohne Merkurs Hauch nicht leicht noch kunstfertig ein silberner Becher vergoldet werden kann, daß so kein Gedicht (nimm es für den ziselierten Becher, aus dem Apollo das Kastalische Wasser trinkt) bis auf die Nachwelt dauern wird, wenn man es ohne satirischen Hauch ausgeführt haben wird.

>   Erst durch ein Quentchen Satire bekommt ein Gedicht Würze. Es spricht der alte Balde. *spiritus*: Hauch, Hilfe, ‚Geist' (*spiritus Satyricus* klingt an Spiritus sanctus an, ist aber wohl kaum beabsichtigt). *Helikon*: Musenberg in Böotien (bei Balde sind Helikon und Parnaß „offenbar als identisch begriffen": Claren et al. 2003, 361). *latex Castalius*: Musenquelle am Parnaß, Apollo und den Musen heilig (Lukan 5, 125 *Castalios* [...] *latices*). *sal Satyricum*: ▶ zu 105. *argentum vivum*: Quecksilber, ein dem Silber ähnliches Metall, das bei Zimmertemperatur flüssig wird. Die Alchimisten versuchten, mit seiner Hilfe aus anderen Metallen Gold herzustellen. *Mercurius*: Gott der Kunstfertigkeit, in der Alchimie Bezeichnung für Quecksilber. *Apollo*: Gott der Dichtung. *toreuma*: metallischer Gegenstand mit Ziselierungen oder in (halb)getriebener Arbeit. Pexenfelder 1670: ‚ausgestochene / gegrabene / erhebte (= erhabene) Arbeit'. In der Thematik verwandt: 131.

174 Vinum, non esse lac senum, sed potiùs venenum. *Paradoxum.*
Daß Wein nicht die Milch der alten Männer, sondern eher ihr Gift ist.

>   *vinum lac senum*: Sprichwort (Wander, V, 1880, 106; Kudla 2001, 157), das nicht wertet, aber einen verständisvollen Unterton hat. Das ist zu widerlegen. Gleichklang *vinum / senum / venenum*. Verwandt: *vinum lac Veneris* (Walther 33476).

175 An verè dixerit Tullius: *vix singulis seculis bonum Poëtam esse inventum.* *Inquisit. P.*
Ob Tullius wahr gesprochen hat, daß sich in (den) einzelnen Zeitaltern kaum je ein guter Dichter gefunden hat.

>   Kein wörtliches Zitat. Jürgen Blänsdorf verweist auf *De oratore* 1, 11 *multo tamen pauciores oratores quam poetae boni reperientur*; der Satz harmoniert nicht unbedingt mit der Ansicht Baldes, daß der Dichter höher als der Redner einzuordnen ist (▶ 277, 315).

176 Latratu canum Cervos ad cursum; naturas hominum hostiliter agitatas, ad pravas suspiciones cogi. *Ode.*
Daß durch Hundegebell die Hirsche zur Flucht, die feindlich bedrängten Naturen der Menschen zu verkehrten Verdächtigungen / Vermutungen gedrängt werden.

>   In ernsthafter Bedrängnis regt sich bei Kreaturen irrationale Angst, Menschen dagegen stellen Vermutungen an: Sie geben anderen die Schuld an ihrer Situation, nicht sich selbst. Auffallend die c-Alliteration: *canum Cervos ad cursum* [...] *cogi*, Homoioprophoron: *hominum hostiliter* (zumal wenn h gesprochen wird).

177 Emendicare laudem, est esurire infamiam. *Ode.*
Lob erbetteln heißt Hunger nach Schande haben.

>   Sicht des überlegenen Beurteilers, die den *emendicantibus laudem* verwehrt ist.

178 Miseratur satyricè Germanos Populares suos; quòd neglectis Patriæ bonis, exterarum nationum quisquilias, & larvas sectentur, solius phantasiæ judicio pretiosiores. *Satyra.*
Er (der Autor) bedauert in satirischer Weise seine deutschen Landsleute, weil sie unter Mißachtung der Güter der Heimat ausländischer Nationen Nichtigkeiten und Masken (äußerem Schein) nachjagen, die nur im Urteil der Phantasie wertvoller sind.

Beliebtes Thema der Jesuiten: ▶ S. 29–30 ‚Ausländischer Einfluß'. *larva*: weil man hinter der Maske (dem Äußeren) den wahren Wert nicht erkennen kann, d. h. dem Schein erliegt. *larva* wie 293 und 430.

179 An prosit, Pegasum, cùm sit alipes, calcaribus urgere. P.

Ob es nützt, Pegasus, obwohl er Flügel an den Füßen hat (schnellfüßig ist), mit Sporen zu drängen.

Der Dichter kann seine Inspiration nicht zwingen, er muß in Muße den *Mentis imagines* nachhängen, wie es in der *Praefatio* zum *Castrum* heißt (▶ S. 78 / 79). Zudem: Pegasus gehorcht nicht jedem. Nicht einmal Alexander der Große könnte ihn ohne weiteres bändigen (▶ 87). Der Dichter als Reiter des Pegasus: 135.

180 Eum, qui seipsum laudat, aut verecundiâ suâmet abuti, aut patientiâ auditorum. *Demonstratio.*

Daß der, der sich selbst lobt, entweder sein eigenes Gefühl für Anstand mißbraucht oder die Geduld der Zuhörer.

Einer, der sich selbst lobt, mißbraucht entweder sein Gefühl für Anstand oder doch (wenn sich diese Empfindung nicht regt) auf jeden Fall die Geduld der Zuhörer. *aut – aut*: ‚entweder' – ‚oder doch' / ‚oder wenigstens' (Kühner / Stegmann, Satzlehre § 168 Abs. 8). Zitat des Anfangs der Ersten Catilinarischen Rede Ciceros (der Sprichwort wurde): *quo usque tandem abutere, Catilina, patientia nostra?*

181 Absentem læsum, si calcar addas, ruere in vindictam, non currere. *Ode.*

Daß ein (schon einmal) gekränkter Abwesender, wenn man ihn (weiter) attakkiert, zur Rache stürzt, nicht läuft.

Kränken / Beleidigen in absentia ist besonders schlimm, wenn Kränkungen / Beleidigungen schon vorhergegangen sind. Verwandt die sprichwörtliche Redensart: *addere calcaria sponte currenti*, Plin. *Epist.* 1, 8, 1 (Otto 1890, 103). Gleichklang *ruere / currere*. Der Neuburger Nekrolog berichtet, daß Balde Gespräche, in denen über andere schlecht gesprochen wurde, ‚mit liebenswürdigem Geschick' (*grata eutrapeliâ*) in eine andere Richtung lenkte (Zitat und Übersetzung: Stroh 2004, 13).

182 Cur multi Poësin infeliciter auspicentur; infeliciùs finiant. *Demonstratio.* P.

Warum viele Dichtung unglücklich beginnen und unglücklicher beenden.

Viele dichten, die nicht für das Dichten begabt sind. Das nimmt ein schlimmes Ende. Zur Dichtung muß man geboren sein (315).

183 An ex domo ædificata, colligi possit pernoscenda facies ædilis, quæ est animus. *Ode.*

Ob aus dem Bau eines Hauses die Gestalt des Erbauers erkannt werden kann, die sein Charakter ist (seinen Charakter zeigt).

Ob ein Bau die geistige Physiognomie seines Erbauers erkennen läßt. Wohl wörtlich und übertragen zu verstehen: An ihren Werken sollt ihr sie erkennen. ▶ auch 47. Strukturell verwandt: In 251 wird gefragt, ob aus der Gestalt des Geschriebenen auf den Charakter (*animus*) des Schreibenden geschlossen werden kann. *aedilis*: ‚Erbauer', wie *Med. gloria* 12, 76 (Wiegand 1992, 263); Pexenfelder 1670: ‚Bauherr'; s. Kagerer 2014, 673 zu *Interpretatio Somnij* p. 121 *Aedilitas*.

184 *Soteria bibere*, esse contra soteria.

Daß auf die Genesung trinken gegen die Genesung sein heißt.
> *soteria bibere*: nlat. ‚auf die Gesundheit trinken', s. etwa das Epigramm von Bernardus Bauhusius (1576–1619): *In Aulum Soteria largius bibere solitum*; Balde, *Solat. podagr.* 1, 22 (1729, IV, 45). Wohl gemeint: Wenn zu viele mit einem Kranken auf die Gesundheit trinken, schadet diesem der viele Alkohol.

185 Obstinati silentiarij, an infrenes Locutuleij sint molestiores. *Problema.*
Ob beharrliche Schweiger oder zügellose Schwätzer lästiger sind.
> Wenn die *silentiarij* nur schweigen und nichts verschweigen, sind die *locutuleij* lästiger. Andererseits wirken Verschlossene (bei denen man unfreundliche Gedanken vermutet) lästiger als naiv (offen) Schwatzende. Bei diesen gilt ebenfalls: Sie können harmlos sein, aber auch lästig, wenn sie andere nicht zu Wort kommen lassen. *Problema* heißt: bei beiden Punkten Für und Wider abwägen (▸ S. 59).

186 Hominem verè Microcosmum esse anatomicè, per omnia. *Demonstratio.*
Daß der Mensch anatomisch wahrhaft ein Mikrokosmos ist, in jeder Hinsicht.
> Balde hat über den berühmten französischen Anatomen Andreas Vesalius (1514 / 1515–1564, Hauptwerk *De humani corporis fabrica libri septem*, 1543) die 12. Medizinische Satire *Vesalii anathomici præstantissimi laus. Contra Atheos* gedichtet (1729, IV, 408–412). Bei ihm fand er die Auffassung, daß der Mensch ein Mikrokosmos analog zum göttlichen Makrokosmos ist (Wiegand 1992, 263). *anatomicè*: vielleicht wörtlich und übertragen wie *anatomia* in 171 und 310 (▸ dort).

187 Germanos, præ cæteris Nationibus, *bibere vinum, ut homines decet. Paradoxum.*
Daß die Deutschen, vor den anderen Nationen, ‚Wein trinken, wie es den Menschen ziemt'.
> Zum richtigen Verständnis des Themas ist zu beachten, daß die Trunksucht der Deutschen im 17. Jahrhundert als ein ‚Nationallaster' (Duhr 1913, 482) galt. Mercurius stellt im vierten Akt von Frischlins *Julius Redivivus* (1585) fest: *quae major est pestis Germaniae | Quam gulae studium, quam crapulae, quam temulentiae!* und Hermannus antwortet: *Non nego* (1745–1747). (Schon im Prolog hebt Mercurius der Deutschen *vini assiduo potu ardorem* (42) hervor. Des weiteren war Balde selbst für seinen ausgiebigen Weingenuß bekannt. Beides bietet Anlaß genug für eine (offenbar nicht allzu ernstgemeinte) Verteidigung. Die Argumentation lautet: Weintrinken (*bibere vinum*) ziemt sich (*decet*). Wenn jemand mehr als alle anderen etwas tut, was sich ziemt, was somit positiv einzuschätzen ist, dann ist das Weintrinken der Deutschen – was man als Laster ansieht – erst recht positiv einzuschätzen. Kurz gesagt: Das bekannte Laster der Deutschen ist kein Laster, sondern etwas, was sich in besonderem Maß ziemt. Darin liegt das *Paradoxum*. Möglicherweise waren die kursiv gesetzten Worte eine bekannte Sentenz. Kein Wunder, daß der Zensor I dieses Thema für erklärungsbedürftig hielt (▸ S. 366–367).

188 Bene confici arma posse contra hostem, sed non contra metum. Gnome Henrici IV. Gall. Regis. *Ode.*
Daß Waffen gut gegen den Feind gefertigt werden können, nicht aber gegen die Furcht. Ausspruch Heinrichs IV., des Königs von Frankreich.
> Claudia Michel verweist auf ein Zitat, das dem Ausspruch verwandt ist: «La peur ne doit point entrer dans une ame royale: qui craindra la mort, n'entendra rien sur moi; qui mépri-

sera la vie, sera toujours maître de la mienne, sans que milles gardes l'en puissent empêcher: je me recommande à Dieu quand je me leve & quand je me couche, je suis entre ses mains; & après tout je vis de telle facon que je ne dois point entrer en ces défiances. Il n'appartient qu'au tyrants d'être toujours en frayeur» (Hardouin de Péréfixe de Beaumont: Histoire de Henri le Grand, Paris 1661, 479–480; die Sentenz begegnet auch in: Louis-Laurent Prault: L'Esprit d'Henri IV: ou Anecdotes les plus intéressantes, Traits sublimes, Réparties ingénieuses, & quelque Lettres de ce Prince, Paris 1770, 130). Henri IV rechtfertigt sich hier gegen den Vorwurf einer unzureichenden Leibwache. *gnome*: allgemeiner Ausspruch oder Sinnspruch, nicht Sprichwort (▸ S. 27).

189 Seminare laudes immeritas, est spargere *entia rationis* in aëra. *Ode*.

Daß unverdientes Lob säen Hirngespinste in die Luft streuen heißt.

Austeilung unverdienten Lobs bedeutet Luftblasen erzeugen. Es hätte genügt zu sagen: *est spargere rationem in aëra*. *ens rationis* hat eine spezielle Bedeutung in der Philosophie: „ein Wesen, das man sich nur denkt. e. g. ein goldener Berg. *item Conceptus vltimus, vltra quem in euolutione generum ascendi non potest.* Philos." (Kirschius 1796). *seminare* und *spargere* (durch Alliteration verbunden) bezeichnen dasselbe Bild.

190 Quare Amphibologias Apollo Poëtis suis interdixerit. *Inquisitio*. P.

Warum Apollo seinen Dichtern Zweideutigkeiten (Doppeldeutigkeiten) untersagt hat.

Horaz tadelt das *ambigue dictum* (*Ars* 449, von Balde *Diss.* 51 zitiert), das „wegen Schiefheit oder Zweideutigkeit des Ausdrucks zu Mißverständnis Anlaß gibt" (Kießling / Heinze 1914, 362). Ps.Acro z. St. verwendet dafür den von Balde gebrauchten Ausdruck *amphibologia(e)*. In übertragenem Sinn beschreibt *amphibologia* in der *Isagoge* der *Urania* die „angeblich zweideutige, jedenfalls undurchschaubare Mentalität und Absicht der angeblichen ‚Freunde' (und Kritiker), die Balde zur Elegiendichtung drängten" (Claren et al. 2003, 208).

191 Quî fiat, quòd, hoc seculo, etiam *Cæci de coloribus judicent*. *Sat*.

Wie es kommt, daß in diesem Jahrhundert sogar Blinde über Farben urteilen.

Schlimme Skepsis gegenüber der Gegenwart (▸ S. 28–29 ‚Gegenwart'). Es können ebenso Politiker wie Literaturkritiker gemeint sein. *cæci de coloribus*: Alliteration verstärkt die ungewöhnliche Aussage.

192 Arcana publica. Ergo proverbium, *sub Rosa*, exolevisse. *Sub spina*, substituendum.

Öffentliche Geheimnisse (Geheimnisse sind öffentlich geworden). Daß daher das Sprichwort ‚Unter der Rose' aus der Mode gekommen ist. ‚Unter dem Dorn' ist an seine Stelle zu setzen.

Balde klagt, daß die Tugend der Verschwiegenheit erloschen ist. Statt dessen will man verletzen (*sub spina*), durch gezielte Indiskretion. Die sprichwörtliche Wendung *sub rosa* (‚unter dem Siegel der Verschwiegenheit') ist in der Humanistenzeit in Deutschland (Geiler, Brant, Murner, Sachs u. a.) sehr verbreitet (Singer IX, 1999, 362–364). In Klöstern war zuweilen über dem Tisch eine Rose aufgehängt oder gemalt. Ein Tegernseer Mönch dichtete im 15. Jahrhundert (Röhrich 1991, 1254):

> Quidquid sub rosa fatur
> repetitio nulla sequatur.
> Sint vera vel ficta,

sub rosa tacita dicta.
Si quid foris faris
haud probitate probaris.

Eine Rose im Nimbus über Beichtstühlen ist Zeichen der Verschwiegenheit (Heinz-Mohr 1991, 268). Vielleicht klingt das Sprichwort *rosa, ut dicitur, de spinis floruit* (Hieronymus *Vita Hilar.* 1: Otto 1890, 302) an. *arcana publica*: Das Oxymoron ist redensartlich, ein hohes Beispiel: Goethes Gedicht *Offenbar Geheimnis* im *Divan*. Von einem ‚offenen Geheimnis' wird noch heute gesprochen. Büchmann 1972, 471 gibt folgende Information: Das Lustspiel *El secreto a voces* von Calderón bearbeitete Gozzi unter dem Titel *Il pubblico secreto* (1769), wonach Gotter *Das öffentliche Geheimnis* schrieb (1781). Schiller in einem Brief an Körner am 4. September 1794: ‚Was man in einer Zeitung und auf dem Katheder sagt, ist immer ein öffentliches Geheimnis.' Baldes Thema zeigt, daß die Redensart älter ist.

193 Invidos, nunquam ferias agere. *Ode.*
Daß Neider niemals Ferien machen.

Neid ist nicht eine temporäre, sondern eine permanente Eigenschaft. Es kann auch das Kollektiv betont werden: Es gibt immer Neider (mal diesen, mal jenen).

194 Plerosque homines adversis rebus minùs ægrotare, quàm secundis. *Ode. Elegia. Heroicum.*
Daß die meisten Menschen im Unglück weniger krank sind als im Glück.

Menschen nehmen sich in schwierigen Situationen mehr zusammen und lassen sich, wenn es ihnen gut geht, mehr gehen. Der moderne Arbeitsmarkt könnte ein Beispiel sein.

195 Quia phantasiæ regimen est despoticum. Quæritur, an nullo modo possit imminui.
Da die Herrschaft der Phantasie despotisch ist: Es wird gefragt, ob sie auf keine Weise vermindert werden kann.

Es ist notwendig, über unangemessene Vorstellungen die Kontrolle zu behalten, besonders im politischen und sozialen Leben. Wenn auch daran gedacht ist, daß der Dichter Phantasie (Inspiration) braucht (207, 331), müßte er sie ebenfalls in Schranken halten.

196 Carmina ætatem latura, non tam maturari ab ingenijs, quàm annis. Quomodo dicimus, *Rosas non producere fruticem, sed tempus.* P.
Daß Gedichte, die fortdauern werden, zur Reife gebracht werden nicht sowohl von den Begabungen (der Dichter) als vielmehr von den Jahren. Wie wir sagen, daß Rosen nicht der Strauch bringt, sondern die Zeit.

Das Fortleben der Gedichte hängt mehr als von den Dichtern von den Rezipienten ab. *carmina ætatem latura* = *carmina immortalia* (Burkard 2004, 238). Das zitierte Sprichwort erinnert an Erasmus *Adagia* 1, 1, 44 *annus producit, non ager.* Für die Version *tempus fert rosas* zahlreiche Belege bei Singer XIII, 2002, 371–372.

197 Sponsæ facundiam pro dote accipere, non nisi fatui solent. *Sat. Ode.*
Die Zungenfertigkeit der Braut statt einer Mitgift zu akzeptieren pflegen nur Einfältige.

Ein Thema, welches zeigt, daß im 17. andere Vorstellungen von der Ehe herrschten als im 21. Jahrhundert. Zum Themenkreis: ▶ S. 38–39 ‚Frau und Ehe'.

198 Detestabiles se facere, qui interiorem alterius statum expiscando, secreta in privatæ tantummodò delectationis gustum, turpi curiositate, convertunt. *Sat.*

Daß die sich verabscheuenswert machen, die durch das Ausforschen des inneren Zustands eines anderen Geheimnisse in schändlicher Neugier nur zum Genuß persönlichen Ergötzens wenden.

> Der Verkehr mit einem anderen auf psychologischer Basis darf nur zu dessen Gunsten erfolgen (auch etwa bei der Beichte).

199 *Diversi humores Poëtarum Vett.* per varia genera vinorum declarati. *Deductio.* P.

Die verschiedenen Säfte der alten Dichter, durch verschiedene Weinsorten verdeutlicht.

> Balde steht in der Tradition der sich von der Antike herleitenden immer wieder modifizierten Säftelehre (▸ zu *Ca.* 36), nach der gelbe und schwarze Galle, Schleim und Blut bzw. ihre richtige Mischung für den Charakter und den Beruf des Menschen verantwortlich sind. Das gilt, wie in *Diss.* 59–64 dargelegt (von Burkard 2004, XLII–LII kenntnisreich erklärt) auch für die verschiedenen poetischen Begabungen. Die vier Säfte sind den Temperamenten zugeordnet: Blut den Sanguinikern, gelbe Galle den Cholerikern, schwarze den Melancholikern, Schleim den Phlegmatikern. Die letzten eignen sich weniger für das Dichten (*Diss.* 60), die unbeständigen Sanguiniker hingegen schaffen wenigstens Epithalamien, ‚weiche' Elegien oder Monosticha (*Diss.* 61), der Choleriker nimmt hohe Dichtung stürmisch in Angriff, ermattet aber vor dem Ziel (*Diss.* 62), beim Melancholiker wird zwischen der schlechten und guten Melancholie unterschieden (*Diss.* 63–64). Es ist die *Melancholia generosa*, „die die positiven Eigenschaften vom Sanguiniker und Choleriker in sich aufnimmt und ihre eigene Qualität der Zähigkeit hinzufügt" (Burkard 2004, L). Diesen Säften bzw. Temperamenten sollen entsprechende Weine verglichen werden! Die Ausarbeitung könnte Poetikschüler überfordern und am ehesten für einen Kenner sowohl der antiken Dichter als auch der zeitgenössischen Weine bestimmt sein – wie Balde. Zu seinem Weingeschmack Westermayer 1868, 241 (zu 165 zitiert).

200 Epigrammatographis, ex singulari Apoll. privilegio, licere Castalium poculum *præparatâ glacie* miscere; Aurelij Martialis exemplo. ne tamen delicatæ aures nimio stiriarum, quas acumina vocant, frigore lædantur & obrigescant; *caldâ* frequentiùs utendum. P.

Daß den Epigrammatikern durch besondere Erlaubnis Apollos erlaubt ist, den Kastalischen Becher mit zubereitetem Eis zu mischen – nach Aurelius Martialis' Beispiel. Doch sollen feine Ohren nicht durch zu große Kälte von Eiszapfen, sogenannten Pointen, verletzt werden und erstarren; öfter ist warmes Wasser zu nehmen.

> Epigrammatikern ist erlaubt, ‚eiskalt' ihre Pointen abzuschießen, doch sollen sie dabei das Maß wahren. Dasselbe Thema: 313. *Castalium poculum*: Becher mit Wasser aus der Kastalischen Quelle am Parnaß, die Apollo und den Musen heilig ist. Martials richtige Namen lauten Marcus Valerius Martialis. Vielleicht Anspielung auf den bösen Witz Mart. 7, 37, 5. Zum Thema Balde und das Epigramm ▸ S. 40–41 ‚Epigramm'.

201 *Rationem*, quam vocant *Status*, penè omnes Status evertisse. *Declaratio.*

Daß die sogenannte Staatsraison fast alle Staaten vernichtet hat.

Ratio status: Terminus technicus für ‚Staatsraison' (Thorsten Burkard). Strikte Anwendung der Staatsraison führt zu tyrannischer Herrschaft, die den Staat ‚vernichtet'. Das Thema ‚Hof und Höflinge' (▸ S. 32–35) klingt von ferne an.

202 Auctoris versiculus, *Hominibus uti oportet, at Deo frui*, fusiùs explicatus. *Sat.*
Des Autors Vers ‚Mit Menschen soll man verkehren, aber Gott lieben' ausführlicher erklärt.

Jambischer Trimeter. *uti frui* juristischer Terminus: ‚den Nießbrauch von etwas haben' (Seneca, *Cons. ad Polybium* 10, 1: *tibi pietate eius uti fruique licuit*), oft (wie hier) adversativ auseinandergestellt (Seneca, *De vita beata* 10, 3: *tu voluptate frueris, ego utor*). *frui Deo*: augustinischer Begriff. „Den Telosformeln der Popularphilosophie (Cicero, Varro) entnimmt A., daß das Glück im Erreichen des höchsten Gutes besteht (*frui summo bono*, Cic. *fin.* 2, 88; *Tusc.* 3, 40) und stellt, da Gott dieses Gut ist, *frui Deo* als Zielformel auf. Dieses *frui Deo* [...], das Haben, Schauen und Erkennen Gottes, erfüllt sich mit der Stimmung der plotinischen *opsis makaria*, der *visio beatifica*. Doch erlischt in der Gottesschau das Denken nicht, wie bei Plotin. Sie ist *visio intellectualis*, Einsichtigwerden und Evidenz des Ewigen. Mit diesem intellektualistisch-kontemplativen Element verbindet sich ein voluntaristisch-affektives. *Frui Deo* vollzieht sich im willentlichen Lieben Gottes, einer Liebe, die verwandt ist mit dem platonischen Eros, aber auch bestimmende Züge der christlichen *caritas*, Demut und Gehorsam, enthält" (R. Lorenz in: Ökumenisches Heiligenlexikon: www.heiligenlexikon.de). Antithese: kleiner Vers ↔ ausführliche Erklärung.

203 Exequiales pompas magnâ moderatione instituendas esse, ne victi triumphare velle videamur. *Sat.*
Daß Leichenzüge mit großem Maßhalten zu veranstalten sind, damit wir, die wir besiegt sind, nicht triumphieren zu wollen scheinen.

Bescheidenheit der Begräbnisse: ▸ S. 30–31 ‚Begräbnisse'. Militärische Antithese: *victi* ↔ *triumphales*. Vielleicht bewußte Alliterationen: *exequiales instituendas* (Vokalalliteration); *magnâ moderatione*; *victi velle videamur*.

204 Horologium cordis, & oris indicem linguam, nostro tempore, passim dissonare. *Sat.*
Daß die Uhr des Herzens und der (An)zeiger des Mundes, die Zunge, in unserer Zeit allenthalben nicht übereinstimmen.

Das Herz wird einer Uhr, deren (An)zeiger der Zunge verglichen. Herz und Zunge – im Bild: Uhr und Zeiger – stimmen in der Gegenwart allenthalben nicht überein. Es kann an eine beliebige Uhr gedacht sein oder an eine Kirchenuhr (bei der der *index* auch die Glocke bedeuten kann: Niermeyer 2002). Selbst eine Sonnenuhr kommt in Betracht (▸ zu 41). Die Klage über das Schwinden der Aufrichtigkeit wie in 115 und 374, verwandt 376 (▸ S. 28–29 ‚Gegenwart').

205 Vitiosum, qui virtutem laudat, saltem non esse pessimum. *Ode.*
Daß ein moralisch Fehlerhafter, der Tugend lobt, wenigstens nicht der Schlechteste ist.

Wenn ein *vitiosus* die *virtus* ehrlich lobt, verdient er partielle Anerkennung. *virtus* ↔ *vitium*: schon in der Antike bei Personenbeschreibungen oft gebrauchte Antithese.

206 De mendacijs phaleratis, gypsatis, incrustatis. *Sat.*

Über Lügen, die mit Schmuck, Gips oder Stuck verbrämt sind.
> Über versteckte Lügen. *phaleratis*: mit Stirn- und Brustschmuck geziert = verdeckt; übertragen Ter. *Phorm.* 500 *phaleratis* [...] *dictis* („mit schön klingenden / verdeckten / falschen Worten'). Pexenfelder 1670 führt die wörtliche und die übertragene Bedeutung für *phalerae* auf („Roß- und Wortzierd') und fügt *phaleratus* („adj.') hinzu.

207 An *speculari*, & *phantasiis indulgere*, apud Mathematicos & Poëtas sit idem. *Disquisitio.* P.

Ob Beobachten und sich Erscheinungen Hingeben bei Astronomen und Dichtern dasselbe ist.
> Ganz sicher nicht. Die Astronomen beobachten aktiv und streng wissenschaftlich die Himmelserscheinungen, während die Dichter eher passiv das Leben beobachten und und sich den Erscheinungen in ihrem Inneren hingeben. In 331 werden die *phantasiæ* das *primum mobile* der Dichter genannt. Ihnen hängen sie nach (195, 331). *phantasia*: ‚imago rerum animo insidentium' (Forcellini); das entspricht den von Balde in der *Praefatio* beschriebenen *blandae Mentis imagines* (▶ S. 161). Der Rektor des Neuburger Kollegs zur Zeit der Abfassung der *Expeditio*, Albert Curtz, war ein berühmter Astronom (▶ zu 371).

208 Omne ingenium magnum, antequam defæcetur, spumare, quomodo generosæ vitis mustum. *Ode.* P.

Daß jedes große Ingenium, bevor es sich klärt, schäumt wie der Most der edlen Rebe.
> Eine wahre Begabung muß reifen, besonders die der Dichter (▶ 277, 315).

209 Neminem magis subjici Deo, quàm Atheum. *Paradoxum.*

Daß niemand Gott mehr unterworfen ist als der Atheist.
> Gott hat die Ungläubigen, die sich frei dünken, besonders im Auge. Er führt einen verlorenen Sohn und ein verlorenes Schäfchen auf den richtigen Weg, aber er straft auch. Der *Atheus* ist in Wahrheit unfrei: Darin liegt das *Paradoxum*.

210 Troiam semel perijsse per equum, jam totum orbem per asinos perire. *Sat.*

Daß Troia einmal durch ein Pferd zugrunde gegangen ist, daß nunmehr der ganze Erdkreis durch Esel zugrunde geht.
> Mit den *asini* sind nicht nur die Bewohner der Burg der Ignorantia gemeint, sondern alle, bei denen Ignorantia nach der Zerstörung ihres Sitzes Zuflucht sucht (*Ca.* 54), vielleicht auch Lutheraner und Konsorten – von anderen (wie den Kritikern) ganz zu schweigen. *equum*: Anspielung auf das Trojanische Hölzerne Pferd. Prächtige Pointen: Pferd / Esel (ein Abstieg), Singular / Plural (eine Steigerung).

211 Sæva eloquentia est, licet inermis: Sed sævior est *taciturnitas armata*. *Ode. Sat.*

Furchtbar ist Beredsamkeit, auch wenn sie unbewaffnet ist, aber furchtbarer ist Schweigen, wenn es bewaffnet ist.
> ‚Beredtes Schweigen' kann furchtbarer als attackierende Rede sein.

212 Sine fronte frontem, partem humani vultûs esse latissimam. *Consideratio.*

Daß eine Stirn ohne Stirn (nur) der breiteste Teil des menschlichen Gesichts ist.
> *frons* bezeichnet die Stirn nicht nur physiologisch, sondern auch als Anzeiger der Gemütsstimmung und des Charakters, ja der Begabung (negativ: eine ‚freche' Stirn). Spiel mit der wörtlichen und übertragenen Bedeutung: Eine Stirn, die keinen Ausdruck erkennen läßt, ist nur der breiteste Teil des Gesichts.

213 Dissimulatam injuriam, quævis claustra perrumpere. *Ode.*
Daß verheimlichtes Unrecht alle Schlösser ohne Unterschied bricht.
> Die Sonne bringt es an den Tag. Der Satz könnte als Motto über Theodor Fontanes *Unterm Birnbaum* stehen.

214 An quidam rectè censuerint, Caussidicorum officium, non esse nisi *opificium mercennarium*. *Disquisitio.*
Ob einige zu Recht gemeint haben, daß die Tätigkeit der Advokaten nichts als Lohnarbeit sei.
> Es gehe den Advokaten nicht um das Recht oder um die Hilfeleistung, sondern um das Honorar. Balde hat die Bestandteile von *officium* und *opificium* (*ops* + *facere*) im Sinn, aber assoziiert bei *opificium* ironisch *ops* = ‚Reichtum', nicht: = ‚Hilfe' / ‚Beistand'.

215 Cur veteres *armilustrium* dixerint, non *Librilustrium*. *Disquisitio.*
Warum die Alten ein Fest der Waffenweihe anberaumt haben, nicht ein Fest der Bücherweihe.
> Es wird unterstellt, daß die Alten Waffen höher schätzten als Bücher. Wohl auf dem Hintergrund von Thema 39 zu verstehen, in dem die Antithese *armamentaria* ↔ *bibliothecae* lautet. Vielleicht auch gemeint: Waffen töten, Bücher nicht. *armilustrium*: Fest des Kriegsgottes Mars (jährlich am 19. Oktober), an dem die Waffen (*arma*) einer rituellen Reinigung (*lustrum*) unterzogen wurden.

216 Iubilæum Lutheranorum anno 17. celebratum, renovâsse memoriam sacrilegi tripudij Israëlitarum, circa *vitulum aureum* saltantium. *Demonstratio.*
Daß das im Jahr 17 gefeierte Jubiläum der Lutheraner die Erinnerung an den gottlosen Dreischritt der um das Goldene Kalb tanzenden Israeliten erneuert hat.
> Starker Angriff auf die Lutheraner (▸ S. 31–32 ‚Lutheraner'), die dem Volk Israel verglichen werden, das falsche Götter anbetet. 1617 war Luthers Thesenanschlag 100 Jahre her. Das Goldene Kalb: 2 Mose 32. Balde gebraucht für den Tanz den Terminus *tripudium*, der den martialischen Waffentanz der Salier (Marspriester) bezeichnet und von Livius auf die Tänze „der in den Krieg ziehenden Krieger wilder Völker" (Georges) wie der Gallier (Liv. 38, 17, 5 (*Gallorum*) *ineuntium proelium ululatus et tripudia*) und Hispaner (Liv. 25, 17, 5) angewendet wird. Es genügt, daran zu erinnern, daß Balde öfter den kriegerischen Einfall von Gustav II. Adolf in Deutschland an den Pranger gestellt hat (s. z. B. Lefèvre 2002, 51; 2011, 79).

217 Comœdiarum & Tragœdiarum usus atque abusus, in quo consistat. *P.*
Worin Nutzen und Mißbrauch von Komödien und Tragödien besteht.
> Mehrfach nimmt Balde unter verschiedenen Aspekten gegen veräußerlichte Aufführungen auf der zeitgenössischen Bühne (auch bei den Jesuiten) Stellung: 98, 314 und 326, ▸ auch 415 (▸ S. 44–45 ‚Theater').

218 Illum Poëtam optimum esse, qui avidum Lectorem torquet. *Paradoxum. P.*
Daß der Dichter der beste ist, der den begierigen Leser auf die Folter spannt.
> Der Dichter ist der beste, auf den der Leser begierig (*avidus*) ist und der ihn zu intensivem Nachdenken zwingt (*torquet*), gar eine Erschütterung oder eine unbequeme Einsicht bewirkt, der also nicht oberflächliche Kost bietet. Die Maxime trifft – wie sollte es anders sein? – auf Balde selbst zu.

219 Multos inscitiam potiùs honorificè tegere, quàm veram scientiam demonstrare. *Sat.*

Daß viele lieber ihr Nichtwissen ehrenvoll verbergen, als ihr wahres Wissen zu erkennen zu geben.

> Viele reden nicht drauflos, wenn sie nicht voll informiert sind. Damit vermeiden sie, gegebenenfalls Unwissenheit zu verraten, allerdings verzichten sie darauf, ihr wirkliches Wissen zu erkennen zu geben. Sie werden nicht kritisiert (*honorificè*). Antithese: *inscitiam tegere* ↔ *scientiam demonstrare*.

220 Num maleficio, num fascino tribuendum, quòd aliqui, licèt probè contusi defessíque, ab aula removeri vel non velint, vel non possint. *Dissertatio.*

Ob es etwa Behexung, etwa Zauberei zuzuschreiben ist, daß einige, auch wenn sie ziemlich angeschlagen und erschöpft sind, sich vom Hof entweder nicht zurückziehen wollen oder nicht können.

> Das Hofleben zieht die Menschen ungeachtet seiner Tücken an (*non velint*). Andererseits bringen einige nicht die Kraft auf, sich aus der *Mola asinaria* (370) zu befreien (*non possint*). Balde selbst befreite sich von den Zwängen, die er lebenslang nicht vergaß: ▸ S. 32–35 ‚Hof und Höflinge'.

221 Examen aliquorum axiomatum suspectorum, quibus tamen passim docti indoctíque promiscuè utuntur. *Demonstratio.*

Prüfung einiger verdächtiger Grundsätze, die doch allenthalben Gebildete und Ungebildete ohne Unterschied anwenden.

> Z. B. die Devisen: Jeder ist sich selbst der nächste (*proxumus sum egomet mihi*: Ter. *Andr.* 635), oder: Das Hemd ist mir näher als der Rock (*tunica propior palliost*: Plaut. *Trin.* 1154, danach: *tunica pallio propior est*: Erasmus *Adagia* 1, 3, 89), und vieles andere.

222 An sapiat Stoicismum hæc gnome: *Qui lædit lædentem, caeco insultat.*

Ob nach Stoizismus dieser Sinnspruch schmeckt: Wer einen Kränkenden / Verletzenden kränkt / verletzt, greift einen Blinden an.

> Nach Auffassung des Stoizismus ist der Mensch dazu da, dem anderen Menschen zu helfen, ihn zu verstehen, nicht: ihn zu kränken / zu verletzen; wer das dennoch tut, unterliegt einem (von der Schule abgelehnten) Affekt. Insofern handeln beide ‚blind'. *gnome*: allgemeiner Ausspruch oder Sinnspruch, nicht Sprichwort (▸ S. 27).

223 Logogriphorum, Chronostichorum, Anagrammatum artifices, non habitare in ipso Parnasso, ut vulgus putat: sed extra, in casulis, ad radicem montis. *P.*

Daß die Verfertiger von Worträtseln, Zeitversen und Anagrammen nicht direkt auf dem Parnaß wohnen, wie das Volk glaubt, sondern außerhalb, in Hütten, am Fuß des Berges.

> Gesundes Selbstbewußtsein des wahren Dichters. Dasselbe Bild in 156. Über die genannten *artifices* auch Diss. 18. *chronosticha*: Verse, die durch Hervorhebung bestimmter Buchstaben eine römische Zahl (z. B. Jahreszahl) anzeigen. *anagrammata*: Wörter, bei denen durch Versetzung der Buchstaben andere Wörter entstehen (Roma / Amor). ▸ 229.

224 Quam amplitudinem patiatur dictum hoc: *Negatio Doni, est Donum* DEI. *Explanatio.*

Welchen Umfang dieses Wort verträgt: Die Verneinung eines Geschenks ist ein Geschenk Gottes.

> Ist die Triebfeder für das Ablehnen eines Geschenks Bescheidenheit oder Befürchtung, daß der Schenkende sich übernimmt, ist es ein Geschenk Gottes, ist die Triebfeder Arroganz oder Berechnung, ist es ein Geschenk des Teufels (um im Bild zu bleiben). *amplitudo*: gemeint: Ausweitung, Geltung(sbereich), denn der Satz gilt nicht immer. *dictum*: wohl wie *gnome*, kein Sprichwort (▸ S. 27). Die einprägsame Alliteration ist zu beachten.

225 An Temperantiæ præmio digni sint, quibus ultimâ ætate sobrijs, gula senilis occalluit. *Disquisitio.*

Ob des Preises der Mäßigung die würdig sind, denen, wenn sie am Ende des Lebens enthaltsam sind, die greise Kehle abgestumpft ist.

> Man preise nicht als besondere Tugend, was eine natürliche Ursache hat. Etwas sarkastisch, vielleicht auch Selbstironie: expertus dicit?

226 Recentiorum Poëtarum conventus, examen, trutina, senatus, Statuta, Canones. P.

Neuerer Dichter Konvent, Prüfung, Waage, Senat, Statuten, Regeln.

> Klingt wie das Programm einer Sitzung der Redner-Akademie, in der wie in der Humanistenklasse der Jesuitengymnasien Dichten gelehrt wird. Fünf Statute werden beschlossen (227–231) sowie weitere Punkte geklärt bzw. kommentiert (232–235), ▸ schon 22 und im Zusammenhang S. 4–8. *Recentiorum*: *recentiores poetae* sind die Neulateiner: ▸ *Ca.* 14, 20 und Epilog.

227 *Statutum*: *Libro Ignorantium*, nomina eorum inserenda esse, qui dicunt, *spiritum Poëticum in sanguine habitare.* P.

Statut: Daß in das Buch (die Liste) der Ignoranten die Namen derer einzutragen sind, die sagen, der poetische Atem wohne im Blut.

> Balde legt Wert darauf, daß Dichten vor allem gelehrt und gelernt wird. Auf diesem Prinzip beruht das Wirken der Redner-Akademie. *Ignorantium*: *Ignorantes* wohnen im *Castrum* in der Burg der Königin *Ignorantia* (▸ S. 18). *spiritum Poëticum*: wie Quint. *Inst.* 8, 3, 80 ‚poetischer Geistesflug' (H. Rahn); *spiritus* ist bei Hor. *Carm.* 4, 6, 29 = *ingenium* (Kießling / Heinze 1930, 423). *in sanguine*: Die Sanguiniker sind nur beschränkt zur Dichtung fähig: ▸ zu 199.

228 *Statutum*: Ineptire illos Nanos, qui adolescentum ingenia, ad Lauream evehenda, non nisi siccis argutijs, & pusillorum epigrammatum crepundijs fatigant potiùs, quàm exercent. Non omnes in hoc consenserunt. volebant problematicè proponi. P.

Statut: Daß jene Zwerge töricht sind, die die Begabungen der Jünglinge, die zum Lorbeer geführt werden sollen, nur mit trockenen Spitzfindigkeiten und dem Spielzeug kleiner Epigramme mehr ermüden als üben. Nicht alle stimmten in diesem Punkt überein. Sie wollten, daß das (das Statut) kontrovers vorgestellt (diskutiert) werde.

> Gegen kleine (unbedeutende) Lehrer, die die Zöglinge kleinlich unterrichten. *Nani* wie *Pygmæi* in 462. Nicht alle Teilnehmer des in 226 genannten *Conventus* stimmen zu. Balde hatte sich wohl gegen andere Ansichten zu behaupten. Die Feststellung, daß in diesem

Punkt nicht alle einverstanden sind, könnte er auf den Einwand des Zensors I hin (▸ S. 364) hinzugefügt haben. *problematicè*: Pro und Contra sollen gegeneinander abgewogen werden (▸ S. 59 ‚Form'). Zum Thema Balde und das Epigramm ▸ S. 40–41 ‚Epigramm'.

229 *Statutum*: Formulam, *mutatis mutandis*, non ad sublimes Poëtarum curas, sed ad triviales scribas, & Leguleios Testamentarios pertinere. P.

Statut: Daß die Formel ‚mutatis mutandis' nicht zu den sublimen Bemühungen der Dichter, sondern zu gewöhnlichen Schreibern und Testamente abfassenden Gesetzeskrämern gehört.

> Es wird Dichten, nicht Anfertigen lateinischer Dokumente gelehrt, ▸ auch 223.

230 *Statutum*: ut ne quis posthac ad Comitia citatus in *centone* comparere ausit. P.

Statut: Daß niemand, der künftig zu der Versammlung gerufen wird, in Lumpen zu erscheinen wagt.

> Der Zusammenhang legt nahe, daß es sich um eine Ächtung der Cento-Dichtung handelt: Dichter, die sie pflegen, werden zu dem *Recentiorum Poëtarum Conventus* (226) künftig nicht mehr zugelassen. Cento-Dichtung gehört letztlich in das problematische Feld des unselbständigen Plagiierens (150, 250, 263, 295; ▸ S. 42 ‚Plagiatoren und Poetaster'). Vermutlich sind die Adepten der Redner-Akademie angesprochen. Vielleicht diskutierte man die Arbeiten in einer Runde. Zur Cento-Dichtung der Jesuiten und Baldes Ablehnung derselben Burkard 2004, 124 und 166.

231 *Statutum*: Iuvenum ingenijs Poësi initiandis; ac postea viris majore spiritu imbuendis offerenda, & verò etiam exquirenda esse themata salebrosa, aspera, paradoxa: quorum usu, stylos velut ad cotem exacuant: donec, rubigine detersâ, instar attriti vomeris splendescant, ad omnia habiles.

Statut: Daß zur Einführung der Begabungen der Jünglinge in die Dichtung und später zum Vertrautmachen der Männer mit größerem Geistesaufschwung holperige, rauhe und paradoxe Themen anzubieten und wirklich auch zu prüfen sind. Durch deren Übung sollen sie ihre Stile wie am Schleifstein schärfen, bis sie wie eine abgeriebene Pflugschar nach Abwischen des Rostes glänzen – für alles geeignet.

> Da es um die Redner-Akademie geht, wäre ein *P* angebracht. Es ist möglich, daß Balde dieses Thema nachträglich eingeführt (oder wenigstens zu *salebrosa* und *aspera* noch *paradoxa* hinzugefügt) hat, um entgegen den Bedenken des Zensors I (▸ S. 366) den Wert der Paradoxa bei der Ausbildung der Poetikschüler hervorzuheben. *initiandis* / *imbuendis*: klangliche Responsion.

232 Quid de *Poëtis Laureatis* sentiendum sit; (sicut & multa alia.) dilatum in aliud tempus. P.

Was man von Gekrönten Dichtern zu halten habe, wurde (wie auch vieles andere) auf einen anderen Zeitpunkt vertagt.

> 232–235 sind Appendices. Der Weg zum Poeta laureatus ist lang, eine Diskussion über ihn verfrüht. Es wird auf eine spätere Zusammenkunft verwiesen.

233 Quemadmodum & hoc: an liquidum illud vulgi Proverbium; *cantores amant humores*, etiam ad Poëtas pertineat. P.

Wie auch das: Ob jenes klare Sprichwort des Volkes ‚Sänger lieben Flüssiges' sich auch auf die Dichter bezieht.

> *Proverbium*: Walther 2313 (mit dem Vermerk ‚wohl nlat.'). Baldes Vorliebe für den Wein war bekannt. *Torv. enc., Oec.* 34 schließt: *Lyæo & Phœbo, Poëticam venam simul stimulantibus*, 35 beginnt: *Itaque non dissuaderi Vatibus haustum generosi vini, zythive spumantis* (Bier), *alteriusve potionis soporiferæ, quo Enthusiasmi excitantur* (1729, III, 400). Da die Frage nicht ganz ernstgemeint ist, könnte erwogen werden, ob in *liquidum* auf die eigentliche Bedeutung ‚flüssig' angespielt wird: ein sich auf Flüssiges beziehendes Sprichwort.

234 Item: Auribus, non oculis canendum esse. Carminum libros pumice radi, auro vestiri, radijs incingi, tunicâ polymitâ donari, in nitela typi præfulgentes incedere: divitias has omnes, & qualescunque illecebras fortunæ potiùs, quàm ingenio imputari. Cæterùm talia nec nimis anxiè inquirenda esse, nec omninò contemnenda. P.

Ebenso: Daß für die Ohren, nicht für die Augen zu singen (dichten) ist. Daß Gedichtbücher mit Bimsstein geschabt, mit Gold geschmückt, von Strahlen umgeben, in einem buntgewirkten Gewand verschenkt werden, daß sie im Glanz des Drucks leuchtend einherschreiten – daß dieser ganze Reichtum und die Anreize ohne Unterschied mehr dem Geldbeutel als dem Ingenium zugerechnet werden. Daß im übrigen solche Probleme weder allzu ängstlich zu untersuchen noch gänzlich geringzuschätzen sind.

> *auribus*: Es ist zu schließen, daß Dichtung (wie in der Antike) laut gelesen wurde – zumindest auf der Sitzung der Redner-Akademie. *oculis*: Es kommt nicht auf die Ausstattung eines Buches an, sondern auf den Inhalt. *tunica polymita*: Da Jakob seinen Sohn Joseph vor den anderen Söhnen liebte, schenkte er ihm einen kostbaren bunten Rock, eine *polymita tunica* (1 *Mose* 37, 3 und 23). Gemeint ist der kostbare Bucheinband. Zur Bedeutng von *illecebrosus* (*Diss.* 7) Burkard 2004, 124. Vielleicht hat Balde an eine berühmte Stelle in Hieronymus' Prolog zu *Hiob* gedacht (Vulgata 1902, I, p. XXXII): *Habeant qui volunt veteres libros, vel in membranis purpureis auro argentoque descriptos, vel uncialibus, ut vulgo ajunt, litteris onera magis exarata, quam codices: dummodo mihi, meisque permittant pauperes habere schedulas, et non tam pulchros codices, quam emendatos* (Hinweis von Felix Heinzer).

235 *Enthusiasmos Poëticos*, non hauriri in somnis, nec ex amphora Anabaptistica, tumultu nocturno infundi. placidiùs illabi, rapidiùs effundi. P.

Daß die Enthusiasmen der Dichter nicht im Schlaf geschöpft werden noch sich aus einer Kanne der Wiedertäufer in nächtlichem Aufruhr ergießen. Daß sie (vielmehr) flüchtiger (in den Dichter) hineingleiten und heftiger herausfließen.

> Balde hat zahlreiche Enthusiasmen gedichtet, in denen er darstellt, wie sein Geist (öfter von einer Gottheit) fortgetragen wird und in Visionen besondere Übersichten und Einsichten gewinnt (Schäfer 1976, 178–195; Promberger 1998; Burkard 2004, 207). *Torv. enc., Oec.* 35 heißt es, daß der Zustand, in dem Enthusiasmen entstehen, durch Wein, Bier oder eine andere *potio soporifera* herbeigeführt werde (zitiert zu 233). Es handelt sich um ‚Traumwelten' (Schäfer 1974, 178). In diese gleitet der Dichter sanft hinein und wird dann von den Visionen ergriffen. Davon werden hier auf der einen Seite ein ‚normaler' ruhiger Schlaf und auf der anderen eine tumultuöse nächtliche Erleuchtung (wie die Taufe der Wiedertäufer) abge-

setzt. Diese waren ein seit etwa 1520 auftretender radikaler Zweig der Reformation, gegen den Balde Antipathie empfand wie gegen das Luthertum. Er spottet über die ‚Taufkanne', die sich heftig ergieße. Man ließ sich in bewußter Entscheidung erst als Erwachsener taufen, wodurch der Akt im Gegensatz zu der normalen Kindertaufe subjektiv zu einem entscheidenden Erlebnis wurde – und auch mehr Wasser gebraucht wurde! „Der berühmte Hinweis auf eine nächtliche Täuferversammlung im Wald stammt von Elias Schad (einem Straßburger reformatorischen Vikar). Elias Schad: 'True Account of an Anabaptist Meeting at Night in a Forest and a Debate Held There with Them', transl. by E. Bender, in: Mennonite Quarterly Review 58, 1984, 292–295. *tumultus* war in den Augen der Täufergegner jede täuferische Versammlung oder Aktion" (Hinweis von Hans-Jürgen Goertz). Zu beachten ist die durchgehende Wassermetaphorik (▸ auch 144, 344, 380). Es könnte noch immer um die Jesuitenausbildung gehen, in der auch das Genus der Enthusiasmen zur Debatte stand.

236 *Quæritur*: plurium peregrinarum linguarum scientia, sive Chaos, exacuátne ingenium, ac roboret; an potiùs hebetet, ac confundat. *Dissertatio*.

Es wird gefragt: Ob die Kenntnis bzw. das Durcheinander mehrerer fremder Sprachen den Geist schärft und stärkt oder eher abstumpft und verwirrt.

adhuc sub iudice lis est – jedenfalls in der Kindererziehung. Die Jesuiten konnten das Problem weitgehend vermeiden, insofern ihre Sprache Latein war, die alle Gleichgesinnten verstanden.

237 Contra Thrasones. multos gloriari, quòd ab equo pulchro portentur: justiùs gloriaturos, *si ipsi equum portare possent*. *Eutrapelia*.

Gegen Leute wie Thraso: Daß sich viele rühmen, daß sie von einem schönen Pferd getragen werden: Daß sie sich mit mehr Recht rühmten, wenn sie selbst ein Pferd tragen könnten.

Grotesk gegen Großsprecher. Thraso: bramarbasierender Soldat in Terenz' *Eunuchus*. Pexenfelder 1670: *thraso* = ‚toller Han' (d. h. Hahn).

238 Aliquos sapere violentiùs, aliquos prudentiùs. *Ode*.

Daß einige heftiger riechen, andere einsichtsvoller weise sind.

Witziges Spiel mit der doppelten Bedeutung von *sapere* ‚nach etwas riechen' / ‚verständig sein'. Schon Plautus trieb dieses Spiel: Frage: *istic servos* [...] *ecquid sapit?* (‚riecht dieser Sklave', gemeint: ‚nach Verstand?' = ‚ist er verständig?'). Antwort: *hircum ab alis* (‚er riecht unter den Achseln wie ein Bock') (*Pseud*. 737–738).

239 Capita vacua scientijs, sæpe tantò pleniora esse fallacijs. *Consideratio*.

Daß von Kenntnissen freie Köpfe oft desto voller an Betrügereien sind.

Etwas sarkastisch. Treffliche Antithese *vacua* ↔ *pleniora*.

240 Cadaverosam faciem in terram declinantibus, non tam famæ ambitum, quàm sepulchri angulum quærendum esse. *Ode*.

Daß diejenigen, die ein leichenähnliches Gesicht zur Erde beugen, nicht so sehr den Bereich des Ruhmes als den Winkel eines Grabes zu suchen haben.

Etwas sarkastisch. Wohl Leute ohne Energie gemeint (thematisch verwandt: 470). Die Pointe hängt an dem in der klassischen Literatur nur einmal bezeugten *cadaverosus*: Bei Terenz ist ein Mann in einer phantasievollen Beschreibung *cadaverosa facie* (*Hec*. 441). Balde nimmt das Bild wörtlich und assoziiert das Grab. Übertragen: *cadaveroso* [...] *Latio* (*Sylv*. 5, 5, 69). *ambitum* ↔ *angulum*: pointierte Antithese (durch Alliteration verstärkt). Das exklusive *cadaverosus* wurde vereinzelt aufgenommen. Ein Beispiel ist Ambrosius *Expositio in psalm.* 118: *nihil cadauerosum, nihil mortuum ore tuo sumas, ne dicatur: sepulchrum patens est guttur eorum, sed uiuum haurias uerbum, ut in tuae mentis uisceribus possit operari.* Ein weiteres: *Vidisses horrendum corporum habitum, plerosque a festo Resurrectionis ad Pentecosten vsque panem non gustasse sic que inedia ac malo cibo debilitatos deformatos que vt semimortua busta verius quam homines apparerent, facie cadaueroso pallore confecta, ventre tumido, membris luridis, pedibus vix consistentibus* (Epistularium Desiderii Erasmi Roterodami. Epistulae ad Erasmum datae (1484–1536), epistula: 3031a (tom. XI), p. 168).

241 Collyrium pro bubonibus Lutheranis, in Meridie Rom. Fidei cæcutientibus. *Sat.* Augensalbe für die Lutheranischen Uhus, die im Mittag des Römischen Glaubens geblendet sind.

> Die Lutheraner blinzeln wie die Uhus des Nachts, sie tappen im Dunkeln und sind von dem hellen Licht des Katholizismus (*Romana fides*) geblendet. Witzig formuliert, was dem Angriff Überlegenheit verleiht. Das seltene Wort für Augensalbe (*collyrium*) kennt Balde aus Horaz *Sat.* 1, 5, 30 und Iuv. 6, 579. *Lutheranis:* ▸ S. 31–32 ‚Lutheraner'.

242 Pietas, an Crudelitas, tormenta bellica ex ære fusa invenerit. *Problematicè.* Ob Frömmigkeit oder Grausamkeit aus Erz gegossene Krieggeschütze erfunden hat.

> Es gibt gerechte und ungerechte Kriege. Nach Baldes Ansicht führte Tilly einen gerechten, Gustav II. Adolf einen ungerechten Krieg. Oder in der Gegenwart (1663 / 1664): Leopold I. führt einen gerechten, der Türke einen ungerechten Krieg (▸ Widmung des *Castrum*: S. 76 / 77). *problematicè*: Beiden Haltungen ist je nach Standpunkt bzw. in einzelnen Aspekten recht zu geben.

243 Miratur Auctor olim, fumos venditantem, *fumo ignis* fuisse punitum: nostro ævo *fumo honoris* pasci. *Sat.*
Der Autor wundert sich, daß einst ein Verkäufer von Rauch durch den Rauch des Feuers bestraft wurde: daß er in unserem Zeitalter den Rauch der Ehre genießt.

> *fumum / fumos vendere*: leeres Zeug verkaufen, verkünden, falsche Dinge vorspiegeln, bekannt Martials Wendung *vendere* [...] *vanos* [...] *fumos* (4, 5, 7), die Erasmus *Adagia* 1, 3, 41 unter dem Titel *Fumos vendere* kommentiert und ausführlich neben verwandte Prägungen gestellt hat (s. auch Otto 1890, 149). Balde dürfte sich auf religiöse Irrlehrer (Ketzer) beziehen. Sie wurden verbrannt (▸ 362). Heute genießt Luther, daß der nichtige Inhalt seiner Irrlehre geehrt wird. Derselbe Vorstellungsbereich wohl 272 (▸ dort). Wortspiel: *fumus* = Rauch des Scheiterhaufens (wörtlich) und Rauch der nichtigen Ehre (übertragen); zu vergleichen: doppeldeutige Verwendung von *fumosus* am Ende von *Ca.* 10.

244 Scholam Patientiæ pluribus Privilegijs gaudere, quàm omnes Academias in Germania.
Daß sich die Schule der Geduld über mehr Vorrechte freut als alle Universitäten in Deutschland.

> Jeremias Drexel (▸ zu 169) verfaßte ein mehrfach aufgelegtes Werk *Gymnasium Patientiae* (zuerst München 1630), in dem verschiedene Arten der Geduld gelehrt werden. Später wurde der Begriff *Schola Patientiae* geläufig. Das Deutsche Wörterbuch von Grimm verweist im vierten Band s. v. ‚Geduldschule (für schola patientiae)' auf Kaspar Stieler, Der Teutschen Sprache Stammbaum und Fortwachs / oder Teutscher Sprachschatz, Nürnberg 1691, Sp. 1722. Ein Beispiel: Joannes Jacobus Tryling, *Schola Patientiae aegris addiscendae*

seu Tractatus medico-therapeutico-diaeteticus (Ingolstadii 1730). Balde gab der 4. Epode den Titel *Aulam esse scholam Patientiæ*. Schwerlich wollte er dieses Sujet noch einmal behandelt sehen. Das Thema ist stark ironisch. Im Zusammenhang mit 241–243 könnte die Geduld gemeint sein, die man mit den Lutheranern hat bzw. haben muß. Antithese: *Schola* (übertragen) ↔ *Academiae* (real), zudem Paradox: Die Schule, die niedriger ist, steht über der Universität, die höher ist.

245 Cur nulli Poëtæ, etiam confesso, ignoscatur. *Indagatio*. P.

Warum keinem Dichter, auch nicht dem geständigen, verziehen wird.

> Dichter stehen immer in der Kritik (auch wenn sie zugeben, Fehler gemacht zu haben).

246 Plerasque magnarum inventionum machinas, speculando in summum fastigium evectas, cùm ad rem venitur, reddi infectas. *Demonstratio*.

Daß nicht wenige Gerüste großer Erfindungen, die beim (bloßen) Anblick auf den höchsten Gipfel erhoben wurden, wenn es darauf ankommt, unvollendet sind (bleiben).

> Erfindungen, d. h. Pläne, blenden zu Anfang, sie müssen in die Praxis umgesetzt werden. Das Thema kann wörtlich verstanden werden (von einem Bau: *machinas / fastigium*), aber auch übertragen. Balde beschreibt in der ausgedehnten Traum-Allegorie *Sylv.* 7, 16 (Zählung 1729) den Plan, die ungeliebte Historiographie (▶ S. 22–24; 32–35 ‚Hof und Höflinge') in Angriff zu nehmen: wie er zu bauen beginnt (*ædificare paro*, 199) und schließlich dem Bauen absagt (*iratus denique vano | ædilitatis nomini*, 217–218): ‚zornig auf den nichtigen Ruhm eines Baumeisters': Sauer 2005, 132). Er erläutert das selbst in der *Interpretatio Somnij* (zu beiden Werken in neuerer Zeit: Sauer 2005, 107–146; Kagerer 2014). Daran mag er zurückdenken. *evectas / infectas*: Reim.

247 Ad cæcam Fortunam referendum esse, quòd aliquorum labores injuriosè plectantur: aliorum otiosi errores coronentur. *Sat*.

Daß auf die blinde Fortuna zurückzuführen ist, daß Arbeiten einiger zu Unrecht getadelt, müßige Irrtümer anderer gekrönt werden.

> Die einen arbeiten ernsthaft und ernten Tadel, die anderen begehen säumig Fehler und ernten Anerkennung. Sinnvoll ist das nicht, deshalb: *cæca Fortuna*. Pointierte Antithese *labores* ↔ *otiosi*.

248 Sæpiùs iratum sibi, etiam in alios tandem excandescere. *Ode*.

Daß öfter ein auf sich Zorniger schließlich sogar gegen andere in Zorn gerät.

> Zorn macht blind, auch wenn er sich zunächst auf den Zornigen selbst, nicht auf andere richtet. Wahre Beobachtung.

249 An illi Satrapæ in Aulis dicendi sint idololatræ, qui colunt *simulacra purpurata*; quae pedes habent, & non ambulant; manus habent, & non palpant; oculos habent, & non vident; aures habent, & non audiunt. *Consideratio*.

Ob jene Satrapen an den Höfen Götzendiener zu nennen sind, die in Purpur gekleidete Standbilder verehren, welche Füße haben und nicht gehen, Hände und nicht streicheln, Augen und nicht sehen, Ohren und nicht hören.

> Harter Tobak. Satrapen (ursprünglich: persische Statthalter) sind wie in 403 gehobene Höflinge (Du Cange: *Satrapa: minister, satelles*), die Standbilder Fürsten, die, in Purpur gekleidet, keinerlei menschliche Regung zeigen und doch von den Höflingen verehrt

werden. Die Pointe liegt darin, daß *simulacra* auch von Götterbildern gebraucht wird, *idololatræ* aber Götzendiener sind (Pexenfelder 1670: ‚Götzen-Anbeter'): Die ‚Götter' sind in Wahrheit ‚Götzen'! Zum Thema ▸ S. 32–35 ‚Hof und Höflinge'.

250 Multa furta Poëtarum, licet parva, nullo tamen legitimæ imitationis titulo convestita; si densiùs se cumulaverint; tandem etiam restim posse mereri. Quæritur, an ex Lauro suspendendi sint. *Problematicè.* P.

Daß viele Diebstähle der Dichter, mögen sie auch klein sein, die jedoch nicht mit dem Etikett einer legitimen Imitation bekleidet (gekennzeichnet) sind, schließlich, wenn sie sich dichter gehäuft haben, sogar den Strick verdienen können. Es wird gefragt, ob sie (die Dichter) am Lorbeerbaum aufzuhängen sind.

> Scharf gegen Plagiatoren, die, modern gesprochen, nicht die Quellen angeben. Balde nimmt sie auch sonst aufs Korn: 150, 263, 295 (▸ S. 42 ‚Plagiatoren und Poetaster'), makaber formuliert. Verdienen sie, statt mit den Blättern des Lorbeerbaums geschmückt zu werden, an demselben aufgehängt zu werden? *problematicè*: Das Für und Wider einer Bestrafung ist abzuwägen. Einerseits verdienen die Dichter sie (das Bild ist übertragen zu verstehen: Ächtung), andererseits könnte man sie ignorieren oder über sie lachen.

251 Videri, satis certam posse sumi conjecturam de animo scriptoris, ex idea scriptionis.

Daß es scheint, daß eine genügend sichere Vermutung über den Charakter des Schreibenden aus der Gestalt des Geschriebenen abgeleitet werden kann.

> Verhältnis von *scriptor* und *scriptio*: Kann aus dem Werk auf den Charakter des Schreibenden geschlossen werden? 252 verneint das. *idea*: griech. ἰδέα = ‚Gestalt' (Kirschius 1796), Aussehen. Verwandt 183, wo gefragt wird, ob aus einem Bau auf den Charakter (*animus*) des Bauherrn geschlossen werden könne.

252 *Palinodia.* Hac conjecturâ nihil esse incertius: & eos, qui certam putant, desipere. *Dissertatio.*

Widerruf: Daß als diese Vermutung nichts unsicherer ist und die, die sie für sicher halten, töricht sind.

> Widerruf von 251. Weiterführend zu 251 / 252 Schäfer 1976, 154–166.

253 Gratis *Actæones fabulosos* produci: quando re ipsâ homines in bruta degenerantes, veriùs à proprijs cupiditatibus, canino morsu lacerari videamus. *Demonstratio.*

Daß umsonst sagenhafte Gestalten wie Actaeon vorgeführt werden, da wir in der Realität sehen, daß Menschen, die in Unvernunft entarten, wahrer von eigenen Begierden als von Hundebiß zerrissen werden.

> Wir brauchen zur Anschauung gar nicht die Fabel von Gestalten wie Actaeon im zweiten Buch der *Metamorphosen* Ovids (▸ *Ca.* 3 und Interpret.), um zu sehen, daß Menschen, die in Unvernunft (*brutus* wird von den vernunftlosen Tieren im Gegensatz zu den mit Vernunft begabten Menschen gesagt) entarten, von ihren eigenen Begierden zerrissen werden: Das Leben ist Lehrmeister genug.

254 Non esse virtutem, pro re vili supplicare. *Ode.*

Daß es nicht Tugend ist, für eine nichtige Sache bittfällig zu sein.

Das richtige Verhältnis zwischen einer intensiven Bitte und dem Wert des Erbetenen ist zu beachten.

255 Præcocem Poësin, in lappas & lolia abire. P.

Daß unausgereifte Dichtung in Kletten und Lolch übergeht.

Unausgereifte Dichtung ist wie ‚Unkraut', nämlich ohne Wert. Das notwendige Reifen des Dichters betonen 208, 277 und 315. Diss. 51 heißt es: *praecoces fructus non durant* (dazu Burkard 2004, 270). *lappae* und *lolium* sind als Unkraut auf engem Raum bei Verg. *Georg.* 1, 153 / 154 genannt. Sie dürften, zumal aufgrund der Alliteration, sprichwörtlich geworden sein (darauf weist z. B. hin, daß Thomas Rosa in dem Buch *Idæa, sive de Iacobi Magnæ Britanniæ, Galliæ et Hyberniæ* [...] *Regis, virtutibus & ornamentis, dilucida Enarratio*, Londini 1608, 31 beide Gewächse in einer Aufzählung von Unkraut unmittelbar hintereinander nennt). In diesem Sinn auch *Ca.* 13: *Lapparum & Loliorum. AB: pappos* (Samenkronen); *C: lappas*: wohl richtige Verbesserung (Autorkorrektur nach hinterlassenen Notizen?).

256 Antiquissimam adeóque nobilissimam esse *rusticorum* familiam: contra quævis *Canonicorum* stemmata certaturam. *Demonstratio*.

Daß am ältesten und daher am vornehmsten die Familie der Bauern ist, die gegen jegliche Stammbäume der Kanoniker in Wettstreit zu treten bereit ist.

Das Alter der Kanoniker war beträchtlich. „Kanoniker (lateinisch ‚Canonici') oder in der weiblichen Form Kanonissen waren ursprünglich Priester bzw. Ordensfrauen, welche nach einer gewissen Regel, dem ‚Kanon', zusammenlebten. Nach dem Vorbild von Augustinus und Eusebius von Vercelli wurde die ‚vita canonica', das ‚kanonische Leben', durch die Regel des Chrodegang von Metz für seine Diözese angeordnet und durch das Aachener Konzil von 816 / 817 auf alle Kirchen im fränkischen Reich ausgedehnt" (J. Schäfer in: Ökumenisches Heiligenlexikon, w.w.w.heiligenlexikon.de). Balde spielt humorvoll auf das historische Bewußtsein der Kanoniker an: Die Bauern sind älter und können es selbst mit den Kanonikern aufnehmen.

257 Regnum Vett. Poëtarum, ab auctore ad Festum Epiphaniæ, recepto more institutum, Monachij Ann. 27. quale fuerit. P.

‚Die Herrschaft der alten Dichter', die vom Autor am Epiphanias-Fest in München im Jahr 27 nach überkommener Tradition veranstaltet wurde, wie beschaffen sie gewesen war.

Zum *Regnum poëtarum*: ▶ S. 2 (auch zur Datierung).

258 Etiam in aviculis notari, quò minores, eò iracundiores esse. *Ode*.

Daß sogar bei kleinen Vögeln wahrgenommen wird, daß sie, je kleiner, desto jähzorniger sind..

etiam weist darauf hin, daß eigentlich der Mensch gemeint ist. Erinnert an die deutsche Redensart ‚Schimpfen wie ein Rohrspatz'. Zelter an Goethe über die Personen in Grillparzers *Medea*: „Alle quälen sich und schimpfen wie die Rohrsperling" (Röhrig 1991, 1250).

259 *Vitis & Lupuli* jactantium vires suas, *Apologus*.

Fabel von der Rebe und dem Hopfen, die ihre Kräfte rühmen.

lupulus heißt ‚Hopfen' und ‚Wölflein'. Balde meint die erste Bedeutung (die Rebe produziert Wein, der Hopfen Bier), spielt aber mit der zweiten Bedeutung, die der bekannten Fabel von

Phaedrus *De vulpe et uva* (4, 3) zugrunde liegt; der Fuchs ist s c h e i n b a r durch ein Wölflein ersetzt. *Apologus* = Fabel (Pexenfelder 1670: ‚Fabelred').

260 Effigies quorundam vitiorum, penicillo satyrico ductæ.
Bilder einiger Laster, mit satirischem Pinsel ausgeführt.

> Z. B. in einem Emblem (sofern *penicillo* nicht übertragen zu verstehen und eine ‚normale' Satire gemeint ist). Zu Emblemen im jesuitischen Unterricht Wiener 2013, 67–86.

261 Cùm multi dementes reperiantur sine mixtura magni ingenij: an rectè pronuntiârit Aristoteles; *Nullum esse magnum ingenium sine mixtura dementiæ.*
Da viele Wahnsinnige ohne Beimischung einer großen Begabung gefunden werden: Ob Aristoteles zu Recht verkündet hat, es gebe keine große Begabung ohne Beimischung von Wahnsinn.

> Seneca schreibt *De tranquillitate animi* 17, 10 Aristoteles das Wort zu: *nullum magnum ingenium sine mixtura dementiae fuit* (wohl nach Ps.Aristot. *Problemata* 953a = 30, 1 διὰ τί πάντες ὅσοι περιττοὶ γεγόνασιν ἄνδρες ἢ κατὰ φιλοσοφίαν ἢ πολιτικὴν ἢ ποίησιν ἢ τέχνας φαίνονται μελαγχολικοὶ ὄντες [...]) , s. auch Tosi 1991, 64.

262 Verè dixisse Picum Mirandolam: *summam voluptatem esse, voluptatem vincere. Ode.*
Daß Pico della Mirandola richtig gesagt hat, die höchste Lust sei, die Lust zu besiegen.

> Giovanni Pico della Mirandola (1463–1494), italienischer Humanist und Philosoph, Mitglied der Platonischen Akademie in Florenz, vertrat im wesentlichen einen christlichen Platonismus. Der Epikureismus propagierte die geistige, der Pseudo-Epikureismus die körperliche Lust (ἡδονή). Die beiden Seiten liegen auch Mirandolas Dictum zugrunde. „Das Zitat klingt mir nicht typisch für Giovanni Pico" (Mitteilung des Pico-Kenners Paul Richard Blum). Vielleicht stützt sich Balde auf eine sekundäre Quelle.

263 Adversus Mangones, plagiarios, alienorum Carminum raptores vel incubatores, Satyra, *Cuculus*, inscripta. P.
Gegen betrügerische Händler, Plagiatoren, Räuber oder unrechtmäßige Besitzer fremder Gedichte, eine Satire mit dem Titel ‚Der Kuckuck'.

> *mangones*: 'dealer in other goods' (OLD), so Plin. *Nat.* 37, 200 *mangones gemmarum* (Händler mit falschen Edelsteinen). *plagiarios*: ‚Plagiatoren', von Balde auch sonst gerügt: 150, 250, 295 (▶ S. 42 ‚Plagiatoren und Poetaster'). Mart. 1, 52, 9 sagt *plagiarius* von einem Plagiator seiner Verse. *incubatores*: spätlat. ‚unrechtmäßige Besitzer', treffender wäre ‚unrechtmäßige Besetzer'.

264 Placere cunctis velle, esse speciem dementiæ. *Ode.*
Daß allen gefallen wollen eine Art Wahnsinn ist.

> *placere cunctis* ist nicht erstrebenswert: *Sylv.* 7, 15 (Zählung 1729) (dazu Lefèvre 2004, 67–73). Verwandt: 151.

265 An rationis ductum sequendo, errare in scientijs, sit laudabilius; quàm instar Andabatæ procurrentem, *casu tangere veritatem. Inquisitio.*

Ob es lobenswerter ist, durch das Befolgen der Führung der Ratio in den Wissenschaften zu irren als wie ein blind tappender Gladiator voranstürmend zufällig die Wahrheit zu berühren.

> Sophistisch zugespitzt. Denn *casu tangere veritatem* ist nicht zu verachten. *andabatae*: ▶ zu Ca. 10.

266 Libenter imperantem, meliorem esse invito. *Paradoxum. Ode.*

Daß der, der gern herrscht, besser ist als der, der es unwillig tut.

> Die gängige Ansicht ist wohl, daß der, der sich nicht um die Herrschaft gerissen hat, der bessere Herrscher ist (verwandt sind die Gedanken im Chorlied am Ende des 1. Akts der *Jephtias*: 1729, VI, 36–37). Balde dreht sie um (*Paradoxum!*): Der lustlose Herrscher neigt aus Desinteresse zu falschen, jedenfalls unzureichenden Entscheidungen.

267 *Bicipitem Parnassum* probari, sed non Rempublicam. *Ode.*

Daß der doppelgipfelige Parnaß mit Beifall bedacht wird, nicht aber der (doppelgipfelige) Staat.

> In der Antike galt der Parnaß als doppelgipfelig (z. B. Ov. *Met.* 2, 221 *Parnasusque biceps*; Pers. Prol. 2 *in bicipiti* [...] *Parnasso*), obwohl er mehrgipfelig ist. Wohl gemeint: Der zweigeteilte Musenberg verdient Beifall, nicht aber das in das katholische und protestantische Lager zweigeteilte Deutschland. Es könnte eine Erinnerung vorliegen an die Bedeutung der Doppelsonne in Cic. *De rep.* 1, 15: „Symbol [...] für die Zwietracht und den Machtkampf im Staate" (M. Tullius Cicero, De re publica, Kommentar von K. Büchner, Heidelberg 1984, 96).

268 Optimos esse Medicos, qui *funesti* sunt. *Paradoxum.*

Daß die Ärzte die besten sind, die mit Leichen zu tun haben.

> Wahrlich ein Paradox! Der ehem. Direktor der Kieler Universitäts-Hautklinik Professor Dr. Albin Proppe (Ordinarius seit 1954) pflegte die Pathologen ‚postmortale Klugscheißer' zu nennen. Sie irren nicht so leicht wie ihre Kollegen, die es mit lebenden Menschen zu tun haben. Balde und die Anatomie / Pathologie: ▶ zu 186 und 310.

269 *Cæcos, surdos, mutos, chiragricos, paralyticos,* &c. ad splendida illustrium aularum munia obeunda, præcipuè aptos esse. *Paradoxum.*

Daß Blinde, Taube, Stumme, Handgichtige, Gelähmte usw. glänzende Ämter illustrer Höfe zu übernehmen besonders geeignet sind.

> Bissig: Schlechter als die normalen Höflinge kann es keiner machen (▶ S. 32–35 ‚Hof und Höflinge').

270 Deum, dando accipere, & accipiendo dare: multos homines, ne quidem dando, dare. *Demonstratio.*

Daß Gott durch Geben empfängt und durch Empfangen gibt: Daß viele Menschen nicht einmal durch Geben (wahrhaft) geben.

> Gott gibt liebevoll und erntet Dank; wenn ihm gegeben wird, erwidert er das. Viele Menschen geben nicht aus reiner Gesinnung, sondern aus Zwang oder Berechnung, was kein wahrhaftes Geben ist. Paradox formuliert.

271 An levitas Cupiditatis, in ambitioso, sursum tendente, gravitatem lapsûs æquet. *Inquisitio.*

Ob die Leichtigkeit der Begierde bei einem nach oben strebenden Ehrgeizigen die Schwere des Fallens ausgleicht.

Übermäßiger Ehrgeiz ist negativ, er führt nur äußerlich nach oben, in Wahrheit nach unten. Gekonnt pointiert / paradox formuliert: *levitas* ↔ *gravitas*, *sursum* ↔ *lapsus*.

272 Quale genus hominum vento potissimùm pascatur, & fumo: & tamen *tabacum* non bibat. *Disquisitio*.

Welche Art Menschen hauptsächlich Wind und Rauch genießt, und doch Tabak nicht einsaugt.

> Es gibt Menschen, die Wind und Rauch genießen, ohne sich Rauch durch Tabakgenuß zuzuführen (*tabacum bibere* wie *fumum bibere* Hor. *Carm*. 3, 8, 11, von einer Amphora). Vordergründig paradox. Sicher übertragen zu verstehen: Diese Menschen produzieren Wind und Rauch selbst. *ventus* und *fumus* haben übertragene Bedeutung. *ventus*: Augustinus *Contra Faust*. 15, 6 *pascis ventos* („du gibst dich mit eitlen, leeren Gedanken ab': Otto 1890, 366). *fumus*: ▸ zu 243. Antwort: Angeber, Schaumschläger, Irrlehrer. In 243 könnte Luther gemeint sein – vielleicht auch hier. Beidemal begegnet die Junktur *fumo pasci*.

273 An muscas habuisse censendus sit Asceta quidam, pronuncians: *Qui vel unam muscam diligit in hoc mundo; totum mundum diligat, necesse est*.

Ob man von einem Asketen annehmen muß, daß er Fliegen hatte, der verkündete: Wer auch nur eine Fliege in dieser Welt liebt, liebt notwendigerweise die ganze Welt.

> Wunderbar geistreiche Frage. Das Motiv selbst könnte verbreitet gewesen sein. Peter Walter weist auf eine Zeugenaussage aus dem Heiligsprechungsprozeß Ignatius' von Loyola Anfang des 17. Jahrhunderts hin. „Der Zeuge sagt über Ignatius: *atque ex vnius plantulae, flosculi, aut vermiculi alicuius, vel stellarum et coeli aspectu confestim in Dei amorem raperetur* (Monumenta Ignatiana, series quarta, tomus secundus, Matriti 1918, p. 561). Leider ist hier von einer *musca* nicht die Rede. Wenn ich recht sehe, wurde diese Aussage erst durch die genannte Edition öffentlich. Aber vielleicht gab es eine Überlieferung davon bei den Jesuiten." *asceta*: ▸ zu 169.

274 Bustum literarum obscœnos amores spirantium, præter omnem exspectationem fragrantissimum. *Paradoxum*.

Daß das Grab unsittliche Liebe atmender / aushauchender Literatur wider jede Erwartung stark wohlriechend ist.

> In Baldes Augen ‚unsittliche' Literatur übt bei der Nachwelt starke Anziehungskraft aus wie etwa die römische Liebeselegie (bezeichnenderweise schätzt er den Ovid der *Metamorphosen* mehr als den *lusor amorum*) oder bestimmte Epigramme Martials (im Epilog des *Castrum* wird dessen Unreinheit und Laszivität vermerkt: ▸ S. 154 / 155). *Diss*. 70 wendet er sich gegen Daniel Heinsius' erotische Elegien (dazu Burkard 2004, 334). *bustum*: könnte meinen, daß diese Literatur eigentlich ‚tot' ist. Daher *Paradoxum*.

275 Risum Sardonicum, aut indicare luctum præsentem aut instantem prædicere. *Ode*.

Daß sardonisches Lachen entweder gegenwärtige Trauer / Betrübnis anzeigt oder drohende vorhersagt.

> *Risus Sardonicus*: Die antiken Bedeutungen (zuerst Hom. *Od*. 20, 301–302) erklären ausführlich Erasmus *Adagia* 3, 5, 1, knapper Otto 1890, 308; Kretschmer, Glotta 34, 1955, 1–9; Büchmann 1972, 484; Tosi 1991, 325–326. Neben anderem wurde in der Antike ein auf Sardinien wachsendes Kraut Sardanion für verkrampftes Lachen verantwortlich gemacht,

das schließlich zum Tod führt. Eine andere Nachricht könnte *luctus* erklären. Danach haben die Sardinier die schönsten und die über 70 Jahre alten Gefangenen Kronos geopfert, wobei diese lachten, um ihre Tapferkeit zu zeigen (Kretschmer 1955, 2 mit Belegen). Das wurde später variiert. Wander I, 1867, 1465 gibt folgende Version: „Von den Sardoniern entlehnt, welche ihre siebzig Jahre alten Aeltern dem Saturn opferten und die Feier mit einem Gelächter begleiteten." In den Zusammenhang des *luctus* gehört Baldes Schilderung des Vertreters der ‚schlechten' Melancholie (▶ zu 199) *Diss.* 63, für den eine *frons in moerorem crudissimum contumax* (‚eine Stirn, die trotzig ist bis hin zu einer bitteren Trauer') bezeichnend ist und dessen Miene überhaupt nicht oder sardonisch lacht (*aut nullus, aut Sardonicus risus*). Diese Stelle könnte die Vermutung nahelegen, daß der Satiriker gemeint ist; denn über das finstere Aussehen der *Satyricorum Phalanx* heißt es *Ca*. 40: *acribus oculis, truculento aspectu minax. verbo: torva* (▶ S. 213.): Der Satiriker ist sozusagen berufsmäßig über die gegenwärtigen und zukünftigen Verhältnisse betrübt. Doch ist zu berücksichtigen, daß die Ausführungen in *Diss*. 63 nicht ganz klar sind: „Balde gibt dem Leser eher Anweisungen, wie man die an der schlechten Melancholie leidenden Menschen erkennen kann, als daß er die schlechte Melancholie in sein poetisches System einfügt" (Burkard 2004, 299). *Sardonicus risus* auch *Med. gloria* 2, 176 (dazu Neubig 1833, II, 14–15; V. 176 in der Ausgabe 1729, IV, 378 entfallen). In neuerer Zeit medizinischer Terminus für maskenartige, grinsende Verzerrung bzw. Verkrampfung der Gesichtsmuskulatur.

276 In magnis urbibus fuisse, non magnum est, sed magnum fuisse, majus est. *Ode*.
In großen Städten gewesen zu sein ist nicht groß, aber (in ihnen) groß gewesen zu sein ist größer.

Spielerisch-witzig formuliert: Der Akzent liegt nicht so sehr auf der inhaltlichen als vielmehr auf der sprachlichen Ebene (▶ 281). (Winkler 1685: ‚Es ist kein sonderliches Lob in grossen Städten / sondern in kleinen Städten groß zu seyn' (Nr. 40), was eine triviale Verbesserung sein könnte, ▶ S. 61).

277 Non nasci Poëtas, sicut apes artifices, quæ statim mellificant. P.
Daß Dichter nicht geboren werden wie die kunstfertigen Bienen, die sofort Honig produzieren.

Dichter müssen reifen: ▶ 208, 315 sowie S. 43–44 ‚Der wahre Dichter'. Zum Problem *nascantur Poëtæ, an fiant* (*Diss*. 58) Burkard 2004, 289–290. Dieselbe Frage wird *Torv. enc*. 24 diskutiert.

278 *Auroram Musis inimicam esse*. Paradoxum. P.
Daß Aurora den Musen feind ist.

Wahrlich eine paradoxe Aussage, da *aurora musis amica* sprichwörtlich ist (Röhrich 1994, 1051). Balde argumentiert anders: Der wahre Dichter hängt der Phantasie nach und wartet auf Inspiration (207, 331). Daher kommt er erst allmählich zum Dichten. Bei Ovid ist das nach *Ca*. 26 nicht der Fall: *sopore vix deterso, statim promptus est ad factitandos versus* – was seine leicht produzierende Ader etwas ironisch verdeutlicht. 277 und 278 hängen zusammen.

279 Nihil concupiscere, esse absurdum. Paradoxum.
Daß nichts zu wünschen absurd ist.

Der Leser erwartet, daß *nihil concupiscere* ein Ideal sei. Die Verneinung ist paradox. Es ist aber nicht an die *vitia* (Laster) der *concupiscentia* bzw. *cupiditas* zu denken (wie es fälschlich der Zensor I tat, ▶ S. 366), sondern an angemessene Wünsche. So hat sich der passionierte (!) Spaziergänger Balde gewiß oft schönes Wetter gewünscht – an der Isar, im Ebersberger Forst und zur Zeit der Entstehung des *Elenchus* an der Donau bei Neuburg (zu den Spaziergängen hierselbst Westermayer 1868, 209–210). Stoische Gleichgültigkeit lag ihm in solchen Dingen fern. Natürlich geht es auch um andere (vertretbare) Dinge – wie Wein. Es kommt immer auf das Maßhalten an.

280 *Laus exterorum Musicorum*, qui volentes Germanos suavissimè decipiant, & opes emulgeant. *Volentibus non fieri injuriam. Consideratio.*

Lob der ausländischen Musikanten, die die willigen Deutschen gar lieblich täuschen und ihre Schätze abmelken / abschöpfen. Daß Willigen kein Unrecht geschieht.

> Wenn das Thema wörtlich zu verstehen ist, könnte *Urania* 2, 4, 25–27 verglichen werden, die Polemik gegen wandernde Musikanten (von Claren et al. 2003, 337 in größeren Zusammenhang gestellt). Wenn es übertragen zu verstehen ist, könnte es gegen verführerische Mächte wie die (protestantischen) Schweden oder gegen ausländische Waren, für die überhöhte Preise gezahlt werden (dazu 85, 91, 178 sowie S. 29–30 ‚Ausländischer Einfluß'), gerichtet sein. *emulgeant*: ausquetschen wie ein Euter. *laus* ironisch. *musicorum*: Auch der Rattenfänger von Hameln lockte mit Musik. *volenti non fit iniuria*: römische Rechtsregel, die später zur Sentenz wurde (Walther 34133c). Dieselbe Devise *Ca.* 18. Weiterführend Kagerer 2014, 625. Das Ganze sarkastisch, was durch *laus* am Anfang und die Rechtsregel am Ende unterstrichen wird.

281 Bonum Medicum, esse etiam bonum Iurisconsultum. Nam reddere ægris jus suum, & tendere ad æquitatem: *Temperamentum humorum.*

Daß ein guter Arzt auch ein guter Jurist ist. Denn den Kranken ihre Suppe verabreichen und auf Gerechtigkeit zielen beruht auf der richtigen Mischung der Säfte.

> Arzt und Jurist werden miteinander verglichen, weil beide mit *ius* zu tun haben, der Arzt mit *ius* = Suppe, der Jurist mit *ius* = Recht (*aequitas*). (Dasselbe Wortspiel mit den beiden verschiedenen Wörtern bei Cicero *In Verr.* 1, 121, der ebenso witzig wie bösartig von Verres' *ius verrinum* = ‚Schweinsbrühe' / ‚Rechtsübung' spricht.) Die Bedeutung von *ius* = Suppe führt Baldes Phantasie zur Säftelehre: Der *bonus Medicus* und der *bonus Juriconsultus* werden von derselben Säftemischung bestimmt: ▸ zu *Ca.* 36. Der Akzent liegt nicht so sehr auf der inhaltlichen als vielmehr auf der sprachlichen Ebene (▸ 276).

282 Cur ex longinquo, aut ab exequijs aliquorum veneratio primùm intendatur; aliorum remissior fiat, & prorsus evanescat. *Consideratio.*

Warum die Verehrung einiger zuerst nach langer Zeit oder von der Beisetzung an wahrgenommen wird, die anderer schwächer wird und ganz erlischt.

> Den einen wird Verehrung erst sehr spät oder gar erst nach dem Tod zuteil, bei anderen, denen Verehrung früher zuteil wird, mindert sich diese und erlischt schließlich ganz. Ein schwieriges Thema. Oft hat man zu früh Hosianna gerufen, oft stellt sich erst nach langer Zeit oder gar nach dem Tod heraus, was einer wirklich geleistet bzw. was man an ihm gehabt hat. *intendere*: ‚etwas bemerken' / ‚wahrnehmen' (Mittellat. Wörterbuch I, 1967).

283 Ridendi magis, an miserandi sint curiosi indagatores *Quadraturæ circuli. Problema.*

Ob die wißbegierigen Erforscher der Quadratur des Kreises mehr auszulachen oder zu bedauern sind.

Die Quadratur des Kreises galt als nicht lösbar. 1882 wurde die Unlösbarkeit von Ferdinand von Lindemann bewiesen. Eines der bekanntesten Annäherungsverfahren stammt von dem griechischen Mathematiker Archimedes († 212 in Syrakus). *Problema*: Man kann über sie lachen, weil sie doch nicht an das Ziel gelangen, und man kann sie bedauern, weil sie das trotz ernsthafter Forschung nicht schaffen.

284 Quando spiritus Superbiæ simplicitatem ducit in conjugem; plerumque ex tali matrimonio nasci prolem fatuam. *Experientia deducta.*

Daß, wenn sich überhebliches Denken mit Schlichtheit verbindet, meistens aus einer solchen Ehe einfältiger Nachwuchs entsteht. Herleitung der Erfahrung.

Die Ehe ist wohl nicht wörtlich zu verstehen (etwa: wenn ein überheblicher Mann eine schlichte Frau heiratet), sondern übertragen: Wenn ein *superbus* sich durch *simplicitas* auszeichnet, produziert er *fatua* (in diesem Sinn Paul Winckler 1685, Nr. 33: ‚Wenn sich der Geist der Hoffart mit der Einfalt vermählet / so kan nichts anders als die Narrheit darvon gebohren werden' (▶ S. 60).

285 Fungorum, Peponum, Cucumerum de primatu certamen. *Allegoria Eutrapelica.*

Wettstreit von Pilzen, Melonen und Gurken um den Vorrang.

Ein Dreiergespräch eher minder belichteter Subjekte. Da es eine scherzhafte Allegorie sein soll, steht das Gemüse sicher für Menschen. Der Kürbis (ein Verwandter der Gurke) der *Apocolocyntosis* ist nicht weit entfernt. *fungus*: schon in der Antike Schimpfwort (Lukas 2001, 30 Anm. 122: ‚Einfaltspinsel'; 153 Hinweis auf Plaut. *Bacch.* 283, 821, 1088: ‚Begriffsstutziger'). *pepo*, eine Melonenart, als Schimpfwort gebraucht von Balde *Lyr.* 1, 21, 13 für einen überempfindlich Reagierenden, den er *Balthasarum Melonium* nennt (Neubig 1828 versteht: ‚Balthasar Melonenweich'). *cucumer*: ‚Gurke', „umg. die Nase, die pars pro toto auch für den ganzen Menschen stehen kann" (Röhrich 1991, 599, Beispiele) – nicht weniger spöttisch als die beiden anderen Begriffe.

286 Silvarum Libri IX. Odæ VII. *Pythagoras Politicus* inscriptæ clarior & fusior *Deductio.*

Klare und ausführlichere Herleitung (Erklärung) der Ode *Sylv.* 9, 7 mit dem Titel *Pythagoras Politicus.*

Der Philosoph Pythagoras aus Samos (zwischen 590–480) gründete in Unteritalien mehrere Städte. Die Pythagoreer unterschieden ‚Politiker' (Inhaber öffentlicher Ämter) und ‚Theoretiker'. Die Ratschläge der Ode (Henrich 1915, 172 spricht von „Belehrungen über die Pflichten [...] des Beamten") sollen hergeleitet (erklärt) werden. Zu *Sylv.* 9, 7 Kagerer 2014, 528–529: „Die Hauptaussage der Ode besteht darin, dass der Herrscher nicht (wie Pythagoras, ein ‚pravi moris Herus', V. 5 [...]) seine Untergebenen zum Stillhalten verdammen darf, denn ihre stummen Gedanken seien dann umso gefährlicher, wenn sie sie irgendwann äußern werden. Der Titel der Ode ist wohl so zu erklären, dass man aus dem (abschreckenden) Verhalten des Pythagoras Lehren für den Politiker ziehen soll."

287 Io. Geileri à Keisersperg *famosissimam Navim*, ut perhibent, qui viderunt, in littore *Maris Mediterranei* stare, quassatam & laceram. pro reficienda, si quidem necessariam capacitatem tot hujus ævi sapientibus accipiundis inducere velimus, non suffecturam omnem materiam Hercyniæ, Bohemicæque silvæ excisam. tanto alveo opus. *Eutrapelia Satyr.*

Daß das hochberühmte Schiff Johannes Geilers von Kaysersberg, wie man berichtet, zerbrochen und zerrissen am Ufer des Mittelmeers steht. Daß für seine Wiederherstellung, wenn wir uns wirklich das notwendige Fassungsvermögen für die Aufnahme so vieler ‚Weiser' dieses Zeitalters vorstellen wollen, nicht das ganze geschlagene Holz des Herkynischen und des Böhmischen Waldes ausreichen würde. Ein solch großer Schiffbauch ist notwendig.

Johannes Geiler von Kaysersberg (1445–1510), Priester, Dekan an der Universität Basel, Rektor der Universität Freiburg i. Br., später vor allem bedeutender Prediger in Straßburg, hielt 1498 / 1499 einen Zyklus von Predigten über Sebastian Brants *Narrenschiff* (1494), 1501 / 1502 einen Pendantzyklus, die beide nach seinem Tod unter den Namen *Navicula sive speculum fatuorum* bzw. *Navicula penitentiae* in verschiedenen Bearbeitungen (auch in Deutsch) herausgegeben wurden. In dem ersten will Geiler wie Brant die Narren (die sich für weise halten) zur wahren Weisheit führen. Wie bei Brant wird das Motiv der Schiffahrt nicht durchgehalten. In dem zweiten dagegen ist das der Fall. Das Schiff bringt die Passagiere, die büßend nach Weisheit streben, über das Mittelmeer nach Jerusalem, das für das Himmlische Jerusalem steht. Balde sagt daher ‚richtig', daß das Schiff nicht mehr gebraucht wird und verfällt. Wollte man in seiner Zeit die Reise wiederholen, wäre ein Riesenschiff erforderlich, weil es, wie zu verstehen ist, zu viele Leute gibt, die eine läuternde Reise nötig haben. Der Herkynische Wald bezeichnet in der Antike ein großes Waldgebiet in Germanien bzw. Nordosteuropa, bei den Humanisten die deutschen Mittelgebirge einschließlich des Schwarzwalds. Verwandt: 369 (Reise der Schmeichler nach Utopia, ▸ dort).

Nach *Io*: *A* Doppelpunkt, *BC* Punkt.

288 Ad castos, sed avaros. Meritò S. Chrysostomum de *Quinque fatuis Virginibus* argumentum urgere hoc modo. Cur Virgines fatuæ non vocentur illæ animæ? quas luxuria non fregit, subegit autem avaritia. cùm tamen cupiditas corporum sit multò violentior cupiditate nummorum. itaque stultissimum videri, majore hoste devicto, minori succumbere. *Sat.*

In Hinsicht auf die, die keusch, aber geizig sind: Daß zu Recht der Heilige Chrysostomus die Erzählung über die fünf törichten Jungfrauen in dieser Weise einengt: Warum sollen törichte Jungfrauen nicht jene Seelen (Gesinnungen) genannt werden? Welche die Vergnügungssucht nicht brach, aber der Geiz unterwarf. Da doch die Begierde der Körper viel heftiger ist als die Begierde nach Geld. Daß es daher am törichtsten zu sein scheint, nach Besiegung des größeren Feinds dem kleineren zu unterliegen.

Das Gleichnis von den fünf klugen und fünf törichten Jungfrauen: *Matthäus* 25,1–13, ▸ 301. Johannes Chrysostomus († 407), Erzbischof von Konstantinopel, bedeutender Prediger und Kirchenlehrer. Balde bezieht sich auf die Argumentation in: *In epistulam ad Ephesios commentarius*, 4. Homilie II, 10.

289 Optandum esse, ut *Trompeta Marina* (quale quale Musicum instrumentum) per omnes Imperij Rom. fines resonet. *Vnam Fidem* prævalere cæteris. beneficio unius chordæ multorum *concordiam* animari.

Daß es wünschenswert ist, daß die Marientrompete (was für ein Musikinstrument sie immer ist) durch alle Gebiete des Römischen Reiches widerhallt. Daß **eine** Saite Vorrang vor den übrigen hat. Daß durch die gute Tat **einer** Saite die Eintracht vieler (wieder)belebt wird.

> Marientrompete (Nonnengeige, Nonnentrompete, Trompetengeige, Trumscheit): Streichinstrument mit nur einer Darmsaite. Balde scheint von dem Namen auszugehen und eine Verkündigung Mariens, d. h. des Katholizismus, unter dem Gesichtspunkt der *concordia* im Römischen Reich deutscher Nation im Sinn zu haben (wie öfter: gegen die Lutheraner). Wenn nur der Katholizismus herrscht, ist die Eintracht des Reiches wiederhergestellt. *Fidem*: vielleicht Spiel mit den verschiedenen Wörtern: 1. *fides* = Glaube; 2. *fides* = Saite. *quale quale* = qualecumque. *unius* ↔ *multorum*: Antithese. *chorda / concordia*: Wortspiel (ähnlich *Urania* 2, 3, 131 *chorda / corda*).

290 Alchymistarum nostratium genius, mores, facundia, fornaces, promissa, verba, fumus, *vapor. Sat.*

Unserer Alchimisten Begabung, Sitten, Beredsamkeit, Öfen, Versprechen, Aussprüche, Rauch, Dampf.

> Kritisch über Alchimisten, ▸ auch 448. Unsystematische Reihung (die vielleicht das Wirre dieses Handwerks andeutet). Negativer Höhepunkt am Ende (Kursivdruck). *fumus* und *vapor* wörtlich und übertragen gebraucht. *fumus* hat in übertragener Bedeutung mit Betrug zu tun (▸ 243, 272), *vapor* dürfte eine Steigerung davon sein.

291 *Apologia* accusatæ Fortunæ, adversus ingratos mortales.

Verteidigung der angeklagten Fortuna gegen die undankbaren Menschen.

> Die Menschen vergessen oft, daß sie Fortuna auch Gutes verdanken. Balde erinnert *Ca.* 3 an Petrarcas Schrift *De remediis utriusque fortunae* (▸ S. 172)

292 Uter ex duobus subjectis versibus melior?

Impunè hoc faciant! Nos non impunè loquemur.

Impunè hoc faciant! Nos non impunè loquemur!

Welcher von den beiden folgenden Versen ist der bessere?

Sie sollen das ohne gestraft zu werden tun! Wir werden das nicht ohne gestraft zu werden sagen.

Sie sollen das ohne zu strafen tun! Wir werden das nicht ohne zu strafen sagen!

> 2 Hexameter. Die beiden Verse unterscheiden sich nur durch das Ausrufezeichen am Ende des zweiten: Kaum ist der Unterschied nur darin begründet. Der Sinn des kryptischen Themas könnte sein: 1. Vers: Wir fordern andere zu etwas auf, dessen Ausführung ihnen keine Strafe bringen wird, wohl aber uns. 2. Vers: Wir fordern andere zu etwas auf, bei dessen Ausführung sie nicht strafen dürfen; wenn sie dennoch strafen, werden wir sie strafen! Das letzte Ausrufezeichen kennzeichnet eine Drohung. Die erste Aufforderung ist edler (*melior*), weil sie eine eigene Strafe einkalkuliert. *B* hat am Ende in Klammern den interessanten Kommentar *feremus* (recte gesetzt, zu *loquemur*). Die Pointe scheint darin zu liegen, daß *impune ferre* die doppelte Bedeutung hat ‚ohne gestraft zu werden davonkommen' (*ergo impune feret*, Ov. *Met.* 8, 494) und ‚(nicht) ohne zu strafen dulden' ((*non*) *impune feremus*, Ov. *Met.* 8, 279; diese Junktur ist in der klassischen Literatur singulär – was Balde gereizt haben kann: In *Ca.* 43 nimmt er die ebenfalls in der klassischen Literatur singuläre Junktur *circinat auras* aus Ov. *Met.* 2, 721 auf, ▸ S. 218 A. 388). Offenbar soll mit den beiden

Versionen die doppelte Bedeutung von (*non*) *impune ferre* / *loqui* demonstriert werden. Wenn das so ist, könnte es eine Aufgabe für Poetikschüler sein. Aber auch Balde selbst mochte an ein geistreiches Elaborat denken, das mit dem ambivalenten *impune* jongliert. Das Ganze ist nicht ohne Witz gesagt. Thorsten Burkard macht kurzen Prozeß: „Vielleicht soll diese Inventio einfach besagen: Es ist doch völlig belanglos, wie man hier interpungiert; nur pedantische Nichtskönner beschäftigen sich mit solchen belanglosen Fragen."

293 *Bacchanalia vitiorum*, sub larvâ virtutum speciosâ, vultûs nequitiam velantia. verbo: *passim vitia pro virtutibus obtrudi*. *Satyra*.
Bacchanalienfest der Laster, das unter der ansehnlichen Maske von Tugenden die Nichtswürdigkeit des Antlitzes (der Laster) bedeckt: Nach dem Wort: daß sich allerorten Laster als Tugenden heimlich aufdrängen.

> Übertragen zu verstehen: Die Art, hinter einer Biedermannsmiene Laster zu verstecken, feiert fröhliche Urständ. *Bacchanalia*: ▸ zu 430, 465. Senecas Wort *Epist*. 45, 7 *vitia nobis sub virtutum nomine obrepunt* (,Laster schleichen sich an uns unter dem Namen von Tugenden an') wurde sprichwörtlich (Walther 33908d). *obtrudi*: entsprechend *velantia* ,sich heimlich aufdrängen, anschleichen'.

294 Illum æstimari Consulem, non qui ornatur ab officio, sed qui seipso ornat Consulatum suum. *Panegyricus. Ode. Sat.*
Daß derjenige Bürgermeister geschätzt wird, welcher nicht durch sein Amt geschmückt wird, sondern welcher durch sich selbst sein Amt schmückt.

> *Consul*: Herrscher, höherer Politiker, ‚Bürgermeister' (Kirschius 1796), *Consulatus*: dessen Amt. Das Thema gilt auch für andere Berufe.

295 *Messem Poëtarum* non quovis seculo, nedum anno, ejusdem fertilitatis ac bonitatis esse. nunc auream, nunc utcunque opimam; sæpe nullam provenire. examinantur causæ. hinc multos Poëtas, nostro ævo, quod tamen fœcundum creditur, fame perituros, *nisi falcem in alienam messem mitterent*. *Sat. P.*
Daß die Ernte der Dichter nicht in jedem Jahrhundert, geschweige in jedem Jahr von derselben Fruchtbarkeit und Güte ist. Daß bald eine goldene, bald eine wie nur immer fruchtbare, oft keine vorkommt. Es werden Gründe untersucht. Daß deswegen viele Dichter in unserem Zeitalter, das dennoch als fruchtbar gilt, Hungers sterben würden, wenn sie nicht die Sichel an fremde Ernte legten.

> Harte zeitgenössische Dichterkritik: Viele Dichter der Zeit leben vom Plagiat (▸ S. 42 ‚Plagiatoren und Poetaster'), ▸ 150, 250, 263. *falcem in alienam messem mittere*: Sprichwort, seit dem Mittelalter belegt (Singer III, 40); auch in der *Praefatio* (über die neulateinischen Dichter): *alterius* [...] *vineta cædat*, ebenfalls vom Plagiat (▸ S. 80 / 81).

296 De *Ovo Christophori Columbi* Dissertatio Ethico-Politica.
Ethisch-politische Untersuchung über das Ei des Christophorus Columbus.

> Das Ei des Kolumbus bezeichnet eine überraschend einfache Lösung einer scheinbar unlöslichen Aufgabe. Kolumbus (1451–1506) soll 1493, als ihm nach der Entdeckung Amerikas während eines Essens bei Kardinal Mendoza vorgehalten wurde, das sei nicht schwierig gewesen, wenn man nur früher daran gedacht hätte, ein Ei genommen und gefragt haben, wer es auf eine der beiden Spitzen stellen könne, und, als das niemand vermochte, eine derselben eingedrückt haben (Büchmann 1972, 635). Es ist Aufgabe der Politiker, einfache ethisch korrekte Lösungen für schwierige Probleme zu finden.

297 *Epitaphium Diaboli*, quale formari posset. Diversa paradigmata.
Totenwürdigung des Teufels, wie sie formuliert werden könnte. Verschiedene Beispiele.

> Es können Aspekte des Betrügers, Verführers oder Antichristen hervorgehoben werden. Beispiel: ‚Ein Teil von jener Kraft, die stets das Böse will und stets das Gute schafft.' *epitaphium*: ▸ zu 462.

298 An verum sit, & quomodo probetur; *Pauperes mori ingluvie, divites fame, Clericos frigore. Declaratio.*
Ob es wahr ist und wie es bewiesen wird, daß Arme an Völlerei sterben, Reiche an Hunger, Geistliche an Kälte.

> Drei Paradoxa. Arme sterben, wenn sie nicht mit dem, was sie haben, auszukommen versuchen, sondern alles verschlingen (▸ 420), Reiche, wenn sie extrem geizig sind und am notwendigen Essen sparen, Geistliche, wenn sie nicht Wärme ausstrahlen, sondern Kälte (etwa wenn sie nicht dem Gebot der Nächstenliebe gerecht werden, sondern hochmütig sind). *ingluvie*: ‚Völlerei' wie Horaz *Sat*. 1, 2, 8. *frigore*: 'lack of affection or interest, coldness, coolness' (OLD), wie Horaz *Sat*. 2, 1, 61–62 *nequis amicus | frigore te feriat* von der plötzlichen Kälte eines Freundes. Vielleicht handelt es sich um einen etymologischen Scherz Baldes. Zu der Vermutung, daß er bei *frigore* als Kontrast *calor* = Wärme (die ein *clericus* ausstrahlen sollte) bzw. *calidus* im Sinn hatte, teilt Eva Tichy mit: „Dass ein gelehrtes Haus in der Barockzeit diesen Scherz gemacht hat, kann ich mir sehr gut vorstellen. Am besten klappt *c(a)lericus* zu *calor*, wenn es damals Hybridbildungen wie *genericus* zu *genus* gab (Apothekerlatein?). Darin ist das zweite e zwar kurz, aber darüber konnte ein Sprecher des Neuhochdeutschen wohl hinwegsehen. Mit der Elimination einer littera war nach antiker etymologischer Methode bei Bedarf ohnehin immer zu rechnen." (*genericus* ist bei Kirschius 1796 nachgewiesen. Die Library of Latin Texts gibt einen früheren Beleg: Thomas Hobbes (1588–1679), *De corpore* (Elementorum philosophiae sectio prima) pars 2, cap. 8, articulus 5, pag. 94: *Sed si meminisset, nihil esse genericum neque universale praeter nomina; facile vidisset spatium illud, quod considerari in genere dicit, nihil aliud esse praeter cujuslibet corporis, tantae magnitudinis et talis figurae, insidens animo phantasma, sive memoriam*.) Felix Heinzer verweist auf zwei in diesem Zusammenhang Interesse verdienende Texte. 1. *Apoc*. 3, 15–16: ‚Ich weiß deine Werke, daß du weder kalt noch warm bist. Ach, daß du kalt oder warm wärest! Weil du aber lau bist und weder kalt noch warm, werde ich dich ausspeien aus meinem Munde' (*Scio opera tua, quia neque frigidus es, neque calidus: utinam frigidus esses, aut calidus! Sed quia tepidus es et nec frigidus nec calidus incipiam te evomere ex ore meo*). 2. Predigt des Pariser Bischofs Wilhelm von Auvergne († 1249) über die *paupertas animi*: [...] *Item frigus patimur et ingelati sumus nos clerici qui inter carbones desolatorios, scilicet scripturas et doctrinas Filii Dei et sanctorum, nequimus calefieri, nec etiam sentimus tamquam mortui* [...] (ed. F. Morenzoni 2010, Corpus Christianorum, Continuatio Mediaevalis 230, p. 402).

299 *Lusus chartarum*, scholam sapientiæ, & veram Philosophiam esse. Paradoxum.
Daß das Kartenspiel eine Schule der Weisheit und die wahre Philosophie ist.

> Ironisch. Beim Kartenspiel, das sich im allgemeinen keines besonderen Ansehens erfreut, kann man Rechnen lernen und üben, das Gedächtnis trainieren, Charaktere studieren und vieles andere. Gegen zu spekulative Ausrichtung der Philosophie. Verwandt: 109. *Paradoxum*: Kartenspiel ↔ Philosophie.

300 Inventa ex amore & placendi cupidine: item ex odio & vindicandi libidine, mirabilia. *Catalogus.*

Aus Liebe und Gefallsucht, ebenso aus Haß und Racheverlangen resultierende Sonderbarkeiten.

> Bei affektgesteuerten Unternehmungen wird die Ratio leicht ausgeschaltet. Balde würde beispielsweise das *excrucior* aus Catulls Epigramm 85 *odi et amo* unter die *mirabilia* rechnen.

301 *Lessus* quinque fatuarum Virginum: Cantu duro. *Ode.*

Trauerklage der fünf törichten Jungfrauen: in einem herben Gesang.

> Törichte Jungfrauen: ▸ 288. Im Anhang zur *Urania victrix* haben die Herausgeber der Ausgabe von 1729 *Variæ Elegiæ* aus Baldes Nachlaß veröffentlicht (1729, V, 241–335). Unter ihnen gibt es eine mit dem Titel *Lessus Quinque Fatuarum Virginum* (ib. 281–283, mit dem falschen Zusatz *Matthæi c. 26* statt: 25). Diese Elegie war sicher noch nicht geschrieben, als Balde das Thema 301 formulierte. Sie könnte wie 73 (▸ dort) ein Beispiel dafür sein, daß er im Sinn hatte, Themen aus dem *Elenchus* selbst auszugestalten. Zu den Termini *Cantus durus* und *Cantus mollis* (auch im 17. Jahrhundert): C. Dahlhaus, Die Termini Dur und Moll, Archiv für Musikwissenschaft 12, 1955, 280–296. Balde gebraucht sie offenbar unspezifisch, aber eindeutig. Ein Klagegesang (*lessus*: zu dem Wort Lukas 2001, 306) und ein Gesang der Verzweiflung (*desperationis cantus*) sind ihm jeweils ein *cantus durus* (301 bzw. 452), dem ein *cantus virtutis coronatæ* als ein *cantus mollis* entgegengesetzt ist (453), während ein *cantus patientiæ laetæ* als *medius cantus* einen Mittelplatz einnimmt (454, wo *chorus* statt *cantus* steht, ▸ dort). Der *cantus durus* ist somit ein gedämpfter, der *cantus mollis* ein fröhlicher Gesang, während ein Gesang, der an beiden Bereichen teilhat, an Duldsamkeit (*patientia*) und Fröhlichkeit (*laeta*), dazwischensteht. Ein *cantus mollis* und ein *cantus durus* werden in 363 nebeneinander genannt (▸ dort). Dieser Terminologie entspricht die Überschrift *Cantus durus* des Gedichts *Sylv.* 8, 26, das „die unerträglichen, also ‚harten' Zustände im vom Krieg zugrunde gerichteten Deutschland" beklagt (Burkard 2010, 224–225). Zu den Termini (unter anderen Aspekten): Claren et al. 2003, 330. *lessus*: ‚Totenklage', antik nur Cic. *De legibus* 2, 59; bei Balde öfter (Lukas 2001, 306).

302 In *Calamum Demosthenis*, ex quo asservatum venenum suxit. *Philippica. Ode.*

Gegen das Rohr (Schreibrohr) des Demosthenes, aus dem er das in ihm bewahrte Gift sog.

> Demosthenes (384–322), bedeutender athenischer Staatsmann und Redner, griff in seinen Reden leidenschaftlich und nicht immer fair Philipp von Makedonien an. In der frühen Neuzeit erfuhr er neben Anerkennung auch Kritik als jemand, der sich gegen eine neue Zeit stemmt. *Philippica*: Nach Demosthenes' Vorbild bekamen Ciceros Reden gegen Marcus Antonius den Titel *Philippische Reden* (▸ zu 83). Dieser wurde sprichwörtlich (Büchmann 1972, 533). Geistreich Baldes Rückbezug des ciceronischen Titels auf Demosthenes. *calamus*: ‚Schreibrohr' (▸ 396). Da *suxit* übertragen zu verstehen ist, dürfte das auch bei *asservatum* der Fall sein.

303 Prudenter illos facere, qui *Genealogias suas* à pluribus seculis non arcessunt. *Ode. Sat.*

Daß diejenigen klug handeln, die ihre Genealogien nicht aus mehreren Jahrhunderten herbeiholen.

> Gegen übertriebenen Ahnenkult wie 332. Es ist ohnehin fraglich, ob das Verhalten früherer Vorfahren, recht betrachtet, wirklich zum Ruhm eines Geschlechts beiträgt.

304 Multas Leges videri texta, *sive retia aranearum*, quibus minores muscæ facillimè implicantur; majores autem nullo negotio perrumpant. *Ode. Sat.*

Daß viele Gesetze Gewebe oder Spinnennetze zu sein scheinen, in denen kleine Fliegen sehr leicht hängen bleiben, welche größere aber ohne Mühe zerreißen.

> Der Große hat die Möglichkeit, durch Einfluß, Bestechung oder exzellente Verteidigung einer Strafe für seine Schuld zu entgehen, der Kleine nicht.

305 Cur Potentiorum & Divitum effigies ante mortem plerumque pingantur: Eruditorum & in primis Sanctorum post Fata primùm. *Consideratio.*

Warum Bilder Mächtiger und Reicher meistens vor dem Tod gemalt werden, Gelehrter und besonders Heiliger zuerst nach dem Tod.

> Mächtige und Reiche geben selbst Porträts in Auftrag, um sich zur Schau zu stellen; zudem werden sie hofiert, auch von Malern. Gelehrte und Heilige sind bescheidener, bei ihnen will man die Erinnerung wachhalten.

306 Nullam Comœdiam veriùs exhiberi aut spectari, quàm in Funeribus: in primis viduæ divitis, & exosi senis. *Consideratio.*

Daß keine Komödie wahrer gezeigt oder angeschaut wird als bei Beerdigungen, besonders einer reichen Witwe und eines verhaßten Alten.

> Sarkastisch, aber vielfach wahr. In beiden Fällen freuen sich Trauer heuchelnde Erben.

307 Quæritur: sævissima animalia in silvis, an in urbibus dentur. Dubitatur. *Sat.*

Es wird gefragt: Ob es die wildesten Tiere in Wäldern oder in Städten gibt. Man zweifelt.

> Das Thema formulieren heißt zugunsten der Städte entscheiden. Menschen können grausamer als wilde Tiere sein.

308 Illum tutissimè in aulis Principum degere, de quo nec bonum, nec malum auditur. *Ode.*

Daß derjenige an den Fürstenhöfen am sichersten lebt, über den man nichts Gutes und nichts Schlechtes hört.

> Der Höfling ist gezwungen, ein unauffälliges Leben zu führen, um den Gefahren des Hoflebens zu entgehen. Eng verwandt: 96 (▶ S. 32–35 ‚Hof und Höflinge'). *tutissimè*: *A* in den ‚Menda emendata' und *B* (statt *tristissimè*, was auch einen guten Sinn ergibt, aber weniger pointiert ist). *C* beachtet die ‚Menda emendata' von *A* nicht.

309 Si sacra Matrimonij septa in *Labyrinthum* conversa sunt; non ostendi alium exitum, nisi quem *Parca Ariadne* filo, non ducto, sed *abscisso*, patefecerit. *Ode.*

Wenn sich das heilige Gehege der Ehe in ein Labyrinth verwandelt hat, daß sich dann kein anderer Ausweg zeigt als der, den die Parze Ariadne nicht mit dem (weiter)gesponnenen, sondern mit dem abgerissenen Faden öffnen wird.

> Die kretische Königstochter Ariadne, die sich in den athenischen Königssohn Theseus verliebte, gab diesem bei seinem Auftrag, den Minotaurus in einem Labyrinth töten zu müssen, einen Faden, mit dessen Hilfe er glücklich wieder den Ausgang fand (‚Ariadnefaden'). Sie verlängerte wie eine Parze mittels eines Fadens sein Leben. Hier wird umgekehrt die für Leben und Tod zuständige Parze – passend zum Labyrinth der Ehe – als Ariadne bezeichnet, die aber nicht mit dem Faden Rettung (wie bei Theseus), sondern durch Abreißen des-

selben Tod bringt. Die Parze verschmilzt mit Ariadne zu einer Person in zwei Funktionen: glückbringend als Ariadne, todbringend als Parze. Die katholisch geschlossene Ehe ist unauflöslich (*sacra*: Sakrament), Trennung nicht möglich, aber Tod. Düster über die Ehe (▶ S. 38-39 ‚Frau und Ehe'). *Ariadne*: wohl griechische Namensform (der Camena-Index weist nur *Ariadna* nach). In der zeitnahen *Urania* wird *Uranie* aus metrischen Gründen neben *Urania* gebraucht (auf engstem Raum 1, 5, 90-91: *Uranie proprij Nominis esto memor.* | *Quò, nisi ad Uraniam coeli vertatur Alumnus?*). Die andere Möglichkeit, *Ariadne* als *Ariadnæ* zu verstehen, wird von Jürgen Blänsdorf und Wilfried Stroh erwogen, doch gibt es in *Castrum* und *Elenchus* für eine solche Genetiv- oder Dativendung keine Parallele; *septa* eine Zeile höher oder z. B. *seculi* (323 u. ö.) sind strukturell nicht vergleichbar. Für die Zusammengehörigkeit von *Parca Ariadne* könnte auch die Kursivierung beider Wörter sprechen; ginge es um den Ariadnefaden, wäre wahrscheinlich *Ariadne filo* kursiv gedruckt, wie z. B. in folgenden Junkturen: *Hippodromus Pegasi* (135); *Equum Seianum / aurum Tolosanum* (150); *Actæones fabulosos* (253); *Bicipitem Parnassum* (267); *Ovo Christophori Columbi* (296); *Calamum Demosthenis* (302). In diesem Sinn Thorsten Burkard: „Sicher bin ich mir, dass die Änderung des Textes zu *Ariadnae* unnötig und [...] trivialisierend ist, sie würde die schöne Verbindung (Baldeforscher würden ‚Concetto' sagen) *Parca Ariadna* zerstören, die den nötigen intellektuellen Reiz schafft."

310 *Anatomia* damnatorum Holofernis & Amanis, ad divinæ Iustitiæ lancem exacta. iuxta illud: *Quantum glorificavit se, & in delitijs fuit, tantum date illi tormentum, & luctum.* Apoc. 18. v. 7.
Zergliederung der Verdammten Holofernes und Haman im Hinblick auf die Schale der göttlichen Gerechtigkeit ausgeführt. Gemäß jenem Wort: ‚Wieviel sie sich prahlend erhob und sich wohlgefiel, soviel Folter und Trauer gebt ihr.' *Apokalypse* 18, 7.

Balde schätzte den berühmten französischen Anatomen Vesalius (▶ zu 186). Hier dienen die Sektionen nicht einem lehrreichen Zweck, sondern der Strafe und der Demonstration der göttlichen Gerechtigkeit. Das läßt daran denken, daß man in der Pathologie des 17. Jahrhunderts vor allem nach Abnormitäten und Abstrusitäten suchte. Andererseits ist *Anatomia* auch übertragen zu verstehen im Sinn von ‚Analyse'. Wörtliche und übertragene Bedeutung von *anatomia* in 171 und 186 (▶ dort). *ad divinæ Iustitiæ lancem*: Das Bild geht nach *Apokalypse* 16, 4-7 auf die Schalen des göttlichen Zorns zurück, die von sieben Engeln ausgegossen werden: ‚Und der dritte Engel goß aus seine Schale in die Wasserströme und in die Wasserbrunnen; und es ward Blut. Und ich hörte den Engel der Wasser sagen: Herr, du bist gerecht (*iustus es, Domine*), der da ist und der da war, und heilig, daß du solches geurteilt hast, denn sie haben das Blut der Heiligen und der Propheten vergossen, und Blut hast du ihnen zu trinken gegeben; denn sie sind's wert. Und ich hörte einen andern Engel aus dem Altar sagen: Ja, Herr, allmächtiger Gott, deine Gerichte sind wahrhaftig und gerecht (*vera et iusta iudicia tua*)' (Luther). Holofernes: Assyrischer Feldherr am Hof des Königs Nebukadnezar, Verfolger der Juden; deren Vernichtung infolge seiner Ermordung durch die Witwe Judith abgewendet (Buch *Judith*, nicht in der Lutherbibel). Balde dichtete ein Kleinepos *Iuditha Holofernis triumphatrix* (1729, III, 287-294). Haman: Persischer Wesir am Hof des Königs Ahasveros (Xerxes), Verfolger der Juden; deren Vernichtung durch Bitten der Königin Esther abgewendet; Haman wird gehängt (Buch *Esther*). *Apokalypse* 18, 7 bezieht sich auf Babylon.

311 An DEUS, qui conjunxit virum & fæminam, censendus sit etiam sanxisse *voluptatis & doloris concubitum. Ode. Dissertatio.*
Ob von Gott, der Mann und Frau verbunden hat, anzunehmen ist, auch die Vereinigung von Lust und Schmerz festgesetzt zu haben.
> Beide Verbindungen sind gut; daß der Lust Schmerz folgt bzw. folgen kann, schützt sie vor Entartung.

312 Si *Mundus Dei canticum est* ex S. Augustino, an cœlum non nisi boni Musici obtineant. affirmatur. *Encomium.*
Wenn das Weltall nach dem Heiligen Augustinus ein Lied auf Gott ist: Ob den Himmel nur gute Musiker innehaben. Das wird bekräftigt. Preislied.
> Dasselbe Zitat: *Urania* 2, 3, *Synopsis* 3. Am nächsten kommt der Aussage *Enarrationes in Psalmos* 147, 5: *audiamus, et cantemus; gaudium nostrum, cum hoc audimus, canticum dei nostri est* (Hinweis von Tobias Uhle). Wunderbarer Scherz.

313 Non esse suadendum Epigrammatographis nostris, ut in navigium Hollandorum recepti, *novam Zemblam* petant. glacialem Oceanum talibus nusquam procul esse. P.
Daß unseren Epigrammatikern nicht zu raten ist, daß sie als Passagiere in einem Schiff der Holländer nach Nova Zembla fahren. Daß der eisige Ozean solchen Unternehmungen nirgends fern ist.
> Nova Zembla = Nowaja Semlja, zu Rußland gehörige Inselgruppe im Polarmeer. 1594–1597 erforschte der Niederländer Barentz zweimal Nova Zembla. Das Thema legt nahe, daß Epigrammatiker nicht zu intellektuell, pointiert, ‚kalt' (= ψυχρῶς), ohne ‚Menschlichkeit' kritisieren sollen. Kälte bekommt ihnen nicht gut: Barentz starb 1597 in der Arktis. Dasselbe Thema wird in 200 behandelt, wo den Epigrammatikern durch besondere Erlaubnis Apollos die Beimengung von Eis (*glacie*) gestattet ist, sie jedoch gewarnt werden, nicht durch zu große Kälte (*nimio frigore*) feine Ohren zu verletzen. Dabei können sie gemäß dem Bild von 313 scheitern. Zum Thema Balde und das Epigramm ▶ S. 40–41 ‚Epigramm'. *talibus*: entweder neutr. (‚Unternehmungen') oder masc. (‚Dichtern').

314 Prodigium. Sæpe ranis, sanguine, lapidibus pluisse. Laneum sive *pelliceum imbrem*, non nisi semel in hyeme, quantùm ex annalibus sciri potest, de cælo comico decidisse. an boni ominis? *Disquisitio Eutrapelica.*
Vorzeichen. Daß es oft Frösche, Blut und Steine geregnet hat. Daß Regen von Wolle bzw. Fell nur einmal im Winter, soviel aus den Annalen gelernt werden kann, vom komischen Himmel gefallen ist. Ob es Zeichen eines guten Omen ist?
> Den Bühnenzauber des Barocktheaters, bei dem die verschiedensten Dinge vom Bühnenhimmel fielen, stellt Balde *Urania* 1, 5, 177–206 dar; er „scheint diese theatralischen Effekte [...] mit skeptischer Ironie zu betrachten" (Claren et al. 2003, 286, daselbst gute Erläuterungen). Daher: *Disquisitio Eutrapelica.* Möglicherweise liegt eine Anspielung auf eine bestimmte Komödienaufführung vor. Mehrfach nimmt Balde unter verschiedenen Aspekten gegen veräußerlichte Aufführungen auf der zeitgenössischen Bühne (auch der der Jesuiten) Stellung: 98, 314, 326, ▶ auch 415 (▶ S. 44–45 ‚Theater'). Nach *Prodigium*: *A*: kein Satzzeichen; *B*: Komma; *C*: Punkt.

315 *Poëtas fieri, Oratores nasci.* Paradoxum. P.
Daß Dichter werden, Redner geboren werden.
> Pointierte Umkehrung des scholastischen Satzes *poeta nascitur, orator fit* (Tosi 1991, 162). Der Lern- und Reifeprozeß ist nach Balde bei den Dichtern wichtig (▸ S. 43–44 ‚Der wahre Dichter'). Verwandt: 208, 277.

316 *Plures in cratere, quàm phaselo, naufragium fecisse.* Demonstratio.
Daß mehr im Bierkrug (Weinkrug) als im Boot Schiffbruch erlitten haben.
> Der Witz hängt an der zunächst übertragenen und sodann wörtlichen Bedeutung von *naufragium*.

317 *Emblema.* Mundus bardocucullatus, quid significet. *Sat.*
Ein Emblem. Die Welt in einem Umhang mit Kapuze, was das bedeutet.
> Die Welt ist schwer zu durchschauen. Man könnte an das Thema 119 denken, in dem sie eine Gott entgegengesetzte Rolle spielt.

318 Quare Veteres *Polentam* appellârint cibum Philosophicum. *Inquisitio Eutrapelica.*
Warum die Alten die Polenta eine philosophische Speise genannt haben.
> *polenta*: Gerstengraupen (ἄλφιτον), bei den Epikureer Symbol für eine bescheidene Lebensweise.

319 *Satyra mulierum, contra viros*: opposita Satyræ Iuvenalis sextæ.
Frauensatire, gegen die Männer, der sechsten Satire Juvenals entgegengesetzt.
> Offenbar eine Verteidigung der Frauen, insofern der sog. Weibersatire Juvenals entgegengesetzt.

320 Virorum apologia. *Sat. contra Satyram.*
Verteidigung der Männer. Gegensatire.
> Widerruf von 319.

321 Post utramque partem auditam, Iudicialis sententia videtur *Transactionem* suadere. *Eutrapelia.*
Nach Anhörung beider Parteien scheint der Gerichtsbeschluß einen Vergleich anzuraten.
> Es kommt öfter zu einem Vergleich, um eine längere Verhandlung zu vermeiden. Daß eine *Eutrapelia* erwartet wird, ist nicht leicht zu verstehen. Der Scherz soll wohl darin gesehen werden, daß sich in einem solchen Fall die Parteien auch ohne Gericht einigen könnten.

322 *Encomium Christophori Columbi*, Christum per maria in Novum Orbem ferentis. quo facto nominis sui omen implevit. *Ode.*
Lobpreis auf Christophorus Columbus, der Christus über die Meere in den neuen Erdkreis brachte. Durch diese Tat erfüllte er das Omen seines Namens.
> Nomen est omen. Schönes Thema.

323 *Relatio.* In Macchiavelli & hujus seculi Pseudopoliticorum Apotheca, quæ & qualia, sive simplicia, sive composita ex varijs technis pharmaca reperta sint, & in dies nova reperiantur. Horum index. *Sat.*
Berichterstattung. Welche und wie geartete Arzneien, seien es einfache, seien es mit verschiedenen Kunstgriffen gemischte, in der Apotheke Machiavellis und

der Pseudopolitiker dieses Jahrhunderts erfunden worden sind und täglich neu erfunden werden. Ein Verzeichnis derselben.

> Nicolò Machiavelli (1469–1527), florentiner Staatsmann und Schriftsteller, schrieb 1513 den *Principe* (gedr. 1532), in dem es um die Fähigkeit des antiker (nicht: christlicher) Ethik verpflichteten Herrschers geht, politische Macht zu erwerben und zu erhalten. Das Werk ist eine ‚Apotheke' für Pseudopolitiker (nicht: wahre Politiker), aus der sie *pharmaca* (Arzneien, auch: Gifte) = pseudopolitische Handlungsweisen beziehen. ▸ 387. Von *Pseudo-Politici* handeln schon *Sylv.* 9, 13 (Zählung 1729) und allgemein Nr. 24 der Titelliste in der *Praefatio* des *Solatium podagricorum* (1729, IV, 10). ▸ S. 32–35 ‚Hof und Höflinge'.

324 Aliquos senes nihil cygnæum habere præter albedinem plumarum, mentum & caput velantium. *Admiratio Satyrica.*

Daß manche Alte nichts vom Schwan an sich haben außer der weißen Farbe der Flaumhaare, die Kinn und Kopf verhüllen. Satirisches Staunen.

> Manche Alte erinnern durch die weißen Haare an einen Schwan, aber sie singen nicht wie ein (sterbender) Schwan (Erasmus *Adagia* 1, 2, 55 *Cygnea cantio*; Otto 1890, 104–105). *pluma*: von den ersten Barthaaren der Jünglinge (Hor. *Carm.* 4, 10, 2), hier von dem schütteren Haar der Alten. Sehr satirisch (ebenso: *Admiratio*).

325 An, sicut omnes superbi stultescunt, etiam omnes stulti superbiant. *Declarat.*

Ob, wie alle Überheblichen töricht sind, sich auch alle Törichten überheben.

> Die Aussage über die *superbi* ist nicht generell umkehrbar.

326 *Plausus comicus*, quale proverbium. An *Mimesis* sit ex præcipuis partibus Poësios. P.

Beifall wie bei einer Komödie, wie das Sprichwort sagt. Ob die Darstellung zu den besonderen Teilen der Dichtkunst gehört.

> Bei den Aufführungen von Komödien gibt es besonders viel Beifall (sie sind leicht zu rezipieren, leichter als eine Tragödie oder ein Mysterienspiel). Verstärkt wird er durch Einfälle und Effekte der Regie. Gehört dergleichen zur Dichtung? Ist die Darstellung / Inszenierung eine besondere Sparte derselben? Die Frage ist ironisch. Balde nimmt einen Passus aus *Diss.* 27 – wörtlich – auf, der die durch Effekte veräußerlichte Aufführung von Tragödien geißelt: *plauditur comicè. Sapienter dicta Tragoedi praetervolant. Totius Tragoediae ad affectum concitandum ingeniosa Inventio, dispositaéque scenae, sine monstris subsidunt* („Man gibt Beifall wie bei einer Komödie. Die lehrreichen Sentenzen des tragischen Schauspielers fliegen vorüber. Die geniale Erfindungskraft der ganzen Tragödie und die strenge Anordnung der Szenen – dazu geschaffen, die Affekte zu erregen – fallen ohne Wunderdinge durch'). In diesem Zusammenhang bedeutet Mimesis die (Effekte erstrebende) Darstellung auf der Bühne. Zu *Diss.* 27 Burkard 2004, 213: Balde greife „in diesem Kapitel nachdrücklich das zeitgenössische Spektakeldrama an, indem er den R e g i s s e u r e n vorwirft, die reine Bühnenkunst für publikumswirksame Schauereffekte zu verraten" (Sperrung ad hoc). Schon in der Perioche zu dem 1637 aufgeführten *Jephte* beklagt sich Balde über die Ansprüche, „die gerade zu seiner Zeit von den Zuschauern an den Aufwand der Inszenierung gestellt würden" (Stroh 2004, 293). Daß nach Balde auch die Stücke selbst auf Effekte verzichten sollen, zeigt das *Argumentum* zum frühen *Iocus serius* von 1629, wo es heißt, daß es mehr auf *litterarias Actiones* ankomme als auf *vulgo plausibilia spectacula* (Stroh 2008, 259). Mehrfach nimmt Balde unter verschiedenen Aspekten gegen veräußer-

lichte Aufführungen auf der zeitgenössischen Bühne (auch der der Jesuiten) Stellung: 98, 314, 326, ▸ auch 415 (▸ S. 44–45 ‚Theater'). *A: Poësios* (jonische Genetivform, die sich oft in Barockdrucken findet: Burkard 2004, 205); *BC: Poëseos*.

327 De Publicanis & Pharisæis Neotericis. Lib. unus. *Sat.*
Über die neueren Zöllner und Pharisäer. Ein Buch.

Ein unermeßliches Thema; es erfordert nicht die Darstellung in einer einzelnen Satire, sondern in einem ganzen Buch (▸ 137 *Centuria prima*). Balde spielt auf Jesu Gleichnis von dem reuevollen Zöllner und dem selbstgerechten Pharisäer an, das mit den Worten schließt, wer sich erhöhe, werde erniedrigt, wer sich erniedrige, erhöht werden (*Lukas* 18, 9–14). Solche Menschen gibt es auch in der Neuzeit – im Überfluß. Der Akzent liegt wohl auf den Pharisäern.

328 Speculum Veneris causticum, sive incendiarium, ex qua materia? *Inquisitio*.
Der brennende bzw. einen Brand verursachende Spiegel der Venus, aus welchem Material ist er?

Es könnte sich auch um einen indirekten Fragesatz handeln. Bereits die Antike kannte Spiegel und Brennspiegel aus verschiedener Materie. Der Handspiegel ist ein Attribut der Liebesgöttin Venus in Antike und Neuzeit. Hier verursacht Venus Liebesbrände mit einem Brennspiegel. Das ist witzig, da Venus den Handspiegel traditionell nicht als Brennspiegel verwendet. Balde kann auch an die beliebten neuzeitlichen Darstellungen gedacht haben, in denen Putten Venus einen Spiegel vorhalten (u. a. Tizian bzw. Werkstatt, Rubens, Velásquez). Die Frage nach der materiellen Beschaffenheit ist ebenfalls witzig, da es sich nicht um einen realen Vorgang handelt. Dazu soll die Frage genau untersucht werden (*Inquisitio*)!

329 De ungula Pegasi. *Dissertatio*. P.
Über Pegasus' Huf.

Pegasus' Huf schlug die Musenquelle am Helikon (Hippokrene), aus der die Dichter trinken.

330 Sit licet acerrimum boni viri judicium, præjudium mali viri semper fore acrius. *Consideratio*.
Mag das Urteil eines guten Mannes auch sehr verletzend sein, daß das Vorurteil eines schlechten Mannes immer verletzender sein wird.

Pointierte Antithesen: *boni viri* ↔ *mali viri*; *judicium* ↔ *præjudicium*. *acrius* steigert *acerrimum*!

331 *Horologium Poëticum* etiam requirere sua pondera, rotas, dentes, aptos nexus: & ante omnia *primum mobile*, (phantasiæ) quod inquies dicitur. Nec non sæpius & oleum. Currere Pieriam quam cupis, unge rotam. *Consideratio Eutrapel*. P.
Daß die Uhr des Dichters auch ihre Gewichte, Räder, Zähne, passenden Verbindungen erfordert und vor allem das *primum mobile* (der Phantasie), was Unruhe genannt wird. Und öfter auch Öl. Das dichterische Rad, von dem du wünschst, daß es läuft, schmiere.

Wie eine Uhr immer zu warten ist, muß der Dichter immer an sich selbst arbeiten und nicht nur dichterische Technik verschiedener Art beherrschen, sondern auch über dichterische Phantasie verfügen, die das *primum mobile* ist – eine innere Unruhe, aus der die Dichtung resultiert (dazu Schäfer 1976, 159, ▸ oben S. 161). Das Öl war Minerva, der Patronin der Dichtkunst, heilig: Der Dichter braucht Inspiration. Ein vergleichbares Bild in 483, wo das *oleum lampadis* für das *ingenium* der Dichter steht. Zur *oleum*-Metapher Burkard 2004, 275–276.

332 *Adversus immodicos Generis sui ostentatores.* Rariùs audimus, atria nobilium, in sacraria verti; fumosas imagines in ara poni: ex ceris majorum, lumina accendi. *Sat.*

Gegen die maßlos mit ihrem Geschlecht Prahlenden. Zu selten hören wir, daß Hallen der Vornehmen in Kapellen umgewandelt, rauchgeschwärzte Bilder auf einen Altar gestellt, aus Wachsbildern der Vorfahren Lichter angezündet werden.

> *fumosas imagines*: die bei den Römern im Atrium aufgestellten rauchgeschwärzten (= alten) Masken der Ahnen (Cic. *In Pis.* 1, von dort Erasmus *Adagia* 4, 9, 79). Statt prahlend über reich geschmückte Ahnengalerien zu verfügen, sollen die Vornehmen der Neuzeit lieber Prunkräume in Hauskapellen umgestalten, Bilder christlichen Inhalts auf einen Altar stellen (statt sie zwischen den Ahnenporträts aufzuhängen) und aus Wachsbildern der Vorfahren Kerzen formen Kurz: Statt Prunksälen Kapellen, statt Ahnenkult Gottesdienst, statt Prahlen Demut. Das hört man zu selten, ▸ 303.

333 An sit verum: quò gravior est Persona Magistratum gerens, eò levius reddi onus officij. *Grammatici certant, &c. Eutrapelia.*

Ob wahr ist, daß, je schwerer / gewichtiger eine Person in einem öffentlichen Amt ist, desto leichter die Last der Pflicht wird. ‚Die Grammatiker streiten' usw.

> Für viele hohe (gewichtige) Magistrate gilt, daß sie vor allem repräsentative Pflichten haben (*gravior* könnte in spitzer Weise auch wörtlich gemeint sein: *Eutrapelia!*). Gezielte Antithese *gravior* ↔ *levius*. Anspielung auf Hor. *Ars* 78: *grammatici certant et adhuc sub iudice lis est* (‚die Grammatiker streiten, und der Streit ist bis heute nicht von einem Richter entschieden'). Bei Horaz sind die *grammatici* Philologen, bei Balde könnte die Sentenz an sich abgegriffen sein im Sinn von ‚man streitet über dieses Problem' (denn Repräsentieren ist auch wichtig); aber die Parallelität mit 334 legt nahe, daß es vor allem gegen die Zunft der Grammatiker geht, denen Balde kritisch gegenübersteht, weil sie in seiner Sicht besonders grammatische / sprachliche Quisquilien und Spitzfindigkeiten (wie *gravior* ↔ *levius*) behandeln. Deswegen lehnt er auch die ‚eiskalten' Pointen der Epigramme ab. Spott über Grammatiker schon in 50. Zum Thema ▸ die beiden Abschnitte ‚Epigramm' und ‚Grammatiker' (S. 40–42).

334 Dicant itidem verbosi Grammatici. Utrum optabilius, securum & placidum *Matrimonium*, an opulentum *Patrimonium*. Quippe litem hanc in verbis latere. *Eutrapelia.*

Ebenfalls sollen die wortreichen Grammatiker sagen: Ob eine sichere und gefällige Ehe oder ein opulentes Erbe wünschenswerter ist. Daß ja dieser Streit in den Wörtern verborgen ist.

> Ein zweites Beispiel für die besprochene Unart der Grammatiker, denen hier unterstellt wird, spitzfindig darauf Wert zu legen, daß in der Antithese *matrimonium* ↔ *patrimonium* die Wurzeln *mater* ↔ *pater* enthalten sind. Dieses Mal sagt Balde selbst, daß der Streit (*lis* nimmt Horaz auf) nur in den Wörtern, nicht in der Sache liegt. Denn die beiden verglichenen Objekte haben nichts miteinander zu tun. Die Lehre könnte in beiden Fällen lauten: Die Grammatiker machen bei ihrem Geschäft viele unnütze Worte (*verbosi!*), erkennen aber nicht die eigentlichen Probleme.

335 Dari adhuc, in Religiosis familijs, laudatissimos *Cyclopas*, & *Centauros*. *Explicatio*.
Daß es bis heute in frommen Familien hochgelobte Kyklopen und Kentaurn gibt.

Wohl gemeint, daß selbst fromme Familien hochgelobte Mitglieder haben, die aus der Art schlagen, die sich – zum Beispiel – ‚einäugig' (Kyklopen!) bzw. ‚zwittrig' (Kentaurn!) aufführen. *laudatissimos*: sicher ironisch. Mit den Kyklopen und Kentaurn könnten Mitglieder des Hoflebens gemeint sein. Im *Castrum* wird Lukrez' Diener (*famulus*, 34) Scazon als sehr geschickter Werkmeister (*ad usus fabrilis aptissimum*, 33) und *Cyclops* (37) bezeichnet (die Kyklopen fertigten die Blitze für Zeus). Wer das im Gedächtnis hat, assoziiert an dieser Stelle einen geschickten wendigen Untergebenen. In der *Interpretatio Somnij* p. 95 verkörpert der *Centaurus* aus *Sylv.* 7, 16 (Zählung 1729), 143 u. a. ‚leeres Geschwätz, Verschweigen, vor allem Kriecherei' (*vaniloquentia, Reticentia, Adulatio potissimùm*), dazu wichtig Kagerer 2014, 597–598, die darauf hinweist, daß der Kentaur bei Alciati Symbol für den ‚Fürstenratgeber' ist. Es sind Charaktereigenschaften vollendeter (*laudatissimi*!) Höflinge (▶ S. 32–35 ‚Hof und Höflinge'). Daneben haben die *Religiosae familiae* vielleicht einen pointierten Unterton (den Balde mit Fleiß verstecken mußte): Mit ihnen könnte auf die Ordensoberen der Jesuiten (*religiosi familiae*) angespielt sein, die bei den Querelen um das ungeliebte Amt des Hofhistoriographen nicht auf Baldes, sondern auf Maximilians Seite standen (Kagerer 2014, 603 und 629, oben S. 33 A. 112 und 113 zitiert).

336 Posthuma opera sint vel optima, vel nulla. imò optima, quæ nulla. *Distinguendum*.
Nachgelassene Werke sollen entweder sehr gut sein oder nichts taugen. Vielmehr: Die besten sind die, die nichts taugen. Zu differenzieren.

Nach dem ersten Satz ist das Problem einer postumen Veröffentlichung bzw. Nichtveröffentlichung nachgelassener Werke leicht zu lösen. Der zweite Satz korrigiert bzw. differenziert den ersten (*imò*): Bei schlechten Werken ist das Problem einer postumen Veröffentlichung am leichtesten zu lösen, nämlich negativ. Zu verstehen: Bei Werken, die weder *optima* noch *nulla* sind, ist das Problem dagegen schwierig. Die Jesuiten standen öfter vor dem Problem, ob sie nachgelassene Werke ihrer Mitbrüder veröffentlichen sollten. *optima quæ nulla*: Paradoxon.

337 *Charontis* inferni Portitoris, in fatiscente cymba, Lamentatio. Anno, ut supra. *Eutrapelia*.
Des unterirdischen Fährmanns Charon Klage in seinem Risse bekommenden Kahn. Jahr für Jahr, wie auf der Oberwelt.

Charon jammert über den (schwierigen) Transport der Abgeschiedenen in der Unterwelt, Jahr für Jahr (da sein Kahn immer baufälliger wird), so wie die Menschen auf der Oberwelt über die Toten jammern. *Eutrapelia*: Der Scherz liegt darin, daß es Charon in der Unterwelt ebenso schwer hat wie die Angehörigen der Toten auf der Oberwelt! Der erschöpfte Charon und sein berstender Kahn begegnen schon *Epod.* 20, 71–72 (*portitor infernus plenis lassatur acervis, reficitque cymbam, & exsecratur advenas*). Das dort bitterernst verwendete Motiv (*Ataxia nostri seculi, sive mundi ad occasum vergentis signa* ist das im Dreißigjährigen Krieg entstandene Gedicht überschrieben) ist nunmehr ins Witzige gewendet. *anno*: ‚alljährlich' (Mittellat. Wörterbuch I, 1967).

338 Ad Legatos & Pararios, præfidentes cuniculosis astutijs suis, Explicatio versiculi 4. ex Psalmo 2. *Qui habitat in cœlis, irridebit eos.* Par pari. *Sat.*
Im Blick auf ihre minenreichen Hinterlisten zu sehr vertrauende Abgesandte und Unterhändler, Erklärung des Verses 4 aus *Psalm* 2: ‚Der in den Himmeln wohnt, wird sie verlachen.'

> Balde konnte am Münchner Hof, zumal im Dreißigjährigen Krieg, genug Unterhändler erleben. Sie waren zuweilen leicht zu durchschauen (und zu verlachen). *cuniculosis*: nur Cat. 37, 18 *cuniculosae Celtiberiae* (‚des kaninchenreichen Spanien'), belegt, von *cuniculus* ‚Kaninchen'. Da *cuniculus* auch der unterirdische Gang = ‚Mine' ist (so *Ca.* 34 und Pexenfelder 1670 ‚Höle unter der Erde / Mine'), kann *cuniculosus* auch als ‚minenreich' aufgefaßt werden. Früher wurde diese Deutung vertreten (s. A. Riese, Die Gedichte des Catullus, Leipzig 1884, 75: „Andere fassen *cuniculosus* als ‚minenreich,' und denken an die spanischen Bergwerke"). Forcellini übersetzt *cuniculosus* mit ‚cuniculis, et subterraneis cavernis plenus' und vereinigt beide Deutungen, indem er *cuniculus* so erklärt: „animal lepori simile, sub terra effossa latere solitum'. Balde folgt der Tradition, die *cuniculosus* als ‚minenreich' versteht (d. h. ‚mit unterirdischen = heimlichen hinterlistigen Gedanken'). Zu *Interpretatio Somnii* 4 *cuniculosis scriptionibus* Kagerer 2014, 371. *par pari respondere* (Erasmus *Adagia* 1, 1, 35) bezeichnete bei den Römern einen volkstümlichen improvisierten Dialog, in dem die Kontrahenten schlagartig die Formulierung des ‚Gegners' aufgriffen und widerlegten bzw. verdrehten. Ein solcher Dialog soll offenbar vorgeführt werden.

339 Adversus eos, qui se laborare memoriâ simulant, ut saltem tantò majore prudentiâ præditi habeantur; persuasuri alijs, Naturam, damnum vel jacturam unius, supplemento alterius compensare. *Sat.*
Gegen die, die an einer Gedächtnisschwäche zu leiden vorgeben, damit sie wenigstens als mit desto größerer Einsicht begabt gehalten werden, um andere zu überzeugen, daß die Natur den Schaden bzw. den Verlust des einen durch die Ergänzung des anderen ausgleicht.

> Psychologische Erkenntnis: Statt einen *lapsus memoriae* zuzugeben, täuschen manche eine allgemeine Gedächtnisschwäche vor, um zu demonstrieren, daß sie andererseits mit überlegener Einsicht begabt sind. Verwandt: 157.

340 Suspectæ fidei amicum esse, cuius suavis est absentia. *Ode.*
Daß es ein Freund von zweifelhafter Zuverlässigkeit ist, dessen Abwesenheit angenehm ist.

> Die Abwesenheit eines echten Freundes kann nicht angenehm sein.

341 Plúsne commodi an damni, *officina Typographica* orbi invexerit. *Problematicè.*
Ob die Druckerei dem Erdkreis mehr Vorteil oder mehr Schaden zugefügt hat.

> *problematicè*: Der Buchdruck bringt große Vorteile, aber es wird auch Überflüssiges bzw. Schädliches gedruckt. Speziell: Die Verbreitung durch den Druck ist bei der Bibel ein großer Vorteil, bei Luthers Schriften aus katholischer Sicht ein großer Nachteil (da die Reformation ohne die Erfindung des Buchdrucks wohl nicht dieselbe schnelle weiträumige Ausbreitung erfahren hätte).

342 Quare Nuptijs assignetur breve Epithalamium, longum verò Epitaphium. *Ode. Sat.*

Warum Hochzeiten eine kurze Hochzeitswürdigung beigemessen wird, aber eine lange Totenwürdigung.

> Sehr negativ über die Ehe: ▸ S. 38–39 ‚Frau und Ehe'. Man denkt an den verwandten Ratschlag in Friedrich von Schillers *Lied von der Glocke*: ‚Drum prüfe, wer sich ewig bindet, | ob sich das Herz zum Herzen findet! | Der Wahn ist kurz, die Reu ist lang.' *Epithalamion*: ‚Brautlied', seit Statius ‚Hochzeitsgedicht' (Stroh 2015, 647 Anm. 86). Balde dichtete selbst ein umfängliches *Epithalamion* für den Kurfürsten Maximilian I. (Ausgabe: Weiß 2015). Er könnte hier parallel zu *Epitaphium* an mündliche Form denken *Epitaphium*: ▸ zu 462; gleichlautende Antithese: *Epithalamium* ↔ *Epitaphium*. Verwandt: 363.

343 *Democritus* semper ridens, *Heraclitus* assiduò plorans, sitne fabula an historia. uter sapientior, vel stultior? utrum hæc tempora reducem poscant.
Ob der immer lachende Demokrit und der beständig weinende Heraklit Mythos oder Geschichte sind. Wer weiser bzw. törichter ist? Wen von beiden diese Zeiten als Rückkehrer erfordern.

> Der weinende Heraklit und der lachende Demokrit waren schon in der Antike topisch. Seneca fordert in der Schrift *De tranquillitate animi* 15, 2 dazu auf, *ut omnia vulgi vitia non invisa nobis, sed ridicula videantur, et Democritum potius imitemur quam Heraclitum: hic enim, quotiens in publicum processerat, flebat, ille ridebat; huic omnia quae agimus miseriae, illi ineptiae videbantur. elevanda ergo omnia et facili animo ferenda: humanius est deridere vitam quam deplorare*. Diese Stelle war den Poesieschülern bekannt: Sie konnten sie diskutieren. Nicht kam es auf die Kenntnis der beiden Philosophen, sondern auf die ihnen zugeschriebenen Haltungen an. Der Satiriker Balde fühlte sich bei seiner Einschätzung der Gegenwart sicher mehr Heraklit verbunden. *reducem*: A in den ‚Menda emendata' (statt *reduces*). Zu *Sylv*. 7, 6 *De risu Democriti* Schäfer 2005, 88–89.

344 *Fluvij Germaniæ*, Oceano Patri, rerum *fluxarum* rationem reddere jubentur: cui præterea, quid agatur in Germania, *undulata* oratione *fusissimè* Danubius exponit.
Deutschlands Flüsse müssen Vater Ozean über die fließenden (sich ändernden) Dinge Rechenschaft geben: Wem außerdem, was in Deutschland geschieht, die Donau in wogender Rede sehr ausführlich darlegt.

> Fast alle deutschen Flüsse außer der Donau fließen letztlich in den Ozean (auch die Oder), die Donau nicht. Bei ihr ist das Schwarze Meer Endpunkt. Auf der geographischen Ebene ist die Feststellung trivial. Es könnte an die Türken gedacht sein, denen die Donau warnend verkündet, daß Kaiser Leopold I. gerade gegen sie zu ziehen im Begriff ist und mit ihm Vater und Sohn Bertronius (▸ *Praefatio*). Gegen Türken 21, 31, 154, zu vergleichen ferner 415, 423 sowie 33 im Epilog. *undulata*: ‚dem Wasser ähnlich gemacht, gewässert' (Kirschius 1796), hier vielleicht: ‚mit ihren Wellen redend' (in Schuberts *Schöner Müllerin* kann sogar der Bach reden). *fluxarum / undulata / fusissimè*: Wassermetaphorik (▸ 144, 235, 380), passend zu *Fluvij / Oceano / Danubius*.

345 Multos honestiùs *Taceri* posse, quàm Laudari. unde miratur Auctor stultitiam Præconum quinti Evangelij, cuivis defuncto *mercennarias laudes* vendentium, non sine manifesto periculo sesquipedalium mendaciorum. *Panegyricus*.
Daß viele schicklicher mit Schweigen übergangen als mit Lob bedacht werden können. Daher wundert sich der Autor über die Dummheit der Herolde des Fünften

Evangeliums, die für jeden Toten ohne Unterschied wohlfeiles Lob verkaufen, nicht ohne die augenscheinliche Gefahr anderthalb Fuß langer (ellenlanger) Lügen.

> Das Fünfte Evangelium ist die Lehre der Lutheraner (▶ 32), die die Toten individuell loben und dabei gemäß der Devise *De mortuis nil nisi bene* zu starken Übertreibungen neigen, während die Katholiken nach feststehendem allgemeinem Ritus vorgehen – gewissermaßen ohne Ansehen der Person. Hierzu wird Peter Walter folgender Kommentar verdankt: „In den liturgischen Büchern des 17. Jh., also zur Zeit Baldes, bis zur Liturgiereform nach dem 2. Vaticanum ist eine Predigt bei Beerdigungen nicht vorgesehen. Doch hat es Leichenreden gegeben, wie etwa die berühmten *Oraisons funèbres* von Jacques Bénigne Bossuet (1627–1704). Ich frage mich allerdings, ob diese bei der Beerdigung oder einer anderen Gelegenheit gehalten wurden. In der Liturgie sind sie nicht vorgesehen. [...] Wahrscheinlich liegt der springende Punkt für Balde darin, daß die Herolde des 5. Evangeliums für jeden beliebigen, also nicht nur für herausragende Personen, eine Leichenpredigt halten. [...] Was Ihren Kommentar betrifft, muß man der Gerechtigkeit halber sagen, daß erst die Liturgiekonstitution des 2. Vaticanums *Sacrosanctum Concilium* in Nr. 32 festgelegt hat, daß in der Liturgie ‚weder im Ritus noch im äußeren Aufwand ein Ansehen von Person und Rang gelten [soll]'. Solches hat es natürlich gegeben – und ist nicht auszurotten. Bei einfachen Sterblichen wurde eben keine Leichenpredigt gehalten." *sesquipedalia mendacia*: Balde nimmt die berühmte Junktur *sesquipedalia verba* für lange schwülstige Wörter bei Hor. *Ars* 97 auf.

346 Dari *balsamum sulphuris Satyrici*, arte Pieriâ confectum; quale, si sumas, illicò totam mentem percurrit, omnésque redolens imbuit sinus ac venas: plúsque una efficit gutta, quàm integra ampulla aquæ rosaceæ, ex odoriferis versiculis distillatæ, plena. P.

Daß es den von Musenkunst gefertigten Balsam des satirischen Schwefels gibt – von der Art, daß er, eingenommen, sofort den ganzen Geist durchläuft und duftend alle inneren Winkel und Adern benetzt; und ein Tropfen bewirkt mehr als eine ganze Flasche voller aus duftenden Versen geträufeltem Rosenwasser.

> Überlegenheit der künstlerischen Satire über liebliche Dichtung. *aqua rosacea*: In *Ca.* 28 läßt Balde Vergil Claudians ‚Lilien und Rosen' preisen, um seinen lieblichen Stil zu charakterisieren. Die Satire ist dagegen scharf, aber heilsam: ▶ 105. *Sylv.* 8, 15 (Zählung 1729), 11 spricht Balde von der *flamma sulphuris*, dem „Merkmal einer satirisch geprägten Dichtung" (Kagerer 2010, 187). Zu *sulphur* in wörtlichem und auf die Wirkung von Literatur übertragenem Sinn (Epigrammatik) ▶ *Ca.* 45 und S. 201.

347 Omninò cupienti seipsum vel alium noscere, *omnia priùs ornamenta fortunæ removenda esse*: Genus, honores, clientelas, favores, divitias, satellitium; cæterásque humanarum mentium imaginarias pompas. *Satyra Stoica*.

Daß derjenige, der sich selbst oder einen anderen gänzlich zu erkennen wünscht, vorher alle schmückenden Gaben Fortunas beiseiteschieben muß: Abstammung, Ehren, Klientelen, Begünstigungen, Reichtum, Dienerschaft und das übrige Scheingepränge menschlichen Denkens.

> Wie wahr! Es ist nicht die einfache Abhandlung einer Wahrheit gefordert, sondern eine stoisch-christliche Satire.

348 *Mors ultima linea rerum.* Falsum. Mors longæ lineæ ultimum punctum est. *Ode. Sat.*
‚Der Tod ist die letzte Linie der Dinge.' Falsch. Der Tod ist der letzte Punkt einer langen Linie.
> Die erste Aussage ist negativ, die zweite positiv. Beim Tod ist das (in der Regel) lange vorangegangene Leben zu würdigen. Das Zitat: Hor. *Epist.* 1, 16, 79 in ironischem Zusammenhang. Daher weist Balde nicht Horaz, sondern den kontextgelösten Gebrauch der Sentenz zurück. Pointierte Antithese: *ultima linea* ↔ *longa linea*.

349 Unam *togatam fraudem*, sceleratiorem esse centum sagatis. *Sat.*
Daß ein einziger Betrug in der Toga verbrecherischer ist als hundert in einfachen Wollmänteln.
> Je höher einer steht, desto schlimmer ist es, wenn er betrügt.

350 De *Capite Medusæ* Dissertatio Mythologica.
Über das Haupt der Meduse eine mythologische Erörterung.
> Medusa: die furchtbarste der drei Gorgonen, deren Anblick in Stein verwandelte. Das von Perseus abgetrennte Haupt trug Minerva zur Abschreckung auf ihrem Schild. In einer *Dissertatio Mythologica* (zumal im Poetikunterricht) darf erwähnt werden, daß Medusa Pegasus' Mutter ist. Es könnte an die ‚schreckliche' Wirkung der Satire gedacht sein (obwohl das Thema nicht mit einem *P* versehen ist) oder daran, daß aus Schrecklichem Schönes entsteht.

351 *Vitijs irasci*, non esse contra tranquillitatem & indolentiam Stoicorum. *Ode.*
Daß den Lastern zürnen nicht gegen die Ausgeglichenheit und Unempfindlichkeit der Stoiker ist.
> Wunderbares Paradoxon im Stil der Paradoxa liebenden Stoiker. Problem des ‚gerechten' Zorns.

352 Si utraque bona est, *Asiatica* & *Laconica* Oratio: id est, prolixa & brevis; utra sit melior: disceptari potest. Sed iterum quæritur: Asiaticè an Laconicè disceptandum sit. *Problema Eutrapel.*
Wenn jede von beiden gut ist, die asiatische und die lakonische Rede, d. h. die weitschweifige und die kurze, kann debattiert werden, welche besser ist. Aber wiederum stellt sich die Frage, ob asiatisch (weitschweifig) oder lakonisch (knapp) zu debattieren ist.
> Pointierte Fragestellung. ‚Asiatisch' / ‚asianisch': antiker Stilbegriff (weitschweifig); ‚lakonisch' (von lakonischer Kürze): im 17. Jahrhundert üblich für ‚attizistisch' (knapp, sachlich). Zu *Laconicus* als Stilbegriff: Burkard 2004, 284. *Problema* bedeutet, daß die beiden Stile in ihren Vorzügen und Nachteilen gegeneinander abzuwägen sind. Die Zusatzfrage über die Form der Diskussion ist ein Scherz (*Problema Eutrapelicum*).

353 IXC. rationes, quare nummi argentei sint *rotundæ* & non quadratæ figuræ. Quamvis hoc perverso seculo, sæpe tam lentè volvantur ab uno loco in alium, quàm ægrè circumageretur currus, trabibus contra formam rotæ quadratis subsistens. *Sat.*

99 Gründe, warum Silbermünzen von runder, nicht viereckiger Gestalt sind – obgleich sie in diesem perversen Jahrhundert sich oft so langsam von einem Ort zum anderen wälzen, wie ein Wagen mit Mühe herumgeführt würde, der im Widerspruch zu der (runden) Form des Rades auf viereckigen Balken / Klötzen aufruht.

> Es gibt in der schlechten Zeit wenig zu essen und wenig Handel (der Rubel muß rollen!), viele sind hungrig und arm. Verwandt 444. Öfter, besonders in den Notzeiten des 17. Jahrhunderts, gab es quadratische Münzen aus Edelmetallen (sog. Klippen), die leichter zu prägen waren als runde. Sie wurden nicht ‚gerollt', d. h. in regen Umlauf gebracht. *perversum seculum* (▸ S. 28–29 ‚Gegenwart'): grimmige Weiterbildung von Vergils berühmter Prägung *eversum saeculum* für seine Zeit (*Georg.* 1, 500). AB: IXC (lectio difficilior), C: C (lectio facilior). IXC = 91 oder halb korrekt 89 (90–1 = 89). Balde vermeidet zuweilen offenbar bewußt runde Zahlen, ▸ 372 (*IX* statt etwa *X*) und 474 (*novies* statt etwa *decies*). Die Korrektur in C ist verständlich, da 100 eine bekannte runde Zahl ist: *centuria* (137), *centies* (474), *De vanitate mundi* hat 100 Gedichtfolgen. Auch 10 ist eine bekannte runde Zahl: *decem gradus* (486).

354 De Iul. Cæsaris aleâ, ad Rubiconis amnem, *jactâ*, Dissertatio ascetico-politica.
Über Iulius Caesars am Fluß Rubicon gefallenen Würfel ethisch-politische Erörterung.

> *alea jacta*: ‚Der Würfel ist gefallen', sprichwörtlich gewordener Ausspruch, den Caesar im Jahr 49 beim Überschreiten des Rubicon getan haben soll (Suet. *Div. Iul.* 32), griech. ἀνερρίφθω ὁ κύβος (Otto 1890, 12–13, auch zum Wortlaut). *ascetico-politica*: Die Erörterung soll streng ethisch (*ascetico*: ▸ zu 169) und politisch sein, d. h. sie soll nicht die politischen Ereignisse einfach darstellen, sondern auch ethisch bewerten – eine anspruchsvolle Aufgabe.

355 In Puellam, quæ præ nimia saltandi libidine, dum noctem continuat, tandem in ipsis choreis fessa, ac toto corpore resoluta procubuit: repentè in ipso vestigio extincta. *Sat. Eutrapel.*
Gegen ein Mädchen, das vor allzu großer Tanzlust, während es die Nacht durchmacht, endlich in den Reigentänzen erschöpft und am ganzen Körper aufgelöst, hinfiel und plötzlich auf der Stelle starb.

> Das Thema wird im 17. anders kommentiert als im 21. Jahrhundert, zumal von einem Jesuitenschüler. Immerhin: *Satyra Eutrapel.*

356 Sapientior, an stultior fuerit Salomon. *Problema.*
Ob Salomo mehr weise oder mehr töricht war.

> Laut 3 *Könige* 11 (= 1, 11 der Lutherbibel) verfiel Salomo nach langer weiser Herrschaft vor seinem Tod der Vielweiberei und Abgötterei. 11, 3–4 heißt es: „Und er hatte siebenhundert Weiber zu Frauen und dreihundert Kebsweiber; und seine Weiber neigten sein Herz. Und da er nun alt war, neigten seine Weiber sein Herz fremden Göttern nach, daß sein Herz nicht ganz war mit dem Herrn, seinem Gott, wie das Herz seines Vaters David." *Problema*: Salomo war aufs Ganze gesehen weise, am Ende töricht. Beide Eigenschaften treffen auf ihn zu.

357 An ex usu tabaci, homines, ut quidam volunt, fiant nasutiores, acutiores, sagaciores.

Ob infolge Tabakgebrauchs Menschen, wie etliche wollen, witziger, gescheiter und scharfsinniger werden.

> Das Gedicht XXIV der *Satyra contra abusum tabaci* (1729, IV, 438–468) hat das etwas speziellere Thema: *An Tabacum sumptum Poësin juvet, excitet spiritus, impleat venam?* „Balde selbst war ein großer Freund dieses ausländischen Krautes, da es ihm in manchen krankhaften Zuständen guthe Dienste getan und nicht selten sogar zu poetischem Schaffen ihn angeregt hatte. Saft, Feuer und Geist schlürft nach ihm daraus der Dichter. [...] So sehr nun Balde dem vernünftigen Gebrauche des Tabaks das Wort redete, ebenso sehr war er gegen den unmäßigen und unterschiedslosen Genuß eingenommen und glaubte darum zeigen zu müssen, wie sehr dieser Mißbrauch dem natürlichen Gefühle, wie dem körperlichen und geistigen Wohle der Menschheit entgegen sei" (Westermayer 1868, 217 und 218). ▸ 272 und 379.

358 Viros, si quos invaserit *pica*, prægnantium fæminarum morbus, omnium mulierum cupiditates superare. *Demonstratio.*

Daß Männer, wenn einige eine Elster, die Krankheit schwangerer Frauen, angegriffen hat, die Eßbegierden aller Frauen übertreffen.

> Männer absonderlicher als schwangere Frauen! Es spricht der ehemalige Angehörige der ‚Congregatio Macilentorum'! Pica bezeichnet merkwürdiges Verlangen Kranker nach pikanten oder ungenießbaren Substanzen, seit der Antike speziell die Eßgelüste Schwangerer – nach der Elster (*pica*), weil diese allerlei Dinge verschlingt. Balde verwendet den Terminus auch *Diss.* 42 (*feminae picâ laborantes*) und *Urania* 5, 6, 9. Die Vorstellung, daß Männer eine Frauenkrankheit bekommen können, ist witzig. Noch witziger ist es, daß sie dann erheblich mehr äßen als alle Frauen! Weiterführend Christes 2005, 295–296 mit Anm. 35 und 36.

359 De uncia mellis, & congio fellis. *Dissertatio Ethico-ascetica.*

Über eine Unze Honig und einen Congius Galle.

> Das Thema ist übertragen zu verstehen, worauf *Dissertatio Ethico-ascetica* hinweist. Balde spricht *Interpretatio Somnij* p. 28 vom *satyricum fel* (der Galle der Satire). *fel* kann „die boshaften Angriffe in literarischen Werken bezeichnen" (Kagerer 2014, 438 mit Belegen). Denn ‚eine süße Satire ist ein Unglück mit Essig' (▸ 129). Die adäquate Beschreibung / Deutung des kurz vorher genannten *perversum seculum* (▸ 353) erfordert wenig Honig, aber viel Galle. Beide Komponenten müssen auf streng ethischer Basis abgewogen werden (▸ zu 354). *uncia*: römisches Hohlmaß, knapp 23 cm³ bei Wasser- und Weinfüllung; *congius*: römisches Hohlmaß, etwa 3, 25 l. *uncia mellis* / *congio fellis*: gleiche Silbenzahl, paralleler Bau, Reim.

360 Quæritur: ex quibus herbis & radicibus vel olivis conficiatur illud *Ceroma* famosum, quod vocant Aonium, quo inunguntur Poëtæ ad luctam. P.

Es wird gefragt, aus welchen Pflanzen und Wurzeln oder Oliven jene berühmte sogenannte böotische Salbe gemacht wird, mit der sich die Dichter zum Wettstreit salben.

> *ceroma*: Balde konnte das Wort aus Martial und Juvenal kennen. Nach OLD bedeutet es wörtlich "a layer of soft earth or mud put down to form the floor of a wrestling ring", metonymisch "a wrestling place" oder "a wrestler". Diese Erkenntnis wurde entscheidend J. Jüthner 1915 und 1921 (RE 11, 1 (1921), 326–328) verdankt, der feststellte, daß man bis dahin an Salböl der Athleten oder eine Wachssalbe, eine Mischung von Öl und Wachs, gedacht oder die Salbung als solche darunter verstanden habe (in neuerer Zeit dazu O. W. Reinmuth, The Meaning of *Ceroma* in Juvenal and Martial, Phoenix 21, 1967, 191–195). Balde steht in dieser Tradition.

Exempli gratia sei der in seine Zeit gehörende Juvenal-Kommentar von Thomas Farnabius, Amstelodami 1670, zitiert, der zu 3, 68 *ceromatico collo* erklärt: ‚Collo peruncto ceromate, quod ex oleo, cera & pulvere fit' (1670, 26). Der Juvenal-Kommentar von G. A. Ruperti, Lipsiae 1819 / 1820, definiert *ceroma* zu derselben Stelle als ‚unguentum athletarum, ex oleo, cera certisque terrae partibus confectum' (II, 125). (Noch älter Dasypodius 1536: ‚Ein salb von öl / vnd erden da mit sich die kempffer bestreichen. uel *oleum ceratum*, Darnach wurden sie mit staub / oder puluer besprenget'.) Mit den Zeugnissen kommt man den Bestandteilen von Baldes Salbe nahe, wobei der Witz darin besteht, daß es sich bei ihm um ‚Musensalbe' (*Aonius* = böotisch, da der Musenberg Helikon / Parnaß in Böotien liegt, ▸ zu 173) für den Wettkampf von Dichtern handelt. Es ist zu fragen, was er mit den Ingredienzien assoziierte. *olivis*: Der Ölbaum war Minerva, der Göttin der Dichtkunst (▸ zu *Ca.* 13), heilig (▸ auch 483). Wurzeln und Pflanzen könnten auf den Parnaß / Helikon verweisen, auf dem die Dichter graben (▸ 131, 173) bzw. musisches Laub ernten (425). Das Ganze witzig; gemeint: wie sich Dichter auf den Wettkampf vorbereiten. Ein einzelner Wettkampf: 361.

361 Papinij Statij immanes *Cæstus* cum Cl. Claudiano congressuri. *Contra duella. Sat.* P.

Die ungeheuren Schlagriemen des Papinius Statius, der im Begriff ist, mit Cl. Claudian zu kämpfen. Gegen Duelle.

Im *Castrum* erscheint Statius' Dichtung ‚gepanzert' (▸ S. 210), Claudians Dichtung elegant (*elegantia & nitor*: ▸ S. 154 / 155). Wenn man den Charakter der Dichtung für den der Kämpfer setzt, wie es im *Castrum* durchweg der Fall ist, ist es ein ungleicher Kampf, zumal deshalb: *Contra duella*. Um die Führung bei der Erstürmung der Burg konkurrieren Statius, Lukan und Claudian; in *Ca.* 30 wird Claudians heftiger Schmerz darüber geschildert, daß Statius den Oberbefehl erhalten hat. Das ist eine Situation, in die *El.* 361 passen könnte. Zum Thema: 360.

362 Facile esse apud Lutheranos, *ignem Purgatorium* auferre ex oculis. ad hoc provocantur, ut & *infernum* auferant. Quis enim Catholicorum veros Hæreticos ad ignem purgatorium damnat? *Consideratio.*

Daß es bei den Lutheranern leicht ist, das Fegefeuer aus den Augen zu verbannen. Zusätzlich werden sie ermuntert, daß sie auch die Hölle verbannen. Denn wer von den Katholiken verdammt die(se) wahren Häretiker zum Fegefeuer?

Schneidend-ironische Argumentation gegen die Lutheraner, die (im Gegensatz zu den Katholiken) das Fegefeuer scharf ablehnten. Sie mögen, sagt Balde, die Hölle gleich mitabschaffen. Denn welcher Katholik verdamme diese Häretiker zur Hölle? Die zu tolerante Haltung der Katholiken gegenüber den Lutheranern wird angeprangert. Verwandt: 243. Überschneidung der Bilder, daß Ketzer dem Feuer überantwortet wurden, und des Fegefeuers. *Hæreticos*: Balde beabsichtigte, die Lutheraner in seiner geplanten Darstellung der Bayerischen Geschichte als *haeretici* (= Ketzer) zu bezeichnen, doch „gab die Sprachregelung des auf politischen Ausgleich bedachten Maximilian *evangelici* vor" (Kagerer 2014, 107). 1663 / 1664 fühlte sich Balde in Neuburg freier.

363 Hymenæum, Musicæ artis peritissimum, omnibus fermè nuptijs utrumque cantum *Mollem* & *Durum* occinere.

Daß der in der Musik sehr erfahrene Hochzeitsgott bei fast allen Hochzeiten sowohl einen weichen als auch einen harten Gesang singt.

Offenbar spielt Balde auf die Höhen und Tiefen der Ehe an. Zu diesem Thema ▸ S. 38–39 ‚Frau und Ehe'. *cantus mollis*: fröhlicher Gesang, *cantus durus*: gedämpfter Gesang (▸ zu 301). Verwandt: 342. Zu Hymenaeus im *Epithalamion*: Stroh 2015, 651.

364 In *Oceano Principum æstuante*, purpuratos proceres veras tempestates experiri: Cœlum sudum, amœnum, turbidum, crassum. micant *fulgura*: fremunt *tonitrua*: & tandem *fulmina*. illud intempestivius, *quod fulmina sæpe ante fulgura*. Dissertatio Politica.

Daß auf dem stürmischen Ozean der Fürsten purpurtragende Hochgestellte wahre Wetter(wechsel) kennenlernen: klaren, lieblichen, unruhigen, dichtbezogenen Himmel. Es blinkt Wetterleuchten, es krachen Donner und endlich Blitze. Das geschieht sehr gegen die Zeit (die normale Abfolge): daß Blitze oft vor dem Wetterleuchten einschlagen.

Gegen das unsichere Leben am Hof. Fürsten schlagen auch ohne Warnung zu, gewissermaßen (um im Bild zu bleiben) aus heiterem Himmel. Zu *proceres* Kagerer 2014, 418. *tempestates*: verschiedene Wetterlagen (Cic. *De nat. deor*. 1, 4). *fulgura*: ‚Wetterleuchten', eig. Plural (etwa ‚Wetterlichter'). Gleichklang der entscheidenden Begriffe *fulgura* und *fulmina*, die in der Antike (und später) häufig zusammengestellt werden, z. B. Ov. *Met*. 1, 56; 3, 300 / 301; Minucius Felix *Oct*. 24. Das Thema ‚Hof und Höflinge' ist unerschöpflich (▸ S. 32–35).

365 Pulchras etiam excitari posse cogitationes, & in primis literato viro dignas, de capite apri in mensam illato. *Ode Eutrapelica*.

Daß schöne Überlegungen – und besonders eines literarisch engagierten Mannes würdige – von einem auf den Tisch hereingetragenen Eberkopf sogar angeregt werden können.

Eine Parallele bietet die *Cena Trimalchionis* in Petrons *Satyrica* 40–41, bei der ein zubereiteter Eber auf den Tisch getragen wird, der den Beobachter zu allerlei Gedanken veranlaßt (*in multas cogitationes diductus sum*). Man mochte den Ich-Erzähler für Petron selbst (also einen *literatus vir*) halten. Die *Cena* wurde um 1650 in Trogir entdeckt, aber erst 1664 in Padua und Paris gedruckt. Über ihr Schicksal in der dazwischenliegenden Zeit ist wenig bekannt. Es ist unwahrscheinlich, daß Balde auf irgendeine Weise von der Eber-Episode erfuhr. Stefan Tilg verweist auf „den Weihnachtsbrauch, einen Eberkopf auf den Tisch aufzutragen und dazu zu singen (https://de.wikipedia.org/wiki/The_Boar's_Head_Carol)." Gabriele Wolf wird der Hinweis auf das Handwörterbuch des deutschen Aberglaubens II, Berlin 1930, Sp. 521 verdankt, wo L. Herold zum Eber als Festspeise ausführt: „Zu Weihnachten (oder Neujahr) ist er in der ganzen germanischen Welt in irgendeiner Form Festgericht. Vorherrschend ist der Kopf (Schwed., Dänem., Engl., Norddtl., Hess., Ob. Öst., Bay., Luxemb.) [...], als Mettensau finden wir ihn in Bayern" (dort Literatur). Sollte Balde entsprechende Bräuche in Bayern persönlich erlebt haben, werden ihm als bekennendem *macilentus* entsprechende *cogitationes* gekommen sein. [Korr.-Zusatz: Quelle wohl Iuv. 1, 140–141.]

366 De *Stillicidijs*. Num periculosiora decidant per tegulas, an per phialas: in domum, an in stomachum. *Eutrapel*.

Über herabfallende Tropfen. Ob sie gefährlicher über Ziegel oder über Trinkschalen herabfallen, ob in ein Haus oder einen Magen.

Zwar höhlt steter Tropfen den Stein (▸ 385) bzw. Ziegel und Haus und ist somit gefährlich, aber wenn er in Trinkschalen und damit in Mägen fällt, ist er gefährlicher (für den Menschen). Der Tropfen entstammt dem Sprichwort, aber Tropfen bezeichnet auch den Trunk: ‚ein guter Tropfen' / der König von Thule ‚trank nie einen Tropfen mehr'.

367 Dictum Catharinæ Arragoniæ, cùm repudiaretur ab Henrico VIII. Angliæ Rege *Infelicibus Consolationem rarò deesse*, astruitur. *Ode.*

Katharina von Aragon wird, als sie von Englands König Heinrich VIII. verstoßen wurde, der Ausspruch zugeschrieben, daß Unglücklichen selten ein Trost fehle.

> Das *Dictum* Katharinas von Aragon (1512–1548) ist nachgewiesen in: Jacobus de Richebourcq, Ultima verba factaque et ultimæ voluntates morientium philosophorum virorumque et fœminarum illustrium, Amstelædami 1721, in dem Teilband Ultima verba factaque et ultimæ voluntates morientium fœminarum illustrium, p. 23. *Dictum:* ▸ S. 27.

368 Iucundiùs lusisse Deum cum *Genesio Mimo*, quàm hunc cum Deo. *Ode Eutrap.*

Daß vergnügter Gott mit dem Mimen Genesius gespielt hat als dieser mit Gott.

> Genesius (3. Jahrhundert), christlicher Märtyrer, Patron der Schauspieler und Bühnenkünstler. Als Schauspieler verspottete er am Hof Diokletians die Christen, bekehrte sich und wurde trotzdem enthauptet. Balde ließ Genesius am Schluß des 1629 für das Innsbrucker Gymnasium gedichteten und dort aufgeführten (nur teilweise veröffentlichten) *Iocus serius theatralis* auftreten (Stroh 2004, 261; 2006, 211–212; 2008, 278).

369 Hypocritarum fatua navigatio in Regnum Utopiæ. *Explicatio.*

Der Schmeichler törichte Schiffsreise in das Reich der Utopie.

> Thomas Morus (▸ zu 129) entwickelte eine philosophisch-christliche Staatsutopie in der Schrift *De optimo statu reipublicae deque nova insula Utopia* (1516, dt. 1612). Balde sagt spöttisch, die Schmeichler glaubten in ihrer Torheit, ihr Weg führe zu einem wahren, vor allem: erstrebenswerten Ziel. Er hat wohl das Hofambiente (▸ S. 32–35 ‚Hof und Höflinge') im Sinn, in dem das Schmeicheln zu Hause ist (▸ 4 und 405). Verwandt: 287 (▸ dort zu Sebastian Brants *Narrenschiff* und Johannes Geilers von Kaysersberg *famosissima Navis*).

370 *Mola asinaria* jumentorum, splendidè diu, noctúque servientium. *Demonstratio.*

Die Eselsmühle der Zugtiere, die Tag und Nacht prächtig dienen.

> Angeprangert wird der Frondienst der Höflinge. In der *Interpretatio Somnij* spricht Balde von den *molae asinariae*, den Eselsmühlen der Höfe, und vom *Pistrinum Aulicum*, der ‚Hofmühle' – in Bezug auf die eigene Person! ▸ S. 32–35 ‚Hof und Höflinge'. *splendidè*: wohl der äußere (d. h. täuschende) Glanz gemeint (vielleicht auch das Glänzen des Schweißes?).

371 *Amphion Cœlestis.* Christus suavissimè invitans Homines Davidico Psalterio, (in Germanicam Paraphrasin ingeniosè traducto Augustæ An. 1659.) nimirum *ut ædificentur muri Ierusalem*; ex accurrentibus ad Lyram *vivis & electis lapidibus.* Sint Thebæ, fabula: at Ierusalem, fabula non est. *Ode.*

Der himmlische Amphion. Christus, der die Menschen freundlichst mit Davids Psalter einlädt (der zu Augsburg 1659 ingeniös in eine deutsche Paraphrase übertragen wurde), und zwar, damit die Mauern Jerusalems erbaut werden aus lebenden und erwählten Steinen, die zu der Leier herbeiströmen. Mag Theben Sage sein, Jerusalem ist dagegen keine Sage.

Der Zeus-Sohn Amphion soll Theben mit Hilfe des Klangs seiner Leier, auf den hin die Steine des Kithairongebirges von selbst herbeikamen, ummauert haben. Die Verbindung zwischen David und Christus ist die Errichtung Jerusalems, des Irdischen durch David, des Himmlischen durch Christus. Um 1000 eroberte David die Kanaanäerstadt und machte sie zur Hauptstadt des Judäerreiches. In den *Psalmen* wird mehrfach auf sie Bezug genommen, etwa im 121. *Psalm* (= 122 der Lutherbibel) (‚1. Ein Lied Davids im höhern Chor. Ich freute mich über die, so mir sagten: Lasset uns ins Haus des Herrn gehen! 2. Unsre Füße stehen in deinen Toren, Jerusalem. 3. Jerusalem ist gebaut, daß es eine Stadt sei, da man zusammenkommen soll. [...]'). Wie David lädt Christus die Menschen ein, und zwar nach der Vision *Apokalypse* 21, 2–22, 5 in das Himmlische oder Neue Jerusalem, die Stadt des Paradieses. An ihr bauen alle mit, die Christus folgen; sie sind im Gegensatz zu Amphions toten und beliebigen Steinen ‚lebende und erwählte Steine' (zu diesem Bild Kagerer 2014, 147 und 495). Die beiden Zitate hat Peter Walter identifiziert: *ut ædificentur muri Ierusalem*: *Psalm* 50, 20 (= 51, 20 der Lutherbibel); *vivis & electis lapidibus* findet sich in der Liturgie, und zwar im Schlußgebet (*Postcommunio*) der Messe zum Jahresgedächtnis einer Kirchweihe: *Deus, qui de vivis & electis lapidibus æternum majestati tuæ præparas habitaculum* [...]. Balde fügt in Parenthese als Hommage eine aktuelle bibliographische Angabe ein. Es handelt sich nach Auskunft von Reinhard Laube um folgende Ausgabe: ‚Harpffen Davids Mit Teutschen Saiten bespannet Auch zu Trost und Erquickung der andächtigen Seel. Gesangweiß angerichtet von einem auß der Societet Iesu' [i. e. Albert Curtz], Augsburg, Asperger 1659. Albert Curtz SJ (1600–1671) wurde 1663 zum zweitenmal Rektor des Jesuitenkollegiums in Neuburg, also Baldes enger Kollege (▸ 207). Er veröffentlichte bedeutende astronomische Werke. Nach ihm ist seit 1935 der Mondkrater Curtius benannt. Zu Curtz Kagerer 2014, 133–136. *Paraphrasin*: ‚Paulo liberior interpretatio. Ein wenig weytleuffigere verdolmetschung / Ein erklärung mit mehr worten' (Dasypodius 1536).

372 *IX. Documenta, quæ erudiendo pueros, summis viris reliquit* Dionysius *Siciliæ tyrannus, ex Rege Ludi magister factus, ferulâ sceptróque clarissimus, exemplar magnarum virtutum, & vitiorum. Instructio Christiana. Ode.*
Neun Lehren, die zum Erziehen von Knaben Herrschern vermacht hat der Tyrann Dionysius von Sizilien, vom König zum Schulmeister geworden, hochberühmt durch Rute und Szepter, ein Beispiel großer Tugenden und Laster. Christliche Unterweisung.

Dionysios II. von Syrakus (etwa 396–337). Balde kennt sicher Ciceros Bericht *Tusc.* 3, 27: *Dionysius quidem tyrannus Syracusis expulsus Corinthi pueros docebat: usque eo imperio carere non poterat*: Der aus Syrakus verjagte Dionysios wollte in Korinth wenigstens über Knaben herrschen, da er nicht mehr über seine Untertanen herrschen konnte. Die Aufgabe besteht offenbar darin, darzulegen, welche neun Erziehungskriterien eines ehemaligen Herrschers, dem immerhin ‚große Tugenden' zugeschrieben werden, in die christliche Erziehung von Herrschersöhnen übernommen werden könnten. Wenn auch Phantasie gefragt ist und ein humorvoller Unterton nicht ausgeschlossen werden kann, ist nicht an eine Parodie zu denken. *IX*: ▸ zu 353.

373 *De secreto conclavi exiguo Fl. Domitiani Cæsaris, quod* Mica *appellabatur. Dissertatio Architectonico-politica.*
Über das abgesonderte kleine Gemach des Flavischen Kaisers Domitian, das *Mica* (Krümel) genannt wurde.

Hieronymus und Cassiodor erwähnen, daß Domitian einen ‚goldenen' Speiseraum gebaut habe: *mica aurea* (OLD zu *mica*: 'applied to a banqueting hall built by Domitian'). Darauf könnte der Balde wohlbekannte Martial anspielen (2, 59, 1). Da man darüber nichts Genaues wußte, durften Poetikschüler phantasievoll spekulieren – in politischer und sogar architektonischer Hinsicht. Wer weiß, was Balde selbst eingefallen wäre!

374 Inauspicatè dolendum esse, quòd hoc tempore, multorum sermones eo modo intelligi debeant, quo scriptura Hebræorum legi.

Daß in unglückbedeutender Weise darüber Schmerz zu empfinden ist, daß in dieser Zeit Reden von vielen in der Weise zu verstehen sind, in der die Schrift der Juden zu lesen ist.

Die Juden schreiben von rechts nach links, gewissermaßen verkehrt. Viele Leute sagen also das Gegenteil von dem, was sie meinen. Klage über das Schwinden der Aufrichtigkeit in der Gegenwart wie in 115 und 204, verwandt 376 (▸ S. 28–29 ‚Gegenwart'). *legi*: sc. *debeat*. Parallelbildung: *intelligi / legi*.

375 Olim quidem morem *Candidatorum* Romæ fuisse, ut ad Consulatum aspirantes prensarent suffragia Civium. Hunc autem ritum dedecere Poëtas, Laurum ambientes: quippe suffragia quantumvis faventium Patronorum, nullum Poëma malum, ad fasces & lauream attollent, stabili virore duraturam: nullum Poëma bonum, etsi maligno rancore, invidiâ vel calumniâ fascinatum penitùs pessum dabunt. *Oraculum*. P.

Daß zwar einst in Rom die Sitte geherrscht hat, daß Konsulatbewerber um die Voten der Bürger baten. Daß dieser Ritus sich aber nicht für Dichter ziemt, die nach Lorbeer streben: Die Unterstützungen von noch so sehr fördernden Patronen werden ja kein schlechtes Gedicht zu Ansehen und kräftig grün bleibendem Lorbeer erheben – (andererseits) kein gutes Gedicht, mag es auch von bösartigem Groll, Neid und Schmähung behext werden, ganz und gar zugrunde richten. Orakel.

Die Dichter sollen sich nicht auf Patrone verlassen, sondern ihren eigenen Weg gehen. Denn das Votum der Patrone wird schlechte Dichtung nicht zu dauerndem Erfolg, gute Dichtung nicht zu gänzlichem Mißerfolg führen. Es könnte gemeint sein: Patrone urteilen nicht nach der künstlerischen Qualität (können das oft auch nicht), sondern fördern adulatorische und unterdrücken kritische Dichtung. Nicht als Poet, wohl aber als Münchner Hofhistoriograph hatte Balde schlechte Erfahrungen gemacht (▸ S. 32–35 ‚Hof und Höflinge'). Kritisch gegenüber Auftragsdichtung *Diss.* 4 und 35. *fasces*: ▸ zu *Ca.* 32, hier übertragen gebraucht (‚Ansehen', ‚Würde'), Du Cange: ‚summa potestas' (ma.), Kirschius 1796: ‚Würde der Obrigkeit'. *Oraculum*: Der Dichter / Vates = Balde spricht von höchster Warte.

376 Syncerum argentum aurúmque ad *lapidem lydium* probari posse: non item synceritatis humanæ metallum. Ode.

Daß reines Silber und Gold am Lapis Lydius geprüft werden kann – nicht ebenso das ‚Metall' der menschlichen Reinheit (Aufrichtigkeit).

Übergang von der wörtlichen zur übertragenen Ebene: Im Vergleich zu Gold und Silber ist *synceritas* nur ein gewöhnliches ‚Metall' – das aber nicht in einem technischen Schnellverfahren, sondern nur bei intensiver Erprobung auf ethischer Ebene geprüft werden kann. Balde denkt vielleicht an Vorstellungen wie Hor. *Epist.* 1, 10, 39–40 *potiore metallis* | *libertate caret* – Freiheit, „die doch wertvoller ist als ganze Bergwerke voll Erz, Silber, Gold" (Kießling / Heinze 1914, 98). Menschliche *sinceritas*: ▸ 115, 204, 374, ferner S. 28–29 ‚Gegenwart'. *lapis Lydius*: ▸ 113.

377 *Morbi Germaniæ Politici* in certas Praxes, sive Classes, digesti. *Enumeratio.* Deutschlands politische Krankheiten, in bestimmte Handlungen oder Klassen eingeteilt. Aufzählung.

Hier können alle Charakterisierungen der am Hof Tätigen (▸ S. 32–35 ‚Hof und Höflinge') klassifiziert werden – eine endlose (An)klage. *Praxis*: ‚Handlung' (πρᾶξις).

378 Dei Pharetram nunquam exhauriri telis, quæ exacuit ut fulgur. *Ode.* Daß Gottes Köcher niemals Mangel an Geschossen hat, die er wie den Blitz geschärft hat.

Mit Gottes Strafe ist immer zu rechnen, die wie der Blitz (unvermutet) trifft. Das Problem des verzeihenden Gottes steht an dieser Stelle nicht zur Diskussion.

379 An fervor ambitiosi, rectè flagranti tedæ, vel fumo Tabaci comparetur. *Examinatio.* Ob die Hitze des Ehrgeizigen zu Recht einer brennenden Fackel oder Tabakrauch verglichen wird.

Antwort wahrscheinlich: nein. Eine brennende Fackel oder Tabakrauch vergehen bald, Ehrgeiz ist dagegen eine permanente oder wenigstens länger andauernde Eigenschaft. Tabak: ▸ 272 und 357.

380 Poëtis navigantibus, ventum solertissimè observandum esse. Quis potior? *Auster* præferendus Euro. *Causæ. P.* Daß auf dem Meer fahrende Dichter den Wind sehr sorgfältig beobachten müssen. Welcher ist vorzüglicher? Der Südwind ist dem Ostwind vorzuziehen. Gründe.

Bei der Beschreibung des Dichtens ist die Wassermetaphorik schon im Altertum verbreitet (bei Balde: ▸ 144, 235, 344). Es ist vielleicht zu verstehen, daß Dichter sehr darauf zu achten haben, welcher Richtung und welchen Vorbildern sie folgen. Wenn es um Neulateiner (und damit um Balde) geht, könnte gemeint sein: Der Südwind kommt aus dem Humanistenland Italien (sowie dem alten Rom), der Ostwind (*Eurus*: antik-dichterisch ‚Ostwind'; ebenso Pexenfelder 1670, 17) aus Polen: Kasimierz Sarbiewski (1595–1640) hatte für Baldes frühere intensive Horaz-Nachfolge größte Bedeutung. Sie war jetzt praktisch abgeschlossen. Der in *Sylv.* 5, 19 beschriebene Zug der Musen von Griechenland nach Rom und von dort durch Mitteleuropa gipfelt in Sarbiewski (dazu Lefèvre 2006 (2), 241–242), der in 103 *Sarmaticæ fidicen celeberrimus Oræ* genannt wird (die Sarmaten siedelten nach der Vorstellung der Römer im späteren Polen und weiter östlich). Er steht – dem Publikationsdatum des Gedichts (1643) gemäß – noch gleichberechtigt neben den römischen Dichtern (105–106). 1663 / 1664 dominieren diese (besonders Juvenal), Sarbiewski tritt hinter ihnen zurück. *Eurus* steht als Metonymie für Sarbiewski wie *Aquilo* für Gustav II. Adolf *Epithalamion* 326 *nos Aquilo pulset* (dazu Weiß 2015, 133). Andere Dichter müßten nach diesem Bild andere Winde wählen, die z. B. aus den Niederlanden oder Frankreich kommen. Das könnte ausführlich dargestellt werden. Aber vielleicht ist mit *Eurus* kein bestimmter Bezug verbunden und der *Auster* (= Rom und italienische Humanisten) alleiniger Bezugspunkt. Dann wäre vor *Euro* sinngemäß zu denken *ut exemplum afferam* o. ä.

381 Heredes ludere cum mortuis, sicut hospites cum vitris: frusta per fenestras; cadavera per portas ejiciuntur. *Ode.*

Daß Erben mit Toten spielen wie Gäste mit Gläsern: Scherben werden durch Fenster, Leichen durch Türen hinausgeworfen.

> Sarkastischer Vergleich: Ungehobelte Gäste werfen zerbrochene Gläser einfach aus dem Fenster (bayerische Biertrinker? Günter Hess verweist auf das Oktoberfest), ungehobelte Erben Tote einfach aus dem Haus (um das Erbe an sich zu nehmen). *vitris*: in 411 Trinkgläser (Du Cange: *vitrum* ‚pro scypho vitreo'). Oder sind Glaskugeln / Glasmurmeln / Glasperlen gemeint, mit denen man spielte (berühmte Glasperlen kamen aus Murano)? *frusta*: Im Mittelniederdeutschen Wörterbuch von K. Schiller / A. Lübben, I–VI, Bremen 1875–1881, findet sich in Band IV folgender Eintrag: ‚mnl. scherf, scherve, *testa*, *frustum*'. Die Pointe liegt in der Antithese *fenestras* ↔ *portas*.

382 Utique meliorem esse conscientiam sine scientia, quàm scientiam sine conscientia. Histeron Proteron hujus seculi. *Sat.*

Daß auf jeden Fall besser ist Gewissen ohne Wissen(schaft) als Wissen(schaft) ohne Gewissen. Die Umkehrung dieses Jahrhunderts.

> Wortspiel: *conscientia* geht grundsätzlich vor *scientia*. In Baldes Jahrhundert geht aber *scientia* vor *conscientia* (▶ S. 28–29 ‚Gegenwart'). Wie fast alle Themen ist auch dieses noch immer aktuell – mehr denn je. In der Titelliste des Katalogs der *Praefatio* des *Solatium podagricorum* lautet Nr. 22 noch ganz allgemein: *Hysteron proteron hujus seculi* (1729, IV, 10). Von einem ὕστερον πρότερον spricht man, wenn zwei Begriffe gegen die natürliche Ordnung gereiht sind.

383 Sententia Platonis explicata. Dial. 2. de Republ. *Res sacra Poëta est: neque canere priùs potest, quàm Deo plenus.* P.

Ein Satz Platons erklärt. Dialog *Politeia* 2: Eine heilige Sache ist der Dichter: Er kann nicht eher singen, als er von Gott erfüllt ist.

> Der Satz findet sich so weder im zweiten Buch der *Politeia* noch in anderen Büchern der Schrift. Die Dichterkritik am Ende des zweiten Buchs richtet sich gegen die Darstellung unmoralischen Verhaltens der Götter (wie es Homer und Hesiod erzählten). Es sei vielmehr notwendig, daß die Dichter von Gott nicht als der Ursache von all em, sondern nur des Guten dichten (δεήσει [...] τοὺς ποιοῦντας ποιεῖν, μὴ πάντων αἴτιον τὸν θεὸν ἀλλὰ τῶν ἀγαθῶν, 380c 7–9). Das kann man so verstehen, daß der Dichter von dem wahren Gott erfüllt dichte (dichten müsse). Balde stützt sich vielleicht auf eine Quelle, die Platon frei paraphrasiert, oder zitiert aus dem Kopf. Ungenauer Platon-Bezug auch 449 (▶ S. 72). Es ist aber festzustellen, daß die *sententia* wörtlich im *Ion* 536b 4–5 steht: ποιητής ἐστιν [...] ἱερόν, καὶ οὐ πρότερον οἷός τε ποιεῖν πρὶν ἂν ἔνθεος (‚der Dichter ist etwas Heiliges und kann nicht eher dichten, als er von Gott erfüllt ist'). Aus dem *Ion* wird 449 nur ungenau zitiert; möglicherweise war Baldes Zettelkasten in Unordnung.

384 Argumentum ad homines. Sit ita, dicat aliquis. nil credam, nisi quod scriptum est: ideò certè non credam, Præcones Lutheranos sapere. Quia nil invenio, scriptum de eo. Imò, quia proscripserunt è numero Canon. Voluminum, Librum Sapientiæ; quis non videt desipere? *Deductio.*

Ein Argument, das sich auf (bestimmte) Menschen bezieht. ‚So sei es', mag einer sagen. ‚Ich werde nichts glauben, was nicht geschrieben steht.' Deswegen werde ich gewißlich nicht glauben, daß die Lutheranischen Verkünder bei Verstand sind, weil ich nichts darüber geschrieben finde. Im Gegenteil: Weil sie aus der Zahl der Kanonischen Schriften das Buch der Weisheit geächtet haben, wer sieht nicht, daß sie nicht bei Verstand sind?

> Die Theologie der Lutheraner berief sich allein auf die Schrift, die Bibel (*sola scriptura*), die keiner Ergänzung durch kirchliche Überlieferungen bedürfe. Balde verspottet die Lutheraner, weil er nichts darüber geschrieben findet, daß sie bei Verstand sind. Dem ‚negativen' Beweis folgt ein ‚positiver'. Der *Liber Sapientiae* wird von den Katholiken und orthodoxen Christen als Teil der Bibel (Vulgata) anerkannt, von den Protestanten nicht. Das Wortspiel: sapere / *Librum Sapientiae* / desipere ist pointiert: Dadurch, daß die Lutheraner das Buch der Weisheit für apokryph erklären, zeigen sie, daß sie nicht weise sind. Baldes Argumentation ist nicht von Eifer, sondern von überlegener Ironie bestimmt. Wenn man der Erklärung des alten Begriffs *argumentum ad hominem* von Wikipedia folgt („Unter einem *argumentum ad hominem* [...] wird ein Argument verstanden, in dem die Position oder These eines Streitgegners durch einen Angriff auf persönliche Umstände oder Eigenschaften seiner Person angefochten wird. Dies geschieht meistens in der Absicht, wie bei einem *argumentum ad populum* die Position und ihren Vertreter bei einem Publikum oder in der öffentlichen Meinung in Misskredit zu bringen. Es kann in der Rhetorik auch bewusst als polemische und unter Umständen auch rabulistische Strategie eingesetzt werden"), erkennt man schon in Baldes Eingangsworten den polemischen Charakter dieses Themas. Auch daß er den Plural (*ad homines*) statt des üblichen Singulars gebraucht, ist eine Pointe.

385 *Exercitatio Poëtica*. Statua marmorea, Guttæ aquæ tenuitatem exprobrans: sed hæc cum suis sororibus *colossum* excavendo vincens. *Allegoria Satyrica*. P.
Dichterische Übung. Eine Marmorstatue, einem Wassertropfen Schwächlichkeit vorhaltend – dieser aber mit seinen Brüdern den Koloß durch Aushöhlen besiegend.

> Ausgangspunkt ist das Sprichwort *gutta cavat lapidem, non vi sed saepe cadendo*, das in dieser Form nachantik ist (Büchmann 1972, 592–593). Der erste Teil bei Ovid *Epist. ex Ponto* 4, 10, 5 *gutta cavat lapidem* (gedanklich verwandt *Ars* 1, 475–476). Erasmus behandelt *Adagia* 3, 3, 3 *Assidua stilla saxum excavat*. Verwandt: 366. *colossus*: Riesenbildsäule. *Allegoria*: Viele Kleine bringen einen Großen zu Fall. *Exercitatio poëtica*: Es kann eine Fülle von Beispielen poetisch ausgestaltet werden. Auch ein Dialog zwischen *Statua* und *Gutta* käme in Frage, in dem die Kontrahenten weit ausgreifen (*Allegoria*!) und der ‚Erzähler' am Schluß das schlimme Ende der *Statua* anfügt.

386 Nullam veritatem ab altera superari. *Quia verum vero non contradicit*. Cùm tamen perfidia sæpe ab altera occultiore perfidia, necessitas à necessitate vincatur. nimirum ut carnifex nonnumquam à carnifice occiditur: Dæmones à Dæmonibus torquentur. *Dissertatio*.
Daß keine Wahrheit von einer anderen überwunden wird: ‚Weil Wahres Wahrem nicht widerspricht'. Während dagegen Treulosigkeit oft von einer anderen verborgeneren Treulosigkeit, Notwendigkeit von Notwendigkeit besiegt wird. Natürlich,

wie ein Henker zuweilen von einem Henker getötet wird, Dämonen von Dämonen gequält werden.

> Postulat der unbedingten Gültigkeit der Wahrheit. *verum vero non contradicit*: Satz der scholastischen Philosophie (Hinweis von Klaus Jacobi), oft zitiert, in Baldes Zeit z. B. bei Pius de Marra, Propugnaculum fidei catholicae, Neapoli 1642, 180. Wahrheit ist eine absolute Größe, Treulosigkeit und Notwendigkeit sind relative Größen, die immer überboten werden können. Der Vergleich mit dem Henker und den Dämonen wischt den philosophischen Ernst beiseite.

387 Ab omnibus reprehendi *Machiavellum*. eundem tamen tot habere propemodum imitatores, quot contemptores. *Satyra*.

Daß von allen Machiavelli getadelt wird. Daß er dennoch zugleich fast so viele Nachahmer wie Verächter hat.

> Das im *Principe* (▶ 323) geschilderte Machtstreben wird in der Theorie von allen Machthabern verdammt, trifft aber in der Praxis auf etwa 50% zu. Theorie und Praxis sind oft zweierlei. Antithetischer Gleichklang: *imitatores* ↔ *contemptores*.

388 Misceri à pictoribus niveos, purpureos, prasinos, janthinos colores: nullum tamen eminentiorem esse, quàm colorem modestiæ. *Ode*.

Daß von den Malern weiße, purpurne, grüne, violette Farben gemischt werden – daß aber keine hervorragender ist als die Farbe der Besonnenheit.

> Die von den Malern verwendeten Farben sind verbreitet und beliebt, aber die ‚Farbe' der Besonnenheit ist höher zu schätzen. Wortspiel mit der wörtlichen und übertragenen Bedeutung von *color*: Farbe, Anstrich / Beschaffenheit. So sagt Baldes Lieblingdichter Horaz: *quisquis erit vitae scribam color* (Sat. 2, 1, 60), ‚Lebensverhältnisse' (Kießling / Heinze 1921, 187); ebenso *omnis Aristippum decuit color et status et res* (Epist. 1, 17, 23).

389 S. Iobum æstimâsse sapientiam supra aurum: jam infra argentum, sæpe & plumbum æstimari profundissimè. *Satyra*.

Daß der Heilige Hiob Weisheit höher als Gold eingeschätzt hat, daß sie jetzt weniger als Silber, oft sogar als Blei ganz unten eingeschätzt wird.

> Hiob 28, 15–17, ▶ 394. Weisheit gilt nichts mehr.

390 *Ad multos annos*. Vota hominum inepta, longinqui itineris molestias adprecantium: terminum viæ remotissimum, & finem laborum, plùs quàm serum.

‚Auf viele Jahre!' Die Wünsche der Menschen sind töricht, die einer langen Reise Plagen herbeibitten – ein weitentferntes Ziel des Wegs und ein mehr als spätes Ende der Mühen.

> Kommentar des Weisen zu dem Wunsch des durchschnittlichen Menschen, der nicht bedenkt, daß das Leben auf Erden ein Jammertal ist (*Psalm* 83, 7: *vallis lacrymarum* = 84, 7 der Lutherbibel).

391 V. Considerationes patheticæ super clausula Rhythmi, quem B. Iaconus composuit de vanitate mundi. *in ictu oculi clauduntur omnia*. Accomodantur nuptijs.

Fünf gefühlvolle Betrachtungen über die Klausel des ‚Rhythmus', den Beatus Jacoponus über die Eitelkeit der Welt komponierte. ‚In einem Augenschlag ist alles vorbei.' Sie werden Hochzeiten angepaßt.

Jacopo de' Benedetti, geboren in Todi, daher Jacopone da Todi (1236–1306), 1278 dem Franziskanerorden beigetreten. Hauptwerk *Laude*. Balde bezieht sich auf den *De vanitate rerum humanarum Rhythmus*:

> Tot clari proceres, tot rerum spatia,
> Tot ora praesulum, tot regna fortia,
> Tot mundi principes, tanta potentia,
> In ictu oculi clauduntur omnia.

Was bei Jacopo in geistlichem und allgemein menschlichem Sinn gemeint war (*vanitas rerum humanarum*), soll in fünf gefühlvollen Betrachtungen (wohl in denselben Sechsfüßlern) der Situation von Hochzeiten angepaßt werden. Hochzeitspaare sollen sich im höchsten Glück der Endlichkeit aller Dinge bewußt sein (▶ S. 38–39 ‚Frau und Ehe'). *clausula*: Schlußvers. Dieser wurde oft zitiert und vertont.

392 Quoad *Fidem* quidem, minui mundum: *amore* tamen, adhuc semper crescere. id, quod continuatæ nuptiæ fœcundissimè demonstrant. *Lamentatio*.

Daß zwar hinsichtlich des Glaubens die Welt weniger wird, durch die Liebe jedoch noch immer wächst – das, was ununterbrochene Hochzeiten auf fruchtbarste Weise demonstrieren.

Der *Glaube* schwindet, die irdische *Liebe* wächst, da bleibt für die *Hoffnung* wenig Raum. Ist auf Paulus' Wort von der Dreiheit *fides*, *caritas* und *spes* (1 Thess. 1, 3) angespielt? Ist *caritas* durch *amor* ersetzt und *spes* gar nicht mehr anzutreffen? Ist der Pessimismus so versteckt, daß er den Zensoren entgangen ist? Immerhin: *Lamentatio*. 1663 / 1664 geschrieben! Antithese: *minui* ↔ *crescere*. 391 und 392 sind durch das Hochzeitsthema verbunden.

393 Quibus argumentis probetur, *hominem esse animal difficile*. Sat.

Durch welche Argumente bewiesen wird, daß der Mensch ein schwieriges Lebewesen ist.

animal difficile: parodische Parallelbildung zu den bekannten (letztlich auf Aristoteles zurückgehenden) Definitionen des Menschen als *animal rationale* (Belege: Tosi 1991, 58) bzw. *animal sociale* (Sen. *De clementia* 1, 3, 2; *De beneficiis* 7, 1, 7).

394 Astutiam ad veram prudentiam habere se, *sicut vitrea moneta ad auream. Utraque rotunda, tinniens, micans. Sed altera levi jactu tandem dissilit, & proditur: altera etiam in ignem projecta perdurat, & probatur. Sic apprehenduntur Sapientes in astutia eorum.* Job. 5. *Sapientiæ autem non adæquabitur vitrum.* Job. 28. *Dissertatio*.

Daß Schlauheit sich zu wahrer Klugheit wie eine gläserne Münze zu einer goldenen verhält. Jede von beiden ist rund, klingend, blinkend. Aber die eine springt bei einem leichten Wurf am Ende auseinander und verrät sich, die andere hält sogar einen Wurf ins Feuer aus und besteht die Probe. ‚So werden die Weisen in ihrer Schlauheit gefangen.' *Hiob* 5. ‚Glas wird die Weisheit nicht erreichen.' *Hiob* 28.

Unterschied zwischen Schlauheit und Weisheit. Nach 389 erneutes Spiel mit Hiobs Einschätzung der *sapientia*. Im ersten Zitat ist die scheinbare, im zweiten die wahre *sapientia* gemeint; aus dem zweiten ist das Bild der *vitrea moneta* entwickelt. Beide Zitate sind um der Evidenz der Aussage willen leicht angepaßt. 5, 13: *qui* (sc. Deus) *apprehendit sapientes in astutia eorum*; 28, 17: *non adaequabitur ei* (sc. *sapientiae*) *aurum vel vitrum*.

395 Cur Prosperitas rarò canescat. *Indagatio.*
Warum ein glücklicher Zustand selten ergraut.
> Glück hat selten Bestand.

396 *Calamo Pastorio* (sive fistulâ) *nihil jucundius: calamo in telum directo*, nihil acutius: *calamo militari ignivomo* nihil horribilius: cæterùm *calamo anserino* (quo epistolæ exarantur) nihil esse melius aut peius; celerius & tardius: clementius & atrocius; sapientius & stultius. *Dissertatio.*
Daß nichts erfreulicher ist als das Rohr der Hirten (bzw. die Flöte), nichts schärfer als das zum Geschoß gerichtete Rohr, nichts schrecklicher als das feuerspeiende Rohr der Soldaten – daß aber nichts besser oder schlechter, schneller und langsamer, milder und trotziger, weiser und törichter ist als das Gänserohr, mit dem Briefe geschrieben werden.
> Brillantes und doch lebenswahres Spiel mit *calamus. telum*: gemeint der Pfeil. *calamo militari ignivomo*: gemeint das Gewehr. *calamus anserinus*: gemeint der Gänsekiel als Schreibgerät. Während die vorher genannten *calami* jeweils nur eine Funktion haben, hat der *calamus anserinus* die unterschiedlichsten, ja konträrsten Wirkungen. *peius*: vergleichbar die *linguæ spicula* in 48.

397 Politico Homini, vanitatis & aulæ mancipio, omne qualecunque speculum severiùs nitidum, nec omnino statim suaderi posse usurpandum, nec dissuaderi. *Causæ.*
Daß dem Politiker, dem Sklaven der Eitelkeit und des Hofes, von jedem genauer glänzenden (reflektierenden) Spiegel ohne Unterschied Gebrauch zu machen, weder ganz und gar sofort geraten noch abgeraten werden kann. Gründe.
> Dilemma des Politikers: Ihm kann nicht um jeden Preis in seinem nichtigen Hofamt zur Selbsterkenntnis geraten werden (weil er es sonst nicht ausüben könnte), aber auch nicht abgeraten werden (weil er es sonst in Blindheit ausüben müßte). Politiker als Sklave des Hofs:
> ▶ S. 32–35 ‚Hof und Höflinge'.

398 AMORIS ex multa congerie & fuligine terrestris, *Chymico* tamen igne eliquati, mirabilis partus. *Ode.*
Die wunderbare Geburt aus großem Chaos und Ruß der irdischen, doch durch ein chemisches Feuer gereinigten Liebe.
> *amor terrestris* ist die irdische Liebe. Sie wird aus Chaos und Ruß geboren, der für Schwärze und Dunkelheit als Gegensatz zu dem Glanz und der Reinheit des chemischen Feuers steht (der Gedanke an die Alchimie liegt nahe, die aus gewöhnlichen Metallen Gold zu gewinnen versucht). Die negative Herkunft der irdischen Liebe erinnert an die Ode *Lyr.* 4, 23, die die These von 4, 22 (Venus sei aus dem Meer geboren) widerruft: Richtiger werde gesagt, daß Venus im Schlamm / Schmutz der Erde ihren Ursprung habe (*Palinodia. Rectiùs dici, Venerem ex limo terræ originem traxisse*); auch der Bereich ihres Sohns, des *improbus Cupido*, ist die Erde (23). Die irdische Liebe kann sich aber zu himmlischer Liebe läutern. 409 spricht vom Feuer der himmlischen Liebe: *sancti amoris ignem* (▶ dort). Bekannte Beispiele der Geschichte sind Paulus oder die Hl. Elisabeth von Thüringen, der Literatur

die Buhlerin Thais im *Pafnutius* oder Maria im *Abraham* Hrotsvits von Gandersheim (10. Jahrhundert). Bekehrungsdramen auf der Jesuitenbühne: Szarota 1975, 135. Umgekehrt gilt: „den Liebesgöttern, Venus und Amor, [...] ist der Zutritt zur Jesuitenliteratur strikt verwehrt" (Stroh 2015, 650). *congeries*: Ov. *Met.* 1, 33.

399 Cœli ridentis faciem, & Regis sereni vultum, multa habere communia. *Ode.*
Daß das Antlitz des lachenden Himmels und die Miene des heiteren Königs vieles gemeinsam haben.

> Wenn ein König sich heiter und aufgeräumt gibt, ist das einem heiteren Himmel vergleichbar. Das ist aber nach dem Bild des Fürsten, das Balde zeichnet, nicht immer der Fall (▶ S. 32–35 ‚Hof und Höflinge'). *Regis sereni*: Martial nennt Domitian *Iupiter serenus* (5, 6, 9; 9, 24, 3).

400 Monendos esse ante omnia juvenes in *Hippodromo Poëtarum* exercendos, ut Pegasum antè, *non retrò* ad caudam frenent. Ne spissæ risum tollant impunè coronæ. Horatius. P.
Daß Jünglinge, die sich im Hippodrom der Dichter üben müssen, vor allem zu ermahnen sind, daß sie Pegasus vorne, nicht hinten am Schwanz aufzäumen. ‚Damit nicht die vollen Ränge ungestraft ein Lachen erheben.' Horaz.

> Dichtung erfordert einen klaren (logischen) Aufbau. Das Bild wohl aus Hor. *Ars* 1–9 entwickelt, dort auch von *risus* die Rede, der *risus* in diesem Fall aber mit Zitat von *Ars* 381 belegt: artistisch. Horaz spricht in der *Ars poetica* (zwei) junge Dichter an – wie Balde (*juvenes*). Pegasus und Dichter im Hippodrom: ▶ 135.

401 Mortis, in scena, gloriosum militem agentis, magnifica & ridicula jactatio. *Carmen Epicum. Ode.*
Des auf der Bühne einen ruhmredigen Soldaten spielenden Todes großspurige und lächerliche Prahlerei.

> Über den christlich Denkenden bzw. eine überlegene Weltanschauung Besitzenden hat der Tod keine Macht. Zur Rolle des Todes auf der barocken Bühne Kindermann 1959, passim. *miles gloriosus* wohl Anspielung auf Plautus' gleichnamige Komödie, obwohl sie mit dieser Thematik nichts zu tun hat. Sie wird *Ca.* 20 zitiert.

402 *Abominatio Desolationis.* Hoc ævo, *Barbarismum aulicum*, judicari absurdiorem pœnisque digniorem *Solœcismo Christiano. Satyra.*
‚Greuel der Verwüstung'. Daß in diesem Zeitalter der höfische Barbarismus als widriger und strafwürdiger beurteilt wird als der christliche Solözismus.

> βαρβαρισμός und σολοικισμός sind ursprünglich stilistische Begriffe, die auch *Ca.* 10 begegnen (▶ dort). Hier sind sie wie in der Spätantike übertragen gebraucht. So spricht Sidonius *Epist.* 9, 3, 1 von *quidam barbarismus* [...] *morum*, und Hieronymus sagt in *De perpetua virginitate B. Mariae, Adv. Helvidium* 16: *apud Christianos enim soloecismus est magnus et vitium, turpe quid vel narrare, vel facere* (Georges z. St.: ‚Verstoß gegen den Anstand'). Wilfried Stroh schlägt vor: ‚Ein Patzer gegen die höfische Etikette gilt für schlimmer als ein Schnitzer im Christentum.' Vielleicht ist ein Punkt genauer zu bestimmen. Baldes Angriffe auf das Hofleben sind von erheblicher Brisanz (▶ S. 32–35 ‚Hof und Höflinge', s. auch 403), und innerhalb des Christentums beunruhigt ihn nichts so sehr wie das Luthertum, das er ebenfalls scharf angreift (▶ S. 31–32 ‚Lutheraner'). So wäre zu verstehen: Die Fürstenhöfe sorgen sich mehr um das eigene Wohl als um das Wohl des katholischen Christentums. Daß Balde aus tiefster Besorgnis spricht, zeigt das dem Buch *Daniel* entnommene Motto *abominatio*

desolationis, das Luther mit ‚Greuel der Verwüstung' wiedergibt (9, 27; 11, 31; 12, 11; daran anknüpfend *Matthäus* 24, 15 und *Markus* 13, 14). Diese Stellen, an denen von der existentiellen Bedrohung des Glaubens die Rede ist, werden auf den Antichristen, den Gegenspieler des wahren Messias, bezogen (Jewish Encyclopedia, s. v. 'abomination of desolation': *jewishencyclopedia.com*). In dessen Nähe wird offenbar Luther gestellt! Das erinnert an die Themen 243 und 244, die auszudrücken scheinen, daß nicht energisch genug gegen die Lutheraner vorgegangen wird. Balde gibt diesem Denken vorsichtig Ausdruck.

403 Satrapis in aula Regum degentibus, magísne metuendum cavendúmque sit solstitium hyemale, quod fit in Tropico Capricorni; an æstivum in Tropico Cancri.
Ob am Hof von Königen lebende Satrapen mehr die Wintersonnenwende fürchten und sich vor ihr in acht nehmen müssen, die sich im Wendekreis des Steinbocks, oder die Sommersonnenwende, die sich im Wendekreis des Krebses ereignet.

Müßige Frage, denn das Leben am Hof ist immer gefährlich (▸ S. 32–35 ‚Hof und Höflinge'). Die Wendekreise spielen auf Wenden an, die am Hof jederzeit drohen können (▸ besonders 364). „Etwas Ähnliches findet sich bei Manilius in Bezug auf die Tagundnachtgleichen über das schwankende Kriegsglück in den Schlachten der Griechen und Römer (Manil. 1, 914–918 und 5, 50–56)" (Hinweis von Wolfgang Hübner). *Satrapis*: ▸ zu 249.

404 De Catone. *At post Thessalicas clades jam pectore toto Pompeianus erat.* Versus Lucani explicatus. *Sat.*
Über Cato. ‚Aber nach der thessalischen Niederlage war er schon mit ganzem Herzen Pompejaner.' Lukans Vers erklärt.

Nach Pompeius' Niederlage bei Pharsalus übernahm Cato die Sache der Freiheit. Kenntnis des *Bellum civile* Lukans wird vorausgesetzt. Das Zitat: 9, 23–24 (mit *Pompejanus* beginnt ein neuer Hexameter).

405 Adulatorum lingua, siquidem de canibus, ut perhibent, multum traxerit; frequentiùs *mordeat, an mulceat. Quæstio.*
Ob die Sprache der Schmeichler, wenn sie denn von den Hunden, wie man sagt, viel übernommen hat, öfter beißt oder liebkost.

Es kommt auf die Umworbenen an: Wer gegen Schmeicheleien empfindlich ist, fühlt sich ‚gebissen' = verletzt, wer für sie empfänglich ist, ‚geliebkost' = angenehm berührt. Balde rechnet Politiker und Höflinge überwiegend der zweiten Gruppe zu, was einige – wie ihn – abstößt (▸ 4 sowie S. 32–35 ‚Hof und Höflinge'), andere anzieht. Daß Hunde schmeicheln, ist redensartlich. Wander IV, 1867, 263 bzw. 265: ‚Schmeicheln wie ein Kammerhündlein'; ‚Schmeichler und Hunde beschmuzen ihre eigenen Herren.' Die Alternative *mulcere* ↔ *mordere* von Alliteration und Gleichklang bestimmt, in verschiedenen Formen beliebt, ein Beispiel der Zeit: Richard Brathwaite (1588–1673), Drunken Barnaby's four journeys to the north of England, London 1805, 42: *uxor mulcet, ursa mordet*.

406 *Heic situs est*: Phrasin Libitinæ sacram, sed supervacaneam, posse ex omnibus monumentis deleri, absque piaculo; nullum enim hominem sub cespite qualicunque situm esse. *Ode. Sat. Eleg.*
‚Hier liegt': Daß die Libitina heilige, aber überflüssige Phrase von allen Grabmälern entfernt werden kann, ohne Sünde; daß nämlich kein Mensch unter was für einem Rasen auch immer liegt.

Realistisch gesehen makaber. Oder ist an das Fortleben nach dem Tod im christichen Sinn gedacht?

407 De Dote & Lite uxoria, ambiguum certamen. *Ode. Sat.*
Über Mitgift und Streit (mit) der Ehefrau – ein unentschiedener Wettkampf.

Unfreundliches über ehelichen Streit, besonders über die Mitgift. *certamen*: wohl zwischen Ehemann und Ehefrau, die beide über die Mitgift verfügen wollen. Zum Komplex ▶ S. 39–39 ‚Ehe und Frau'. Dem Thema liegt Ovids bekannte zynische Wendung *dos est uxoria lites* (‚Mitgift der Ehefrau ist der Streit') zugrunde (*Ars* 2, 155), die zu verschiedenen Variationen einlud. *lis uxoria* auch Sen. *De brev. vitae* 3, 2. *dote & lite*: Gleichklang.

408 *Iris rorans*, & *Ira spumans*, quàm diversas tempestates excitent! *Ode.*
Die tauige Iris und der schäumende Zorn, wie verschiedene Stürme sie hervorrufen!

Geistreich. Kunstvoll formuliert. *Iris / Ira*: Gleichklang; *rorans / spumans*: ‚Flüssigkeiten' bezeichnend, wörtlich und übertragen, Gleichklang. *tempestates*: wörtlich und übertragen zu verstehen. *Iris*: Regenbogengöttin, Vorbotin des Regenwetters (Verg. *Georg.* 1, 380–381; Ov. *Met.* 1, 270–271; Sen. *Oed.* 316). *rorans*: Bei Verg. *Aen.* 4, 700 wird Iris *roscida* genannt.

409 *Contraria*. Sancti amoris ignem, parturire lacrymas (aquam) & lacrymas refundere amorem, qui est ignis. *Ode. Elegia.*
Konträres. Daß das Feuer der Heiligen Liebe Tränen (Wasser) gebiert und Tränen Liebe, die Feuer ist, wieder zurückgeben.

Christliche Verzückung / Ekstase (*sanctus amor*) ist oft von Tränen begleitet, und tiefempfundene Tränen führen zum *sanctus amor* bzw. vertiefen ihn (*Urania* 1, 1, 63 werden Tränen der Reue *Superûm nectar* genannt). *refundere*: wörtlich ‚zurückgießen', bleibt im Bild mit *lacrymas / aquam*. Die Prozesse erscheinen dadurch konträr (*contraria*), daß die Tränen als Wasser bezeichnet werden. Um das Verständnis zu erleichtern, gibt Balde einen entsprechenden Hinweis in Klammern bei.

410 *Flebilis risus*. ex mille æruscatoribus & sordidis Euclionibus, vix unum dari, cui contingat opibus malè partis frui. *Satyra.*
Tränen verursachendes Lachen: Daß es von 1000 Betrügern und Geizigen wie Euclio kaum einen gibt, dem es gelingt, auf ungute Weise erworbene Schätze zu genießen.

Zweifelhaft erworbenen Reichtum zu genießen ist (wegen des schlechten Gewissens) schwierig. *flebilis risus*: Paradoxon, das Motiv auch 30. *æruscatoribus*: Bei Gellius 14, 1, 2 werden die Chaldäer (Wahrsager) *homines aeruscatores et cibum quaestumque ex mendaciis captantes* genannt. Kirschius 1796 zu *æruscator*: ‚Geldverfälscher'. *Euclio*: Senex in Plautus' *Aulularia*, der einen wertvollen Schatz findet und dadurch in größte innere und äußere Unruhe versetzt wird. Über ihn kann tatsächlich gelacht werden, bis die Tränen kommen. Wenn *Euclionibus* auch auf *æruscatoribus* zu beziehen ist, müßte man verstehen, daß Euclio ein Unrecht begeht, nämlich den Schatz nicht im Sinn des Hausgottes Lar zu verwenden.

411 *Microscopiorum* hoc tempore, ut autumant aliqui, recens inventorum vanam esse jactantiam. Quid enim hoc? Augustæ apud artificem WISELIUM *pælicem ostendi æquantem magnitudinem crabronis?* jam ante plura secula, non

tantis impensis, ex vitris bibentium, apparuisse sæpe *muscam instar elephanti.*
Eutrapelia.
Daß das Rühmen von Miskroskopen, die, wie einige behaupten, in dieser Zeit neu erfunden sind, grundlos ist. Denn worum geht es? Daß in Augsburg bei dem kunstreichen Werkmeister Wiselius ein Floh gezeigt wird, der die Größe einer Hornisse erreicht? Daß schon vor mehreren Jahrhunderten – ohne so großen Aufwand – aus den Gläsern der Trinkenden oft eine Mücke so groß wie ein Elephant erschienen ist.

> Johann Wiesel (Wiselius) (1583–1662), berühmter Optiker in Augsburg, fertigte u. a. Fernrohre und Mikroskope. Das Prinzip der letzten gab es, wie Balde scherzhaft sagt, schon längst, nämlich den physikalischen Effekt der Vergrößerung eines Gegenstandes, der sich in einem gefüllten Trinkglas spiegelt! Gert Strobl gibt folgende Erklärung: „Im Mikroskop wird durch das Objektiv zunächst ein vergrößertes Bild erzeugt und dieses dann durch das Okular wie mit einer Lupe betrachtet. Physikalische Grundlage ist die Brechung von Lichtstrahlen am Ein- und Austritt in und aus den Linsen, und Voraussetzung für eine Größenänderung ist eine Krümmung der Linsenoberfläche. Die gekrümmte Oberfläche eines Trinkglases führt sowohl beim Durchblick als auch bei einer Reflexion zu Größenänderungen." Das Sprichwort ‚Aus einer Mücke einen Elephanten machen' griechisch: ἐλέφαντα ἐκ μυίας ποιεῖν (Lukian, Μυίας ἐγκώμιον / *Encomium muscae* 12). Bekannt Erasmus' Version: *elephantum ex musca facis* (*Adagia* 1, 9, 69).

412 Omnibus fermè legibus ultimam, palmariam deesse, præcedentium custodem: quæ incipit ab hoc titulo: *servari. Ode. Sat.*
Daß fast allen Gesetzen das letzte, des Ehrenpreises würdige fehlt, der Wächter der vorhergehenden, das mit dieser Überschrift beginnt: daß gewahrt wird...

> *titulo*: Titel, Kennzeichen, Stichwort. „Ich kann mir als Sinn des Themas nur vorstellen, dass den meisten Gesetzen, so vernünftig sie sein mögen, am Ende Bestimmungen fehlen, die einigermaßen sicher stellen, dass sie auch eingehalten werden. Deutschland war im 17. und 18. Jahrhundert europaweit als Land bekannt, das vor lauter Rechtsvorschriften nicht effektiv zu handeln bzw. gegen gewaltsames Handeln nichts auszurichten vermochte" (Hinweis von Detlef Liebs).

413 Quæstio est: an honorificè appellari possit Metus *Lictor Legum. Dissertatio.*
Die Frage ist: Ob Furcht ehrenvoll Liktor der Gesetze genannt werden kann.

> Liktoren (Amtsdiener) sorgten bei den Römern u. a. dafür, daß den Konsuln und Prätoren Achtung erwiesen wurde, sie vollzogen Auspeitschungen und Todesstrafen. Die Frage ist zu verneinen, da Gesetze aus Überzeugung zu achten sind. 412 und 413 sind durch die Gesetzesthematik verbunden.

414 An Cl. Claudianus Poëta absolvi debeat ab infami adulationis flagitio, quando cecinit: *Ipse metus te noster amat.* Poëtæ malè sibi conscij connivent: Areopagitæ rigidiores condemnarent. *Deduct. P.*
Ob der Dichter Claudius Claudianus von dem schamlosen Vergehen der Schmeichelei freizusprechen ist, da er sang: ‚Sogar unsere Furcht liebt dich'. Dichter, die ein schlechtes Gewissen haben, drücken die Augen zu: Strengere Richter würden ihn verdammen.

Das Zitat: *Epithalamium de nuptiis Honorii Augusti* 332. Dichter mit schlechtem Gewissen: ▶ *Ca.* 33. *Areopagitæ*: Angehörige des höchsten Gerichts in Athen (▶ S. 162). 413 und 414 sind durch das Stichwort *metus* verbunden.

415 Poëtæ, in gratiam magni Herois, varia spectacula in vertice Cyrrhæ, ediderunt. Quæ, quota, qualia? *ingeniosa* placuêre præ sumptuosis. *Documenta.* P.
Dichter haben zu Gunsten eines großen Heros verschiedene Schauspiele auf Cyrrhas Gipfel aufgeführt. Welche, wie viele, wie geartete? Ingeniöse gefielen mehr als aufwendige. Beispiele.

Sicher bildlich zu verstehen wie das Trinken der Dichter aus der Kastalischen Quelle am Parnaß. Vielleicht Aufführungen zu Ehren des Kaisers (zum Typus der ‚Ludi Caesarei' Kindermann 1959, 453–454), der Erfolge gegen die Türken erringt (wie 423, wo Lyrik o. ä. gemeint ist). ‚Türkenstücke' waren auch auf der jesuitischen Bühne des 17. Jahrhunderts beliebt (Duhr 1921, 494). Über *spectacula*, die „der Verherrlichung des Herrscherhauses, besonders bei großen Festen der kaiserlichen Familie" dienten, Duhr 1921, 463–464. Bei der von Balde gemeinten Gelegenheit hatten *ingeniosa spectacula* größeren Erfolg. *sumptuosa*: Mehrfach nimmt Balde unter verschiedenen Aspekten gegen veräußerlichte Aufführungen auf der zeitgenössischen Bühne (auch auf der Jesuitenbühne) Stellung: 98, 314, 326, ▶ S. 44–45 ‚Theater'. Kirrha: Hafenstadt Delphis, steht sowohl für (das Orakel von) Delphi als auch für den Parnaß, der hier gemeint ist. Vielleicht hat Balde Lukan 3, 172–173 im Kopf, wo die *scopulosa Cirrha* und der *Parnasos iugo utroque* nebeneinander genannt werden. *Diss.* 42 bezeichnet *Cyrrha* das Orakel von Delphi (Burkard 2004, 257); *in vertice Cyrrhæ*: betont zugleich den feierlichen Anlaß und die dichterische Qualität. Gegen Türken auch 21, 31, 154; zu vergleichen ferner 344, 423 sowie 33 im Epilog.

416 An, ut quidam sensit, in Insula Taprobane, dentur *sciuri alati*. Scimus leonem alatum dari Venetijs: & aquilam bicipitem in Imperio Romano. Sed nimirum hæc mysteria sunt.
Ob es, wie jemand gemeint hat, auf der Insel Taprobane geflügelte Eichhörnchen gibt. Wir wissen, daß es einen geflügelten Löwen in Venedig gibt und einen doppelköpfigen Adler im Römischen Reich. Aber das ist sicher ein Mysterium.

Taprobane: antiker Name für Sri Lanka. Stefan Faller weist darauf hin, daß es „in Sri Lanka mindestens eine Spezies von Flughörnchen (oder besser: Gleithörnchen) gibt (*Petinomys fuscocapillus*). Allerdings gibt es auf den indonesischen Inseln mindestens 30–40 Arten davon, und bisweilen wurde Taprobane mit der einen oder anderen indonesischen Insel verwechselt." Der *quidam* braucht also nicht eo ipso phantasiert zu haben. Römisches Reich: deutscher Nation, gemeint das österreichische Wappen des Doppeladlers.

417 Certamen *Floræ*, provocantis Salomonem, ad æquandam Majestatem unius lilij. *Dialogus. Ode.*
Der Wettstreit Floras, die Salomo herbeiruft, um der Erhabenheit einer einzigen Lilie gleichzukommen.

Die römische Frühlingsgöttin Flora war die Göttin aller Blumen und Blüten, die sogar einen Tempel in der Nähe des Circus Maximus hatte (Tac. *Ann.* 2, 49, 1). Hier strebt sie danach, der Hoheit einer einzigen Lilie gleichzukommen, und bemüht Salomo, den weisen Richter. Es könnte zu bedenken sein, daß die Lilie für Maria steht. In dem Fall wäre diese für die Repräsentantin aller Blumen unerreichbar. Das *certamen* könnte alternativ in einem *dialogus* (zwischen Flora und Lilie mit Salomo als Schiedsrichter) oder einer Ode (bei der Salomos Erwähnung getan wird) dargestellt werden.

418 Theatrorum in Europa Tragicorum Enumeratio, & Descriptio.

Aufzählung und Beschreibung der Tragödien-Theater in Europa.

> Petmessius verfaßte einen *Atlas Marianus* (▸ S. 160 A. 7). Vielleicht ein Pedant? Man könnte in formaler Hinsicht an das Répertoire von Valentin 1983 denken, das (jahrweise) nach Städten gegliedert ist. Balde hatte sicher nicht eine Kulturgeschichte des Theaters im Sinn, sondern wohl die Bühnen der Jesuiten. Das Theater spielte bei ihnen eine große Rolle (Duhr 1921, 459–501, der ihre Schulbühnen im deutschsprachigen Raum individuell charakterisiert). Zum Thema Balde und das Theater Valentin 2001, 545–567, zu Balde auf der Bühne Stroh 2004, 241–308. ▸ auch zu 314, 326, 474.

419 Adulator placiturus, an mulier pellex, pluribus pigmentis utatur. *Sat.* P.

Ob der Schmeichler, der gefallen will, oder die Ehebrecherin (Kebse) mehr Schminke benutzt.

> Beide nehmen sich nichts. *pigmenta* im ersten Fall übertragen, im zweiten auch wörtlich. Wenn P zu Recht steht (*B* verschiebt es unpassend zu 420), ist der *adulator placiturus* ein Dichter, der sich der Herrschaft mit höfischer Poesie andient (wie Claudian in 414: *infami adulationis flagitio*).

420 *Occidimur rebus bonis*: Thema Satyricum.

Wir werden von (den) guten Dingen umgebracht.

> Paradoxon. Der Satz klingt wie eine stoische Maxime, von Seneca formuliert. Solche *res bonae* sind etwa Völlerei oder Reichtum, sie sind, wie die stoische Philosophie lehrt, nur scheinbar ‚gute Dinge'. Verwandt: 298.

421 Inter Quercum Jovi, & Laurum Apollini sacram, de primatu concertatio. *Apologus.*

Wettstreit um den Vorrang zwischen Eiche, die Iupiter, und Lorbeer, der Apollo heilig ist.

> Es geht um den Vorrang von Macht oder Dichtung (Kunst). *Apologus* = Fabel (▸ 259).

422 *Duellantium insania.* Satyricè explosa.

Der Kriegführenden Wahnsinn. Satirisch mißbilligt.

> Kühnes Thema in einem Zeitalter, in dem man gerechte Kriege zu führen überzeugt war – auf katholischer wie auf protestantischer Seite.

423 *Ignes festivi* à Poëtis (quovis ante suam domum) excitati, in honorem Augustissimi Cæsaris Leopoldi I. P.

Festliche Feuer, von Dichtern (von jedem ohne Unterschied vor seinem Haus) entzündet zur Ehre des Erhabensten Kaisers Leopold I.

> Jeder Dichter feiert für seine Person mit einem ‚Feuerwerk' den Kaiser. P zeigt an, daß von Dichtung die Rede ist. Es können panegyrische Oden gemeint sein. Eine solche hat Balde selbst 1648 mit dem Titel *IGNES FESTIVI, Illustrissimis Pacificatoribus, Monasterii congregatis, ab Auctore excitati* (*Sylv.* 9, 26) im Blick auf die Friedensstifter gedichtet, die 1648 in Münster verhandelten. Zu *Sylv.* 9, 26 Schäfer 1976, 245–246; Stroh 2010, 312–316. Leopold I. zog 1663 in den 1. Türkenkrieg (1663–1664), ▸ S. 159. In 415 stehen Bühnenspiele zur Debatte. Gegen Türken auch 21, 31, 154, zu vergleichen ferner 344, 415 sowie 33 im Epilog.

424 *Beata Solitudo*, sola Beatitudo: an hoc *anagramma* justum sit; consonúmque veritati, problematicè inquiritur.
Glückselige Einsamkeit, einsame / einzige Glückseligkeit: Ob dieses Anagramm richtig ist und mit der Wahrheit übereinstimmt, wird als Problem untersucht.
> Der Satz ist nicht antik. Die Latin Library belegt *beata solitudo* bei Laktanz *Divinae Institutiones* 1, 7, 4 ([...] *quod apud Ciceronem quaerit Hortensius, si deus unus est, quae esse beata solitudo queat*), *sola beatitudo* bei Augustin *Sermones* 318 (*post mortem sola beatitudo*). Wikipedia, l'enciclopedia libera, erklärt: «La frase, tradotta letteralmente, significa *Beata solitudine, sola beatitudine*: questa frase è usata per sottolineare che solo separandosi dal mondo e dagli altri è possibile trovare il piacere della tranquillità dell'animo. La frase è stata erroneamente attribuita ad autori classici, per esempio Seneca (Lettere a Lucilio), e medievali (San Bernardo di Chiaravalle), ma in realtà non risulta essere documentata prima del XVI secolo (in ‹Solitudo, sive vita solitaria laudata›, Anversa [Antwerpen], 1566, una raccolta di poesie del sacerdote olandese Corneille Muys, latinizzato in Cornelius Musius [1500–1572]).» Das erste Gedicht mit dem Titel *Solitudinis sive vitæ solitariæ encomium* hat den mehrfach wiederkehrenden Refrain *O beata Solitudo, | O sola beatitudo, | Pijs secessicolis*. Sicher wurde der oft belegte Satz in verschiedener Weise verstanden. Welche Ansicht der Priester Musius hatte, ist klar – wohl auch Baldes Ansicht. Wie kann er fragen, ob das Anagramm richtig ist? Vielleicht hängt die Antwort an *sola*. In der Einsamkeit kann der Mensch die Vita beata erreichen (z. B. als Eremit), aber nicht nur dort, sondern auch in einer Gemeinschaft (z. B. in einem Orden). Wenn man *sola* mit ‚einsam' übersetzt, ergibt sich eine bloße Tautologie (die ‚richtig' ist), wenn man *sola* mit ‚einzig' übersetzt, eine falsche Aussage. Die Antwort ist nach zwei Seiten abzuwägen (*problematicè*).

425 *Pampinatio vinearum* in Helicone à Vett. Poëtis instituta. P.
Ablauben der Weinberge auf dem Helikon, das von den alten Dichtern eingerichtet wurde.
> *pampinatio*: Ablauben und Beschneiden (Pflegen) der Weinstöcke (dazu Plin. *Nat.* 17, 190 / 193). Schon die antiken Dichter empfingen ihre Inspiration vom Helikon. Deshalb haben sie, bildlich gesprochen, seine Weinberge gepflegt (und aus der bei ihm gelegenen Kastalischen Quelle getrunken). Im *Elenchus* graben die Dichter ihre Erzeugnisse sogar aus dem Boden des Parnaß (▸ 131, 173) aus (der für Balde mit dem Helikon identisch ist: ▸ zu 173). Sie müssen um so mehr seine Weinberge pflegen – eine witzige Vorstellung. Daß Wein die Ader der Dichter stimuliert, ist allbekannt. Balde sagt es selbst im *Torvitatis encomium* (*Oec.* 34): *Lyæo & Phœbo, Poëticam venam simul stimulantibus* (▸ zu 233).

426 *Vmbra hederæ* gaudium Prophetæ Ionæ: symbolum vanitatis. *Ode.*
Der Schatten des Efeu (war) die Freude des Propheten Jona: ein Symbol der Nichtigkeit.
> Bezug auf *Jona* 4, 6–11: Jona zürnte Jahwe, weil er Ninive nicht zerstörte, sondern verschonte. Darauf ließ Jahwe einen schattigen Efeu über dem in der Sonne leidenden Jona wachsen (worüber er sich sehr freute) und am nächsten Tag verdorren (worüber er zürnte). Gott sagte, Jona jammere über den Verlust eines Efeu, und ihn solle nicht eine ganze Stadt mit 120 000 Einwohnern jammern? In dieser gleichnishaften Erzählung ist der Efeu ein Symbol der Nichtigkeit. In der Aufgabe ist zu zeigen, daß man immer mit richtigen Maßstäben werten soll. Efeu: Balde schreibt wie die Vulgata *hederæ*. Luther übersetzt in der letzten zu seinen Lebzeiten erschienenen Ausgabe (Wittenberg 1545) ‚Kürbis'. Die Revisoren ersetzen

das später durch ‚Rizinus', die neueste Revision entscheidet sich für ‚Staude' (neutral). An dem Gehalt der Aussage ändert das nichts.

427 *Ligonis & Sceptri*, Peræ pastoralis & regalis purpuræ; hoc est vitæ publicæ & privatæ prærogativæ inter se comparatæ, suísque rationum momentis expensæ. *Epicum. Sat. Ode. Eleg.*

Der Hacke und des Szepters, des Hirtenranzens und des Königspurpurs, d. h. des öffentlichen und des privaten Lebens Vorzüge untereinander verglichen und nach ihren (den) Ausschlägen ihrer Beschaffenheiten (Naturen) abgewogen.

> Wenn die Attribute der Bauern (Hacke) und der Hirten (Ranzen) mit denen der Könige (Purpur) nach dem Gewicht ihrer Art und Weise abgewogen werden, können die ersten durchaus den größeren Ausschlag geben, d. h. das Herrschertum ist nicht höher als das Hirtentum einzuschätzen – zumal nach seinem Erscheinungsbild im *Elenchus* (▶ S. 32–35 ‚Hof und Höflinge'). Man kann das preisend, satirisch, kritisch, lyrisch oder elegisch ausgestalten. *pera pastoralis*: 1 *Reges* 17, 40 (= *Samuel* 17, 40 der Lutherbibel, dort: ‚Hirtentasche'). *suísque rationum momentis*: wörtlich ‚nach ihren Ausschlägen der Beschaffenheiten (auf der Waage)'. *prærogativa*: nachkl. ‚Vorrecht', ‚Vorzug', Kirschius 1796: ‚jeder Vorzug'. Verwandt: 36 (▶ dort).

428 *Poëticæ Tempestates*: earúmque prognostica. P.

Dichterische Stürme und ihre Wetterzeichen.

> In 19 wird das Bild gebraucht, daß der Kritiker schon schreit, wenn Satiren angekündigt sind. Sein *clamor* ist ein *prognosticum* für deren Erscheinen. Wenn hier dasselbe Bild vorliegt, könnten mit *prognostica* Anlässe gemeint sein, bei denen es klar ist, daß die Dichter auf sie ‚stürmisch' reagieren werden, etwa jegliches unrechte Verhalten der Menschen (Kritiker eingeschlossen). Die Gegenwart (▶ S. 28–29 ‚Gegenwart') bietet wahrlich Anlässe genug. In 19 ist von *tonantes Satyræ* die Rede; sie fallen am ehesten unter die *Poëticæ Tempestates*. Aber auch im allgemeinen sind Dichter leicht erregbar. So heißt es *Ca. 29: adeò repentini & mutabiles sunt impetus Poëtarum. rara ingeniorum moderatio, intra spei iræque terminos* (‚So plötzlich und veränderlich sind die Aufwallungen der Dichter. Selten bleibt die Beherrschung ihrer Temperamente in den Grenzen von Hoffnung und Zorn'). Fazit: (Wahre) Dichter dichten nicht im luftleeren Raum, sondern reagieren auf ihre Umwelt, im besonderen Satiriker auf deren Fehlen.

429 Adriani Cæsaris, & Epicteti Philosophi, de utraque fortuna, vitâ & morte hominis, *Dialogus*.

Dialog des Kaisers Hadrian und des Philosophen Epiktet über die doppelgesichtige Fortuna, über Leben und Tod des Menschen.

> Ein philosophiegeschichtliches Thema. Der stoische Philosoph Epiktet (etwa 50–125) vertrat Gedanken, die dem Christentum nahestanden. Er wurde daher von den Christen – auch zu Baldes Zeit – geschätzt. Bekannt war vor allem sein *Encheiridion*, ‚Handbüchlein' (der Moral): ▶ auch zu 119. Die in vielen Punkten ungenaue *Historia Augusta* (die den Humanisten bekannt war) überliefert, daß der gebildete römische Kaiser Hadrian (117–138) mit Epiktet verkehrte: *in summa familiaritate Epictetum et Heliodorum philosophos* [...] *habuit* (*Vita Hadriani* 16, 10). Hadrian war ein vergleichsweise humaner Kaiser. *utraque fortuna* könnte auf die von Balde im *Castrum* erwähnte Schrift Petrarcas *De remediis utriusque Fortunae* anspielen (▶ S. 172): Die doppelgesichtige Fortuna bringt den Menschen Glück

bzw. Unglück. Darüber und über Leben und Tod konnte man den Stoiker mit dem Kaiser ausführlich diskutieren lassen.

430 *Ludi Saturnalitij* Poëtastrorum detecti: quibus sub larva Vett. Poëtarum personati, superbiùs, quàm par est, incedere solent. P.

Aufgedeckte saturnalische Spiele der Poetaster, an denen sie unter der Maske der alten Dichter verkleidet stolzer, als angemessen ist, einherzuschreiten pflegen.

> Gegen sklavische Nachahmer der alten (antiken) Dichter. An den römischen Saturnalien im Dezember bedienten die Herren die Sklaven, d. h. Sklaven waren temporär Herren (▸ zu 465). So streben die Poetaster danach, durch ‚sklavische' Nachahmung der alten Dichter diese selbst zu erreichen. Aber sie werden entlarvt (*ludi ... detecti*). Zu diesem Problemkreis: ▸ S. 14–15 (‚Originalität') und S. 42 (‚Plagiatoren und Poetaster'). Bei *Ludi Saturnalitij* könnte auch an den Fasching gedacht sein, zu dem die Masken wesentlich gehören: Neubig 1829 übersetzt *Saturnalia* in der Überschrift zu *Lyr.* 2, 49 mit ‚Fasching', Schäfer 2005, 93 spricht bei den *Bacchanalia* in *Sylv.* 7, 13, 42 von ‚Fastnachtszeit'.

431 *Crudelium Tyrannorum*, quorum sævitiam invicti Martyres Christi patiendo fatigaverunt, post inanem operam, exhaustámque ingenij & tormentorum pharetram, *furiosa lamentatio*, Satyricè exagitata.

Grausamer Tyrannen, deren Wildheit unbesiegte Märtyrer Christi durch ihre Geduld nach deren erfolgloser Anstrengung und Erschöpfung ihres Köchers an Einfallsreichtum und Foltern ermüdet haben, rasende Klage, satirisch verfolgt.

> Satirische (man möchte fast sagen: höhnische) Darstellung der rasenden Klage grausamer Tyrannen, deren Einfallsreichtum bezüglich der Martern christliche Märtyrer durch ihre standhafte Leidensfähigkeit zuschanden gemacht haben. Sehr pointiert, denn hier wird auch einmal die andere ‚Partei' g e h ö r t (*auditur et altera pars*), und zwar laut (*furiosa lamentatio*)! In diesem Sinn klagt Iuno im Prolog zu Senecas *Hercules furens* darüber, daß sie Schwierigkeiten habe, immer neue Strafen für den Bastard Hercules auszusinnen (bes. 40–44).

432 Cur *primus* dies Aprilis famosus. *Eutrapelia*.

Warum der 1. April berühmt ist.

> Die Redensart ‚jemanden in den April schicken' ist in Deutschland, Frankreich, Holland und England im 17. Jahrhundert bezeugt (Röhrich 1991, 94).

433 Mandata Cæsarea scribenda esse pennis *Aquilinis*; Placita *Olorinis*. Explicatio.

Daß des Kaisers Befehle mit Adlerfedern, seine Meinungen / Grundsätze (nur) mit Schwanenfedern zu schreiben sind.

> Adlerfedern sind kräftiger (hoheitsvoller) als die sanfteren Schwanenfedern. Pointierte Antithesen, auch klanglich: *mandata / placita; Aquilinis / Olorinis* (die Bilder aus der Vogelwelt).

434 Quem crediturum, in Calendarijs vili pretio distrahendis contineri ac vendi veritatem tam raram, summóque pretio stantem! *Sat.*

Wer werde glauben, daß in Schuldregistern, die um einen billigen Preis zerrissen werden müssen, Wahrheit enthalten ist und verkauft wird, die so selten und den höchsten Preis wert ist!

> Beim Zerreißen von Schuldregistern nach der Rückzahlung einer kleinen (billigen) geliehenen Summe durch den Schuldner kann eine große (teure) Wahrheit vernichtet werden

(z. B. der Umstand, daß der Schuldner Geld für eine edle Tat geliehen oder andererseits der Gläubiger Wucherzinsen gefordert hat). Formale Antithese: *vili pretio* ↔ *summo pretio*.

435 Non paucas quidem in Europa fortassis inveniri Virgines pulchras: sed *Pulcheriam* vix unam. *Sat*.

Daß vielleicht zwar nicht wenige schöne Jungfrauen in Europa gefunden werden, aber kaum eine Pulcheria.

Aelia Pulcheria (399–453), byzantinische Kaiserin, bis 416 Vormund ihres Bruders Theodosius II., heiratete 450 Marcianus (Kaiser 450–457), hielt aber ihr früher abgelegtes Gelöbnis, Jungfrau zu bleiben. Das Kaiserpaar wird in der römischen und orthodoxen Kirche als heilig verehrt. Die Pointe der Antithese hängt an dem Namen Pulcheria. Stünde *honestas* statt *pulchras*, wäre der Satz wohl ebenso ‚wahr', aber er wäre ohne Pointe. *vix*: in *ABC* wohl irrtümlich kursiv gedruckt.

436 Copernici Mathematici sectam jam nec stare, nec currere posse. Superest: sedere, vel *jacere*. *Eutrapelia*.

Daß die Sekte des Astronomen Kopernikus nun nicht mehr stehen noch laufen kann. Es bleibt übrig: sitzen oder l i e g e n.

Die Katholischen Kirche setzte 1616 das Hauptwerk von Nikolaus Kopernikus (1473–1543) *De revolutionibus orbium coelestium libri VI* auf den Index librorum prohibitorum. Es ging um den Streit, ob die Sonne feststeht (*stare*) und die Erde ‚läuft' (*currere*) oder ob es umgekehrt ist. Geistreiche Folgerung aus dem Verbot (*eutrapelia!*): Die Kopernikaner können mit ihrer Lehre weder stehen (*stare*) noch laufen (*currere*), höchstens sitzen oder l i e g e n, d. h. sie sind am Boden. Das kopernikanische Modell läßt Balde in der *Urania* 1, 6 Urania persönlich ablehnen.

437 Dæmon Proteus multiformis. *Demonstratio*.

Vielgestaltiger Dämon Proteus.

Der Meergott Proteus konnte sich in beliebige Gestalten verwandeln (sprichwörtlich). Thema für üppigste Phantasie (▸ 438). Man könnte daran erinnern, daß Balde sich in den *Fragmenta Satyræ Crisis inscriptæ* von 1657 mit starker Selbstironie einen Proteus nennen ließ (er selbst erinnerte sich gewiß daran): *Est alter Protheûs* (1729, IV, 517). Sicher trug auch diese Wendung, in der er dem „Befremden über die Widersprüchlichkeit seines Wesens" Ausdruck gab (Schäfer 1976, 145), dazu bei, daß einige Zensoren diese Schrift nicht zum Druck freigaben und sie erst in der Münchner Gesamtausgabe (1729, IV, 513–547) erscheinen konnte: Pfleger 1904, 74–75; Schäfer 1976, 145–146, 150.

438 Unde Metamorphoses tot hominum prodigiosæ. *Relatio*.

Warum es abenteuerliche (Ver)wandlungen so vieler Menschen gibt.

Die Frage schließt an 437 an: Menschen wandeln sich und sind oft nicht wiederzuerkennen (Beispiele: Katholiken werden Lutheraner; einst schlimmer: Maximilian in seinem Verhalten gegenüber Balde). Ebenfalls ein Thema für üppigste Phantasie.

439 *Pomum Eridis*, germen inimicitiarum, esse fructum arboris illius mali, quod gustans Adamus, omnium Nepotum dentes obstupefecit. *Demonstratio*.

Daß der Apfel der Eris, der Keim von Feindschaften, eine Frucht von dem Baum jenes Apfels ist, den Adam kostete und (dadurch) die Zähne aller Enkel abstumpfte.

Der von Eris, der Göttin des Streits, geworfene Goldene Apfel mit der Inschrift ‚Der Schönsten' säte, wie das verlorene frühgriechische Epos *Kypria* erzählte, unter den Göttinnen Hera,

Athene und Aphrodite Zwietracht und führte über das Paris-Urteil zum Trojanischen Krieg. *Adamus*: Problem der Erbsünde wie in 136 (dort auch der Apfel genannt). *omnium nepotum*: Kains Brudermord ist das erste Beispiel; gefährdet sind *omnes nepotes*. Geistreich sind der Apfel der griechischen Eris und der Apfel der biblischen Schlange in Beziehung gesetzt.

440 *Ludum Anseris*, ut vocant, explicatum ea ratione, qua par est, omnibus suaderi posse, tanquam sanctissimum. *Allegoria*.
Daß das sogenannte Gänsespiel, auf angemessene Art erklärt, allen gleichsam als etwas sehr Heiliges angeraten werden kann. Allegorie.

> Das Gänsespiel ist ein altes Brettspiel mit Würfeln. Balde dürfte daran denken, daß der ‚Gänsegarten‘, der erreicht werden mußte (Feld 63), auch als Paradies bezeichnet wurde. Die Allegorie könnte bedeuten, daß das Gänsespiel ein Gleichnis für das Erreichen des Lebensziels oder allgemein das Erreichen eines Ziels (in christlichem Sinn) ist.

441 Quomodo *Sapientia Divina ludat in orbe terrarum*. *Demonstratio*.
Wie die göttliche Weisheit auf dem Erdkreis spielt.

> Bezug auf *Prov.* 8 (die *Sapientia* ist von Ewigkeit her bei Gott), 31 (*ludens in orbe terrarum*).

442 Non demendum esse Poëtis, & maximè Satyricis, *aculeum*: alioqui tam parùm mellificaturos, quàm apes exsectas. P.
Daß den Dichtern, und am meisten den Satirikern, nicht der Stachel genommen werden darf; daß sie sonst so zuwenig Honig produzieren würden wie die Bienen, denen der Stachel herausgeschnitten ist.

> Verteidigung des angriffslustigen Charakters der Dichtung, besonders der Satire (▶ S. 15–17 ‚Satire‘). Ohne Angriff kann sie nicht existieren. *parùm*: paßt in strengem Sinn nur zu den Dichtern / Satirikern, da die Bienen sterben und somit überhaupt keinen Honig produzieren, wenn sie ihren Stachel verlieren.

443 *Phantasiam* esse quodammodo alteram Arachnem, Quartam Parcam. Semper texere, & nere; vel fila vitæ, vel funebre linteum. *Eutrapelia*.
Daß gewissermaßen in den Bereich der Phantasie eine zweite Arachne, eine vierte Parze gehören. Immer weben und spinnen, entweder Fäden des Lebens oder ein leinenes Leichentuch.

> Arachne war eine berühmte Weberin, die sogar Minerva Konkurrenz machte (Ov. *Met.* 6, 5–145); die drei Parzen spinnen die Fäden des Lebens für die Menschen. Beide Berufe sind auf die Dauer eintönig. Niemand möchte sie als zweite Arachne oder vierte Parze ausüben. Zu Recht: *Eutrapelia*. Die Tätigkeiten sind gegenläufig: Bei der Parze am Anfang des Lebens, bei Arachne am Ende. *funebre linteum*: vielleicht Anspielung unmittelbar auf Arachnes Tod, den sie mit der kunstvollen Fertigung des Gewebes durch die eifersüchtige Minerva bewirkte, und mittelbar auf Penelopes Leichentuch (ταφήιος), das sie für ihren Schwiegervater Laertes in der *Odyssee* zu weben vorgibt (19, 144).

444 Illos esse peiores Iudæis, qui pecuniam, præputia non habentem, circumcidunt. *Sat*.
Daß schlimmer als Juden sind, die das Geld, das keine Vorhaut hat, ringsum beschneiden.

> Juden hatten bei Geldgeschäften einen schlechten Ruf. Hier sind Leute gemeint, die ‚schlimmer‘ als die Juden sind: Sie bringen das Geld nicht in Umlauf (▶ 353), sondern horten es,

sie sind geizig. Spiel mit der wörtlichen und übertragenen Bedeutung von *circumcidere* ‚beschneiden' (*Iudaei*) / ‚beschränken' (*illi peiores*) wie Liv. 32, 27, 4 *sumptus circumcidere*. Indirekter Judenspott. Das Thema hat einen doppelten Boden, insofern man den Juden echte Beschneidung des Geldes vorwarf: Sie besitzen „alle Kenntnisse und alle Mittel, das baare Geld zu verfälschen und zu verschlechtern. Der Jude muß beschneiden; wenn er keine Kinder zu beschneiden hat, so nimmt er Dukaten oder Thaler, oder gar noch geringeres Geld. Eine Menge von Juden sind Petschirstecher, und also im Stande, die Hauptstücke zum Falschmünzen zu liefern" (H. v. Hundt-Radowsky, Judenspiegel. Ein Schand- und Sittengemälde alter und neuer Zeit, Reutlingen 1821, 62). Die Vorwürfe reichen bis in die Zeit des Dreißigjährigen Kriegs zurück.

445 *Thesis.* Nullum adhuc, quantivis ingenij Apicium, lautum, prodigum, & gulosum, sapidiorem cibum excogitâsse, supra delicias *Panis. Ode. Sat.*

These: Daß bislang kein noch so einfallsreicher Apicius, der üppig, verschwenderisch und genußsüchtig ist, eine wohlschmeckendere Speise über die Köstlichkeit des Brotes hinaus ausgedacht hat.

Brot ist ebenso köstlich wie Luxusspeisen. Die These entspricht Baldes Geschmack, des ehemaligen Mitglieds der Congregatio Macilentorum. Auch die Thematik des *Agathyrsus* (▶ 118) spielt herein. Apicius: Unter diesem Namen ist ein Kochbuch aus dem 4. Jahrhundert erhalten, das ältere Kochbücher kompiliert.

446 *Thesis altera*: Omnes tyrannos, Neronem, Domitianum, Decium, Diocletianum, &c. simul sumptos exaggeratissimâ consultatione adhibitâ, per omnem ingeniosæ nequitiæ infamiam, nullum excogitare tormentum potuisse majus, *Igne. Consideratio.*

Zweite These: Daß alle Tyrannen, Nero, Domitian, Decius, Diokletian usw. zusammengenommen trotz einer besonders intensiven Beratung bei aller Verruchtheit ihrer einfallsreichen Schelmerei keine größere Marter hätten ausdenken können als das Feuer.

Die gewaltige Zerstörungskraft des Feuers, zumal in falschen Händen. Es ist zu bedenken, daß in Baldes Jahrhundert Ketzer und Hexen verbrannt wurden. Quintus Traianus Decius: römischer Kaiser 249–251, Christenverfolger wie die drei anderen, die als solche bekannt sind. 445 und 446 sind durch die Überschrift, durch *excogitare* und durch die parallele Formulierung verbunden.

447 Caupones & Zythepsas manifestum facere, quòd omnia mixta (ut de cœlo taceamus) ex aqua facta sint. *Lamentatio Satyrica.*

Daß Schankwirte und Bierzapfer augenscheinlich machen, daß alles Gemischte (um vom Himmel zu schweigen) aus Wasser entstanden ist.

Schankwirte und Bierzapfer verdünnen zum Kummer (*Lamentatio!*) der Zecher Wein und Bier. Auch die Wolken sind wasserhaltig, aber das ist in Ordnung. Von Bierpanschern handelt 142.

448 Chymica aurum promittentia, & horum fautores, esse ad *ornatum Vniversi*: sive promissis stent, sive non stent, semper ornabunt universum. Ex auro producto coruscabunt scyphi, crateres, torques; ex producendo cymbala, nolæ, rostra. *Eutrapelia.*

Daß Gold verheißende alchimistische Mittel und ihre Förderer dem Schmuck des Weltalls dienen: Sei es, daß sie dem Versprochenen nachkommen, sei es, daß sie ihm nicht nachkommen, immer werden sie das Weltall schmücken. Aus dem produzierten Gold werden Becher, Krüge, Halsketten blinken, aus dem zu produzierenden (aber nicht produzierten) Gold Zimbeln, Schellen, (metallene) Spitzen.

> ex producendo: wohl auro zu ergänzen, ,aus dem Produzieren von Gold', das aber nicht erfolgreich abgeschlossen wird (promissis non stent). Aus den nicht in Gold verwandelten Metallen entstehen wenigstens blinkende Becher, Krüge und (metallene) Spitzen. AB: rostra (Schnäbel, Schiffspitzen), C: sistra (Klappern); vielleicht echte Korrektur (Autorkorrektur?), da rostra im Gegensatz zu Zimbeln und Schellen unspezifisch sind. Das Ganze sehr ironisch.

449 *Tunc se homines ostendunt Dei sobolem, cùm dignum Poëtæ nomine Carmen emittunt.* Socrates apud Plat. in Ione. *Phantasma.* P.
,Dann erweisen sich die Menschen als Abkömmlinge Gottes, wenn sie ein Gedicht hervorbringen, das des Namens Dichter / Schöpfer würdig ist.' Sokrates bei Platon im Ion.

> Auch der Dichter ist ein ‚Schöpfer' (ποιητής / poeta = Schöpfer / Dichter). Das Zitat findet sich nicht im *Ion*, doch wird in diesem Dialog das Thema der göttlichen Inspiration der Dichter behandelt. 534e 4-5 heißt es etwa: οἱ δὲ ποιηταὶ οὐδὲν ἀλλ' ἢ ἑρμηνῆς εἰσιν τῶν θεῶν (,die Dichter sind nichts anderes als die Mittler der Götter') (Hinweis von Gustav Adolf Seeck). Balde vertraut zu Unrecht seinem Gedächtnis oder einer Sekundärquelle. Ungenauer Platon-Bezug auch 383 (▸ S. 72). Am Anfang von *Diss.* 9 werden Gott und Dichter als Schöpfer bezeichnet: *Deus ex nihilo; Poeta ex cerebro* (weiterführend Burkard 2004, 135-136). *Phantasma*: Erscheinung, Vision, Traum. Die Ausführung soll vielleicht die Form einer Vision haben, denn Dichter sind ‚Seher' (μάντεις, vates).

450 *Omnem tyrannum aliquando mitem fuisse. semel saltem risisse; bis ignovisse.*
Daß jeder Tyrann i r g e n d w a n n milde gewesen ist, wenigstens e i n m a l gelacht und z w e i m a l verziehen hat.

> Humorvolle Minimalverteidigung des Tyrannen (die, richtig gelesen, eine Anklage ist). Pointiert: *aliquando / semel / bis*; Gleichklang: *fuisse / risisse / ignovisse*.

451 *Commendatio allij. Allium namque esse cibum virorum fortium, ciborum condimentum, stomachi fomentum, robusti corporis alimentum, sanitatis incrementum, delicatarum narium tormentum, pilosarum & bella spirantium irritamentum, Martiæ virtutis nutrimentum, Ægypti ornamentum, adversus pestem medicamentum, castitatis firmamentum. & verò iuxta hunc fructum candentia lilia copiosiùs crescere.*
Empfehlung des Knoblauchs. Daß denn doch Knoblauch die Speise starker Männer ist, der Speisen Würzmittel, des Magens Linderungsmittel, des starken Körpers Nahrungsmittel, der Gesundheit Wachstumsmittel, der empfindlichen Nasen Foltermittel, der behaarten und kriegschnaubenden Nasen Reizmittel, der Kriegtüchtigkeit Nährmittel, Ägyptens Schmuckmittel, gegen die Pest Heilmittel, der Keuschheit Stärkungsmittel – und daß wahrhaftig neben dieser Frucht weiß glänzende Lilien reichlicher wachsen.

Hämmernder Beweis, daß der Knoblauch besser als sein Ruf ist. Artistik der Substantive auf -*mentum*. Wenn *castitas* sich auf Frauen bezieht, schützt Knoblauch vor unliebsamen Freiern. Und doch wächst neben dem ordinären Knoblauch üppig die besonders edle Lilie. 417 wird die *Majestas lilij* hervorgehoben; sie ist sogar ein Symbol für Maria. *pilosarum*: eine Nase, aus der Haare hervorlugen, kann als besonders männlich (und somit mutig) angesehen werden. *adversus pestem medicamentum*: fällt grammatisch heraus, zu erwarten wäre *pestis* (gen. obj.) *medicamentum* wie *doloris medicamenta* Cic. *De fin.* 2, 22. (Entweder unterbrach Balde die Reihung, weil sie eintönig zu werden drohte, oder er befürchtete ein Mißverständnis: *pestis* als gen. subj.) Vielleicht auch auf der übertragenen Ebene zu verstehen: Nebeneinander von Derb und Zart o. ä. Artifiziell und witzig.

452 Desperationis cantus *Durus*.
Der harte Gesang der Verzweiflung.

cantus durus: ▸ zu 301.

453 Contrarius virtutis coronatæ Cantus *Mollis*.
Entgegengesetzt der weiche Gesang der gekrönten Tugend.

cantus mollis: ▸ zu 301.

454 *Medius*, Patientiæ lætæ. *Chorus Lyricus*.
In der Mitte (der Gesang) der frohen Geduld. Lyrischer Chor.

cantus medius: ▸ zu 301. 452 und 453 haben Individuen im Auge, 454 eine Schar, z. B. Märtyrer.

455 *Similem simili gaudere*, aut proverbium hoc falsum, aut multos senes pueris similes esse.
‚Daß ein Gleicher sich über einen Gleichen freut', daß entweder dieses Sprichwort falsch ist oder viele Alte Knaben gleich sind.

Das zitierte Sprichwort: *similibus enim similia gaudent* (Macrobius, *Saturnalia* 7, 7, 12). Weitere Beispiele: Otto 1890, 264, deutsches Pendant: ‚Gleich und gleich gesellt sich gern'. Nicht auf den Charakter, sondern auf das Alter bezogen, meint das Sprichwort, daß Gleichaltrige gern miteinander verkehren, so wie Cic. *De sen.* 7 sein Ebenbild Cato über die *aequales* sagen läßt: *pares autem vetere proverbio cum paribus facillime congregantur*. Baldes Thema ist ein Scherz, es beruht auf einem (beabsichtigten) Fehlschluß, der vom Bearbeiter bemerkt werden soll. Daß sich jemand über einen Gleichen freut, bedeutet, daß sich beide in etwas gleich sind (Alter, Interesse für Philosophie oder Ballspielen), nicht aber, wie man verkürzt sagt, daß sie einander gleich sind. Zum Beispiel freuen sich Alte, die philosophieren oder Ball spielen, über Junge, die philosophieren oder Ball spielen, zumal wenn sie von ihnen darin unterrichtet werden wollen. Die Alten und Jungen haben ein gleiches Interesse, sind aber nicht einander gleich. Die Ausführung muß also lauten: Das Sprichwort ist richtig, insofern die *senes* den *pueri* nur in Hinsicht auf Interessen gleich sind. (*similis* heißt ‚gleich' im Sinn von ‚ähnlich', nicht: ‚identisch'.)

456 Omnium censuras anxiè timere, esse quoddam superstitionis genus. *Ode*.
Daß Kritik aller ängstlich zu fürchten eine Art Wahnglaube ist.

Balde ärgerte sich oft über Kritiker, aber das führte bei ihm nicht zu Verfolgungswahn. Es liegt es nahe, auch an die Gutachten der Zensoren (*censurae*) zu denken (▸ E).

457 Pauperes comitari contemptum, divites concupiscentiam, felices invidiam. sapiens autem malit invideri. *Sat*.

Daß die Armen Verachtung begleitet, die Reichen Begehrlichkeit, die Glücklichen Neid. Der Weise aber will lieber beneidet werden.

> Der Weise wählt unter den drei Zuständen *pauper, dives, felix* den letzten, während, so ist zu verstehen, der gewöhnliche Mensch sich für *dives* entscheidet. *felix* weist wohl auf die εὐδαιμονία / *vita beata*. Daß der Weise die *invidia* wählt, ist vordergründig ein Paradoxon, das ‚richtig‘ zu verstehen ist. Ein schönes Thema.

458 Supra se multos ascendisse legimus: in se descendisse paucos. *Sat.*
Wir lesen, daß viele über sich hinaus aufgestiegen sind, in sich hinabgestiegen nur wenige.

> Erfolgreiches Karrierestreben ist häufig, Selbsterkenntnis selten. Wirksam formulierte Antithesen: *supra se* ↔ *in se*; *multos* ↔ *paucos*; *ascendisse* ↔ *descendisse*. Trefflich.

459 *Duos polos*, intra quos gyratur Cardo vitæ Stoicæ, esse nimirum hos: *scire contemnere, & posse contemptum pati. Ode.*
Daß die beiden Pole (Drehpunkte), in denen sich die Angel des stoischen Lebens dreht, ohne Zweifel die sind: zu verachten wissen und Verachtung ertragen zu können.

> Zu *contemnere* zu ergänzen: Hunger, Durst, Kälte, Reichtum etc., nämlich das, was die Stoiker ‚gleichgültige Dinge‘ (ἀδιάφορα) nannten; dazu gehört auch Verachtetwerden, z. B. wegen der stoischen Lebensweise. Balde stand der Stoa zeitweise nahe: ▶ S. 37 ‚Stoa‘. Verwandt: 5.

460 Quosdam homines apud purpuratos nutriri, sicut aves in cavea. *Ode. Sat.*
Daß manche Menschen bei den Purpurträgern ernährt (gehalten) werden wie Vögel im Käfig.

> Das abhängige Leben dieser Menschen am Hof erfordert Aufgabe der Individualität, sie sind ‚gefangen‘: ▶ S. 32–35 (‚Hof und Höflinge‘). *purpuratos*: ‚Fürsten‘, ▶ zu 249.

461 Sitis an fames Poëtas exstimulet fortiùs ad ardua: fames auri, an sitis honoris. P.
Ob Durst oder Hunger die Dichter stärker zu mühevollen Leistungen stimuliert: Hunger nach Gold oder Durst nach Ruhm.

> Der Standpunkt des wahren Dichters ist klar. Die erste Satzhälfte ist als Scherzfrage formuliert, die die zweite unausgesprochen beantwortet. Pointiert: *sitis / fames*.

462 Corollarium Lib. VI. Silvarum Lyricarum; *Chorea Simiarum*, in theatro exhibita, repræsentans Epitaphia Pygmæorum, in Europa celebrium. P.
Ein Anhang des 6. Buchs der *Sylvae Lyricae*: ein Chorreigen von Affen, im Theater aufgeführt, der Totenwürdigungen von Zwergen darstellt, die in Europa berühmt sind.

> *Corollarium*: ‚Zusatz / Anhang‘ (Pexenfelder 1670). Das 6. Buch der *Sylvae* charakterisiert Neubig 1829, 40 wie folgt: „Vergleichung des Großen mit dem Kleinen, oder Ringkampf eines Riesen mit einem Pygmäer, worin dieser siegt – ein komisch dramatisches Spiel oder vielmehr eine Posse. Zuletzt erscheint der Tod gegen das eitle Pochen auf Körperkräfte, und zertritt alles Sterbliche, die Maus, wie den Elephanten. […] Dieses Spiel wurde einigemal in Groß-Hesselohe, einem Walde bey München aufgeführt". Auch dieser Anhang wäre, wenn

er ausgeführt würde, für eine Darstellung geeignet: Affen (Spezialisten für Nachahmung) parodieren übertriebene Totenwürdigungen für unbedeutende Männer („Zwerge'), die demohngeachtet in Europa berühmt sind. *Pygmæi* steht in demselben Sinn wie *Nani* in 228 (▸ dort). Offenbar die Devise *De mortuis nil nisi bene* relativierend. Vergleichbar in der Thematik 102 (▸ dort). *Epitaphia*: klass. Grab(in)schriften, später kürzere oder längere mündliche oder schriftliche Totenwürdigungen (wie *epitaphii*). Wie kommt Balde auf das Thema? Er hatte, wie eine ‚Censura epitaphiorum', die sich erhalten hat, mitteilt, *notae in lib. VI sylvarum* verfaßt (da dieses Buch anspielungsreich und somit schwer verständlich ist), die verlorengegangen sind (Bach 1904, 76 und 120, der richtig übersetzt: ‚Notae zum 6. Buche seiner Silvae'; unrichtig Pfleger 1904, 78 mit Anm. 1: ‚Anmerkungen zu 6 Büchern der Silvae'). Ihnen waren *Epitaphia* angefügt, die ebenfalls verlorengegangen sind. Die ‚Censura' lautet: „Si notae in lib. VI sylvarum suo iure lucem videant, multum illis gratiae addent haec annexa epitaphia, quae cum gustu legentur; lepida enim et ingeniosa sunt, quae tum de gigantibus magnifice et hyperbolice, tum de pygmaeis ridicule et ingeniose dicit, sive per modum elogii sive per epigramma aut inscriptiones haec epitaphia proponat" (zitiert nach Pfleger). Das Gutachten ist über beide Teile positiv. Aber es kann auch negative Stimmen gegeben haben. Die Annahme liegt daher nahe, daß 462 nach dem nicht veröffentlichten Anhang formuliert worden ist. Man kann nur immer wieder bedauern, daß Balde nicht alles veröffentlichen konnte, was er schrieb, und nicht alles schreiben konnte, was er dachte (▸ S. 46 mit A. 177 und die dort zitierte Feststellung von Sauer 2005, 20–22).

463 Aurea, an laurea Corona nobilior. *Ode*. P.
Ob eine Krone aus Gold oder aus Lorbeer edler ist.

Im Poesieunterricht (und für Balde selbst) ist der Standpunkt klar (obwohl eine *aurea corona* nicht zu verachten ist). Gleichklang / Reim: *aurea / laurea*.

464 Quæ stellæ Astrologis Genethliacis dominentur. *Ode*.
Welche Sterne Herr über die Geburtsastrologen sind.

Wenn nach Meinung der Astrologen die Sterne bei der Geburt des Menschen für sein Wesen entscheidend sind, müssen auch bestimmte Sterne für das Wesen der Astrologen entscheidend sein: Welche? Geistreich.

465 Moriæ & Maniæ ludus in mundo, Bacchanalia celebrante. *Sat.*
Das Spiel von Torheit und Wahnsinn in der Welt, die Bacchanalien feiert.

Torheit und Wahnsinn feiern fröhliche Urständ in der Welt. *Bacchanalia*: ausgelassene Feier der in den Bacchus-Kult Eingeweihten in Rom, über die Livius im 39. Buch schauerliche Einzelheiten berichtet. Sie wurden 186 v. Chr. verboten. Es könnte an den Fasching gedacht sein. Schäfer 2005, 93 spricht bei den *Bacchanalia* in *Sylv*. 7, 13, 42 von ‚Fastnachtszeit' (▸ zu 430). Die Begriffe *Moria* und *Mania* sind griechischen Ursprungs, der letzte spielt auch in der Medizin eine Rolle (Hippokrates). Beide werden in der Neuzeit allgemein und in der Medizin, besonders in der Psychiatrie, verwendet. Der Kursivdruck läßt darauf schließen, daß Balde ein redensartliches Junktim zitiert, worauf auch die Alliteration weist. *moria* war durch Erasmus' berühmte Schrift *Moriae Encomium*, ‚Lob der Torheit / Narrheit' (1509, gedruckt 1511) bekannt. Pexenfelder 1670 übersetzt *mania* mit ‚Tobsucht, Unsinnigkeit'.

466 An satyrici Poëtæ, justo temperamento utentes, præ cæteris honorandi sint. P.
Ob Satirendichter, die das rechte Maß wahren, vor anderen zu ehren sind.

Balde gibt in seiner satirischen Periode der Satire die Palme unter den Dichtungsgattungen. Betonung des rechten Maßes. ▸ S. 39–40 ‚Satire'.

467 Supra Phalaridis taurum tormenti genus esse: æmulis ad tristia servatis, invidendum alienæ felicitatis statum, continuò ante oculos ponere. *Ode. Sat.*
Daß es eine Folterart über dem Stier des Phalaris gibt: den für Betrübnisse aufgesparten (vorgesehenen) Nebenbuhlern den beneidenswerten Umstand des fremden Glücks beständig vor Augen zu rücken.
    Lebenswahre Aussage (obwohl der *Phalaridis taurus* auch nicht angenehm war). Phalaris: Grausamer Tyrann von Agrigent (570–554), der Feinde in dem glühend gemachten Bauch eines ehernen Stiers zu Tode geröstet haben soll.

468 Qui somniantes imperant, vigilantes serviunt. Gnome. *Ode.*
Die im Traum befehlen, dienen im Wachen. Sinnspruch.
    Träumen als Ausgleich für ein unzuträgliches, als knechtisch empfundenes Leben. *gnome*: allgemeiner Ausspruch oder Sinnspruch, nicht Sprichwort (▶ S. 27).

469 Totam rerum naturam ex contrarijs constare, & formosam reddi. Meritò ergo Poësin, pleramque vim suam & vigorem ex eius imitatione sumpsisse. *Demonstratio.* P.
Daß die ganze Natur der Dinge aus Gegensätzen besteht und (doch) schön ist. Daß deshalb mit Recht die Dichtung ihre meiste Kraft und Stärke aus ihrer Nachahmung bezogen hat.
    Wahre Dichtung zielt auch bei widerstreitenden Inhalten und Deutungen auf harmonische Darstellung.

470 Somnolentos, esse vitæ suæ quodammodo vespillones. *Sat. Ode.*
Daß schläfrige Leute gewissermaßen ihres Lebens Leichenträger sind.
    Leute ohne Energie richten ihr Leben selbst zugrunde. Verwandt: 240.

471 Utrum tolerandæ sint eiusmodi Gnomæ: v. g. *Prima*: Nullam censuram esse strictioris iuris, quàm suspensionem. *Secunda*: omnes creatarum rerum syllabas, in unum collectas, non facere nisi *unum verbum*.
Ob Sinnsprüche von dieser Art erträglich sind: z. B. der erste: Daß kein Urteil von strengerem Recht zeugt als das Aufhängen. Der zweite: Daß alle Silben der Dinge der Schöpfung zusammengenommen nicht mehr als ein Wort ergeben.
    Beide Sinnsprüche sind unsinnig. 1. *suspensio* dürfte ‚Aufhängung' heißen. Es ist aber eine Frage des Empfindens, nicht des Rechts (*ius strictum*: das ‚strikt' angewendete Recht), ob die juristisch gerechtfertigte Todesstrafe durch Strang, Kugel, Enthauptung oder Schierlingsbecher vollzogen wird. (Nicht dürfte *suspensio* ‚Unterbrechung', ‚Aussetzung' heißen, denn dann sind die Richter so genau = streng, daß sie den Prozeß aussetzen, um weiter zu ermitteln – was zu tolerieren ist.) 2. Wenn *in unum collectas* ‚zusammengeschrieben' meint (in einem Wort), ist die Gnome purer Nonsense, da paradoxe Tautologie. *gnomæ*: allgemeine Aussprüche oder Sinnsprüche, nicht Sprichwörter (▶ S. 27). *v. g.* = verbi gratia.

472 Quorundam Poëtarum *phlebotomia* infelix, & ominosa Mense Aprili. Inquiruntur causæ & discutiuntur. P.
Einiger Dichter unglücklicher und unglückverheißender Aderlaß im Monat April. Die Gründe werden erkundet und diskutiert.

phlebotomia: Aderlaß, bei Ägyptern, Griechen und Römern durchgeführt, um Krankheitsursachen aus dem Körper zu entfernen, hier übertragen vom Ausschütten des Herzbluts beim Dichten. Aderlaß soll Erleichterung / Heilung bringen, ebenso Dichten: Die Autoren versuchen, durch Schreiben ihren Zustand zu meistern (Goethe war darin Meister). Der Vorgang ist quälend (*infelix!*). Vielleicht verständliche Reserve des Jesuiten gegenüber Liebesdichtung. Heinrich Heine, der lange in Norddeutschland gelebt hat, ging die Liebe ‚im wunderschönen Monat Mai' auf, der in Süddeutschland lebende Balde konnte den Vorgang schon im April beobachten.

473 Voluptatem veram non fieri, sed esse. *Ode.*
Daß wahre Lust nicht wird, sondern ist.

Geistige (seelische) = ‚wahre' Lust ist beständig, körperliche nicht. Zu ‚wird' (*fieri*) zu ergänzen: ‚und vergeht' (*et perit*).

474 Scenam frontis humanæ, præ omnibus Italorum Theatris atque Comœdijs variari posse: intra horam centies, ne dum *novies*. Verè itaque cecinisse Vatem: *Frontis nulla fides. Sat.*
Daß die Szene der menschlichen Stirn sich vor allen Theatern und Komödien der Italiener verändern kann: innerhalb einer Stunde hundertmal, geschweige denn (erst recht) neunmal. Daß daher der Dichter zu Recht gesungen hat: ‚Auf die Stirn ist kein Verlaß'.

Balde bezieht sich auf die Verwandlungsbühne, die im italienischen Theater eine bedeutende Rolle spielte. „Die Bühnenmaschinerie der Barockzeit [...] wurde in Deutschland zusammen mit einer ausgefeilten Bühnentechnik unter italienischem Einfluß vor allem von dem Augsburger Joseph Furttenbach (1591–1667) entwickelt, der in seiner *Architectura civilis* (1628) und in seiner *Architectura recreationis* (1640) der deutschen Theateröffentlichkeit den Typ der Verwandlungsbühne vorstellte. [...] Im Jesuitentheater verwendete vor allem Nicolaus von Avancini die Verwandlungsbühne und den Maschinenzauber" (Claren et al. 2003, 286 mit Beispielen). *præ omnibus Theatris atque Comœdijs*: Wohl zu verstehen: ‚vor allen Theatern und <zwar besonders den> Komödien'. Der Grund dafür, daß die Komödien eigens hervorgehoben werden, mag (wie Thorsten Burkard vermutet) darin liegen, daß Europa im 17. Jahrhundert durch die zahlreichen Commedia dell'arte-Kompanien überschwemmt wurde (aber auch die Tragödie war eine ihrer Gattungen: W. Krömer, Die italienische Commedia dell'arte, Darmstadt 1976, 48–50). Es geht um den schnellen Szenenwechsel, neunmal in einer Stunde. Doch die *frons humana*, das menschliche Mienenspiel, sagt Balde, kann den Anblick (Ausdruck) über elfmal öfter wechseln. *novies*: ▶ zu 353. *frontis nulla fides*: Iuv. 2, 8. Kritik an zu großem Aufwand der (Jesuiten)bühne auch 314 und 326, zu den Mißständen: Duhr 1921, 497–501.

475 An Stoicismum sapiat, dicere: *Extinctam Conjugem viro non magis deplorandam esse, quàm puero ablatum passerem.* Dixisse tamen unum ascetam. *Disquisit.*
Ob es nach Stoizismus schmeckt zu sagen: ‚Die tote Gattin müsse der Mann nicht mehr beweinen als ein Knabe einen entflogenen Sperling'. Daß das dennoch ein Asket gesagt hat.

Im Sinn der strengen Stoa ist die Frage wohl zu bejahen. Es wird aber niemand dem Asketen (zur Nähe von *asceta* und *Stoicus*: ▶ 169) beistimmen. Balde jedenfalls lehnte die Apathielehre der Stoiker ab, zum Teil mit ‚karikierender Einseitigkeit' (Schäfer 1976, 216):

> S. 27 ‚Stoa'. Die 21. Medizinische Satire beginnt mit einer Kritik an dem Umstand, daß die arm verstorbenen Codrus und Cerdo weniger betrauert werden als der *passer* von Lesbia (Catull), die Taube von Violentilla (Martial) und das Hündchen Aldina (Barclay) (1729, IV, 433).

476 Orgia *Ethnicorum*, & Genialia sacra *Lutheranorum*, in quo differant. *Inquisitio*.
Die Orgien der Heiden und die einladenden Feiern der Lutheraner, worin sie sich unterscheiden.
> Aus der satirischen Sicht des Katholiken sind die Feiern der Lutheraner ebenso abzulehnen wie die der antiken Mysterien. Durch den Kursivdruck werden *Ethnici* und *Lutherani* auf eine Stufe gestellt. Es wird aber gefragt, worin sie sich unterscheiden. Für die Mysterienkulte war Geheimhaltung Gebot (μύστης = ‚Eingeweihter'), Initiationsprüfungen standen vor der Aufnahme, großer Ernst bestimmte die Zeremonien und oft nächtlichen Opfer. Die Lutheraner aber werben für ihre *sacra* (jedenfalls in den Augen der katholischen Stammlande). Diese sind *genialia* = ‚heiter', ‚freundlich', ‚fröhlich', ‚einladend', ‚einnehmend' (Georges), nicht im Gegensatz zu denen der Katholiken, sondern zu den *Orgia Ethnicorum*.

477 Illum enimverò miserrimè perire, qui laboriosè perit. Ode. Sat.
Daß der wirklich elendigst stirbt, der mühevoll stirbt.
> Der stirbt elendigst, der sich gegen das Sterben stemmt, statt es zu akzeptieren.

478 Solos Divites, stupidos simul & rudes, Sileni alumnum auro instratum, pauperi Pegaso præferre.
Daß nur Reiche, die zugleich dumm und ungebildet sind, den mit Gold bedeckten Diener des Silens dem armen Pegasus vorziehen.
> *alumnus*: der Esel, das Reittier des Silens, des trinkfreudigen Erziehers des prachtliebenden Weingottes Bacchus. *auro instratum*: Vergil spricht *Aen.* 7, 277 von Pferden, die mit purpurnen Decken bedeckt (*ostro instratos*) und mit Gold gezäumt sind (*tecti auro*, 279). Ca. 10 steht das Brüllen des *Sileni asinus* für unartikulierte und sprachlich mangelhafte Dichtung. *pauperi*: Mit wahrer Dichtung ist kein Reichtum zu erwerben. Wirkungsvolle Antithese zweier Oxymora: goldgeschmückter Esel ↔ armes Edelroß (Musenroß). Die letzten drei Wörter nachdrücklich durch Alliteration hervorgehoben (vielleicht ist in *alumnum auro instratum* bewußte Vokalalliteration angestrebt).

479 *Contra torrentem niti*, esse laudabile. Paradoxum.
Daß gegen den Strom sich zu stemmen lobenswert ist.
> Im allgemeinen bezeichnet *contra torrentem niti* eine negative Haltung. Wenn es aber nicht um ein Prinzip, sondern um eine gute / richtige Sache geht, ist sie zu bejahen. *contra torrentem niti*: Erasmus *Adagia* 3, 2, 9 unter Hinweis auf Augustinus *Epist.* 73, 3.

480 Novum amicum musto: veterem defæcato vino sapienter comparari. *Ode*.
Daß ein neuer Freund Most, ein alter abgeklärtem Wein weise verglichen wird.
> Neue Freundschaft wird oft impulsiv geschlossen, sie muß sich auf Dauer erst noch bewähren.

481 *Antipathiam*, miserum & ferox animal esse. *Ode*.
Daß die Antipathie ein elendes und wildes Tier ist.
> Antipathie geht mit Vorurteilen einher, sie trübt ‚wild' die Klarheit des Urteils.

482 Quomodo multæ Puellæ superbiunt emptis crinibus, dentibus, pigmentis: ita non paucos Poëtastros in famam exsultare, gloriantes emptis versibus, fucatis Comœdijs, subornatis plausibus. *Sat. P.*

Daß so, wie sich viele Mädchen mit gekauften Haaren, Zähnen und Farben (Schminke) stolz überheben, nicht wenige Poetaster sich keck zu Ruhm erheben, indem sie sich mit gekauften Versen, geschminkten Komödien und bestelltem Beifall rühmen.

> In der Dichtkunst kommt es auf Originalität an, nicht auf Nachahmung anderer (▸ S. 42 ‚Plagiatoren und Poetaster'). *fucatis Comœdiis*: Gerade Komödien erfuhren immer wieder (ähnliche) Bearbeitungen. Die Commedia dell'arte ist das beste Beispiel. Zum Thema der weiblichen Schminkgewohnheiten kann *Lyr.* 2, 39, 81–99 verglichen werden (Promberger 1998, 142: „Verhöhnung der eitlen weiblichen Bemühungen um verführerische Schönheit").

483 Poëtam sine ingenio, esse lampadem sine oleo. *Ode. P.*

Daß ein Dichter ohne Schöpfungskraft eine Lampe ohne Öl ist.

> Bloßes Handwerk genügt nicht, z. B. das Schmieden von Versen (▸ 156) oder Fabrizieren von Worträtseln, Zeitversen und Anagrammen (▸ 223). Zur *oleum*-Metapher ▸ 331 sowie Burkard 2004, 275–276.

484 An quidam, aulicorum vitam, bene comparaverit *sudantibus in balneo. Sat. Ode.*

Ob jemand das Leben der Höflinge gut den im Bad Schwitzenden verglichen hat.

> Höflinge werden oft genug von Angstschweiß heimgesucht. Zum Thema: ▸ S. 32–35 ‚Hof und Höflinge'.

485 Arenam Vett. Romanorum, in qua ludi exercebantur, lascivientis sævitiæ stabulum fuisse. *Ode.*

Daß die Arena der alten Römer, in der Spiele ausgetragen wurden, ein Hort ausgelassener Grausamkeit gewesen ist.

> In der Arena der Römer wurden nicht nur wilde Tiere und Sklaven, sondern auch christliche Märtyrer grausam zu Tode gebracht.

486 *An decem ætatis gradus*, usque ad centesimum annum rectè designati sint. *Disquisitio.*

Ob 10 Altersstufen bis zum 100. Jahr richtig abgegrenzt sind.

> Der athenische Staatsmann und Dichter Solon (geb. etwa 640) teilte das Leben ebenfalls in 10 Altersstufen ein, allerdings nur bis zum 70. Jahr (Fragment 19 Diehl). Wenn 100 auch eine runde Zahl ist (▸ zu 353), fällt die Steigerung doch auf. Beide Rechnungen entbehren nicht der Künstlichkeit und lassen Variationen zu.

487 Omnem scientiam, quò nobilior est, minùs mechanicam, minúsque lucrosam esse. adversus harum contemptores. *Satyra.*

Daß jedes Wissen, je vornehmer es ist, desto weniger technisch und weniger gewinnbringend ist. Gegen seine Verächter.

> *scientia*: Wissen, Wissenschaft, Kenntnis. *scientia nobilis*: z. B. Dichtkunst, die nicht auf Gewinn aus ist, wie Balde immer wieder betont. *scientia mechanica*: Uhrmacher, Tischler, überhaupt Handwerker oder Bauern. *harum*: sc. *scientiarum nobiliorum*.

488 Metamorphoses sacræ. Liber unus.
Heilige Verwandlungen. Ein Buch.
    Wohl religiöse Gegenstücke zu ovidischen Metamorphosen gemeint, z. B. Saulus' Bekehrung. Eindrückliche Beispiele gestaltete im 10. Jahrhundert Hrotsvit von Gandersheim (▶ zu 398).

489 *Castrum Ignorantiæ* à Poëtis obsessum, expugnatum, eversum. P.
Die Burg der Ignorantia, die von den Dichtern belagert, erobert und zerstört wurde.
    Thema des *Castrum*. *: Hervorhebung in *ABC*.

Benevolo lectori.

HActenus ista: ut tandem modum statuamus. *L. Tablerus Ruffus*, viso hoc apparatu rerum scribendarum, cessabit nobis obtrudere suæ mentis illapsus, & oracula. Quoties accesseram fœcundi ingenij Virum, dum colloquebamur; ad me: Quid si hoc scriberes? quid si hoc caneres? Quid si istud? respui. jam intelliget; non esse opus mihi alienis scintillis: quando adhuc ardet luculentus domi focus. Tu verò, Amice Lector, quisquis hunc Catalogum evolves; si non probas omnia; saltem nec omnibus infigas unguem, precor. esto: pleraque Satyricum aroma spirent. atqui hoc condimento multi impensiùs delectantur. pluscula quoque reperies declaratura naturam morésque Poëtarum inspersa. id, quod maximè intendimus. Atque hæc profana, paucis exceptis. Sacra Argumenta, dulcíque pietatis rore madentia, similiter annotare, si cupiditas aliquorum exigat, non erit laboris immensi. Neque putes unicum Thema, & quidem postremum, in campum productum fuisse, eo fine, ut cæteris in massâ relictis, hoc ipso credulitas simplicium ludificata, naso suspenderetur. Nullum è cunctis est, quod non æquè in apertum æthera emicare possit vita comite. alia prosâ, alia versu, aut chromatum genere mixto. Considera Titulos Odarum in Lyricis nostris. sanè & hæ aliquando in nocte sua consepultæ jacebant: donec Testudinis sono, quemadmodum Orpheus Eurydicen suam ab Umbris reduxit, ego ad Superos extraherem. Expende, inquam. potiores memorabo.

   1 Regij sanguinis olitor.
   2 Exemplo Christophori Columbi, se novum immensæ vastitatis Oceanum perlustrâsse. *Cœlum liquidum.*
   3 Equus Trojanus. Germaniam suis cupiditatibus perire.
   4 Samson resipiscens. ad Viduum, de statu vitæ deliberantem.
   5 Circulus Platonis: Humana Mens.
   6 Ad senem; ut prompto animo mortem admittat.
   7 Quædam sapienter tacenda; fortiter esse dissimulanda.

8 In funere N. consolatio Stoica.
9 Milo Crotoniates senex, humanæ imbecillitatis Monitor.
10 Exclamatio in funere Divitis, cùm sepeliretur.
11 De moribus & natura Sapientis.
12 Vrna Minois: sive justum judicium.
13 Pecunia serpens.
14 Lyra Pythagoræ: sive Animus temperatis affectibus concors.
15 Choreæ mortuales.
16 Irrisio Genethliacorum.
17 De more ungendorum cadaverum.
18 Symbola Pythagoræ.
19 Ex lusu *Scacchi*, quid discamus.
20 Cynico-Stoicorum secta qualis.
21 Dies Alcionij: sive læta vita.
22 Iuvenem se scribendis Satyris operam dedisse.
23 Humanæ vitæ laboriosa navigatio.
24 Vtopia: sive somnium de felicitate Mundi.
25 Fastidire se, quæ vulgus appetit.
26 Illusio Poëtica.
27 Monarchia, Triplex suspirium: Obtinendi, Retinendi, Amittendi.
28 Regis & Tyranni discrimen, in exemplo Apiarij declaratum.
29 Omniparentis Naturæ justa querela, adversus ingratos Mortales.
30 Pugio Trajani: sive Orator Politicus.
31 Præcepta vivendi Stoica.
32 Athei hujus seculi, sub larva nominis Politici latentes.
33 Classicum in Turcas.
34 Nemesis sancta: sive modus vindicandi se Christianus.
35 Aulas Principum, esse scholam Patientiæ.
36 Corona Regia, *Tegumentum humanæ miseriæ*.
37 Testudo nuptialis: exemplar optimæ Conjugis.
38 Ataxia nostri seculi.

Hæc è Lyricis nostris excerpta. excute jam, si vis, folia silvarum. non dissimilia, ritu Sibyllino, invenies inscripta.

39 Germania corrupta.
40 Adulatoris vera effigies penicillo Poëtico ducta.
41 Solatium deformis.
42 Mysterium Delphicum: Poëtas non mentiri.
43 De usu fabularum.
44 Eutrapelia Othomannici Imperij.

45 Symphonia: Modus temperandi Lyram Horatianam.
46 De dispari tyrannide Cl. Neronis & Iuliani Apostatæ. *ad Macilentos.*
47 F. Petrarcha Paranymphus, *ad futurum Sponsum.*
48 Musæ Cingaræ.
49 Melancholia.
50 De risu Democriti.
51 Democritus Christianus.
52 Cuique suum: Quisque suos: Quisque sibi.
53 Amuletum Invidiæ.
54 Physiognomia fallax.
55 Placita Monacensis Stoæ.
56 Suspiria ante tabulam Cosmographicam.
57 Pharetra pseudo-politicorum.
58 Annulus Gygis.
59 Meum ac Tuum, frigidum illud verbum.
60 Holocausti odor suavissimus, quis?
61 De Vaticinijs Poëtarum.
62 Ignes festivi Pacificatoribus Monasterij, in Westphalia, excitati.
63 Cygnus Lauretanus.

His adjice alia nonnulla, quæ & ipsa in ovo quondam implumia, tandem processu temporis convestita scriptoris pennâ, quemadmodum Calais & Zethes pueri Aquilone ex Orythyia creati, nido relicto, evolârunt in auras. Ut

64 Satyra contra abusum Tabaci.
65 Torvitatis Encomium.
66 Antagathyrsus. sive Apologia pinguium adversus macilentos.
67 Solatium Podagricorum.
68 Eclipsis Anni 1654.

Denique & hæc ipsa *Expeditio Poëtica*: primò nihil olim, nisi simplex cogitatio, nudi inquam & rudes mentis conceptus fuerunt: donec, obstetricantibus Musis, fierent ingenij partus & opera. Nihil ad summum primo impetu perducitur. Sensim crescunt & maturantur omnia, non otioso aspectu struthionis, sed incubatione fœcundi laboris. id quod Plantinianum sive Lipsianum symbolum indicat: *Labore & Constantia.*

An den wohlwollenden Leser

Soweit das da – damit wir endlich ein Maß setzen. Wenn L. Tablerus Ruffus diesen Vorrat an dichterisch auszuarbeitenden Stoffen gesehen hat, wird er aufhören, uns die Eingebungen und Sprüche seines Geistes aufzudrängen. Sooft ich den Mann von fruchtbarer Phantasie aufgesucht hatte, sagte er in der Unterhaltung zu mir: ‚Was, wenn du das schriebest? Was, wenn du dieses sängest? Was, wenn jenes?' Ich lehnte ab. Er wird schon einsehen, daß ich nicht fremder Funken nötig habe, da bislang bei mir zu Hause eine lichte Feuerstätte brennt. Du aber, freundlicher Leser, wer du auch immer diesen Katalog aufschlagen wirst, wenn du nicht alles billigst, streich wenigstens, bitte ich, nicht alles. Gut, das meiste mag satirisches Aroma ausatmen. Aber viele werden durch diese Würze nachdrücklicher erfreut. Etwas mehr wirst du auch eingestreut finden, was Natur und Sitten der Dichter erklären wird: Das, worauf wir am meisten zielen. Und das sind mit wenigen Ausnahmen profane Themen. Religiöse und vom süßen Tau der Pietas tropfende Gegenstände in gleicher Weise aufzuzeichnen wird, wenn es der Wunsch einiger fordert, keine besonders große Arbeit sein. Glaube nicht, daß nur ein einziges Thema, und zwar das letzte, mit dem Ziel offen vorgeführt wurde, daß die übrigen in der Masse unbeachtet blieben und dadurch die Glaubwürdigkeit der einfachen Themen nicht ernst genommen und über sie die Nase gerümpft werde. Von allen gibt es keines, das nicht gleichermaßen im Lauf des Lebens an das offene Himmellicht springen könnte, die einen in Prosa, die anderen in Versen oder in gemischten Farben. Betrachte die Titel der Oden in unserer Lyrica. Gewiß lagen auch sie einst in ihrer Nacht begraben da, bis ich sie durch den Klang der Leier, so wie Orpheus seine Eurydice von den Schatten zurückführte, an die Oberwelt hervorzog. Prüfe, sagte ich. Die wichtigsten werde ich in Erinnerung rufen.

Tablerus Ruffus: unbekannt, *ruffus* / *rufus* = rothaarig (zur Schreibweise Burkard 2004, 304). *credulitas* antik: Leichtgläubigkeit, ma.: Glaubwürdigkeit (Mittellat. Wörterbuch II, 1999). *chromatum genere mixto*: Prosimetrum (Prosa mit Einlagen in Versen).

Strenggenommen haben die folgenden Listen innerhalb der Argumentation nur dann Beweiskraft, wenn alle genannten Titel bereits (längere Zeit) vor der Ausarbeitung der einzelnen Gedichte feststanden. Diese Konstellation muß der Leser Balde glauben. Die Numerierung ist ad hoc vorgenommen. 1–32 sind den Oden, 33–38 den Epoden entnommen.

1 Der Küchengärtner königlichen Bluts. (1, 1)

2 Daß er (der Autor) nach dem Beispiel des Christoph Columbus den unbekannten Ozean von immenser Größe durchmessen hat. Der klare Himmel. (1, 5)

3 Das trojanische Pferd. Daß Deutschland durch seine Begierden zugrunde geht. (1, 8)

4 Der wieder zu sich kommende Samson. An einen Witwer, der über den Stand des Lebens nachdenkt. (1, 10)

5 Der Kreis Platos: Der menschliche Geist. (1, 22)

6 An einen alten Mann, daß er bereitwillig den Tod einlasse. (1, 27)

7 Daß einiges weise zu verschweigendes standhaft zu verbergen ist. (1, 31)

8 Beim Begräbnis von N. Stoischer Trost. (1, 35)

9 Der altgewordene Milo aus Croton, Mahner menschlicher Schwäche. (2, 2)
10 Ausruf bei der Leichenfeier eines Reichen, als er begraben wurde. (2, 8)
11 Über Sitten und Natur des Weisen. (2, 10)
12 Die Urne des Minos oder das gerechte Urteil. (2, 15)
13 Das Geld, eine Schlange. (2, 19)
14 Die Leier des Pythagoras oder der Geist, der mit gemäßigten Affekten zusammenstimmt. (2, 21)
15 Totentänze. (2, 33)
16 Verspottung der Astrologen. (2, 42)
17 Über die Sitte, Leichen zu salben. (2, 47)
18 Denksprüche des Pythagoras. (3, 10)
19 Was wir aus dem Schachspiel lernen können. (3, 13)
20 Welcher Art die kynisch-stoische Sekte ist. (3, 23)
21 Alcyonische Tage oder das frohe Leben. (3, 30)
22 Daß er sich als junger Mann bemüht hat, Satiren zu schreiben. (3, 32)
23 Des menschlichen Lebens mühevolle Seereise. (3, 33)
24 Utopia oder der Traum vom Glück der Welt. (3, 35)
25 Daß er verachtet, was das Volk erstrebt. (3, 46)
26 Poetische Täuschung. (3, 48)
27 Die Monarchie, dreifacher Seufzer: sie zu erreichen, zu behaupten, zu verlieren. (4, 3)
28 Der Unterschied zwischen König und Tyrann, am Beispiel des Bienenstocks erklärt. (4, 5)
29 Der Allmutter Natur gerechte Klage, gegen die undankbaren Sterblichen. (4, 9)
30 Der Dolch Trajans oder der politische Redner. (4, 14)
31 Stoische Lebensregeln. (4, 30)
32 Atheisten dieses Jahrhunderts, die sich unter der Maske des Namens ‚Politiker' verbergen. (4, 45)
33 Signal gegen die Türken. (*Epod.* 1)
34 Heilige Nemesis oder christliche Art sich zu rächen. (*Epod.* 2)
35 Daß Höfe der Fürsten eine Schule der Geduld sind. (*Epod.* 4)
36 Die Königliche Krone, eine Bedeckung des menschlichen Elends. (*Epod.* 10)
37 Hochzeitsleier, Beispiel einer sehr guten Gattin. (*Epod.* 12)
38 Die Unordnung unseres Jahrhunderts. (*Epod.* 20)
Dieses ist aus unseren Lyrica ausgewählt. Prüfe jetzt, wenn du willst, die Blätter der Silvae. Du wirst sie, nach dem Brauch der Sibylle, nicht verschieden überschrieben finden.

non dissimilia inscripta: Die Titel haben die richtigen Inhalte angekündigt. *ritu Sibyllino*: Auch die Sibylle kündigt Richtiges an. Die Sibylle von Cumae tut das in der Regel nach Verg.

Aen. 3, 444 und 6, 74 schriftlich, nach Varro auf Palmenblättern (Serv. *Aen.* 6, 74). Balde zitiert die Cumäische Sybille *Interpretatio Somnij* p. 96, „weil es bei den Zukunftsvorhersagen der Sibylle [...] auf die Wahrheit ankommt" (Kagerer 2014, 603). So hat er auch im Fall der *Sylvae*-Titel die Wahrheit (d. h. den richtigen Inhalt / Gehalt der später ausgeführten Gedichte) angekündigt.

39 Das verderbte Deutschland. (3, 1–3, 6)

40 Wahres Bild eines Schmeichlers, mit dem poetischen Pinsel ausgeführt. (5, 3)

41 Trost eines Häßlichen. (5, 8)

42 Delphisches Mysterium: Daß die Dichter nicht lügen. (5, 11)

43 Über den Nutzen von Geschichten. (5, 13)

44 Die ‚Urbanität' des Osmanischen Reiches. (5, 14)

45 Harmonie: Die Art, die horazische Leier zu spielen. (5, 16)

46 Über die ungleiche Tyrannis von Claudius Nero und Julian Apostata. An die Mageren. (5, 17)

47 F. Petrarca, der Brautführer, an den künftigen Verlobten. (5, 18)

48 Die Musen als Zigeunerinnen. (5, 19)

49 Melancholie. (5, 21)

50 Über Demokrits Lachen. (7, 7)

51 Der christliche Demokrit. (7, 13)

52 Jedem das Seine: Jeder die Seinen: Jeder für sich. (8, 17)

53 Amulett des Neids. (8, 19)

54 Die trügende Miene. (9, 9)

55 Beschlüsse der Münchner Stoa. (9, 12)

56 Seufzer vor einer Weltkarte. (9, 14)

57 Der Köcher der Pseudo-Politiker. (9, 13)

58 Der Ring des Gyges. (9, 17)

59 Mein und dein, dieses frostige Wort. (9, 20)

60 Der süßeste Duft des Brandopfers, welcher (ist es)? (9, 21)

61 Über die Prophezeiungen der Dichter. (9, 25)

62 Festfeuer, den Friedensbringern in Münster / Westphalen entfacht. (9, 26)

63 Der Lauretanische Schwan. (9, 35)

Diesen Themen füge einige andere hinzu, die auch selbst im Ei einst ohne Federn waren und endlich beim Fortschreiten der Zeit durch die Feder des Dichters ‚bekleidet' wurden – so wie Calais und Zetes, Aquilos und Orithyias Kinder, erst als sie das Nest verließen, in die Lüfte flogen. Wie –

Calais und Zetes waren Söhne des Windgottes Boreas und der Tochter des attischen Königs Erechtheus, Orithyia. Sie konnten, wie Ov. *Met.* 6, 713–718 phantasievoll erzählt, nicht seit der Geburt fliegen, sondern erst, als sie mannbar wurden. "It is possible, [...] that Ovid has entirely invented these strange facts about the wings as a mark of puberty" (W. S. Anderson, Ovid's *Metamorphoses* Books 6–10, Norman 1972, 242). Für den Poeta doctus Balde sind die 'strange facts' ein gefundenes Fressen. Mit der Aufnahme von *implumes* (Ov. 716) in *implumia* weist er für den Lector doctus auf seine Quelle hin. Zugleich spielt er mit der Feder: Die federlosen (flügellosen) Themen bekleidet die Feder des Dichters (sc. mit Federn / Flügeln).

64 Satire gegen den Mißbrauch des Tabaks. (1729, IV, 438–468)

65 Lob des grimmigen Blicks (der Grimmigkeit). (1729, III, 357–405)

66 Antagathyrsus oder die Verteidigung der Beleibten gegen die Mageren. (1729, IV, 299–366)

67 Trost der Podagristen. (1729, IV, 1–125)

68 Die Sonnenfinsternis des Jahres 1654. (1729, IV, 127–298)

Die Titel *50*, *56*, *60*, *62* und *68* sind in *C* entfallen. Die Abfolge von *56* (= *Suspiria*) und *57* (= *Pharetra*) ist in *ABC* gegenüber der Abfolge in den Ausgaben der *Sylvae* von 1646, 1660 und 1729 vertauscht.

Schließlich auch diese Expeditio Poëtica selbst: Zu Anfang war sie einst nichts als eine einfache Überlegung, es waren bloße, sagte ich, und nicht ausgeformte Einfälle meines Denkens, bis sie unter Mitwirkung der Musen als Hebammen Kinder und Werke meines Geistes wurden. Nichts wird beim ersten Anstoß zur Vollendung geführt. Langsam wachsen und reifen alle Dinge, nicht durch das müßige Anschauen des Vogels Strauß, sondern durch das Ausbrüten einer fruchtbaren Arbeit – was auch das Wahrzeichen (Motto) von Plantin oder Lipsius anzeigt: durch Arbeit und Beharrlichkeit.

inquam: Der Vorgang wird in der Praefatio ausführlich beschrieben. *struthionis*: An den Strauß und seinen Umgang mit den Eiern knüpften sich viele Vorstellungen. Von diesen kommt Baldes Formulierung am nächsten, daß der Strauß die Eier nicht ausbrütet, sondern unverwandt anblickt (Heinz-Mohr 1991, 302). *Plantinianum*: Christophe Plantin, niederländischer Humanist und Buchdrucker (ca. 1520–1589). *Labore et Constantia*: Motto (Druckermarke) auf den Titelseiten der von Plantin verlegten Bücher. Er zierte damit passend auch das Buch seines Freundes Justus Lipsius (1547–1606) *De constantia in malis publicis*, das er 1584 in Antwerpen verlegte.

Mit dem exquisiten Hinweis auf die zunächst ungefiederten Calais und Zetes, der Anspielung auf das mysteriöse Verhalten des Vogels Strauß und der gelehrten Berufung auf Plantin und Lipsius lockert der Einfallsreichtum des Poeta doctus die Trockenheit der Themenreihungen auf.

E. Gutachten der Zensoren

Wie in der Interpretation der *Facultas* dargelegt, wurden die Veröffentlichungen der Jesuiten vorab vom Orden begutachtet. Glücklicherweise sind die *Censurae* zweier bestellter Zensoren zur *Expeditio* erhalten. Sie befinden sich im Bayerischen Hauptstaatsarchiv unter der Signatur ‚Jesuiten 730', fol. 8^r–12^v. Auf ihre Existenz machte Frau Dr. Katharina Kagerer aufmerksam und stellte dankenswerterweise am 6. Oktober 2011 Kopien von sehr guter Qualität zur Verfügung. Da die Namen der Verfasser nicht beigeschrieben sind, werden die Zensoren und die Gutachten mit I und II unterschieden. Zusätze zu den Randzählungen der Originale stehen in runden Klammern. Inkonsequenzen der Orthographie und Interpunktion sind beibehalten. Die Unterstreichungen (die den Kursivierungen im Druck entsprechen) sind original.

Ob es weitere Zensoren gab, ist unklar. In der Regel wurden wohl drei bestellt (Kagerer 2014, 377; Lang 1819, 44: fünf); Schorrer spricht in der *Facultas* von *aliquot ejusdem Societatis Patres*, was eher nach drei (oder fünf) als nach zwei Patres klingt.

I. Index eorum, quæ in Expeditione Polemico-poëtica,
sive Castro ignorantiæ à Poëtis expugnato,
videntur magìs expendenda, mutandáque

onocrotalis obsidetur tectum turris asinariæ.--- Contra est, quòd onocrotali non magìs, ac alii anseres et anates, unquam videantur sedere in tectis, ob pedum haud dubiè ineptiam, cùm non perinde ac aliæ aves se unguibus retineant, sed nautarum instar aquæ nati remos in pedibus circumferant. *Paginâ 4ª.* (Ca. 4)

Balde verbessert demgemäß: *MARULLUS* [...] *ripam, prope tectum Turris Asinariæ, observaverat, onocrotalis, fœdo avium genere, tegi.* In der zweiten Version heißt *tectum* offenbar ‚Gebäude', ‚Bauwerk'. Es hätte genügt: *prope Turrim Asinariam.* Aber vielleicht hat *tectum* auch schon in der Urfassung diese Bedeutung?

Pontanus pontem deiiciendum sibi sumpsit. &c--- Videtur hoc repugnare proposito. Cùm enim castrum ignorantiæ expugnare meditentur ibidem poëtæ, quærántque aditum per stagnum, pontem potiùs erigere, quàm deiicere deberent. *Paginâ 7ª circa finem.* (Ca. 8)

Mißverständnis des Gutachters. Es geht nicht um eine Brücke über den *lacus*, der sich über 20 Stadien hin erstreckt (2), sondern um den *Pons asinorum*, der über einen Fluß führt (3). Es ist wahrscheinlich, daß Balde verbessert und zur Verdeutlichung des Gewässers *in subiectum amnem* statt *in subiectam aquam* o. ä. schreibt.

Pag. 8ᵈ. lineâ 2ᵈ.
(Ca. 9)

Sannazarius tres turmas secum habebat, ex insula Mergellina prope Neapolim sita.--- Contra est, quòd Mergellina non sit insula, sed continens, et prædium fuerit Sannazarii, è quo prospectus in mare dabatur.

Balde verbessert demgemäß: *Tres turmas secum habebat, ex villa Mergellinâ prope Neapolim sitâ.* ▸ Gutachten II z. St.

pag. 11. linea 12.
et seq.
(Ca. 13)

cavent, ne obsessi ullo commeatu bonarum literarum iuventur: quia satìs constabat, intus famem regnare. fessos penuriâ scientiarum premi.--- Non videtur hoc appositè confictum, et ipse sibi Author contradicit. Nam bonæ literæ non sunt commeatus ignorantiæ, sed infestissima tela, queis ignorantia mactatur. Si itaque docti expugnare conantur castrum ignorantiæ, per quid, nisi per bonas literas, et per scientiam id facient? per quid tenebras expellemus, nisi per lucem? mors mortis est vita, et lumen est interitus cœcitatis, bonæ literæ, et harum scientia sunt ignorantiæ pernicies et excidium, uti omnibus est manifestum. Itaque si expugnare conantur hoc castrum, potiùs omnem scientiam inferant, quàm, ne inferatur, prohibeant. Si autem nihil inferatur, ignorantia famem non patietur, sed potiùs tantò plus pabuli inveniet, quia pigritiâ, cœcitate, tenebris nutritur.

(Pag. 12)
(Ca. 13 Ende)

Idem sentiendum de pagina sequenti, ubi dicitur, quòd ignorantes laborent penuriâ aquæ vivæ.--- Sic in contrarium argumentor. Ille non est dicendus laborare, frangi aut decumbere ob penuriam aquæ vivæ, qui ex hac ipsa penuria crescit, nutritur, roboratur, et plurimùm invalescit. Ignorantia autem ab hac aquæ vivæ penuria nutritur et plurimùm invalescit. ergo ignorantia ex penuria aquæ vivæ non laborat. aqua enim viva ignorantiæ venenum est. Sicut ergo homo ob defectum veneni non laborat, vel decumbit, ita nec ignorantia ob penuriam huius veneni sui potest laborare, et periclitari.

Fracastoro vertritt in 12 und in der zweiten Hälfte von 13 den Standpunkt, daß es den Ignoranten so schlecht gehe, weil sie nicht über *bonæ literæ* verfügen. Deswegen dürfe man nicht zulassen, daß diese in die Burg gelangen. Dem hält der Zensor entgegen, daß man im Gegenteil die *bonæ literæ* hineinbringen (weil sie der Todfeind der Ungebildeten seien) und so den Ignoranten den Garaus machen solle. Zwischen den beiden Stellungnahmen Fracastoros gibt es die Widerrede eines Ungenannten, der ganz im Sinn des Zensors rät, die Ignoranten mit *bonæ literæ* zu ersticken. Er sagt: *Contraria videmus contrarijs pelli, tenebras per lucem.* Damit ‚zitiert' er den Zensor wörtlich (*per quid tenebras expellemus, nisi per lucem?*)! Es ist deshalb wahrscheinlich, daß Balde die erste Hälfte von 13 einfügt, um die Argumentation des Zensors zu berücksichtigen, aber an seiner Konzeption festhält. Dennoch bekommt der Widerredende (und damit der Zensor) ein Lob, wenn es heißt: *Ista in speciem altioris facundiæ argutè dicta fuerant.* Auch läßt Balde Fracastoro ausdrücklich zustimmen (*contraria contrarijs pelluntur*) und nicht sagen, er habe die einzige richtige Meinung, sondern es handele sich um eine andere Art des Kämpfens (*aliud præliandi genus hoc est*). Damit ist zugleich der zweite Punkt des Zensors bezüglich der *penuria aquæ vivæ* erledigt. Wenn dieser wörtlich zitiert, setzt Balde zur Verdeutlichung seiner Argumentation *Aganippeæ* zu *aquæ vivæ* hinzu.

Es ist festzuhalten, daß Balde die Kritik des Zensors mit Achtung behandelt.

Censetur Virgilius non exponendus periculo huius belli cum ignorantibus. Quid Maroni (ait Author) cum barbaria? omnia in illo egregia. &c.--- Videtur hîc iterum sibi Author contradicere. Nam, si omnia in Virgilio egregia sunt, ut sunt, tantò est aptior ad hoc bellum, tantò minùs periculi subibit, quantumvis pugnet. Vel quid dicet? ergo illi hîc pugnent, qui barbariæ confines sunt. Si hoc ita est, poëtæ recentiores, quos tamen priùs expugnando huic castro impares dixit (et ideo veteres accivit) erunt omnium aptissimi, et tantò quivis inter illos aptior, quantò est barbarus magìs.

pag. 14 lineâ 2ᵈ.
(Ca. 16)

(Ca. 11)

Idem dico de Horatio in fine eiusdem paginæ, quem putant quidam ob insignem dictionis puritatem eximendum ab hoc cum barbaris prœlio, qui tamen, quò melior est, eò est magìs adhibendus, nec proptereà periculum adibit, ne novas barbarismorum sordes contrahat: habent enim hoc frequenter fortissimi duces, ut inter ipsa Martis tonitrua constituti, absque omni tamen vulnere evadant.

(Ca. 17)

Wenn der Zensor wörtlich zitiert, soll in Baldes erster Fassung Vergil wegen der Gefahr aus dem Kampf herausgehalten werden (*non exponendus periculo huius belli*). Dem hält der Zensor entgegen, wenn alles in Vergil, wie Balde sage, *egregia* sei, dann werde er im Kampf um so weniger in Gefahr kommen. Balde scheint der Kritik entgegenzukommen: Im Druck ist von Gefahr nicht mehr die Rede (auch nicht bei Horaz in 17), vielmehr wird gesagt, daß es Vergils Majestät nicht zieme, einen Winkel von Böotien zu erobern. *minùs honorificum certamen* sowie *decere* und *honestè* sind die Stichwörter. Er solle vielmehr den Oberbefehl übernehmen. Das weitere Argument, das Balde mit Blick auf Horaz entgegengehalten wird, je besser einer sei, desto mehr müsse er herangezogen werden (*quò melior est, eò magìs adhibendus*), berücksichtigt Balde ebenfalls, indem er wiederum eine Widerrede einfügt, in der eingewandt wird, daß Vergil als der *scientissimus* um so mehr heranzuziehen sei (*quàm maximè adhibendum*). Doch setzen sich die Widerredenden nicht durch, ja einige sagen, es seien *argutiæ Criticorum speculatrices*. Man darf spekulieren, ob das eine versteckte Kritik an dem kritischen Zensor ist. Balde wendet mit dem Einschub dieselbe Technik wie in dem vorhergehenden Fall an.

Weiterhin läßt Balde die Wendung Quid Maroni cum barbaria?, die er wörtlich gebraucht haben soll (*ait Author*) und die den Zensor zu spitzfindigen Schlüssen hinsichtlich der *poëtæ recentiores* veranlaßt, fort: Wieder nimmt er die Kritik ernst.

Pag. 16. lineâ. 4. (Ca. 18)	Immò Hercule. Puto, subjungendum: inquiunt. Von Balde übernommen (aber *hercle* statt offenbar *Hercule* in der 1. Fassung).
Pag. 16. lin. ultimâ. (Ca. 18)	videri non debet. Puto, dicendum. videri non debere. Von Balde übernommen.
Pag. 17. lin. 8. (Ca. 19)	Cibi et gulæ gratiâ sudavit, et alsit. Puto, dicendum. sudavisse et alsisse. Konstruktion von Balde übernommen (aber *cecinisse* statt offenbar der Verben in der 1. Fassung).
Pag. 19. lin. 3. (Ca. 22)	Amphibologia est. nec enim ita clarè constat, ad quem spectet τὸ præstabilior, ad Horatium? an ad Juvenalem? nec primo aspectu apparet, quis loquatur. facilè corrigitur dubium, si unum tantùm, alterúmve vocabulum adiiciatur, v. g. hoc vel simili modo. Contumaci ad sociorum monita vultu, multùm vociferans, qua enim re præstabilior esset Horatius? an vibrantibus etc. Von Balde im großen und ganzen übernommen, nur fügt er *Flaccus* statt des vorgeschlagenen *Horatius* ein und läßt das entbehrliche *an* fort.
Pag. 42. lin. 8. (Ca. 37)	Statius quadrato agmine incessit.--- Non apparet ex tota fictione, quale sit hoc quadratum agmen: hi enim pauci poëtæ, qui nominantur, nondum quadratum agmen conficiunt. Mißverständnis des Zensors. Mit *quadrato agmine* wird der kämpferische, wuchtige Charakter der statianischen Verse charakterisiert, der der quadratischen Formation römischer Soldaten im Kampf verglichen wird (▸ S. 210). Balde setzt zur Verdeutlichung *cum suis versibus cataphractis* hinzu.
Pag. 46. lin. 1. (Ca. 40)	At ultimum Juvenalis, mirâ spiculorum varietate, dirus quidam fulgor contristavit.--- Puto, dicendum. Juvenalem.

Mißverständnis des Zensors. Bei Balde ist *Juvenalis* Genetiv (nicht Nominativ) zu *ultimum*, sc. *vexillum*. Zur Verdeutlichung ergänzt Balde *Ultimum Juvenalis vexillum*.

Inclusi ignorantes exprobrant Lucano defectum iudicii, quòd non servaverit decorum in Pompeiana fuga describenda. &c.--- Judico, ipsum Authorem hîc non servare τὸ πρέπον. non enim est verisimile, neque decorum, homines ignorantes, et turrim asinariam defendentes, fingere eius esse scientiæ, ut noscant Lucanum corrigere, et aliquid præscribere de servando decoro. Veriùs hi Lucanum nunquam legerint, ne dum ut sciant corrigere. Dein cùm sint ignorantes et maximè barbari, quomodo ergo ibidem linguâ utuntur admodum Latinâ, eleganti, et nitidâ. Sunt nimis docti hi ignorantes: potiùs deceret eos sordidum quidpiam rudere, et fœdo ore barbarismos innumeros eructare. *Pag. 51. (Ca. 44)*

Da Balde die Inkompetenz der Ignoranten ausdrücklich hervorhebt und damit die Berechtigung der von ihnen vorgetragenen Vorwürfe zurückweist, ist es möglich, daß er das aufgrund der Kritik des Zensors verdeutlichend einschiebt. Aber er konnte sich nicht entschließen, die Barbaren ‚falsches' Latein sprechen zu lassen, da das die Einheitlichkeit der Erzählung gestört hätte.

Non Latium, sed <u>lotium</u> redolere.--- Judico, multos lectorum futuros (etsi non omnes) qui oculo vel aure stomachante sint bibituri hoc lotium, maximè cùm nulla urgeat necessitas hanc vocem hoc loco usurpandi. *Pag. 74. linea 10.*

Balde streicht das Thema. Es war dem Zensor zu unappetitlich. Mit dem Verzicht auf *lotium* muß auf die geistreiche Antithese *Latium* ↔ *lotium* verzichtet werden. Schade!

Falsum esse de occasione retro capillata, et antè calva.--- Quæro, quemnam hîc falsitatis insimulet Author? num ipsam propositionem? at illa semetipsam non fecit. num potiùs huius propositionis authores? sed hi qui sunt? nemo, credo. commune enim proverbium dicit: Fronte capillatâ est, post hanc occasio calva. Siquis ergo vellet falsitatem contrariæ sententiæ demonstrare, frustra laboraret, et oppugnaret, quod nemo defendit. *Pag. 79. in fine ait.*

Balde streicht das Thema. Es geht um die Darstellung des griechischen καιρός bzw. der römischen Occasio, die vorn einen Haarschopf hatten, an dem man sie fassen konnte, und hinten kahl waren. Das Gegenteil ist falsch. Insofern hat Balde recht. Er hatte wohl einfach eine Darlegung im Auge, warum die

,Gelegenheit' hinten kahl ist (und entsprechend vorn einen Schopf hat). Das war dem Zensor offenbar zu schlicht.

Pag. 90. lin. 4. Illud de Valetudinario poëtico P. Stengelii &c. iudico omittendum.

Balde streicht das Thema. Es könnte Simon Stengel SJ aus der Jesuitenresidenz in Bockenheim / Elsaß gemeint sein. Melchior Cornaeus SJ (1598–1665), zeitweise Rektor der Kollegien in Würzburg und Mainz, trat in einem Gutachten vom 16. Februar 1665 wegen des extrem anstrengenden Dienstes der Patres für die Aufhebung der Residenz ein. „Lange wird es keiner aushalten und dann gebrochen sich und den Kollegien zur Last fallen. Ein Beispiel haben wir ja an P. Simon Stengel, der seine athletische Kraft in Bockenheim so eingebüßt, daß er schon öfters gezwungen ist, sich zu legen" (zitiert nach Duhr 1921, 103). Das würde *Valetudinario* (Krankenlager) erklären, nicht aber *poëtico*: Dichtete Stengel dennoch?

Pag. 91. Lin. 14. Gallica Circe immutans hospites &c.--- iudico omittendam.

Balde streicht das Thema. Kirke verwandelte Odysseus' Gefährten in Schweine! War eine verführerische Französin gemeint (die nunmehr im ehemals deutschen Elsaß wirkte)? Ging das dem Zensor zu weit?

Pag. 95. lin. 16. Quidquid alii dicant, ambigi hoc nostro ævo: denudatio colli et uberum, sítne incitamentum, an remedium luxuriæ.--- Judico omittendum.

Balde streicht das Thema. War es dem vorhergehenden verwandt?

Pag. 97. lineâ 10.
(El. 228)

ait, ineptire, qui adolescentem instruant condendo epigrammate &c.--- Judico, delendum. Repugnat enim hæc sententia communi praxi Societatis, regulis scholarum, rationi. Est enim in epigrammatis ingeniosa inventio, dispositio, elocutio, sunt argutiæ, sales, sententiæ, acrimonia etiam satyrica, suavitas prætereà ex ipsa brevitate maior. cur ergo, quæso, non inter reliqua carmina etiam epigrammata locum inveniant? nescio quid deliquerint in Authorem epigrammatographi, tam indignis illos passim modis tractat. Quid

(Ca. 19 und 33)
(El. 313)

non patitur superiùs Martialis à Claudiano? aliàs ipsos ad glacialem Oceanum ablegat, scabiem obiicit &c. Cur obsecro, hoc et plura? num quia quidam impudica scripserunt? similia verò scripserunt etiam Satyrici, epici, comici, elegiaci, lyrici. num quia frigidi sunt quidam, minimeque in ipsis argutiis arguti? at nec epici, nec lyrici, nec elegiaci omnes calent nec tamen hæc iudicat eliminanda. &c.

Satzzeichen nach ‚ait' nicht deutlich leserlich. Balde erhält seine Kritik aufrecht, schwächt sie aber ab (wenn das vom Zensor angeführte Zitat wörtlich ist), indem er von unzulänglichen Lehrern (*Nani*), von trockenen Spitzfindigkeiten (*sicca argumenta*) und nicht allgemein von Epigrammen, sondern von dem Spielzeug kleiner Epigramme (*pusillorum epigrammatum crepundia*) spricht. Von *scabies* ist bei ihm nicht (mehr) die Rede. *superiùs*: ‚weiter oben', nämlich *Ca*. 19 und 33. *aliàs: El*. 313. Es könnte sein, daß Balde in *El*. 228 den letzten Satz nachträglich hinzufügt, um auf die Meinungsverschiedenheiten hinzuweisen (▸ dort).

ait. DEUM dando accipere, et accipiendo dare: homines ne quidem dando dare.––– Judico, addendum: multos homines. si enim sine limitatione de omnibus dicatur, falsum iudico. *Pag. 103. lin. 5.*
(El. 270)
Von Balde übernommen.

utitur Author verbo: apprecantium.––– ego nusquam adhuc invenire potui apud classicum quempiam authorem hoc verbum. *Pag. 120. lin. 16.*
(El. 390)
Von Balde nicht akzeptiert. Er wußte, daß Horaz das Wort an einer berühmten Stelle in seiner letzten Ode vor dem *Carmen saeculare* verwendet hatte (*Carm*. 4, 15, 28): *nosque et profestis lucibus et sacris | inter iocosi munera Liberi | cum prole matronisque nostris, | rite deos prius adprecati*; „das Wort hat H. nach *adorare* neugebildet" (Kießling / Heinze 1930, 464), Apuleius nahm es später auf (*Met*. 4, 29, 4). In der 2. Fassung gebrauchte Balde die nichtassimilierte Form *adprecantium*.

ait: poëtas in famam exsultaturos, gloriari &c.––– Ego dicerem: exsultare, gloriari. *Pag. 134. lin. 13.*
(El. 482)
Von Balde halb akzeptiert: *exsultare, gloriantes*.

alia prosâ, alia vorsâ.––– Quid est, vorsa. pro: versu? quis author ita loquitur? *Pag. 137. lin. 6.*
(El. Nachwort)
Von Balde akzeptiert: *versu*.

Occurrunt prætereà aliquot paradoxa, quæ videntur omittenda: quia paradoxa, licet veritati repugnare videantur, tamen re ipsâ, si bene intelligantur, sunt vera, additâ nimium sufficienti explicatione. Hæc verò, quæ hîc annotaturus sum, paradoxa non tantùm videntur falsa, sed falsa reverâ sunt, salvo intereà meliore aliorum iudicio. Vel certè, si credit Author, se posse horum veritatem probare, deberet unam alterámque rationem apponere. Namque sic nudè prolata plurimos lectores movebunt ad suspicionem falsitatis. Nunc pono hæc paradoxa.

Pag. 92. lin. 12. (El. 187) (1)	Germanos præ cæteris nationibus bibere vinum, ut homines decet.
Pag. 94. in fine. (El. 209) (2)	Neminem magis subiici DEO, quàm atheum.
Pag. 103. lin. 1. (El. 268) (3)	Optimos esse medicos, qui funesti sunt.
Pag. 104. ab initio. (El. 278) (4)	Auroram musis inimicam esse.
Ibidem. (El. 279) (5)	nihil concupiscere esse absurdum.
Pag. 96. ab initio. (El. 218) (6)	Illum poëtam optimum esse, qui avidum lectorem torquet.

(1) Primum Germanos et probabiliter etiam Authorem huius sententiæ exponeret risui exterarum nationum, quæ hoc legerent, præterquam quod falsitatis essent accusaturæ.

(2 / 5) Secundum et quintum stomachum moveret controversistis et asceticis. Si enim talia paradoxa licet defendere, poterimus etiam per modum paradoxi affirmare, quòd pessimus hæreticus sit optimus catholicus, et talia plura. maximè sequeretur ex quinto, quòd concupiscentia esset laudabilis, ex qua tamen omne peccatum oritur, ut adeò fomitem peccati et concupiscentiam pro eodem sumamus. S. Augustinus (ni fallor) aut alius Sanctorum ait. augmentum charitatis est imminutio cupiditatis, perfecta charitas nulla cupiditas. &c.

(3 / 4 / 6) Tertium, quartum, et sextum repugnat communi omnium sensui, experientiæ, et rationi.

Der Zensor wünschte sich jeweils die Hinzufügung einer *nimium sufficiens explicatio* sowie der einen oder anderen *ratio* (Aufschluß, Belehrung). Dann sind es allerdings nicht mehr Paradoxa. Aufgrund dieser Kritik könnte Balde gegenüber der 1. Fassung am Beginn des *Elenchus* den Passus hinzufügen: *Paradoxa, quæ proponimus, non explicamus: nam declarata, non amplius erunt paradoxa. cujusque divinationi reliquuntur* (‚Die Paradoxa, die wir vorstellen, erklären wir nicht: Denn in helles Licht gesetzt, werden sie nicht mehr Paradoxa sein. Sie werden der Eingebung eines jeden überlassen.') Dementsprechend läßt er keines der vom Zensor inkriminierten Paradoxa fort oder ändert es. Zudem könnte er *El.* 231 nachträglich einfügen (oder wenigstens an *salebrosa* und *aspera* noch *paradoxa* anreihen), um seinen Standpunkt zu begründen. Schon *Diss.* 67 ruft er dem Adressaten zu: *disce ad paradoxa tamquam ad palum exerceri* (‚Lerne, dich an Paradoxen wie an einem Pfahl zu üben'). Wie Balde die einzelnen Paradoxa des *Elenchus* versteht, wird jeweils ad locum zu erklären versucht. Darauf sei verwiesen. Weniges bleibt anzumerken.

1: Der Zensor hat nicht erkannt (oder nicht erkennen wollen), daß Balde seine Argumentation offenbar nicht ganz ernst meint.
2 / 5: Dem Zitat nahe kommt Augustinus *De diversis quaestionibus LXXXIII*, quaestio 36: *caritatis autem venenum est spes adipiscendorum aut retinendorum temporalium; nutrimentum eius est imminutio cupiditatis; perfectio nulla cupiditas* (Hinweis von Tobias Uhle).
3 / 4 / 6: Das liegt im Wesen der Paradoxa, die man nicht oberflächlich verstehen darf.

II. Expensu digna mihi visa, in scripto, cuj titulus,
Castrum Ignorantiæ. &c.

verò. Fortassis aptiùs, tamen. *Pag. 4. v. 1.*
tamen kommt in der Widmung zweimal, in der Praefatio viermal vor. Da *verò* keinmal begegnet, berücksichtigt Balde offenbar den Einwand.

Post Præfationes.
Palus dicitur, circiter stadiorum 20: (id est, unius sesquihoræ, *Pag. 1.*
Geographicè). Sed mox pag. 2. dicuntur Spatia ejusdem Paludis, *(Ca. 2)*
vix minore procursu extendi, quàm extendatur Palus Mæotica. At Mæotis palus, Ortelio, Ptolemæô, & Strabone mensoribus, longè plurium Stadiorum est.
Von Balde berücksichtigt (der Vergleich gestrichen). Palus Maeotica: antike Bezeichnung für das flache Asowsche Meer; Abraham Ortelius: 1527–1598, bekannter flämischer Kosmograph und Kartograph; Claudius Ptolemaeus: etwa 100–160, aus Ägypten stammender Mathematiker und Astronom, vertrat maßgeblich das geozentrische Weltbild; Strabo: etwa 63–28 n. Chr., griechischer Geograph und Geschichtsschreiber, 17 B. *Geographika*.

Mergellina, pro Mergillina. Eadem ibidem v. 3. *Insula* dicitur: quæ *Pag. 8.*
tamen Insula non est, sed Villa Sannazarii, littorali maris oræ insi- *(Ca. 9)*
stens: ut, qui viderunt, testantur: & Zeillerus scriptum reliquit in Italia sua, post pag. 168. in tabula quoque expressum.
Beide Einwände von Balde berücksichtigt, der zweite auch im Gutachten I genannt. Der Zensor berief sich wahrscheinlich auf das Werk *Itinerarium Italiae Nov-Antiquae: Oder Raiß-Beschreibung durch Italien* (Franckfurt am Mayn 1640) des bekannten Topographen Martin Zeiller (1589–1661).

Issam Martialis aliqui Catellam, non Catellum, crediderunt. *Pag. 17.*
Von Balde nicht berücksichtigt. Bei Martial 1, 109, 5 *catella* überliefert. Balde *(Ca. 19)*
versteht *Catellum* geschlechtsneutral.

Pag. 39. *(Ca. 36)*	hetroclita. Græci, heteroclita dicunt. Von Balde verbessert.
Pag. 50. v. 5. *(Ca. 3, 43, 50)*	Mydæ. & alibi. per y. Alii meliùs Midæ. Von Balde übernommen.
Pag. 53. *(Ca. 46)*	Senecæ, in Œdipode, sesquipedalia tribuuntur verba. quæ tamen alii, nec agnoscunt in eo, nec laudarent. In der 2. Fassung kommen *sesquipedalia verba* nicht vor, wohl aber *verba pondus habentia ex tropis & figuris Poëticis*. Balde könnte die ‚sechs Fuß langen Wörter' (von denen Horaz *Ars* 97 spricht) durch die zitierte Wendung ersetzen.
Pag. 54. *(Ca. 46)*	Nudata multis locis præsidia. an potiùs, è converso, Multa loca, præsidiis nudata? Von Balde übernommen.
Pag. 58. fin. *(Ca. 50)*	Mydæ (pro Midæ) regis Lydiæ. non invenio, qui Lydiæ dicant regem, sicut Crœsus fuit: sed Phrygiæ tantùm. Von Balde übernommen.
Pag. 65. *(Ca. Nachwort, ebenso in 36)*	Catullum ridet, gemino locô, tanquam injuriâ Docti titulô differri solitum. At hoc, neque Passeratio probabit, neque cuidam Italo superioris sæculi nominatissimo: qui Commentariis illum illustrârunt, ut admodum eruditum. Eruditio verò illius apparet; Græca quidem in Aty, Peleò, &c. Romana, in epigrammatibus; ubi, Antiquitates Romanas passim videas per transennam tralucentes. Balde behält seine Kritik (die sich, wie in der Interpretation dargelegt, auf Scaliger stützt) an beiden Stellen bei.
Pag. 100. *(El. 243?)*	Fumô punitos Vespasiani tempore quosdam ait. Videndum, ne παραχρονισμός sit; & adeundus in Epitoma historiarum Tursellinus: qui, id tradit, factum à Cæsare, multò pòst secuto; circa Hadriani, vel coæva illi tempora. Von Balde ganz gestrichen. Fand sich die inkriminierte Wendung in *El.* 243? Horatius Tursellinus SJ (1545–1599) veröffentlichte *Horatii Tursellini, Romani, historiarum ab origine mundi, usque ad annum [...] 1598. epitomae libri decem*, mehrfach neu aufgelegt.
Pag. 123. *(El. 403)*	Solstitium in Tropico Cancri, Tertium, ait, esse Solstitium. non capio, quid sibi velit? cùm utique bina sint annua Solstitia: alterum

nimirum, in Tropico Capricorni 21. Decembris. alterum in Tropico
Cancri, 21. Junii. tertium nullum.
Von Balde übernommen.

Beurteilung

Balde berücksichtigt überwiegend die Monita der beiden Zensoren. Soweit es sich um sachliche Einwände handelt, ist das selbstverständlich. Anderes schwächt er ab, wieder anderes streicht er. Aber er behält auch manches bei wie die Reserve gegenüber der Epigrammatik. Andererseits fällt auf, daß Martial in der *Crisis* am Schluß des *Castrum*, obwohl er Kritik erfährt, ausführlicher als alle anderen Dichter charakterisiert wird. Sowohl der Satz, daß er seinen Platz als Epigrammatiker ehrenvoll behaupte, als auch die Feststellung, daß er sich zum Unterricht der *iuvenes* eigne (allerdings in einer purgierten Ausgabe!), klingen wie ein Entgegenkommen gegenüber dem Zensor I, der deutlich für die Epigrammatik eintritt. Die von diesem beanstandeten paradox formulierten Themen im *Elenchus* behält Balde bei, aber er fügt am Anfang des Katalogs eine grundsätzliche Bemerkung zum Paradoxon ein, die erklärt, warum er dem Zensor (ohne ihn zu nennen) nicht folgt. Daß er selbstbewußt ist, zeigt *El.* 456, wo gesagt wird, es sei eine Art Wahnglaube, *censurae* aller ängstlich zu fürchten. Gegenüber den von Pfleger 1904, 73–77 mitgeteilten scharfen Kritiken, die Balde von Ordensbrüdern bereits erfahren hat, sind die Gutachter der *Expeditio* allerdings sachlich. Sie legen kein Veto ein, sondern bezeichnen ihre Annotationen als zum Erwägen bestimmt (*expendenda* bzw. *expensu digna*). Vielleicht sieht Balde sich dieses Mal von vornherein vor. Auch baut er wohl im Hinblick auf die Zensoren folgenden Satz in das Nachwort an den wohlwollenden Leser des *Elenchus* ein: ‚Religiöse und vom süßen Tau der Pietas tropfende Themen in gleicher Weise zu notieren wird, wenn das einige wünschen, keine sehr große Arbeit sein.' Damit könnte er ihnen den Wind aus den Segeln nehmen. Die *Censurae* bieten recht gute Beobachtungen und Bemerkungen. Besonders interessant sind für den Balde-Freund diejenigen, aus denen auf ursprüngliche Versionen zu schließen ist, die gestrichen oder geändert worden sind. Man kann stellenweise von einer Urfassung sprechen. Insofern handelt es sich um wertvolle Dokumente.

Im ganzen geht Balde mit den (uns bekannten) Kritiken der Zensoren souverän um. Die *Icon Authoris* im ersten Band der Ausgabe von 1729 weiß zu berichten: *Uti censuris sua scripta subjiciebat lubens; ita si iniquiores ferebantur, non irasci solebat invidiæ, sed misereri ignorantiæ.*

Balde hat aber auch Glück: Die Gutachten tropfen nicht von Weisheit. Wären ‚weise' Gutachter besser gewesen?

Literatur

Ausgaben und Kommentare sind mit einem Sternchen (*) versehen. Die bekannten Lexika bzw. Nachschlagewerke Du Cange, Forcellini, Georges, Oxford Latin Dictionary (OLD), Thesaurus linguae Latinae (ThlL) bzw. Kühner / Stegmann und Menge werden nicht nachgewiesen.

*Expeditio Polemico-Poëtica: Sive Castrum Ignorantiæ Bœotorum Arcadúmque Reginæ à Poëtis Veteribus ac Novis obsessum, expugnatum, eversum. Referente Iacobo Balde Societatis Jesu, Monachii 1664.

*Strategus Criticus Jacobus Balde seu Expeditio Polemico-Poëtica adversùs Castrum Ignorantiæ, Bœotorum Arcadúmque Reginæ, Quod à Poëtis Veteribus & Novis Obsessum, expugnatum, eversum, Viennæ Austriacorum 1726.

*R. P. Jacobi Balde è Societate Jesu Opera Poëtica Omnia, Tomus I–VIII, Monachij 1729, Neudruck hrsg. und eingeleitet v. W. Kühlmann / H. Wiegand, Frankfurt a. M. 1990.

*Balde SJ, Jacob, Urania Victrix – Die Siegreiche Urania. Liber I–II – Erstes und zweites Buch, […], eingel., hrsg., übers. und komm. v. L. Claren / W. Kühlmann / W. Schibel / R. Seidel / H. Wiegand, Frühe Neuzeit 85, Tübingen 2003.

*Balde, Jacob, Epithalamion, hrsg., übers. und komm. von Ph. Weiß, NeoLatina 26, Tübingen 2015.

Bach, J., Jakob Balde. Ein religiös-patriotischer Dichter aus dem Elsass, Freiburg i. Br. 1904.

Baier, Th., Baldes satirische Dichtungslehre im Zeichen der *Torvitas*, in: Freyburger / Lefèvre 2005, 245–255.

Behrens, D., Jacob Baldes Auffassung von der Satire, in: Valentin 1986, 109–126.

*Biblia Sacra Vulgatæ Editionis […] Romæ 1592 & 1593, ed. V. Loch, I / II, Ratisbonæ 1902 (hiernach zitiert).

*Bisselius, J., Vernorum libri tres, quibus deliciæ veris describuntur, ed. altera, o. O. (München) 1640.

*Bisselius, J., ‚Deliciae Veris' – Frühlingsfreuden. Lateinischer Text, Übersetzung, Einführungen und Kommentar, hrsg. v. L. Claren, J. Eickmeyer, W. Kühlmann, H. Wiegand, Frühe Neuzeit 180, Berlin / Boston 2013.

Böhm, J. Balde's humoristische Abhandlung ‚Polemisch-poetischer Feldzug', in: Xenium vom Tuntenhauser Balde-Fest gefeiert den 9. August 1875, Augsburg 1875, 8–15.

Büchmann, G., Geflügelte Worte (1864), 32. Aufl. vollst. neubearb. v. G. Haupt / W. Hofmann, Berlin 1972.

Burck, E., Das Menschenbild im römischen Epos, Gymnasium 65, 1958, 121–146 = Ders. in: Vom Menschenbild in der römischen Literatur. Ausgewählte Schriften, Heidelberg 1966, 284–304.

*Burkard, Th., Jacob Balde, Dissertatio de studio poetico (1658). Einleitung, Edition, Übersetzung, Kommentar, Münchner Balde-Studien 3, München 2004.

Burkard, Th., Die Vorreden zu Baldes Werken, in: Burkard et al. 2006, 166–182.

Burkard, Th., *Stylus Lucani*. Jesuitische Lucan-Rezeption im 17. Jahrhundert, in: Chr. Walde (Hrsg.), Lucans *Bellum Civile*. Studien zum Spektrum seiner Rezeption von der Antike bis ins 19. Jahrhundert, BAC 78, Trier 2009, 275–313.

Burkard, Th. / Hess, G. / Kühlmann, W. / Oswald, J. (Hrsg.), Jacob Balde im kulturellen Kontext seiner Epoche. Zur 400. Wiederkehr seines Geburtstages, Jesuitica 9, Regensburg 2006.

*Camerarius, J., Narratio de Helio Eobano Hesso (1553), Lateinisch und Deutsch, hrsg. u. erl. v. G. Burkard / W. Kühlmann, Heidelberg 2003.
Christes, J., *Nam quid coniugio queat esse molestius usquam?* (Jacob Balde, *Urania Victrix* 5, 6, 8–9), in: Freyburger / Lefèvre 2005, 285–300.
Claren et al. 2003: s. Balde 2003.
Claren et al. 2013: s. Bisselius 2013.
*Claudian, with an Engl. Transl. by M. Platnauer, I / II, London / Cambridge, Mass. 1922.
Czapla, R. G., Jacopo Sannazaros *De partu Virginis* – eine erotische Dichtung? In: E. Schäfer (Hrsg.), Sannazaro und die Augusteische Dichtung, NeoLatina 10, Tübingen 2006, 231–247.
Dasypodius, Petrus, Dictionarium latinogermanicum, Argentorati 1536.
Duhr SJ, B., Geschichte der Jesuiten in den Ländern deutscher Zunge, II (2 Teilbände, hier immer der zweite Teilband zitiert): Freiburg i. Br. 1913, III: München / Regensburg 1921.
Freyburger, G. / Lefèvre, E. (Hrsg.), Balde und die römische Satire / Balde et la satire romaine, NeoLatina 8, Tübingen 2005.
*Frischlinus, Nicodemus, Julius Redivivus, hrsg. v. W. Janell, Berlin 1912.
Gineste, M.-F., Claudien et les satires de Jacob Balde, in: Freyburger / Lefèvre 2005, 25–40.
Guipponi-Gineste, M.-F., Jeux et enjeux dans le canon de poètes antiques et modernes de Jakob Balde (*Expeditio Polemico-Poëtica*), in: Lefèvre / Schäfer 2010, 333–350.
Heinz-Mohr, G., Lexikon der Symbole. Bilder und Zeichen der christlichen Kunst, Freiburg 1991.
Henrich, A., Die lyrischen Dichtungen Jakob Baldes, Straßburg 1915.
*Herder, J. G., Terpsichore, Erster Theil, Lübeck 1795, in: Herders Sämmtliche Werke, hrsg. v. B. Suphan, XXVII: Herders Poetische Werke, hrsg. v. C. Redlich, III, Berlin 1881.
Kagerer, K., *Musam vela decent*. Jacob Baldes Überlegungen zur poetischen Verhüllung im achten Sylvenbuch, in: Lefèvre / Schäfer 2010, 171–193.
*Kagerer, K., Jacob Balde und die bayerische Historiographie unter Kurfürst Maximilian I. Ein Kommentar zur Traum-Ode (*Silvae* 7, 15) und zur *Interpretatio Somnii*, Münchner Balde-Studien 5, München 2014.
Kidwell, C., Marullus. Soldier Poet of the Renaissance, London 1989.
*Kießling, A. / Heinze, R., Q. Horatius Flaccus, Briefe, erkl., Berlin ⁴1914.
*Kießling, A. / Heinze, R., Q. Horatius Flaccus, Satiren, erkl., Berlin ⁵1921.
*Kießling, A. / Heinze, R., Q. Horatius Flaccus, Oden und Epoden, erkl., Berlin ⁷1930.
Kindermann, H., Theatergeschichte Europas, III: Das Theater der Barockzeit, Salzburg 1959.
Kirschius, A. F., Abundantissimum cornu copiae linguae latinae et germanicae selectum [...], I / II, Augustae Vindelicorum 1796.
*Kißel, W., Aulus Persius Flaccus, Satiren, hrsg., übers. und komm., Heidelberg 1990.
Klecker, E., Neulateinische Literatur an der Universität Wien. Ein Forschungsdesiderat, in: Chr. Gastgeber / E. Klecker, Neulatein an der Universität Wien. Ein literarischer Streifzug, Wien 2008, 11–88.
Knapp, A., Ueber des Dichters, Jakob Balde, Leben und Schriften, in: Ders. (Hrsg.), Christoterpe. Ein Taschenbuch für christliche Lehre auf das Jahr 1848, Heidelberg 1848, 277–355.
Knepper, J., Ein deutscher Jesuit als medizinischer Satiriker. Zum Jubiläum Baldes am 4. Januar 1904, Archiv für Kultur-Geschichte 2, 1904, 38–59.
Korenjak, M., Jesuitische Poetik im Zeichen der Bildungsdebatte. Die *Metamorphosis Poesis Elegiacae*, in: B. Hintzen / R. Simons (Hrsg.), Norm und Poesie. Zur expliziten und impliziten Poetik in der lateinischen Literatur der Frühen Neuzeit, Frühe Neuzeit 178, Berlin / Boston 2013, 183–197.

Krause, C., Helius Eobanus Hessus. Sein Leben und seine Werke, I / II, Gotha 1879.
Kropf: Historia Provinciae Societatis Jesu Germaniae Superioris, IV: Ab anno M.DC.XI. ad annum M.DC.XXX. / Authore Francisco Xaverio Kropf, Monachii 1746.
Kudla, H., Lexikon der lateinischen Zitate, München ²2001.
Kühlmann, W., Gelehrtenrepublik und Fürstenstaat. Entwicklung und Kritik des deutschen Späthumanismus in der Literatur des Barockzeitalters, Tübingen 1982.
Kühlmann, W., Schlaglichter jesuitischer Petrarca-Rezeption: Der ‚Italus Vates' als Gewährsmann Jacob Baldes SJ (1604–1668). Ein kleiner Beitrag, in: Francesco Petrarca in Deutschland, hrsg. v. A. Aurnhammer, Tübingen 2006, 159–166 = Ders., Vom Humanismus zur Spätaufklärung, Tübingen 2006, 575–584.
*Kühlmann et al.: Humanistische Lyrik des 16. Jahrhunderts, Lateinisch und Deutsch, [...] ausgew., übers., erl. u. hrsg. v. W. Kühlmann / R. Seidel / H. Wiegand, Frankfurt a. Main 1997.
Lang, K. H. v., Geschichte der Jesuiten in Baiern, Nürnberg 1819.
Lefèvre, E., Jakob Baldes *Equus Troianus* (*Lyr.* 1, 8), in: E. Lefèvre (hrsg. unter Mitw. v. K. Haß / R. Hartkamp), Balde und Horaz, NeoLatina 3, Tübingen 2002, 49–58.
Lefèvre, E., ‚Wenigen gefallen...' (Jakob Balde, *Silv.* 7, 15), in: O. Hildebrand / Th. Pittrof (Hrsg.), ‚...auf klassischem Boden begeistert'. Antike-Rezeptionen in der deutschen Literatur, Festschr. J. Schmidt, Freiburg 2004, 67–73.
Lefèvre, E., Ehesatire bei Francesco Petrarca (*Remed.* 1, 65) und Jakob Balde (*Sylv.* 5, 18). Ein Beitrag zum Antipetrarkismus, in: U. Auhagen / St. Faller / F. Hurka (Hrsg.), Petrarca und die römische Literatur, NeoLatina 9, Tübingen 2005, 281–307.
Lefèvre, E., Melancholie und Dichtertum bei Jakob Balde (Lyr. 4, 36; 1, 36; Sylv. 5, 21; 5, 20), in: Burkard et al. 2006, 183–197. (1)
Lefèvre, E., Die wandernden Musen. Jakob Baldes Huldigung an Sarbiewski (*Sylv.* 5, 19), in: E. Schäfer (Hrsg.), Sarbiewski der polnische Horaz, NeoLatina 11, 2006, 231–243. (2)
Lefèvre, E., Antike Gestalt und neuer Gehalt. Betrachtungen zur Form des Hymnus bei Jakob Balde, in: Y. Lehmann (Hrsg.), L'hymne antique et son public, Recherches sur les Rhétoriques religieuses 7, Turnhout 2007, 689–713.
Lefèvre, E., Kritik und Spiel – Julius Caesar Scaliger (*Poet.* 6, 4) und Jakob Balde (*Exp.* 4–7) über Michael Marullus' *Falco* (*Epigr.* 1, 4), in: E. Lefèvre / E. Schäfer (Hrsg.), Michael Marullus. Ein Grieche als Renaissancedichter in Italien, NeoLatina 15, Tübingen 2008, 265–276.
Lefèvre, E., Jakob Balde und der *Rex Poetarum* Vergil – von der *Pudicitia vindicata* zur *Expeditio Polemico-poëtica*. Ein Überblick, in: Th. Burkard / M. Schauer / C. Wiener (Hrsg.), Vestigia Vergiliana. Vergil-Rezeption in der Neuzeit, Festschr. W. Suerbaum, Berlin / New York 2010, 187–209.
*Lefèvre, E., Das Jagdbuch *De venatione* (*Sylvae* 1) des Barockdichters Jakob Balde, Einführung, Text, Übersetzung, Interpretation, Spudasmata 140, Hildesheim / Zürich / New York 2011.
Lefèvre, E. / Schäfer, E. (Hrsg.), Beiträge zu den *Sylvae* des neulateinischen Barockdichters Jakob Balde, NeoLatina 18, Tübingen 2010.
Lipowski, F. J., Geschichte der Jesuiten in Baiern, II, München 1816.
Ludwig 1979: s. Vida 1979.
*Lukas, V., Batrachomyomachia. Homers Froschmäusekrieg auf römischer Trompete geblasen von Jacob Balde S. J. (1637 / 1647), Münchner Balde-Studien 2, München 2001.
Lukas, V., Balde als Leser. Statius, Lucan und Vergil in der *Pudicitia vindicata*, in: Burkard et al. 2006, 13–26.

Manuwald, G., Der Satiriker als Stachelschwein, Samson und Arzt. Zu Jakob Balde, *Lyr.* 3, 32, in: Freyburger / Lefèvre 2005, 65—82.

Mittellateinisches Wörterbuch, München, I: 1967, II: 1999, III: 2007.

*Neubig, J. B., Bavaria's Musen in Joh. Jak. Balde's Oden, aus dem Latein in das Versmaß der Urschrift übers., I: München 1828, II: 1829.

*Neubig., J., Jakob Balde's Medizinische Satyren, urschriftl, übers. und erl., I / II, München 1833.

Niermeyer, J. F. / van de Kieft, C., Mediae Latinitatis Lexicon minus (¹1976), I / II, Leiden / Darmstadt ²2002.

Otto, A., Die Sprichwörter und sprichwörtlichen Redensarten der Römer, Leipzig 1890.

Pexenfelder: Apparatus eruditionis tam rerum quam verborum per omnes artes et scientias, instructus opera et studio P. Michaelis Pexenfelder, S. J., Norimbergæ 1670.

Pfleger, L., Unediertes von und über Jakob Balde, Zeitschr. für die Geschichte des Oberrheins 19, 1904, 69–78.

Platnauer 1922: s. Claudian 1922.

Promberger, B., Die ‚Enthusiasmen' in den lyrischen Dichtungen Jacob Baldes, Diss. München 1998.

*Quintilianus, Marcus Fabius, Ausbildung des Redners. Zwölf Bücher, hrsg. u. übers. v. H. Rahn, I / II, Darmstadt 1988.

Rahn 1988: s. Quintilianus 1988.

Ramminger, J., Neulateinische Wortliste. Ein Wörterbuch des Lateinischen von Petrarca bis 1700. (www.neulatein.de/neulateinische_wortliste.htm).

Röhrich, L., Lexikon der sprichwörtlichen Redensarten, Freiburg 1991.

Sapegno, N., Compendio di storia della letteratura italiana, I, Firenze ¹⁹1963.

Sauer, Chr. F., *Animosum scribendi genus*. Annäherungen an den Begriff der *Satyra* bei Jakob Balde, in: Freyburger / Lefèvre 2005, 13–24.

*Scaliger, Iulius Caesar, Poetices libri septem, apud Antonium Vincentium (Lyon) 1561.

Schäfer, E., Deutscher Horaz. Conrad Celtis, Georg Fabricius, Paul Melissus, Jacob Balde. Die Nachwirkung des Horaz in der neulateinischen Dichtung Deutschlands, Wiesbaden 1976.

Schäfer, E., Jacob Balde am Übergang von der Odenlyrik zum Satirenspott: ein Fastnachtsscherz (*Silv.* 7, 12–13), in: Freyburger / Lefèvre 2005, 83–105.

Schmidt, P. L., 'The Battle of Books' auf Neulatein: Jakob Baldes ‚Expeditio polemico-poetica', AU 27, 6, 1984, 37–48, 74–81 = Ders. 2000, 340–355.

Schmidt, P. L., Balde und Claudian: Funktionsgeschichtliche Rezeption und poetische Modernität, in: Valentin 1986, 157–184 = Schmidt 2000, 356–372.

Schmidt, P. L., Traditio Latinitatis. Studien zur Rezeption und Überlieferung der lateinischen Literatur, hrsg. von J. Fugmann / M. Hose / B. Zimmermann, Stuttgart 2000.

Singer: Thesaurus proverbiorum medii aevi / Lexikon der Sprichwörter des romanisch-germanischen Mittelalters, begründet von S. Singer, I–XIII, Berlin / New York 1995–2002.

*Publii Papinii Statii Sylvarum Lib. V [...], Accuratissime illustrati a J. Veenhusen, Lugduni Batavorum 1671.

Stroh, W., Iss dich schlank mit Pater Balde! (1993), in: Stroh 2004, 209–240.

Stroh, W., Poema de vanitate mundi (1998), in: Stroh 2004, 121–131.

Stroh, W., Seneca in Prag. Ein tragisches Exercitium des jungen Jakob Balde S. J., herausgegeben und kritisch erläutert (1999), in: Stroh 2004, 59–119.

Stroh, W., Balde auf der Bühne: zum dramatischen Werk des Jesuitendichters, in: Stroh 2004, 241–308.

Stroh, W., Baldeana. Untersuchungen zum Lebenswerk von Bayerns größtem Dichter, Münchner Balde-Studien 4, München 2004.
Stroh, W., Plan und Zufall in Jacob Baldes dichterischem Lebenswerk, in: Burkard et al. 2006, 198–244.
Stroh, W., Vom Kasperletheater zum Märtyrerdrama. Jacobus Baldes Innsbrucker Schulkomödie *locus serius* (1629), in: R. F. Glei / R. Seidel (Hrsg.), Das lateinische Drama der Frühen Neuzeit. Exemplarische Einsichten in Praxis und Theorie, Tübingen 2008, 255–285.
Stroh, W., *Ad pacificatores*: Jacobus Baldes Friedensoden im neunten Buch der *Sylvae*, in: Lefèvre / Schäfer 2010, 295–332.
Stroh, W., Politik und Poesie in Jacob Baldes Hochzeitsgedicht für Kurfürst Maximilian I. und Maria von Österreich, Zeitschr. für bayerische Landesgeschichte 78, 2015, 631–688.
Szarota, E. M., Das Jesuitendrama als Vorläufer der modernen Massenmedien, Daphnis 4, 1975, 129–143.
Torke, H.-J., Aleksej Michaijlovič, in: Ders. (Hrsg.), Die russischen Zaren 1547–1917, München 1995, 109–127.
Tosi, R., Dizionario delle sentenze greche e latine, Milano 1991.
Valentin, J.-M., Le théâtre des Jésuites dans les pays de la langue allemande (1554–1680). Salut des âmes et ordre des cités, I–III, Bern / Frankfurt a. M. / Las Vegas 1978 (darin: Jakob Balde II, 769–795; III, 1266–1274 [notes]).
Valentin, J.-M., Le théâtre des jésuites dans les pays de langue allemande. Répertoire chronologique des pièces représentées et des documents conservés (1555–1733), I, Stuttgart 1983.
Valentin, J.-M. (Hrsg.), Jacob Balde und seine Zeit, Jahrb. für Internationale Germanistik A 16, Bern / Frankfurt a. M. / New York 1986.
Valentin, J.-M., Les jésuites et le théâtre (1554–1680). Contribution à l'histoire culturelle du monde catholique dans le Saint-Empire romain germanique, Paris 2001.
Veenhusen 1671: s. Publii Papinii Statii [...] 1671.
*Vida, Marcus Hieronymus, Schachspiel der Götter / Scacchia Ludus, eingeleitet und [...] hrsg. v. W. Ludwig, Zürich / München 1979.
Vulgata: s. Biblia Sacra.
Walther, H. (Hrsg.), Proverbia Sententiaeque Latinitatis Medii Aevi / Lateinische Sprichwörter und Redensarten des Mittelalters, I–V, Göttingen 1963–1967.
Wander, K. F. W. (Hrsg.), Deutsches Sprichwörter-Lexikon, I–V, Leipzig 1867–1880.
Weiß 2015: s. Balde 2015.
Westermayer, G., Jacobus Balde, sein Leben und seine Werke, München 1868.
Wiegand, H., *Ad vestras, medici, supplex prosternitur aras*: Zu Jakob Baldes Medizinersatiren, in: Heilkunde und Krankheitserfahrung in der frühen Neuzeit. Studien am Grenzrain von Literaturgeschichte und Medizingeschichte, hrsg. v. U. Benzenhöfer / W. Kühlmann, Tübingen 1992, 247–269.
Wiegand, H., Ethische und religiöse Minoritäten in den Medizinersatiren Jakob Baldes, in: Freyburger / Lefèvre 2005, 151–169.
Wiener, C., Dichter, Schüler und Embleme, in: Christus und Cupido. Embleme aus Jacob Baldes Poetenklasse von 1628, hrsg. v. V. Lukas, W. Stroh, C. Wiener, Jesuitica 18, Regensburg 2013, 67–87.
Winckler, P., Zwey Tausend Gutte Gedancken / zusammen gebracht von Dem Geübten, Görlitz 1685.

www.ingramcontent.com/pod-product-compliance
Lightning Source LLC
Chambersburg PA
CBHW021337300426
44114CB00012B/986